本书获二〇二二年贵州省出版传媒事业发展专项资金资助
本书获贵州省孔学堂发展基金会资助

本书是国家社会科学基金重大项目『阳明后学文献整理与研究』（15ZDB009）最终成果
本书是『浙江省越文化传承与创新中心』研究成果

本书获2022年贵州省出版传媒事业发展专项资金资助
本书获贵州省孔学堂发展基金会资助

图书在版编目（CIP）数据

思想与社会：王阳明的“事”“术”“道”/钱明著. — 贵阳：孔学堂书局, 2023.10
（阳明文库. 学术专著系列）
ISBN 978-7-80770-367-9

Ⅰ. ①思… Ⅱ. ①钱… Ⅲ. ①王守仁（1472-1528）—哲学思想—研究 Ⅳ. ①B248.25

中国国家版本馆CIP数据核字(2023)第030842号

阳明文库（学术专著系列）
思想与社会——王阳明的“事”“术”“道” 钱明 著
SIXIANG YU SHEHUI： WANGYANGMING DE SHI SHU DAO

项目执行：苏 桦
责任编辑：张基强 黄文华
责任校对：陈 倩
书籍设计：曹琼德
责任印制：张 莹

出 品：贵州日报当代融媒体集团
出版发行：孔学堂书局
地 址：贵阳市乌当区大坡路26号
印 刷：雅昌文化（集团）有限公司
开 本：889mm×1194mm 1/24
字 数：480千字
印 张：20.5
版 次：2023年10月第1版
印 次：2023年10月第1次
书 号：ISBN 978-7-80770-367-9
定 价：128.00元

【阳明文库】学术专著系列

思想与社会

——王阳明的「事」「术」「道」

【钱明 著】

孔學堂書局

阳明文库

作者简介

钱明：1956年生，浙江杭州人，日本九州大学博士。现任浙江省稽山王阳明研究院副院长，浙江工商大学东亚阳明研究院院长，绍兴文理学院“鉴湖”学者讲座教授，浙江省社会科学院研究员，孔学堂学术委员会委员，中华孔子学会常务理事暨阳明学会副会长，中国明史学会常务理事，国际儒学联合会、中国哲学史学会、中华日本哲学会理事。主要从事阳明学、舜水学、东亚比较思想史研究。主要学术成果有：著作《阳明学的形成与发展》《儒学正脉——王守仁传》《胜国宾师——朱舜水传》《王阳明及其学派论考》《浙中王学研究》《东亚近世思想钩沉》《浙江儒学通史（明代卷）》《地缘、血缘与学缘的交织：中国人文和自然境域中的王阳明及阳明学派》，整理编校《王阳明全集补遗》《徐爱•钱德洪•董沄集》《张元忭集》《王时槐集》《传习录注释》《友庆堂合稿》等，译著《三宅尚斋》《东亚阳明学的展开》《日本阳明学的实践精神》《王阳明大传》《王阳明与明末儒学》《简素——日本文化的根本》《孙子兵法新解》《日本人与阳明学》《比较阳明学：以中韩日三国为视域》等。

目录

序章

旋转之力与智慧之源

中华思想文化贡献于世界尤其是周边区域而形成域外思想学派的，除了以孔孟为代表的早期儒家学派，就只有近世的朱子学派和阳明学派了。因此依笔者之见，以明代大儒王阳明为代表并命名的“阳明学”可以而且应当成为中华思想文化走向世界的最成功的范例之一。亦因此，世人评价王阳明是立德、立功、立言的“真三不朽”[①]者，然笔者主张在此“三不朽”之后应该再加一个“立势”，称作“四不朽”。所谓“立势”，指的就是阳明学在明代中叶以后的五百年间在国内外的传播深度与广度。可以说，王阳明及阳明学所形成的“势”，是除了孔子、朱子之外其他任何中国古代思想家都难以比肩的。这个“势”，代表着阳明学的分派之多样、价值之多元、思想之激荡、传播之广泛、影响之久远……而四十年改革开放的中国所走过的道路也证明了“一个国家的国际影响力，并不简单取决于其拥有的力量，归根到底靠的是守住共同的价值，推动形成更广泛的共识，达成更广泛的合作，最终实现互利共赢、共同发展”[②]。而只有充分发挥中国传统文化的潜力和智慧优势，并利用这样一些思想文化资源来推进文明互鉴、交流与交融，“敷文化以柔

---

① “三不朽”一词出自《左传·襄公十四年》，叔孙豹说他听古人说过：“太上有立德，其次有立功，其次有立言。”关于王阳明“三不朽”之定位，最早乃康熙之意，亦为当时知识界多数人之共识。据清初王士禛的笔记小说《池北偶谈》记载：“王文成公为明第一流人物，立德、立功、立言皆蹈绝顶。康熙中，开明史馆，秉笔者訾謷太甚，亡友叶文敏（方蔼）时为总裁，予与之辩论，反复至于再四。二十二年四月，上宣谕汤侍读荆岘（斌），令进所著诗文，且蒙召对。中有《王守仁论》一篇，上阅之，问汤意云何？汤因对以守仁致良知之说，与朱子不相剌谬，且言守仁直节丰功，不独理学。上首肯曰：‘朕意亦如此。’睿鉴公明，远出流俗之外，史馆从此其有定论乎！”（王士禛：《谈献五·王文成》，《池北偶谈》卷九，勒斯仁点校，中华书局 1982 年版，第 201—202 页）王士禛在《赣州谒王文成公祠》诗中亦云：“新建当年此誓师，森然松柏见灵祠。军声不借条侯壁，筹策唯应汉相知。万古许孙同庙食，一时张桂太倾危。后来论定烦青史，岘首犹存堕泪碑。”［王士禛：《蚕尾续诗卷二·南海集下》，《带经堂集》卷五十六，清康熙四十九年（1710）程哲七略堂刻本］将王阳明与历史上的名臣周亚夫、诸葛亮、羊祜相类比，大赞其匡扶社稷、安抚百姓之功。后来王梓编王阳明著作，“取明王守仁著述分类编辑：以讲学者为立德，以论事者为立功，以诗文为立言。立德编摘述《传习录》及文录，立功编载奏疏、咨文、行牒、批呈、告谕，立言编载古今体诗、杂文，末附年谱”（永瑢等：《四库全书总目》，中华书局 1965 年版，第 834 页），名《三立编》，凡十二卷。据说作为余姚“四碑亭”之一的王阳明碑亭，碑文是“明先贤王阳明故里”，楹联是“曾将大学垂名教，尚有高楼揭瑞云”，横额为“真三不朽”，此四字系清道光十二年（1832）所刻。而同治五年（1866）由叶墀、洪宗敏、诸福膺、邵庆莹、诸观重建的余姚“王文成公祠”，在王阳明像的上方是乾隆亲笔题写的“名世真才”之匾额，旁边的一块匾额则写着“古三不朽”四个大字。［详见钱明译注：《最早来浙考察王阳明遗迹之日本人日记两种》，《国际汉学研究通讯》（第 16 辑），北京大学出版社 2017 年版，第 298 页］说明康熙以后，“古三不朽”“真三不朽”之类的褒奖辞，已为时人所广泛采纳。

② 钟声：《道义高地容不下背信弃义》，《人民日报》2019 年 6 月 11 日。

远”①，才能实现根本性的崛起和复兴。从这个意义上说，我们完全可以将王阳明及其所代表的“阳明学”作为中国文化最重要的思想资源之一来加以传承、转换与创新，也可以将王阳明及其思想学说视为构筑人类命运共同体所必需的既符合中华传统又能被其他文明所接受的共同的价值选项之一来加以凝练、推广与弘扬。

① 王融：《三月三日曲水诗序》，《全上古三代秦汉三国六朝文·全齐文》卷十三，中华书局1938年版，第5719页。

第一节　旋转之力

众所周知，王阳明不仅为其同时代人所仰慕，亦为近现代乃至当代东亚诸国的一大批政治家、军事家、思想家、教育家、实业家等所敬重。依笔者之见，阳明学之所以能为东亚诸国所喜爱，除了王阳明个人的思想魅力、独特经历和多元取向外，还与阳明学比较适合于转型期的社会需要有莫大关系，而这又与王阳明所处的时代有密切关系。阳明生活的明代中叶，正处在“帝国时代向民权时代的转型期”。一般认为，“从宋到清，中国的商品经济和市民生活方式出现了两次发展高峰，一次是南宋，一次是明代中晚期。王阳明生活的时代，正是中国社会第二次大转型（或现代性转型）的第二次发展高峰来临前夕”[①]。正因为此，以他为代表的阳明学派在思想个性上与朱子学形成了较为鲜明的对照。诚如清儒焦循在《良知论》中所言：“紫阳（朱熹）之学，用之于太平宽裕，足以为良相；阳明之学，用之于仓卒苟且，足以成大功。”[②]所谓“仓卒苟且”，内含急变、无所适从之意。朱子学与阳明学虽皆诞生于中国近世社会的转型期，但朱子学所面对的主要是由外族入侵引发的“大变局”，而阳明学所面对的则主要是由内质进化引发的“大变局”，不同的时代需要决定了二者所呈现出的不同的社会功能。因此从某种意义上说，朱子学比较适用于社会之“稳”，而阳明学比较适用于社会之“变”。换言之，是时代之巨变及其对中国崛起的思考，把阳明学推到了思想的前台，成了当今中国的显学。

近现代中国的转型之路告诉我们，中国的社会转型依靠外来的药方基本无解，甚至有害，而必须依靠本土化的方案才有未来。在当下中国，阳明心学及其颇具现代意义的价值取向可以说要比任何中国传统思想文化都更具备转型期的社会需要和个体诉求，因而会很自然地成为国人的一个重要选项，而无论其“激进”还是“保守”。尽管阳明学说不可能成为包治中国问题的灵丹妙药，但其智慧和灵根却已经并将继续深植于中国乃至东北亚民族的心灵世界中。

---

① 李海超：《阳明心学与儒家现代性观念的开展》，中国社会科学出版社 2019 年版，第 19 页。
② 焦循：《焦循诗文集》（上册），刘建臻点校，广陵书社 2009 年版，第 154 页。

阳明心学产生于明代中后期，那是中国近世社会的关键转型期。后来阳明学之所以能在东亚世界掀起一波又一波浪潮，也同样与东亚社会的转型期有密切关系。社会转型与社会革命的最大区别，在于前者是“变”，后者为“灭”，前者是继承、转换中的“破”与“变”，后者为消弭、重构中的“破”和“变”。所以当代中国的转型，虽然涉及政治、经济、文化、军事、思想观念等各个层面，但其表现形式却不外乎市场经济的快速发展、城市化的加速推进和人的信仰体系及价值诉求急速转换这三个方面。而所谓“转型期”的主要特征，如“剧变性”“不确定性”，以及“价值多元”“思想撕裂”等，实乃任何转型期的时代和社会之常态。当今中国乃至整个世界，都处在一个“超级不确定时代”和“剧烈变革期”，阳明学能在近几年中国社会上下突然间热起来，其根本原因就在于此。当然，阳明学并不仅仅适合于转型期的社会需要，它也同样适用于稳定的、后转型期社会之需要，王阳明在社会治理、政治稳定、经济发展以及解决民生等方面的成功经验，也同样能为当代中国提供宝贵的思想资源和智能源泉。但毋庸置疑的是，新异加变易乃是王阳明及其心学思想和流派传输给世人的主基调。正因为此，王阳明所提出的一些观念以及与之相辅的行为方式，会给人以极大的震撼力和鼓动力。与王阳明同时的四川大儒杨慎就曾假借其友之口以批判的眼光直言道：“余友蒋北潭芝善戏语，而有妙理尝论近日讲学之异，曰：‘宋儒格物致知之说久厌，听闻良知及知行合一之说一出，新人耳目，如时鱼鲜笋，肥美爽口，盘餕陈前，味如嚼冰，若久而厌饫，依旧是鹅鸭菜蔬上也。’”[①]事实上，相对于传统儒学，阳明学在世人那里绝不仅仅在于它的“新人耳目”，更在于它的“旋转之力”（详见后述）。

那么，阳明学为什么会适合于转型期的社会需要呢？这个问题其实与阳明心学的自身特质有紧密关系。一般来说，阳明心学主要有四大特质：一是主体性，即既包含了良知公共性又包含了主体的自由意志和独立人格的心动论；二是行动力，即代表知行合一、事上磨炼、简易工夫的行动力；三是包融性，即作为“异端”“伪

---

① 杨慎：《蒋北潭戏语》，《太史升庵文集》卷七十五，沈乃文主编：《明别集丛刊·第 2 辑》（第 31 册），黄山书社 2015 年版，第 71 页。

学”登上历史舞台的阳明学说，不仅有对张载气学、程朱理学和象山心学的包融与吸纳，而且有对传统儒学之外的佛、道、耶的包融与涵化（即文化摄入）；四是怀疑变革精神，即代表了破除传统藩篱、打破观念桎梏、追求圣凡合一的狂者气象。而这些特质，既与马克斯·韦伯（Max Weber）在《儒教与道教》中所提出的著名论断——“儒教”倾向于维护、肯定现世而缺乏变革现世的动力，使得以传统主义为取向的中国文化难以萌发现代社会发展所必要的理性主义因素，从而成为阻碍资本主义萌芽重要的原因——形成鲜明对照；又完全不同于那种犹如脱缰的野马，天马行空，独往独来，而彻底颠覆历史传统的异端邪说。质言之，阳明学既可以使一个处于转型、变革时期的社会“苟日新，日日新，又日新”，又不至于使整个社会发生脱轨，引起颠覆性的社会动荡。因为很显然，如果弃儒而采用外来的佛教等思想，便可能脱轨而走上歧路，但如果继续沿袭程朱理学等思想，便可能僵化而走老路，两者都不符合转型期的社会发展需要。阳明学的出现，“巍然而现特色，绽放粲然之异彩”[①]，几乎使整个社会都激荡起“崭新气锐的风潮”，呈现出“百花缭乱的世相”，[②]为僵化停滞的明代社会吹起了阵阵旋风，给死气沉沉的明代思想界点燃了堆堆烈火。无怪日本人曾以明代末年出现的以觉浪道盛为代表的“烈火禅”[③]来比喻阳明学，称幕末维新时期日本阳明学的杰出代表山田方谷为“烈火般的阳明学”。[④]德国存在主义哲学家雅斯贝尔斯（Karl Jaspers，1883—1969）亦曾对王阳明哲学中的“革命活力”予以很高评价。他对日本近代哲学家野田又夫（1910—2004）说过：“王阳明是中国古代之后形而上学者中的最后一位。……王阳明之后的哲学成为中国的实证主义（即考证学——引者注），在儒家中具有强大的革命活力的学派就是王阳明学派。”[⑤]雅斯贝尔斯所理解的“阳明学”的“革命活力”，应该说与其认知的日本近代“阳明学”所发挥的作用和产生的影响有很深

① 柳田泉编：《三宅雪岭集》，（日本）筑摩书房 1967 年版，第 292—293 页。

② 荒木见悟：《忧国烈火禅：禅僧觉浪道盛のたたかい》，（日本）研文出版 2000 年版，第 218 页。

③ 参见荒木见悟：《忧国烈火禅：禅僧觉浪道盛のたたかい》。

④ 参见矢吹邦彦：《炎の阳明学——山田方谷伝》，（日本）明德出版社 1996 年版。

⑤ 野田又夫：《自由思想の历史》，（日本）河出书房 1957 年版，第 176 页；转引自崔在穆：《比较阳明学——以中韩日三国为视域》，钱明译，金月明校译，上海古籍出版社 2021 年版，第 476—477 页。

的关联，但也不能不说与王阳明及阳明学本身所具有的特质有莫大之关系。因此，1970年剖腹自杀的三岛由纪夫更是以“革命哲学”来形容阳明学。[①]而三岛氏所谓的“革命哲学”，其实即代指社会转型期的哲学思维方式。

当然，作为转型期的哲学形态，阳明学的这一功能与实效，也是随着社会的发展和演进才逐步显现出来的，而且主要凸显于后阳明时期，之前虽有个别“先见之明”者对王阳明有过高评，但也大都局限在纯学术的领域。正德十年（1515）王阳明的浙江仙居弟子应良曾为阳明父亲王华七十大寿写过一篇序文，序之内容即欲借王华之寿来吹捧王阳明：

> 良也昔从公之子阳明先生游，阳明于良实有开先启迪之功，师资之谊者。……世禄之子勋贤者，则亦有之矣，而我阳明先生反躬力学，伟然一代儒宗，斩伐荒蓁，开辟塞路，明孔孟之道，以淑其身，而与海内有志者共焉，此公余波所及，泽未易量也。[②]

其实，正德十年（1515）王阳明的名声才刚刚开始显于世，应良从学王阳明也不过几年工夫，却在序中以“一代儒宗”来高评阳明，的确有点超前。后来的历史发展不仅验证还大大超出了应良所作的“余波所及，泽未易量”之判断。半个多世纪后，王阳明的再传弟子周汝登、耿定向就用“文成倡道于晦翁之后，有揭掀旋转之功”[③]“明兴化洽，道在姚江；良知一揭，如炬斯煌”[④]来评价其先师，与其同时的袁中郎亦称“自东越（指阳明）揭良知，以开天下

---

①参见三岛由纪夫：《革命哲学としての阳明学》，《三岛由纪夫评论全集》（第3卷），（日本）新潮社1989年版，第566页。

②应良：《寿大冢宰王公序》，王寿颐等纂修：光绪《仙居志》卷九，《中国地方志集成・浙江府县志辑》（第48册），上海书店1993年版，第132页。

③周汝登：《新安会语》，《周海文先生文录》卷三，《四库全书存目丛书・集部》（第165册），齐鲁书社1997年版，第468页。按：时人尝赞明朝贤臣陆光祖有“旋转之功”，不少人认为“太过”了，顾宪成也认为“若说旋乾转坤，委未易言”。（参见顾宪成：《小心斋札记》，王学伟编校：《顾宪成全集》卷十七，上海古籍出版社2022年版，第212页）

④耿定向：《耿定向集》，傅秋涛点校，华东师范大学出版社2015年版，第736页。

学者，若披云见日矣"①，稍后的张岱则谓"阳明先生创良知之说，为暗室一炬"②，理学殿军刘宗周却用"震霆启寐，烈耀破迷"③来评价阳明思想，其弟子黄宗羲更是干脆直称阳明学派"诸公"具有"掀翻天地"之作用。④而无论"旋转之功"也好，"掀翻天地"也罢，都是借阳明之余波而转变为推动社会历史发展的变革力量。很显然，要说具有"旋转之功"及"掀翻天地"之作用的思想学说适合于转型期的社会需要，无论在事实上还是逻辑上都是能够成立的。

因此，我们可以说，近年来阳明学在中国大陆异常火爆的原因，从表面上看似乎是政府在推动，其实是处于重大转型期之社会的必然现象，或者说是处于重大转型期的中国社会这只无形之手点燃了这堆烈火。而这种现象，在近现代的中国大陆以及后来的中国台湾地区曾有过，在日本、朝鲜（及1945年后的韩国）也都出现过。

19世纪后期20世纪前期的中国社会，是被李鸿章等人视为"三千年未有之大变局"的重要的历史转型期，这一时期就曾出现过阳明学热。当时无论改良派还是革命党人，大都倾心阳明学，有的甚至以阳明学为思想武器，为推动社会变革而奔走呐喊。正如贺麟先生在1945年出版的《当代中国哲学》一书中所认为的，整个中国近代哲学是陆王学的复兴或者说新发展，其中陆学只是个陪衬，主要还是王学。⑤尽管其中有受近代日本影响的因素，但更主要的却是中国近现代社会转型的自主选择。

在中国台湾地区，20世纪50年代和70年代也曾出现过两次较大的传统思想文化复兴运动，包括阳明学在内的儒家学说受到官方和学界的双向推动，不仅掀起了中华文化复兴运动，而且形成了著名

---

① 袁中道：《寿裕吾邹公偕元配张孺人七十序》，《珂雪斋集》卷九，钱伯城点校，上海古籍出版社 2007 年版，第 435 页。

② 张岱：《王守仁列传》，《石匮书》，栾保群点校，故宫出版社 2017 年版，第 2043 页。

③ 黄宗羲：《师说》，《明儒学案》（上册），沈芝盈点校，中华书局 2008 年版，第 7 页。

④ 沈善洪主编：《黄宗羲全集》（第 7 册），浙江古籍出版社 1992 年版，第 821 页。

⑤1986 年贺麟先生将其改名为《五十年来的中国哲学》，收入《贺麟全集》（上海人民出版社 2012 年版，第 33 页）。贺麟认为，陆王心学在近代中国的复兴是由于：1. 陆王注重自我意识，于个人自觉、民族自觉的新时代，较为契合；2. 处于青黄不接的过渡时代，无旧传统可以遵循，无外来标准可资模仿，只有凡事自问良知，求内心之所安，提契自己的精神，以应付瞬息万变的环境。

的现代新儒家学派，而阳明学则几乎成为新儒家大师们共同追崇的对象，涌现出一批学术巨匠和思想流派，对海内外所产生的影响至今未衰。究其原因，也与台湾地区的社会转型密切相关。具体地说，就是50年代国民党失去大陆、败退台湾，使整个社会处于剧烈的转型期；70年代台湾国民党当局被驱逐出联合国、中美建交等一系列重大事件，促使蒋经国寻求政治改革的新突破亦即新的社会转型。这两次大的社会转型，构成了包括阳明学在内的中国传统思想文化复兴运动的重要因素。

日本自江户中期形成以中江藤树（1608—1648）为代表的藤树学派并出现阳明学热后，到了近现代又出现过两次阳明学热。一次出现在幕末维新期，阳明学作为一大批志士仁人的旗帜，而逐渐形成一股社会思潮乃至社会运动。当时在日本的武士阶层中，虽存在政治理念和改革路径上的较大分歧，但信奉并利用阳明学实为他们共同的思想倾向。无论倒幕派还是协幕派，只要是信奉阳明学的，大多主张革新（包括藩政改革和幕政改革），从而使阳明学几乎成为主张改革的仁人志士们共同的思想武器。另一次出现在战后的昭和期，不仅学术界出现了一批著名学者及代表性著作，而且在民间也出现了一股阳明学热。而无论幕末维新期还是战后昭和期，都是日本社会的重要转型期，前者是从封建制向近代资本主义的转型，后者是从战前军人独裁体制向战后民主体制的转型。

自17世纪初形成以郑齐斗（1649—1736，号霞谷）为代表的家族式的朝鲜阳明学派——江华学派（或称霞谷学派）后，朝鲜半岛也在近现代出现过两次阳明学热：一次是朝鲜半岛被日本吞并的1910年前后。当时伴随着蓬勃掀起的爱国救亡运动，朝鲜诞生了一批杰出的政治型的阳明学者。这批人有的曾留学日本，受近代日本阳明学的影响；有的流亡中国，长期致力于抗日救亡运动。另一次是在汉城（今首尔）奥运会以后，即20世纪80年代后期至90年代上半叶。这个时期的韩国，正好处于从军人独裁政权向民权政府过渡的转型期。而这一时期阳明学在韩国的复兴又是与1995年韩国阳明学会的成立相并行的，诚如韩国阳明学会首任会长宋河璟在《阳明学》创刊号的致辞中所言：“韩国阳明学会的创立，不仅会带来韩国东洋哲学思想界的均衡发展，还会和国外的阳明学界通过精神交流，共谋阳明学本身的发展。……当今的时代需要将根本精神放在阳明学的‘知行合一’和‘致良知’的精神上，以实现其主体性的弘扬与发展。”①也是说明阳明学的一些基本精神是适合转型期社会之需要的。

东亚各国一衣带水，地缘相邻，人缘相近，习惯相仿，文化同根，生活同源，故而在转型期所碰到的各种社会问题也极为相似，社会心态、个体心灵之激变更是颇具相通性。因此，被近世东亚社会所普遍接受的阳明学，因前述的主体性、行动力、包融性及怀疑变革精神这四大特质，而渐次成为东亚社会极具人气的思想爆发点，乃是顺理成章的。亦因此，尽管东亚社会历史上所出现的阳明学热并不同步，但基本同质，都属于转型期社会发生巨变过程中的正常现象。

总体而言，发端于20世纪70年代末的改革开放，到了八九十年代，使当代中国逐步进入政治、经济、社会、文化乃至思想观念等各个方面的全面转型期。这个转型的激荡程度和撕裂强度，是中国数百年来少有的，它不仅涉及中国与世界的关系，还涉及自身的治理结构和社会形态。传统的经济体制正在解体，固有的社会结构正在重构，僵化的思想观念正在熔化。其所产生的剧烈阵痛和思想碰撞，甚至超过近现代的中国。王阳明及阳明学正是在这样的背景下逐渐升温，并且由“冷”转“热”、由“微”变“显”的。尤其值得关注的是，与以往的文化热不同，当下的阳明学热主要发生在“线上”。尽管我们所谓的阳明学热“线下”也有，比如商界、社区、乡村、学校等都有阳明学热，但大量的却发生在互联网的“线上”。比如王阳明小组、《传习录》读书会、心学联合论坛等，这类网站的人气极旺，粉丝们大都在网上互动。至于利用公众号、微信群等自媒体而自发开展的围绕阳明学的心学讲座、读书研习、对话讨论等，就更是不计其数。或许正是基于这些现象，《文史哲》杂志发布的“2016年度中国人文学术十大热点”中，“‘知行合一’思想倍受关注，新‘心学时代’或将到来”才被排在第3位；②在第八届世界儒学大会上所评选出的“近两年（2015—2017）儒学

① 韩国阳明学会编：《阳明学》，（韩国）韩国阳明学会 1997 年版，第 4 页。

②《〈文史哲〉杂志“2016 年度中国人文学术十大热点”发布》，https://www.lhp.sdu.edu.cn/info/1002/1242.htm，2017 年 4 月 15 日。

研究十大热点”中，“王阳明研究迅速升温，‘知行合一’的心学思想被用来针砭空疏流弊”才被排在第9位；[①]由中国人民大学书报资料中心、《学术月刊》杂志社、《光明日报》理论部共同主办的“2017年度中国十大提名热点”中，“阳明学的现代价值”才被排在第2位。[②]其因即在于像阳明学这样的适合于转型期社会需要的思想学说，可以而且应当成为正处于改革开放攻坚阶段的中国社会的思想资源之一，以及凝聚民族内功、增强文化自信的重要支撑之一。

---

①《近两年儒学研究十大热点（2015—2017）》，https：//www.view.sdu.edu.cn/info/1021/94508.htm，2017年9月20日。

②《中国人民大学发布2017年度中国十大学术热点》，https：//news.ruc.edu.cn/archives/194346，2018年1月16日。

第二节 励志之魂

王阳明一生所倡导的“立志”说及其本人在事功方面所取得的巨大功绩对后世也产生了非常大的影响，以至于后来的有志之士每逢历史关键时刻都会以他为榜样，借以激烈和鼓舞人们的斗志，比如在20世纪三四十年代，就有过以下几件国共两党借王阳明来激励抗战将士的事例。

一、周恩来赴绍兴拜谒阳明墓

周恩来原籍绍兴，自称“绍兴人”，并且于1917年至1919年赴日本留学，对近代日本掀起的王阳明热应该有所了解，对死后葬于绍兴兰亭的王阳明亦会抱有一定的好奇心，这些都为其在抗战期间赴绍兴拜谒王阳明墓的行为作了铺垫。

抗战时期，周恩来有两次赴浙江视察的经历。一次是1937年3月24日至29日，周恩来到杭州在西湖边与蒋介石会谈，促成了国共第二次合作。一次是1939年3月17日至4月6日，是周恩来以国民政府军事委员会政治部副部长的身份来浙江进行的1949年以前时间最长、内容最多的视察活动。他3月19日前往临安西天目山与国民政府浙江省政府主席黄绍竑会晤；3月24日在禅源寺百子堂浙江省立浙西临时中学开学典礼上发表抗战演讲，高度评价了浙江抗战以来所取得的成绩，称赞浙江是东南战场的先锋；后又以祭祖扫墓的名义回到绍兴，并特地到兰亭拜谒了刚被陶广撰文立碑（详见后述）后的王阳明墓。

据史料记载和后人回忆，1939年3月28日至31日，周恩来为宣传中国共产党的抗日民族统一战线，曾以国民政府军事委员会政治部副部长的身份来到故乡绍兴省亲。3月28日凌晨三时半，他从萧山临浦乘汽轮船抵达绍兴，29日，即由表弟王贶甫①及其长子王成陪同祭

---

① 王贶甫（1901—1967），绍兴人。父亲王子余（1874—1944，名世裕）。祖父王庸吾与周恩来祖父周殿魁同幕江苏淮安，结为儿女亲家，光绪二十年（1894），王子余与周殿魁之女周桂珍结婚，因此周恩来称王子余为姑父。王贶甫是王子余的长子，比周恩来小3岁，两人是少年玩伴。1907年，周恩来的生母去世后不久，嗣母陈氏也在清江浦去世。少年周恩来就在姑妈周桂珍家和堂二妈、三妈的百岁堂旧居两边生活了一年。1939年3月，周恩来回绍兴的第一件事就是给姑妈周桂珍遗像三鞠躬。新中国成立后王贶甫曾担任绍兴市副市长。1957年将家中珍藏的各种地方志、珍贵书画、周恩来题字以及徐锡麟用过的手枪、秋瑾就义时的血衣、葛云飞的遗甲遗盔等无偿捐献给国家。

扫了周氏祖墓，后在王贶甫家吃了晚餐。30日，又在王贶甫的书房与陆与可、周文元、蒋桐生、顾康年、史美钰等5位（他们的祖辈与周家、王家的关系较为密切）在绍兴大明电气公司工作的青年工人座谈，王贶甫及父亲王子余、长子王戌也在场。座谈后周恩来分别给5位青年题写了“前途光明”“光明在前”“无限光明”“光明灿烂”“为光明而奋斗”等5幅字，鼓励他们树立抗战必胜之信念。最后还与在场的人合影留念。1960年，陆与可将失而复得的“前途光明”之题词捐献给了绍兴文物管理部门，这也是5幅字中唯一留存于世的周恩来题词。①

1939年3月31日一早，周恩来在绍兴偏门船埠头向前来为他送行的人告别后，在警卫员刘久长等的陪同下，乘船在娄宫（今属绍兴市柯桥区娄宫村）上岸，“游兰亭一小时，看王阳明墓一小时”，然后直奔诸暨，在途经枫桥时，在枫桥大庙的戏台上向社会各界发表了著名的抗日演讲。傍晚抵达诸暨，并于当晚乘火车前往金华。次日早上七点三十分抵达金华。②

这一次不仅是周恩来一生中唯一一次回绍兴，而且时间只有短短的三天，但这三天却是他为推进和发展抗日民族统一战线日夜奔劳的三天，也是通过祭祖、拜谒阳明墓等行为方式以激励抗日将士的三天，因而其意义非同寻常。然而，周恩来参拜王阳明墓，既未留下照片，又没有见到媒体的即时报道，尤其是一直陪同他的王贶甫也未见说起，而只是在后人编纂的《越都风云录》中有记载，因而其真实性值得怀疑。不过基于以下几条理由，笔者对此还是持肯定立场的。

第一，据说周恩来当时名义上是回绍兴老家为祖宗扫墓，实际上是为了宣传中国共产党的抗日民族统一战线。照此推测，顺便去拜谒王阳明墓，不就更使周恩来此行，不仅不会引起对王阳明非常崇拜的蒋介石的怀疑和担忧，甚至还会获得赞许和支持吗?

第二，周恩来的姑父王子余与光相桥王氏的关系十分密切，王子余、王贶甫住的火珠巷木桥弄王宅与伯府第的距离也非常近。周

---

① 参见朱怡等：《周恩来同志“光明”题词80周年：那些光明往事》，中国电力新闻网，2020年1月8日；刘艳珂等：《王贶甫：谨遵周恩来制定的家规》，《中国档案报》2019年4月2日。

② 王文全主编:《越都风云录》，中共绍兴县委党史资料征集研究委员会1989年编印本，第145页。王文全此文没有注明周恩来此段事迹的史料来源，据笔者推测，可能来源于当时绍兴的地方报刊。

恩来在王贶甫家会见的5个青年代表，其祖、父辈亦皆与周家、王家有较为密切的关系。周恩来正是借着亲友、世交这层关系与5人进行座谈，以深入了解民众对抗战所持之信念的。

第三，陶广撰文立碑、励志抗战之事，在当时绍兴的军界及知识界曾广为流传，周恩来抵绍兴后估计从王子余、王贶甫等人那里获得了相关信息，于是才有了顺道参拜阳明墓之举。

第四，王子余、王贶甫家所在的火珠巷，是当时绍兴有名的"报馆一条街"，曾诞生了《绍兴民国日报》《绍兴新闻》《越报》和《绍兴工商报》4家报刊，而王子余又被称为"绍兴报业鼻祖"。周恩来参拜阳明墓的消息及史料，可能就是由当地报纸报道后而流传下来的。

第五，王子余从1934年起即负责编修绍兴县志，后经过3年努力，至1937年，已初步完成《绍兴县志资料》第一、二辑，所以对光相桥伯府第及王阳明墓的相关情况自然会比较熟悉，而周恩来通过与王子余的交流，了解到王阳明墓的情况也是顺理成章的。

第六，尽管周恩来为5位青年写的有关"光明"的题字，与这些人就职的绍兴大明电气公司不无关系，但却不能不让人联想到王阳明的临终遗言"此心光明，亦复何言"，因而亦不能不让人把周恩来要求青年树立抗战必胜之信念与借王阳明来进行励志教育联系在一起。而"光明""大明"等也的确是王阳明使用频率较高的词汇，并且是阳明心学中的重要概念，代指"良知"本体的灵明普照、清澈透体。阳明的永康弟子卢可久说过："心之光明，是谓良知。光明者，心之体也。光定则心静，光摇则心动，光散则心昏，光驰则心亡。心岂有出入？动静以主光而言耳。尧之光，被舜之光华。文武周公光，显孔子之容。光必照俱，以其盛养此光也。"[①]因此，即使周恩来的"光明"题词与王阳明的"良知光明"说没有必然联系，但其意义和所起的作用也是有可比性的，尤其是他在绍兴反复强调"光明"，人们就有理由将此与王阳明生前的"光明"遗言联想在一起。

---

① 卢可久：《卢一松先生遗言》卷二，黄灵庚、陶诚华主编：《重修金华丛书》（第98册），上海古籍出版社2014年版，第310—311页。

二、王以哲[1]邀李一真[2]讲演《阳明学》

1932年，九一八事变后不久，时任独立第七旅旅长的王以哲率军驻守北平清河镇（今属北京海淀区清河街道），为激励抗战将士的斗志，他于1932年5月特邀李一真来该旅讲演“阳明学”，后该讲演内容以《阳明学》为名，并由邹师孟、程崇道校点，于1932年5月初印行于世，以作为对处于抗战前线军人们进行励志教育的读本。抗战全面爆发前后，又以《阳明学》为题连载于《国民周报》1937年第1卷第1—5期。该书开篇即为王以哲的“介绍词”，全文如下：

> 处在这人心不古，人欲横流的时代，服务社会的人们——尤其是我们当军人的，若是心中没有高尚的信仰作个主宰，不用说成事谈不到，恐怕根本立不住脚。所以我请李一真先生为我们全体官佐来讲阳明学。因为阳明先生是有明一代的大儒，同时又是一个名将，可称得起文武全材（才）的人了。他的学说固然值得我们信仰；就是他用兵的方略，也足以为我们取法，的确是我们军人的一个好模范。日本很得力于阳明学，所以他能以区区岛国，称雄于世界，为现代四强国之一。阳明先生本是我们中国的先贤，我们中国人不能服膺他，反教外国人得了他的好处，真是教人愧死！我盼望我们全体官佐，听了李先生讲演之后，大家都以阳明先生的学说作一个信仰，并且要身体力行，以应付一切，则杀敌致果，复我河山，指日可待。愿与诸君共勉之！

该书分为四个部分，即引论、阳明的历史、阳明的学说、结论以及附录（附原文《答顾东桥书》《答聂双江书》）。

---

① 王以哲（1896—1937），原名蓬峤，字鼎芳（方），吉林宾县（现属黑龙江）人。东北军高级将领，也是张学良的亲信部属。历任东北陆军步兵第十九师中将师长兼第七旅旅长、六十七军军长等职务。在铲除亲日派“杨常事件”中，他是参与者之一。1936年周恩来与张学良的肤施会谈，也是他一手促成。1936年7月他由周恩来介绍秘密加入中国共产党。他也是西安事变的主要策划、参与及实施者。1937年2月2日，在东北军“少壮派”应德田、孙铭九等人发动的变乱中，王以哲遇害牺牲。

② 李一真（1892—1973），名喜诚，号忠展。山东黄县（今龙口市）人。早年在湘、沪办学，后去吉林、锦州、厦门大学执教，主讲文史，专攻阳明学，与李济深、于右任、章士钊、梁漱溟、柳亚子等过从甚密且飞鸿不断，曾担任过李宗仁的文史顾问。1956年任山东省政协委员、中央文史研究馆馆员。著有《阳明学》《孔子教学法》《醒梦草堂文集》等。

李一真还在该书正文的末尾说了以下一段话：

> 最后还有几句话，就是我和鼎方先生素不相识，这次他向我的朋友邹师孟先生商量请我来讲演，才见的面。我从来不肯随便的恭维人，所以虽然平常听到有人说王旅长如何的好，但我并未当面领教过，绝对不敢随声附和。我第一次来到清河，参加贵旅举行的军民联欢会，看见全旅的官兵和百姓的态度，已竟知道一斑。我第二次来到清河那天的下午，鼎方先生同我从他的休息室到旅部去，他路上遇着本镇的老百姓，就先打招呼。他对我说：“我在这地方人缘很好，因为我见了他们，都是先和他们说话。”一面用手指着自己说：“这个官，又算个什么玩意儿！”那时正商量讲演《阳明学》，所以我说：“你觉得这个官不算什么，只这一念扩充起来，便抵过一部《阳明学》。罗念庵先生自言：‘二十年苦功，才磨去状元二字。’这很不容易！”[①]现在的官僚，所以不免压迫小民的，只因心中磨不去这官僚。他总觉着自己是个官，是个贵族——特殊阶级。只为有此一念，才惹起人民的反感，社会的不平，才有所谓阶级的斗争。我希望各位官长将来就是当了陆海空总司令，心中总不觉得自己是特殊阶级，仍是和平民一样！便是大舜“有天下而不与”的气象。所以说：只这一念扩充起来，便抵过一部《阳明学》。

从中可以看出，王阳明的圣凡平等理念在王以哲身上有较为生动的体现。在王以哲心目中，官僚根本算不上什么，不仅不应该有什么特权，而且还要磨去“官僚”二字，而对待百姓，则要“‘有天下而不与’的气象”。毫无疑问，这种军民一致、官兵平等的思想和行动，乃是即将全面抗击日寇的中国人所要解决的首要问题，

---

① 从思想上看，王以哲对罗洪先（念庵）的偏爱，与念庵本人的存养修身论有很大关系，但从政治上看，则与蒋介石的阳明学观有直接关系。对于王门诸派，蒋氏比较青睐江右王门的邹守益和罗洪先，称他们为“实得阳明之正传者也”“诚识圣学之全者”“罗诚不愧为圣学之正统也”［黄自进、潘光哲编：《蒋中正“总统”五记·学记》，（台湾）“国史馆”出版社 2011 年版，第 189、191 页］。而这种青睐，又可追溯到康有为及其弟子梁启超。［参见康有为：《南海师承记》，《康有为全集》（第 2 集），中国人民大学出版社 2007 年版，第 257 页；梁启超：《德育鉴》，《饮冰室专集》之二十六，中华书局 2015 年版，第 31 页］

也是树立抗战必胜之信念的重要前提。王以哲在全力解决信念问题的同时，还基于团结抗战之决策，与延安方面密切协作，以图结成抗日民族统一战线。诚如毛泽东1936年9月写给他的信中所言：“日寇侵略益厉，兄我双方救亡之准备大宜加紧，庶于救亡阵线有最大之裨益。我兄高瞻远瞩，对此谅有同心。……以全国与西北的有利形势，以东北军与红军的联合力量，决不怕外间若何之风波也。”① 西安事变后，东北军内部发生混乱，王以哲被孙铭九等少壮派杀害，67军军长由王以哲密友吴克仁担任。卢沟桥事变爆发后，吴即率全军将士请缨，后受命开赴华北前线，接替自平津南撤的29军正面阵地，成为抗战初期中国军队的中坚力量。尽管我们不能说王以哲邀李一真讲演《阳明学》与后来王部积极参加抗战之间有必然联系，但阳明的励志精神和平等思想对王部所产生的潜移默化作用亦并非无根无据之猜想。

三、蒋介石视察贵阳阳明洞和阳明祠

蒋介石崇拜王阳明人所皆知，而这种崇拜实与日本有某种联系。1906年，19岁的蒋介石赴日学习军事，1911年回国，在日本6年时间，对日本人尤其是日本军人对王阳明的喜爱耳濡目染。后蒋介石一直主张“以日为师”，即使全面抗战爆发后，对日方针已由“备战”转为“应战”，但这一初衷始终未改。其中自然包括对日本人喜爱阳明学所作的深度思考，从而也就进一步加深了他对王阳明这位老乡的极大兴趣。因此，在20世纪20至40年代，尤其在抗战时期，蒋介石所到之处，但凡与王阳明有关系的遗迹、遗址，他都要专程或顺道去参拜、视察。

据《王家烈轶事》记载：1935年3月24日，蒋介石偕夫人宋美龄及顾问端纳、陈诚，由重庆飞抵贵阳，督师“剿共”。在王公馆，宋美龄答应王家烈夫人万淑芬第二天去名胜螺丝山王阳明祠游览，但次日下午宋美龄因身体原因并未去成，而是到了5月9日才与蒋介石等一起去的（详见后述）。

又据原修文县文保所所长杨德俊介绍，蒋介石共去过阳明洞三次：一次是1935年4月下旬，蒋介石在宋美龄、王家烈、端纳等人

① 毛泽东：《致王以哲的信》，《毛泽东书信选集》，人民出版社2003年版，第184页。

的陪同下游览阳明洞；一次是1943年3月15日，蒋介石在武鼎昌、蒋纬国等人陪同下再游阳明洞；最后一次是1946年4月11日，蒋介石在陈希国、蒋经国、杨森等人陪同下重游阳明洞，并题写了“知行合一”四个大字，后被镌刻在阳明洞附近的山崖上。[①]其中前两次均留下了照片并见之于报端，最后一次则没有留下照片或者未见之于报端。

对于第一次视察阳明洞的经过，《蒋介石日记》中记载得较为详细：

> 1935年4月28 日……本日看张评传，手录戚继光语，十一时后与妻同游修文阳明洞。自游古迹与圣域以来，未有感想如今日游龙冈之切也。观其手植梅柏挺秀，更觉其手泽之深。读其《玩易窝记》至视险如夷而不知其夷之为扼也，不禁向往系之。……本周反省录：……六、游览阳明洞，参观扒大寨青苗，皆有所感。[②]

另据《蒋介石日记》记载：

> 1935年5月9日……本日批阅手拟贵州施政方针一整理黔军之注意各矣。下午重游观风台[③]与游览螺丝山（即扶风山）王文成公祠，心神向往系之。晚召宴党政军人员训话。[④]

至于从1935年到1946年5月离开重庆还都南京的十余年间，蒋介石为什么要数次前往修文阳明洞和贵阳阳明祠等王阳明遗迹视察的问题，我想除了其本人对王阳明无比崇敬外，还与借王阳明来激励抗战将士的斗志有一定关联（至少是后两次）。对于王阳明在各地的遗迹，此前蒋介石虽然也视察过，比如据《蒋介石日记》（1926

---

① 参见杨德俊主编：《王学之源》，贵州大学出版社 2016 年版，第 9、84 页。

②《蒋介石日记》手稿本（1917—1936），美国斯坦福大学胡佛研究所档案馆藏电子版，第 508 页。按：蒋氏日记曾经过蒋家人的编辑与删节，并非完全私密性。但它作为手写日记之原件，的确有其参考价值，尤其对日常事务之时间、地点的具体记录以及内心世界的自我独白，是可以作为信史采用的。

③ 观风台又名观象台，贵阳古八景之一，位于贵阳市老城区东南的观风山上，南明河绕东南角流过。

④《蒋介石日记》手稿本（1917—1936），第 510 页。

年12月10日）记载："行十里许，到白鹿洞书院，右有五老峰，前有小溪，阳明与朱子字迹犹存也。旧址犹存。"[①]但却主要集中在抗战时期，这就更能说明问题了。

关于抗战时期借用王阳明以激励全军将士的事例，我们还可根据今修文县阳明洞、玩易窝石刻而举出若干例。如抗日名将罗卓英于"乙酉（1945）夏，校阅青年军[②]，于修文谒阳明祠，因题诗刻石，以勉将士"，并题四言绝句云："公至修文开教化，我来阅武事征倭。收京渡海平三岛，十万军声奏凯歌。"[③]贵州兴义人何应钦之弟何辑五（应瑞）于1946年为玩易窝题写"阳明玩易窝"等。

四、陶广整修阳明墓并撰写碑文

陶广（1881—1951），号思安，湖南醴陵人。据《平湖抗日战争时期大事记》记载，1937年8月13日淞沪战事扩大后，由陶广任军长的国民革命军28军曾驻扎浙江平湖。同年11月18日平湖沦陷，12月24日日军占领杭州，至此地处钱塘江南岸的绍兴遂成为抗日前哨。1938年3月1日28军所属第62师由钱塘江北渡，在嘉兴一带展开敌后游击战。据此推算，当时在绍兴一带做短暂驻扎的部队应该是国民革命军28军，而军长陶广为王阳明墓撰文立碑则应该在1937年底至1938年初，但究竟是否陶广或其部下受命为王阳明墓撰文立碑，则难下定论。[④]

关于碑文的内容，据王阳明族裔王诗彦回忆，主要内容为：

丁丑（1937）冬，倭寇陷杭州，余率部防堵钱塘江。沟垒即成，乘间，访越中诸胜。至于洪溪，谒王文成公墓，蔓草荒烟，碑碣斑驳，余为之抚然。先生有言曰"破山中贼易，破心

---

① 《蒋介石日记》手稿本（1917—1936），第 154 页。

② 罗卓英此时兼任建于抗战末期的政治性很强的青年军总监。

③ 罗卓英钟爱王阳明还可从其临摹阳明《赴谪诗》中的名句"危栈断我前，猛虎尾我后"，并款识"录王阳明诗作座右铭，卓英。钤印：慈威录文"中窥知一斑。

④ 另据史料记载，陶广拥护抗日民族统一战线，曾与新四军共同作战，多次粉碎日军对游击区的"扫荡"。抗战胜利后，因受蒋介石排挤，陶广退役隐居杭州。1946 年，李济深从香港到杭州与陶广在净慈寺密商反对蒋介石独裁统治之事宜。1948 年 1 月陶广加入中国国民党革命委员会，并密嘱旧部，相机起义。1949 年 3 月 30 日被密捕，经程潜多方营救，于 4 月 25 日获释。中华人民共和国成立后，李济深致函陶广，表示慰问。后宋时轮奉命前往杭州看望陶广，并同陶广一起到上海见陈毅。1951 年 8 月 25 日陶广病逝于杭州智果寺。

中贼难”，尝服膺斯语，立为己治身之圭臬。今寇氛日亟，追怀昔贤……亦以励来者之观感云尔。湖南醴陵陶广。

而通过拜谒阳明墓以励心志的事，当时绍兴一中的语文老师姚轩卿曾在《轩卿随笔》中有详细记录：

由兰亭东南行，经新桥、花街，抵洪溪，经四里许，王阳明墓在焉。两山环抱，局势宏敞。墓前碑为民国二十六年冬，醴陵陶广军长所书。就中所引“破山中贼易，破心中贼难”二语，最为警策。盖抗战二年来，凡大场、全公亭（皆属上海）之失守，皆由心中贼为之祟也。近者当局励行国民公约，亦正为此。适有石础五，余与朱奇生、周有之、石雪岑、王自治四先生分坐之，而华正浩教官率百余同学，高唱《大刀歌》而至，一堂师友，高山仰止，大有当仁不让之意。未几风势转紧，山雨欲来，余等五人先离山而下，回顾之，见同学列坐烟雨中，教官正施其训话也。①

1939年因遭日军飞机轰炸，绍兴一中被迫迁至郊外兰亭，于是姚轩卿遂与其他四位教师一起到距兰亭四里许的洪溪阳明墓拜谒，并目睹了华正浩教官率百余名学生在墓前高唱《大刀歌》以励志抗战的场景。姚文中所称陶广书碑事可与王诗彦所记碑文互证，同时也证明了抗战期间当地军民确曾有过多次以阳明心学激励斗志的事发生，而周恩来差不多同时拜谒阳明墓之动机亦可与陶广立碑事、绍兴一中师生以阳明心学励志之事迹作同等观。

遗憾的是，有如此重要意义的石碑，后来再无文献有过记载，直到2017年绍兴市为举办阳明文化周，才想起此碑，并开始调查其下落，然毫无结果。后据修文县文化局原办公室主任雷华熙写的未公开发表的《第一次阳明遗迹考察》记述：

---

① 参见许孔时、姚越秀编注：《轩卿随笔》，燕山出版社 2001 年版；转引自张炎兴：《寻找陶广碑》，《绍兴日报》2017 年 10 月 30 日“副刊”。姚轩卿（1882—1948），浙江诸暨人，曾任教浙江省立五中、越光中学、复旦大学等。所著《轩卿随笔》大多写于抗战期间，以读书心得为多，更以民族正气和爱国情操贯穿始终，其中不少记载极具史料价值。

1986年7月，修文县文化局准备编排一个黔剧《王阳明》，派办公室主任雷华熙、刁福林和文化馆杨绍林三人到余姚、绍兴搜集相关资料。……24日上午，到禹陵附近寻找阳明洞，据当地老人陶水介绍，该洞位于望仙桥一带，寻获未果，因时间和交通原因，未继续寻找。在当地午餐后，到兰亭洪溪花街王阳明墓地考察，因当时墓地为一小土堆，又无碑碣，故不敢断定为王阳明墓。后到兰亭景区内一荒草丛中，发现王阳明墓碑，已断为上下两截，但较为完整。当即找到兰亭文保所所长胡雄，请求帮助捶拓拓片，胡所长安排两名员工及拓片工作员斯敏君（女）帮助将断碑拼接，先捶拓正面，再翻转捶拓背面，由刁福林、杨绍林拍摄照片，雷华熙记录碑刻尺寸及内容，捶拓完后由胡雄所长郑重交由雷等一行带回。王阳明墓碑尺寸、内容如下：碑高1.4米，宽1米。正面为隶书“王阳明之墓”五字，字径16×20厘米。背面为楷书，字径4×3厘米，有的字剥落，能辨识者为：“丁丑（1937）冬，倭寇已陷杭州，余率部防堵钱塘江。沟垒既成，乘间访越中诸胜，至于洪溪，谒王文成公之墓，蔓草荒烟，碑碣斑剥，为之抚然。先生有言曰：‘破山中贼易，破心中贼难。’尝服膺斯语，立为己治军之圭臬。今寇氛日亟，追忆昔贤，籍志景行，亦以厉来者之观感云耳。民国二十六年，湖南醴陵陶广。”记录、捶拓、摄照完后，返绍兴住宿，并电话告之绍兴、余姚相关人士，已找到王阳明墓碑。……此次搜集文字资料由雷华熙负责，雷比较认真，记录详实，笔记本目前尚保存完好。照片及拓片由杨绍林负责保管，杨未交文化馆及文化局，没过几年，杨绍林过世，雷华熙曾问其子女照片及拓片之事，其子女说不知此事，照片及拓片至今不知何处。

雷华熙的这篇记录，不仅告诉我们陶广撰立的碑文内容与王诗彦所记基本一致，而且还为我们提供了重要的寻找陶广碑的线索。后据绍兴文理学院教授张炎兴说，他曾“兵分两路”去寻找陶广碑的下落。一是通过市文化旅游集团从兰亭景区寻找相关线索，无果，又问市文物管理局，亦无相关消息。欲寻找当年的当事人——现居住在广州的原兰亭文保所所长胡雄，后通过各种关系，加了胡雄儿子的微信。2017年7月20日胡雄儿子回复：“张老师，你好！来信收悉，你所说的情况多年前我曾听父亲说起过，但具体在兰亭哪个位置我已经不记得。近日我正在北京开会，待回广州家里询问父亲后再向你奉告。”然后，再无消息提供。想想，让一个年近九旬的老人再回忆当年的一桩琐事，的确是勉为其难了。另一条线索是与修文县阳明文化研发中心原副理事长杨德俊取得联系，以索取陶广碑的拓本和照片。一直到2017年10月初，张炎兴收到了杨德俊的回信：“张先生，你好！你要的修文县于1986年所拍摄的民国阳明先生墓碑照片和残碑拓片，前段时间我回修文县，在当地文化馆、文体产电旅游局去查找档案，未找到。我又找当时同去的雷华熙，他说该资料由同去的文化馆馆长杨绍林保管，现杨绍林已经去世……时间过去30多年了，实在是无从查证了。可惜，可惜！”就这样，80年前抗战时所立、30年前尚存于兰亭景区的陶广碑，竟没了踪迹。①

也就短短30年时间，陶广碑连同20世纪80年代的拓片及拍摄的照片，竟成了“历史谜案”，这实在有点让人匪夷所思，其中之原委，有待我们今后去破解。但从笔者的亲身经历及所见所闻中至少能使我们感受到，以历史民族自居的国人其实对历史是相当漠视的，其中也包括笔者本人。因为关于陶广碑，20世纪80年代初笔者陪同沈善洪、王凤贤考察阳明墓时就曾听当地人说起过，后又曾随冈田武彦等日本学者多次考察阳明墓和兰亭景区，还于1998年对王阳明第十六世孙王诗棠进行过多次采访，可就是没有对此碑的下落引起过重视，要不然，若当时就着手寻找，就可能不会有今天的遗憾了。

五、吴奇伟游龙南县玉石仙岩并提记

1938年秋，抗日战争由战略防御转入战略相持阶段，也是最考验全国军民意志的阶段。作为著名的抗日将领，时任第四战区副司令长官兼第九集团军总司令和粤赣闽三省边区绥靖主任的吴奇伟，

① 参见张炎兴：《寻找陶广碑》，《绍兴日报》2017年10月30日。按：2017年10月绍兴博物馆副馆长沈一萍为编纂《王阳明书法全集》找到笔者，应笔者请求，也向绍兴文保所、博物馆等老同志了解过此碑下落，同样无任何结果。

曾于1938年9月赴地处赣粤边界的南龙县参观游览王阳明当年率军小憩过玉石仙岩①，并撰写了近400字的《重阳登玉石岩留记》，由杜俊伯书。该记文详细叙述了“抗战军兴之翌年，奇伟以转战之身，七月奉命荡寇南浔，鏖持五阅月，复奉调回军南疆中枢，以前线决胜之基端赖后方之奠定”。对“设署龙南”，负责三省绥靖事宜期间，赣南人民所做出的巨大贡献予以高度评价：“均赖各界之协助，计加入作战以旌英勇，扬于岭表，家邦安如磐石，厥事不可没也。……实地方党政各机关与硕绅名流集广大民力以赴之者也。”同时称赞王阳明“于平浰之余，讲学于此，勒石为记，启迪后世”，欲以此表达“深愧未克偃武以修文”的遗憾及誓与日寇血战到底的决心。②总之，这是一篇抗日檄文，也是借王阳明以激励抗战将士、表达对赣南民众感激之情的代表作。可惜刻石风化损毁严重，许多字句已无法辨认，而且地方志及当时报刊上也没有留下纸质文本，致使全文内容已无法复原。

吴奇伟（1891—1953），字晴云，号梧生，广东大埔县人。国民革命军陆军中将。1919年毕业于保定陆军军官学校第六期。北伐战争中，历任国民革命军第四军第三十六团参谋长、第三十四团团长、第十二师师长、第四军军长。在土地革命战争期间，他参加过第四、五次围剿中央苏区的战役。红军长征后，他率部追击红军至四川。“八一三淞沪抗战”爆发后，他率第四军抵上海嘉定、罗店一带前线，在大场与日军激战三昼夜，歼敌数千，战果显著，其部队因此获得“铁军”称号。不久升任第九集团军总司令，并作为前敌总指挥参加了武汉会战中的万家岭战役，重创日军第106师团，此次战役是抗日以来第一次（接近）全歼整个日本师团的著名战役，史称“万家岭大捷”。叶挺将军曾评价万家岭战役为：“万家岭大捷，挽洪都于垂危，作江汉之保障，并与平型关、台儿庄鼎足而

---

① 据清同治《赣州府志》记载：王阳明征浰旋师，憩息（玉石）岩中，悬壁勒“阳明小洞天”五字小篆书，又镌《平浰记》于上。清光绪二年（1876）编修的《龙南县志》卷八《艺文篇》亦载曰：“（阳明）回军龙南，小憩玉石岩，双洞绝奇，徘徊不忍去，因寓‘阳明小洞天’，兼留此作（指《平浰头碑》）。”（龙南县地方志办公室重刊：同治《赣州府志》，方志出版社 2009 年版，第 106 页）并写下了《回军九连山道中短述诗三首》，发出了“莫倚谋功为上策，须还内治是先声”的肺腑之言。时人遂将王阳明的这些诗文刻在玉石仙岩的岩壁上，此后众多阳明追随者又先后在玉石仙岩赋诗著文，共留下历代名人亲书石刻四十四方，被誉为“石刻宝库”。

② 李晓方主编：《王阳明龙南史料辑录》，中国书店 2021 年版，第 277—278 页。

三，盛名当垂不朽。"1938年7月下旬，全国战局剧变，九江告急，他奉命率第九集团军驰援，指挥部队由沙河向东伸展，主动反攻，经四昼夜苦战，遏住日军攻势，并使日军伤亡2000余人，使志浔线（南昌至九江）各军（武汉警备司令、第十九集团军总司令罗卓英等部的部队）得以坚持抗战五个月之久。此战役一时轰动全国，被誉为台儿庄会战后的最大胜利。1938年秋，广州沦陷，新任第四战区（广东）司令的张发奎，将吴奇伟部从南浔线调回广东，任第四战区副司令长官兼第九集团军总司令，后又改任副司令长官兼粤、闽、赣三省边区总司令和三省边区绥靖主任，驻广东兴宁县，负责指挥潮汕前线的对日抗战及三省边区绥靖任务。1940年转往广西驻防柳州。1940年1月任第四战区副司令长官。1941年日寇攻陷川鄂咽喉宜昌后，大有溯江而上、窥湘鄂要道三斗坪之势。国民政府遂将原江防司令部扩大为长江上游江防总司令部，并急调吴奇伟将军任第六战区副司令长官兼长江上游江防军总司令，指挥鄂西会战，克复宜昌，取得了鄂西大捷。1945年6月任湖南省政府主席兼湖南省军管区司令。1949年5月，吴奇伟与李洁之、曾天节等人参与和策划了粤东起义，弃暗投明，受到毛泽东、朱德的高度赞赏。新中国成立后，任全国政协委员。1953年7月11日，在北京病逝，遗体安葬在八宝山革命公墓。

与吴奇伟同去玉石仙岩参观游览的还有时任第九集团军高级参谋的杜骏伯[①]。杜当时曾随性而发，赋诗一首："万里风尘赣岭边，终须班舜祖生鞭。鹰盘云汉秋心键，龙卧南阳王气偏。杖策欲招沧海客，销兵应访毂城仙。要将肝胆存天地，百折艰难志自坚。"[②]诗中把王阳明类比为诸葛亮那样鹰盘显灵的仙人，能保佑全体抗战将士，故而鼓励他们要有"肝胆存天地""百折艰难志自坚"的必胜信念。不难看出，这同样是一曲借用王阳明来激人奋进的励志战歌。也许正因为有如此重要的历史价值，所以抗战胜利后不久，即由当地政府主导对玉石仙岩进行过一次重修，1947年竣工后凌东佳

① 杜骏伯 1939 年任第七战区闽粤边区预备第六师副师长（师长为吴德泽）。由于闽粤边界是当时的敌占区，也是抵挡日军进攻西南地区大后方的前沿阵地，因此第六师的驻防任务最为繁重，吴、杜率部立下战功。后杜骏伯任湖南第二行政督察区专员。据《湖南省志》记载，1948 年耒阳田粮处主任陈智远勾结伪行政督察专员杜骏伯等贪污赋谷一万六千余石，犯下贪腐罪而遭罢官。

② 赣南师范大学王阳明研究中心、龙南县委宣传部编：《玉石仙岩碑刻》，2019 年，第 74 页。

曾为此撰写了《重修玉虚仙岩记》。可惜该记文刻石同样因风化损毁严重而多数字句无法辨认。[①]

六、蒋氏父子抗战期间视察赣州阳明遗迹

蒋经国于1939年至1945年担任江西省第四行政区（赣州）督察专员期间，出于对王阳明的崇拜，曾把办公地点从章贡路搬到了杨老井街南赣巡抚旧址，并将毗邻原阳明祠的一条老街改名阳明路。在施政方略上，他也借鉴了王阳明在南赣的不少做法，比如模仿阳明建观德堂而修建仰德堂，学习阳明大办社学而在各乡村兴办小学，参照阳明的《南赣乡约》而编制《新赣南家训》，等等。据韩磊编的《灵秀丫山》介绍，蒋经国曾多次赴大余、丫山、灵岩寺等地视察，[②]20世纪40年代初，他还在灵岩寺亲自主办过百余人参加的“赣南干部讲习班”。[③]在1975年5月3日的蒋经国日记中有这样一段与赣州相关的文字：

> 在灵堂前与技工邱旭明谈话，知其为退伍士兵，去年结婚，赣州城内人，闻之甚感亲切。盖赣州乃余之第二故乡，余对其一草一木、一房一桥，无不熟稔，了如指掌，尤其对该地淳朴之亲爱民众，未曾稍忘于怀也。[④]

这充分表明了蒋经国对赣州的熟悉程度，其中自然亦包括王阳明的仙逝地。

据史料记载，蒋经国与时任江西省政府主席的王陵基曾陪同蒋介石、俞济时、沈昌焕、曾希芬等于1946年9月24日从庐山飞抵赣州，下榻在励志社（今赣州公园），并在赣州停留期间，一起游览了通天岩。当时蒋介石曾仔细品读了通天岩崖壁上王阳明留下的诗文，并且在了解了阳明在通天岩结庐讲学的史实后，见通天岩广福寺地处山坳谷，位置隐蔽，地势险要，便当即命令王陵基在广福

---

① 赣南师范大学王阳明研究中心、龙南县委宣传部编：《玉石仙岩碑刻》，第78页。
② 王阳明于1529年1月9日逝世于今大余县青龙铺。丫山、灵岩寺是阳明去世前最后到过的地方。（参见张卫红：《星落尘埃华满枝——大余王阳明遗迹探幽》，《书屋》2016年第8期）
③ 参见韩磊编：《灵秀丫山》（上册），大余丫山生态旅游风景区印行，第52页。
④ 转引自李晖：《赣州，蒋经国的第二故乡》，《文摘报》2014年9月20日。

寺内曾于1945年上半年被日军焚毁的方丈室“双桂堂”之废址上建一幢小别墅，欲将尚在西南的张学良转囚于此。后因内战全面爆发，蒋介石无暇顾及此事，建成后的小楼遂被闲置，并逐渐为人所淡忘。①

上述地方尤其是灵岩寺皆与王阳明有莫大关系，而阳明逝世的大余县青龙铺仅距离灵岩寺10里路，由此可以推断，蒋经国在赣时还可能去过王阳明的过世地，正因为此，才会发生1946年9月26日蒋经国陪同蒋介石等人赴孝女埠凭吊阳明的事。关于蒋介石等人赴阳明过世地凭吊之事，1946年9月27日《申报》是这样记载的：

> （中央社南昌廿六日电）蒋主席廿六日上午九时，偕王陵（基）及蒋经国前往大庾（南安）青龙乡之贤女埠②，凭吊王阳明先生逝世之地。贤女埠在章江之滨，阳明先生于明嘉靖七年，由粤来赣，至此病逝舟中，距今凡四百一十八年。主席幼年读阳明《传习录》，深佩其良知之说，故于来赣之次日，特往凭吊，藉申诚敬。下午三时，主席车越小梅关，至大梅（关）。大梅关当赣粤交界处，在大庾岭之（北），形势险

---

① 参见周红兵：《蒋介石曾欲将张学良幽禁通天岩》，《纵横》2003 年第 1 期。

② 孝女埠即孝女铺，又称贤女埠，当时有孝女祠，今属赣州市南康区浮石乡，距南康城南偏西 11 公里，而今建于大余县青龙镇赤江村的“王阳明先生落星亭”则距离南康城区约 50 公里，显然不属于同一地方。另据王阳明挚友刘节于嘉靖十五年（1536）纂修的《南安府志》卷二十六《官迹传》及阳明门人张瀚的《松窗梦语》卷四《士人纪》记载：阳明“卒于大庾小溪驿（位于今大余县池江镇新江村）”；“归至梅岭，疾甚。公命舆人速行，至小溪驿而殁”。小溪驿原在章江与大余通往信丰县的河道交汇处，属大余县，建于洪武四年（1371），正德间被洪水冲毁后，迁建于附近的山坡高地，正德十三年（1518）二月被阳明迁于峰山新城内。为此阳明特呈《移置驿传疏》，请得朝廷批准而办成。而阳明弟子董穀的《碧里杂存》“铜柱梦”中亦有记：“逾年功成，而疾亟矣，屡表乞致，不许，遂促归，至南雄府青龙铺水西驿而卒。”（钱明编校：《董沄·董穀集》，上海古籍出版社 2024 年即将出版）南雄府当南安府之误，小西驿疑即小溪驿。又，《南安府志》“邮舍”（即邮铺）中曾明确记载着：从南安府城出发往南康方向，要经过 12 个“邮舍”，其中大余 8 个，南康 4 个，两铺之间约 10 里，全程 120 里，青龙铺与孝女铺之间隔着新田铺、池江铺，孝女铺与小溪铺之间隔着荆州铺、赤石铺、青泥铺。对此，赣州董华先生通过实地调研认为：从现场考察青龙镇赤江村的情况看，1946 年蒋介石父子确实来过贤女埠凭吊王阳明仙逝地。贤女埠曾是青龙铺下的一个商用码头，距离现江边落星亭往北 400 米左右。所以说王阳明落星的乃是青龙铺贤女埠，而非南康浮石乡的孝女埠。当年蒋介石等凭吊的地点，可能根据的是章江故道，而现落星亭则建于改道后的江边。也有赣州学者根据《南康县志》《南康县地名志》而对董说提出了反驳：蒋介石当年还到过南康浮石的贤女祠祭奠北宋贤女刘氏，后又在南康礼堂接见了著名清廉县长王后安及当地乡绅。贤女祠即孝女祠，宋端拱年间立。古时十里为一埠，贤女埠或孝女埠由此得名。由此看来，《阳明年谱》所记之“青龙铺”及 1946 年 9 月 27 日《申报》所记之“孝女埠”，乃至嘉靖《南安府志》和《松窗梦语》的“小溪驿”，皆有待细考。

要。主席自粤境拾阶而上，至关入赣，与居民谈话，得知当敌寇（指日寇）侵袭陷大梅（关）时，所至砍伐梅树。主席因嘱大庾县政府多植新梅，保存默林，（勿）使损毁。嗣即离大梅关返赣，归途巡视大余、南康县府……[①]

另据《灵秀丫山》一书记载：蒋介石于1946年（日月不详）来大余视察，游览了大余著名的梅关古道，后来国民政府还特地建了“介梅亭”以作纪念，后被拆毁，在原址重建了“憩云亭”。当时，蒋氏父子约定同去丫山灵岩寺朝拜，行至丫山脚下黄龙镇时，已近正午，一行人便决定在黄龙镇一家路边小店用餐。那家小店给他们父子做了有特色的“黄焖泥鳅”，并拿出了家藏米酒，蒋介石当时吃得非常高兴，连连称赞师傅手艺好，还赠了一副联给当时的厨师，云“军民同甘苦，共饮黄龙酒”[②]。

众所周知，蒋介石早年对王阳明情有独钟，留学日本后又受日本人启发，创立“力行哲学”，把阳明学奉为“儒道”之正统，无论在大陆时还是逃亡台湾后，都处处流露出对王阳明的极度推崇之意。但需要指出的是，1946年6月26日是蒋介石发动全面内战的时间，而在此前后蒋介石先后视察了修文县的阳明洞和大余县的王阳明去世地，这绝非偶然。蒋介石在大陆时对王阳明的尊崇与其抗战决心和“剿共”国策有密切关系，而退居台湾后对王阳明的推崇则更多地源自蒋氏对复兴中华传统文化的需要。换言之，蒋介石在大陆和台湾时皆十分推崇王阳明，但目的并不一样。

七、推断与结论

有个问题一直萦绕于笔者的脑海：蒋介石在1949年前曾多次到过自己的家乡奉化，游览过四明山、雪窦山，“以及东乡之金鹅与南乡之鲒琦亭、鄞城山古迹”[③]，乃至于家乡附近的佛寺、道观、宗祠、家庙等名胜古迹，可以说，对于故乡的山山水水、历史名胜，

---

① 感谢陈立胜先生提供此信息并转发《申报》照片于笔者。按：《申报》原件缺字较多。赣州当地报纸在转载该报道时，曾略作修正，如“在大庾岭之（北）”改为“在庾岭之颠”，“保存默林”改为“保存旧林”等。

② 韩磊编：《灵秀丫山》（上册），第52—53页。

③《蒋中正日记》1949年3月19日，转引自贺渊：《蒋介石个性与宁波地域文化》，《浙江学刊》2016年第6期。

蒋介石是怀有深厚感情的，尤其是对传统的宗祠、家庙等他更是情有独钟，所去之处几乎必到，曾参拜过孔庙、孟庙、子房庙、包公祠、昭忠祠、徐锡麟祠等，可谓“文庙、武庙不论，上至二千年前的孔孟，下至十几年前的徐锡麟的祭奠祠堂，都一一参拜”。[①] 可是，就目前所能查阅到的《蒋介石年谱》[②]《蒋中正“总统”五记·游记》[③]《蒋介石日记》[④]等基础性史料中，都未见到蒋介石到过余姚或绍兴祭祀阳明祠、参观阳明遗迹（如墓地、故居等）等的任何记载。对于这个问题，笔者的推断是：

王阳明在余姚、绍兴的祠宇当时已大都不存，尽管余姚的“王文成公祠”[⑤]在20世纪初还在，日本阳明学者高濑武次郎曾参拜过并拍了照片，[⑥]但20世纪40年代是否还在却未见明确记载，余姚诸焕灿先生说毁损于1941年日军占领余姚期间。笔者查阅40年代民国时期报纸，在《申报》上发现一则登载于1946年五六月间的报道，标题是“王阳明石像：临大教授呈政府请求向敌人追回”，全文如下：

> 明代大儒王阳明先生祠，在余姚北城山上，中有体高逾丈之先生石像，面貌轮廓，酷似所传画像。邑人极为珍视。自余姚沦陷后，龙山为敌人守望之地，该像遂被敌人运去，词（祠）址亦全被毁坏。现由邑人上海临大教授黄（云）眉氏[⑦]，电教育部详陈该像被劫情形，及其损失之重要，请求迅予设法，将该像运回原祠，并责令日本赔偿所有损失，以资重建祠宇。闻教育部以事关文献存亡，已于三日电覆黄教授，谓已分

---

① 贺渊：《蒋介石个性与宁波地域文化》，《浙江学刊》2016 年第 6 期，第 57 页。

② 中国第二历史档案馆编：《蒋介石年谱初稿》，档案出版社 1992 年版。

③ 黄自进、潘光哲编：《蒋中正“总统”五记》，“国史馆”2011 年版。

④ 美国斯坦福大学胡佛研究所收藏。

⑤ 该祠地处龙泉山中天阁正北小坡上，由浙江监察御史傅凤翔建于明嘉靖十七年（1538），清顺治八年（1651）知县胥庭清重建。

⑥ 详见钱明译注：《最早来浙考察王阳明遗迹之日本人日记两种》，《国际汉学研究通讯》第 16 期，北京大学出版社 2017 年版。

⑦ 原文缺“云”字，应为黄云眉（1898—1977），原名鋆镅，字子亭，号半坡，余姚人。1929 年任金陵大学教授。1933 年任上海世界书局《辞林》编辑部主任。抗战爆发后，回余姚实获中学任教。1941 年余姚沦陷，毅然弃职，先蛰居乡村、县城，后去上海亲戚家寄居，一度卖文度日，始著《明史考证》。抗战胜利后，任上海临时大学教授。上海临时大学成立于日本投降后，由交通大学、上海医学院、上海音专、上海商学院、中德医学院、雷士德工学院六所高校合并而成，总部设在辣斐德路（今复兴中路机械学校内），1946 年夏解散。黄云眉呈告教育部文，可能在 1946 年初，《申报》登载此文当在五六月间。

别函呈陆军司令部及行政院转饬查明核办矣。

由此可知，余姚“王文成公祠”的确被日军毁于1941年侵占余姚期间。这就是说，即使蒋介石抗战以后有机会回故乡参拜王文成公祠等，所能看到的也只能是遗址了。[①]至于建于绍兴越城王衙弄观象台后面的“王文成公祠”，据王阳明第十六世孙王诗棠说，他小时候还在，而且看到过祠内的王阳明塑像和神位，20世纪60年代建绍兴东风酒厂时被拆除。[②]

第二，据《蒋介石日记》记载：1929年2月18日蒋介石曾到绍兴兰亭住过一晚，但次日即由曹娥江经宁波回奉化，后在家乡停留了四天，主要是拜谒母亲墓，携妻游法华庵、竹山、奉化城及月岭石等。[③]由于王阳明墓当时尚不为世人所知，就连当地人也未必清楚，故而下榻兰亭的蒋介石失去了到近在咫尺的阳明墓参拜的机会。十八年后的1947年，蒋介石又一次不动声色地到绍兴，而且只参拜了大禹陵。据原绍兴鲁迅纪念馆馆长裘士雄先生对曾两度出任绍兴县县长的林泽采访记录，1947年4月11日下午3:50，蒋介石一行从杭州驱车抵达五云车站，换乘由汽轮拖带的木船驰往禹陵，抵禹陵已4:40左右，匆匆参观后即于傍晚5:40左右上船离开。蒋介石当时在船上曾对绍兴官员下达了三条指示：一是禹陵附近不准建造其他坟墓；二是禹陵周围应赶快植林；三是在抗战中伤亡的烈士要做好抚恤工作。6:20左右船复行至五云站，蒋氏一行下船后即乘上停放在五云站的四辆轿车返回杭州。[④]由于蒋介石一行是匆匆而来，匆匆而去，因此即使通过陶广立碑而了解到阳明墓的情况，也根本没有时间去墓地参拜。

第三，余姚的瑞云楼故居、绍兴的王府（当地人又称伯府）当时皆为民宅，并未当作阳明故居而像修文阳明洞、贵阳阳明祠那样

---

① 据说蒋介石仅去过距离余姚城 40 余公里的大岚山四窗岩。

② 详见钱明：《阳明后裔今何在——王诗棠、王书铭先生访谈录》，《王阳明及其学派论考》，人民出版社 2009 年版。

③《蒋介石日记》手稿本（1917—1936），第 257 页。

④ 参见裘士雄：《林泽忆述陪同蒋介石瞻谒禹陵始末》，《绍兴文理学院学报》2017 年第 5 期；沈卫莉：《蒋介石瞻谒大禹陵始末》，http://blog.sina.com.cn/u/3354851132，2014 年 11 月 7 日。

辟为纪念和游览场所，尤其是瑞云楼，清代中叶余姚叶樊[1]在瑞云楼的原址上建了“寿山堂”，作为其私宅，故当地人也许很早就没把它当作阳明故居了。[2]蒋介石要去这些遗址视察，有诸多不妥和不便。

第四，王阳明墓在20世纪30年代除墓基外，早已“蔓草荒烟，碑碣斑驳”，按理说，对阳明极为崇拜的蒋介石若了解这一情况的话，也许会下令修复。然而，当时的情况却是，不仅蒋介石本人不了解，即使当地人也未必清楚。1937年陶广驻守绍兴后，才了解到墓地的真实情况，但因战事吃紧，无暇修复，于是采取了在原址撰文立碑的办法，以激励抗战将士，同时也是对喜爱阳明的蒋介石的某种“报答”。而陶广为阳明墓撰文立碑之举，在当时的绍兴城内亦有一定震动，不仅引起了人们对王阳明的关注，可能还围绕伯府宅基地引发了一些纠纷。这点似乎可以从1937年《越铎日报》的一篇启事中得到印证。当时该报登载了一则“伯府王阖族公启”，是有关海日公和文成公建祠、建宅之地界被吕姓侵占而引发的纠纷，要求侵占伯府地界的吕姓“自登报始，限一星期内，即将所钉界石自行拔去，否则只得依据法律保全……排除障碍”。这则启事说明，当时伯府王氏后人还是很兴旺的，对自己祖先的功绩非常了解，对伯府地界方位也标示得很清晰。这些除了具有较高的史实价值外，还为我们开启了与陶广在同一年为阳明墓撰文立碑之举可能存在某种联系的想象空间。一年多后，又有了周恩来拜谒阳明墓之举。至于周恩来或陶广事后有否就立碑或拜谒之事向蒋介石作过报告，则不得而知矣。

最后，通过对以上这段已被忘却的历史记忆的梳理与回顾，我们至少可以得出以下三点结论：

---

① 叶樊可能为叶迈后人。叶迈是钱德洪仲弟德周（字周甫，初讳冕，后以讳字行，号二绪）之女的丈夫，邑庠生（参见赵志皋：《明处士钱二绪君墓志铭》，《赵志皋集》，夏勇点校，浙江古籍出版社 2012 年版，第 108 页）。叶家是姚城名门，王阳明曾为叶家题过“抑抑堂”的匾额。而凭叶氏与钱氏的姻亲关系以及与王家的交情，其后人在瑞云楼原址上建“寿山堂”乃是合情合理的。

② 束景南亦认为：“（瑞云楼）至嘉靖三十五年（1556），钱德洪拆楼改筑，不复存在，只留下遗址而已。可见此楼乃莫氏故居或钱氏故居，非阳明故居也。今人在此遗址上重建瑞云楼，规模宏大，重楼叠屋，全不是当年瑞云楼原貌，而题云阳明故居，不知何据耶？”（束景南：《王阳明年谱长编》，上海古籍出版社 2017 年版，第 8 页）但束先生认为“阳明故居在（余姚）秘图山，所谓秘图王氏故居”（束景南：《王阳明年谱长编》，第 8 页），则没有拿出有说服力的证据。

一是以王阳明为题材的励志教育，大都出现在全面抗战爆发前后，比如蒋介石当时曾竭力主张将“致良知”学说作为“救国之本”，要求全体国民人人“致良知”，以“消灭日本，拯救中国”[①]；再比如余姚虽一直延续着自明清以来的传统，崇拜王阳明，并经常举办祭祀活动，更在九一八事变后连续举行了两次大型的祭祀王阳明活动。一次是1933年举行的“纪念王阳明诞辰461周年”祭祀活动。据当时刊于上海的《宁波日报》报道：

余姚各界公祭先贤王阳明先生：前日为先贤阳明先生四百八十二周年纪念日[②]，余姚县各界齐集龙山二王祠举行致祭。到师范讲习所、烟酒稽征局、清丈处、民众教育馆、民国日报社、平民学校、城区中心学校、营业税局、康节小学、朱氏小学、县三小、县党部、教育局、民众学校、贫民习艺所、县法院、教育会、县政府、县仓管会、县农会、公安局、县一小、肇之小学、教育款产会、姚江日报社等，及个人参加致祭者百余人。十时半举行致祭礼，并摄影以志纪念。十一时许在龙山书院设筵席款待来客，各校参加致祭学生，每名致赠馒首四枚。散席时已十二时许云。[③]

另一次是1935年举行的“纪念王阳明诞辰463周年”祭祀活动。据《宁波民国日报》报道：

姚各界昨日致祭王阳明，甬三一中学童军亦乘便前往参加。昨日（二十六）为王阳明先生诞辰[④]，余姚各界于今晨齐集龙泉山二王祠致祭。到县党部县政府暨各机关团体学校代表百余人。宁波三一中学童子军适在姚露营，亦前往参加。九时

---

① 详见蒋介石：《自述研究革命哲学经过的阶段》，秦孝仪主编：《“总统”蒋公思想言论总集》（第10卷），中国国民党中央委员会党史委员会1984年版，第535—536页。

② 应为诞辰461周年，此处记载有误。

③《上海宁波日报》1933年11月20日，《余姚久闻录》，宁波出版社2018年版，第180页。转引自黄懿、徐修竹：《余姚“二王祠”兴废与阳明学的时代命运》，顾久主编：《良知之光，共建共享——2018年“龙场论坛”论文集》，贵州人民出版社2018年版，第271—272页。

④ 王阳明诞辰于明成化八年九月三十日（公元1472年10月31日），而非“二十六日”。此处记载亦有误。

正，由县长林泽领导行礼毕，合摄一影，并由财委员特备面席，以飨来宾。[①]

可见，当时参加祭祀活动的不仅有学校师生，还有政府机构、农商、司法、新闻等各界代表，尤其引人注目的是“甬三一中学童军”亦参加了余姚的祭祀活动。童子军是为了对青少年进行军事化的管理与训练。中国童子军由严家麟创建于1912年的辛亥革命爆发地武昌，其创建宗旨为：“救中国非武力不可，而没有道德、知识及健全体格之国民，就不会有一个好军队。”[②]九一八事变爆发后三年，蒋介石亲任“中国童子军总会”总会长，何应钦任副总会长兼总司令，强化了对全国青少年的军事化训练。全面抗战爆发后，许多童子军激于民族义愤，积极投身抗战，涌现出一大批可歌可泣的先进事迹。1935年宁波三一中学（宁波市第三中学前身，创办于1868年）童子军参加余姚祭祀王阳明的活动，无疑与当时日趋严峻的抗战形势有密切关联。尤其是余姚在九一八事变后连续举行祭祀王阳明的活动，此前则很少见余姚举行类似活动的报道，其中之深意，亦自不待言。

二是如果对20世纪30年代发表的诸多有关阳明学的研究论文进行分类梳理，亦可以得出阳明学与励志教育存在着非常紧密的关联性之结论。当时所发表的阳明学与救国、励志教育相关之论文大都出现在九一八事变后和七七事变全面抗战爆发前。比如1935年唐文治发表的《阳明学为今时救国之本论》[③]、陈世英发表的《由阳明学说谈中国民族的精神教育》[④]等。尽管“阳明学救国论”这样的文章早在1926年就有人写过，[⑤]然唐文治所撰的《阳明学为今时救国之本论》，却在全面抗战爆发前后被多家杂志转载，如《学术世界》1935年第1卷第3期、《国专月刊》1936年第2卷第5期、《辰光》

---

① 《宁波民国日报》1935年10月27日，《余姚久闻录》，第186页。转引自黄懿、徐修竹：《余姚“二王祠”兴废与阳明学的时代命运》，收入顾久主编：《良知之光，共建共享——2018年“龙场论坛”论文集》，第272页。

② 转引自梁剑宏：《民国时期湖南童子军教育刍论》，《湖南社会科学》2015年第3期。

③ 唐文治：《阳明学为今时救国之本论》，《学术世界》1935年第1卷第3期。

④ 陈世英：《由阳明学说谈中国民族的精神教育》，《遗族校刊》1935年第2卷第4、5期。

⑤ 刘炳南：《阳明学说足以救国说》，《九五月刊》1926年第12期。

1939年第1卷第3期、《大夏半月刊》1939年第2卷第1期等，[①]足见当时全社会之急需。而其背后的动因，则还是不外乎欲借王阳明及阳明学来对全国军民尤其是青年人进行励志教育。

三是全面抗战爆发后，无论是国共两党领导人，还是军人、知识分子，都曾假借王阳明来激励抗战将士及青年学生的斗志。对此，我们还可用竺可桢在1938年11月浙江大学西迁途中对全校师生所作的《王阳明先生与大学生的典范》这篇著名演讲为例来加以佐证，他在演讲结束时曾号召师生们：

> 综观阳明先生治学躬行、艰贞负责和公忠报国的精神，莫不足以见其伟大过人的造诣，而尤足为我们今日国难中大学生的典范。学者要自觉觉人，要成己成物，必须取法乎上，而后方能有所成就。当然我们所可取法所应取法的先哲很多，不过这里只举王阳明先生一人之居常处变立身报国的精神，已足够使我们感奋，而且受用不尽了。[②]

需要说明的是，王阳明之所以能被当作“励志之魂”，应该说还与其极为特殊的个人经历、文武皆备的人物形象以及颇具颠覆性的心学思想品质有密切关系，更与抗战初期的社会人心密不可分，诚如熊十力所言：“值抗战之初，人心大坏，比战前且不如，故与陶君慨叹及此（指包括阳明心性之学在内的传统儒家哲学）。”[③]而这恐怕也是近年来国内掀起“阳明热”的要因之一。

---

① 参见陈立胜：《阳明学登场的几个历史时刻——当“王阳明”遭遇“现代性”》，《社会科学战线》2018年第7期。

② 原载于浙江大学1939年在广西宜山出版的由李洁非撰写的《浙江大学西迁纪实》。录自樊洪业主编：《竺可桢全集》（第2卷），上海科学教育出版社2004年版，第451—456页。

③ 熊十力：《十力语要》卷三，萧萐父主编：《熊十力全集》（第4卷），湖北教育出版社2001年版，第367页。

第三节 智慧之源

除了适应于转型期的社会需要，在我国为世界所提供的全球治理的“中国方案”以及国家发展战略方面，王阳明及阳明学也同样具有资源优势，并且还可以为执政者的治国理念提供智慧源泉，使之成为拿得出去的、可以用来彰显中国文化软实力、增强中国文化自信心的一张金名片。其中，除了王阳明所倡导的、人所共知的“致良知”说和“知行合一”说外，他在《答顾东桥书》及口述而由钱德洪笔授的《大学问》（又称《大学或问》）中提出的“万物一体之仁”说和“亲民”说，或许更具典型意义。[①]

一、“万物一体之仁”

（一）“物”之意蕴

“物”是中国哲学的重要范畴，其基本含义是自然界及人类社会中的各类存在。《孟子·尽心上》：“亲亲而仁民，仁民而爱物。”郑玄注曰：“仁，爱人以及物。”[②]“人”与“物”被一同置于仁爱之下。儒家还有“成物”之说。“成物”意味着将“物”纳入人的道德共同体之中。唐宋之后的儒者多言“万物一体”“体物不遗”，就是看到了人与物共存共生的生态关系。北宋张载在《西铭》中提出“民胞物与”，程颢在《识仁篇》中提出“仁者浑然与物同体”，都表明儒家的道德共同体包括整个自然界，人类和物类皆为爱的对象。由此可知，“物”有着深刻的生态向度，而“万物同体”则为人对自然万物的关爱提供了根本理据。

王阳明的“万物同体”说出自明嘉靖四年（1525）其晚年在绍兴讲学期间所作的《答顾东桥书》。在该文中阳明提出了著名的

---

① 除此之外，王阳明晚年所撰的《亲民堂记》《重修山阴县学记》《答聂文蔚》等也蕴藏了较为丰富的万物一体思想。阳明的“万物一体之仁”说，虽完整提出于晚年，但在阳明中年时即已开始酝酿，如《传习录》卷上有载：“自‘格物致知’至‘平天下’，只是一个‘明明德’。虽亲民，亦明德事也。明德是此心之德，即是仁。‘仁者以天地万物为一体’，使有一物失所，便是吾仁有未尽处。”［王守仁：《传习录上》，《王阳明全集（新编本）》卷一，吴光、钱明、董平等编校，浙江古籍出版社 2010 年版，第 28 页］

② 郑玄注，贾公彦疏：《仪礼注疏》卷八，王辉整理，上海古籍出版社 2008 年版，第 24 页。

"拔本塞源之论"[①]，此论的核心思想即为"万物同体"（又称"万物一体"）说。阳明曰：

> 夫圣人之心，以天地万物为一体，其视天下之人，无外内远近，凡有血气，皆其昆弟赤子之亲，莫不欲安全而教养之，以遂其万物一体之念。[②]

从逻辑上说，"凡有血气"的"天下之人"，只能推导出"万人（或万众）一体"，然后又能因人的行为而得出"万事一体"或"万事一体之念"，而不能得出"万物一体"或"万物一体之念"。王阳明的论证逻辑是这样的：一方面训"物"为"事"，[③]"心外无物"即"心外无事"，而"事"皆源于"人"，离不开"人"，无人亦便无事；人皆有良知，良知即本心，为人之主宰；所以徐爱说："格物的'物'字，即是'事'字，皆从心上说。"阳明说："千变万化，至不可穷竭，而莫非发于吾之一心。"[④]由此而得出"心外无物"的结论。

然此"物"用牟宗三先生的话说乃"行为物"，[⑤]或者是维特根斯坦所说的"事实"[⑥]，人们常识中的"自然之物"即"存有物"从

---

① 王阳明的"拔本塞源之论"仅2000字左右，但却是阳明所有论述中最经典的。所谓"拔本塞源"，用的是程颢评《孟子·梁惠王》首章之言："当是之时，天下之人惟利是求，而不复知有仁义。故孟子言仁义而不言利，所以拔本塞源而救其弊，此圣贤之心也。"（转引自朱熹：《孟子集注》卷一，《四书章句集注》，中华书局1983年版，第202页）

② 王守仁：《传习录中》，《王阳明全集（新编本）》卷二，吴光、钱明、董平等编校，第59页。

③ 此话题虽由早期弟子徐爱引发，但王阳明予以充分肯定并做了阐发。据《传习录》上卷："爱曰：'……爱昨晓思'格物'的'物'字即是'事'字，皆从心上说。'先生曰：'然。身之主宰便是心，心之所发便是意，意之本体便是知，意之所在便是物。如意在于事亲，即事亲便是一物；意在于事君，即事君便是一物；意在于仁民爱物，即仁民爱物便是一物；意在于视听言动，即视听言动便是一物。所以某说无心外之理，无心外之物。'"［王守仁：《传习录上》，《王阳明全集（新编本）》卷一，吴光、钱明、董平等编校，第6页］王阳明训"物"为"事"与郑玄注《仪礼·乡射礼》和《礼记·大学》的注法一致。《乡射礼》曰："物长如笴。"郑注云："物谓射时所立处也。谓之物者，物犹事也。"《大学》曰："致知在格物，物格而后知至。"郑玄注："格，来也；物犹事也。"

④ 王守仁：《书诸阳伯卷》，《王文成公全书》卷八，王晓昕、赵平略点校，中华书局2015年版，第336页。

⑤ 详见牟宗三：《从陆象山到刘蕺山》，上海古籍出版社2001年版，第164页。

⑥ 维特根斯坦（L. J. J. Wittgenstein）认为"世界是事实（facts）的总和，而不是物（things）的总和"。而"事实"即"人与对象的相互作用中，人通过做事而改变对象，并在对象之上打上自身的印记"。（参见杨国荣：《"事"与"理"——由"事"而思"理"》，《南国学术》2018年第4期）

逻辑上说尚不在其内。比如王阳明所谓的“意之所在便是物”[①]，就是在讨论“事实”即“行为物”，而非“存有物”。但这样的话，“物”的覆盖面明显太窄，“万物一体之仁”缺乏普适性。所以另一方面，王阳明又将“物”扩延至“意义物”。[②]而对“意义物”的探讨，则主要反映在其著名的“南镇观花”中：

> 先生游南镇，一友指岩中花树问曰：“天下无心外之物，如此花树，在深山中自开自落，于我心亦何相关？”先生曰：“你未看此花时，此花与汝心同归于寂。你来看此花时，则此花颜色一时明白起来，便知此花不在你的心外。”[③]

不难看出，阳明与友人表面上讨论的对象是同在岩石中的花树，但各自所指之“物”并不相同。友人的“物”是具有“存有物”，它可独立于心（意识）而存在；阳明的“物”是“意义物”，它系于心灵之观照。对阳明而言，没有心灵的关照，“物”完全可视而不见。[④]王阳明的逻辑是：人未看花时，花与心“同归于寂”，即“花”尚未与“汝心”发生关系；而当人来看此花时，“则此花颜色一时明白起来”，所谓“明白起来”，即“汝心”赋予了“花”以色彩、美观等意义，于是“便知此花不在你的心外”。此时的“物”即为“意义物”，是在“行为物”（事）的基础上对“物”所作的进一步深化，唯如此，才能使“万事一体”上升至“万物一体”。关于“意义物”，有不少学者作过论述。如陈来认为：意识具有一种对对象的指向性质，而物只是“作为意的对

① 王守仁：《传习录上》，《王阳明全集（新编本）》卷一，吴光、钱明、董平等编校，第6页。

② 王阳明早年在北京其父寓所格竹子，即可视为对“意义物”的首次探知，结果以失败告终。究其原因，与其对“物”的定义有很大关系，即究竟是存有物、行为物还是意义物？他以竹子为“格”的对象，当以承认竹子的客观存在为前提，但他“格”的目的却是一次“思想实验”而非“物理实验”（详见后述），“物”在他的眼里是“意义物”而非“存有物”，甚至谈不上“行为物”。这样的实验对于一个狂者少年来说，注定要失败。立足于意义建构而对王阳明的“心外无物”作出深解的代表性成果，有陈少明的《“心外无物”：从存在论到意义建构》（《中国社会科学》2014年第1期）、陈立胜的《王阳明“心外无物”论——〈传习录〉“岩中花树”章新解》（《中原文化研究》2015年第1期）等。

③ 王守仁：《传习录下》，《王阳明全集（新编本）》卷三，吴光、钱明、董平等编校，第118页。按：顾应祥对此条作过酷评［参见顾应祥：《静虚斋惜阴录》卷一，《四库全书存目丛书·子部》（第81册），第31页］。

④ 参见陈少明：《作为精神现象之“物”》，《孔学堂》2021年第4期。

象”才有意义。[1]杨国荣认为：“意之在物”既是一个意“指向对象”的过程，又是“主体赋予对象以意义”的过程。[2]乔清举认为：意义物同时又是价值关怀的对象，从而使物“自身的价值”与“世界的意义”得到澄明和提升。[3]

《传习录》下卷第274条曾记录了王阳明与弟子朱得之的如下一段奇妙对话，内容便涉及“意义物”和“价值物”：

> 朱本思问：“人有虚灵，方有良知。若草、木、瓦、石之类，亦有良知否？”先生曰：“人的良知，就是草、木、瓦、石的良知。若草、木、瓦、石无人的良知，不可以为草、木、瓦、石矣。岂惟草、木、瓦、石为然，天地无人的良知，亦不可为天地矣。盖天地万物与人原是一体，其发窍之最精处，是人心一点灵明。风、雨、露、雷、日、月、星、辰，禽、兽、草、木、山、川、土、石，与人原只一体。故五谷禽兽之类，皆可以养人；药石之类，皆可以疗疾。只为同此一气，故能相通耳。”[4]

朱本思，名得之，号近斋，江苏靖江人，其学颇近老氏，著有《参玄三语》《宵练匣》《老子通义》等。或许因其强烈的道教倾向，是故王阳明与他的对话主要围绕自然之物而展开。而如果从儒家的视角看，阳明在这里主要阐发了两层意思。首先是存有论的。阳明认为，良知即“人心一点灵明”，朱熹谓一草一木皆涵天理，良知即天理，是以草、木、瓦、石皆涵良知，其表现载体即为生生不息的虚灵、灵动之气，而万物“同此一气，故能相通”。其次是价值论或意义论的。事物的真、善、美皆为其价值之呈现。真即自然规律，万物的存在和发展皆有其自身规律，这点好理解；美即自然之美，借用美学概念即人的本质的对象化，这也可以理解；而善属于伦理的范畴，万物何以具有“善”、具有良知？所谓“草木瓦

① 陈来：《有无之境：王阳明哲学的精神》，人民出版社 1991 年版，第 55 页。
② 杨国荣：《心学之思：王阳明的哲学的阐释》，生活·读书·新知三联书店 1997 年版，第 97 页。
③ 参见乔清举：《王阳明“心外无物”思想的内在意蕴及其展开——以“南镇观花”为中心的讨论》，《哲学研究》2020 年第 9 期。
④ 王守仁：《传习录下》，《王阳明全集（新编本）》卷三，吴光、钱明、董平等编校，第 118 页。

石俱有良知，若无人的良知，不可以为草木瓦石”①，这点较难理解。阳明的论证是从“五谷禽兽之类，皆可以养人；药石之类，皆可以疗疾”的常识出发的，而这类“物”之属性，即为相对于人而言的“善”性，它并不仅仅是人通过向内涵养才彰显于物或者赋予物的，而是万物相对于人所具有的价值和意义。如果从价值论、意义论的立场出发，则万物所具有的“真”乃万物所固有，“美”乃人化之自然，而“善”却为自然化的人性，普遍的“虚灵之气”当为其载体，“良知之灵明”当为其表象。这有点类似于西方哲学中的自然神论。如果说王阳明早年主要是通过将自然之“物”等同于伦理之“事”的方式来论证“心外无物”“心物合一”，那么到了晚年，他主要是通过赋予人之良知以非观念形态的“灵明”和“灵气”，同时赋予自然之物以非物质形态的“价值”和“意义”的方式，而得出了“（物）与人原只一体”的结论。从这一意义上说，王阳明对心、气、物的刻意论证和全面阐发，其实皆与建构“万物一体之仁”的理论息息相关。

需要强调的是，王阳明晚年与弟子间发生的“观花”之问及“虚灵精气”之问，其实与他小时候的格竹实验，后又常以“树”为喻的论学方式有非常密切的关系，其实质是对作为当时主流意识形态的程朱“格物穷理”说所进行的批判性思考，而其根源则是受到了道教的养生理念及竹医药文化的深刻影响。在古代道教的思想视界中，“竹”是作为“道”的物化象征而存在，认为竹子天然具备契合于“道”的生命运动机制及结构形态，并特别提炼出了以“中虚圆通”为核心的竹文化理念。在生物学和药理学方面，道教对于“竹”的性状、结构、种类、分布地域及功能属性等都具有独特、深刻之认知。在养生的技术和文化内容方面，道教不仅使“竹子”本身成为古代道人领悟和把握养生之“道”的对象载体，而且还提出了十分丰富的日常性竹养生方法，包括用于养生的竹饮食、食疗药材、观赏竹植物，以及竹文化环境的设计和建造等。

因此，包括竹、树、花在内的自然植物，在王阳明那里不仅仅是物理世界的存在，更是其思想实验的道具。换言之，“物”在阳

---

① 王守仁：《传习录拾遗》，《王阳明全集（新编本）》卷四十，吴光、钱明、董平等编校，第1632页。

明眼里主要是心理之物、伦理之物而非物理之物、自然之物，是道德实践之对象，而非科学实验之对象。阳明之所以要反复拿这些自然物做文章，就是为了破解程朱理学的支离之弊，以便确立自己的主合不主分、主一不主多、主简不主繁的“培根之学”，亦即本心之学或良知之学。钱锺书称王阳明“以玩物为道”[①]，其因盖出于此。诚如阳明弟子李呈祥在《种树》篇中所言：

> 亲亲而仁民，仁民而爱物，固也。究而言之，动植之物固物也，人亦物也。天地则又物之大者也，皆与吾为一体者也，其理皆不可以不格也。是故通于种树之说者，其知所以治心，其知所以治民者乎！予爱种树，故有种树之说。[②]

知“种树”则知所以治心、所以治民，“动植之物”于是成为道德与实践的对象载体。如此一来，原本施加人之行为于“物”的“物→事→人→心”的顺向建构，便转换成了人赋予“物”以意义的“心→人→事→物”的逆向建构，而原本符合“伦理”的“心外无事”则被扩展到了符合“物理”的“心外无物”，进而使心物关系从人类社会的“万事一体”上升到了自然世界的“万物一体”。而王阳明所说的“万物一体”的“体”，也就是“良知”，用传统儒家的话说即是“仁”。所谓“万物一体之仁”的理论架构便由此而建构。

在此基础上，王阳明才在其晚年所述的《大学问》中，遵循“心→人→事→物”的逆向建构，对“万物一体之仁”说作了最为完整的论释，而其论证方式却颇有点“趣味逻辑”的味道：

---

① 钱锺书说：“迄乎有明，阳明心学既行，白沙、定山莫不以玩物为道。阳明作诗，如《外集》卷二《次栾子仁韵送别》：‘悟到鸢飞鱼跃处，工夫原不在陈编’；又‘正须闭口林间坐，莫道青山不解言’；《碧霞池夜坐》：‘潜鱼水底传心诀，栖鸟枝头说道真。’……”（钱锺书：《谈艺录》，安徽文艺出版社 1999 年版，第 302—303 页）

② 李呈祥：《种树》，《古源山人日录》卷五，广陵书社 2008 年版，第 931 页。按：王阳明也常以灌溉树木为例，说明人的成长阶段不同，所以浇水灌溉即培养人格亦应有“分限”之别，“如树有这些萌芽，只把这些水去灌溉，萌芽再长，便又加水，自拱把以至合抱，灌溉之功，皆是随其分限所及。若些小萌芽，有一桶水在，尽要倾上，便浸坏它了。”［王守仁：《王阳明全集（新编本》卷三，吴光、钱明、董平等编校，第 106 页］

阳明子曰：“大人者，以天地万物为一体者也，其视天下犹一家，中国犹一人焉。若夫间形骸而分尔我者，小人矣。大人之能以天地万物为一体也，非意之也，其心之仁本若是，其与天地万物而为一也。岂惟大人，虽小人之心亦莫不然，彼顾自小之耳。是故见孺子之入井，而必有怵惕恻隐之心焉，是其仁之与孺子而为一体也；孺子犹同类者也，见鸟兽之哀鸣觳觫，而必有不忍之心焉，是其仁之与鸟兽而为一体也；鸟兽犹有知觉者也，见草木之摧折而必有悯恤之心焉，是其仁之与草木而为一体也；草木犹有生意者也，见瓦石之毁坏而必有顾惜之心焉，是其仁之与瓦石而为一体也；是其一体之仁也，虽小人之心亦必有之。是乃根于天命之性，而自然灵昭不昧者也，是故谓之‘明德’。”①

在这里，王阳明论证了人的四种“心”，即对于人类的“恻隐之心”、对于动物的“不忍之心”、对于植物的“悯恤之心”和对于非生命体的“顾惜之心”。良知信仰的根基就在于这四种“心”。此四种“心”之间尽管有“等级原则”“次第原则”和“厚薄原则”，但“一体原则”乃是原则的原则，是“心”之根本。这种“一体原则”让我们的道德关切超越人类物种的范围，而延伸到动物界、植物界乃至无机界，②从而决定了人类命运乃至万物命运的共生共存。

熊十力对王阳明的这一论证逻辑以及其中所散发出思想光芒赞不绝口，尝自述道：

记得我少时看王阳明《大学问》，自以为解得，由今思之，当时确是以不解为解，如今倒是真解得。《大学问》篇云：“大人之能以天地万物为一体……是乃根于性而自然灵昭不昧者也。”详此，则同源之义，有明征矣。所谓与万物而为一体之仁者，仁即源也。我与万物所同焉者也，是无形骸之隔，物我之间，故痛养（痒）相关也。否则，根本互不相通，

① 王守仁：《大学问》，《王阳明全集（新编本）》卷二十六，吴光、钱明、董平等编校，第 1015 页。
② 参见陈立胜：《宋明儒学动物伦理四项基本原则之研究》，《开放时代》2005 年第 5 期。

见孺子入井乃至见瓦石毁坏，其有恻隐与顾惜之心也哉？……所以我与一切人和物，虽若殊形，而语及实性，则是浑然一体。性者体之异名。一体故无内外。无内外故，亦无彼此。无奈人生来便把形骸执着了，执即是惑。[①]

《大学问》成书于嘉靖六年（1527）王阳明起征广西思恩、田州之前，但核心思想亦大致形成于阳明晚年在绍兴讲学时期。王阳明在《大学问》中强调说："明明德者（知），立其天地万物一体之体也；亲民者（行），达其天地万物一体之用也。"[②]以图通过"体用合一"的方法及"万物一体之仁"说来为"明德亲民"的政治理念提供理论支撑。而所谓"亲民"即"爱众"，"明德"即"亲仁"，"明德亲民"的根本理据即"仁爱"或"良知"本体论。这些思想在王阳明的心学体系中具有关键性的意义，用其高足钱德洪的话说，即"《大学问》者，师门之教典也。学者初及门，必先以此意授，使人闻言之下，即得此心之知无出于民彝物则之中，致知之功不外乎修齐治平之内。学者果能实地用功，一番听受，一番亲切"。[③]

（二）时处之变

"时"和"处"是《周易》中的重要概念，可代指时间与空间。王阳明"万物一体之仁"说的提出有其特定的时空背景，因而也具有不同于传统儒学的特定意蕴：既是一种真切而深刻的生命体验，也是一种强烈而切实的政治关怀；[④]既是中国人的一种固有的生存观念和相处之道，也是处于时代大变局中的知识精英的一种世界观念和文明意识。

众所周知，儒家"万物一体之仁"的思想最初出现在《礼记·礼运》中，也可以说是《庄子·齐物论》中万物齐同思想的儒学化的产物。进入宋代以后，"万物一体"说得到发扬光大，孔子"仁"的思想被广泛接受，儒家的理想世界得到充分展现。被称为

---

① 熊十力：《尊闻录》，萧萐父主编：《熊十力全集》（第1卷），第569—571页。
② 王守仁：《大学问》，《王阳明全集（新编本）》卷二十六，吴光、钱明、董平等编校，第1015页。
③ 徐爱、钱德洪、董沄：《徐爱·钱德洪·董沄集》，钱明编校整理，凤凰出版社2007年版，第199页。
④ 参见陈立胜：《全球化时代下的阳明学的意义》，《孔学堂》2021年第4期。

宋学之祖的周敦颐首先绍述了“万物一体”说，其门人程颢提出“仁者以天地万物为一体”[①]，以“万物一体”之“仁”为圣学之根本。与此同时，程颐、张载、陆九渊、杨时等人也提出了各具特色的“万物一体”思想。王阳明是在这些先哲的基础上，并立足于其所独创的“致良知”说而对“万物一体之仁”说作了进一步的充实和发展，试图从根源上去除人类社会因功利性而沉积下来的种种弊端。[②]

然而值得注意的是，王阳明提出“万物一体之仁”说时，明朝的对外政策恰好亦处在从内陆全面转向海洋的一个非常重大的转折期。世界文明在陆地与海洋、重农与重商、守卫与开放之间水乳交织，处理不当，就会使海商变为海贼，对中国东南沿海造成危害，成为毒瘤。而当时的知识精英已对海洋文明的认识有所加深，相互依存、“有无相易”（徐光启语）的内外关系至少在部分朝廷命官那里逐渐形成共识。浙江嘉兴人严从简于万历二年（1574）写的《殊域周咨录》中曾引用林富上疏曰：

> 今以除害为民，并一切之利禁绝之，使军国无所资，且失远人之心，则广东之废市舶是也。正德间，因佛郎机夷人至广，犷悍不道，奉闻于朝，行令驱逐出境，自是安南、满剌加诸番舶，有司尽行阻绝，皆往福建漳州府海面地方，私自行商，于是利归于闽，而广之市井皆萧然也。……朝贡贸易尽阻绝之，则是因噎而废食也。……查得旧番船通时，公私饶给，在库番货，旬月可得银两数万，此皆为利之大者三也。[③]

林富（1475—1540），字守仁，号省吾，福建莆田人。王阳明刚入仕时即与他有交集。两人都是正德初年忤逆太监刘瑾被廷杖下狱，并在狱中互相勉励，共同研讨《易经》，林富曾作《狱中与王阳明讲易》诗记述此事，诗云：“同患有俦侣，幸接心所欢。”可见此时林、王二人已心心相印、结为至交。嘉靖六年（1527）阳明

---

① 程颢、程颐：《河南程氏遗书》卷二上，《二程集》，王孝鱼点校，中华书局2004年版，第15页。

② 参见冈田武彦：《王阳明大传》，《冈田武彦全集》（第5卷），（日本）明德出版社2005年版，第137页。

③ 严从简：《殊域周咨录》卷九，余思黎点校，中华书局2000年版，第322—323页。

前往广西平定思、田之乱时，林富又成为他的部下，为落实阳明所提出的各项政策措施做出了很大贡献。阳明返乡之际，曾向朝廷举荐林富继任。林富罢官后退居莆田东岩山讲学，一直致力于宣扬阳明心学。其孙林兆恩自小就是在他的教诲下习举子业，可以说从小即开始接触和研习阳明心学。而林富在疏中所反映的情况，不仅说明了广东沿海因“阻绝”“诸番舶”，致使“私自行商，于是利归于闽，而广之市井皆萧然”所造成的一系列恶果，还反映了林富等人有关开放海洋贸易、加强对外交往的基本主张。王阳明的“万物一体之仁”说，即与其所处的国际环境和朋友圈内的这些政策主张有千丝万缕的联系。

当时，以“天下”主义为核心价值观的儒家文明，尚未遭遇近代“世界”体系的撕裂和颠覆，大明王朝尚延续着唐宋以来的文明自信，其“天下”体系尚能从容运转，因而也具有从容谋划国际事务的能力和心胸。而明朝前期开始的从农耕大国向海洋大国的转型，就是在这种文明自信的强力支撑下发生的。郑和率领的船队，有二万七千多人，从永乐三年（1405）到宣德八年（1433），七次从南海出发驶向印度洋，出访了三十多个国家，展开了史无前例的航海外交。令世人难以置信的是，中国的航海外交完全不倚靠武力，即使有过短暂的军事冲突，也很快化干戈为玉帛，这与明朝的外交理念有密切关系。明太祖朱元璋在立国之初就制定了“不征”之国策，摈弃了自古以来中国天子至高无上的征伐之权，从而形成了明朝外交有别于历朝历代的显著特征——试图不依靠武力来建立一种和平的国际体系，并将“共享太平之福”作为自己的外交理念。郑和下西洋的基本诉求，就是通过经贸、外交、人文等手段，来拓展大明与印度洋沿岸诸国的关系，以巩固和发展新型的“朝贡”体系。这就决定了当时作为大国的明国与诸多新兴小国（如满剌加国，今马六甲海峡）之间的关系是一种合作共赢的关系。这种新型的国际关系与之前元朝攻打爪哇和16世纪初葡萄牙殖民者侵入东南亚、攻占满剌加，从而在根本上动摇了以“朝贡”体系为基础的“华夷秩序”有本质的区别。[①]王阳明正好生活在这一重大的历

---

① 参见万明：《从印度洋时代向太平洋时代的转型：基于明代中国与海上丝绸之路的考察》，《新丝路学刊》2019 年第 1 期。

史转变时代，又生长在靠近东部沿海的宁绍地区。他担任南赣巡抚时期，正好是葡萄牙人以满剌加为跳板，逐渐向明朝渗透、侵蚀明朝利益的时候，[①]而且其管辖范围也正好包括地处中西方贸易前沿的福建漳州、广东惠州，面朝“南海”[②]，外来信息较为通畅，对明朝在外交上的这一巨变应该会有切身感受。何况王阳明“剿匪”剿的虽是山贼，但也有海贼、海寇混于其中，所谓“山瑶海贼，乘衅摇动”[③]“山瑶海寇，乘间窃发，遂至无可捍御”[④]是也。故尝“发于汀、漳，发于沿海诸卫所”[⑤]，亲自指挥了抵达南赣后第一仗——“漳南战役”，后又通过频繁的军事活动，而对西来的佛郎机等现代兵器有了初步认知。[⑥]正是在这样的时代背景下，王阳明形成了与西方人的利己主义、征服主义有天壤之别的秩序观和天下（即国际）观，亦即一种基于儒家传统的万物一体思想的秩序观和天下观。这似乎从他晚年在广州时曾有针对性地提出将“天妃庙改立忠孝祠”的批文中亦可窥见一斑。王阳明的《批增城县改立忠孝祠申》曰：

据增城县申称：“参得广东参议王纲，字性常，洪武年间因靖潮寇，父子贞忠大孝，合应崇祀；于城南门外天妃庙改立忠孝祠。”看得表扬忠孝，树之风声，以兴起民俗，此最为政之先务；而该县知县朱道澜乃能因该学师生之请，振举废坠，若此则其平日职业之修，志向之正，从可知矣。仰行该县悉如所议施行，其神像牌位及祭物等项，俱听从宜酌处。完日具由回报。此缴。[⑦]

---

① 明正德六年（1511），葡萄牙攻占了地处东西方贸易咽喉而为明朝贡体系重要一环的满剌加，后又在正德十一年（1516）到达广州海口之屯门澳（东面为屯门湾，今称青山湾，古名屯门澳，位于香港新界西北部），继至宁波、漳州，进而以浪白窑蚝镜（即澳门）为基地进行走私贸易（参见李为香：《葡萄牙侵占澳门的历史回顾》，《东北师大学报》1999 年第 6 期）。

② 王阳明《祭国子助教薛尚哲文》曰：“潮阳在南海之滨，闻其间亦有特然知向之士，而未及与见。间有来相见者，则又去来无常。”［王守仁：《王阳明全集（新编本）》卷二十五，吴光、钱明、董平等编校，第 1004 页］

③ 王守仁：《王阳明全集（新编本）》卷十四，吴光、钱明、董平等编校，第 491 页。

④ 王守仁：《王阳明全集（新编本）》卷十四，吴光、钱明、董平等编校，第 500 页。

⑤ 王守仁：《王阳明全集（新编本）》卷二十一，吴光、钱明、董平等编校，第 855 页。

⑥ 详见王守仁：《书佛郎机遗事》，《王阳明全集（新编本）》卷二十四，吴光、钱明、董平等编校，第 964—966 页。这也是《王阳明全集》中唯一一处涉及“佛郎机铳”的记载。

⑦ 王守仁：《王阳明全集（新编本）》卷十八，吴光、钱明、董平等编校，第 675 页。

王阳明的六世祖王纲（1302—1373，字性常）曾于洪武四年（1371）到广东平定潮民之乱，最后被海盗曹真杀死于增城，其子王彦达亦一同遇害。王阳明于嘉靖七年（1528）闰十月来到广东时，正好听说时任增城知县的朱道澜准备改立当地有名的天妃庙为纪念王纲父子的“忠孝祠”。于是便将明初余姚人张壹民筑的《王性常先生传》，以正书（由礼部辨印生钱君泽所书）篆额，刻于忠孝祠，并立“重刻广东参政王公传碑”。

天妃庙即妈祖庙。妈祖信仰起源于宋时福建莆田，后随着海商活动的日趋繁荣，使妈祖逐渐成为海洋保护神，妈祖信仰亦在佛、道等宗教资源的融合滋润下，随着航海者的足迹而传播到南海、东海等广阔海域。妈祖在元世祖忽必烈时被封为“护国明著天妃”，“天妃”称号即始于此，但民间更愿意称为妈祖。赵翼《陔馀丛考》之《天妃》篇曰：“台湾往来神迹尤著，土人呼神为妈祖。尚遇风浪危急，呼妈祖，则神披发而来，其效立应。若呼天妃，则神必冠帔而至，恐稽时刻。”[①]中明以后，由于朝廷逐渐告别大规模的海洋活动，导致妈祖神祇未获得官方继续青睐，因此明代敕封妈祖只有两次。一次敕封为“昭孝纯正孚济感应圣妃”，一次敕封为“护国庇民妙灵昭应弘仁普济天妃”，先后使用了儒教伦理的核心观念“孝”和“仁”字，“体现了明代官方儒教对妈祖形象塑造的参与和伦理用意”。[②]清康熙二十三年（1684）妈祖被封为“天后”，获得了与武则天同样的“天后”称号，“天妃庙”遂改称“天后宫”。[③]王阳明时，广州一带是妈祖信仰的主要分布地，天妃庙乃当地人的主要宗教祭祀场所，其中不乏一些常年从事海上走私及海寇活动的人。王阳明为“表扬忠孝，树之风声，以兴起民俗”，以“举亲不避嫌”之魄力，全力支持增城县知县朱道澜有关“于城南门外天妃庙改立忠孝祠”的申请。这似乎可视为王阳明为配合朝廷，用儒家忠孝观取代“异教”信仰，以从精神上消灭海寇的一种尝试，而这又恰好与他所主张的万物一体的天下观形成内外

① 赵翼：《天妃》，《陔馀丛考》卷三十五，中华书局 2003 年版，第 714 页。

② 参见彭睿：《妈祖信仰的宗教社会学研究——兼与关帝信仰比较》，《世界宗教研究》2020 年第 6 期。

③ 松尾恒一：《明清时期中国东海、南海的海盗活动和记忆——兼与日本、中国、东南亚的宗教史迹印证》，梁青译，《南国学术》2018 年第 4 期。

互补之关系。

尽管王阳明从哲学理念上提炼出的“万物一体之仁”说，并非源自明朝的对外关系或外交理念，而是针对国内的芸芸众生，所对应的也是他的又一重要思想——“亲民”说。但就王阳明的曲折经历来看，民族关系、边疆问题、海上贸易、域外交往等显然已进入了他的观察视野，因而也必然会纳入他的考虑视界。由此可以说，王阳明的“万物一体之仁”说，“内”可与“亲民”说相贯通，“外”可与萌发于元明时期的“西洋”说相关联。明嘉、隆年间在江、浙、闽、粤等地开始实施的海外贸易政策，也在一定程度上佐证了这种联系的可能性。

巧合的是，就在王阳明归越讲学，提出“万物一体之仁”说的同时，葡萄牙航海探险家麦哲伦率领的探险船队亦于1522年（嘉靖元年）完成了环球航行。如果说明朝的转型与明初制定的外交政策以及当时的天下观有莫大关系的话，那么可以说王阳明晚年所提出的“万物一体之仁”说也与这种重大变局有某种联系，而这点正可谓是王阳明不同于一样提出万物一体思想的宋明理学家的根本之所在，亦是其“万物一体之仁”说与传统儒家、正宗理学的同类命题的最大不同处。

在王阳明看来，良知本心具有超越时空的普适性和公共性，所以能够将他人、鸟兽、草木、瓦石等外在的事物与自己关联起来，以“一体之仁”去应对和包融天下万物，由此才能建立起没有人我之分、人禽之别、人物之异的即“万物同体”的理想社会秩序。很显然，这样的“万物一体之仁”说，既是一种最高的道德境界，又可以成为一种构建人类社会秩序和自然秩序的理论模型。而恰恰是后者，使之与当代国际关系中的“共生系统理论”取得了高度一致。这种理论具有极大的包容性，强调人类社会乃至世界万物都共生在一个大系统中，是相互影响、相互作用、相互转化的，因而相互之间应该结成利益共同体、命运共同体和责任共同体，应该构建起能够深度交融的互利合作的网络。①尽管“共生系统理论”所关注的是一种建立在现代法治基础之上的世界政治秩序，而王阳明的“万物一体之仁”说所关注的是一种建立在人性论基础之上的世界社会秩

① 参见夏立平：《“一带一路”与共生型国际体系》，《中国社会科学报》2015年12月4日。

序，但它们将万事万物视为共生共存的辩证统一的关系却是一致的。

诚然，王阳明的“万物一体之仁”说也有可能被庸俗化、鸡汤化，而事实上在后阳明时期亦的确发生过这样的事。张岱的《快园道古》卷十四《戏谑部》中便记载过如下案例：

> 一道友讲万物一体。一生曰：“设遇猛虎，此时何以一体？”一生曰：“有道之人履虎不咥，必骑在虎背。”周海门笑曰：“骑在虎背还是两体，到底吃在虎肚方是一体。”[①]

这虽然可以视为一种调侃，说明当时的学术气氛是比较宽松的，讨论问题时也比较随意，丝毫没有前世儒者的那种刻板和迂腐，但毕竟这样的随意解读，对阳明学说来说也是一种伤害，或者说是在把阳明本人神格化的同时[②]，将阳明学说庸俗化了。

同时，王阳明的“万物一体之仁”说也有可能被禅学化、虚幻化，这点在其部分门人后学身上表现得尤为突出。万历年间的邹元标即对此作过针对性极强的批评：

> 予独怪夫“万物一体”“圆融无碍”之说倡，而学浸以伪也。夫良知理一也而分则殊，体圆也而用则方。先儒之一体也，合天下以成其身；后儒之一体也，借天下以济其私。先儒之圆神也，本之方以知；后儒之圆神也，流于诡与随。[③]

这里的关键，是指出了阳明的门人后学有人将儒家的“万物一体”说与佛家的“圆融无碍”说交融混杂在一块，在“一体”中渗透进“圆融”，而将儒家的“仁体”撇在一边，把“万物一体之仁”转换成华严宗的“圆融无碍”的法界观和禅宗的“即事而真”的功夫论。若以此为前提，邹元标指责“后儒（即阳明后学）之一

---

① 张岱：《快园道古（增补本）》，佘德余点校，浙江古籍出版社 2017 年版，第 165 页。按：虎文化在中国源远流长，佛教中有“伏虎罗汉”和“虎溪三笑”的故事，易学史上也有张载“坐虎皮讲《易》京师”的故事。总之，能驯服老虎往往被视为具有极大功德的表现。因而宋明时期经常用人与虎的关系来做比喻，以解明某一道理。

② 详见本书第七章。

③ 邹元标：《重修阳明先生祠记》，王守仁：《王阳明全集（新编本）》卷五十一，吴光、钱明、董平等编校，第 2037 页。

体也，借天下以济其私”“后儒之圆神也，流于诡与随”，毫无疑问是有充分理据的。因为阳明后学中的确有人从事事物物“圆融无碍”走到了是非不分、假公济私的邪路上。

而对于“万物一体之仁”说的真正信奉者而言，此说乃是人之所以为人的基本条件，也是不分高下、贵贱、贫富的所有人的共同诉求。故而熊十力曾针对有些人批评以万物一体“自任”的观点反驳道：“来书谓：‘念庵万物一体语，先辈以此教人则可，后生以此自任则近于妄。’此正病根所在。……此处退让，则终其身为禽兽之归矣。……阳明先生《大学问》，直就人心同然处言之，本自平易。而人固舍其平易，而不知自反，故曰‘中庸之为德也，民鲜能久矣’。贤者无志作人，无志此学，则亦已耳，否则于此等处岂可不勇于自任耶？”①前者反对“以此自任”，后者强调“勇于自任”，针尖对麦芒，针锋相对，其基本点即是否赞成王阳明的“人胸中各有个圣人，只自信不及，都自埋倒了”②的圣凡平等说。

二、共生共存

由此可见，“万物一体之仁”与“亲民”实际上是同一理念的两个面向，顺着其理路及发展脉络，完全可以与兴起于春秋战国、成熟于明末清初的儒家民本思想画等号。在王阳明看来，“仁”是“万物一体”的“体”，“亲民”是“仁”的体现，是“万物一体”之“用”。世界万物都是天地所生，人与人之间、人与物之间都是休戚与共、共生共存的关系，所以要把“仁之体”扩充、落实到普天下每一个人及万事万物。在此基础上，王阳明的弟子王艮又进一步提出了“天下一个，万物一体……欲同天下人为善”③的社会理想，以唤醒和启发普天之下的所有人。这是一种建立在一元论思维方式上的命运共同体的理念，也是“一体同善”的致仁境界，它与建立在二元论思维方式上的宋代以前的传统思维方式有质的区分。如果说后者习惯于理气、心性、体用、内外、知行、虚实、时空等方面的对立或转换型运思，那么前者所倡导的便是合一、同体

① 熊十力：《十力语要》卷二，萧萐父主编：《熊十力全集》（第4卷），第238页。

② 王守仁：《传习录下》，《王阳明全集（新编本）》卷三，吴光、钱明、董平等编校，第102页。

③ 董燧：《王心斋先生年谱》嘉靖元年（1522）壬午条，王艮：《王心斋全集》，陈祝生等校点，江苏教育出版社2001年版，第71页。

型的运思方式。

讲到共生共存，一般首先会想到德国真菌学家德巴里（Heinrich Anton de Bary）于1879年提出的生物学意义上的“共生”概念和及相关理论，以及近年来由法国社会学家、哲学家阿兰·迦耶（Alain Caill é ）联合许多知识分子共同发起的《共生主义宣言》和“共生主义运动”，将道德、生态、政治、经济、灵性等五个方面的问题含括于“共生主义”学说之中。[①]更近的，还可联想到美国哈佛大学教授尼尔·弗格森（Niall Ferguson）于2007年创造的“中美国”（Chimerica）一词，意指中美关系走入共生时代，尤其不能不联系到近年来中国政府所发起的“一带一路”倡议与“构建人类命运共同体”的理念，实际上这两者是不可分割的有机整体。“一带一路”是一种新型的全球化。所谓“新型”，因为它是一种“王道”或“仁道”式的全球化，与某些国家主导的“霸道”式的全球化有质的区别。当然，这里所说的“王道”，即世界秩序，并不是古代东亚或东南亚以中华或其他国家为中心的、以道德为基础的“朝贡”体制式的“王道”，而是赋予了现代公平、正义、文明之精神和价值的共商、共融、共享、共荣式的以法制为基础的“治道”，是一种基于理性的、非功利化亦非道义化的“新天下主义”，也是基于规则与所有国家打交道、谋双赢、求妥协、立契约、守信用的中国良知，即仁道。而所谓“构建人类命运共同体”，看似是在打造一种新型的国际关系，其实是在彰显一种政治文化或价值理念，也是在体现一种中国人语境下的政治话语。宋代程颢的“仁者以天地万物一体”、明代王阳明的“万物一体之仁”等思想学说，便是这种政治文化和价值理念的直接源头，同时也是一种人类文明的智慧结晶，中西文化经典——《论语》《道德经》《圣经》等中的共同价值（shared values），如仁爱、宽容、合作等，乃是这种政治文化与智慧结晶的共同基础。由此可证，无论是古老的中华文明还是当下的中国道路，皆非世界文明之“异类”，而是与全人类的文明发展趋势和价值诉求共通、互融、一体的。所谓“中国特色”，乃是植根于中国文化沃土、汲取人类文明成果和智慧、在方向上与世界主流价值体系相一致的制度设计和价值共性。

---

① 参见吴根友：《宋明儒的“一体之仁”与儒家式的“共生主义”》，《孔学堂》2022 年第 3 期。

如果仅从字面理解，“人类命运共同体”的官方英文翻译是“community of human destiny”，再译成中文就是“人类命运的社区”。尽管社会学家对“社区”这个概念尚无统一的说法，但无论怎么定义，“社区”概念都是以一定的地理区域为前提的，指的是“聚居在一定地域范围内的人们所组成的社会生活共同体”。而这恰好与王阳明在治理基层社会时经常讲的“社学乡馆”有一定的关联性。王阳明的“社学乡馆”虽然是相对于官办“学校”而言，但所涉及的对象却是聚居在一定地域范围内的人们及其所组成的社会生活共同体。因此可以说，王阳明的“万物一体之仁”的哲学观念及其所倡导的“社学乡馆”的平民教育理念，与他在基层社会尤其是南赣地区所开展的社会治理以及所取得的丰富经验有密切关系，因而亦与“人类命运共同体”的政治文化观念存在着某种关联性。虽然这种关联性我们在中国古代的其他思想家那里也能看到，但在阳明学说中无疑表现得最为突出、最为直接，因而所能提供的思想资源也最为丰富。

当然，“万物一体之仁”并不是绝对的，有时甚至不可轻言。就王阳明而言，正因为这一学说具有超越种族、民族、地域、语言、文化、宗教、性别、国家、阶级、阶层而一视同仁的价值取向，所以他在起征两广途中又特地就自己在《大学问》中提出的“万物一体之仁”说写信给弟子钱德洪，强调：“《大学或问》数条，非不愿共学之士尽闻斯义，顾恐借寇兵而赍盗粮，是以未欲轻出。且愿诸公与海内同志口相授受，俟其有风机之动，然后刻之非晚也。”很显然，阳明是担心由于“万物一体之仁”说的普适性而被“寇盗”所利用，所以才“未欲轻出”。我们在强调和弘扬“万物一体之仁”说时，也不能忘了倡导者本人的这一忠告。

联系到近年在全球接连爆发并迅速蔓延的新冠疫情，其突发性和肆虐程度，几乎让全人类都在经历一场代价极其惨重的违背“共生共存”和“万物一体”之精神的灵魂拷问。是故有学者认为，较之“人类命运共同体”，“万物命运共同体”似乎更能唤醒人类的良知，改变“天人互害”的生存方式。[①]应该说，无论“人类命运共

① 郭齐勇：《反思新冠疫情：从“人类命运共同体”到“人与天地万物为一体”》，搜狐网，https://m.sohu.com/a/370394934_242653/，2020 年 2 月 3 日。

同体”还是“万物命运共同体”，都是“万物一体之仁”说的应有之义，或者是“万物一体之仁”说的两个面向。如果说人为的战争灾难及其破坏性告诉我们“人类命运共同体”的重要性，那么自然的病毒灾难及其破坏性则告诉人类“万物命运共同体”的重要性。从一定意义上说，“万物命运共同体”应当是全人类所追求的最高境界和终极诉求。正因为此，笔者完全赞同郭齐勇先生在此次病毒灾难发生后不久就提出的“对待同类，我们应强调‘人类命运共同体’；对待不同类，我们应强调‘人与天地万物为一体’”①的思想主张。而王阳明所提出的“万物一体之仁”说，则完全可以通过创造性的转化，成为一种既充满中华民族思想智慧又非常适合人类世界乃至天地万物的“新型”的共生共存哲学。

亦正因为此，“构建人类命运共同体”是“经”而非“权”，是“用”更是“体”。它所体现的共生共存的“万物一体”观，是整个儒家文明的本质诉求，故而是大道而非小道，而王阳明的“万物一体之仁”说则不过是这种“万物一体”观的极致形态。同时，“构建人类命运共同体”亦绝非简单的新型国际关系理论，而是中国哲学文化的必然选择。换言之，它并不是策略性的权宜之计，而是中国哲学文化的中道之魂。它是中国人向世界提供的“方案”，也是解决当今世界各种难题、解决全球各种乱象的“钥匙”，其中所蕴含的文明智慧是显而易见的。只要我们从王阳明的“万物一体之仁”“亲民”“知行合一”②等思想学说中找到最大的公约数，凸显其中的抽象意义和共同价值，就完全可以为“构建人类命运共同体”的新时代理论以及“一带一路”倡议提供充满中国智能的思想资源和能量支撑。

众所周知，“物”字的意义在中国古代哲学中是非常丰富的。所谓“万物一体之仁”的“万物”，从外延上说应当包括这个星球上的所有生物和非生物，在当今世界，甚至还应包括近年来高速发展起来的人工智能。人类面临的真正挑战，不仅在于赋予人类自身、人与自然何种价值体系，而且还在于赋予人工智能何种价值体

---

① 郭齐勇：《反思新冠疫情：从“人类命运共同体”到“人与天地万物为一体”》。

② “万物一体之仁”“亲民”和“知行合一”，就是王阳明的“三观”，即世界观、人生观和价值观。

系；[①]不仅要使不同人种、不同物种之间能共生共存，而且要使人与机器、机器与机器之间也能互相理解、竞争并进化，以便最终引导包括机器在内的“万物”都能实现各自的人格和物格，并赋予“万物”以至善之仁爱。换言之，人不仅要使自我“向善”，而且要把“万物向善”“科技向善”“AI向善”成为人的使命和愿景。

与此同时，科学技术的迅猛发展，还正在使万物走向互联互通。如果说软件程序语言和系统代码、微电子芯片技术等是万物互联互通的根技术，那么可以说，万物一体之仁就是建立在根技术之上的根哲学。互联网、物联网为万物一体之仁说提供了数据支撑，而万物一体之仁说则为互联网、物联网提供了哲学基础和道德保障。古老的中国智慧与当代最伟大的科技发明能够实现如此紧密的关系，正好说明这种哲学理念的生命力和普适性。可以说，万物的共通共享就是以哲学的共生共存理论为前提的，或者说两者是相辅相成的互证关系。无论共生共存还是共通共享，最终都必然归结到仁或者良知这一最根本的心之本体上。换言之，如果没有了仁体或良知，无论共生共存还是共通共享都不可能真正实现，或者不可能成为终极之善即“善端”。若泯灭了以万物一体之仁为前提的共生共存，所谓的互联互通、共通共享不仅不能服务于人类，甚至还会毁灭人类。因此，能不能确立万物一体之仁的哲学理念，关乎人类是无限制地消耗自然进而消耗自我，还是除了消耗还要反哺自然，与自然和谐相处，与万物成为真正的朋友。而所谓“万物一体之仁”的“仁”，具体地说，就是我国领导人在不同场合多次强调的“坚持与邻为善、以邻为伴，坚持睦邻、安邻、富邻，突出体现亲、诚、惠、容的理念”，其中的亲、诚、惠、容，可谓儒家仁政思想的核心。

总之，“万物一体之仁”的天下观，合作共赢、互利互通的义利观、“构建人类命运共同体”的全球治理观等，便是中国能够也是正在向国际社会提供的新价值观。这种新价值观不是要取代西方价值观，也不是要主动改变国际秩序，而是要对西方价值观和已有国际秩序进行补充和修正。

由此可见，作为智能之源的王阳明的思想学说，除了其所倡导

---

① 参见蔡恒进：《机器崛起是否意味着人文危机》，《文化纵横》2017 年第 5 期。

的“知行合一”说和“致良知”说，还应包括其所强调的“万物一体之仁”说和“亲民”说，而且从阳明学说的成熟和发展过程看，最晚出的“万物一体之仁”说和“亲民”说甚至比“知行合一”说和“致良知”说还要重要。这四大学说，具有同等强大的生命力和现实穿透力，亦同样可以成为国人提升文化自信、促进文化互信的源泉和动力。当然，所谓“文化自信”与“文化互信”是相辅相成的关系。缺乏自信的互信，就会成为无源之水、无本之木；没有互信的自信，就会导致盲目自大、自以为是。自信不是排斥他者，而是包融吸纳他者。“敷文化以柔远”的同时，也必须汇文化于世界；提供中国方案不是取代独霸，而是为人类提供更多的选项。

有学者指出：中国要在当今的国际舞台上树立起自己的话语权，建构完整并受到世界认同的独立话语体系可谓当务之急，这就需要我们总结出属于中国人自己的思想理论，建立一套能让外界听懂的具有共性的可操作的话语体系，而且这种话语体系还必须是简单易懂的，也就是说要用“简单的事实、易懂的逻辑”去展示中国的智慧和方案。[①]以此而言，王阳明的“致良知”“知行合一”“亲民”“万物一体之仁”等思想学说，便蕴含着这样“简单的事实”和“易懂的逻辑”。由此我们可以说，作为中国文化自信重要思想资源的王阳明及阳明学并不是放在博物馆里的“文物”，而是“活泼泼”的有生命力的思想源泉，在更好地彰显中国文化之魅力和中国哲学之智慧的过程中，王阳明及阳明学无不具有独特的资源优势，可以而且应当成为中国文化自信的重要支撑。

① 参见丁一凡、王义桅、程亚文：《跨越各色“陷阱”的陷阱》，《环球时报》2018年3月25日。

第一章

世族兴旺与家道衰微

相对于康德式的西方哲学家或道家式的东方哲学家，王阳明波澜壮阔的一生显得相当地与众不同。作为哲学家，他固然有过龙场悟道之类的哲学沉思，但这种沉思并非完成于宁静安逸的书斋，而主要是以居夷处困、动心忍性等政治磨难为场域，以讲学会友、赋诗作画等人文情怀为媒介而完成的。从早年对宗教、道德的形上遐想，到中年对社会、政治的心灵沉思，再到晚年对人生、宇宙的哲学总结，王阳明的终极关怀与其曲折的人生旅程处处融合在一起，为道、为学、为事与为人则相应地展开为一个统一互动之过程。这种思想历程，在中国古代哲人身上或多或少都会有所体现，而在王阳明那里可谓最为显著，且最具豪气，也最为世人所景仰。诚如其学生应良、好友林俊之评语：“我阳明先生反躬力学，伟然一代儒宗，斩伐荒蓁，开辟塞路，明孔孟之道，以淑其身，而与海内有志者共焉，此公余波所及，泽未易量也。”[①]“都宪[②]公阳明擒王功，世其伯爵，玉带麟袍，丹书铁券，书生之极也。”[③]明儒祝世禄亦有过评说：“王新建[④]在事业有佐命之功，在学问有革命之功。盖支离之说，浸灌入人心髓久矣，非有开天辟地大神力、大光明，必不能为吾道转此法轮。”[⑤]清儒王士禛则明确祭出“三不朽”之大旗道：“王文成公[⑥]为明第一派人物，立德、立功、立言皆居绝顶。”[⑦]也就是说，儒家所谓完整人格的“立功”“立德”“立言”之三不朽者，盖集于王阳明一身矣。这可以说是他能以独到的心学思想转动中国历史之“法轮”向前推进的动力和源泉。不言而喻，这种完

---

① 应良：《寿大冢宰王公序》，王寿颐修，王棻等纂：《仙居县志》附《仙居集》卷九，清光绪二十年（1894）刊本。此序名义为王华祝寿，实为吹捧王阳明。

② 王阳明在正德十一年（1516）九月以都察院左佥都御史巡抚南、赣，都御史别称“都宪”，故称王阳明为王都宪。

③ 林俊：《祭上宰王海日公》，《见素续集》卷十一，永瑢等：《景印文渊阁四库全书》（第1257册），台湾商务印书馆1983年版，第558页。

④ 王阳明正德十六年被封“新建伯”，故称王新建。也许是巧合，阳明建立功勋的南昌附近有个建于宋代的新建县，两者之间似无关联。

⑤ 沈善洪主编：《黄宗羲全集》（第8册），第110页。

⑥ 王阳明于隆庆元年（1567）五月诏封新建侯，谥“文成”，故称“王文成”。

⑦ 王士禛：《池北偶谈》，中华书局1982年版，第122页。清儒朱彝尊亦云：“新建勋业、气节、文章，皆可甲世，特多讲学一事，谗言惟兴。”（朱彝尊：《静志居诗话》，黄君坦校点，人民文学出版社1990年版，第249页）所谓勋业、气节、文章，大致可对应于立功、立德、立言。但气节有政治气节和个人气节之分，后者即节操，可对应于立德。时人常有对阳明之气节提出批判者，其中既有指政治气节的，又有指个人节操的，后者两者皆俱。按：有关王阳明“三不朽”之定位，详见本书序章开头之注释。

整人格的形成通常需要一些必备的条件，比如社会历史环境、家庭生活背景、教育成长过程以及个人的天赋与努力等，而在一个尊重家族传统的中国古代社会里，祖先的行为成就和人格表现，往往会对后世子孙之意趣志向的启发和培养产生深远的影响。因此对于王阳明，一如所有中国古代的哲学思想家，不仅要把他本人的身世经历、思想脉络研究清楚，而且还要对他的思想渊源及其家世情况有所了解。

第一节 王氏世家

王守仁（1472—1529），字伯安，幼年随父迁居山阴（今绍兴），三十一岁在离越城十公里的宛委山阳明洞天结庐，自号阳明山人，学者称其为阳明先生。据《阳明年谱》载：“其先出晋光禄大夫览之裔，本琅琊人，至曾孙右将军羲之，徙居山阴，又二十三世迪功郎寿，自达溪徙余姚，今遂为余姚人。”[①]说姚江王氏是从山阴经由上虞达溪迁徙余姚，从而以王羲之为阳明之始祖，这不符合历史事实。因为这个问题涉及本书后面的论述，所以我们就从王阳明的先祖开始讲起。

王氏系谱，源自山西太原，而分支于山东琅琊（今临沂胶州地区）。太原王氏开族源自黄帝，出于姬姓，得姓则来自周灵王太子晋一派。晋受封于魏，为梁王，其后以爵为氏，遂姓王。此后子孙繁衍，迄至秦代名将王离兵败殉国后，长子元以渭水流域不能久居，于是举家迁至琅琊，成为琅琊王氏始祖。东汉时，琅琊王氏隔五世有王袭次子王吉迁居山东皋虞（今墨县东北）。汉光和二年（179），以罪入坐，父子二人逮死狱中，事见《后汉书·宦者传》卷一〇八。王吉六世孙王融徙居山东临沂，《世说新语》遂以王融为琅琊临沂的王氏始祖。除太原、琅琊二隆盛地望外，据《广韵》记载，王氏之分布尚有十九地望，至宋代已遍及大江南北。王阳明之祖先即为琅琊世代所衍派者，其家族世系最早可追溯到王融次子王览。

王览（205—278），字玄通，为世称二十四孝中“卧冰求鲤”王祥之异母胞弟，以孙王导仕晋贵，追赠光禄大夫，谥曰贞。王览“少笃至行，服仁履义”[②]，以孝友恭恪名于世，时至今日，临沂市名胜地“五览祠”内仍奉祀有王览像。览生六子，曰裁、曰基、曰会、曰正、曰彦、曰琛，长子裁生导，次子基生敦。[③]王导、王敦皆以盛名显于世。

王导（276—339），字茂弘，历任东晋元、明、成三帝丞相。

---

① 王守仁：《王阳明全集》卷三十三，吴光、钱明、董平等编校，上海古籍出版社 1992 年版，第 1220 页。

② 房玄龄等：《王览传》，《晋书》卷三十三，中华书局 1974 年版，第 811 页。

③ 参见蒋超伯：《琅琊王氏》，《南漘楛语》卷三，《续修四库全书》（第 1161 册），第 305 页。

西晋末，导与堂兄王敦（266—324），字处仲，向琅琊王司马睿献策移镇建康（今南京），遂举族南渡。司马睿称帝（即晋元帝），以导为相、敦为大将军，时称“王与马，共天下”，兄弟俩为稳定东晋在南方的统治立下了汗马功劳。自此王氏一族，乃盛于江左。故后人修族谱，均将王导誉为琅琊三王之一（另为王览、王羲之），[①]其后裔则追尊王导为乌衣大房一世祖，而王导的族弟王旷即为晋代书圣王羲之之父。

说到王导，恕我多讲几句。据明儒杨慎说：

> 慎尝反复《晋书》，目王导为叛臣，颇为世所骇异。后见崔后渠《松窗杂录》，亦同余见。近读阳明《纪梦》诗，尤为卓识真见，自信鄙说之有稽而非谬也。其自序曰：“正德庚辰八月廿八夕，卧小阁，忽梦晋忠臣郭景纯氏以诗示予，且极言王导之奸，谓世之人徒知王敦之逆，而不知王导实阴主之。其言甚长，不能尽录，觉而书其所示诗于壁，复为诗以纪其略。嗟乎！今距景纯若千年矣，非有实恶深冤郁结而未暴，宁有数千载之下尚怀愤不平若是者耶！”[②]

明人徐树丕的笔记《识小录》亦称：“千古贼臣孰有过于王导者？苟丁其会张邦昌事反掌耳。王文成快论乃托之于梦，何胆之不坚耶！杨升庵《丹铅录》亦言其奸。”[③]又曰：“杨升庵目王导为叛臣，颇为世所骇异。后见崔后渠《松窗杂录》亦同此见。近读阳明

---

① 后王敦以司马睿抑制王氏势力为由，欲举兵谋反，命郭璞（276—324，字景纯）卜筮，璞谓其必败，因而为敦所杀。明正德十五年（1520），王阳明作《纪梦》诗并序，为忠臣郭璞见伸，对先祖王导兄弟则大加挞伐（参见王守仁：《王阳明全集》卷二十，吴光、钱明、董平等编校，第777—778页）。浙西阳明学者董穀曾评论说：“阳明先生正德庚辰八月廿八夕，梦晋忠臣郭景纯璞以诗来谒，且极言王导之奸，谓世人徒知王敦之逆，而不知导实阴主之云云。觉而悉记其诗，不遗一字，起录于壁。……噫！后之千二百年，而英灵犹见梦于阳明，阳明能尽忆之，是皆精明之极，理无闻耳。”［董穀：《碧里后集·杂存·郭景纯》，明嘉靖四十四年（1565）董鲲刻本］按：同为王氏后裔的明代永嘉学者王叔杲也对郭景纯表彰有加，曾作《晋内史郭景纯先生祭文》（王叔杲：《王叔杲集》，张宪文校注，上海社会科学院出版社2005年版，第380页）。这说明，王氏后人对王导皆有指斥。

② 杨慎：《诗品·阳明纪梦诗》，《升庵外集》卷七十八，明万历十年（1582）张士佩刻本。按：杨文中所引王阳明自序，出自阳明为《纪梦》诗所作之诗序，以叙此梦之来历。

③ 徐树丕：《识小录》卷一，孙毓修编：《涵芬楼秘笈》（第1集），北京图书馆出版社2000年版，第48页。

《纪梦》诗，尤为卓识，信此说之有稽而非谬也。”[①]

杨、徐二人的评论皆围绕王阳明在正德十五年（1520）八月所做的一场梦而展开。阳明在梦中偶尔遭逢晋忠臣郭璞，郭告以王敦、王导之事。敦、导事详见于《晋书》本传及元帝、明帝《纪》，其中与阳明梦境相关的是：王敦与其从弟王导皆系东晋开国皇帝晋元帝之重臣，敦于元帝末年、明帝初年两度兴兵作乱，明帝太宁二年（324），敦“愤惋而死”，其党羽亦被剿灭。导则历元、明、成帝三朝。元帝末年王敦初作乱时，导率族人请罪于元帝，元帝称导“以大义灭亲”。敦兴乱得志后，导因从弟而加官。敦欲废元帝，因导力劝而止。明帝即位初，王敦复举兵兴乱，此时敦已病重，导遂率子弟先行举哀，人皆以为敦已死。王敦与其党羽覆败后，导再得加官。《晋书》史臣称述王导为帝王之“股肱”，比之于管仲之相齐、诸葛亮之兴蜀。[②]又，王敦兴兵之初，曾请郭璞卜筮，以不称己意而杀之，阳明诗序即据此以称郭璞为“晋忠臣”。王导曾以郭璞为参军，遇事亦时请郭卜筮，郭当亦熟识于王导，故而在阳明梦中由郭璞道出“王导之奸”，又借郭璞之口而评王导“深奸老猾长欺人”，并认为“当年王敦觊神器，导实阴主相缘夤”，[③]在逻辑上是能够讲得通的。

然而，香港学者张克伟却说：

> 《纪梦》诗中阳明借晋人郭璞之口以辱骂晋相王导为奸雄，笔者以为此事不无商榷之处。稽之史册谱牒，王导乃阳明之远祖，阳明岂有自骂其祖之理？而此诗作于明正德十五年庚辰七月阳明重上《江西捷音疏》之后，其后以功高不赏，复又遭谗谤，门人好友中，或有不胜其愤者，假托阳明之名而伪作此诗。阳明谢世后，门人编搜逸文，不稽诸史，只凭似是而非之片言只字，漫不加察而收入《王阳明全集》内，加上时儒好言纪梦，往往失诸考据而持之以为确论，这未免使人纳罕。[④]

---

① 徐树丕：《识小录》卷四，孙毓修编：《涵芬楼秘笈》（第1集），第322页。

② 房玄龄等：《王导传》，《晋书》卷六十五，第1761页。

③ 王守仁：《王阳明全集》卷二十，吴光、钱明、董平等编校，第777—778页。

④ 参见张克伟：《记王阳明父子梦兆二三事》，王晓昕、李友学主编：《王学之魂》，贵州民族出版社2005年版，第174页。

此说不无道理。我在查阅上海图书馆所藏之谱牒时，就曾在王阳明撰于嘉靖七年（1528）的《泰和王氏族谱原序》[①]中发现了一则能为张说提供佐证的材料。在该序中，阳明不惟没有“极言王导之奸”，甚至为彰显先祖，激励后人，而“必推太傅（指王导）之世家，明积善之不可诬也”，对王导褒奖有加，赞扬他是“存中华文物于江左三百余年，有功于世道甚大”的王氏高祖，并且嘲笑郭璞说：“故郭璞尝为筮之曰：‘淮水绝，王氏灭。’淮水岂有绝哉？太傅后家金陵，久而称盛，有谱牒。”要知道，阳明撰写此序时，已重病缠身，动笔甚难，却仍勉为其难，为《泰和王氏族谱》作序，反映了他在弥留之际为彰显王氏世家的良苦用心，而丝毫看不出他在《纪梦》诗中痛斥王导时的那种“卓识真见”。

此后，历史跨过了六百余年，到北宋初，王导的后裔乌衣大房二十三世孙王佑（924—987）曾植三棵槐树于庭，并追尊其祖父王言（869—930）为“三槐一世祖”。王佑曾孙王巩（1036—1103）与北宋大文豪苏东坡交友，苏为之撰写《三槐堂铭并序》。王阳明所属的“姚江秘图山派”即为“三槐堂”系之支派，故阳明胤子王正亿（详见后述）辑《阳明先生家乘》[②]，收有戚澜撰写的《槐里先生传》，称阳明曾祖王杰“先世尝植三槐于门，自号槐里子”。[③]

王巩曾孙王道于宋靖康、建炎时扈驾南渡，赠爵余杭县开国男，居余杭仙宅界，遂为王氏余杭派之始祖。王道次子王补之，字咎卿，号全甫，宋太学上舍登第，知绍兴府，其弟辅之（泽元公）遂与他一起移居绍兴府上虞县达溪之虹桥，是为虹桥派。至王补之曾孙王季（字万五，号质庵，系乌衣大房第三十三世，即阳明十世祖）时，又由达溪迁居余姚秘图山，是为姚江秘图山派之始祖。王季生四子，三子俊；俊生五子，长子士元；士元生三子，长子纲，

---

① 载清王世炟等纂修：镇海《蛟川王氏宗谱》卷首，清光绪七年（1881）三槐堂刻本。

② 王阳明著作的主要编纂者钱德洪后将此书改名为《世德纪》，附录于明隆庆六年（1572）浙江巡按谢廷杰主持刊刻的《王文成公全书》（又名《阳明全书》）中。

③ 王守仁：《王阳明全集》卷三十八，吴光、钱明、董平等编校，第1383页。

是为阳明六世组。[①]

由此可见，王阳明先世实出于王导的“乌衣大房”系，至宋代又归属于王言的“三槐堂”系，自王季从上虞迁徙余姚后，即属“姚江秘图山派”系。该系脉不仅与王羲之一脉关系甚微，而且亦非从山阴经由上虞迁徙余姚，而是由余杭经由上虞迁徙余姚。[②]故而阳明本人在《泰和王氏族谱原序》中不提王羲之，还是比较实事求是的。而明儒陆深所谓“其（指阳明）先出自晋光禄大夫览之曾孙右军将军羲之，由琅琊徙居会稽之山阴，后二十三代孙迪功寿又自山阴徙余姚”和戚澜所谓“始祖为晋将军羲之”以及钱德洪等人的类似记载，[③]均明显有误，估计是出于为姚江王氏攀附名人、彰显世族的目的而有意附会上去的。

需要说明的是，上面所说的这些阳明先祖，除王导等少数人外，事迹大都不清，只有在谱牒、谱系中才能证明他们的存在。所以后来在王正亿编撰的《阳明先生家乘》中，记载最早的先祖乃是王阳明的六世祖王纲。

王纲（1302—1372），字性常，一字德常，以文学知名，“尤善识鉴，有文武长才”，“少与永嘉高则诚族人元章相友善，往来山水间，时人莫测也”。元末，王纲“尝奉母避兵五泄山中。有道士夜投宿，性常异其气貌，礼敬之，曰：‘君必有道者，愿闻姓字。’道士曰：‘吾终隐士赵缘督也。’与语达旦，因授以筮法。且为性常筮之曰：‘公后当有名世者矣。然公不克终牖下。今能从

① 此据《姚江开元王氏宗谱》[光绪二十九年（1903）存本堂刻本]或《余姚孝义官人宅王氏宗谱》[民国二年（1913）三槐堂刻本]。按：据《阳明年谱》载：“其先出晋光禄大夫览之裔，本琅琊人，至曾孙右将军羲之，徙居山阴；又二十三世迪功郎寿，自达溪徙余姚；今遂为余姚人。寿五世孙纲，善鉴人，有文武才。国初诚意伯刘伯温荐为兵部郎中，擢广东参议，死苗难。子彦达缀羊革裹尸归，是为先生五世祖。”《阳明先生行状》亦载：“览曾孙羲之少随父旷渡江家建康，不乐，徙会稽。其后复徙剡之华塘，自华塘徙石堰，又徙达溪。有曰寿者，仕至迪功郎，乃徙居余姚。”（王守仁：《王阳明全集》，吴光、钱明、董平等编校，第1220、1406页）始迁余姚的是王季还是王寿，有不同记载。[参见计文渊：《〈王阳明七代遗像〉及相关世系考述》，《中国心学》（第2辑），商务印书馆2022年版]

② 二十余年前上虞陈溪乡退休历史教师王岳峰在余姚大岚镇阴地村发现的《虞南达溪王氏宗谱》[全九册，清光绪十五年（1889）重修]和《达溪王氏宗谱》（全十册，民国年间重修），亦可作为明证之一。据该谱记载，王阳明祖籍上虞，是王羲之堂伯父王导的第四十世孙。王导二十六世孙泽元公自剡（今嵊州）徙居虞南达溪一带，世代繁衍形成“生畈（村）十里王”。谱中还载有王阳明《书扇一则》。此外，差不多同时在上虞发现的清同治、光绪年间修纂的《王氏宗谱》（永思堂），也证明了王阳明是王导的第四十世孙，只与王羲之有宗亲关系。

③ 参见王守仁：《王阳明全集》，吴光、钱明、董平等编校，第1392、1383、1220页。

吾出游乎？’性常以母老，有难色。道士笑曰：‘公俗缘未断，吾固知之。’遂去。”①说明王纲当时对道教半信半疑，儒家思想还占据主导地位。然其与赵缘督的邂逅，却为其后人常常念到。②据说诚意伯刘基未显亦时常造访王纲论道，纲谓之曰：“子真王佐才，然貌微不称其心，宜厚施而薄受之。老夫性在邱壑，异时得志，幸勿以世缘见累，则善矣。”③其卓然之风骨，避世之志向，于此可以想见。后刘基荐王纲于朝廷。明洪武四年（1371），纲以文学征至京师，时年七十，“然齿发精神如少年，上问而异之，亲策治道，嘉悦其对，拜兵部郎中”。未几，广东潮民作乱，太祖令纲为广东参议，督运兵粮。纲致书家人诀别，并携子彦达同行。至则单舸往谕，潮民感悦，咸叩首服罪，从而威望大增。返回增城时，遇海盗曹真截船，要拜纲为帅。纲不从，谕之以逆顺祸福。贼不听，还设坛迫纲坐于中堂，日夕罗拜。纲骂不绝声，遂遇害。时彦达亦随入贼中，从旁哭骂求死。贼欲并杀之。然贼首曰：“父忠而子孝，杀之不祥。”④遂令彦达缀羊革裹父尸而出，得归葬禾山。禾山在余姚县西北二十里，今马渚区青山乡境内。洪武二十四年（1391），御史郭纯以其事上奏朝廷，得祀庙广东增城，以励忠贞。嘉靖七年（1528）十月，王阳明上书告病，在归程途中路经增城湛甘泉故居，题诗于壁，诗中有“我祖死国事，肇禋在增城。荒祠幸新复，适来奉初蒸”⑤之句，流露出了缅怀先祖、彰显忠孝大义的真挚情感。后阳明又为文祭之：“顾表扬忠孝，树之风声，实良有司修举

---

① 张壹民：《王性常先生传》，王守仁：《王阳明全集》，吴光、钱明、董平等编校，第 1380 页。按：赵缘督之名出自《庄子》第三《养生主》“缘督以为经”句。“缘督”即循虚而行，庄子把“缘督以为经”作为养生之主。五代以后道教内丹派，大都以此为理论根据。故赵缘督不仅是终南之隐者，而且是道教内丹派的信徒。关于赵缘督的考证，可参见柳存仁：《王阳明と明代の道教》，收入安冈正笃、宇野哲人监修：《阳明学大系》第一卷《阳明学入门》，（日本）明德出版社 1971 年版，第 264—265 页。

② 如戚澜《槐里先生传》曰：“先君（指王杰）幼时，尝闻乡父老相传，谓王氏自东晋来盛江左，中微且百数年，元时有隐士善筮者，与其先世游，尝言其后当有大儒名世者出，意其在先生。而先生亦竟不及用，岂尚在其子孙耶？”（王守仁：《王阳明全集》卷三十八，吴光、钱明、董平等编校，第 1384 页）此元之隐士即赵缘督（生卒年不详），尝往来浙之衢婺山水间，择寓龙游鸡鸣山麓。

③ 王守仁：《王阳明全集》卷三十八，吴光、钱明、董平等编校，第 1380 页。

④ 张壹民：《王性常先生传》，王守仁：《王阳明全集》卷三十八，吴光、钱明、董平等编校，第 1380—1381 页。

⑤ 王守仁：《王阳明全集》卷二十，吴光、钱明、董平等编校，第 799 页。

国典，以宣流王化之盛美，我祖之烈，因以复彰。”[①]对于王氏祖孙对粤人教化之功德，清儒檀萃评价颇高，认为阳明先祖及阳明本人俱效绩于粤，且宦业亦始于粤，“有造于粤者累世矣”。[②]故至民国时，粤城东横街之三贤祠和朝天街北隅社学之阳明祠，一直奉祀王阳明，春秋致祭以昭其德。也许正是由于阳明祖孙累世之教化的缘故，才使得阳明的岭南弟子们在与当时较为发达的浙江、江西、江苏等地的比较中，并不显得逊色多少。

王纲死时，王阳明五世祖王彦达年仅十六，虽以荫得官，然痛父以忠死难，故躬耕养母，粗衣恶食，终身不仕，“人称孝子”。[③]因彦达“有隐操”，又居秘图湖畔，故号“秘湖渔隐”。他曾悉取先世所遗书付子王与准，曰：“但毋废先业而已，不以仕进望尔也。”[④]为表彰其先祖，阳明特撰《谒忠孝祖祭文》：“父死于忠，子殚其孝，各安其心，白刃不见，又知有一祀之荣乎？”[⑤]

王与准，字公度，王阳明高祖。少时即秉承父亲遗志，闭门勤学。乡里后进或来从学者，辄辞曰：“吾无师承，不足相授。”后去从四明赵先生学《易》。赵奇其志节，遂把族妹嫁给他，并劝其出仕。与准以赵“遁世无闷”之诲而谢绝之。尝得筮书于异人，为人筮，无不奇中。县令闻其名亦遣人来邀筮。与准取筮书对使者焚之曰：“王与准不能为术士，终日奔走公门谈祸福。”令大怒。与准无奈逃入四明山石室中，不归者年余。时朝廷访求遗逸甚严，使者至余姚，欲起与准。令污之曰：“王与准以其先世尝死忠，朝廷待之薄，遂父子誓不出仕，有怨望之心。”使者遂拘押与准三子为人质，入山强迫其入朝。与准深遁，坠崖伤足，得免。使者见与准次子王杰有贤德，遂曰：“足下不仕，终恐及罪，宁能以子代行乎？”不得已，与准乃让杰备邑庠弟子员，后谓人曰：“吾非恶富贵而乐贫贱，顾吾命甚薄，且先人之志，不忍渝也。”又曰：“吾

---

① 王守仁：《王阳明全集》卷二十五，吴光、钱明、董平等编校，第966页。

② 檀萃：《粤琲下·阳明三世有功于粤人》，《楚庭稗珠录》卷五，杨伟群校点，广东人民出版社1980年版，第114页。

③ 王守仁：《王阳明全集》卷三十八，吴光、钱明、董平等编校，第1387页。

④ 王守仁：《王阳明全集》卷三十八，吴光、钱明、董平等编校，第1381页。

⑤ 王守仁：《王阳明全集》卷二十五，吴光、钱明、董平等编校，第966页。按：此祭文略载于明嘉靖十七年（1538）《增城县志》卷十七，而全文则以《祭六世祖广东参议性常府君文》为题载于隆庆本《王文成公全书》。

非伤于石，将不能遂栖遁之计，石有德于我，不敢忘也。”故自号“遁石翁”。与准精究《礼》《易》，著有《易微》数千言，与父彦达“皆以德学为世隐儒”。[①]

王杰，字世杰，王阳明曾祖父，因先世尝植三槐于门，故自号“槐里子”。杰自为童子，即有志圣贤之学，年十四，已尽通四书五经及宋儒之说。因父命而补邑庠弟子员。比入试，见众人皆散发袒衣，叹曰：“吾宁曳履衡门矣。”遂不复应试而归，躬耕授徒，以养其母，并多次以亲老而拒绝入仕。母死后，乃以名儒宿学应贡，入南京国子监，官至编修。王杰言行一以古圣贤为法，曾谓门人说：“学者能见得曾点意思，将洒然无入而不自得，爵禄之无动于中，不足言也。”[②]王杰著有《易说》四卷、《春秋说》五卷、《周礼考证》六卷，时人每读之，“以为近世儒者皆所不及”。[③]但这些著作至明代即已失传，仅存《槐里杂稿》数卷藏于家。

南昌人胡俨、余姚人戚澜在所著《王与准传》和《王杰传》中都指出：王氏自汉到东晋，“皆以令德孝友垂江左，联绵数百祀，门第之盛，天下莫敢望”[④]。后中微且百数年，元末时，其先世尝遇异人，谓其后必有大儒名世者出。此语岂非意喻阳明父子之出乎！

---

① 胡俨：《遁石先生传》，王守仁：《王阳明全集》卷三十八，吴光、钱明、董平等编校，第1381—1383页。

② 戚澜：《槐里先生传》，王守仁：《王阳明全集》卷三十八，吴光、钱明、董平等编校，第1383—1384页。

③ 参见《余姚县志》卷十七《艺文上》，清光绪二十五年（1899）刻本。

④ 参见胡俨：《遁石先生传》，王守仁：《王阳明全集》卷三十八，吴光、钱明、董平等编校，第1382页。

第二节 家庭环境

少年时的王阳明十分顽皮，在当地人眼里甚至被视为不自爱者，后来经过长辈们的教育感化，才逐渐改邪归正，转而“奋厉读书，以经术自喜”。据吴肃公《明语林》卷九《自新》载：“王伯安十一岁[①]，奕奕神会，好走狗、斗鸡、六博，从诸少年游。一日，入市买雀，与鬻雀者争。相者异之，出箧钱市雀送伯安，曰：‘自爱，自爱！异日万户侯也。’伯安奋厉读书，以经术自喜。”[②]而对少年王阳明产生过较大影响的首先是其祖父王伦。

王伦，字天叙，号竹轩，是一位有著作行世，生性爱竹，[③]“门对千枝竹，家藏万卷书”，“环堵萧然，雅歌豪吟，胸次洒落”，犹如陶渊明、林和靖一样的隐士，后追赠新建伯，封翰林院修撰，赠嘉议大夫、礼部右侍郎。王伦早年承父庭训，德业夙成，被两浙大家争相延聘为子弟师。其父王杰早逝，所遗唯书籍数箧，伦每启箧，辄挥泪曰：“此吾先世之所殖也，我后人不殖，则将落矣。”[④]遂穷年口诵心惟，于书无所不读。伦家境贫寒，躬授徒以养母。弟王粲幼孤，伦少则教之于家塾，长则挈之游江湖，有无欣戚，无不共享。逮子王华官翰林，分禄以为父养，伦即退其半以赡弟。乡人

① 从心理学上说，十一岁男孩的最大特征是以自我为中心，也是烦恼最多的年龄段。王阳明的少年时代，文献中记载最多的就是他十一岁时（详见后述），这虽然与他十一岁随祖父王伦去北京接受系统教育密切相关，但依笔者之见，《明语林》所记恐怕并非实数，而是代指阳明的少年时期。

② 吴肃公：《明语林》，陆林校点，黄山书社 1999 年版，第 169 页。

③ 竹子是中国古代文人最喜爱的自然植物之一，盖因“植物之中竹难写，古今虽画无似者”（李日华：《味水轩日记》，张小庄、陈期凡编著：《明代笔记日记绘画史料汇编》，上海书画出版社 2019 年版，第 409 页）。义理如同绘画，是以阳明通过格竹训练思维，一如文人通过画竹训练画技。王阳明从小即深受祖父母人格的影响，十一岁随祖父抵北京，竹轩公即在宅院内栽种了自爱的竹子（植物专家说“80% 的可能是早园竹”），若干年后小阳明受祖父爱竹习性的影响，遂邀一钱氏友人在宅院内格竹子（此事《年谱》记于王阳明二十一岁条。但这是追述，并非指格竹之事发生于二十一岁时），开始了其第一次重要的“思想实验”（参见何俊、刘夙：《阳明格竹的分析：阳明学与植物学的一场跨学科对话》，《浙江学刊》2020 年第 1 期）。被谪贵州龙场后，又“用王猷、张廌例，为亭竹间，而手书记于壁”（王世贞：《弇州山人题跋》卷十四，汤志波辑校，浙江人民美术出版社 2012 年版，第 393 页）。若从实验科学的认知角度分析，“也许阳明正好是在竹笋生长季之外的时候去格竹，看不到竹子显著的动态一面，结果未能引发他的联想和感悟，以致格竹失败”（何俊、刘夙：《阳明格竹的分析：阳明学与植物学的一场跨学科对话》，《浙江学刊》2020 年第 1 期）。换言之，阳明若是在竹子生长期去“格竹子”，或许每天都会有新发现，甚至每时每刻都会有新发现，这样的话，可能就不会让他失望了。当然，这对于主要进行的是一次“思想实验”的小阳明来说，只是一种假设。

④ 魏瀚：《竹轩先生传》，王守仁：《王阳明全集》卷三十八，吴光、钱明、董平等编校，第 1384 页。

有其豆相煎者，闻伦之孝悌，无不愧悔痛改。王伦精通经纶，善诗词，高风亮节，洒落人生，其儒道互补的人生态度，对少年阳明的成长影响至深。据《阳明年谱》记载，王阳明五岁就能默诵王伦平日读的古书，十一岁随伦往京师，过镇江金山寺，即席赋诗，语惊四座。王伦著有《竹轩稿》八卷、《江湖杂稿》若干卷，藏于家。死后葬于余姚东北十二里的穴湖山。生有三子：长王荣、次王华、王衮。

王阳明的父亲王华（1446—1522），字德辉，别号实庵，又号海日翁，因常读书于余姚龙泉山，人称龙山公①。王华幼时机敏有胆识，为人诚实讲信义。“始能言，槐里公口授以诗，诗经耳辄成诵，稍长，读书过目不忘。”②“六岁与群儿戏水滨，有醉者濯足，遗所负囊。视之，金也。王度必复来，恐人持去，投之水中，坐守之。已而其人果至，公指其处乃去。”③十一岁时，从里师钱希宠学，进步神速，数月后，钱即叹异之曰：“岁终吾无以教尔矣！”并对其父王伦说：“公子德器如是，断非凡儿。”十七岁时，以三礼投试邑中，邑令连命三题，华皆一挥而就，令奇其文，断言：“吾子异日必大魁天下。”④成化十七年（1481）春，华举廷试一甲第一，授翰林院修撰。成化二十年（1484），任廷试弥封官。孝宗弘治改元（1488），华奉命修纂《宪庙实录》，任经筵官。弘治六年（1493）升右春坊右谕德，命为日讲官，“每以勤圣学，戒逸豫，亲仁贤，远邪佞为劝”，孝宗嘉纳之。⑤弘治十一年（1498），命主顺天乡试，次年又主应天乡试，得士众多。弘治十五年（1502）迁翰林院学士，命授庶吉士，业修《大明会典》，书成，迁詹事府少詹事，兼学士掌院事，编《通鉴纂要》，是年迁礼部右侍郎兼日讲官。武宗即位，权阉刘瑾专权，朝中大臣纷纷争走其门，而王华独不往。刘瑾素慕王华为人，曾两次派人对王华

---

① 后王阳明曾自称“龙泉山主”（计文渊编：《王阳明法书集》，西泠印社 1997 年版，第 3 页），这既是对故土龙泉山的眷恋，同时也是对其父龙山公之志的继承。

② 杨一清：《海日先生墓志铭》，王守仁：《王阳明全集》卷三十八，吴光、钱明、董平等编校，第 1387 页。

③ 吴肃公：《德行下》，《明语林》卷二，第 20 页。

④ 陆深：《海日先生行状》，王守仁：《王阳明全集》卷三十八，吴光、钱明、董平等编校，第 1393 页。

⑤ 王守仁：《王阳明全集》卷三十八，吴光、钱明、董平等编校，第 1388 页。

说，他与王华有旧，王华若能去见他一面，可立登相位。王华操持坚定，不肯趋附，又因王阳明而激怒刘瑾，被调离京师，改南京吏部尚书，次年又借故令王华致仕。华归田后，以读书自娱，侍奉老母，年近古稀，仍行孝于床前，为世人称道。王华为人醇厚，颇有节操，爱憎分明，持身俭朴，利害得失，不系于心，博学擅诗，不事雕琢，著有《读书杂录》《龙山稿》《垣南草堂稿》《礼经大义》等行于世。据《越中杂识》载：“明吏部尚书王华墓在府城西南十五里二十二都徐山。墓碣勒：皇明成化辛丑（1481）状元、南京吏部尚书、晋封新建伯、龙山府君，暨德配累赠一品夫人郑太君之墓。孝男王守仁同弟守俭、守文、守章奉祀。”[①]墓址在今绍兴市福全镇徐山村，村口有“古虹明桥”，又称“合义桥”，桥北有虹明庵，庵后四百米左右即为墓址，与王阳明墓相隔仅一个山头。另据明万历年间王阳明的龙游弟子徐天民作的《拜龙山先生墓》诗云：“特拜龙山墓，凄其转夕阳。荒台平落叶，寒涧宿清霜。滋泽留耕陇，英辉寄草堂。西风促归骑，云汉渺苍苍。”[②]可见，王华墓前尝建有草堂，然墓和草堂很早就荒废了，清嘉庆六年（1801）曾重修过，现为绍兴市级文保单位。余姚城内原有王华状元牌坊，毁于20世纪70年代。今余姚龙泉山中天阁上方的一块空地，即为明嘉靖十七年（1538）为纪念王华、王阳明父子而建的“二王祠”（明代“海日祠新建伯祠”，清代称“龙山祠阳明祠”）遗址。

总的来说，王阳明之家世先祖，王吉、王纲以至父亲王华，以忠贞称著；王祥、王览以至祖父王伦，以孝悌闻名；而更多的则如王彦达、王与准、王杰等一般，以胸次洒脱、隐遁避世而自适。因此，隐隐流淌在阳明血脉里的，既有追求功名的远大志向，又有原创新说的现实冲动，亦有归隐洒落的仙家气质。性格的多重性，决定了阳明而后思想的多元性或不一致性。可以说，这是王阳明思想形成过程中一个不可忽视的家族文化背景。

众所周知，家庭是社会的细胞，家庭环境和教育对一个人的成长过程具有决定性影响，而一个家庭的兴旺与衰微，在某种程度上反映的也是整个社会的兴衰与变迁。王阳明之所以能成为一位“三

---

① 悔堂老人：《越中杂识》，浙江人民出版社 1983 年版，第 34 页。

② 徐天民：《水南先生遗稿》，明万历年间万廷谦刻本。

不朽”的圣人和伟人，与其生长的家庭环境和长辈教育有密切关系。而就直接的或潜移默化的影响力和感染力来说，对阳明成长产生过重要影响的应是其父亲王华、祖母岑太夫人和继母赵氏三人。由于重男轻女的历史，在阳明的先世祖辈中，六世祖王纲至父亲王华，皆有传记、墓铭等史料传于世，而对阳明思想性格的形成产生过重要影响的岑氏和赵氏，则鲜有述及，即使有关王华的史料，亦显得零乱无序，缺乏整合，以致使我们在探寻阳明成长的家庭环境时，常常会感觉证据单薄、力不从心。下面便是笔者从诸多明人文集及地方史志中梳理出来的部分史料，可作为王阳明所处之家庭环境和所受之家教的证据。

一、王华的言传身教

王阳明弱冠前有三位启蒙导师，一位是上饶的娄谅，一位是杭州的吴伯通[①]，另一位便是其父王华，其中从学王华的时间最长。娄、吴皆为当时的大儒，精通朱子学，对阳明的早期思想产生过一定影响。至于王华对阳明的影响，则主要表现在礼学与心学两个方面。顾鼎臣《明状元图考》称王华“家素贫，尝访亲于杭，同舟有五庠生讲论，华哂之。庠生怪问，华破其讲非是。众初甚忽之，及闻其言，遂加敬，延于家教授，四方争延讲《礼经》”[②]。《成化十七年进士登科录》之王华廷试卷则反映出“王华理学思想之真貌”以及阳明心学的“家学渊源”。[③]综合各类史料分析，我们可以把王华对阳明的言传身教归纳为以下四个方面：

一是处世之道。当时的道学先生，大都给人以“支离琐屑，修饰边幅，为偶人之状”[④]的道貌岸然的印象，但王华却与之迥异。陆深对他的评价是：“先生气质醇厚，平生无矫言饰行，仁恕坦直，

---

① 参见束景南：《王阳明年谱长编》，第 75 页。

② 束景南：《王阳明年谱长编》，第 36 页。

③ 束景南：《王阳明年谱长编》，第 36 页。如王华说：“盖人之一心，至虚至灵，所以具众理者在是，所以应万事者在是。但为气禀所拘，物欲所蔽，其全体大用，始有不明矣。……人君之治固本于一心，而正心之要，尤在于意诚。……昔宋儒朱熹入对，有戒其勿以正心诚意之说进者。熹曰：‘吾平生所学，在此四字，岂敢隐默以欺吾君。’臣尝诵此以自箴警。”［《成化十七年进士登科录》，天一阁博物馆整理：《天一阁藏明代科举录选刊·登科录》（第 16 册），宁波出版社 2006 年版，第 23 页］

④ 王守仁：《王阳明全集》卷七，吴光、钱明、董平等编校，第 248 页。

不立边幅，与人无众寡大小，待之如一。"[1]杨一清亦称赞他是"气质醇厚，坦坦自信，不立边幅"的谦谦君子。说明王华虽荣登状元，身居显位，但待人随和，无官架子，有平民教育家的风范，且"议论风生，由衷而发"，有朴素自然的学者气质。[2]明成化年间，王华受提学张时敏的推荐，作为浙江方伯宁良之子的家庭教师，被迎至祁阳（今属河北）教喻宁良之子宁竑。[3]后据其女婿徐爱在《梅庄书院记》中的回忆：

> 先生时家食，公（宁良）乃卑辞厚币，忘贵倿国，屈下岩士，敬心礼数，人莫不骇走，而先生胝独貌然，方将以道自重，辞。再请三至，逾恭以恳，始从之。迎致公之乡。先生抗颜师道，循循善诱，不诡不激，巽入而法成。竑后果大化，有文章，有行德。既远富贵侈骄之袭以世其家，又遂以膺贡选于乡，复褎然魁廷试。……予稍长解事，每念及父老言，辄叹曰："宁公乐道忘势以成义方，善莫加焉，古之道也，弗可得矣。海日翁守道范物以不素餐，德莫大焉，古之人也，弗可及矣。"[4]

称赞王华虽为一介儒生，却能做到"守道范物以不素餐"，"明道其间化永弗替"，认为他对"祁阳文化之日新"及培养人才所做的贡献，"将与石鼓、岳麓并传于世"。后来王阳明即受其影响，在待人接物方面，亦是"和乐坦易，不事边幅"[5]；在讲学教化方面，更是平等待人，循循善诱，表现出一个具有平民化倾向的伟大思想家的特殊风范和内在品质。

---

① 王守仁：《王阳明全集》卷三十八，吴光、钱明、董平等编校，第139页。

② 详见王守仁：《王阳明全集》卷三十八，吴光、钱明、董平等编校，第1397、1390页。

③ 详见王守仁：《王阳明全集》卷三十八，吴光、钱明、董平等编校，第1388、1394页。

④ 徐爱、钱德洪、董沄：《徐爱·钱德洪·董沄集》，钱明编校整理，第63页。

⑤ 徐爱语，载王守仁：《传习录上》，《王阳明全集》卷一，吴光、钱明、董平等编校，第1页。按：当时的道学先生大都给人以"支离琐屑，修饰边幅，为偶人之状"的道貌岸然的印象，而北齐颜之推《颜氏家训·序致》所痛斥的"肆欲轻言，不修边幅"者则正好与之相反，阳明父子就多少有点这种不循规蹈矩的气象。与浙中王门比较，江右王门中倒有不少"修饰边幅，为偶人之状"者，如邹元标评论王时槐说："夫学有规矩，惟静与无欲为正，犹衣之有幅也，衣而无幅即不衷。先生泊乎无营，澹乎无欲，步而步，趋而趋，夫非吾道规矩正宗耶！"（王时槐：《王时槐集》，钱明、程海霞编校，上海古籍出版社2015年版，第3页）

二是正直之气。王华“少负奇气，壮强志，存用世，顾其职业恒在文字间，而未能达之于政”[①]。后际遇孝宗，柄用有期。余姚人倪宗正尝谓：“昔苏子瞻谓王懿敏公位不满德，天将复兴王氏。今吾邑冢宰王公，以状元入翰林，先帝在东宫暨御极，侍经帷十余年，论思陈善，启沃功多，天下望以为相，而未老谢事，揆之于德，位亦未满。故其子阳明，以文学行谊名于时，方被柄用，而从子伯孚辈，颖秀特拔，奋庸相继。于此，又有以见天之道，而子瞻之言益信。”[②]所谓“未老谢事”“位亦未满”，指的是正德元年（1506）刘瑾窃权，士大夫争走其门，惟王华独行其善，后阳明又疏瑾罪恶，瑾怒而逐阳明，顾素敬慕华，不辄迁怒，间以语人，欲暗示其就见，然华坚决不予理睬。及转南京，瑾又使人言华不久当召用，冀得往谢，而华却照样不去献媚，表现出令人敬佩的气节和傲骨。结果遭瑾忌恨，令其提前致仕。从表面上看，王华“未老谢事”似乎与其子受刘瑾迫害而心怀怨恨有关，但实际上却是由其自身性格决定的，甚至可以说，阳明疏瑾之罪也多少受到了王华正直之气的感染。[③]故而阳明的道友及门人黄绾后来曾由衷地赞叹道：

> 矧公遭危疑，处权奸，怀之以恩而弗居，撼之以威而不动，人或忌而毁之，在朝则引身以求退，在野则忘之而无辩，巍然高山，渊然钜浸，旷然绝谷，品汇万有，靡不自兹出，非公其谁欤！[④]

三是圣人之学。王华本人虽然在科举上获得了巨大成功，“自布衣魁天下”[⑤]，但他对阳明在科举上的期望值并不高，而主要寄希望于求得圣人之学和圣人之道上。杨一清谓王华“之学一出于正，书非正不读。客有以仙家长生之术来说者，则峻拒之曰：‘修身以

---

① 王守仁：《王阳明全集》卷三十八，吴光、钱明、董平等编校，第1390页。

② 倪宗正：《倪小野先生全集》卷一，清康熙四十九年（1710）倪继宗清晖楼刻本。

③ 有人认为王华（时任礼部左侍郎）是获知阳明得罪刘瑾后，因“虑祸及己”，才对刘瑾敬而远之（参见叶权：《贤博编》，中国社会科学院历史研究所吸史研究室编：《明史资料丛刊》，江苏人民出版社1981年版，第174页）。此说值得留意。

④ 黄绾：《实翁先生寿序》，《黄绾集》卷十一，张宏敏编校，上海古籍出版社2014年版，第193—194页。

⑤ 黄绾：《祭实翁先生文》，《黄绾集》卷二十八，张宏敏编校，第555页。

俟命，吾儒家法，长生奚为？’”[①]表现出其先祖们少有的积极入世经世之态度。由于王华本人很早就在儒家学说中体悟到人生的意义，故而明确反对通过神仙道术来求得生命之安顿。面对当时神仙道术盛行的局面，他曾向道士质疑道：

> 人所以乐生于天地之间，内有父母昆弟妻子宗族之亲，外有君臣朋友姻戚之懿，从游聚乐，无相离也。今皆去此，而槁然独往于深山绝谷，此与死何异？夫清心寡欲，心怡神定志，此圣贤之学所自有。吾但安乐委顺，听尽于天而已，奚以长生为乎？

道士答曰：“神仙之学，正谓世人悦生恶死，故其所欲而渐次导之。今公已无恶死悦生之心，固以默契神仙之妙，吾术无所用矣。”[②]“固以默契神仙之妙”，是说王华用儒家统摄了道家；名为“默契”，实为排斥，使道术“无所用矣”。所以史家称其“于异道外术一切奇诡之说，廓然皆无所入”[③]。然而吊诡的是，后来对王阳明进行神化亦始于王华，这是后话。

正德十年（1515）秋，王华应内戚陈氏之邀，游上虞东山，途中当随行者酌酒为其祝寿时，针对众人“尊忘天下之达尊，而油油与士庶嬉饮赓歌于烟云泉石间，历险夷，阅晦明，关顺逆，而乐不变，翁真超物外者”的赞美之辞，当即正言厉色道：“否！夫君子之动也，以示法，故观以辅德，义以节欲，妨学则弗乐，丧志则弗玩，故曰君子之游也。然则古之表风教于东江而不可忘者，将独山川乎哉？将独山川乎哉！小子识之。”[④]声称自己之游并不妨学，更不丧志，而是与“槁然独往于深山绝谷”的神仙之游截然不同的“君子之游”。故其游东江的真实目的，亦是弘扬古之教化。也许正是基于这样一种积极淑世的人生态度，王华才对当时的著名学者

---

① 王守仁：《王阳明全集》卷三十八，吴光、钱明、董平等编校，第 1390 页。

② 王守仁：《王阳明全集》卷三十八，吴光、钱明、董平等编校，第 1399 页。

③ 参见杨一清：《海日先生墓志铭》；陆深：《海日先生行状》，王守仁：《王阳明全集》卷三十八，吴光、钱明、董平等编校，第 1390、1399 页。

④ 徐爱：《东江吊古记》，《横山遗集》卷上，徐爱、钱德洪、董沄：《徐爱·钱德洪·董沄集》，钱明编校整理，第 71 页。

庄昶、陈献章（白沙）作出了不同的评价。据王华留存于世的仅有文献之一《定山先生集序》载：王华早年“已知定山（庄昶）之工于词翰”，后又知“定山盖直节敢言之士”，于是“心益趋向之”。然其“于定山虽甚爱慕，定山亦往往勤诗札之通，而竟莫得与之上下其论于一日”。[①]究其原委，恐怕与庄昶、陈献章两人过于紧密的关系有关。据献章弟子湛若水说：“白沙先生之诗，有曰千炼不如庄定山，盖尊庄公也。……故世之君子欲知定山先生者，观诸白沙先生之诗可也；欲知白沙先生之诗者，观诸定山先生之诗可也。”[②]视庄、陈如一人。然在王华看来，“定山始与白沙陈公甫为友，齐名于时，人莫得而低昂之。其后定山复起，而公甫老于白沙，世遂以是为优劣”[③]。也就是说，定山和白沙这两位齐名于时的诗人，在世人包括王华眼里还是存在优劣之分的，至于究竟孰优孰劣，则要看两人的处世态度。王华显然不喜欢白沙消极处世的人生态度，而这一立场正好与黄宗羲所述的陈、庄异同论相吻合：“又言庄定山为白沙友人，学亦相似。按：白沙云‘定山人品甚高，恨不曾与我问学，遂不深讲’。其出处之际，白沙深责之，不可言其相似。”[④]后来王华的这种思想倾向又显然传给了阳明，致使其对白沙之学较为轻视。[⑤]明儒李材所谓“海翁最博古，阳明亦多闻”[⑥]，即使就父子二人积极入世的态度来说，亦属实情。但作为典型的正统儒者，王华始终要求王阳明积极入仕从政[⑦]，却与阳明的个人志向稍有不同。

四是至孝之心。据《海日先生行状》载：弘治改元（1488），王华与修《宪庙实录》，充经筵官。次年闻其父竹轩公王伦疾，即移病不出。当道使人来趣，亲友亦交相劝喻，华曰：“亲有疾，已不能匍匐归侍汤药，岂遂逐奔走为迁官之图？须家信至，幸而无恙，出岂晚乎？”结果他还是没有出山。弘治六年（1493），王华

---

① 缪荃孙等：《嘉业堂藏书志》，吴格整理点校，复旦大学出版社 1997 年版，第 719 页。
② 湛若水：《重刻定山先生诗文集序》，《泉翁大全集》卷二十三，钟彩钧、游腾达点校，“中央研究院”中国文哲研究所 2017 年版，第 657 页。
③ 庄昶：《定山先生集序》，缪荃孙等：《嘉业堂藏书志》，吴格整理点校，第 719 页。
④ 沈善洪主编：《黄宗羲全集》（第 10 册），第 212 页。
⑤ 参见钱明：《王阳明及其学派论考》，人民出版社 2009 年版，第 324—341 页。
⑥ 李材：《答许敬庵》，《观我堂集》卷十八，明万历十五年（1587）刻本。
⑦ 参见束景南：《王阳明年谱长编》（第 1 册），第 314 页。

闻竹轩公死讯，号恸屡绝，即日南奔，筑庐墓旁。“墓故虎穴，虎时时群至。（王华）先生昼夜哭其傍，若无睹者，久之益驯，或傍庐卧，人畜一不犯，人以为异”。如果说，因父母亡故而辞官归乡、以尽孝道，乃是古人“送死胜于养生”的丁忧守制，不得有违，那么王华对其母亲岑太夫人的孝心，则可谓出于“天性之爱”，使百官望尘莫及矣。正德初武宗嗣位（1506）后，王华便以母亲年事高，执意乞归便养。到致仕时，岑已年近百岁，华则寿逾七十，犹朝夕为童子嬉戏以悦之，“抚摩扶掖，未尝少离。或时为亲朋山水之邀，乘舟暂出，忽念太夫人，即蹙然反棹”[①]。岑氏卒，王华悲痛致疾，“竟以是不起”，一年多后亦亡。在明代政治生活中，遵守儒家孝道虽说是一条重要的原则，但多数官场上的人只是摆摆样子、走走形式罢了。然王华却把孝养置于首位，甚至不惜放弃高官厚禄。为强调孝道，他还特地为上虞的曹娥祠撰写碑词，“咸极阐扬孝道，推引劝励，沨沨可读”。[②]在孝道实践上，他不仅自己以身作则，还要求阳明身体力行。正德十六年（1521），阳明平宸濠之乱凯旋，“适公（王华）诞辰，伯安（阳明）捧觞为寿。公蹙然曰：‘吾父子乃得复相见耶！贼濠之乱，皆以为汝死矣，而不死；以为事难猝平，而平之。然此仗宗社神灵、朝廷威德，岂汝一书生所能办？比谗构横行，祸机四发，赖武庙英明保全。今国是既定，吾父子之荣极矣。然福者祸之基，能无惧乎？……吾老矣，得父子相保牖下，孰与犯盈满之戒，覆成功而毁令名者耶？’”[③]王华的意思很明确，就是要阳明功成而退，保身养家，以尽孝道。这种言传身教，对阳明的鼓动力和感染力可想而知。故而在王阳明几十年的仕途生涯中，以乞归奉养，归葬省亲等为内容的奏疏、公移、书信等，占据了不小比重，出现频率极高。

以上四个方面，在黄绾这位对王家有着深刻了解的亲家[④]看来，圣人之学与至孝之心乃是王华最为看重的，他在《实翁先生寿序》

---

① 参见王守仁：《王阳明全集》卷三十八，吴光、钱明、董平等编校，第1394—1397页。

② 徐爱：《横山遗集》卷上《东江吊古记》，徐爱、钱德洪、董沄：《徐爱·钱德洪·董沄集》，钱明编校整理，第71页。

③ 王守仁：《王阳明全集》卷三十八，吴光、钱明、董平等编校，第1386页。

④ 黄绾父亲在京师为官时，是王华的同年挚友，黄绾本人则是阳明的讲友与弟子，后又成为阳明胤子正亿的岳丈（民间亦俗称阿舅，以示亲近），与王家三代人皆有交往。

中说：

公蚤以文章第状元，出入青闼，为讲官，位卿长，获天子眷宠，为士雅望，此固可为公荣，未足为公之至也。公门墙清夷，子孙罗立，闾里嘻呴，宾祭以无乏，此固可为公乐，未足为公之至也。公历事三朝，卒以明哲自全，优游垅亩，放浪湖山，以与烟霞、麋鹿乐其余，此固可为公贺，未足为公之至也。抑公行年古稀，而上有太母九十六年，耳聪目明，筋力如少壮，慈间正则，得以尽公孝养之心；而下有令子得圣人之学于无传，方将龙蛇其身，求天地之化、鬼神之妙以为道，以待百世有征；曰仁则公之婿，亦以其学为时伟人。以此为公之至，古今可多有乎？……绾先选部，公同年而好。公子守仁，绾则从而赖其成，即所谓得圣人之学者。于是以为公寿。①

也就是说，王华的最高诉求不是“获天子眷宠，为士雅望”的荣耀，也不是“门墙清夷，子孙罗立”的欢乐，更非“优游垅亩，放浪湖山”的洒脱，而是如何“尽孝养之心”、如何“得圣人之学”的境界。应该说，黄绾的这一评析是符合王华的思想和行为之实况的。而从晚年王阳明的身上，也的确可以看到王华的身影。据《明语林》记载：

韩尚书邦问，是王文成父执。一日，公卿贺冬至。文成貂蝉朝服，乘马而趋。俄从人报：“尚书在后。”文成急下马，执笏道左。尚书至，不下舆，第拱手曰：“伯安行矣！”遂去。文成唯唯，俟其过，乃上马。②

韩邦问（1442—1530），字大经，号宜庵，绍兴会稽人，与王华是同辈也是好友。嘉靖初年王阳明与他一起去上朝贺时，已被封为新建伯，所以身着貂蝉朝服，乘马前行。但当见到前辈韩邦问时，仍毕恭毕敬，无丝毫居功自傲、目中无人之举。后来顾宪成评

① 黄绾：《黄绾集》卷十一，张宏敏编校，第 193—194 页。
② 吴肃公：《德行下》，《明语林》卷二，第 21 页。

价他“目空千古”，实际是指其思想的批判性和颠覆性，而并非指人品和人格。从人格上说，王阳明的平等意识（尊老敬老也是平等意识的反映）是相当突出的，而其中就有王华的一份功劳。

二、岑氏的养育之恩

关于王阳明的祖母岑氏（1420—1520），史料记载不算少。据王孙荣说，王华曾为《余姚上林岑氏家谱》写过序，并有手迹存于世。[①]王阳明也写过一篇与岑氏有关的像赞——《简卿公像赞》，赞曰：“君敬称字，谨饬谦和，克家有子，孙掇巍科，富而且贵，尘寰几何，睹容景仰，泰山嵬峨。姻晚生王守仁拜题。”据该像赞旁注：“莹房：六世元五，新九长子，讳俊卿，字子秀，娶邑中闻人氏，随奁三百亩，名云柯庄，就产启住石姆山，卒葬云柯塔子岭施家滩。女适王，即海日公之母，阳明先生之祖母太夫人，享年百岁。”“恺十一，新九次子，讳简卿，字君敬，赠儒林郎。生元大德十年丙午六月初八日亥时，卒至正七年丁亥二月廿九日戌时，年四十有二，配郑氏，宰相郑清之女，葬游深照面山，子二：沂四、沂五。”岑太夫人是简卿长兄俊卿的四世女孙，故王阳明在像赞中自称“姻晚生”。[②]除此之外，陆深《海日先生行状》中亦尝略述岑氏对其次子王华之教诲。刘春在《寿王母岑太夫人八十序》中对岑氏人品的描述是“含和蕴淑，克相于家”[③]。其长子王荣（1434—1477，字德光，人称半岩公）的六世孙王谋文写的《明内阁中书半岩公传》和明朝名宦余姚人黄珣写的《明易直先生传》，则对岑氏母子间的关系作过如下描述：

> 公曰荣，字德光。公生而端恪，举止不苟，竹轩先生甚异之。比长，务笃行，喜与贤士大夫游，以礼法绳其乡党，人有急，赴之惟恐或后，人伦由是翕然归。……公少承家教，不为帖括学以取仕进，既而以七吕散官授内阁中书，非其好也。年

---

① 参见王孙荣：《上林岑氏望族》，《慈溪史志》2007年第1期。

② 收入《余姚岑氏章庆堂宗谱》卷首，清光绪三十四年（1908）章庆堂活字本。

③ 刘春：《东川刘文简公集》卷十二，《续修四库全书》（第1332册），第148页。

> 四十三，先竹轩先生五年卒，德懋而年促，时论惜之。[①]
>
> 初，岑太夫人得先生[②]最晚，奇爱之，而先生朝夕依膝下，每事必请而行。太夫人或假寐，则时时穴窗纸，窥其动息，五十年孺慕无间。龙山公既登显，仕群从彙征，门第烜赫，而先生依然如儒素，视荣利泊如也。与人交，伛偻恭谨，啙啙蹈绳墨，自内至外，翕然称长者。[③]

以上内容，看似是对王荣、王衮之褒奖，实际上反映了岑太夫人严厉持家、教子以德的家庭教育方式，而这种重人格、轻仕进的家教理念，后来对王阳明也产生了较大影响。

据《阳明年谱》记载，成化八年（1472）九月三十日王阳明出生时，其母郑氏妊娠十四个月，祖母岑氏梦神人衣绯玉，云中鼓吹，抱一赤子，从天而降，岑警醒后，即闻啼声。祖父竹轩公异之，遂以“云”名。十三年后，生母郑氏去世，[④]王阳明寓京师，“居丧哭泣甚哀”。[⑤]自此之后，岑氏遂承担起了少年阳明的全部养育之责。[⑥]不仅如此，她还不遗余力地为阳明的讲学活动推荐人才，甚至把自己家的亲戚朋友也送到阳明门下，让他们受学于王阳明。比如余姚的丁行兄弟是岑氏的姑孙，岑、丁二家虽同为余姚“巨族”，但岑氏却执意要把丁行兄弟推荐给阳明，并对他们说：“尔长无望富贵易门阀，得与闻王门学，成一儒者足矣。”[⑦]阳明卒后，丁行兄弟又继续从学于其他王门高弟，最后竟“俱成大儒”。其中，岑氏的功劳可谓最大。

---

① 王谋文辑校：《明内阁中书半岩公传》，《姚江王氏宗谱》卷十九，清德逸堂抄本，今存三册六卷（五至八、十九至二十），绍兴图书馆藏。按：关于王谋文，后文还将反复提及，其对山光阴相桥王氏所做的贡献，值得细考。详见后述。

② 指王华弟王衮（1449—1498），字德章，号易直，正宪为其孙。卒后王阳明撰墓志铭，对叔父评价甚高。

③ 王谋文辑校：《明易直先生传》，《姚江王氏宗谱》卷十九。

④ 据民国《姚江烛溪郑氏宗谱》（三十三卷，首一卷，郑宝瑞、郑最慎重修，1948 年木刻本，由朱家烨题写书名）记载，郑氏为郑昊（即阳明外祖父）之女，死后“合葬（余姚）胜归山”。

⑤ 王守仁：《王阳明全集》卷三十三，吴光、钱明、董平等编校，第 1220—1222 页。

⑥ 然而钱德洪又说：“师（阳明）十二失恃，鞠于祖母。”（王守仁：《王阳明全集》，吴光、钱明、董平等编校，第 989 页）似与钱氏亲纂《阳明年谱》中阳明十三岁丧母说有异。据笔者推测，郑氏病重后，阳明即“鞠于祖母”，一年后其母病逝，岑氏便完全承担起养育阳明的重任，故称阳明十二岁开始“鞠于祖母”，并不为过。

⑦ 参见王畿：《丁母慈节传》，《王畿集》卷二十，吴震编校整理，凤凰出版社 2007 年版，第 646 页。

岑氏是王家最高寿的长辈，王华为她而致仕归养，阳明为她而“两年以来，四上归省之奏”。[①]据黄绾说：“公（王华）行年古稀，而上有太母九十六年，耳聪目明，筋力如少壮。”[②]对于这样一位健康睿智的老祖宗，王阳明在敬重的同时而受其教诲，应是情理之中的事。当正德十四年（1519）岑氏去世时，王阳明已五十虚岁，故而她对阳明的影响，可谓终生。这也是阳明对岑氏的养育之恩一直怀有很深的情结，甚至不惜为此而放弃政治前程的重要原因。如弘治十五年（1502），三十一岁的王阳明告病归越，筑室阳明洞中，行道教导引术，久之而有省悟，遂想离世远去，惟岑氏与王华在念，于是犹豫不决，后又忽悟曰：“此念（指爱亲孝养之念）生于孩提，此念可去，是断灭种性矣！”翌年便移疾杭州西湖，并决意放弃“离世”想法而“复思用世”。[③]可见，在王阳明心目中，无论戎马倥偬还是静久隐遁，其“爱亲本性”是始终如一的，而其爱的主要对象，即是祖母岑氏和父亲王华。

正德十四年（1519），当王阳明听说岑氏病重的消息后，便“在赣屡乞终养，弗遂”，后“闻讣，已不胜痛割”。[④]其奏疏云：“臣思祖母自幼鞠养之恩，不及一面为诀，每一号痛，割裂昏殒，日加尪瘠，仅存残喘。”[⑤]据阳明自己说，其四疏归省的目的，一是为祖母“略为经划葬事”，一是为“省父病”，还说这是出于“迫切之至情”，所谓“臣自两年以来，四上归省之奏，皆以亲老多病，恳乞暂归省亲，实皆出于人子迫切之至情”也。不过后来他又坦陈，归省的另一原因，是因“权奸当事，谗嫉交兴，非独臣之愚悃无由自明，且虑变起不测，身罹暧昧之祸”；“故其时虽以暂

① 《王阳明全集》中只录有三疏，即正德十四年（1519）六月二十一日的《乞便道省葬疏》、同年八月二十五日的《二乞便道省葬疏》、翌年闰八月二十日的《四乞省葬疏》（又称《四乞归休疏》）。这三道奏疏，内容皆为“父老祖丧”，乞求朝廷恩准归葬省亲。钱德洪在编纂《文录》时何以要删去第三疏，据笔者推测，可能是因第三疏与第二疏或第四疏之间不仅内容一致，而且文字亦大体相同之故。十个月后，阳明又上一疏，即正德十六年（1521）六月十六日的《乞便道归省疏》，但此疏内容与岑氏无关，是“以亲老（指王华）多病”为由，“恳乞暂归省视”（王守仁：《王阳明全集》，吴光、钱明、董平等编校，第451页）。

② 黄绾：《实翁先生寿序》，《黄绾集》卷十一，张宏敏编校，第193页。

③ 详见王守仁：《王阳明全集》，吴光、钱明、董平等编校，第1226页。

④ 王守仁：《王阳明全集》卷二十六，吴光、钱明、董平等编校，第989页。

⑤ 王守仁：《王阳明全集》卷十三，吴光、钱明、董平等编校，第437页。按：这段话王阳明在两年四疏中前后说了三遍，足见其“爱亲本性”之深厚。

归为请，而实有终身丘壑之念矣”。[①]其实这一重大隐情，是阳明后来随着政治环境的变化而对自己的人生道路所作出的主动调整。也就是说，在正德十五年（1520）八月以前的三次奏疏中，“归葬省亲”抑或“暂归省亲”，的确是王阳明的真实动机，只是后来发生了“宸濠诸奸之变”[②]，使他对当时的政治生态彻底失去信心，于是才想到了以省亲的名义来达到终身归养的目的。这无疑是犯了“欺君”之罪。但在“欺君”与“忘父”之间，王阳明却毅然选择了“欺君”，而他的理由又是符合中国传统伦理的，即所谓“世固未有不孝于父而能忠于其君者也”[③]。因此，在四乞归省未被应允的情况下，王阳明甚至想到过“冒罪逃归”[④]的极端做法，后见这招也不行，于是便开始“装病”，从积极为政转为消极避世，诚如其在《与朱守忠手札》中所言：“近因祖母之痛，哀苦狼莽，兼乞休疏久未得报，惟日闭门病卧而已。”[⑤]其实，王阳明此时并非真的有什么大病，而是因祖母之痛加上仕途危局，才假装称病，闭门不出。从中流露出的，既有阳明对朝廷不批准自己乞休省亲的严重不满，也有他对当时政治生态的心灰意冷，更有其对祖母养育之恩的报答怀念之情。这从王阳明在四次上疏中讲得最多的三句话，即“父老祖丧”“祖母自幼鞠养之恩”和“冒罪逃归”里就可感觉得到。换言之，为祖母尽孝、为父亲养老，是王阳明乞归的最主要原因。

对王阳明的所作所为，其高足钱德洪起初并不理解，曾言：

洪昔葺师疏，《便道归省》与《再报濠反疏》同日而上，心疑之，岂当国家危急存亡之日而暇及此也？当是时，倡义兴师，濠且旦夕擒矣，犹疏请命将出师，若身不与其事者。至

① 王守仁：《王阳明全集》，吴光、钱明、董平等编校，第 451 页。

②《阳明年谱》所称的“宸濠忠泰之变”，实包括张忠、许泰、江彬三人（参见束景南：《王阳明年谱长编》，第 1208、1211、1219、1220 页），故而严格说起来应该是“宸濠诸奸之变”或“逆奸之变”。阳明平生最危难的时刻，除了“刘瑾龙场之变”（包括刘瑾迫害和贬谪龙场），就是这次“宸濠诸奸之变”了。“逆奸之变”时阳明有三次献俘的经历，被折腾得够呛（同上，第 1257 页）。经过此番折腾，阳明遂全身心地转入讲学活动，从以立功为主转向了纯粹的立德和立言。

③ 王守仁：《王阳明全集》，吴光、钱明、董平等编校，第 452 页。

④ 王守仁：《王阳明全集》，吴光、钱明、董平等编校，第 436 页。按：这句话阳明在两年四疏中也前后说了三遍。

⑤ 此文未收入通行本《王阳明全集》，详见钱明：《〈王阳明全集〉未刊佚文汇编考释》，《中国典籍与文化论丛》（第 12 辑），凤凰出版社 2008 年版。

《谏止亲征疏》，乃叹古人处成功之际难矣哉！[①]

不止钱氏，当时王阳明的其他门人亦几无一人表示赞同，据载：

> 初，（阳明）先生在赣，闻祖母岑太夫人讣，及海日翁病，欲上疏乞归，会有福州之命。比中途遭变，疏请命将讨贼，因乞省葬。朝廷许以贼平之日来说。至是凡四请。尝闻海日翁病危，欲弃职逃归，后报平复，乃止。一日，问诸友曰：“我欲逃回，何无一人赞行？”门人周仲曰：“先生思归一念，亦似著相。”先生良久曰：“此相安能不著？”[②]

“著相”是佛教用语，意指有意识的表现形态。在佛家看来，“著相”即“起知见”，就会有碍佛性的显现。然阳明认为，像“思归”这样的“著相”是不可能消除的，因为人的亲情孝养之心是与生俱来的，若无此心，便是“断灭种性”。故而为了亲情，即使选择“逃回”这样的极端手段，也是情有可原的。但究竟是“归省”还是“归隐”，其实在阳明那里是时有冲突、前后有变的。而正德十五年（1520）前阳明选择“归省”，显然与岑氏有着非常大的关系。岑氏卒后，阳明的“归隐”之心开始凸显，直至取代了“归省”。依笔者之见，王阳明思想的两面性从一定意义上说，即由此而来。

三、赵氏的慈爱之心

王华元配夫人郑氏（1444—1484）[③]，即王阳明生母，去世较早。继室赵氏（1469—？），品性孝谨，成化二十一年（1485）嫁于王华后，即入京师侍候王华，此时阳明正好亦在京师塾馆受教。[④]赵氏对阳明督促甚严，委曲保育，抚若已出，故赵氏对阳明思想

---

① 王守仁：《王阳明全集》卷十四，吴光、钱明、董平等编校，第 1274 页。

② 王守仁：《王阳明全集》卷十四，吴光、钱明、董平等编校，第 1277 页。

③ 参见绍兴市柯桥区政协文史资料委员会、绍兴市柯桥区史志办公室、天泉山房编著：《王阳明绍兴事迹考・亲属编》，浙江古籍出版社 2016 年版，第 24 页。

④ 此据束景南：《王阳明年谱长编》，第 54 页。

性格的形成亦影响至大。王阳明有三个弟弟一个妹妹，即守俭、守文、守章和守让。[①]其中守让、守文为赵氏所生[②]，守俭、守章为王华侧室杨氏[③]所生。守让后嫁给阳明高足徐爱，所以阳明在得知徐爱病危的消息后，特地让赵家八舅前往看望。赵家八舅及其子来氏诸人，曾随阳明一起赴赣州，与阳明关系非同一般。

关于王阳明继母赵氏的情况，阳明高足钱德洪的赵氏六十序及陆深的赵氏七十序所述甚详，现摘其要如下：

> 诰封一品夫人王母赵内君者，南京吏部尚书致仕、进封新建伯龙山先生余姚王公之配，今新建伯、南京兵部尚书阳明伯安共之继母也。六月十六日，夫人悬帨之期，是年盖甲子一周矣。阳明之门人钱进士宽与其同志者走状问寿。钱进士曰："夫人受性孝谨，年甫及笄，不出闺合，异姓兄弟鲜见其面，有古闺门之肃焉。既归龙山先生，恭顺日茂，相待如宾友，有古馌耨之敬焉。妾媵虽众，恒事绩纺，诸子劝沮，愀然不乐，深示戒辞，有古主绩之俭焉。人苟非己子，絮芦而守，奈阳明幼年倜傥，庭训甚严，夫人曰：'此儿聪慧，后当大成。'委

---

① 关于王阳明弟妹的详细考证，可参见钱明：《王阳明及其学派论考》，第65—75页。但也有学者不同意笔者有关阳明之妹守让的分析［参见绍兴市柯桥区政协文史资料委员会编：《王阳明绍兴事迹考（家属编）》，第86页］。另据笔者2020年底从贵州遵义王正锡先生那里得到的其家藏珍贵史料，即清康熙二十八年（1689）抄录在道士《妙经全集》中的《向家林王氏生辰簿》里，有如下明确记载："烈祖王华，生于明英宗正统十一年（1446）正月，官南京吏部尚书，配郑氏，生男王守仁，生女王守让……"足见阳明妹妹的确叫守让，但该史料中未见有关守让的生平绍介，对于守让我们依旧只能从间接材料中获得。至于王正锡先生家藏《向家林王氏生辰簿》等珍贵史料的系统考察，笔者将有专文详述。

② 据《李家塔王氏宗谱》记载："赵氏，诰封淑人，追封一品夫人，生一子守俭。合葬山阴南池村。"（引自黄懿：《王华佚文四则考释》，《余姚文博》2017年总第28期）说赵氏生一子守俭，有误。又，王华曾撰有《姚江赵氏宗谱序》（黄懿：《王华佚文四则考释》，《余姚文博》2017年总第28期），对了解余姚赵氏有一定帮助。

③ 杨氏品性不端，为人自私，详考可见钱明：《王阳明及其学派论考》，第94—102页。然据王谋文《明福建盐运使司同知若溪公传》："初，海日翁在翰林，原配郑夫人卒于家，翁娶杨侍郎女，是为公（指守俭，字伯丰，号若溪）母。未告，而翁母岑太夫人聘赵夫人来京师，会覃恩例，不得并对。杨以赵姑所娶也，乃让于赵，贤声甚著，后以公贵封太恭人。诰词有'昔遵姑意甘让夫'之语，朝士传为佳话焉。"（王谋文辑校：《姚江王氏宗谱》卷十九）称杨氏为"贤声甚著"之人。故对杨氏，有待再考。另据王阳明《寄正宪男手墨》，王华好像还有一位姓白的夫人，正宪称其为"白祖母"或"白老奶奶"（王守仁：《王阳明全集》卷二十六，吴光、钱明、董平等编校，第992—993页）。再据王华《姚江赵氏宗谱序》，王华称胡克襄为"内兄"，似可推断其妻妾中尚有位胡氏（参见黄懿：《王华佚文四则考释》，《余姚文博》2017年总第28期）。是故吕柟《寿诰封一品夫人王母赵内君六十序》称王华"妾媵虽众"（详见后文），当不为虚。

曲保育，无所不至，不慈而能之乎？人苟欲利己，分荆而斗禽，伯叔早逝，遗孤咸幼未大，夫人念之不置也，乃携入京师，抚若己出，不义而能之乎？人苟欲私国，摄隐以俟桓，龙山先生为少宗伯时，例应荫子入监，时守文幼，守俭虽长，庶出也，先生欲迟之，以属守文，夫人曰：‘守俭独非吾子邪？’不公而能之乎？”①

浙水之东，姚江之上，有寿母曰赵太夫人，先南京吏部尚书龙山先生王公之配，新建伯、兵部尚书守仁之继母，今乡进士守文之母也。行太常寺卿兼翰林学士陆深，于龙山公为乡试座主，亦尝从阳明游，而守文则督学时所校士，视太夫人犹母也。太夫人进封一品，今年寿七十。守文自京闱取捷，名在魁选，春试毕归，及六月十六日初度之辰，谋捧觞而问寿于深。深忆往岁癸巳之春，持宪东巡，拜太夫人于绍兴之里第。时太夫人出坐中堂，冠服雅艳，肃然语家门三数事，徐牵守文而嘱之曰：“是儿或可教，以毋忘先尚书之德。”则又愀然曰：“守仁孤幼，老眼在望，门户事倘可经理，以无忘新建伯之功。”深唯唯，乃退自后寝，步履康和，神情安裕，有深思长虑之风，有凝和兆祥之气。深再拜堂下，跂而俟其逾阈，出而叹曰：“此天下之贤母也。亦天下之寿母也！”此时蔡提学佥宪宗衮、汪提学应轸、郑大行寅与徐贡士建俱以宗亲侍，郡守县令、军卫黉校之士，皆从旁观如堵，一时感动，撼撼有声，非太夫人之贤，而能若是乎？初，尚书公例当荫子，时守文有庶兄守俭，太夫人亟推与之，曰：“恩当自长受。”坐是守文居乡校者数年，不与荐名。晚乃从太学得列天子畿内之英，为翰林先生之高弟子，使天下拭目而睹之，曰：“是状元冢宰之子，而会魁勋臣之弟，不又将继踵而起矣乎？”一时京师亦复感动有声，非太夫人之贤，而能若是乎？阃德懿范，见于吕宗伯（柟）、邹太史（守益）、姚学士之所叙述，皆可咏歌，又有他人之所不及知者尚众，然即此二事，亦可以为太夫人

① 转引自吕柟：《寿诰封一品夫人王母赵内君六十序》，《吕柟集·泾野先生文集》卷五，米文科点校，西北大学出版社 2015 年版，第 166 页。

寿矣。[①]

除了赵氏，还有一些史料涉及对赵氏所出的阳明二弟守文之评价。王守文（1498—？），字伯显，号东白，行云十。配秦氏，继沈氏，生一子：正性，三女；侧室徐氏、张氏。[②]守文“少任侠，广交游，以气谊相高，畸士俊流多归之，东南称贤公子者，首推公。公益自喜，阳明先生患之，为书以戒。会舍逆旅，为怨家所侦，走出格，伤右肱，乃大悔。折节读书，性故敏异，博涉经史，务为有用之学，数年学大就。嘉靖丁酉（十六年，1537）以《易经》魁顺天乡试[③]，时年已三十九。急于用世，乃就铨援湖广安仁令。楚性多剽悍，公下车，故为威猛，既而济之以仁慈，民畏而怀之。迁江西广信府通判。江右人多德阳明先生，知公为先生弟，欢然迎之，守广信者亦器公，事无大小，咨公定可否。久之，考最当调，而桂萼等伪学议起，停赠恤，遂抑公，公亦不屑也。……公既不良于右臂，而以左手书，书法端劲似颜平原，无一笔苟，署书尤醇厚，妙于藏锋。嘉隆间越人多善书，而规矩肃然亦未有过公者”。[④]

综之，王守文生母赵氏曾因王华之位、阳明之功而进开国一品之封，虽地位显赫，然勤劳谦逊依旧，故被视为人妇之典范。王华为少宗伯时，例应荫子入监，赵氏不庇护亲子守文，而力荐继子守俭，从而使“守文居乡校者数年，不与荐名”。由于赵氏处处以身作则，且家教有方，其所出的守让、守文在学识上皆超过阳明的另两个弟弟守俭[⑤]和守章[⑥]，守文还在书法上颇有造诣，“端劲似颜平

① 陆深：《寿王母赵太夫人七十序》，《俨山集》卷四十，《景印文渊阁四库全书》（第 1268 册），第 248—249 页。

② 张校军、释净芳总纂：《山阴光相桥王氏宗谱》卷二，广陵书社 2021 年版，第 142 页。

③ 清乾隆《余姚志》卷十七《选举表》载：王守文，华之子，嘉靖十六年（1537）丁酉举人，顺天通判。

④ 王谋文辑校：《明江西广信府通判东白公传》，《姚江王氏宗谱》卷十九。

⑤ 王守俭（1516—？），“字伯丰，号若溪，海日翁次子，而西清公同母兄也。少醇谨，读书攻苦如成人。初学为举子文字，便英英自异，老生宿儒咸赏之。正德改元，海日翁以恩当荫一子，而长子阳明先生已举于乡，乃荫公太学生，时公年仅十一也。及岁入成均，文誉日起，援前军都督府都事，寻转左军都督府经历，以海日翁忧去。嘉靖初，服阕论俸，迁福建盐运使同知。……公请于盐法道臣，设策严捕豪强，贿当路，遂衔公，公竟投劾归。”（王谋文辑校：《明福建盐运使司同知若溪公传》，《姚江王氏宗谱》卷十九）

⑥ 王守章（生卒年不详），字伯佩，号西清，“少沉默简静，笃于学，补邑弟子员，不得志于乡，乃就益府典膳。……故公（守章）虽食官，以文翰常越俎焉。公为海日翁少子时，家世方鼎盛，而恂恂矩矱，无贵介之习，尤为伯兄阳明先生所契赏云。”（王谋文辑校：《明益府典膳正西清公传》，《姚江王氏宗谱》卷十九）

原，无一笔苟，署书尤醇厚，妙于藏锋”，为越人垂范。而守文早年虽任侠，讲义气，性格颇似小时候的阳明，但后来却在走出“五溺”之困局的阳明的教诲下，折节读书，博涉经史，务为有用之学，通过自己的努力而成为“乡进士”（即乡试中试，明清时称举人），历官湖广安仁令、江西广信府通判、顺天府通判等，终于成长为继其父王华、长兄阳明以后在京师有一定名望的精英之才，至“使天下拭目而睹之”。

至于守让的事迹，钱德洪的《寿徐横山夫人五十序》亦有详述，可资参考。[①]而无论守文还是守让，其成长过程皆离不开赵氏的教诲和培养。当然，有关赵氏的事迹，最值得注意的还是其对王阳明的精心教诲，以及待阳明功成名就、学问卓著后，亟遣守文从学阳明的深远眼光，[②]诚如阳明高足邹守益所言：

> 夫人之德，克迓续于天也。方先生（阳明）之幼失恃也，倜傥出常矩，龙山公欲夙其成，痛矜勒之；而委曲开谕，使充其量也，其慈慧有如此者。伯仲遗孤茕然，岑太夫人所闵也，携入京邸，分俸，俾自树，以顺适姑志，其孝爱有如此者。守俭，庶出也，而长；守文，夫人出也，而幼；荫子之典，首以与俭也，其公[③]有如此者。先生官南都，与学者讲明先王之道，守文尚幼，亟遣游学焉，其深识有如此者。徐曰仁，志士也，以女女之，后为虞部郎，有令名，其卒也，抚女馆粲之，立孤以续其祀，其明断有如此者。初相龙山公为冢宰，继以先生功，进开国一品之封，贵盛，逾四年矣，恒不废纺绩，以为子妇先，骄奢之戒，凛然斧钺，其谦虚有如此者。是以若是祝之也。[④]

当然，野史中还有一些对赵氏极为不利的传言，说是阳明生

---

①详见周汝登辑:《王门宗旨》卷九,《四库全书存目丛书·子部》(第13册),齐鲁书社1995年版,第720—721页。

②王守文于正德九年（1514）七月至正德十年（1515）六月赴南都从学其长兄王阳明，受教近一年（参见束景南：《王阳明年谱长编》，第827页）

③据上下文，“公”字后疑缺“正”字。

④邹守益:《叙云山遐祝图》,《邹守益集》卷三，董平编校整理，凤凰出版社2007年版，第207页。

母郑氏死后，继母赵氏对阳明极为冷待，由于浙俗好巫，于是阳明便采用威逼利诱的手法，迫使一神妇极言生母郑氏显灵，欲治继母赵氏虐待先子之罪。自此以后，继母善待阳明，胜于己出。[①]但从邹守益的记叙中我们可以清楚看出，事情的真相恐怕并非如此。那是因为，王阳明生母早亡，使之幼失依靠，而祖母抚养，又免不了得宠过度，致其“倜傥出常矩”，“日与群儿为戏，斗鸡走狗靡所不为”，[②]后全靠赵氏苦心孤诣的教导，“委曲开谕”，才使顽皮成性的小阳明改正习气，走上正路。若以陆深之言为参照，那么可以说，钱德洪在序中给予赵氏的六字评价：“肃”“敬”“俭”“慈”“义”“公”，以及邹守益在文中为赵氏所列举出的“慈慧”“孝爱”“公正”“深识”“明断”“谦虚”之品格，是不能视为过誉之辞的，倒是自小“善谑”“放逸”[③]的少年阳明，为寻一时之快乐，是极有可能不领真情甚至随心所欲地胡编乱造的。而阳明后来的转变及成功，也证明了赵氏的家教是成功的，正如吕柟在总结钱德洪之评语后所作的阐发：

> 夫肃则固而不弛，敬则贞而不违，俭则节而有常，慈则均而不妒，义则广而不贪，知公其荣则嗣绪远。六者皆妇人之难也，而夫人兼之，此其寿又可量乎？……夫阳明子行茂而不倦，功高而不伐，虽当投戈之际，辄讲艺之不辍；虽于白首之年，务赤子侄不失。此其风固可以淑四方，而其学亦将以启方来。当其志，固欲使夫人之寿偕之以至千百祀远也。[④]

可见，王阳明的成就中有赵氏的一份功劳，而其所获得的成功则可以说是对六十大寿的赵氏的最好报答。这也是为什么阳明后来

---

① 详见王兆云：《杨明用谲化后母》，《漱石笔谈》卷下，《四库全书存目丛书·子部》（第248册），第341—342页（此处王阳明被称为“杨明公”，应是书手之误）；王圻：《阳明计化后母》，《稗史汇编》卷八十九，《四库全书存目丛书·子部》（第141册），第191页。按：据邓志峰说，此事后因《王阳明先生出身靖乱录》等市井小说的流布而广为流传。岛田虔次认为此事“可作为叙述阳明这个人在当时是怎样被理解的插曲”（参见邓志峰：《王学与晚明的师道复兴运动》，社会科学文献出版社2004年版，第117页）。

② 王世贞：《凤洲笔记》卷十四，《四库全书存目丛书·集部》（第114册），第639页。

③ 王守仁：《王阳明全集》，吴光、钱明、董平等编校，第1223页。

④ 吕柟：《吕柟集·泾野先生文集》卷五，米文科点校，第166页。

会对赵氏有很高的评价，正德六年（1511）徐爱来信告知赵氏得病的消息后，阳明即派一位姓夏的医生前往祁州为赵氏治病，并有书致慰（此书未见于《王阳明全集》）的重要原因。①

总之，撇开其他外在的因素不说，仅就家庭内部原因看，王家两代人的言传身教和精心呵护，对王阳明及其弟妹们的健康成长是起到了至关重要作用的。王家的兴旺，肇始于王华而功垂于王阳明，加之守文、守让及徐爱等家庭成员的和睦友爱、品学兼优，从教育学和家庭社会学的角度看，皆非偶然。而一些史料中所反映出来的王阳明父子对岑太夫人近乎崇拜式的敬爱与至孝，亦恐非简单的慈母子孝、高寿家福所能涵盖，其中所蕴含的家庭伦理、家庭教育等方面的有益经验，值得总结。

---

① 参见束景南：《王阳明年谱长编》，第620页。

第三节　衰微原因

王阳明殁于明嘉靖七年十一月二十五日（公元1529年1月9日），至明万历年间，曾经声名显赫的绍兴王府即已开始走向衰微。孟子曰："君子之泽，五世而斩。"（《孟子·离娄下》）阳明家族同样也逃不出这一历史的宿命。隆庆元年（1567），即王阳明死后四十年，新继位的穆宗下令恢复了被莫须有的罪名所削去的阳明的新建伯爵位，并诏赠新建侯，谥文成；隆庆二年（1568）又诏准荫子一人，世袭副千户。据光绪《余姚县志》卷七《荫封》记载，姚江山阴王氏荫封世袭之系谱为：王正亿—王承勋—王先通—王业泰。在此四代人中，竟然发生了两次大的家族纠纷，致使朝野上下震惊，王门内外牵累，终而导致了姚江山阴王氏的过早衰微，甚至还影响到王学的传承与发展。总的来说，在王阳明的直系后裔中，既少有学术上的卓然成就者，又少有政治上的傲然气骨者。也就是说，其后裔不惟于阳明立言之志未有所得，且于阳明立功之业亦鲜有所获，立德之心更是枉论，真正值得称道者，的确凤毛麟角。

实际上，王阳明门下一批最具影响力和号召力的弟子，如黄绾、王臣、徐阶、薛侃、欧阳德、王畿、钱德洪、王艮等人，都曾为阳明后事及其家庭事务献计献策、尽心尽力过。其中既有在朝王学的徐阶等人为恢复阳明名誉、争取嗣子荫袭所做的不懈努力，又有在野王学的王畿等人为经理王家事务、保障正亿权益所做的大量工作。虽然这些奉献从根本上说都是出于巩固宗门、发展王学的需要，但毕竟反映了这些人对王阳明的忠诚和对其后代的呵护。然而，阳明弟子们的精心呵护，并没有挽救王家衰退的趋势。万历年间，阳明后裔中虽有三品以上官衔者六人，使一度衰微的姚江王氏略显中兴气象，但其中真正靠自己本事入仕升迁者，却少得可怜。至清康乾年间，阳明之后已是学脉绝传，门庭冷落，不惟家中，就连族中，亦少有读书之人，除了西南一支，[①]大多以商贾为业，佣工为生。到了清末民初，其父王华从余姚迁居山阴后积累起来的王

① 关于王阳明五世孙王业泰于明代末年迁徙到西南地区并绵延繁殖的相关考辨与研究，张炎兴教授已取得初步成果，笔者也曾赴现场勘察并收集了大量第一手资料，留待专文详论。

氏家产，除坐落于越城光相坊的伯府第系朝廷御建，产权列入官府“防护录”，作为祭产不准变卖外，其余各房台门住宅都已被陆续变卖。[①]真可谓“其兴也浡焉，其亡也忽焉”（《左传·庄公十一年》），国家如此，小家亦难逃此运。相比于明代余姚的另两大望族孙氏和谢氏一直兴旺到清代末年之情形，[②]姚江山阴王氏兴旺的时间如此之短，确实值得深思。究其原因，既有家族个人方面的，也有世风学风方面的，而后者正是本节想要回答的。

一、家风是世风的反映

家族衰微源于家风衰薄，而家风衰薄又折射出中明以后社会风气的剧烈变化。明人何良俊曾对松江一带望族衰微的原因做过中肯分析：

> 盖吾松士大夫一中进士之后，则于平日同堂之友谢去恐不速。里中虽有谈文论道之士，非唯厌见其面，抑且恶闻其名，而日逐奔走于门下者，皆言利之徒也。或某处庄田一所，岁可取利若干；或某人借银几百两，岁可生息若干；或某人为某事求一覆庇，此无碍于法者，而可以坐收银若干；则欣欣喜见于面，而待之唯恐不谨。盖父兄之所交与而子弟之所习闻者，皆此辈也。[③]

明人叶权亦认为：“承平惰逸，如富家骄子，既不治生，又能

---

① 参见王诗棠：《王阳明世系及遗存在绍兴》，钱明主编：《阳明学新探》，中国美术学院出版社 2000 年版。

② 据沈德符《三世得谥》载：“父子得谥者，以为盛事，然尚未有三世得之者。今于余姚孙氏见之。第一世，右副都御史，赠礼部尚书，谥忠烈（燧）；第二世，南京礼部尚书，赠太子少保，谥文恪（升）；第三世，吏部尚书，赠太子太保，谥恭简（鑨）。则国朝二百余年来，海内仅此一家而已。且宗门贵盛，世以忠孝清白见称。鑨兄弟四人，俱致位列卿，名德无玷，真熙朝盛事也。”（沈德符：《万历野获编》卷十三，中华书局 1997 年版，第 349 页）《万历野获编》成书于万历间，故作者沈德符仅记孙燧、孙升、孙鑨祖孙三代得谥事，其实后来尚有孙如游、孙嘉绩爷孙得谥事。孙燧曾为阳明平定宁濠叛乱立下“首功”（王阳明语），后阳明遣使护其丧归乡。又据明谢敏性纂修《始宁东山志》卷十八载：明成化十一年（1475），谢长二十世谢迁中状元，历成化、弘治、正德、嘉靖四朝，官至谨身殿大学士，卒赠太傅。谢迁弟谢迪中弘治十二年（1499）进士，官至广东左布政使。谢迁仲子谢丕中弘治十八年（1505）探花，官至吏部左侍郎兼翰林院掌院学士。据不完全统计，明清二代，余姚泗门谢氏得贡生以上功名者五十余人，有一百二十余人得各类官职。从泗门镇志办编写的《泗门地名志》《泗门古宅》看，余姚泗门镇的历史，大半部为谢家史。

③ 何良俊：《四友斋丛说》，中华书局 1997 年版，第 312—313 页。

荡产，势使之然也。”[1]也就是说，承平惰逸，逐利废学，乃是江南望族衰微的根本原因。

黄宗羲则对浙中世风的颓废做过尖锐揭露：

> 风俗颓弊，浙中为尤甚。大率习为软美之态，依阿之言，而以不分是非、不辨曲直为得计，不复知有忠义名节之可真。万历以来排摈诋辱，出而杀君子者，多自浙人。盖由宋至今，沿之为俗。故朝廷之上成之为党，遂使草野之间讲之为学。[2]

王阳明的家族，因有老大阳明作表率，至少在阳明这一代还是比较优秀的，在科举上虽表现平平，但被谒选为官后皆有不俗的政绩和德行。阳明亲传弟子鄞县人王应鹏与阳明的妹夫徐爱、亲弟伯显（守文）及堂弟伯宣[3]、伯孚[4]等人的关系皆很密切，他曾在《送王伯宣赴幕广东叙》中对伯宣、伯孚的为人和品行作过如下描述：

> 先生之从弟谒选部者，曰伯宣，忼爽人也；曰伯孚，醇谨人也。尝与曰仁俱彼二人名，家子能朝夕习见，予二人之心也。往年伯孚之东广，属吾文；今年伯宣之西广，属吾文。吾

---

① 叶权：《贤博编》，中华书局 1987 年版，第 30 页。

② 黄宗羲：《子刘子行状》，吴光主编：《刘宗周全集》（第 6 册），浙江古籍出版社 2007 年版，第 49 页。

③ 据王谋文《明进贤县丞素坡公传》："公名守义，字伯宣，性和易，折折然待物无城府，人乐与之游，由知印授江西进贤丞。丞故枝官，无所事，而当时上游以公叔父海日翁方掌铨部，颇不以琐屑相干。公曰：'吾为吾丞而已。'奉职愈谨，由是令所不能决者，悉以委公，故公虽丞也，求直者常盈厅事，邑之利害，凡所请于上，多如公议，民咸德之。以病归，徜徉林壑间，晚益喜读书，抚琴萧然闲远。遇后进，不为严，气气厉色，而人自化于不知。邑大夫举乡饮姚，多显官居林下者，独延公为大宾。公亦怡然往，论者高，邑大夫益羡公也。坡素位而行，不愿乎外，公号素坡，奚愧焉！"（王谋文辑校：《姚江王氏宗谱》卷十九）

④ 据王谋文《明福建崇安县分水司巡检西林公传》："公名守信，字伯孚，号西林，易直先生仲子也。性倜傥，读书不尚词章，好臧否古今人物，海日公雅爱之。既长，入太学试，皆优等，授福建分水司巡检。任不三载，拂衣归，曰：'我何能郁郁久居此哉！'好施与，亲朋缓急皆仰之。邑有兴除，必力赞其成。演武场废已久，公曰：'姚滨海面山，萑苻易窃发，武备不可无。无演武场，是无武备也。'亟请于宰，输城西北偶田六十余亩成之。少与倪小野先生友善。小野自南雄罢归，公与之歌诗，酬倡载酒湖山，殆无虚日。年七十，矍铄如少年，好游不倦。生五子，季正宪，继文成公为后。孙十二人，曾孙三十二人。一家食指无算，乡党羡之。钱绪山先生尝曰：'西林公其志不与俗争利，而家自裕；不以官屈节，而身自贵；不与世矜名，而誉自彰；不以道自居，而率自履（原文作履自）。令自诸子以及来孙，鸾轩凤翥，飘然皆青云之器，乡之称种，德厚而获福全者，惟公为烈也。噫！是岂可以寻常窥哉！'"（王谋文辑校：《姚江王氏宗谱》卷十九）

何文？岂非曰仁之故欤？亦谅予之所以仰高先生者，殉之以为援，而比之以为好耳。……伯宜行，其肤使大僚知其为王氏子弟者，必加敬重，盍思先王之所以刑闺门而至兄弟以御于家邦者？其有思也，必有行也，必有济也。先生方宰庐陵，伯宜道庐陵尚诣益，并致区区焉。①

伯宜性格慷爽，伯孚性格醇谨。王应鹏尝利用自己与徐爱的同年关系，想让自家的孩子能与伯宜、伯孚“朝夕习见”。原因自然首先是王应鹏对王阳明的“仰高”，以至愿意“殉之以为援，而比之以为好耳”，然而伯宜、伯孚的人品亦不能不说是其中的重要因素。正因为此，王应鹏对伯孚、伯宜被先后派往两广执行公务都十分看好，认为二人与王阳明一样，皆可“以御于家邦”，为家国增添光彩。

然而，到了第三代以后，阳明家族便出现了一系列问题，个中原委，除了不可避免地受到惰逸、颓弊的江南、浙中世风的侵染之外，还不能不考虑到阳明家人的分崩离析、阳明门下的越俎代庖、地方势力的角力抗争等诸多内外因素。而所有这些内外部原因又在社会发展普遍规律的作用下，对阳明家族形成了巨大的合力，使之未及三代，即已由盛转衰。

其实，对于发生在社会大环境巨变下的家族内部的不良习气以及由此导致的仇仇相报、子孙受殃、破家荡产的恶果，王阳明生前不是没有觉察到，他在正德十二年（1517）写的《谕俗四条》②中，就曾语重心长地告诫自己的弟子和后人：

为善之人，非独其宗族亲戚爱之，朋友乡党敬之，虽鬼神亦阴相之。为恶之人，非独其宗族亲戚恶之，朋友乡党怨之，虽鬼神亦阴殛之。故积善之家，必有余庆，积不善之家，必有余殃。见人之为善，我必爱之；我能为善，人岂有不爱我者乎？见人之为不善，我必恶之；我苟为不善，人岂有不恶我者

---

① 王应鹏：《定斋先生文略》，台北“国家图书馆”藏明刻本。

② 阳明后学项乔说：“此四条明白痛快，足以唤醒人心，请我族众一体遵守。”（项乔：《项乔集》，方长山、魏得良点校，上海社会科学院出版社 2006 年版，第 526 页）说明阳明此四条，既是针对整个社会说的，又是针对自家子孙说的。

乎？故凶人之为不善，至于陨身亡家而不悟者，由其不能自反也。今人不忍一言之忿，或争铢两之利，遂相构讼。夫我欲求胜于彼，则彼亦欲求胜于我；仇仇相报，遂至破家荡产，祸贻子孙。岂若含忍退让，使乡里称为善人长者，子孙亦蒙其庇乎？今人为子孙计，或至谋人之业，夺人之产；日夜营营，无所不至。昔人谓为子孙作马牛，然身没未寒，而业已属之他人；仇家群起而报复，子孙反受其殃。是殆为子孙作蛇蝎也。吁，可戒哉！①

正德十三年（1518），王阳明又在写给诸弟的书信中作了深刻的自我批评，为家风衰薄、逐利忘义主动承担责任：

吾家祖父以来，世笃友爱。至于吾等，虽亦未至若他人之互相嫌隙，然而比之老辈，则友爱之风衰薄已多。就如吾所以待诸弟，即其平日，外面大概亦岂便有彰显过恶。然而自反其所以，推己尽道，至诚恻怛之处，则其可愧可恨，盖有不可胜言者。究厥所以，皆由平日任性作事，率意行私。自以为是，而不察其已陷于非；自谓仗义，而不觉其已放于利。但见人不如我，而不自见其不如人者已多；但知人不循理，而不自知其不循理者亦有。所谓“责人则明，恕己则昏”，日来吾每念及此，辄自疚心汗背，痛自刻责。以为必能改此凶性，自此当不复有此等事，不知日后竟如何耳！诸弟勉之。②

后来王家所发生的一切，果然验证了阳明的上述自责性判断。他死后不久，家族内部“友爱之风衰薄”的现象，即显出愈演愈烈之势，以至于为了财产分配、爵位世袭而钩心斗角、相互倾轧。

正因为生前就已觉察到家族内部的诸多隐忧，加之对社会发展一般规律已有所认识，所以王阳明一直对包括继子正宪在内的正字辈诸侄儿有严格要求和殷殷期望，这从他写给诸侄儿的书信中便可

① 王守仁：《王阳明全集》卷二十四，吴光、钱明、董平等编校，第917—918页。
② 王守仁：《与诸弟书》，《王阳明全集（新编本）》卷四十四，吴光、钱明、董平等编校，第1798页。

窥见一斑。比如正德十二年（1517）他在赣州写给正思[1]等侄儿辈的信中说：

> 近闻尔曹学业有进，有司考校，获居前列，吾闻之喜而不寐。此是家门好消息，继吾书香者，在尔辈矣。勉之勉之！吾非徒望尔辈但取青紫荣身肥家，如世俗所尚，以夸市井小儿。尔辈须以仁礼存心，以孝弟为本，以圣贤自期，务在光前裕后斯可矣！吾惟幼而失学无行，无师友之助，迨今中年，未有所成。尔辈当鉴吾既往，及时勉力，毋又自贻他日之悔，如吾今日也。习俗移人，如油渍面，虽贤者不免，况尔曹初学小子能无溺乎？然惟痛惩深创，乃为善变。……吾尝有《立志说》与尔十叔，尔辈可从钞录一通，置之几间，时一省览，亦足以发。……尔曹勿谓尔伯父只寻常人尔，其言未必足法；又勿谓其言虽似有理，亦只是一场迂阔之谈，非吾辈急务；苟如是，吾末如之何矣！读书讲学，此最吾所宿好，今虽干戈扰攘中，四方有来学者，吾未尝拒之。[2]

---

① 王正思，名龙川，进士出身，任中顺大夫，知建宁府事，有著作行于世（见《余姚县志》卷十六《金石下》）。束景南先生考正思乃“王准子。历来以王正思是王衮长子王守礼之子，乃误”（束景南：《王阳明年谱长编》，第941页）。然据明人余姚翁大立《明福建建宁府知府龙川公传》：“公讳正思，字仲行，别号龙川，石谷公（名守礼，字伯敬，号石谷，王荣次子）长子也。幼颖敏，四岁授《大学章句》，数日而毕，龙山（原文为川）公见而器之，曰：‘我家英儿复出也。’未冠补弟子员，旋食廪饩。嘉靖壬午（元年，1522），登贤书，次年，落第归，适世父阳明丁龙山公之艰，旋里朝夕，与钱绪山、王龙溪辈随侍讲帏侠，闻性命之学，而文章亦日益闳肆矣。己丑（嘉靖八年，1529），成进士，观政刑曹，累任山东清吏司郎中，决狱务宽恕，多所平反，每与尚书争狱事，必传经义、据律例，尚书多屈意从之。初公为仪部员外时，值雷震谨身殿，上书切谏，大略言人主以治心为本，心清则欲寡，欲寡则体康，自古尧、舜、禹、汤，皆臻上寿，以此也。今闻陛下日建斋醮，祈求长生方士，屡邀非分之爵，宰相专工元理之文，致使宵小蛊，惑宸聪，虽有作奸犯法，壅蔽不闻，此天变屡形，正以警怵圣躬也。帝不省，亦不之罪后。郎中考满，例升卿式，与柄臣不合，出为建宁太守。既至，振兴学校，修复考亭书院、南山书堂，延师儒讲诵，亲课殿最，士习一新。又饬属邑行保甲法，盗贼屏息四境，而惩恶太峻，为谗者所中伤，投劾而归。公伉爽直，中无崖涯而外近于戆，与人语，冲臆而出，意所不可，輙面批折，或杂以诙谐为刺讥，虽权要人不避也。人或以此谅公，然亦以此嫉公。……”（王谋文辑校：《姚江王氏宗谱》卷十九）知束先生之说非也。又据王正思《新建侯文成王公小像赞》：“思自孩童，既闻至教。”（隆庆本《王文成公全书》卷首）可知其很早即受教于阳明。另据高濑武次郎《参拜日记》，民国初年余姚城内尚存有旌表王正思的进士牌楼，与王华的“状元”牌楼、王守仁的“会魁”牌楼同一格式；另外还有一座德勋坊，“侍读学士吏部尚书”王华、“柱国尚书封新建伯”王守仁、“诰封郎中诏赐进士”王守和、“刑部郎中领建吏部”王正思均在旌表之列（详见本书附录）。

② 王守仁：《王阳明全集（新编本）》卷二十六，吴光、钱明、董平等编校，第1035—1036页。

一句“读书讲学，此最吾所宿好”，不仅道出了阳明的根本价值诉求，而且表达了他对家人的谆谆告诫：切勿靠在先人的功劳簿上享受荣华富贵，而是要自立自得，以读书讲学为首务，即使在繁忙的公干时也不能丝毫放松。

据近人马一浮《跋阳明与正思诸侄九行帖》：“不党既得阳明与其从子正思帖以见示，虽不及百字，而严正温厚之旨，昭然若揭。于此可见其家风，岂徒以笔势之精为重而已哉！”[①]可知王阳明对正思的器重当在诸侄儿之上，而通过阳明对正思的教诲亦可见其家风是相当严格、笃实的。然而，即使不看其后世家庭之变化，就是以当时的结果来看，亦大不如阳明之所愿。而在阳明看来，诸侄儿辈之所以会养成种种不良习性，与余姚当地的宗族环境、教育基础有一定关系，于是阳明便安排正思等来越城接受教育，结果换了环境后，正思等果然有所进步，这从嘉靖元年（1522）王阳明写给余姚诸弟的家信中可看出端倪：

> 近日正思辈在此（指越城），始觉稍有分毫之益，决不可纵令在家（指在余姚老家）放荡过了也。此间良友比在家稍多，古人所谓“蓬生麻中，不扶而直”，是真实不诳语。[②]

此信所言虽然针对的是正思等侄儿辈，但其实适用于所有其他王氏家人。无奈长期的军旅生涯，使阳明无暇顾及晚辈的教育问题，至于言传身教式的调教，就更是心有余而力不足了。眼看着家族衰败的迹象已露，阳明心急如焚，尤其当他意识到自己可能来日不多后，遂毅然决然地在嘉靖七年（1528）九月下旬生前写给正宪的最后两封家书中，发出了近乎怒吼般的痛斥声：“兄弟子侄中不肯略体息，正所谓操戈入室，助仇为寇者也，可恨可痛！”[③]并最后在无可奈何中向族中那帮“奢淫”“长恶不悛”“奸隋（同堕）”者发出了驱逐令：“须急急遣回余姚”“宜并逐之”“终须逐出”“须痛自改省”，以至于流露出对自家亲人彻底的心灰意冷

---

① 吴光主编：《马一浮集》（第2册），浙江古籍出版社2012年版，第87页。

② 王守仁：《王阳明全集（新编本）》卷四十四，吴光、钱明、董平等编校，第1810页。

③ 王守仁：《王阳明全集（新编本）》卷二十六，吴光、钱明、董平等编校，第1041页。

之心：“只有书童一人实心为家，不顾毁誉利害，真可爱念。使我家有十个书童，我事皆有托矣。”[①]正因为此，王阳明在赴两广前，还特地把正亿托付给魏廷豹，把正宪托付给王畿、钱德洪，嘱二人“诱掖接引之”[②]。这是因为，魏廷豹精于医术，[③]故阳明收他为弟子，除了学问，可能还有个目的，就是聘他为家庭医生，先为自己保健治病，[④]后再将正亿托付于他，让其为自己晚生晚育、天生体弱的幼子正亿治病调养。而王畿、钱德洪，则分别为王门著名的理论家和实践家，[⑤]不仅精于学问，而且有较高威望，将寄予厚望的正宪托付于他们，阳明自认是最好的选择。而就在数年之前，阳明对正宪的学习成绩还很不满意，曾在《与曰仁诸弟书》中说：“正宪读书极拙，今亦不以此相望。得渠（代指正宪）稍知孝弟，不汲汲为书，仅守门户足矣。”[⑥]因正宪人品不错，是故阳明当时只希望正宪仅守门户，传承好家业。然而，当正亿降生后，他便完全改变了主意，转而让正宪继承学业，而家业则让更符合传统礼仪的嗣子正亿去继承了。

关于王正亿（1526—1577），钱德洪于嘉靖三十六年（1557）为先师阳明《岭南寄正宪男》写的跋文中，曾对其与王门诸子间的关系及其问学过程有所简绍：

> 正亿初名聪，师之命名也。嘉靖壬辰（十一年，1532）秋，依其舅氏黄久庵寓留都。值时相（张璁）更名于朝，责洪为文告师，请更今名。当时问眠食如何，今正亿壮且立，男女森列矣。噫！吾何以不负师托乎！方今四方讲会日殷，相与出求同志，研究师旨，以成师门未尽之志，庶乎可以慰遗灵于地下尔，是在二子（指正宪和正亿）！

① 王守仁：《王阳明全集（新编本）》卷二十六，吴光、钱明、董平等编校，第1042页。

② 王守仁：《与钱德洪王汝中》，《王阳明全集（新编本）》卷二十六，吴光、钱明、董平等编校，第238页。

③ 民国《萧山县志稿》卷二十一：“魏直，字廷豹，能诗，以医闻吴越间，治痘疹奇验。所著有《博爱心鉴》一书。”（张宗海主修：民国《萧山县志稿》卷二十一，南开大学出版社2010年版，第812页）

④ 参见束景南：《王阳明年谱长编》，第1875—1876页。

⑤ 参见钱明：《浙中王学研究》，中国人民大学出版社2009年，第215—221页。

⑥ 王守仁：《王阳明全集（新编本）》卷四十四，吴光、钱明、董平等编校，第1797页。

而关于王正亿的履历和人品，则属王谋文的《明袭封新建伯龙阳公传》记得最为翔实：

> 公名正亿，字仲时，号龙阳。初，文成公年逾四十，未举子，已立从子正宪为嗣。越十余年，乃生公，甫二岁，文成公捐馆。值桂萼柄用，朝议沸然，停世荫，贫不能自存。外舅黄久庵先生，文成公高弟也，笃师谊，训育备至。公亦攻苦忘寝食，朝夕请业，家学渊源，忠孝大节，赖以不坠。又贽于钱绪山先生之门，绪山深契之，曰："良知固君家旧物，持券钥探内藏，无难也。"既长，入胄监，问学益进，当世贤士大夫皆庆阳明有子。或劝之仕，曰："先公含抑未伸，何忍觍颜就禄？天道好还，姑徐待之。"至隆庆改元，诣大学士徐阶，丐疏讼之。略曰："昔宁濠变，起南昌，中外忧惧，非守仁义师削平，当时事未可知。身死未寒，谗构交作，爵赏格而不行，遗孤存而未录，非国家激劝之典。"帝亦素知其功，优诏褒恤，复给诰券，公乃得袭爵。十一年薨[①]，年五十一。子三：长承勋，嗣爵；次承学，季承恩。[②]

说明在阳明弟子的训育或影响下，正亿对停世荫、就仕禄等利益问题看得并不重，反倒是对家学渊源看得很重，并为先父阳明的平反昭雪而奔走呼号。这些都让当时的贤士大夫颇感欣慰。不过这已是后话了。

不难看出，王阳明生前曾对自家后事做了相当精心的安排，但即便如此，他依然对家事后人忧心忡忡，以至去两广途中，在门人问学纷至沓来的情形下，竟在三个月不到的时间里连续给正宪写了五封家书，而在同期他只给钱、王二人写了两封书信；抵达广西后，他又在公务十分繁忙的九个半月时间里给正宪写了两封家书；回程途中，他又抱病给正宪写了两封家书。这总共九封家信的内容，则不外乎家庭琐事之告诫，为学做人之叮咛，如劝正宪务必

① 此处有误。明隆庆帝只在位六年（1567—1572），正亿应卒于明万历五年（1577）。
② 王谋文辑校：《姚江王氏宗谱》卷十九。

“皆须听魏廷豹断决而行”，绝不可“抵牾廷豹”，[1]而“魏廷豹决能不负所托”；[2]并且要正宪向钱、王二人“请教求益”“敬守训戒”，[3]同时希望钱、王二人能与魏廷豹一起“相与挟持之”，[4]各行其职，配合协助；还令正宪“不可轻信奶婆之类”[5]，“但家众或有桀惊不肯遵奉其约束者，汝须相与痛加惩治”。针对正宪“欲出应试”之计划，阳明则告诫说：“但汝本领未备，恐成虚愿。汝近来学业所进吾不知，汝自量度而行，吾不阻汝，亦不强汝也。”[6]到了嘉靖七年（1528）科考前，阳明又写信鼓励正宪：“近闻汝从汝诸叔诸兄皆在杭城就试。科第之事，吾岂敢必于汝，得汝立志向上，则亦有足喜也。”[7]处处表现出对正宪的关爱与呵护，这在王家可谓绝无仅有。正宪非阳明亲生，阳明这种异乎寻常的关爱，[8]除了有亲子正亿尚年幼的缘故，另外似乎亦反映了其家族成员中无可信赖之人的悲催现实。

从王阳明在一年左右的时间内所写的这些充满自责、忧虑、劝诫、无奈乃至愤怒的十余封家信中可以看出，他在越城伯府居住期间，把家族困局的症结和弊端看得相当清楚，也对自己的身体状况了如指掌。当他意识到自己恐再无机会使家族摆脱危机的情况下，又对家庭成员基本失去信任的前提下，只好把希望寄托于几个可信赖的门人，寄托于正在茁壮成长的正宪。尽管如此，王家的结局依然十分糟糕，衰败期不仅来得早，而且变得快。这是因为，王阳明良好的愿望并不能代替无情的现实，中晚明社会的历史巨变，足以把阳明的愿景击得粉碎。总之，如果说导致王阳明死后其家族纠纷顿生、弟侄不轨、兄弟反目、管事不忠、家仆怙恶、败象毕露的直接原因是其整个家族榜样失范、规矩尽失、家教不严、家风不正的

---

① 王守仁：《王阳明全集（新编本）》卷二十六，吴光、钱明、董平等编校，第 1039 页。

② 王守仁：《王阳明全集（新编本）》卷六，吴光、钱明、董平等编校，第 238 页。

③ 王守仁：《王阳明全集（新编本）》卷二十六，吴光、钱明、董平等编校，第 1039 页。

④ 王守仁：《王阳明全集（新编本）》卷四十七，吴光、钱明、董平等编校，第 1922 页。

⑤ 王守仁：《王阳明全集（新编本）》卷二十六，吴光、钱明、董平等编校，第 1034 页。

⑥ 王守仁：《王阳明全集（新编本）》卷二十六，吴光、钱明、董平等编校，第 1040 页。

⑦ 王守仁：《王阳明全集（新编本）》卷二十六，吴光、钱明、董平等编校，第 1041 页。

⑧ 王阳明先是让薛侃、冀元亨负责正宪之培养（参见束景南：《王阳明年谱长编》，第 1072 页），后又写了《示宪儿》《书正宪扇》，勉劝其谦恭毋傲（束景南：《王阳明年谱长编》，第 1680 页），同时对正宪的婚事也极为关心（束景南：《王阳明年谱长编》，第 1271、1614 页）。此盖因他对正宪的期望值颇高矣（束景南：《王阳明年谱长编》，第 1237 页）。

话，那么其间接原因便是伴随江南经济繁荣而来的社会风气的转向和剧变。

二、家风也是门风的反映

王阳明家风也直接或间接地受到了王学门风的影响。王学发展到晚明，已是宗派林立，门户之见越演越烈，对此，王门中人亦多有述及，如王畿说：

> 慨惟先师设教，时时提揭良知为宗，而因人根器，随方开示，令其悟入，惟不失其宗而已。一时及门之人，各以质之所近，领受承接，人人自以为有得。乃者仪刑既远，微言日湮，吾党又复离群而索居，未免各执其方，以悟证学，不能圆融洞彻，归于大同。①

赵贞吉《重刻阳明先生文粹序》曰：

> 嗟呼！吾生有知，即知诵说先生之言。见世之儒生，始骇王先生之异而攻之，中喜王先生之为异而助之，终羡王先生之持异乃欲驾其说，于是王氏之学又若自异矣！②

耿定向亦谓：

> 文成崛起，首倡致知之旨，于时信从者如云。乃文成没，而承学者或宗乐体以为自得，任放而逾矩；或耽虚寂以为精深，沉空而离实；或矜知见以为高玄，溺妙而斁彝，何多歧也。③

所谓“离群索居”“各执其方”“欲驾其说”“又若自异”“何多歧也”，均道出了阳明学说为其门人后学所用，作任意

① 王畿：《王畿集》，吴震编校整理，第681页。
② 赵贞吉：《赵贞吉诗文集注》，官长驰注，巴蜀书社1999年版，第519页。
③ 耿定向：《耿定向集》，傅秋涛点校，第735页。

发挥，从而导致王门分化的主客观原因。阳明弟子陈九川也不无惋惜地说过：“（阳明）发明良知之学，而流传未远。诸贤各以意见搀和其间，精一之义，无由睹矣。”①这就是说，王门诸贤其实并没有掌握阳明学说的实质，从他们那里根本看不到阳明良知之学的“精一之义”。而王门弟子“各以质之所近领受承接”，进而“各执其方，以悟证学”，以至“以意见搀和其间”，用“意见之私”随意解读甚至曲解阳明学说，最后各立宗旨、自创异说，②结果导致王门分化的门风特征，又不能不对阳明家风产生一定程度的影响。更有甚者，王门诸子不仅各立宗旨、自创异说，而且还从各自需要出发，对阳明后裔有保有废，又拉又打，有意无意地把分门别派、自立山头的门风带进了阳明家族，从而使阳明家族的内部冲突愈演愈烈，几乎到了你死我活的地步。换言之，从一定程度上说，是阳明学派的冲突和分裂引发或者加剧了阳明家族的冲突与分裂。

不仅如此，与王阳明的关系相当密切的张璁、桂萼、霍韬、方献夫、黄绾、席书、黄宗明等“议礼派”朝中要员的分化整合，③也对阳明家族的冲突、分裂产生了一定影响。众所周知，在“大礼议”之争中，反对者被明世宗朱厚熜下令杖责和戴罪者有二百二十余人，其中被廷杖致死者达十六人。然王阳明一直未介入此事之争，他在伯府碧霞池澄心思考，作《碧霞池夜坐》诗云：“一雨秋凉入夜新，池边孤月倍精神。潜鱼水底传心诀，栖鸟枝头说道真。莫谓天机非嗜欲，须知万物是吾身。无端礼乐纷纷议，谁与青天扫宿尘？”④此时的阳明赋闲在越城家中，已经没有了年轻气盛时的激情，对“大礼议”之争没有跟随其他人去争辩什么，更没有站在

① 沈善洪主编：《黄宗羲全集》（第7册），第531页。

② 明儒胡瀚有一精辟论断：“宋儒学尚分别，故勤注疏；明儒学尚浑成，故立宗旨。”（黄宗羲：《明儒学案》卷十五，沈芝盈点校，第330页）对明儒勤立宗旨之举，清初学者既有赞同者，又有反对者。赞同者如章实斋，其曰：“学者不可无宗主，而必不可有门户。”（仓修良编注：《浙东学术》，《文史通义新编新注》内编二，浙江古籍出版社2005年版，第121页）此处“宗主”即意指宗旨。反对者如陈几亭，其曰：“圣人有无宗之宗。”陆桴亭亦曰：“大儒决不立宗旨。”（陆桴亭：《思辨录辑要》卷三十一，《儒藏》精华编第196册，北京大学出版社2016年版，第299页）陆稼书更是把各立宗旨视为学术淆乱之恶果“自明季学术淆乱，各立宗旨……一切牵合宗旨都是乱道。”（陆稼书：《松阳讲义》卷一，华夏出版社2013年版，第3页）从后人的上述议论中可以看出，“各立宗旨”的确可视为阳明学者的一个重要特征。

③ 关于“大礼议”诸问题及其与阳明学派的关系，可参考王宇：《合作、分歧、挽救王阳明与议礼派的关系史》，《中山大学学报（社会科学版）》2009年第6期。

④ 王守仁：《王阳明全集》卷二十，吴光、钱明、董平等编校，第786页。

世宗的立场上为他说话，因此世宗一直不满和嫉恨阳明。阳明逝世后，受张璁、桂萼等人诬陷诋毁的影响，世宗不但未派人参加葬礼，还下诏停了阳明的世袭，收回了恤典。问题的实质，并不在于阳明有没有支持世宗，而在于他从理论上和内心里都支持世宗，但就是不公开表态，以防给反对派抓到可对自己落井下石的把柄，这才激怒了世宗，觉得阳明虚伪。实际上，王阳明的一些弟子和朋友大多是公开支持世宗的，而世宗其实也不是一个心胸狭窄的人，他虽然公开处理了王阳明，但并没有采取实际措施压制阳明学说的传播。这也是嘉靖时期很多人对王阳明的评价较为消极、负面的原因之一。到了万历时期，时过境迁，政治上的恩恩怨怨逐渐消去，阳明学说的价值逐渐凸显，王阳明的丰功伟绩更是被人们常常念到，朝廷上下对他的正面评价自然就多了起来，而且形成声势，于是为他平反昭雪也就水到渠成了。但到了万历晚期，社会危机日趋严重，阳明学者大多坐而论道，空谈性命，以至于从理论上的自我束缚变为政治上的束手无策，知行完全脱节，思想深陷困境，致使阳明学说之弊端为越来越多的人所认识。

诚然，王阳明本人能够保留新建伯的爵位而不被夺爵，是“议礼派”再三申救，坚持“功罪不相掩，功疑惟重”之底线的结果，如嘉靖四年（1525）席书疏荐举阳明“文武兼资，堪任将相……定乱济时，非守仁不可”[①]；嘉靖六年（1527）杨一清评论阳明“学问最博，文才最富……遇有兵部尚书员阙，召而用之，则威望足以服人”，赞扬阳明“精忠大节，终不可泯也”[②]；方献夫则坚持为阳明没有得到公正待遇而鸣不平：

> 呜呼！先生在江西之功在社稷，田宁之功在吾广，可谓鞠躬尽瘁，死而后已者，而犹不免于訾议，人心谓何，而亦岂足为先生之损益！先生以道德为富贵，以仁义为窟宅；节气文章皆其绪余，而何有乎事功之烜赫！[③]

---

①《明世宗实录》卷四十八，嘉靖四年（1525）二月辛卯条。

② 杨一清：《杨一清集》，唐景绅、谢玉杰点校，中华书局 2001 年版，第 1001 页。

③ 方献夫：《祭王阳明文》，《西樵遗稿》卷七，广西师范大学出版社 2014 年版，第 485—486 页。

就连阳明自己也痛陈道：

> 吾所遭谤，构以党逆，无将之恶名，蒙以灭族无辜之隐祸，几微倏倏之际，间不容发。[①]

但是，阳明学说遭到批判、王门势力受到抑制，同样也是“议礼派”强势干预的结果。明世宗一直有把阳明爵位彻底革除的意图，后经过“议礼派”的竭力规谏，才使阳明受到的处分有所保留，只取消了世袭恤典，从而为后来阳明的平反留下了一线生机。[②]但即使这样的结果，对王家的损害仍旧是实实在在的，因而导致王家的利益纠纷也是不可避免的。要知道，“议礼派”在强烈肯定阳明事功的同时，却对其思想学说表现出高度的警惕和疑虑，于是他们便想尽各种办法打压和贬抑阳明学派，这也同样会对王家的冲突、分裂产生一定影响，尤其是当这种压力来自最高当局而最直接的受害者则是阳明家人的时候，对王家内部所产生的冲击和震动就更是超乎寻常了。质言之，“议礼派”既想充分利用阳明的事功才能，为明王朝的统一安定树立标杆，同时又千方百计地限制、贬抑阳明思想的传播，对阳明学派的扩张保持高度警惕。为此，他们中个别人甚至不惜把阳明推向道德法庭，欲从根本上毁掉阳明在世人中的形象，杨一清所谓的阳明“窃负儒名，实无方正之学”[③]，就包含了对其学问与德行的双重打压。

除此之外，又如同王门的分化与地缘因素有很深的瓜葛一样，阳明家族的分裂也与地方势力在背后的鼓动有密切关系，这从阳明死后不久便开始发生的余姚与山阴之间的纠纷中即能看出一般。当时围绕王阳明的籍贯问题，山阴人同余姚人曾发生过一场激烈争执。盖因明代户籍制度中的入籍或转籍均非易事。与“不治生理、游手游食”“俗称大贫”的“堕民”，“著于版籍，至今不齿于庶

---

① 王畿：《王畿集》，吴震编校整理，第 410 页。

② 据沈德符《桂见山霍渭崖》记载：“始王文成再起两广，实张、桂荐之。至是魏与王争名相轧，王位业已高，誉亦远出其上，魏深恨忌之。桂因移怒于王，直至夺其世爵，且令董中峰（玘）于武庙实录中，讥刺文成纵兵劫掠，南昌为之一空，皆怼笔也。”（沈德符：《桂见山霍渭崖》，《万历野获编》卷七，第 195 页）

③《明世宗实录》卷九十八，明嘉靖八年（1529）二月戊辰条。

民”，[①]即不为各地民众所欢迎（这种现象浙东地区尤为突出，所谓“顾彼八府特严”，就是指的浙东各地严格户籍流动的规定）的状况不同，当时名家名流是各地争相“夺取”（最简单的“夺取”就是使之“入籍”）的对象，像王阳明这样能够入祀孔庙的“名世真才”，自然会成为各地“夺取”的重点对象。于是当时的山阴人说阳明属山阴籍，余姚人说阳明属余姚籍，一时间，弄得朝廷命官也不知所措。而双方争夺的根本原因又不外乎两条：一是阳明学说影响巨大、事功彪炳于史，凡是其故乡人，都会觉得脸上有光，地方知名度也会随之攀升，这对发展当地的经济文化显然十分有利；二是隆庆皇帝降旨，谕王阳明入圣庙，配享孔祀，并且规定阳明所属的县可以增加考取秀才的名额。阳明的归籍问题可以决定科举考试的录取人数，这在生员大约五十万人、考取举人之机会大约百分之三、登进士第之概率更是渺茫的明代社会，无疑是具有极大吸引力的。就这样，围绕王阳明籍贯问题的这场纠纷，便不可避免地发生了，而且一直持续到近代。

据余姚人陈季康回忆：“山阴人凭借着阳明先生的祠堂、住宅、事迹都在山阴，提举出来，最为重要的证据，我们余姚人则引指阳明先生的祖先和他自己都是生长在余姚的事实作为反证，可是一时更没有其他强有力的证据。看当时的情形，差不多山阴人要占优势了。后来姚人之主其事者，于无意中偶然经过一所学塾，忽地听到一个学童朗读《古文观止》里阳明先生所作的《瘗旅文》……乃恍然大悟，高兴非常，便提出阳明先生的这首自白，证明他的确是余姚人，因为出于阳明先生本人所说的话，这种铁证，已没有推翻的余地。”[②]诚然，如果按照户籍地来定位王阳明，陈季康此说是毋庸置疑的，而且不止《瘗旅文》，在王阳明的许多书法作品中也能找到相同之证据。但若溢出“出生”“户籍”而将视角转向“发端”“熟化”，即从“生命”转向“思想”时，问题就会发生变化，其复杂性绝非三言两语所能穷尽。最好的办法，就是重新树立王阳明所倡导的“万物一体之仁”的意识，实事求是地就问题的本

① 叶权：《贤博编》，第 32 页。

② 参见陈季康：《关于争执阳明先生籍贯的故事》，邵苇水编：《余姚三哲纪念集》，余姚县立民众教育馆 1935 年版。按：《瘗旅文》中有“吾龙场驿臣余姚王守仁也”句。

来性展开讨论。不然的话，就可能永远都不会有什么结果。事实上亦的确如此，起始于明代的这场争论一直到民国年间都未停息，近年来所发生的争论亦是这场争执的继续。笔者无意也没有必要去参与这场争论，只是想根据历史事实提出自己的如下看法：与所有王阳明居住过的地方相比，绍兴（余姚、山阴皆为其属下）与阳明的关系最为密切，也最为重要，在这一点上，余姚与山阴（今绍兴）实属利益攸关方，没有必要争个你高我低。我们所要弄清的，其实不是阳明的籍贯问题，而是阳明何时随父迁居山阴？在山阴和余姚分别开展过怎样的学术活动？这些活动对阳明学的创设具有怎样的意义？阳明学究竟萌生于何时何地？这些才是当下的地域阳明学研究所要解决的重要问题。

笔者之所以要讲这段历史，无非是想证明地方利益对学派分化、家族分裂是有相当作用的。换言之，阳明家风不仅受王学门风的影响，也受地方利益的左右，其家族内部所表现出来的利益纷争的背后，其实就有地方及家族利益集团的支持与鼓动，这一点在王阳明写的大量家书中其实已有所反映。

三、家风还是学风的反映

家风在一定程度上还是学风的反映。阳明家族的衰微，与包括阳明学派在内的明代学风的转向也有较大关系。众所周知，王阳明是举世公认的古代圣贤之“三不朽”精神的体现者，阳明学之所以能受到日本人的喜爱，与阳明身上的“真三不朽”品质亦不无关系。[①]江户时代的阳明学者吉村秋阳（1797—1866）就说过：

> 迨明中叶，余姚王子出焉，更揭“致知”二字，以示圣学之全功，简明剀切，无复余蕴矣。……予每读公传，辄慨然以谓公固百世殊绝人物，所谓三不朽之存乎其身，皆莫非良知之妙用实验矣。而顾奉公之教者，则往往失立言之旨，唯簸口舌、谈过高，而既入猖狂自恣之流，然其事亲从兄之际，犹且

① 参见钱明：《阳明学研究的东亚课题——以山田方谷为中心》，野岛透著，钱明编译：《日本阳明学的实践精神——山田方谷的生涯与改革路径》，上海古籍出版社 2014 年版，第 36—38、41—46 页。

不能得其宜，奚暇论其他哉！此其于公之道，真操戈入室者。[①]

众所周知，王阳明在强调立言的同时，从未放松过立德和立功，而立功在阳明那里，又是其“致良知”学说的内在要求和价值体现，与一味追求功名利禄、升官发财的假道学可谓风马牛不相及，用清初学者魏禧的话说，就是“以道学立事功”。魏禧还赞誉说：“姚江王文成公以道学立事功，为三百年一人，洒北宋以来儒者之耻。”[②]

可是在后阳明时代，“致良知”学说却悄悄变了味，“三不朽”精神亦渐渐走了样。随着“三教合一”说的甚嚣尘上，逃禅遁空一度成为时尚，颓废空虚的学风弥漫于整个学界，王门中的不少人更是染上了“簸口舌、谈过高”的不良习气。东林学者高攀龙尝批评说：“当文成之身，学者则已有流入空虚，为脱落新奇之论，而文成亦悔之矣。”[③]高子的意思很明显：空疏学风不始于“以道学立事功”的王阳明而始于只讲心性不谈事功的阳明后学。

与此同时，明代学风在陷空媚俗的时候，还成了政治权力的附庸。在专制文化、科举文化的强大磁场中，众多阳明学者不是遁入空门、跌入俗门，就是步入衙门、堕入财门，[④]入仕求功名利禄成了他们追逐的主要目标。这样的世风、学风无论对门风还是家风的杀伤力都是不言而喻的。

当时看一个家族的兴旺与否，一般只看这个家族科举入仕者的人数，而不看他们的学术成就、德业操守。尽管以王阳明为代表的姚江山阴王氏表面上是成就于举业功名，但实际上却是成就于德业文章；又尽管王阳明一贯反对轻学业、重举业的功名主义价值观，但他的家人、后裔们还是抵挡不住功名利禄的诱惑，纷纷弃学逐

① 吉村秋阳：《王文成公传本序》，《读我书楼遗稿》卷一，明治十五年（1882）刊本。

② 魏禧：《魏叔子文集》，胡守仁等校点，中华书局 2003 年版，第 805 页。

③ 高攀龙：《王文成公年谱序》，王守仁：《王阳明全集（新编本）》卷五十二，吴光、钱明、董平等编校，第 2126 页。

④ 阳明门人中经商者不在少数，这固然说明阳明学派的开放性和平民性，但也在一定程度上给王门带来了某种腐蚀作用。当时阳明弟子中从事商业活动的以王艮等最为著名，而从事海外贸易的则以福建林希元为代表（参见赖惠敏：《明清浙西士绅家族的研究》，台湾大学历史研究所博士学位论文，1988 年，第 67 页），当然，林希元不能算正宗的阳明门人，只能说是阳明道友（详见钱明：《王阳明及其学派论考》，第 396—398 页）。

利，甚至放弃举业，争夺家业。因此，他们不仅在学业上毫无建树（唯三世孙王承勋“略知文艺”，四世孙王业洵稍显活力，五世孙王贻乐对阳明遗著“重为掇拾”[①]），而且还屡屡作出有辱王华、王阳明声誉的败家之事。而所有这一切，皆起因于阳明所建立的丰功伟绩以及由此带来的世袭荫禄。阳明为了建功立业、创立新说，可谓“百难备尝”、出生入死，然而他的后人们却躺在他的功劳簿上，带着他的光环，享受着荣华富贵（尽管偶然也会因朝廷斥伪学而受到些惊吓）。因此可以说，阳明留给世人的是其丰硕的思想文化遗产，而留给自己家人的却是优越的政治地位和丰厚的朝廷荫禄，这对其家人来说，与其说是福，倒不如说是祸！

王阳明以后的数百年王家衰落史，再一次证明了老子“祸兮福所倚，福兮祸所伏”的辩证关系。拥有财富荣耀的阳明后人们，大多不思进取，不仅在“言”上无甚成就，而且在“功”上也谈不上像样的政绩，至于“德”就更不用说了。他们且不说与集“三不朽”于一身的阳明先祖大相径庭，而且与同乡黄宗羲家族也是不可同日而语。黄宗羲没有王阳明那样的功勋伟业，他的后人们也享受不到世袭荫禄，因此大多以治学为生，并且在家学的熏陶下，不少人都成了名师大家，如其子黄百家，孙黄千人，五世孙辈黄璋，六世孙黄征义，七世孙黄炳垕等，在经史子集以及文学、自然科学等方面，皆有不俗之成就。[②]反观阳明家族，阳明的丰功伟业，反倒成了分崩离析、过早衰微的导火索。当然，史家亦常把这种责任归咎于名人后代，如万斯同即说过：

> 从来名父之子难为继，即如有宋诸大儒，惟康节子伯温、象山子持之克自表见，而程、张后人无闻焉。其在于明，河津、新会、崇仁、姚江诸家，咸不闻有贤子弟，岂果父兄之失

---

① 详见钱明：《王阳明及其学派论考》，第126—135页。按：要想成为职业儒者即“业儒”，是需要一定经济基础的。浙西望族陈嗣违，就是因为“境贫不业儒，经理各墓祭产竭诚尽瘁”（陈敬懋：《海宁渤海陈氏宗谱》卷二十八，第8页）。因此可以说，曾经因“停世荫”而导致的“家贫”也是影响王家后人不“业儒”的原因之一。

② 参见蓝溪子：《明清余姚竹桥黄氏世家述评》，《浙东文化论丛》（第2辑），上海古籍出版社2004年版。

教哉？良由为子弟不克力自振拔耳。[1]

从一定意义上说，“三不朽”精神的分裂是明代学风走向颓废衰落的起因之一，也是王门分化、王家分崩的重要原因，而这种分裂的征兆，其实在阳明身上就已显露。所以阳明去世后，反王派与挺王派之间的斗争也主要围绕“三不朽”的精神及其相互关系而展开。如在反王派把攻击的矛头从政治转到学术，又从学术转到德行的时候，挺王派则坚持要把从祀阳明的理由紧扣在政绩军功上，认为“有国家者，以先儒从祀孔子庙廷，非但以崇德，盖以报功也”。[2]然而在阳明心目中，崇德显然要高于报功，其尝曰：“志于道德者也，宁可专以文章气节称之！”[3]所以说，当时有不少祭祀王阳明的庙堂曾以报功祠称之，这其实并不符合阳明之心愿。而反王派之所以要把攻击的矛头由立功转向立德，固然是因为中国文化原本就强调道德至上，道德批判的杀伤力要大大高于政治批判和学术批判，较之政治业绩和学术建树，人们一般亦更关心名人的道德品行，但是更主要的恐怕还在于阳明本人之德行操守在某种意义上的失范，让人抓住了把柄。正因为此，一些反对崇祀王阳明的人，虽肯定阳明的才智，但对其德行却很不以为然，比如南京福建道御史石槚在上疏中就说：“王守仁，谓之才智之士则可，谓之道德之儒则未也。”[4]这也是为什么万历二年（1574）十二月十四日在决定王阳明从祀孔庙的议论中，对阳明的事功、学问予以突出表彰，而对其德行则采取回避态度的重要原因。对此，《神宗实录》万历二年（1574）十二月甲寅条是这样记载的：

守仁之学，以良知为宗，经文纬武，动有成绩。其疏犯中珰，绥化夷方，倡义勤王，艾群凶夷，大难不动声色，功业昭昭在人耳目。至其身膺患难磨励，沉思之久，忽若有悟，究极天人微妙、心性渊源，与先圣相传宗旨，无有差别。历来从祀

---

① 万斯同：《送宣城梅耦长南还序》，《石园文集》卷七，张寿镛辑：《四明丛书》，广陵书社1982年版，第18页。

②《明神宗实录》，万历元年（1573）五月戊戌十九日条。

③ 王守仁：《王阳明全集（新编本）》卷二十四，吴光、钱明、董平等编校，第969页。

④《明神宗实录》，万历元年（1573）七月戊子十日条。

诸贤，无有出其右者。①

到了万历十二年（1584），御史詹事讲［号养贞，曾在万历十三年（1585）刊刻了罗汝芳的八卷本《明道录》］仍在上言中说：

> 夫守仁之功烈文章、献章之出处大节，谁之知之？臣考其学问，虽专言良知，专言主静，若近于偏枯，顾言知而未始废行，言静而未尝离动，合一之功，与宋诸大儒之论同归一致，独奈何议论之纷纷也！②

可见，当时关注的还是阳明的功烈文章、学问事功。只有在申时行等人的上言中才把立功、立言、立德合在一起作为评价阳明的标准，并且发出了“气节如守仁，文章如守仁，功业如守文，而谓之禅可乎”③的呼声。这说明，在王阳明一生所做出的诸多贡献和成绩中，“立功”是最早被官方认可的，“立言”次之（因涉及与正统朱子学的关系问题④），“立德”要到很后面才有所松动，而且即使申时行表彰的“气节”，也是指的政治气节，而非个人品行。换言之，由在朝阳明弟子［比如徐阶于嘉靖四十一年（1562）至隆庆二年（1568）任首辅的作用就很大］发起的为先师恢复名誉的运动，首先始于政治评价，然后是学术评价的转换，最后才是德行上的部分肯定，而阳明“三不朽”形象和标杆的完整树立，则更是后来的事了。

那么，当时的人们为什么要对王阳明的个人德行采取回避的态度呢？除了想利用民众的崇德心理诋毁阳明外，阳明本人在个人行为上究竟有没有值得追究和反省的地方呢？对此，拙著《王阳明及

---

①《明神宗实录》，万历二年（1574）十二月甲寅条。

②《明神宗实录》，万历十二年（1584）十一月庚寅条。

③《明神宗实录》，万历十二年（1584）十一月庚寅条。

④ 比如明儒来知德尝曰：“若论程、朱、阳明之人品，俱千载豪杰，泰山北斗，皆某之师范也，岂敢议之！阳明在今日之儒，乃聪明之极者，但立论伤于太快，略欠商量。阳明亦未当议朱子之人品也，亦议其理而已。”［来知德：《心学晦明解》，《来瞿唐先生日录》卷六，清道光十一年（1831）刻本］然清儒朱彝尊则认为：“（阳明）先生何尝立意树帜张弧，与洛、闽诸儒异乎？乃訾訾之口，以先生学术未纯，并先生大节疑焉。”（朱彝尊：《静志居诗话》，黄君坦校点，人民文学出版社 1990 年版，第 249 页）

其学派论考》第六章所述之内容已给出了部分回答。笔者的结论是：王阳明对其家族的过早衰败是负有一定责任的，这种责任，既源于阳明建立丰功伟业后为后人所提供的无功受禄、世代享受的客观条件，又源于阳明在对家庭成员的管教方面无暇顾及、用力不足乃至以身作则不够而为后人留下了瑕疵以及有悖圣人形象的主观因素。如果说王阳明对前者早已有所警觉并提出过忠告的话，那么后者便是由于阳明之“疏忽”而造成的出乎其预料的后果之一。而这一切，又不能不说与“三不朽”精神的分裂、明代风尚（包括世风、门风、学风）的颓废有着不可分割的因果关系。

第二章

王学发端与熟化越地

要为一名伟大的思想家作传，自然离不开从发生学的意义上对其哲学观念的叙述与分析，具体涉及王阳明思想学说的发生、形成问题，则首先需要弄清楚其思想创设的起始时间与地域。大体上我们可以把阳明的成长过程分为“求圣”“学圣”“为圣”（或“作圣”）和“成圣”（或“至圣”）四个阶段，进而相应地又可以将其思想学说的形成过程分为求道、悟道、传道、证道四个阶段。如果除去一些个案细节而只是粗线条地进行梳理的话，那么可以说，绍兴是阳明的“求圣”“求道”之地，贵阳是阳明的“学圣”“悟道”之地，赣州是阳明的“为圣”“传道”之地，而浙江的绍宁杭和江西的吉赣地区则皆为阳明的“成圣”“证道”之地。本章将主要围绕为什么说绍兴是王阳明的“求圣”“求道”之地这一问题而展开。

第一节　迁居山阴

历史上，余姚和山阴皆属绍兴府。余姚于1949年划归宁波市，其地名一直沿用至今；山阴于1911年与会稽县合并为绍兴县，历史上其县城乃绍兴府城的一部分。王阳明出生余姚，民籍余姚，很早就随父亲明成化十七年（1481）辛丑科进士第一人王华迁居山阴光相坊（在府城内，今属绍兴市越城区）。迁居山阴后，王华后代繁衍生息十余世，遂奉华为山阴光相坊王氏始迁祖。[①]学术界及王华后裔关于迁居山阴的具体时间有十余种说法，时间跨度从王阳明10岁到50岁不等。笔者曾于2005年在《浙江学刊》上发表过《王阳明迁居山阴辨考——兼论阳明学之发端》一文，对其中的明正德十六年（1521）说提出过否证，并以王阳明十六世孙王诗棠先生主张的明成化十七年（1481）说为是，但当时的重点主要是探究阳明学之发端，而并未对迁居问题作详细考论。本书试图弥补此一缺憾，并以此就教于各位方家。

王阳明大弟子季本和王畿曾把绍兴分别作为阳明思想的“发端”地[②]和“熟化”地[③]。称绍兴是阳明晚年思想之“熟化”地，应无异议，但称绍兴尤其是山阴为阳明早期思想之“发端”地，则有

---

①2021 年 3 月 21 日在绍兴伯府观象台举行了“山阴光相桥王氏宗谱修谱开局仪式”，标志着筹备近两年，在对贵州、重庆、北京、山东、四川、余姚、舟山等地的档案馆、史志办、图书馆及王氏后裔所藏珍贵资料进行广泛搜集、调研、取证的基础上，正式启动了这项牵涉王阳明后人、关乎阳明学研究的重大工程。

② 山阴人王思舆曾在王阳明的思想形成过程中起过相当重要的作用，所以季本在自己的哲学论著《说理会编》中干脆把自己所撰的《王思舆传》改名为《阳明之学由王司舆发端》［季本：《说理会编》卷十，《四库全书存目丛书・子部》（第 9 册），第 407 页］，认为阳明思想发端于王思舆，这确实给人以耳目一新的感觉。诚然，季本是绍兴会稽人，又“少师王司舆”［沈善洪主编:《黄宗羲全集》（第 7 册），第 307 页］，他说的话不排除有为地方争光并为其师添彩的动机。但若把人换成地，即把王思舆换成绍兴，也就是说，是绍兴这方充满灵气的土地哺育了新思想的诞生，那么在笔者看来，这种“发端”说是能够成立的。

③ 王畿《滁阳会语》曰：“逮居越以后，所操益熟，所得益化，信而从者益众。”（王畿:《王畿集》，吴震编校整理，第 34 页）又，罗洪先《寄谢高泉》亦曰：“学者舍龙场之惩创，而第谈晚年之熟化，譬之趋万里者，不能蹈险出幽，而欲从容于九达之逵，岂止病躐等而已哉！”（罗洪先:《罗洪先集》，徐儒宗编校整理，凤凰出版社 2007 年版，第 274 页）

较多分歧。所谓“发端”，有起源、起始或始创之意，[①]因而对于季本的这一定位，有人可能会认为他是绍兴人而不值为据。不过笔者认为，把绍兴作为阳明思想性格的始创地是有其史实、义理依据的，时间大约是在明弘治年间，最重要的标志性事件就是弘治十五年（1502）在宛委山“筑室阳明洞中”修道，诚如耿定向所说：“缅怀（阳明）先生习静阳明洞中，时若已有见矣。”[②]所以可以这么说，与所有王阳明居住过的地方相比，山阴与阳明的关系最为密切，这既可以从阳明早年随父迁居山阴后又以阳明洞为修炼“道场”而找到理据，也可以从阳明晚年长居越城授徒讲习、论学证道而获得支撑。然而，迄今为止所发现的与王华及其后人有关的各类王氏谱中，对于王华举家迁居山阴的准确时间、具体经过皆语焉不详，进而使得阳明思想的早期形成过程变得扑朔迷离。

关于王华举家迁居山阴之事，清乾隆《余姚志》和嘉庆《山阴县志》中有以下几条相关记述：

> 瑞云楼，在龙泉山北，王文成守仁所生处也。公父华未第时尝居是楼。[③]
>
> 王守仁，字伯安。本籍山阴，迁居余姚，后复还山阴。[④]
>
> 世皆知文成公为余姚人，越中人士则知公已迁居山阴。读马方伯如龙《碑记》[⑤]，又知公世居山阴，后徙姚江。然则公之不忘山阴，即营邱反葬之谊。[⑥]
>
> 先生世居山阴，后徙姚江。其里居旧有专祠以奉烝尝，岁

---

① 明人擅用“发端”来形容某一学说、学派的发生和起源，如黄宗羲称“姚江之学，先生（娄谅）为发端也”［沈善洪主编：《黄宗羲全集》（第7册），第38—39页］。有意思的是，绍兴山阴人季本称阳明思想发端于绍兴，而余姚人黄宗羲则说阳明思想发端于娄谅。而从阳明本人“事不师古，言不称师，欲立异以为高”的个性看，黄氏之说值得怀疑，倒是季本所谓发端于绍兴说，大抵能被阳明本人所接受。

② 耿定向：《耿定向集》，傅秋涛点校，第541页。

③《余姚志》卷五，清乾隆四十六年（1781）刻本，美国哈佛大学汉和图书馆珍藏本。

④ 徐元梅修，朱文翰等纂：《山阴县志》卷十四（乡贤二），清嘉庆八年（1803）刊本，第14页。

⑤ 指1690年由杭州知府升任浙江布政使的马如龙（1633—1701，字见五，陕西绥德人，清代著名廉臣）所撰的《王阳明祠碑记》。

⑥ 嘉庆《山阴县志》卷二十一《坛庙》，第10页。

旧陊剥不治。[①]太守李君崇尚文教，倡率僚属士绅重为修建，庙貌聿新，祀典孔肃，嘱余勒石以纪之。[②]

以上引文中，“公父华未第时尝居是楼”一句很关键，待后详述。而“本籍山阴”是指阳明祖籍山阴，但其本人的籍贯一直为出生地余姚，并非山阴。“营邱反葬之谊”，是指周武王封姜子牙（太公）于齐，建都于营邱（丘），太公后人遂以此地为祖源地；“反葬”即归葬，《礼记・檀弓上》：“太公封于营丘，比及五世，皆反葬于周。”证明阳明有“不忘山阴”之情结。

而且不仅王华一家，入清以后，其兄王荣的六世孙静澜先生（王谋文父）也从余姚迁至山阴居住，居余姚者唯其弟王衮一支。这条史料始见于王谋文[③]所撰的《重修王氏家庙碑记》：“初海日公迁山阴时，伯半岩公（王荣）、季易直公（王衮）皆居余姚。半岩公子二，海日公子四，易直公子三，号九房。半岩公六传至先赠公（静澜先生），复来郡（指山阴），今居余姚者惟易直公后（王正思、王谋最即出于此支）。姚故无祠，祀于此凡九房，后有死者并得入，岁时咸来与祭，若聚族居者然。”以及《夏孺人墓志铭》：“孺人姓夏氏，浙江山阴人也。父处士德彰，于越钟英。……孺人禀资贞孝，赋性惇懿，习姆教而奉重闱，受女箴而勤四德，年十有八，嫔于琅琊时太学生敕赠文林郎静澜先生。……自余姚迁

① 此专祠即王文成公祠，清乾隆年间王谋文重修。山阴人杜煦《王刘两先生祀会序》曰：“文成祠在东光坊，族裔介休令谋文重葺之，官私不辨。又嗣续中绝，绍以旁支。祠右余屋，僦钱佐祭纸匠居之，挈眷而官于其中。……往来展谒者，心病之而莫知为计也。独古虞王君石友毅然倡言屏之。”（杜煦：《苏甘廊文集》卷一，清道光年间刻本）

② 马如龙：《王阳明祠碑记》，嘉庆《山阴县志》卷二十一，第 19 页。

③ 王谋文（1725—1783），字达溪，原籍山阴，寄籍顺天府大兴县。幼时随其父“先赠公客闽，既而失怙幞，被四方，不获归姚……几五六十年”（《重修龙泉山先祠记》，《姚江王氏宗谱》卷二十）。曾任介休知县，任内主持修复书院，缮城浚濠，纂修《介休县志》。清乾隆四十八年（1783），因交河知县任内亏空钱粮，被斩［参见中国历史档案馆编：《乾隆朝上谕档》（第 11 册），中国档案出版社 1998 年版，第 677—683 页］。此前的乾隆三十八年（1773），他曾在王阳明墓地恭摹勒石乾隆御笔“名世真才”，并称“七世孙，山西汾州府介休县知县，臣王谋文恭摹勒石”［此据王谋文摹勒《乾隆书名世真才》拓片，绍兴图书馆藏民国二十八年（1939）拓本］。据王谋文《重修王氏家庙碑记》可知，他实为王阳明伯父王荣半岩公的七世孙，其父先赠公静澜先生于清康熙二十二年（1683）娶山阴夏氏，后自余姚迁居山阴，生谋文，“所谓硕果之存也”（相关史料详见后述）。故知王谋文后自称“龙山（指王华）后裔”（见后注），似有攀附之嫌。又，王谋文在《姚江王氏宗谱》中多次使用“胜国”一词，代指已灭亡的明朝，有浓重的遗民情怀。故推测王谋文之父尝参加抗清运动，奔走于闽粤沿海，见归姚无望，遂迁居山阴，后又漂泊闽粤沿海。

山阴……乾隆三十有六年（1771）八月八日卒于介休官舍，春秋七十，越三年，葬山阴花街洪溪。”①

由此足见，包括王阳明本人在内的当事人，对于阳明出生地和籍贯地的余姚与作为阳明宅居地和返葬地的山阴②，都极为喜爱，前者可谓户籍地，后者可谓寄籍地。因此对于王阳明，时人既称“姚江王氏”，并称其学派为“姚江学派”，同时又称“越（指越城③，详见后述）为夫子（指阳明）之乡”，④而阳明本人则按照户籍所在地而自署“绍兴府余姚县人”，⑤并一直以余姚为自己的“家乡”。⑥诚如山阴人王谋文所言：

当龙山公不遇时，僦居兹山之北麓，以阴德起家，到于今，人能道之。其后慕会稽岩壑之秀，卜筑山阴，而晚以龙山自号，且以名其集。而文成公降辰之地，所谓“瑞云楼”者，即其处里居讲学，集诸生于中天之阁。⑦及剿逋藤峡，军书旁午之时，与钱子德洪、王子汝中书，犹惓怀于龙山同志。以是知

---

① 王谋文辑校：《重修王氏家庙碑记》，《姚江王氏宗谱》卷二十。按：该谱所收传记文可分为三类：一是收录前人所撰之传记，如杨一清的《海日公墓志铭》、王守仁的《易直先生墓志》、湛若水的《阳明先生墓志铭》等；二是王谋文本人所撰之记文，如《达溪展墓记》《重修龙泉山先祠记》《重修王氏家庙碑记》《洪溪山庄记》等；三是不署名之传记，如记述王承勋的《明袭封新建伯太子太傅瑞楼公传》、王先通的《明袭封新建伯前军都督则阳公传》、王业泰的《明袭封新建伯静涵公传》，既无署名，亦无写作时间。

② 阳明归葬地兰亭洪溪鲜虾山在会稽山以北的山阴县境内。

③ “越城”当时在广义上应指包括山阴县城和会稽县城在内的绍兴府城。山阴、会稽为邻县，“其界止一水，故邑之人，互置产弗问，互讼狱弗问，互考较弗问。且郡城为八邑之人所聚，多迁居焉。然孙忠烈（燧）、王新建（守仁）……志在山（阴）、会（稽）者，未尝不志之原籍，比入府志，咸归一焉”（张岱：《张岱诗文集》补编《会稽县志凡例》，夏咸淳校点，上海古籍出版社1991年版，第414页）。因后来的绍兴府行政单位都在山阴城内，故阳明及其弟子所说的“越城”，一般都指山阴城（亦即绍兴府城）。盖山阴乃古越之地，后越州府城又在此，故有此称。余姚历史上虽属会稽郡或绍兴府管辖，广义上亦可称之为“越”，如阳明《居越诗》即包括余姚，但习惯上“越”是指山阴、会稽或绍兴府城，故《年谱》及阳明本人在使用“越”和“姚”或“绍兴”和“余姚”时都有明确区分，未见以“越”代“姚”之例者。徐爱在《游雪窦因得龙溪诸山记》中称正德八年（1513）王阳明在余姚避暑于龙泉之清风亭，而称其绍兴门人道友“王世瑞、许半圭、蔡希颜、朱守中偕自越来，矢遂厥游”（徐爱、钱德洪、董沄：《徐爱·钱德洪·董沄集》，钱明编校整理，第78页），即为明证。

④ 王畿：《王畿集》，吴震编校整理，第358页。

⑤ 王守仁：《王阳明全集（新编本）》卷八，吴光、钱明、董平等编校，第290页。

⑥ 王阳明《与钱德洪、王汝中》（戊子）：“近有人自家乡来，闻龙山（即龙泉山）之讲至今不废，亦殊可喜。”［王守仁：《王阳明全集（新编本）》卷六，吴光、钱明、董平等编校，第224页］

⑦ 此句文意不明，恐将瑞云楼与中天阁相混淆矣。

两公之初，至今恋恋于此。①

问题在于，王阳明出生于余姚、成长于山阴，其父王华很早就举家迁至山阴城内光相坊建房居住，当地人称“状元府”，嘉靖初年始建的新建伯府（简称“新建府”②或“伯府”）就建在状元府南边，余姚的“家”只是他小时候的租房；另外其思想也成熟于山阴，死后又葬在山阴，那为什么历代都称其学为“姚江学”“姚江良知学”，甚至以“姚江”代指阳明学呢？对于这个问题，我想是否可以从以下几个方面来作一解答：

第一，在中国传统中，大都以祖籍地为故乡，以出生地为籍贯。按照明代户籍制度，王阳明虽随父迁居山阴，但其户籍所在地仍是余姚，山阴则近似于他及其家人的“寄籍”地。是故王华去世后，“若溪（守俭）、西清（守章）两公服阕，以先生（守仁）未召并就官去，乃独委公（守文）襄事。公（守文）庐于墓所，岁余乃葳，复建小宗祠，以海日翁为迁山阴之祖。仍曰小宗者，以有姚江也。”③

第二，最主要的，是姚江王氏虽先有王华举家迁居山阴，后有王荣六世孙静澜先生迁居山阴，但其他绝大多数族人、姻亲等仍居余姚，所以余姚的亲情纽带要深于山阴，余姚的祖产祖业要多于山阴，余姚的人脉资源要大于山阴。

第三，王阳明的乡音是余姚话，而非山阴话，所以“余姚腔”也是他的最爱。④而语言作为最重要的社会交流工具，各朝各代都有公认的标准语音，一般来说，不同朝代都会按照其首都的语言为标准话。明代以南京话为正统，南京话也是南方官话的代表。后来迁都北京，南京话和北京话开始融合。阳明出生余姚，后在北京居

---

① 王谋文辑校：《重修龙泉山先祠记》，《姚江王氏宗谱》卷二十。

② 徐渭尝为其师王畿（龙溪）作《洗心亭》诗云：“《洗心亭》为龙溪老师赋池亭，望新建府碧霞池：精舍俯澄渊，孤亭一悬镜，觅心无处所，将洗落何边。花护焚香几，门维渡岸船，碧霞池畔鸟，长得泛前川。”（徐渭：《徐渭集》，中华书局 1983 年版，第 178 页）王畿尝在洗心亭学《易》，他的不少作品也是在洗心亭写的。若再联想到正德三年（1508）王阳明“洗心退藏”，玩易于贵州龙场，正德十年徐爱“以南曹督逋”身份至安庆，为御史行台后圃题匾“洗心轩”并撰《洗心轩记》等事迹，可以说，与王阳明新建府相望的洗心亭乃是后阳明时代王门诸子在越城会友论学的重要场所。

③ 王谋文辑校：《明福建盐运使司同知若溪公传》，《姚江王氏宗谱》卷十九。

④ 参见钱明：《王阳明的音乐戏曲思想与实践》，《孔子研究》2006 年第 1 期。

住多年，故而口音当以余姚话为主，但估计也会一些当时的南方官话。

第四，从王阳明心学的思想渊源来说，南宋陆学的传人主要在四明地区，余姚虽在行政上归绍兴府管辖，但却与慈溪相邻，慈溪有“四明四先生”，与阳明在思想距离上最接近，称“姚江学派”似有从地缘上拉近陆、王之用意。

第五，王阳明最信赖的浙中弟子先有徐爱、后有钱德洪，两人皆为余姚人，这也进一步密切了阳明与余姚的心理距离。尽管阳明对出生山阴的王畿也非常器重，但作为其妹夫的徐爱，犹如颜回之于孔门，其在王门的地位几乎无人可及。更重要的是，“姚江”代指阳明并使之成为流行语的黄宗羲也是余姚人，他对家乡的感情必会影响到学术话语体系的建构。

第六，因此故，王阳明虽亦曾自称“山阴阳明子”，但大多数情况下自称“姚江阳明子”，也就是说，在阳明心目中余姚是其真正故里。正因为此，余姚人一直都把阳明先生视为自己的骄傲，即使在阳明学遭到彻底诋毁和封杀的年代，余姚人仍一如既往地崇敬他，想方设法保存下来的阳明手迹、书信等文物也要多于山阴。不过话又得说回来，阳明本人可以说是既志于原籍地余姚，又志于寄籍地山阴，称其将两地皆视为“故里”也不为过，所以在他眼里，“故里”的概念又是比较宽泛的，后人为此而发生争执，实有违于他的本意。

第七，尽管政治举措在地理变迁中有时具有相当重要的作用，却很难改变某个地域的文化地理属性。比如余姚，自秦置县后，两千多年间基本上隶属绍兴府管辖，于是渐渐地在文化心理、语言习俗等各个方面融入进古越文化圈，形成了较为稳定的文化地理视界。1949年以后，因行政区划的改变，余姚归属宁波市，但这一改变只是政治地理而非文化地理的。所以说余姚在文化地理上属绍兴，在政治地理上长期属绍兴而短期属宁波，应该是毋庸置疑的。

一般来说，按照王阳明的出生地及其户籍地，署其余姚人是最为恰当的，但若依照1949年前余姚一直属绍兴管辖、为绍兴府下面的一个县这一事实，称阳明为绍兴人亦未尝不可。而此问题如果牵涉到阳明学之始创这一具有重要学术思想意义的话题时，就有必要对王阳明迁居山阴或绍兴府城的具体年代作一适当界定，以明确阳明早期思想性格形成的地域环境和特定条件。

关于王阳明迁居山阴的年代问题，学术界现至少有10种不同观点：一是汪柏江的成化十三年（1477）王华因秋闱未中举而改弦更张迁居山阴说；[①]二是阳明第十六世孙王诗棠的王华为准备赴京应试，于成化十七年（1481）僦居于交通便利、文化发达的越城光相坊说；[②]三是华建新的弘治六年（1493）王华丁忧期满，阳明会试落第后，举家迁居山阴说；[③]四是黄懿的弘治六年至九年（1493—1496）间移居山阴说；[④]五是束景南的弘治九年建新居于绍兴东相坊，次年冬阳明正式移家居绍兴说；[⑤]六是陈来的弘治十六年（1503）或弘治十二年（1499）迁居山阴说；[⑥]七是司雁南的正德初年（1506）王华出于对阳明前程考虑而不得已从余姚迁家山阴说；[⑦]八是王传龙的正德五年（1510）前后迁居山阴说；[⑧]九是褚纳新的弘治六年（1493）至正德七年（1512）间迁居山阴说。[⑨]十是诸焕灿的正德十六年（1521）迁居山阴说。[⑩]以上10种说法前后相差竟达44年，其中弘治年间迁居说是比较集中的观点。换言之，我们可以基本确定王阳明在30岁之前就已随父迁居山阴了，因此才有了31岁在距离越城十余里的阳明洞修炼道教导引术的事情发生。

根据笔者所掌握的史料综合判断，当时人虽然对王华迁居山阴

---

① 汪柏江：《王阳明绍兴事迹考・亲属编》，第 41 页。

② 参见王诗棠：《王阳明世系及遗存在绍兴》，钱明主编：《阳明学新探》，中国美术学院出版社 2002 年版，第 212 页。傅振照的意见亦与此相近（参见傅振照：《王阳明哲学思想通论》，中国国际广播出版社 1993 年版，第 205 页）。董平则认为“迁居的时间或当在成化十二年（1476）至十七年（1481）间”，并且赞成王诗棠所谓王华初居山阴，“系僦而居之”的推测（参见董平：《王阳明的生活世界》，商务印书馆 2018 年版，第 27 页）。

③ 参见华建新：《姚江秘图山王氏家族研究》，宁波出版社 2010 年版，第 236—242 页。

④ 参见黄懿：《王阳明迁居山阴时间段新考》，李安军主编：《王阳明与余姚》，西泠印社出版社 2017 年版，第 189—196 页。

⑤ 束景南：《王阳明年谱长编》，第 134 页。

⑥ 参见陈来：《有无之境：王阳明哲学的精神》，人民出版社 1991 年版，第 370—371 页。

⑦ 参见司雁南：《阳明境界》，中国社会科学出版社 2007 年版，第 260 页。

⑧ 参见王传龙：《王阳明在绍兴事迹汇考》，《中共宁波市委党校学报》2018 年第 4 期。

⑨ 参见褚纳新：《在尘封的历史中探问王阳明家世》，《寻根》2007 年第 5 期。

⑩ 参见诸焕灿：《为王阳明寻根》，秦家沦等主编：《王学之路》，贵州民族出版社 2000 年版，第 376 页。按：基于此说，诸先生遂明确将“绍兴作为王阳明晚年迁居之地”（诸焕灿：《学津求索》，中国戏剧出版社 2000 年版，第 110 页）。但所谓阳明晚年迁居绍兴说其实是最站不住脚的，现仅举一例即可予以否证：据王华挚友谢迁的《越城览胜四首次雪湖韵》《三月二十日王龙山太宰偕雪湖见过次联句韵》等诗可确知，正德六年（1511）王华已迁居山阴（详见戟锋主编：《文正公谢迁诗存》，浙江古籍出版社 2010 年版，第 70—72 页）。

的具体时间没有明确记录，但大体上都限定在王华致仕那年。如杨一清的《海日先生墓志铭》载：

正德己卯，宁濠称乱江西，鸠集群盗，发数千艘而东，远近震动。巡抚南赣都御史王守仁伯安传檄邻境，举兵讨贼。时其父南京吏部尚书王公致仕居会稽。①

这与石宝在《送王尚书德辉还余姚》诗中所云的“杳杳稽山青，茫茫舜水白”②句正相符。

另据陆深的《海日先生行状》载：

明年，武宗皇帝改元。贼瑾用事，呼吸成祸福。士大夫奔走其门者如市，先生（王华）独不之顾。时先生元子今封新建伯方为兵部主事，上疏论瑾罪恶。瑾大怒，既逐新建，复迁怒于先生。然瑾微时尝从先生乡人方正习书史，备闻先生平日处家孝友忠信之详，心敬慕之，先生盖不知也。瑾后知为先生，怒稍解，尝语阴使人，谓于先生有旧，若一见可立跻相位。先生不可。瑾意渐拂。丁卯（正德二年，1507），升南京吏部尚书。瑾犹以旧故，使人慰之曰：“不久将大召。”冀必往谢。先生又不行。瑾复大怒。然先生乃无可加之罪，遂推寻礼部时旧事与先生无干者，传旨令致仕。先生闻命忻然，束装而归，曰：“吾自此可免于祸矣。”③

把杨一清《海日先生墓志铭》不甚明确的致仕时间定在正德二年（1507）。后谈迁的《国榷》亦载：

正德二年九月辛卯，南京礼部尚书王华，与杰俱罢，司官

① 王守仁：《王阳明全集（新编本）》卷三十七，吴光、钱明、董平等编校，第1402页。
② 石宝：《熊峰集》卷一，《景印文渊阁四库全书》（第1259册），第23页。按：石宝，真定府藁城人，字邦彦，号熊峰。成化二十三年（1487）与兄石玠同举进士。与修《大明会典》。累擢为礼部尚书兼学士掌詹事府事，授检讨。嘉靖三年（1524）以吏部尚书兼文渊阁大学士，值内阁。
③ 王守仁：《王阳明全集（新编本）》卷三十七，吴光、钱明、董平等编校，第1419页。

降谪有差。[①]

清人查继佐的《王守仁传》亦曰：

父华，及第第一人，历官讲读，侍孝宗经筵，以不附刘瑾致仕，仕至南京吏部尚书。[②]

而竹轩公王伦卒于弘治三年（1490）正月，下旬讣始至京，王华闻后“号恸屡绝，即日南奔，葬竹轩于穴湖山（在余姚），遂庐墓下”。弘治六年（1493）服满，“升右春坊右谕德，充经筵讲官”。[③]说明王华服丧期间皆住在余姚。

记载最清楚的是王谋文于清乾隆三十九年（1774）十月撰写的《重修王氏家庙碑记》：

八传至海日公。冢宰致仕，爱会稽山水，卜筑山阴。迨文成公用平濠公爵锡躬圭，建里第于朝京坊[④]，遂立家庙于其东。[⑤]

以及同氏所撰的《明吏部尚书龙山先生传》：

武宗嗣位，逆瑾窃柄，士大夫争奔走其门，先生独不往。瑾衔之，出为南京吏部尚书，推寻礼部旧事，勒令致仕。既归，卜居山阴光相坊。扁舟鉴湖，酌酒赋诗，绝不闻当世事。

① 谈迁：《国榷》卷四十六，张宗祥点校，中华书局 1958 年版，第 2871 页。
② 王守仁：《王阳明全集（新编本）》卷五十一，吴光、钱明、董平等编校，第 2057 页。
③ 王守仁：《王阳明全集（新编本）》卷三十七，吴光、钱明、董平等编校，第 1418 页。
④ 按：“绍兴县朝京坊，解放后改名绍兴市北海桥直街 39 号，绍兴市越城区上大路 241 号，现改名绍兴市越城区上大路 438 号。”（绍兴市越城区人民法院民事判决书，〔2009〕绍越民初字第 1902 号）故知朝京坊应在观象台北边，与伯府第南北相接。然据万历《绍兴府志・府城厢坊图》，朝京坊被画在光相坊南边，更靠近府衙。古今两则史料明显不一致。但王谋文所记，似乎印证了王华第十七世孙王诗棠的说法：王华状元府在光相坊建成后，其地盘又逐渐扩大，往西到西小河边上，往南与吕府前后相接。王谋文称阳明“建里第于朝京坊”，指的是伯府第，而非王华时建的状元府。而阳明在正德十二年（1517）所说的“北海新居”（详见后述），则是指状元府，此时伯府尚未开建。
⑤ 王谋文辑校：《重修王氏家庙碑记》，《姚江王氏宗谱》卷二十。

瑾逻卒四出，终莫能中。[①]

此外，清光绪二十年（1894）纂修的《三槐王氏通谱》亦曰：

> （王）华……明正统十一年丙寅九月二十九日亥时生，成化辛丑科殿试第一，历官南京礼部尚书，致仕迁居山阴县光相坊。以子守仁贵封光禄大夫、兵部尚书、新建伯。嘉靖元年壬午二月十二日卒，寿七十七，葬山阴天柱峰之南原。[②]

因为王华迁居山阴是在其致仕那年，而王华致仕又是在正德二年（1507）九月十一日，所以《三槐王氏通谱》才会明确说：“致仕迁居山阴县光相坊。”

据束景南考析：“王华被罢致仕之真实原因，实为阳明远遁不赴谪地，盖阳明托言投江自沉游海事很快传入京中，其谓刘瑾遣二校侦伺追杀，尤为刘瑾所忌恨，王华遂有是谴，‘礼部时旧事’云云乃表面借口而已。”“九月二十九日，王华六十二岁寿辰，阳明至南都，为父祝寿。……周用《周恭肃公集》卷八《寿王龙山尚书》：‘稽山今在眼，谩卜草堂邻。’……即指王华将归休稽山。”“十月初，王华、阳明自南都归绍兴，石珤、储巏有赠别诗，罗玘作序践行。石珤《熊峰集》卷一《送王尚书德辉还余姚五首》：‘杳杳稽山青，渺茫舜江白。……’储巏《柴墟文集》卷四《送王德辉归余姚》……罗玘《圭峰集》卷十《送冢宰王公归余姚序》……”[③]可见，当时人们对王华究竟是归山阴还是余姚并无准确定论，在时人看来，“（王华）公，越人也”，稽山、舜江皆属越地，所以没有必要细分。而王华归越后亦的确是山阴、余姚两地跑，这是因为：一方面其父王伦于弘治三年（1490）卒后三年，其母岑氏即可能随他“就养于京”，直到弘治十五年（1502）正月其弟王衮去世后四年才“自京归”，十月葬王衮于余姚穴湖山南，[④]并住老家余姚，至越城光相坊状元府完全建成后，又随他“就养”于

① 王谋文辑校：《明吏部尚书龙山先生传》，《姚江王氏宗谱》卷十九。
② 王庸敬纂修：《三槐王氏通谱》卷四，清光绪二十年（1894）槐收堂刻本，第 23 页。
③ 参见束景南：《王阳明年谱长编》，第 435—438 页。
④ 王守仁：《王阳明全集（新编本）》卷二十五，吴光、钱明、董平等编校，第 972 页。

山阴；[1]另一方面山阴状元府第有一建造过程，并非一蹴而就，其完全建成当在其致仕归越后不久。因此，我们不能以石珤、储罐、罗玘等人的“归余姚”题诗作序为据，而作出王华致仕后仍归余姚居住的判断。在尚无直接证据证明王华迁居山阴之具体年代的情形下，束先生所谓“自南都归绍兴”的用词，不失为一种较为巧妙的处理方式。

据笔者分析，王华携全家迁居山阴，除了其“本籍山阴”“世居山阴”，欲“复还山阴”，以及在府城、省城买地建房乃当时官员之时尚等原因之外，还与他在余姚城内本无宅邸，科举及第后又不再续租余姚城内的“瑞云楼”有莫大关系，更与其长子王阳明遭刘瑾迫害下狱贬谪，自己遭降职又被勒令致仕，为免遭乡人猜疑嘲讽，摆脱社会舆论的负面影响，欲通过占卜找个“绝不闻当世事”的清净之地有直接关系。

据钱德洪《阳明年谱》及《后瑞云楼记》记载：

> （成化）十有七年辛丑，（阳明）先生十岁，皆在越。是年龙山公举进士第一甲第一人。……十有八年壬寅，先生十一岁，寓京师。[2]
>
> 他日公（王华）既得第，先子（钱德洪父）复僦诸莫氏居焉。弘治丙辰（九年，1496），某亦生于此楼。及某登第进士（德洪1526年登第），楼遂属诸先子。[3]

这里的“越”应该是指越城，但“皆在越”并不等于已举家迁居越城，而可能是指暂时僦居于越城。盖王华早年家贫，住无定所，[4]为生计多外出当私塾教师，曾在海盐、德清等地任子弟师，长子小阳明亦一起前往，以便同时受教，时间约在阳明5岁至10岁之

---

① 此据余姚人陈雍为王阳明堂弟守礼（字伯敬，号石谷，王荣次子）写的《明诰封刑部郎中石谷公传》：“（守礼）性至孝，大母岑太夫人既就养龙山（王华）于山阴，月必一往省。”（王谋文辑校：《姚江王氏宗谱》卷十九）

② 王守仁：《王阳明全集（新编本）》卷三十一，吴光、钱明、董平等编校，第1221页。

③ 徐爱、钱德洪、董沄：《徐爱·钱德洪·董沄集》，钱明编校整理，第170页。

④ 魏瀚《竹轩先生传》谓王华父亲王伦“居贫，躬授徒以养母……而于妻孥之寒馁，弗遑恤焉”［王守仁：《王阳明全集（新编本）》卷三十六，吴光、钱明、董平等编校，第1385页］。

间，故阳明亦尝称海盐为“故乡”。[①]成化十六年（1480），王华回杭州参加乡试，[②]因“常思山阴山水佳丽，又为先世故居，复自姚徙越城之光相坊居之”，[③]而最后决定僦居府城的时间估计是在王华中状元后的成化十七年（1481），是年阳明虚岁10岁。也就是说，王阳明可能在10岁时就已准备随父僦居于府治所在地山阴了。张岱的《炉峰月》曾这样描写香炉峰[④]以及少年阳明在那里留下的故事：

> 炉峰绝顶，复岫回峦，斗耸相乱。千丈岩陬牙横梧，两石不相接者丈许，俯身下视，足震慑不得前。王文成少年曾趵而过，人服其胆。[⑤]

这似乎又可作为阳明少年时就已常住山阴之佐证。至于他的出生处余姚龙山北麓的那处被后人称为“瑞云楼”的房屋，则转由钱德洪的父亲钱蒙与其兄心古先生一起僦居。钱蒙眼瞎，无力建房，遂在此楼结婚生子，钱德洪即于弘治九年（1496）生于此楼，当时阳明25岁。[⑥]

不过，所谓僦居府城，也可能只是个规划。当王华登第在京做官后，11岁的小阳明即随父北上赴京，在王华身边就读私塾，并曾就读书是否有用的问题与父亲发生过激烈争执。[⑦]17岁时，阳明为成婚而到南昌住了一年半时间。21岁时他从京师回杭州参加乡试，翌年会试下第后他又归余姚结诗社龙泉山寺，其间除了住余姚龙泉山寺外，府城内可能也有租房。28岁中进士后，阳明曾回乡居住约两个月，其间可能分别到过余姚四明山和绍兴会稽山等道教洞天，实地考察可作为自己今后养身修炼的住处，并最后选定了距离自家更

---

① 参见束景南：《阳明佚文辑考编年》，上海古籍出版社 2012 年版，第 3—8 页。
② 束景南：《阳明佚文辑考编年》，第 8 页。
③ 王守仁：《王阳明全集（新编本）》卷三十一，吴光、钱明、董平等编校，第 1220 页。
④ 香炉峰地处阳明洞天顶部、会稽山以北的山阴县境内。
⑤ 张岱：《陶庵梦忆》，上海古籍出版社 2001 年版，第 79 页。按：《阳明年谱》中未记此事，《王阳明全集》中亦仅载有阳明撰于晚年的《登香炉峰次萝石韵》诗。
⑥ 据清钱林《始迁余姚龙泉山吴亚八府君传》：“邓巷宅第（余姚钱氏祖宅）中衰，至心渔翁与心古先生，始僦莫氏瑞云楼而生绪山先生，后亦置宅于龙泉山北麓，与世家并联甲第，重建世庙于胜归山玉屏峰下。”［钱林：《新镌吴越钱氏续庆系谱》卷二，清康熙九年（1670）重修本］
⑦ 参见冯梦龙：《王阳明出身靖乱录》，浙江古籍出版社 2015 年版，第 7 页。

近的会稽山阳明洞天。[①]此后阳明一直在北京的工部、刑部任职，其间曾被派往河南浚县[②]及江北执行公务，直到31岁离开京师，“告病归越，筑室阳明洞中，行导引术”，这才在绍兴、杭州长住了两年多时间，会稽山阳明洞天便在此时成了他的主要“道场”。[③]可见，从11岁到31岁的20年间，王阳明在家乡居住的时间并不长，总共加起来不超过3年，其余时间不是随其父居京师读书，就是本人中进士后在京师等地为官，但会稽山阳明洞天依然可以说是培育其早期思想的主要土壤，另外像余姚乃至北京、南昌虽可以说是培育其成长的主要“养分”来源地，但与会稽山阳明洞天相比不能不说是次要的，影响也远不如阳明洞修炼来得深远，要不然他也不会以“阳明”为号而自称“阳明山人”了。

问题的关键是，既然王阳明的出生处“瑞云楼”很早就由钱氏僦居，那么从11岁到31岁的20年间，阳明回家乡时究竟住在哪里？一般来说，当王华尚未安顿好家，而阳明又未结婚成家时，其归乡应该住在余姚祖父母家；而当阳明结婚成家后，其归乡自然应住在自己家。然此时阳明与其父一样，都还未真正把家安顿好，可谓居无定所，余姚、山阴两地皆有其这段时间“住过”之证据（详见前述）。是故当时无论余姚人还是山阴人都不太弄得清楚他们究竟居住何地，更不要说外地人乃至后来人了，这也是在相当长一段时间内，“归越”还是“归姚”两说在《年谱》等文献中同时存在的重

---

① 束景南认为：“阳明当是弘治十年（26岁）移家绍兴后即自号阳明山人。盖其时阳明方向尹真人学得真空炼形修行法，移家绍兴后便首先要寻访一修炼洞天，故其在冬间多次往游会稽山，遂相中阳明洞，修炼其中，而自号阳明山人矣。”（束景南：《王阳明年谱长编》，第130页）然束先生此说之证据却只有阳明所作的《来雨山雪图赋》，并且是对该赋内容进行分析推断后作出的（同上，第135页），略显牵强。

② 据赵长海考证，王阳明在浚县大概工作了半年时间［即弘治十二年（1499）六月抵浚，十一月回京］。浚县大伾山中的天然“龙洞”，早在宋乾德初年已被命名为“西阳明洞”，该洞又为王越祖孙三代所钟爱。所以“王守仁自号‘阳明’，最大可能是受到大伾山阳明洞的影响”（参见赵长海：《王阳明与黎阳》，未刊稿，收入《王阳明与大伾山学术研讨会论文集》，河南浚县，2019年2月）。按：据笔者调查，阳明洞有四大主洞，即绍兴阳明洞天、贵州修文阳明洞、江西龙南阳明洞和广西平果阳明洞，后三者是真洞，以龙南阳明洞面积最大，修文阳明洞最有名；又有四个辅洞，即余姚四明山阳明洞、杭州天真山阳明洞、广西隆安阳明洞和河南浚县阳明洞（详见钱明：《王阳明及其学派论考》，第14—16页）。但“阳明”之号无疑源自绍兴阳明洞天，因为王阳明把会稽山阳明洞天选定为修炼地的时间要早于赴浚县执行公务，要不然阳明本人亦不会称修文、龙南的阳明洞为“小洞天”或“别洞”。也就是说，在他心目中，绍兴阳明洞是主洞，修文、龙南的是别洞；绍兴阳明洞天是大洞天，其他的都是小洞天。因此可以肯定地说，“阳明”之号与浚县“阳明洞”无关，后者至多只是让王阳明增添了更深的对家乡阳明洞天之憧憬。

③ 关于王阳明以“阳明洞”为“道场”的考证，可详见钱明：《王阳明及其学派论考》，第1—13页。

要原因。[①]但不论怎么说，阳明31岁以后已迁居山阴、在府城安家是基本上可以确定的。

综合各家之说，笔者倾向于把王华、王阳明迁居山阴、在府城安家分为三个阶段：一是僦居阶段，即先在交通极为方便的府城租房，供王华、王阳明回乡时暂住，地点可能就在光相坊一带；二是建房阶段，即随着王华官位上升，家庭条件逐步改善，4个儿子（守仁、守俭、守文、守章）长大成人，遂在致仕那年开始在光相坊一带选址建房，到最后建成，估计花了数年时间，所建房屋即为“状元府”建筑群；三是扩建阶段，即阳明晚年衣锦还乡，在状元府前增建“伯府第”[②]建筑群，后又随着外来求学者的增多，伯府已容纳不下众多访客，只好再“筑楼房五十间”，以作为王门“学舍”之用。

至于状元府建筑群何时建成的问题，较为明确的记载是正德十二年（1517）王阳明写给徐爱的信：“北海新居，奴辈能经营否？”[③]“北海”即指今越城区上大路至新河弄一带，《年谱》中所说的光相坊（包括东西光相坊）就在此处。说明当时状元府建筑群刚建成不久，王华与其子女以及其他相关人员此时皆已移居于此，王家的经营管理者对于如何管好这么一大家族尚无任何经验，所以阳明才会有“能经营否”之问。而根据以上笔者的分析，王华一家可能并不是从余姚直接迁住“北海新居”，而是从光相坊一带的租居处搬入“北海新居”。因当时搬入的新居面积有限，所以到了嘉靖二年（1523），王家就奉皇帝诏封新建伯、钦赐御建伯府第之命，对府邸进行了扩建，不仅新建了伯府第，还在伯府第西边增建了50间房[④]，形成更大规模的建筑群。这主要是因为阳明晚年在越城讲学时，各地来学者的住宿成了严重问题，周边的寺庙皆被利用后还是不够，不得已只好再向西扩建。当然，封爵厚禄后的王阳明在

---

① 参见王守仁：《王阳明全集（新编本）》卷十二，吴光、钱明、董平等编校，第437、438页。

② 据嘉靖三十七年（1558）游历绍兴的王阳明弟子蔡汝楠所撰《越城游览抵新建第殊勋堂作》（《自知堂集》卷五）诗，可知伯府第又称“新建第”，府中有“殊勋堂”。疑为正厅名，额为嘉靖皇帝所赐。

③ 束景南：《王阳明年谱长编》，第930页。

④ 黄佐尝曰：“癸未（嘉靖二年，1523），予册封道杭，会同窗梁日孚，谓：‘阳明仰子。’予即往绍兴见之。公方宅忧，拓旧仓地，筑楼房五十间，而居其中。留予七日，食息与俱。”［黄佐：《庸言》卷九，《四库全书存目丛书·子部》（第9册），第604页］

经济上有能力扩建府邸也是其中的重要原因。因此可以肯定地说，扩建后的“伯府”较之此前的“状元府”，无论在规模上还是用材上都有了质的提升。而所谓的山阴光相坊“王府”之概念，则理应包括先建的状元府建筑群（在东西光相坊）与后建的伯府建筑群（在朝京坊）。

整个“王府”的大致范围，我们不妨参照绍兴地域阳明学研究专家根据相关文献、王诗棠口述史及实地勘察之结果，而得出的姚江王氏徙居山阴以后的宅第建筑旧址共有3处的结论：第一处是光相桥东侧上大路河北侧的一所建筑［亦即《阳明年谱》所谓的“复自姚徙越城之光相坊居之”的状元府第，或者陆深所说的在正德七年（1512）秋“迂道拜先生于龙山里第”的“里第”[①]，现为下大路越王桥旁“永和家园”一带］，为王氏在越城的最早建筑，后改为“王文成祠”（《绍兴府志·府城厢坊图》称“阳明祠”）；第二处是西光相坊的3所“大台门”（现下大路中国黄酒博物馆一带），并排而立，形成群落，系王华为4房子（即守仁、守俭、守文、守章）分居而建；第三处即今上大路河南面王衙弄的伯府第建筑群（亦即王谋文所谓的阳明建于朝京坊的“里第”，2000年被确定为绍兴市级文保单位）。后伯府第曾因几次灾祸，其中1927年伯府大厅失火，1949年又一次失火，2011年再次失火，使整个大厅及东首数幢房屋烧毁，可谓是毁于一旦。故而在这片历经十数年才建成的3处王府遗址上，现如今仅遗留下伯府第大厅石门框、碧霞池[②]、观象台、饮酒亭、伯府大码头及船舫弄故宅遗存、王衙弄故宅遗存等。[③]尽管如此，它仍构成了较为完整的王阳明故居历史遗迹群。其大致范围，即今绍兴市规划修建的“王阳明故居”范围：东到王衙弄，

---

①王守仁：《王阳明全集（新编本）》卷十七，吴光、钱明、董平等编校，第1424页。按：诸焕灿先生认为此“龙山”乃余姚龙山即龙泉山（诸焕灿编著：《姚江王氏及阳明家事探源》，团结出版社2020年版，第103页）。但仅从紧接此句的“扁舟载酒，相与游南镇诸山，乃休于阳明学天之下”句即可看出，此“龙山”乃山阴卧龙山而非彼龙山也。

②明万历十五年（1587）《绍兴府志》卷六：“碧霞池在承恩坊王守仁宅内。”按：据《绍兴府志·府城厢坊图》，承恩坊在西小河西边，然碧霞池在西小河东边，故此记载恐有误。

③《绍兴晚报》2019年2月18、19日连续发表了周能兵写的几则引起学术界关注的新闻报道：该市文物部门从2018年开始对碧霞池进行了专业考古发掘，基本确定了碧霞池原来的面积，了解了池内原有的建筑。考古现场不仅发掘不少明代瓷器等文物，而且还找到了原来的四边池的河坎、木桩、条石以及当年的水榭遗迹和建筑构件，基本证实：碧霞池长36米，宽24.5米；池内曾有一座石头桥，桥的一头架在水榭之上；池内还曾建有亭台楼阁、水榭回廊，能容纳百人。这与历史文献记载具有高度的吻合性。

西到西小河，南到碧霞池前的大有仓，北到观象台后的环城河，占地面积约60亩。那么，修建如此规模宏大的伯府第，王阳明有没有越规呢？根据《明史职官及功臣世表》，阳明的南京兵部尚书之职级是可以建造规模这么宏大的高门广宅之伯府第的。①

由此可见，如果从所有权的角度看，余姚“瑞云楼”其实并非王阳明的“家”，②而是先为莫氏后为钱氏的“家”，真正属于王华及阳明自己心目中的“家”，非迁居山阴后最早建成于光相坊一带的状元府第（后又在朝京坊建伯府第，形成整个王府建筑群）莫属。③以下这些史料似可成为一条证据链，以证明笔者的这一推断。

首先是钱德洪的《后瑞云楼记》：

> 瑞云楼者，吾师阳明先生降辰之地也。楼居余姚龙山之北麓，海日公微时，尝僦诸莫氏以居其父竹轩公与母太夫人岑。……及先生贵，乡人指其楼曰“瑞云楼”。他日公既得第，先子复僦诸莫氏居焉。弘治丙辰（九年，1496），某亦生于此楼。及某登进士（嘉靖十一年），楼遂属诸先子。④

然后是罗洪先的《瑞云楼遗址记》：

> 瑞云楼在余姚龙山北麓，本莫氏居。尚书海日王公微时寓焉，而夫人郑有身。既逾期，母岑太夫人梦绯袍玉带贵人乘五色云抱儿授之，惊觉，啼声在耳，果得儿，成化壬辰（八年，1472）九月三十日也。于是以“云”为名，呼其名辄不应，亦不复言，如是者五年。一日，道士入庭，指儿谓家人曰：“天

① 参见慈子：《讲好绍兴故事系列之——王阳明与绍兴》，稽山书院网，2019年。

② 正德十六年九月，王阳明“归省祖茔，访瑞云楼，指藏胎衣地，收泪久之，盖痛母生不及养，祖母死不及殓也”［王守仁：《王阳明全集（新编本）》卷三十三，吴光、钱明、董平等编校，第1291页］。可见，王阳明对于瑞云楼虽为其出生处，但未成为赡养行孝的“家”是深感遗憾的，因为瑞云楼当时乃是王华租来“以居其父竹轩公与母太夫人岑”（钱德洪：《后瑞云楼记》，徐爱、钱德洪、董沄：《徐爱·钱德洪·董沄集》，钱明编校整理，第170页）的临时住所。

③ 束景南先生也认为：“（瑞云楼）至嘉靖三十五年（1556），钱德洪拆楼改筑，不复存在，只留下遗址而已。可见此楼乃莫氏故居或钱氏故居，非阳明故居也。今人在此遗址上重建瑞云楼，规模宏大，重楼叠屋，全不是当年瑞云楼原貌，而题云阳明故居，不知何据耶？”但他认为“阳明故居在秘图山，所谓秘图王氏故居”，（束景南：《王阳明年谱长编》，第8页）则没有拿出有说服力的证据。

④ 徐爱、钱德洪、董沄：《徐爱·钱德洪·董沄集》，钱明编校整理，第170页。

> 机慎勿泄也。”比出门，忽不见。亟易名，儿始能言，是为阳明先生。先生既贵，乡人号楼曰“瑞云”。其后钱心渔翁僦居之。弘治丙辰，绪山钱子生。钱子登进士，而莫氏以居来售，于是楼入于钱。嘉靖丙辰（三十五年，1556），钱子索予大书“瑞云楼遗址”五字垂之后。……楼入钱氏，今已改筑，书“遗址”，盖纪实云。[①]

还有邹守益的《瑞云楼铭并序》以及吕本的《绪山钱公墓志铭》：

> 初，阳明先师之生也，海日公僦莫氏楼以居，大夫人郑妊弥十有四月，祖母岑夫人梦神人自五色云鼓吹抱一儿授之，闻啼声，惊寤，遂以“云”命名。先师功成道尊，焕然任天下万世之重，乡人指其楼，曰“瑞云”。其后心渔钱翁复僦诸莫氏，而吾友洪甫实生焉。洪甫第进士，专志师门之学，遂市是址，以无忘羹墙。同志欧阳子崇一、罗子达夫记而表之。某也敬为之铭。[②]
>
> 父蒙，三岁瞽目，号心渔翁，母马氏，世居邓巷。遭回禄（“回禄”是传说中的火神，后用作火灾的代称），始僦莫氏楼以居。是楼为阳明公降生之所，曰“瑞云”。[③]

此外，湛甘泉的《瑞云楼记》[④]及《余姚县志》[⑤]等，亦可作为上述文献之补充。

正因为光相坊伯府才是真正意义上的“家”，所以到了阳明晚年，伯府及其周边的书院，乃至会稽山阳明洞天等，都成了王门讲

---

① 罗洪先：《罗洪先集》，徐儒宗编校整理，第155—156页。

② 邹守益：《邹守益集》，董平编校整理，第927页。

③ 吕本：《期斋吕先生文集》卷十二，《四库全书存目丛书·集部》（第99册），第593页。按：王畿《刑部陕西司员外郎特诏进阶朝列大夫致仕绪山钱君行状》中亦有同样记载。

④《余姚县志》卷十六《金石》上：“《瑞云楼记》，乾隆志引万历志，湛文简若水为之记。”然湛氏记文笔者未见。按：据邹守益《瑞云楼铭并序》，欧阳德亦撰有《瑞云楼记》，此记文亦不见于通行本《欧阳德集》（陈永革编校整理，凤凰出版社2007年版）。

⑤《余姚县志》卷十四《古迹》：“瑞云楼在龙泉山北，王文成出生地也，父王华未第时旧居。”［清光绪二十五年（1899）刻本，台湾成文出版有限公司1983年版，第268页］

学和王学传播的主要场所。据钱德洪说：

（阳明）先生初归越时，朋友踪迹尚寥落，既后四方来游者日进。癸未年已后，环先生而居者比屋，如天妃、光相诸刹，每当一室，常合食者数十人，夜无卧处，更相就席，歌声彻昏旦。南镇、禹穴、阳明洞诸山远近寺刹，徙足所到，无非同志游寓所在。先生每临讲座，前后左右环坐而听者，常不下数百人，送往迎来，月无虚日。至有在侍更岁，不能遍记其姓名者。每临别，先生常叹曰：“君等虽别，不出天地间，苟同此志，吾亦可以忘形似矣。”诸生每听讲出门，未尝不跳跃称快。尝闻之同门先辈曰：“南都以前，朋友从游者虽众，未有如在越之盛者。此虽讲学日久，孚信渐博，要亦先生之学日进，感召之机，申变无方，亦自有不同也。”①

当然，阳明晚年也常去余姚讲学，有一阵还“定会于龙泉寺之中天阁，每月以朔望、初八、廿三为期”②，因此钱德洪所描述的绍兴讲学之盛况理应包括余姚，而阳明的山阴弟子王畿还称余姚与山阴为阳明“讲学阙里”：“姚与山阴为阳明夫子讲学之阙里，士多有志于学，流风在焉。”③乃是较为公正的判断。只不过山阴和会稽山阳明洞是阳明晚年在家乡讲学时间最长、聚集门人最多的地方，这也是不可否认的事实。若再就阳明家族在山阴、余姚两地皆有墓地而言，山阴与余姚在王阳明及其后人的心目中也应该是不分伯仲的。由于阳明的祖父母及叔伯等皆居住余姚，故而死后亦葬在余姚，而其父母（包括生母和继母）、弟妹、儿子等皆住在绍兴，故而死后也都葬在绍兴，④而阳明要把自己的墓地选在兰亭，能够距离父母亲的坟墓近一点，也可能是考虑的因素之一。

总之，王阳明很早就随父迁居绍兴府城所在地山阴，后又在越地开展了声势浩大的讲学活动，正因为此，时人才通常把绍兴直接

---

① 徐爱、钱德洪、董沄：《徐爱·钱德洪·董沄集》，钱明编校整理，第198页。
② 王守仁：《王阳明全集（新编本）》卷三十三，吴光、钱明、董平等编校，第1303页。
③ 王畿：《王畿集》，吴震编校整理，第383页。
④ 详见钱明：《王阳明第十六世孙王诗棠访谈录——兼论绍兴阳明世家及遗存》，《中国文哲研究通讯》2000年第1期；束景南：《王阳明年谱长编》，第1707页。

视为阳明故里，如阳明再传弟子、会稽人陶望龄在《陕西布政使拙斋萧公神道碑》中介绍萧良幹称：

> 迁守绍兴也，复稽山书院，集生徒，月一讲会。教曰："文成阙里，钱（德洪）、王（畿）先生相与阐道之地，太守幸来，今愿以仕学矣。"因辟馆曰仕学所。①

孔子故里后人称"阙里"，"文成阙里"即阳明故里。故而陶望龄又强调说："（阳明）先生于越所称乡先生，其祠盖古者瞽宗之义，而越于天下，所谓邹鲁也。地近势亲，守其道为甚易，其士之贤不肖，学之明晦，足以系四方。观视其责，甚重且艰。"②"已复念曰：'越州姚江，文成故里，吾师（指邓元锡）向往系焉。'夫文成之后，驾其说以行浙之东西者多矣。"③可见，在陶望龄心目中，余姚和山阴皆为阳明故里，并且都是朝圣者的向往之地。

如果说陶望龄是会稽人，所作评论不排除地域之因素，那么黄宗羲的弟子、宁波人李杲堂把王阳明与出生山阴的刘宗周视为"同里"之人，则可作为充分之证据。李杲堂曾在《修绍兴府学序》中说：

> 然而王子、刘子则俱越人也，固越中人士所谓国之先师也。……国有先师，此古今所不易得，而越人乃有两先生，亦甚幸矣。④

不过最具说服力的证据，还是王阳明本人于弘治十六年（1503）在《南镇祷雨文》中说的一段话：

> 某生长兹土，犹乡之人也。乡之人以某尝读书学道，缪以

---

① 陶望龄：《陶望龄全集》卷十，李会富编校，上海古籍出版社 2019 年版，第 576 页。

② 陶望龄：《重修阳明先生祠碑记》，《陶望龄全集》卷六，李会富编校，第 368 页。按：宋儒王应麟在《先贤祠堂记》中曾对"乡先生"作过如下界定："古之有道德者，教于乡里，谓之乡先生。"［舒璘：《舒文靖公类稿·附录》卷下，《丛书集成续编》（第 105 册），上海书店出版社 2014 年版，第 634 页］

③ 陶望龄：《又潜学编序（代左景贤侍御）》，《陶望龄全集》卷三，李会富编校，第 165 页。

④ 李杲堂：《杲堂诗文集》，浙江古籍出版社 1988 年版，第 648 页。

为是乡人之杰者，其有得于山川之秀为多，借之以为吾愚民之不能自达者，通诚于山川之神，其宜有感。[①]

南镇即南镇庙，是除阳明洞外会稽山的又一道教圣地。南镇庙距离阳明洞不远，仅一山之隔。阳明居越时常在阳明洞修炼、会友、讲学，南镇庙也是他常去的地方。这充分说明，就连阳明本人也承认出生在余姚而生长在山阴，故若对余姚称乡人的话，那么对山阴则可以说是“犹乡之人”。也就是说，即使撇开余姚属于绍兴府的明代行政区划不谈，仅仅从阳明生长地及其学术思想之“发端”“熟化”而言，山阴被称作阳明故乡也毫不为过。诚如湛甘泉《阳明先生墓志铭》所赞：“南镇嶙嶙，在浙之滨；奇气郁积，是生异人；生而气灵，乘云降精。”[②]而所谓“是生异人”云云，即指阳明思想性格之生成及其天生精灵之潜质。这也是阳明本人时而自称“余姚王守仁”或“余姚后学王守仁”，时而又谓“古越阳明子王守仁”，甚至偶尔还称自己是“会稽王守仁”，[③]而其后裔既有从阳明出生地而自称“姚江王氏”的，也有从阳明成长地而自称“山阴王氏”的，更有从阳明世家的往返迁徙过程而统称“姚江山阴王氏”的重要原因。其实，上述说法都有历史依据可循，即使所谓“会稽王守仁”，亦能从其一生心系会稽山阳明洞中找到理据。黄宗羲撰《明儒学案》，“独于阳明先生不敢少有微词，盖生于其乡者，多推尊前辈，理固然也”。[④]作为余姚人，黄宗羲称阳明学为“姚江学案”，虽不够精确，但合情合理。

因此，笔者的结论是，如果说余姚是王阳明的出生地和讲学地，那么山阴便可以说是阳明学的发端地和成熟地。尽管余姚距离

---

① 王守仁：《王阳明全集（新编本）》卷二十五，吴光、钱明、董平等编校，第996页。

② 王守仁：《王阳明全集（新编本）》卷三十七，吴光、钱明、董平等编校，第1450页。

③ 分见王守仁：《王阳明全集（新编本）》卷三十九，吴光、钱明、董平等编校，第1561页；《范氏宗谱记》，武进《范氏家乘》卷九，清同治九年（1870）忠恕祠木活字本；《吕氏宗谱序》，歙县《旌德吕氏续印宗谱》卷一，民国六年（1917）铅印本；王守仁：《王阳明全集（新编本）》卷三十九，吴光、钱明、董平等编校，第1572页。按：至明末清初，以会稽代称阳明或阳明学说者，已成习惯，如所谓“会稽良知”（王时槐：《寄钱启新道长》，《友庆堂合稿》卷二）、“会稽之学”（王时槐：《明学书院记》，《友庆堂合稿》卷三）。其中尤以万历十三年（1585）儒臣李廷机在《从祀文庙疏议》中所言的“会稽王氏”最具代表性。不过此处之“会稽”，实已泛指整个绍兴，而并非单指与山阴县为邻的会稽县。

④ 仇兆鳌：《明儒学案序》，黄宗羲：《明儒学案》，沈芝盈点校，第5—6页。

山阴不过百里之内，但两地的文化传承及民情风俗存有差异却是不争的事实。从某种意义上说，山阴的地域文化性格对阳明学派的形成和发展具有更直接的催化作用。余姚人钱德洪的“重迟”而“中规矩”[①]与山阴人王畿的“任率”而“性资夷旷”[②]，虽然都可从王阳明的思想性格中找到内在基因，但要深入解析，则不能不把视角移向他们各自所处的地域环境。宋明以后在浙东地区出现的史学传统与心学风潮，在余姚和山阴两地并行不悖，互有侧重，直至近代在这一地区上演的保守与激进的跌宕起伏的历史画卷，应该说都有其深刻的地域文化背景。

总的来说，山阴不仅是阳明思想的晚期“熟化”之地，也是其思想的早期“发端”之地。与所有王阳明居住过的地方相比，包括山阴在内的绍兴地区与王阳明的关系最为密切，也最为重要。从这一意义上说，我们所要讨论的其实并不是阳明的籍贯问题，而是阳明何时迁居山阴或越城以及在此地开展过怎样的学术活动之类的问题。

下面就结合阳明晚年讲学越城，进而使越城成为阳明学派的讲学重地及阳明思想的成熟之地的相关史料，来阐释一下阳明思想的早期“发端”问题。

---

① 参见吕本：《绪山钱公墓志铭》，《期斋吕先生文集》卷十二，《四库全书存目丛书·集部》（第99册），第593页。

② 参见王畿：《王畿集》，吴震编校整理，第435、649页。

第二节　王学发端

本节将接着上节的内容，就王阳明“悟道”与王学“发端”及其异同问题展开讨论。首先有必要对阳明的“悟道”之地贵阳、“提戈讲道处”江右以及“发端”又“熟化”之地绍兴作一解析，以勾勒出阳明在这三个不同地区以及不同时期的大致思想风貌。

王阳明门人丘养浩在《叙居夷集》中对阳明的“龙场悟道”评价甚高，曰：“先生（指阳明）之资，明睿澄澈，于天下实理，固已实见而实体之。而养熟道凝，则于贵阳时独得为多。冥会远趋，收众淆以折诸圣；任道有余力，而行道有余功；固皆居夷者之为之也。”①后来阳明的再传弟子陶望龄和三传弟子郭子章亦分别说过：“文成大业，亦始基龙场。”②“海宇谭圣学，半宗余姚；余姚之学，成于龙场；龙场，故黔地也。”③皆以贵州为阳明心学的首创之地。然与陶望龄关系甚笃的焦竑，则“又以黔为文成过化地”。④所谓“过化”即教化，⑤阳明在贵州从事过教化活动是毫无疑问的，所以视黔为其“过化地”并无不妥。但“过化”相对应的是“成物”之“为教”，“悟道”相对应的则是“成己”之“为学”，而阳明在“龙场悟道”前还主要停留在“为学”阶段，所以“悟道”显然要重于“过化”，由此方能突显出黔地在阳明心学成立过程中的重要地位。所以就连阳明本人亦“自谓得于龙场之谪”。⑥然而，既然在阳明“夷中三年”⑦期间，“过化”难与“悟道”相提并论，那么焦竑的说法莫非是在故意轻视贵州？抑或是欲把黔地视为阳明教化

---

① 王守仁：《居夷集》卷首，明嘉靖三年（1524）丘养浩刻本。

② 陶望龄：《与姜养冲大参》，《歇庵集》卷十六，明万历三十八年（1610）刻本。

③ 郭子章：《黔记》卷十五，赵平略点校，西南交通大学出版社 2016 年版，第 389 页。按：郭子章在《黔记》卷四十二《迁客列传》之“进士邹元标”中亦曰：“阳明之学，成于龙场；尔瞻之学，定于都匀。岂非造次颠沛之久，其仁始熟，而苦劳困饥空乏拂乱之会，真足以增益不能邪？”（郭子章：《黔记》卷四十二，赵平略点校，第 955 页）

④ 焦竑：《澹园集》，李剑雄点校，中华书局 1999 年版，第 483 页。

⑤ 王阳明曾说：“学问也要点化，但不如自家解化者，自一了百当。不然，亦点化许多不得。”（王守仁：《王阳明全集》，吴光、钱明、董平等编校，第 114 页）“点化”指师友劝导而化，“解化”指良知自然而知［参见邓艾民：《传习录注疏》，（台湾）法严出版社 1990 年版，第 376 页］。因此，“过化”直观的理解即过往教化。

⑥ 方献夫：《祭王阳明文》，《西樵遗稿》卷七，第 485 页。

⑦ 阳明真正在贵州的时间其实只有一年十个月，其所谓的“在夷中三年”（《传习录》卷下），是指包括往返路途在内的三年多时间，即正德三年（1508）正月启程赴龙场，正德五年（1510）三月中旬抵达江西庐陵任知县。

过的地方而抬高其地位？由于关系到黔地在阳明学成立过程中的地位问题，所以对这一概念的深究，并非无益。但不管怎么说，“龙场悟道”乃是包括阳明本人在内的王门诸子普遍认可的，而“龙场悟道”又可视为阳明早期思想变迁的一大拐点，故称黔中为王学之“始基”亦未尝不可。况且陶望龄是越中会稽人，郭子章是江右泰和人，由他们来为黔中定位，似乎更能凸显该地对阳明思想形成的特殊意义。然而，丘养浩所谓的“养熟道凝，则于贵阳时独得为多”，则实非盖棺之定论。因为丘养浩刻《居夷集》是在嘉靖二（1523）至三年（1524），当时他正在余姚县令任上。[①]而此时正好是正德末年到嘉靖六年居住越城的阳明之思想的最后成熟期或完成期，所以要说“养熟道凝”，亦非黔中，而是越中，要说最为了解阳明学说之整个发展历程的，亦非丘养浩，而是阳明的晚年高足王畿、钱德洪等人。

“提戈讲道处”乃是阳明再传弟子临海人王宗沐之语，[②]意喻江西是阳明打仗与讲学并举、真正做到“知行合一”的地方，说明对江西在阳明思想发展过程中的地位看得较重。但相比之下，还是王宗沐的先辈王畿对江西的地位更为看重。王畿说过：

> 先师倡明此学，精神命脉，半在江右。故江右同志诸兄传法者众，兴起聚会，在在有之，虽未能尽保必为圣贤，风声鼓舞，比之他省，气象自别，不可诬也。[③]

又说：

> 阳明夫子生平德业著于江右最盛，讲学之风亦莫盛于江右，而尤盛于吉之安成[④]。盖因东廓诸君子以身为教，人之信从者众，创复古书院，以待来学。[⑤]

---

① 丘养浩于明正德十六年（1521）出任余姚令，嘉靖四年（1525）召入为御史，故知其刻《居夷集》时，尚在余姚县令任上。

② 参见王守仁：《王阳明全集》卷四十一，吴光、钱明、董平等编校，第 1590 页。

③ 王畿：《王畿集》，吴震编校整理，第 80 页。

④ 治所在今安福东南，辖境相当今江西新余以西的袁水流域和永新、安福等县。

⑤ 王畿：《王畿集》，吴震编校整理，第 467 页。

后来陶望龄在谈及阳明的江右弟子时也说：“……其人皆江右之产也，先生功业教化，于斯独盛。”[①]这说明，在阳明的浙中门人后学眼里，江西在王门中的地位不仅不可低估，甚至从某种意义上说还要超过浙江和贵州，所以江西不仅被世人称为阳明的“过化之地”和“提戈讲道处”，而且其部分地区（如赣州）亦同样被誉为“首善之区”，[②]其地位甚至超过浙中。不过，王畿所谓“讲学之风亦莫盛于江右”，主要是对阳明去世后邹守益等人在江右讲学的表彰，若就阳明本人讲学而言，王畿的评价却是浙中、江右两地不分上下：“窃念浙为首善之地，江右为过化之区，讲学之风于斯为盛……乘间入龙虚山，得冲玄精庐，乃定为每岁江浙大会之约，书壁示期。”[③]所谓“江浙大会”，即为两地不分上下之明证。应该说，王畿的这一定位是比较公正的。因为阳明毕竟只在黔中待了不到两年时间，而江右和浙中，一个是他多年驰骋的“战场”，另一个是他长期耕耘的“道场”，两地的重要性，显然是其他任何地区都难以匹敌的。

至于“发端”又“熟化”之地，后文再作细述，这里先解释一下何谓“发端”。黄宗羲在评论吴与弼传人娄谅时曾说：“文成（指阳明）年十七，亲迎过信（广信），从先生（指娄谅）问学，深相契也，则姚江之学，先生为发端也。”[④]这里所谓的“发端”，盖指思想之来源、学术之传承，而笔者想阐释的阳明学之“发端”，则是指阳明本人的思想创设，完全是原创性的。

张岱的《炉峰月》曾这样描写会稽山香炉峰（地处阳明洞天顶部、会稽山以北的山阴境内）以及少年阳明在那里留下的故事：

> 炉峰绝顶，复岫回峦，斗耸相乱。千丈岩陬牙横梧，两石不相接者丈许，俯身下视，足震慑不得前。王文成少年曾趵而过，人服其胆。[⑤]

---

① 陶望龄：《重修勋贤祠碑记》，《歇庵集》卷六，明万历三十八年（1610）刻本。

② 参见王守仁：《王阳明全集》卷三十六，吴光、钱明、董平等编校，第1344页。

③ 王畿：《王畿集》，吴震编校整理，第681页。

④ 沈善洪主编：《黄宗羲全集》（第7册），第38页。

⑤ 张岱：《陶庵梦忆》，第79页。按：《阳明年谱》中未记此事，《王阳明全集》中亦仅载有阳明撰于晚年的《登香炉峰次萝石韵》诗。

这似乎又可作为阳明少年时就已常住山阴之佐证。此后四十余年间，阳明曾数次回（余）姚，其中还包括两次重要的讲学活动，即正德十六年（1521）九月“归余姚省祖茔”时举办“龙山之会”，并“亲书三八会期于壁”，[①]“随地指示良知”，[②]以及嘉靖四年（1525）九月“归姚省墓”，“定会于龙泉寺之中天阁，每月以朔望、初八、廿三为期”，[③]会友讲学。除此之外，阳明虽身居越城或省外，却经常流露出心系余姚、情留舜江的恋乡情怀，这只要读读他写的一些家书即可明了。但尽管如此，与余姚相比，《阳明年谱》中记载阳明“至越”“在越”“发越”的毕竟有十五处之多，且有早年的“筑室阳明洞”之行迹，又有后来的“稽山书院讲习”[④]之盛况，更有晚年的“天泉证道”[⑤]之论坛。所以我认为：如果说余姚是阳明的出生、讲学之地，[⑥]龙场是阳明的“悟道”之地，江右是阳明的“提戈讲道处”，那么越城便可以说是阳明思想的发

① 王守仁：《王阳明全集》卷三十六，吴光、钱明、董平等编校，第 1334 页。按：又称“卧龙之会”。
② 王守仁：《王阳明全集》卷三十四，吴光、钱明、董平等编校，第 1282 页。
③ 王守仁：《王阳明全集》卷三十五，吴光、钱明、董平等编校，第 1293—1294 页。
④ 王守仁：《王阳明全集》卷三十五，吴光、钱明、董平等编校，第 1290 页。按：有学者否认王阳明在稽山书院讲过学（详见张炎兴：《阳明学与绍兴》，钱明等著：《地缘、血缘与学缘的交织——中国人文和自然境域中的王阳明及阳明学派》中卷，孔学堂书局 2023 年版）。这里的关键也是最为直接的证据即为《阳明年谱》嘉靖三年的一条记载，内容如下：“三年甲申，先生五十三岁，在越。正月。门人日进。郡守南大吉以座主称门生，然性豪旷不拘小节，先生与论学有悟……于是辟稽山书院，聚八邑彦士，身率讲习以督之。于是萧谬、杨汝荣、杨绍芳等来自湖广，杨仕鸣、薛宗铠、黄梦星等来自广东，王艮、孟源、周冲等来自直隶，何秦、黄弘纲等来自南赣，刘邦采、刘文敏等来自安福，魏良政、魏良器等来自新建，曾忭来自泰和。宫刹卑隘，至不能容。盖环坐而听者三百余人。先生临之，只发《大学》万物同体之旨，使人各求本性，致极良知以至于至善，功夫有得，则因方设教。故人人悦其易从。”其中最后一句“先生临之……”最为关键，而否定者在引用时恰恰把这句话省略了。从上下行文看，“临之”的“之”显然是指稽山书院，故而从全国各地来的“环坐而听者三百余人”，地点也是在稽山书院。此外。在阳明佚文《竹桥黄氏续谱序》及《阳明年谱》中还有各一条直接与间接的证据。《竹桥黄氏续谱序》曰：“近有族之胤曰夔者，以俊秀选为郡庠生，负笈稽山书院从予游，苦志励业，学以有成。”（王守仁：《王阳明全集》卷三十八，吴光、钱明、董平等编校，第 1428 页）《年谱》嘉靖三年（1524）“论圣学无妨于举业”条载：“德洪携二弟德周、仲实读书城南（稽山书院即坐落于越城南）。洪父心渔翁往视之。魏良政、魏良器辈与游禹穴诸胜，十日忘返。……明年乙酉大比，稽山书院钱楩与魏良政并发解江、浙。家君闻之笑曰：‘打蛇得七寸矣。’”（王守仁：《王阳明全集》卷三十五，吴光、钱明、董平等编校，第 1292 页）由此可证，当时来绍兴城向阳明问学者，有不少人就住在离伯府不远的稽山书院。所以笔者认为，稽山书院不仅是当时来自全国各地的阳明学者的主要聚集地之一，也应是王阳明晚年越城讲学的重要场所之一。
⑤ 王守仁：《王阳明全集》卷三十六，吴光、钱明、董平等编校，第 1306 页。
⑥ 黄宗羲的弟子仇兆鳌说“阳明筑坛于舜水”（黄宗羲：《明儒学案》，沈芝盈点校，第 5 页），就是指的设坛讲学。舜水即姚江，意指余姚，原余姚龙泉山下绪山庙里有一对联：“庙貌巍峨临舜水，威灵显赫镇龙山。”

端、成熟之地。

也许读者会问，那么余姚呢？笔者的回答是：与绍兴的山阴相比，同属绍兴管辖的余姚可谓阳明后来的“过化”之地。据《余姚县志》记载，阳明幼年时曾拜余姚宪卿第王华好友陆恒为师，并题写过“理学旧居”四个大字。[①]说明阳明虽在余姚度过了自己的幼年时代，余姚可谓其世界观、人生观开始形成的地方，但就阳明思想性格的形成而言，则不能说“发端”于余姚。而包括越城在内的山阴则不同，它不仅是阳明学说的早年“发端”之地，而且还是阳明学说的晚年“熟化”之地，用明末学者欧阳鈯的话说，就是山阴乃阳明学术活动的“经济”之地。[②]换言之，阳明在余姚主要是后来从事的德性教化，而在山阴则主要进行的是思想创设。对此，邹守益的两句诗似可作一佐证：“禹穴传衣千里至，华山遗调九关闻。”“舜江浚祥，禹穴炳灵；良知一振，群耳咸醒。”[③]“禹穴”指绍兴，“舜江”指余姚；“浚祥”意谓福地，“炳灵”象征灵气；福地降生英才，灵气培育新说；而传至千里的心学衣钵，则只能说是从“禹穴”起始的。

对此，笔者还可以提供另一则更加直接的史料来作为证据，这就是阳明高足季本在为王思舆作传时提出的一个重要观点：

> 余少师黄轝子，黄轝子姓王氏，名文辕，字司舆，山阴人，厉志力行，隐居独善，乡人慕其德者，皆乐亲之。少学为古文，级类庄、列，诗逼唐人，读书不牵章句，尝曰：朱子注说，多不得经意。成化、弘治间，学者守成说，不敢有私议朱子者，故不见信于时，惟阳明先师与之为友，独破旧说，盖有所本云。及阳明先师领南赣之命，见黄轝子，黄轝子欲试其所得，每撼激之动，语人曰：伯安自此可胜大事矣。盖其平生经世之志，于此见焉。其后黄轝子殁，阳明先师方讲良知之学，

---

① 现余姚瑞云楼王阳明纪念馆内藏有此书的复制品，旧居位于余姚城宪卿第弄内七号，系明代建筑。

② 参见《贵阳阳明洞・阳明祠碑刻拓片集》，第 95 页。按：此处所谓“经济”，可作“精神经营”来理解，如王畿自称：“我一生精神经营在此（指天真书院）。”（王畿：《遗言付应斌应吉儿》，《王畿集》卷十五，吴震编校整理，第 442 页）

③ 邹守益：《绪山同师泉岩泉诸生九日升连岭四角峰顶上》《题先师阳明夫子遗像赠濮致昭》，《邹东廓先生文集》，《四库全书存目丛书・集部》（第 66 册），第 249、148 页。

人多非议之，叹曰：使黄攀子在，于吾言必相契矣。[①]

王思舆即王司舆，他的情况笔者曾作过介绍[②]，兹不赘述。正因王思舆曾在阳明的思想形成过程中起过相当重要的作用，所以季本在自己的另一部哲学著作《说理会编》中，干脆把这篇《王思舆传》改名为《阳明之学由王司舆发端》[③]。认为阳明思想发端于山阴人王思舆，这确实给人以耳目一新的感觉。诚然，季本是绍兴会稽人，又“少师王司舆”[④]，他说的话不排除有为地方争光并为其师添彩的动机。但若把人换成地，即把王思舆换成绍兴，也就是说，是绍兴这方充满灵气的土地哺育了新思想的诞生，那么在笔者看来，这种“发端”说就能够成立。

① 季本：《王思舆传》，《季彭山先生文集》卷三，《北京图书馆古籍珍本丛刊》（第 106 册），第 896 页。
② 详见钱明：《浙中王学研究》，第 81—85 页。
③ 季本：《说理会编》卷十，《四库全书存目丛书・子部》（第 9 册），第 407 页。
④ 沈善洪主编：《黄宗羲全集》（第 7 册），第 307 页。

第三节 熟化越地

如果说对应于“发端”或创设的是修道，那么对应于“熟化”的便是证道。王阳明早年在阳明洞天修道，晚年在天泉桥证道，这恰好与他在绍兴的前后两个思想发展阶段——“发端”和“熟化”相对应。上一节我们讨论了王阳明思想的早年“发端”，那么所谓晚年“熟化”之地呢?

众所周知，王阳明从正德十六年（1521）八月下旬归越到嘉靖六年（1527）九月启程赴两广，在绍兴居住讲学的时间超过六年，而他之所以会居绍兴六年之久，可能至少有以下四个方面的原因。一是丁父忧。王华卒于嘉靖元年（1522）二月，阳明守丧服阕至嘉靖三年（1524）四月，所谓丁忧三年，其实是三个年头。这段时间阳明可以名正言顺地居越讲学。二是身体方面。阳明早就有归乡养病的打算。所谓“忧病中”即指丁父忧和自身之疾病。三是来越求学者络绎不绝，有“被”居越之因素。四是政治方面。这点最为重要的，因为经过“宸濠诸奸之变”的一番折腾，阳明对官场已彻底失去信心，对各级官员的做派也是深恶痛绝，于是放弃“成物”之事功而转向“成己”之心学成了他的必然选择。

关于王阳明晚年在绍兴开坛设讲、聚会讲学之事，我们有必要再多费些口舌，以进一步证实绍兴乃阳明“熟化”之地的论断。

据王畿《滁阳会语》曰：“逮居越以后，所操益熟，所得益化，信而从者益众。”①又据罗洪先《寄谢高泉》亦曰：“学者舍龙场之惩创，而第谈晚年之熟化，譬之趋万里者，不能蹈险出幽，而欲从容于九达之逵，岂止病躐等而已哉！”②说明称阳明晚年思想“熟化”于绍兴是当时的普遍共识。无怪乎王阳明的江右传人曾大声疾呼：“夫道不宗自洙、泗乎？千数百年间，在宋则濂、洛、关、闽续其绝，在我明则绍兴振其微。”③认定“绍兴”是阳明心学“振其微”即振兴正宗儒学的地方，而振兴的前提就是“熟化”。这点从当时绍兴讲学的热闹场景中也能感受到。

---

① 王畿：《王畿集》，吴震编校整理，第 34 页。

② 罗洪先：《罗洪先集》，徐儒宗编校整理，第 274 页。

③《豫章祠记》，《中华罗氏通谱》（第 3 册），中国文史出版社 2007 年版，第 1729 页。

要知道，王阳明晚年在绍兴居住的六年间，来问学求教的人实在太多，使得丁忧中的阳明得不到任何停歇，于是只好婉言谢绝之。阳明撰于嘉靖元年（1522）的《壁帖》便真实道出了当时的尴尬情形：

> 守仁鄙劣，无所知识，且在忧病奄奄中，故凡四方同志之辱临者，皆不敢相见。或不得已而相见，亦不敢有所论说，各请归而求诸孔、孟之训可矣。……有负远来之情，聊此以谢。①

而在当时来绍兴问学后成为同门的形形色色的人当中，有父子（如董沄、董穀父子，许相卿、许闻造父子，山阴周氏父子）；有兄弟（如余姚孙氏兄弟，新建魏氏兄弟，潮州杨氏兄弟，宜兴周氏兄弟）；也有家族（如山阴白洋朱氏家族，余姚梁弄黄氏家族，嵊县周氏家族，鄞县万氏家族，安福刘氏家族，潮州薛氏家族，泰州王氏家族，余姚钱氏家族，其中钱氏几乎是全家来学）；有耄耋老人（如王艮父亲守庵公王玒，年过八十，还特地来绍兴问学；还有老儒林司训，“年七十九矣，走数千里”，来越问学于阳明②）；也有七岁孩童（如绍兴知府南大吉之侄南轩）；有家庭妇女（如白洋陆宜人③）；也有少数民族。职业亦是五花八门，有商人，有医生（如周冲弟周卫），有官员，有学生，有农夫，也有身无分文、“家贫无书”者（如会稽人胡纯）。由于阳明讲学实行的包容开放

---

① 王守仁：《王阳明全集（新编本）》卷八，吴光、钱明、董平等编校，第293页。
② 王守仁：《王阳明全集（新编本）》卷八，吴光、钱明、董平等编校，第299页。
③ 据《绍县白洋朱氏族谱·舍别墅为僧院记》的描述：“在（绍兴）安昌东偏，由水阁外迤逦而南，又折于东，望之蔚然而深秀者，曰法源寺。相传为果斋朱公（朱和）别墅，名曰翠园精舍。果斋公蚤世，厥配陆宜人守节抚孤，长于诗文，自课其子若侄，手不停披，及斐然成章。乃辟翠园精舍为家塾，延姚江王文成公讲学其中，命子若侄守业（朱簦，1491—1571，号存斋）、守忠（朱节，1476—1523，号白浦）、守贵（朱篚，1491—1576，号拙斋）、守谐（朱篪，1493—1546，号思斋）往守业焉。文成阅旧课，询为谁氏改作，诸子以宜人对。文成曰：‘巾帼才若此，吾见亦罕矣。’即命舟具衣冠见之。宜人曰：‘先夫及伯父所付托者，以是藐诸孤，学不加进，是妾之辜也，愿先生训迪之。’文成肃然起敬。由是讲道论艺，交相切劘。迨其后师弟飞腾，后先接踵。”另据嘉庆《山阴县志》记载：“法源庵在县北涂山，明弘治间，白洋朱和妻矢节抚子，设宅延王文成守仁为之师，其子侄篚、簦、篪、节等俱成名……”［《绍县白洋朱氏族谱》，民国十五年（1926）丙寅孟夏敬刊玉泉堂珍藏。转引自娄仲安：《王阳明和他的山阴白洋弟子》，余姚市阳明街道编：《阳明史脉》2014年第2期］这位陆宜人，就是王阳明在山阴县白洋地区讲学时受其青睐的杰出女性（关于陆宜人，《绍兴县白洋朱氏族谱》中有《陆宜人太君传》）。而在阳明晚年的讲学活动中，像陆宜人这样的女性热情参与者还可在史志谱牒中找到许多。

的政策，所以在来学者中，既有倾心王学者，也有倾心湛学者，还有怀疑甚至反对王学者，其中尤以“遨游（王、湛）二先生之门”者居多。[①]而且来者所涉地域，亦远远超出钱德洪《阳明年谱》之记录。甚至还有一些为表示虔诚之心，是徒步来绍兴的，最远的从南昌走到绍兴（如魏良政、吴子金）。至于阳明家人族人，自然亦不甘落后，其亲弟、族弟、继子、从子等，但凡沾亲带故的，无论居越城还是余姚，也都纷纷前来问学。而这种“鱼龙混杂”的平等开放氛围，又是大致符合阳明之心愿的。

在阳明及其门人看来，公事是一种命令关系，而讲学乃是一种平等关系，[②]所以唯有平等相待，才能真正做到有教无类。当时王畿有关师徒之道及本心之灵的一段论述，即颇能代表阳明的真实立场：“弟子未必不如师，师不必贤于弟子，惟在共进此道，各各自尽其心而已。此心之灵，各各完具，无有授者，无有受者。”[③]这种平等开放的讲学氛围，反过来又成了吸引四面八方来访者、聚集五花八门问学者的重要原因。而在讲学聚会过程中，阳明又采取求同存异、尊重不同观点的态度，从而使当时的绍兴成为最自由宽松的思想发声地。对此，我们可例举阳明与山阴人汪应轸的关系来作为依据。汪肯定阳明的功绩，但否定阳明的学说，阳明则反复向他阐释自己的心学思想，可汪就是不接受，但这依然没有影响两人的友谊。正因为两人的关系实在太密切（既是同乡又是政治上的同道），所以阳明在其最为重要的阐释“知行合一”说和“致良知”说的答书中，特地隐去了答书之对象，以免汪受到王门诸子的围攻，同时也是为了给汪在家乡人面前留面子。[④]这是阳明交友、讲学过程中一段佳话。

总的来说，阳明批评人，一般只对事（思想）而不对人；教育

---

① 吴鹏：《飞鸿亭集》卷十九《金雨洲墓志铭》：“公讳榜，别号雨洲，文华其字也……嘉靖壬午领浙江乡荐，明年上春官弗第，卒业南雍。大司成甘泉先生器重焉，遣就阳明先生学，赋诗赠之行。既见阳明，得闻良知之说。遨游二先生之门。谙极根柢。”（转引自束景南：《王阳明年谱长编》，第1580页）

② 乾隆《南昌府治》卷四十六《名宦》：“王修易，江山人……故与巡抚山阴张元冲为同门友，一日，（阳明）遣人召见修易，曰：‘为公事乎？为讲学乎？讲学，当以折柬；相命，即公事。’明日，趋谒踵之，始礼延请，乃赴。”（转引自束景南：《王阳明年谱长编》，第1581页）

③ 王畿：《王畿集》，吴震编校整理，第434页。

④ 参见束景南：《王阳明年谱长编》，第1775、1778页。

人，一般只启发而不阐释；接引人，一般自己不出面而只让弟子来担当。于是，当时来绍兴问学求教者中出现了形形色色的众生态：

> 四方诸友游夫子之门者，北燕南越，动隔数千里，经年获甫至，乞晨一谒，林立充庭，逻辑进退，一日间传教仅一二刻，来门数月，又将别去，虽有所得，皆随问随答，如饮河者，适充其量而止，其所未及闻者多多也。①

说了一大堆阳明晚年讲学的事，再来看看阳明晚年思想成熟的重要标志，这就是围绕发生在王府（又称"伯府"）的"天泉证道"而展开的一系列问辩和论述。所谓"天泉证道"，实际上由四处地方、四个阶段所组成：一是在发生地越城王府天泉桥，由钱德洪、王畿二人质询请益，阳明作答；二是在杭州富阳，因钱德洪、王畿二人"惧远离之无正也"②，遂"送于富阳"③，再向阳明请益，阳明作答；三在杭州桐庐严滩（即严子陵钓台），是钱德洪、王畿二人因同样原因而"追送严滩，汝中（王畿）举佛家'实相幻相'之说"④，阳明作答；四在南昌南浦驿请益，有邹守益、欧阳德、刘邦采、黄宏纲、何廷仁、王臣诸同志二三百人参加，阳明作答，最后还留下一句"待予归，未晚也"而去，意喻言犹未尽矣。⑤值得注意的是，钱德洪《年谱》《讣告》所记两次都是"追送至严滩"，而王畿《行状》所记则只是"送至严滩"。所谓"追送至"，即再追上去之意，有迫切、一问到底的意味，而王畿显得平静多了，不急不躁，自信满满。说明钱德洪对阳明的回答疑虑更多，尽管阳明对钱、王二人采用的是"和稀泥"的办法，但倾向性还是有的，使得在场的钱德洪听后顿生疑虑，于是带着几分不服的情绪，再"追送至严滩"问个究竟。但阳明直到抵达南昌时依然没有把最后的"定见"揭示给他的门生们。如此看来，"天泉证道"这场发生在王门内部的高峰论坛，其实并没有结束，这也是为什么

---

①《余姚竹桥黄氏族谱》卷十二，转引自束景南：《王阳明年谱长编》，第1429页。

②王守仁：《王阳明全集（新编本）》卷三十七，吴光、钱明、董平等编校，第1467页。

③邹守益：《邹守益集》，董平编校整理，第103页。

④王守仁：《王阳明全集（新编本）》卷三，吴光、钱明、董平等编校，第136页。

⑤徐爱、钱德洪、董沄：《徐爱·钱德洪·董沄集》，钱明编校整理，第408页。

阳明到吉安时，又有诸生彭簪、王钊、刘阳、欧阳瑜等偕旧游三百余，迎入螺川驿中请益的重要原因。然而，此时的阳明似乎已对围绕“天泉证道”而展开的“四无、四有”说话题失去了兴趣，而是又将注意力投向了与现实问题紧密相连的“致良知”话题，并且表现出“立谈不倦”的积极心态，曰：“尧、舜生知安行的圣人，犹兢兢业业用困勉的工夫。吾侪以困勉的资质而悠悠荡荡，坐享生知安行的成功，岂不误已误人？”又曰：“良知之妙，真是周流六虚，变通不居。若假以文过饰非，为害大矣。”临别嘱曰：“工夫只是简易真切，愈真切，愈简易；愈简易，愈真切。”[①]这似乎是对此前几场高峰论坛的反省，也似乎是在对钱德洪、王畿等浙中弟子空谈“四有、四无”说的批评，而所揭示的却是“致良知”学的真谛。

很显然，如果说阳明早年思想“发端”于绍兴的说法尚显武断的话，那么他的晚年思想“熟化”于绍兴的论断则应该没有异议。这只要从阳明晚年在绍兴所开展的轰轰烈烈的讲学活动中亦可以看出其中之端倪。史料显示，阳明讲学在个别地区曾出现过相当震撼的场面，譬如正德五年（1510）阳明在赴任庐陵知县途中，曾在湖南辰州（今属怀化市）停留了一个月，据邹守益《辰州虎溪精舍记》曰：

> 阳明王夫子自会稽谪龙场，道出辰阳。辰阳之胜，曰虎溪山寺，世称二十六洞天。因宿僧舍弥月。有古松甚奇，大书其轩曰“松云”，复留诗于壁。一时从游诸彦，如唐柱史诩、萧督学璆，千余人切磋正学，剖剥群淆，若众鸟啾啾获闻威凤鸣也。[②]

邹氏所记有一处不明，一处存疑。不明者，阳明辰州讲学是“自会稽谪龙场”时还是归途过辰州时？今查乾隆《辰州府志》，乃知后者为是。《志》曰：“（阳明）量移庐陵知县，归途过辰溪，游大酉山钟鼓洞，题诗于石。旋至辰州，喜郡人士朴茂，质与

---

① 王守仁：《王阳明全集（新编本）》卷三十四，吴光、钱明、董平等编校，第1320页。
② 邹守益：《邹守益集》，董平编校整理，第397页。

道近，因留虎溪隆兴寺，寓凭虚楼弥月。”[①]存疑者，“千余人切磋正学”也，束景南即据此认为：“盖可谓阳明生平一次人数最多、时间最长之讲会矣。”[②]然此说除邹氏所记外，找不到任何佐证，如阳明本人的《与辰中诸生》、钱德洪的《阳明年谱》、罗洪先的《辰州虎溪精舍记》、湛甘泉的《金陵答问》及《辰州府志》等，均无相同之记载。是故笔者认为，此处“千”字疑是“十”字之误。

要说阳明平生人数最多、时间最长之讲会，无疑当首推晚年越城的讲学活动。当时因阳明既有闲暇，又对讲学一往情深，故而“逢人便与讲学，门人疑之。（阳明）叹曰：‘我如今譬如一个食馆相似，有客过此，吃与不吃，都让他一让，当有吃者。’”[③]正是在阳明的热情召唤下，成百上千的弟子道友云集越城内外，许多人甚至从“数千里外来”。[④]据称“四方鸿俊，千里负笈，汉氏以来，未有此盛”。[⑤]来向阳明问学者通常保持在数十人的水平，据张岱《快园道古》卷十《任诞部》载：

> （阳明）先生自辛巳（正德十六年，1521）已归越，侍者尚寥落，既而四方来者日众。癸未（嘉靖二年，1523）以后，环先生之屋而居一室，常合食者数十人，夜无卧所，更深就席，歌声彻昏旦，南镇、禹穴、阳明诸山远近寺刹，无非同志寓游之地。[⑥]

最多时竟有二三千人之多。[⑦]故而后来有人说：“当时及门之

① 席绍葆、谢鸣谦修纂：《流寓传》，《辰州府志》卷三十九，岳麓书社 2010 年版，第 595 页。
② 束景南：《王阳明年谱长编》，第 551 页
③ 王守仁：《王阳明全集（新编本）》卷四十一，吴光、钱明、董平等编校，第 1689 页。
④ 沈善洪主编：《黄宗羲全集》（第 7 册），第 686 页。
⑤ 黄省曾：《临终自传》，《五岳山人集》卷三十八，《四库全书存目丛书·集部》（第 94 册），第 850 页。
⑥ 张岱：《快园道古（增补本）》，佘德余点校，第 118 页。
⑦ 阳明的晚年弟子董沄尝赋诗曰：“二三千个同门聚，六十九季今夜除。”（徐爱、钱德洪、董沄：《徐爱·钱德洪·董沄集》，钱明编校整理，第 352 页）按：嘉靖五年（1526）丙戌岁终，绍兴居然一下子聚集了二三千人，连除夕都不返乡过年，可能是因为阳明弟子们已获悉其师马上要被奉调去广西，所以才聚集于越城，希望能利用这最后的机会来向阳明问学求教。比如嘉靖五年（1526）三月间，魏良弼就是听说阳明将有入都之行，遂让魏良政带着自己的亲笔信赶到越城来向阳明问学的（详见魏良弼：《奉阳明王先生》，《太常少卿魏水洲先生文集》卷三）。

士，相与依据尊信，不啻三千徒。”①

著名王学反对派陆世仪曾激烈抨击过王门的讲学活动，说：“天下无讲学之人，此世道之衰也；天下皆讲学之人，亦世道之衰也。”又说：“嘉隆之间，书院遍天下，讲学者以多为贵，呼朋引类，动辄千人，附影逐声，废时失事。”②而阳明晚年在绍兴越城的讲学活动，则可谓嘉隆之间讲学者“动辄千人”的始作俑者。这场发生在嘉靖五年（1526）的越城大聚会，可谓震动朝野。如果考虑到嘉靖初年至九年（1530）阳明学遭朝廷学禁、备受压制的现实，在阳明家乡能有数千人的大聚会，实属不易。而这种繁盛局面，到阳明去世后便很少再现于王门在各地的讲学活动了，尤其是绍兴。

陶望龄在《证修社会跋语》中说过：

> 越，二王子（指王阳明与王龙溪）之乡也。自龙溪殁，而讲会废。钱君、刘君与同志若干人始缔为社，名曰“证修”，而谒海门子主之。③

其实，王龙溪后来讲学主要是在浙西、南中、江右各地，而很少在绍兴，所以绍兴“讲会废”，当始于龙溪，陶望龄此言有违乃师隐之用意。对此，徐渭的《送王先生云迈全椒》（龙溪老师）诗就说得较为直白：

> 讲中方便接嘐嘐，不得中行此亦聊。却为交情悲宿草，敬持香瓣赴全椒。浆家暂舍何尝馈，道侣除坛每见招。月旦岂无同会念，忽令祠宇树萧萧。④

把王龙溪离开后越城讲学的萧条景象写得绘声绘色。而与王龙溪同时的阳明高足薛侃则更是相当痛心地对比过阳明在世时绍兴的讲学盛况与其逝世后不久的萧条景象：

---

① 王宗沐：《阳明先生图谱序》，《敬所王先生全集》卷一，明万历元年（1573）刻本。

② 陆世仪：《思辨录辑要·前集》卷一，第8页。

③ 陶望龄：《陶望龄全集》卷十四，李会富编校，第822页。

④ 徐渭：《徐渭集》，第228页。

先师还越积六载，兴起友朋数百人，征广时，至大书院尚聚以百，龙山会以百。不肖求差会葬，寓天真，犹动以百。此行初至，如履无人之境，过越落莫尤甚。……师逝十年，萧条若此，不知又十年、二十年，复何如也！[①]

文中所说的“此行初至”，发生在嘉靖十七年（1538），距阳明过世才十年。不仅绍兴，整个浙中讲学当时都呈现了衰落之势，薛侃《与刘晴川》曰：

今师没十载，初至天真，如履无人之境，居久始复翕聚。乃今诸友周旋不忍去，吾亦思离索之后不免堕颓。聚首则日有进，遂相与定盟为聚乐乡，同者龙溪、绪山、石溪、蒙泉十数友也。[②]

天真书院在杭州，阳明去世后曾兴盛一时，但仅仅过了十年，浙中的讲学活动就“不免堕颓”了。其中固然有政治高压方面的原因，但王门内部的不和，尤其是王畿与钱德洪之间的分歧，也有不可推卸的责任。[③]诚如阳明的仙居弟子林应麒所言：

今（阳明）先生没而仪刑远，同志散而观摩空，各以习气意见之私，缘饰所闻为工，证匪心传，谈均耳食，原情充类，半同操戈入室之徒。求白首斤斤守其师说、反躬实证终始不悖若贞士者，讵多得哉？[④]

难怪阳明的再传弟子徐渭会赋诗感叹道：

文成一线今将断，钱翁老死寒灰散。十年半夜急传灯，西来衣钵君应管。莫言小釜烹鲜鱼，莫言牛刀割只鸡。真孺不拣

① 薛侃：《薛侃集》，陈椰编校，上海古籍出版社 2014 年版，第 352 页。
② 薛侃：《薛侃集》，陈椰编校，第 302 页。
③ 参见钱明：《浙中王学研究》，第 259—263 页。
④ 林应麒：《恒阳叶贞士墓志铭》，《介山稿略》卷十二，明嘉靖三十一年（1552）少滨书屋何维柏、利宝序刊本。

啼儿抱，主簿同安是阿谁？[①]

我们从上述薛侃的记录中可以看出，阳明在世时，绍兴地区的讲学活动不仅次数多，而且规模大，超过阳明的其他所有讲学之地，这的确不是夸大之词。虽然阳明去世后情况发生了逆转，该地区的讲学活动迅速走向衰竭，但当年的盛况，却在好多年后仍令人难忘。所以出生余姚的钱德洪，尽管是余姚中天阁会讲的主持，但却对阳明在越时的讲学活动评价极高，他说：

先生初归越时，朋友踪迹尚寥落，既后四方来游者日进。癸未年已后，环先生而居者比屋，如天妃、光相诸刹，每当一室，常合食者数十人；夜无卧处，更相就席；歌声彻昏旦。南镇、禹穴、阳明洞诸山远近寺刹，徙足所到，无非同志游寓所在。先生每临讲座，前后左右环坐而听者常不下数百人，送往迎来，月无虚日；至有在待更岁，不能遍记其姓名者。每临别，先生常叹曰：“君等虽别，不出在天地间，苟同此志，吾亦可以忘形似矣！”诸生每听讲出门，未尝不跳跃称快。尝闻之同门先辈曰：“南都以前，朋友从游者虽众，未有如在越之盛者。此虽讲学日久，孚信渐博，要亦先生之学日进，感召之机申变无方，亦自有不同也。”[②]

在这样充满自由的思想氛围和学术环境下，善于进行思想创设的王阳明，自然是如鱼得水，游刃有余，而其“居越以后，所操益熟，所得益化”[③]，思想日趋成熟，则当在情理之中。所以阳明本人对绍兴亦是极尽赞美之词：

会稽素号山水之区，深林长谷，信步皆是，寒暑晦明，无

① 徐渭：《寄郦绩溪仲玉乃钱氏门人》，《徐渭集》，中华书局 1983 年版，第 153 页。

② 王守仁：《王阳明全集》卷三，吴光、钱明、董平等编校，第 118 页。

③ 沈善洪主编：《黄宗羲全集》（第 7 册），第 201 页。按：“所操益熟，所得益化”，最早由王畿提出：“逮居越以后，所操益熟，所得益化，信而从者益众。”（王畿：《王畿集》，吴震编校整理，第 693 页），其中虽不能排除王畿对阳明晚年讲学越中的过度赞誉，但若联系阳明本人对自己晚年思想的评价，则恐怕并非过誉之辞。

时不宜，安居饱食，尘嚣无扰，良朋四集，道义日新，优哉游哉，天地之间宁复有乐于是者！①

其实，与其说是幽静的山水之地引得“良朋四集，道义日新”，倒不如说是阳明晚年对讲学事业所投入的极大热忱，才使得绍兴成了当时学术研究和讲会活动的中心。正因为绍兴在阳明的思想形成发展过程中有如此特殊的地位，所以阳明殁后，时任江西玉山知县的吕应阳特撰祭文称“稽山还英灵之气”②，而不说姚江还英灵之气，巡按御史储良材则在祭文中称“东望会稽，先生故里也”③，这些都不是没有原因的。

---

① 王守仁：《王阳明全集》卷二，吴光、钱明、董平等编校，第81—82页。按：此语出于嘉靖五年（1526）阳明《答聂文蔚》第一书。

② 王守仁：《王阳明全集》卷三十八，吴光、钱明、董平等编校，第1435页。

③ 王守仁：《王阳明全集》卷三十八，吴光、钱明、董平等编校，第1433页。

第三章

思想嬗变与学术趣旨

中国封建社会进入宋代以后，随着制度建设的需要和“道统”意识的强化，在学术领域也相应地产生了被称作“理学”的思想体系。这种学说的创始人是被誉为“北宋五子”的周敦颐、邵雍、张载、程颢和程颐。到了南宋，朱熹又着重继承和发展了二程特别是程颐的学说，建立了庞大的理学体系，这就是所谓的“程朱理学”。王阳明所生活的明中叶社会，一方面是思想领域程朱理学的一统天下，另一方面是社会各个层面出现了一些新的动向和活跃因素。这些活跃因素首先激活了以陈献章为首的岭南心学，然后又催生了以王阳明为首的浙中心学，从而使心学思潮成为明中叶以后思想界的主流话语。

一般来说，阳明心学是主要包括以“心即理”“知行合一”“致良知”三个命题为核心的理论体系，所以这三个命题是几乎所有治阳明心学者必须讨论的问题。然笔者却试图“饶开”这种平铺直叙式的叙述方式，而主要围绕阳明人生中的两次政治磨难，即正德三年（1508）受宦官刘瑾迫害而贬谪贵州龙场的所谓“龙场悟道”与正德十四年（1519）受阉党张忠、许泰等威胁而几乎不能身免的所谓“宸濠诸奸之变”，以及由此引发的学术思想嬗变而展开。因为在我看来，这样的取径之路是比较符合阳明思想发展之心路历程的。于是，我们便需要从前几章所主要讨论的阳明“学三变”或“学前三变”，转入阳明的“教三变”或“学后三变”，并以此来揭示阳明的为学宗旨与思想特质。

所谓“变”，即发展、立异及创新。唯有“变”，思想学说才能有所发明、有所突破。为学宗旨即学术主旨多“变”，乃宋明理学家之常态，即使朱熹亦不例外。王阳明爱读《周易》，视《周易》为变经，最强调其“变”字，认为“良知即是《易》，其为道也屡迁，变动不居，周流六虚，上下无常，刚柔相易，不可为典要，惟变所适”。[①]他抓住朱子晚年定论不放，其原因就是认定朱熹思想也有前后之“变”。故清儒夏炘所谓“朱子之学凡三转”，[②]这对多数宋儒来说都是适用的。但比较而言，明儒尤其善“变”多“变”。有明学术自陈献章起至晚明王学末流乃至刘宗周，“宗旨

① 王守仁：《王阳明全集（新编本）》卷三，吴光、钱明、董平等编校，第137页。

② 引自钱穆：《中国近三百年学术史》，中华书局1984年版，第298页。

纷如，或泥成言，或创新渠”；①思想发生嬗变，学说前后异旨，乃是带有普遍性的现象。下面便是笔者从明人论著中罗列出来的当时一些著名学者的思想之“变”。

陈献章之学有“三变”②；阳明道友与弟子黄绾之学有“三变”③；阳明高足王艮之学“有三变焉”④；阳明弟子方献夫之学“凡三变”⑤；阳明讲友徐昌国“之学凡三变，而卒乃有志于道”⑥；阳明门人邹守益之学有“三变”⑦；邹守益道友王宜学“学凡三改，改而日进于道”⑧；阳明晚年弟子董沄有“学三变”⑨；阳明弟子陈九川之学“凡三起意见，三易工夫”⑩；阳明高足钱德洪之学“亦且数变”⑪；阳明门人黄洛村之学有“再变”⑫；阳明私淑弟子罗洪先之学有“三变”⑬；阳明再传弟子王时槐之学有“数变”⑭；阳明再传弟子胡直之学有“三变”⑮；阳明三传弟子罗汝芳从15岁到70岁，师从数人，学亦有变⑯；阳明四传弟子邹元标之学“盖三变”⑰；王学殿军刘宗周之学“有三变”⑱。

如果说明儒尤其是阳明学者的思想之“变”还只是这些学者思想形成与发展过程中的“变”，那么更多的学者在接受和深究阳明

---

① 沈善洪主编：《黄宗羲全集》（第10册），第357页。
② 陈献章：《复赵提学佥宪》，《陈献章集》卷二，孙通海点校，中华书局1987年版，第144页。
③ 黄绾：《黄绾集》，张宏敏编校，第393页。
④ 王艮：《王心斋全集》，陈祝生等点校，第217页。
⑤ 王守仁：《王阳明全集》卷七，吴光、钱明、董平等编校，第231—232页。按：对方献夫之变，阳明释之曰：“方其辞章之尚，于予若冰炭焉；讲说矣，则违合者半；及其有志圣人之道，而沛然于予同趣。……叔贤亦可谓善变矣。……及其学之每变，而礼予日恭。……是以乐为吾党道之。”（王守仁：《王阳明全集》卷七，吴光、钱明、董平等编校，第231—232页）说明阳明不仅自己思想多变，而且要求弟子们亦“善变”，且将思想“善变”者视为学习的楷模。
⑥ 王守仁：《王阳明全集》卷二十五，吴光、钱明、董平等编校，第932页。
⑦ 参见王畿：《寿邹东廓翁七秩序》，《王畿集》卷十四，吴震编校整理，第389页。按：邹守益本人亦曾自述其为学工夫有数变（参见邹守益：《书谢青冈卷》，《邹守益集》卷十七，董平编校整理，第819页）。
⑧ 邹守益：《改斋文集序》，《邹守益集》卷二，董平编校整理，第59页。
⑨ 焦竑：《董先生》，《焦氏笔乘》卷三，上海古籍出版社1986年版，第80页。
⑩ 陈九川：《答聂双江》，《明水陈先生文集》卷一，江西省图书馆所藏清抄本。
⑪ 沈善洪主编：《黄宗羲全集》（第7册），第482页。
⑫ 沈善洪主编：《黄宗羲全集》（第7册），第518页。
⑬ 沈善洪主编：《黄宗羲全集》（第7册），第446页。
⑭ 陈诜：《王塘南先生自考录序》，王时槐：《王塘南先生自考录》，民国九年王锡馨重刊本。
⑮ 参见耿定向：《明福建提刑按察使胡公墓志铭》，《耿定向集》卷二十，傅秋涛点校，第731页。
⑯ 参见沈善洪主编：《黄宗羲全集》（第8册），第3—5页。
⑰ 邹元标：《重修阳明先生祠记》，王守仁：《王阳明全集》，吴光、钱明、董平等编校，第1526页。
⑱ 吴光主编：《刘宗周全集》（第6册），第173页。

学说的过程中，由于被接受对象的屡创“新渠”，加之阳明“因病立方，时时权实互用，后人不得其解”[①]的教学方法，进而导致师从者或听讲者思想滑转然后发生改变，则更是常见的现象。[②]

至于“变”的原因，则不外乎以下几种：一曰“时”之变，即社会历史大环境的改变。二曰“履”之变，即个人经历及政治仕途的突变。三曰“教”之变，即授受对象、场合、时间等条件的变化。四曰“师”之变，即师承交友关系的改变。五曰“学”之变，即本人为学趣旨的转向。这几种引发思想变迁的因素时常交叉影响、互为作用，其中尤以“时”之变为要。不过就上述对象而言，学问通道上的后三者之变所起的作用似乎远远大于“时”之变。如果说阳明弟子们的思想之“变”主要是由于“师”之变或“学”之变的话，那么阳明本人的思想嬗变则主要是由于“时”之变和“履”之变，由此方突显出一个思想巨人的深刻时代烙印以及阳明本人在事功方面所表现出的“直是三代以后，数千百年一人”[③]的特殊成就。

其实，王门中人包括阳明本人善“变”的理论基础，恰恰是阳明自己关于“良知”属性的一段精彩论述：

> 良知即是易，其为道也屡迁，变动不居，周流六虚，上下无常，刚柔相易，不可为典要，惟变所适。[④]

可以说，阳明本人的心路历程是这一理论的最佳范本，其门人后学则是这一理论的坚定捍卫者。而本章就是试图借用这一理论来指导对阳明思想的解剖与诠释。

众所周知，“龙场悟道”在阳明的思想形成过程中具有颠覆性意义，而“龙场悟道”的重要内容就是对朱熹“格物穷理”说的怀

---

① 吴光主编：《刘宗周全集》（第5册），第2页。
② 参见王守仁：《王阳明全集》，吴光、钱明、董平等编校，第1、1235、1597页中有关徐爱、聂豹思想转变的记载。此外如刘宗周曰：“于阳明之学凡三变：始疑之，中信之，终而辩难不遗余力。”［吴光主编：《刘宗周全集》（第6册），第147页］
③ 毛奇龄：《王文成传本·续补》，《西河合集》第十二函第二册，清康熙五十九年（1720）刻本。
④ 王守仁：《王阳明全集》卷三，吴光、钱明、董平等编校，第125页。

疑和否定。[1]然朱熹的“格物穷理”说本身却包含两方面的意蕴，即“格物穷理”的工夫论意义与本体论意义。前者是要回答如何“格物穷理”的问题，后者是要回答格什么物、穷什么理的问题。阳明的“龙场悟道”可以说主要是对“格物穷理”的工夫论意义的怀疑和否定。至于“格物穷理”的本体论意义，阳明当时似乎并未作太多的思索，他只是将“天理”移置人的心中，使心等同于理（“心即理”），从而为在特殊的自然人文环境下实现自我、成圣悟道提供理论上的支撑。无怪他十年后仍后悔地说：“往年区区谪官贵州，横逆之加，无月无有。迄今思之，最是动心忍性、砥砺切磋之地。当时亦止搪塞排遣，竟成空过，甚可惜也。”[2]流露出对滞留贵州期间未能实现思想的完全突破的些许不满。直到“宸濠诸奸之变”（详见后述）后，阳明才对朱熹的理本论作了深刻的反思，结果使他放弃了中年的“心即理”说，而“专提致良知”说。如果说“龙场悟道”是阳明思想发展的第一次突破，那么“宸濠诸奸之变”后对“致良知”学说的强调，便是他思想发展的第二次突破。两次突破代表了阳明思想由早期过渡到中期，再由中期过渡到后期的两个转折点。为了阐释阳明的中晚年思想的嬗变，有必要先来看看他的早期思想。

---

① 阳明幼年时曾在家乡拜宪卿第理学旧居陆恒为师，长大后曾手书“理学旧居”四字赠之，该手迹复制品现存于余姚瑞云楼王阳明纪念馆。十一岁至十五岁时曾随其父寓京师，“遍求考亭遗书读之”。十八岁时尝到广信（今上饶）向理学家娄谅问学，“语宋儒格物之学”。二十一岁举浙江乡试后，又进一步“为宋儒格物之学”（参见王守仁：《王阳明全集》卷三十三，吴光、钱明、董平等编校，第 1223 页）。这些都反映出阳明二十几岁之前对程朱理学的迷恋。

② 王守仁：《王阳明全集》卷四，吴光、钱明、董平等编校，第 159 页。

第一节 简易工夫

王阳明中后期思想发生嬗变的一个明显特征，就是“宸濠诸奸之变”前基本以“诚意”为主，突出诚意的本体地位，此后则以“致知”为宗，“单提致良知三字”，[①]以凸显良知的本体地位。[②]而反映阳明思想转向的一个重要标志，就是他在对《大学》进行新解的过程中所留给后人的新旧两篇《古本大学序》以及《大学古本旁释》的前后两个文本。[③]尽管阳明还作过《中庸古本注》，并希望将其与《大学古本旁释》“合并”[④]，但《大学》毫无疑问是他关注的重点，其一生的思想创设都是建立在《大学》这篇经典之上的。这固然与阳明早年以《礼记》为科考科目有一定关系，但更重要的，还是因为明代理学之争，皆以《大学》为中心，尤其是在反对朱子学时，率以古本《大学》为据，而这又是从朱子思想乃贯注于《大学章句》一点而来。因此，阳明与朱子决裂的关键，亦在于如何应对朱子《大学》改本并作怎样之新解，由此形成了阳明的《大学》观，并衍化出他的一些根本思想。

《大学》原为小戴《礼记》的第四十二篇。东汉郑玄为之作注，唐代孔颖达领撰《五经正义》，《大学》遂定格为郑注、孔疏本，习称“注疏本”。此即《古本大学》。自韩愈《原道》、李翱《复性书》始，将《大学》视为儒家之基础。宋仁宗天圣八年（1030）王拱宸作《大学轴》，《大学》乃脱离《礼记》而独立。继之有宋儒之《大学》注释。程颐以《大学》为“初学入德之门”。[⑤]朱熹教人治学先《四书》、尤先《大学》：“学问须以《大学》为先，次《论语》，次《孟子》，次《中庸》。”[⑥]并曰：“某

---

① 王守仁：《王阳明全集》卷四十一，吴光、钱明、董平等编校，第 1574 页。

② 这并不是说阳明到了后期就不重视“诚意”了，如他在《答顾东桥书》（嘉靖四年作）中曰：“若诚意之说，自是圣门教人用功第一义。”（王守仁：《王阳明全集》卷二，吴光、钱明、董平等编校，第 41 页）而他坚持提倡诚意功夫的用意，仍是为了避免学者的“务外遗内，博而寡要”之弊，这点在阳明的思想中是始终一贯的［参见吉田公平：《陆象山と王阳明》，（日本）研文出版 1990 年版，第 267 页］。

③ 故陈明水说：“先师所以悟入圣域，实得于《大学》之书。而有功于天下后世，在于古本之复。”［沈善洪主编：《黄宗羲全集》（第 7 册），第 531 页］

④ 参见束景南：《王阳明年谱长编》，第 1611 页。

⑤ 程颢、程颐：《河南程氏遗书》卷二十二上，《二程集》，王孝鱼点校，第 275 页。

⑥ 黎靖德编：《朱子语类》卷十四，王星贤点校，中华书局 1986 年版，第 249 页。

于《大学》用工甚多。温公作《通鉴》，言：‘臣平日精力，尽在此书。’某于《大学》亦然。《论》《孟》《中庸》却不费力。”但朱子对《大学》却是“一面看，一面疑，未甚惬意，所以改削不已”。[①]指出：“《大学》一篇，经二百有五字，传十章。今见于戴氏礼书。而简编散脱，传文颇失其序，子程子盖尝正之。熹不自揆，窃因其说复定此本。”[②]如程颐改《大学》“在亲民”为“在新民”，[③]朱熹从之，以为《大学》传二章之“苟日新，日日新，又日新”，“作新民”，“其命维新”，皆“释新民”也。朱子把提出三纲领（即“明明德”“亲民”“止于至善”）八条目（即“格物”“致知”“诚意”“正心”“修身”“齐家”“治国”“平天下”）的第一部分称为“经”，把第二部分即解释三纲八目及其相关部分的称为“传”，并认为“经”是“孔子之言而曾子述之”，“传”是“曾子之意而门人记之”。经传十一章中有些是从程本，[④]有些是从古本，有些则是朱子自定。特别是第五章，乃朱子补作，而非《大学》原文。其曰：“右传之五章，盖释格物致知之义，而今亡矣。间尝窃取程子之意以补之。”[⑤]这段所谓“补传”共134字，是程朱学派“格物穷理”说的精髓。如此一来，朱子不仅改变了《大学》原来的次序，而且使“格物”成了“八条目”之首。自元代起，朱子章句本风靡学界，古本几悬而不用。明永乐后，古本更疏见于世。

王阳明为了从理论上彻底推倒朱子的“格物穷理”说，亦特别重视对《大学》的研究。他一方面承明初甬上学派黄润玉之说，[⑥]主

---

① 黎靖德编：《朱子语类》卷十四、卷十九，王星贤点校，第258、437页。

② 朱熹：《记〈大学〉后》，《朱熹集》卷八十一，郭齐、尹波点校，四川教育出版社1996年版，第4174页。

③ 程颢、程颐：《程氏经说》卷五，《二程集》，王孝鱼点校，第1129页。

④ 故清人朱鹤龄说：“《大学古本》与《中庸》，俱出小戴礼，原不分经传。……程明道改本，亦未分经传。……伊川始分经传，更定如今本所次，文理粲然贯通，而明道本遂废。朱子又以格致传阙为之补入。”（朱鹤龄：《与杨令若论大学补传书》，《愚庵小集》卷十，虞思徵点校，华东师范大学出版社2010年版，第212页）。只是伊川未予明示，待朱子重订章句时，才承伊川之续，明确为《大学》分判经传。

⑤ 朱熹：《大学章句》，《四书章句集注》，第4—6页。

⑥ 全祖望说：“古本《大学》，乡先生黄孟清（名润玉，号横溪）佥事言之最精，新建之说出其后，不若佥事之浑成也。”（全祖望：《跋古本大学》，《鲒埼亭集外编》卷二十七，《全祖望集汇校集注》，朱铸禹汇校集注，上海古籍出版社2000年版，第1281页）“然先生（指黄润玉）系吾乡朱学大宗，而其经书补注多有不合，至于《大学》古本以及格物之义，则实开新建之先。”（全祖望：《横溪南山书院记》，《鲒埼亭集外编》卷十六，《全祖望集汇校集注》，朱铸禹汇校集注，第1055页）

张恢复古本，[①]认为今欲救宋学之偏颇，"惟有返朴还淳是对症之剂"。[②]而所谓"返朴还淳"，就经籍而言，就是要回复原典，以还经书之本来面目。于是对《大学》古本，阳明"以《大学》未曾错简"，取郑注孔疏而旁释之，从而显出自己"天惜聪明，不肯尽归于一人"的思想性格。[③]另一方面他又致力于对《大学》的重解，如针对程朱的解释和改削，他不仅要以"旧本为正"，主张"去朱子之分章而削其所补之传"，而且强调古本《大学》所言"皆是'亲'字意……说'亲民'便是兼教养意，说'新民'便觉偏了"。[④]尽管阳明一生反对立文字，[⑤]尤其不愿从事注释性的工作，但对《大学》却格外青睐，撰写了《大学古本旁释》，这是他生前出版最早的一本著作。[⑥]故而钱德洪所谓"吾师阳明先生，平时论学，未尝立一言，惟揭《大学》宗旨，以指示人心"，[⑦]当属实言。

《大学古本旁释》今存两种版本，即《涵海》（第一门）本与《百陵学山》（天号）本。《涵海》本原为清乾隆四十七年（1782）绵州李调元万卷楼刊本，后有嘉庆十四年（1809）其弟李鼎元重刊本、道光五年（1825）其子李朝夔补刊本，以及光绪八年（1882）广汉钟登甲乐道斋袖珍刊本。民国二十四年（1935）商务印书馆的《丛书集成初编》本及1986年台北新文丰出版的《丛书集成新编》本，皆为《涵海》本的影印重刊本。日本文政七年（1825），福冈某人在长崎从吴商手中购得李调元刊本，后为日本阳明学者佐藤一斋所获。《百陵学山》原为明隆庆二年至万历十二

---

① 明代推崇古本而重视诚意章者，还大有人在，如边廷英的《古本大学说》、王定柱的《大学臆测》、来知德的《大学古本》、朱夏的《大学辨疑》等。

② 王守仁：《王阳明全集》，吴光、钱明、董平等编校，第205页。

③ 明儒来知德语，见沈善洪主编《黄宗羲全集》（第8册），第622页。

④ 王守仁：《王阳明全集》，吴光、钱明、董平等编校，第75、1—2页。

⑤ 如阳明说过："讲学须得与人人面授，然后得其所疑，时其浅深而语之。才涉纸笔，便十不能尽一二。""若笔之于书，乃是异日事，必不得已，然后为此耳！"（王守仁：《王阳明全集》卷四十一，吴光、钱明、董平等编校，第1574页）

⑥ 阳明对《五经》《四书》皆有研究，并作过文献学意义上的删正与旁注，如钱德洪所言："所幸四方同志信道日众，夫子遗书之存，《五经》有删正（指在贵阳时所作的《五经臆说》，今仅存十三条），《四书》有傍注……是夫子虽没，其心在宇宙，其言在遗书，百世以俟圣人，断断乎知其不可易也。"（王守仁：《王阳明全集》卷三十八，吴光、钱明、董平等编校，第1445页）然之后予以刊刻的却只有《大学古本旁释》。

⑦ 王守仁：《王阳明全集》卷十一，吴光、钱明、董平等编校，第1584页。

年（1568—1584）王文禄辑刊本，[①]而王文禄是于嘉靖七年（1528）秋在绍兴阳明洞听王畿讲《大学》时得到了阳明的《大学古本旁释》，后遂将其编入《百陵学山》。《百陵》本于《旁释》后附《大学古本问》（即《大学问》）一卷。比较而言，《涵海》本用的是《大学古本原序》，而《百陵》本用的则是《大学古本序》（即新序）。两种版本不仅序文有异，而且释文也不同，所以日本学者吉田公平认为："王阳明所作之《旁释》，无疑也有过改稿。"[②]但究竟何为原稿，何为改稿，吉田氏并未明言，只是说《涵海》本有430字，《百陵》本有744字。然笔者所见之《涵海》本却是422字，《百陵》本是721字。可见，即使是同一本子，因后人删改重印等原因，字数亦会有一些出入。比如明万历年间被刘斯原《大学古今通考》所录的阳明《大学旁注古本》，仅有410字，而且对比《涵海》本，异处亦甚多。故陈来怀疑《涵海》本与《百陵》本皆为改本，[③]是有一定道理的。此外，关于《涵海》本与《百陵》本孰先孰后的问题，吉田公平与陈来的看法亦截然相反。[④]

除《大学古本旁释》外，有关《大学》这部经典，阳明还撰有《大学古本原序》[⑤]《大学古本序》《大学问》等论著。其中刻于正德十三年（1518）的《大学古本旁释》《大学古本原序》以及比《大学古本旁释》迟刻一个月的《传习录》上卷中的部分语录，反映了阳明中期的《大学》观，而刻于嘉靖二年（1523）的《大学古本序》，以及其50岁以后撰写的《答顾东桥书》《答罗整庵少宰书》（均载《传习录》中）、《大学问》等则反映了阳明后期的《大学》观。

王阳明中后期的《大学》观有明显不同。中期是从37岁的"龙场悟道"到49岁的"宸濠诸奸之变"，这一时期，阳明主要是按照

① 嘉靖三十三年（1554）郑梓辑刊《明世学山》，凡五十种五十七卷；隆庆二年（1568）王完增至七十四种，改名《丘陵学山》；至万历十二年（1584），王文禄再增至百种，名曰《百陵学山》。
② 吉田公平：《王阳明研究史》，冈田武彦主编：《阳明学の世界》，（日本）明德出版社 1986 年版，第 483 页。
③ 参见陈来：《有无之境：王阳明哲学的精神》，第 125、143 页。
④ 参见冈田武彦主编：《阳明学の世界》，第 483 页；陈来：《有无之境：王阳明哲学的精神》，第 388 页。
⑤ 即"旧序"，罗整庵的《困知记》三续第二十章、朱彝尊的《经义考》卷一五九及《海涵》第一门《大学古本旁释》有录。

古本对《大学》的先后次序作了重新排列，以揭示圣学简易明白的“诚意”之教①和“知行合一”之说；后期从“宸濠诸奸之变”开始，这一时期，他主要是运用“良知”与“致良知”学说来重新解释《大学》，在程、朱之外，自己开出了一条《大学》诠释之蹊径。因此，倘若说阳明中期的《大学》观主要是以恢复古本《大学》为己任的话，那么后期的《大学》观则主要以发挥自己的“致良知”学说为宗旨。

阳明虽然在少年时代就对格物之学作过深切体认，这可以视为他对朱熹《大学章句》反思的开始。但阳明自己的《大学》观则是随着“龙场悟道”的过程而逐渐形成的，而“龙场悟道”的一个重要契机就是对《大学》古本的求证。据《阳明年谱》正德十三年（1518）七月“刻古本《大学》”条记载：

> 先生在龙场时，疑朱子《大学章句》非圣门本旨。手录古本，伏读精思，始信圣人之学，本简易明白。其书止为一篇，原无经传之分。格致本于诚意，原无缺传可补。以诚意为主，而为致知格物之功，故不必增一敬字。以良知指示至善之本体，故不必假于见闻。至是录刻成书，旁为之释，而引以叙。②

可见，阳明对朱熹《大学章句》的否定是先从“去分章而复旧本”③入手的。因为照朱熹的“经二百有五字，传十章”的分法，工夫就必须首先从“格物致知”作起：“‘知至而后意诚’，须是真知了，方能诚意。知苟未至，虽欲诚意，固不得其门而入矣。”“盖到物格知至后，已是意诚八九分了。”④这是由外而内的思维取向和致思路径。阳明不同意这种看法，他到龙场后，“日夜端居澄默，以求静一；久之，胸中洒洒”；忽中夜大悟格物致知之旨，“始知圣人之道，吾性自足，向之求理于事物者误也”。⑤就是

① 所以刘宗周说：“凡以亟复古本，以破朱子之支离，则不得不遵古本以诚意为首传之意而提倡之。”［吴光主编：《刘宗周全集》（第3册上），第455页］

② 王守仁：《王阳明全集》卷三十三，吴光、钱明、董平等编校，第1254页。

③ 王守仁：《王阳明全集》卷三十二，吴光、钱明、董平等编校，第1197页。

④ 黎靖德编：《朱子语类》，王星贤点校，第302、332页。

⑤ 王守仁：《王阳明全集》卷三十三，吴光、钱明、董平等编校，第1228页。

说，根本用不着去做朱子所说的那么繁难的格物致知工夫。所以阳明后来批评说：“《大学》古本乃孔门相传旧本耳。朱子疑其有所脱误，而改正补缉之。在某则谓其本无脱误，悉从其旧而已矣。”主张“去朱子之分章而削其所补之传”。[①]按照阳明的意思，求诸古本《大学》，则“其书止为一篇，无经传之分”；按其先后排列，则当以“诚意”为先。也就是说，工夫要从内到外，从本到末，从隐于内的“诚意”到形于外的“格物”。阳明与弟子蔡希颜的谈话，就清楚地说明了其“去分章而复旧本”的真正动机：

> 蔡希渊问：“文公《大学》新本，先格致而后诚意工夫，似与首章次第相合。若如先生（指阳明）从旧本之说，即诚意反在格致之前，于此尚未释然。”先生曰：“《大学》工夫即是明明德，明明德只是个诚意：诚意的工夫只是格物致知。若以诚意为主，去用格物致知的工夫，即工夫始有下落，即为善去恶无非是诚意的事。如新本先去穷格事物之理，即茫茫荡荡，都无着落处，须用添个敬字方才牵扯得向身心上来，然终是没根源。若须用添个敬字，缘何孔门倒将一个最要紧的字落了，直待千余年后要人来补出？正谓以诚意为主，即不须添敬字，所以提出个诚意来说，正是学问的大头脑处。于此不察，直所谓毫厘之差，千里之谬。大抵《中庸》工夫只是诚身，诚身之极便是至诚；《大学》工夫只是诚意，诚意之极便是至善；工夫总是一般。今说这里补个敬字，那里补个诚字，未免画蛇添足。”[②]

刘宗周对阳明的这一见解十分赞赏，认为阳明“疏《大学》，惟此段最端的无病。明明德只是个诚意，若意字看得分晓，委的不

---

① 王守仁：《王阳明全集》卷二，吴光、钱明、董平等编校，第75页。

② 王守仁：《王阳明全集》卷一，吴光、钱明、董平等编校，第38—39页。按：蔡希渊，又称希颜，名宗兖，号我斋，浙江山阴人，正德十二年（1517）进士。正德二年（1507）与徐曰仁、朱守忠同入阳明门下，“文成之弟子未之或先者也”[沈善洪主编：《黄宗羲全集》（第7册），第252页]。阳明曾在《别三子序》中曰：“希颜之深潜，守忠之明敏，曰仁之温恭，皆予所不逮。”（王守仁：《王阳明全集》卷七，吴光、钱明、董平等编校，第226页）蔡宗兖主张“诚身格物”，并利用自己最早及门，在阳明弟子中有较大影响的便利条件，随意解释《大学》之旨，引起阳明的不满（参见王守仁：《王阳明全集》卷四，吴光、钱明、董平等编校，第163页）。

必说正心更有工夫矣”[①]。这是因为，在刘宗周的心目中，“意”是“有善而无恶”的心之本体，“心之主宰曰意”。[②]而阳明当时虽已建立起“心外无理、心外无事、心外无物”的心一元论体系，但他对本体的认识还比较肤浅，还停留在“体”之“萌动处”即“意”的层面上。[③]所以他讲工夫也“惟以诚意为主”；不仅“格物致知者，诚意之功也”，而且连“正心”亦“只是诚意工夫里面体当自家心体”，而“修齐治平，只诚意尽矣”。[④]对阳明中期思想中的诚意之教评价较高的还有钱德洪，他说：

> 昔者吾师之立教也，揭诚意为《大学》之要，指致知格物为诚意之功。门弟子闻言之下，皆得入门用力之地。用功勤者，究极此知之体，使天则流行，纤翳无作，千感万应，而真体常寂，此诚意之极也。故诚意之功，自初学用之即得入手，自圣人用之精诣无尽。[⑤]

钱德洪的这一分析可以说为刘宗周等人的“主意”说开了先河。[⑥]

除了用“诚意”兼括《大学》八条目中的诸种工夫外，阳明甚至还用“诚意”来解释其发明于贵阳的“知行合一”说：

> 《大学》指个真知行与人看，说“如好好色，如恶恶臭”。见好色属知，好好色属行。只见那好色时已自好了，不是见了后又立个心去好。闻恶臭属知，恶恶臭属行。只闻那恶臭时已自恶了，不是闻了后别立个心去恶。[⑦]

---

① 吴光主编：《刘宗周全集》（第 4 册），第 84 页。按：后黄宗羲又转引刘宗周的这一案语，以示赞同，参见《黄宗羲全集》（第 7 册），第 231 页。

② 刘宗周：《问答》，《刘子全书及遗编》卷九；刘宗周：《学言下》，《刘子全书及遗编》卷十二，（日本）中文出版社 1981 年版。

③ 此时阳明所讲的“意”还并不尽同于“已发”，而应理解为介于身心之间的“萌动”之“几”，故他说：“修身是已发边，正心是未发边。”“意既诚，大段心亦自正，身亦自修。”（王守仁：《王阳明全集》卷一，吴光、钱明、董平等编校，第 25 页）

④ 王守仁：《王阳明全集》，吴光、钱明、董平等编校，第 1194、163、34 页。

⑤ 沈善洪主编：《黄宗羲全集》（第 7 册），第 261 页。

⑥ 参见钱明：《阳明学的形成与发展》，凤凰出版社 2002 年版，第 211—253 页。

⑦ 王守仁：《王阳明全集》卷一，吴光、钱明、董平等编校，第 4 页。

《大学》的“如恶恶臭，如好好色”是用来说明“诚意”的，[①]而阳明却用来指“真知行”。在他看来，“一念发动处，便即是行了”，“意”为“心之所发”，故“行”等于“意”；又因“欲行之心即是意，即是行之始”，而“知是行之始，行是知之成”，[②]故“知”也等于“意”。知行皆为“意”，“知行合一”亦即合一于“意”，知行工夫亦即“诚意”工夫。施邦耀在评注徐爱所录的阳明“知行合一”之训时说过：“所以诚意为《大学》大关键也”，“识先生好色恶臭之解于诚意之旨尽矣。”[③]这段眉批为我们理解阳明的“知行合一”说与“诚意”说的关系，起到了点石成金的作用。

需要指出的是，阳明对知行关系的思考与论证，其实也有一个前后变化的过程，这就是在贵阳时为超越朱子的“知先行后”“知行并进”说而在未作理论上深究的情况下直接提出“知行合一”说，到了“致良知”说的形成阶段，阳明则把“良知”引入了知行关系，使得知行问题能够从“意之体”深入到更深层面的良知本体即“心之体”。而这种对“知行合一”说的理论深化又是与阳明对“良知”或“致良知”说的认识之深入相辅相成的。亦即是说，只要同意阳明对心之体的认识有个逐渐深入的过程，那就得承认他对“知行合一”也有个逐渐深化的过程。

由此可见，阳明从古本《大学》里挖掘出来的“诚意”之教，不仅是否定和批判朱熹“格物穷理”说的重要武器，而且是建构其心一元论和前期“知行合一”说的理论基石之一。

然而，王阳明毕竟是个勇于进取的思想家，所以他从一开始就不满足于自己所作的《大学古本旁释》，这从他于正德十二年（1517）写给弟子陆澄的信中即可看出，书曰：“所问《大学》《中庸》注，向尝略具草稿，自以所养未纯，未免务外欲速之病，寻已焚毁。”[④]后来随着阳明思想的进一步成熟，他对自己中年的

① 参见朱熹：《大学章句》，《四书章句集注》，第 7 页。

② 王守仁：《王阳明全集》，吴光、钱明、董平等编校，第 96、42、4 页。

③ 萧天石主编：《王阳明选集》，《中国子学名著集成》（第 39 册），中国子学名著集成编修基金会 1978 年版，第 11—12 页。按：关于施邦曜其人其事及其与阳明学的关系，可参见施培春：《施邦曜对阳明学说的贡献》，《阳明史脉》2014 年第 1 期。

④ 王守仁：《王阳明全集》卷四，吴光、钱明、董平等编校，第 166 页。

《大学》观也越来越感到不满。嘉靖三年（1524，阳明53岁），他在给黄勉之的信中就说：

> 古本之释，不得已也，然不敢多为辞说，正恐葛藤缠绕，则枝干反为蒙翳耳。短序亦尝三易稿，石刻其最后者。今各往一本，亦足以知初年之见，未可据以为定也。①

声称《古本大学旁释》是自己不得已而为之，故而不可据此为定本。用黄宗羲的话说，就是“新建欲复古本，尚在离合之间”，②亦即阳明对《古本大学》的把握尚未到位，是故犹豫不决。而对这种“未能时时发明”古本《大学》之意蕴的现象，阳明一直心存忧虑，尝谓：“用是《大学》古本曾无下笔处，有辜勤勤之意。然此亦自可徐徐图之，但古本白文之在吾心者，未能时时发明，却有可忧耳。”③也就是说，欲求自己的《大学》观能日臻完善，是阳明对自己所撰的《古本大学序》反复斟酌、三易其稿的根本原因。

据笔者分析，王阳明对自己中年的《大学》观不满的主要原因是，他虽能按照古本《大学》的次序对朱子《大学章句》中“传十章”的工夫次第进行调整，从而使“诚意”工夫处于经文之后居于传文之首的有利位置，但却无法改变古本《大学》首章“八条目”的基本框架，即“古之欲明明德于天下者，先治其国；欲治其国者，先齐其家；欲齐其家者，先修其身；欲修其身者，先正其心；欲正其心者，先诚其意；欲诚其意者，先致其知；致知在格物。格物而后知至，知至而后意诚，意诚而后心正，心正而后身修，身修而后家齐，家齐而后国治，国治而后天下平”。从其先后次序看，诚意之前有致知、格物，之后有正心、修身，在八条目中的位置并不显要，因而阳明提出《大学》诸工夫“惟以诚意为主”的论断，在文本经义上是较难成立的，倒是朱子的“《大学》新本，先格致而后诚意工夫，似与首章次第相合。若如先生（阳明）从旧本之说，即诚意反在格致之前”。④《大学》“首章”，也就是《大学》

---

① 王守仁：《王阳明全集》卷五，吴光、钱明、董平等编校，第193页。
② 沈善洪主编：《黄宗羲全集》（第10册），第39页。
③ 王守仁：《王阳明全集》卷五，吴光、钱明、董平等编校，第193页。
④ 王守仁：《王阳明全集》卷一，吴光、钱明、董平等编校，第38页。

开头的经文部分。是故泰州学派的王栋说："明翁（指阳明）原不从《大学》经文条分句解。"[①]但事实上，阳明想回避经文是不可能的，这就不能不促使他对《大学》首章作系统的研究，以至于后来"接初见之士，必借《学》《庸》首章以指示圣学之全功，使知从入之路"。[②]为此，他晚年又专门撰写了《大学问》[③]。据钱德洪说：

> 《大学问》者，师门之教典也。学者初及门，必先以此意授。……门人有请录成书者。曰："此须诸君口口相传，若笔之于书，使人作一文字看过，无益矣。"嘉靖丁亥八月，师起征思、田，将发，门人复请。师许之……兹收录《续编》之首。使学者开卷读之，思吾师之教平易切实，而圣智神化之机固已跃然，不必更为别说，匪徒惑人，只以自误，无益也。[④]

次年阳明去世，故而《大学问》成为其晚年之定论，也是其《大学》观乃至整个学说体系之总括。

《大学问》与阳明中年的《古本大学旁释》的最大不同处在于：前者注重解明《大学》经文，而后者则"不分经传"，只对《大学》的先后次序作调整并予以简释；前者不重点考虑《大学》是古本还是新本，只要求对心、意、知、物、格、致、诚、正重新作出解释，而后者则"去分章而复旧本"，依照古本的结构，来突出"诚意"的地位。因此，阳明晚年《大学》观的重点是对《大学》的重解，而不是恢复古本、调整结构，这是我们理解阳明晚年《大学》观的关键。

关于王阳明晚年《大学》观的主要内容，概括地说有以下四个

---

① 王栋：《会语续集》，《王一庵先生遗集》卷上，《四库全书存目丛书·子部》（第10册），第80页。

② 王守仁：《王阳明全集》卷二十六，吴光、钱明、董平等编校，第967页。

③ 又称《大学或问》（参见王守仁：《王阳明全集》卷二十六，吴光、钱明、董平等编校，第973页）或《大学古本问》，全文有六个问答，而王文禄则将其分为"四问答"，薛侃的《阳明先生则言》、孟津的《良知同然录》以及刘斯原的《大学古今通考》均分为"三问答"。有人曾对钱德洪的《大学问》之来历说提出质疑（参见方东旭：《〈大学问〉来历说考异》，《哲学门》第1卷第2册，湖北教育出版社2000年版），然根据以上三种史料，我们完全有理由相信《大学问》以及钱德洪所言的真实性。

④ 王守仁：《王阳明全集》卷二十六，吴光、钱明、董平等编校，第973页。

方面。

一、用“致知”代替“诚意”

王阳明47岁作《古本大学原序》（共257字），后曾三易其稿，而收于《王文成公全书》卷七的《古本大学序》（共328字）乃其52岁时的改定稿。至于为什么要改序，据阳明正德十六年（1521，50岁）《与陆清伯书》：“《大学》古本一册寄去，时一览。近因同志之士，多于此处不甚理会，故序中特改数语，有得便中写知之。”①四年后即嘉靖四年（1525，54岁），他在给薛尚谦的信中又进一步明确道：“致知二字，是千古圣学之秘，向在虔时终日论此，同志中尚多有未彻。近于古本序中改数语，颇发此意，然见者往往亦不能察。今寄一纸，幸熟味！此是孔门正法眼藏，从前儒者多不曾悟到，故其说卒入于支离。”②“致知”即“致良知”，是阳明50岁前后在赣州提出的重要哲学命题，也是其思想成熟的标志之一。阳明改序的目的，就是要用“致知”代替“诚意”。下面就比较一下原序与改序的不同，③加重点号者为二序之不同处：

> 《大学》之要，诚意而已矣。诚意之功，格物而已矣。诚意之极，止至善而已矣。止至善之则，致知而已矣（原序无此句）。正心，复其体也；修身，著其用也。以言乎己，谓之明德；以言乎人，谓之亲民；以言乎天地之间，则备矣。是故至善也者，心之本体也；动而后有不善，而本体之知，未尝不知也（原序无此句）。意者，其动也；物者，其事也。致其本体之知，而动无不善，然非即其事而格之，则亦无以致其知。故致知者，诚意之本也；格物者，致知之实也。物格则知致意诚，而有以复其本体，是之谓止至善（原序作“格物以诚意，复其不善之动而已矣。不善复而体正，体正而无不善之动矣。是之谓止至善”）。圣人惧人之求之于外也，而反复其辞。旧本析而圣人之意亡矣。是故不务（原序作本）于诚意，而徒以

① 王守仁：《王阳明全集》卷二十七，吴光、钱明、董平等编校，第1011页。
② 王守仁：《王阳明全集》卷五，吴光、钱明、董平等编校，第199—200页。
③ 关于中外学者有关原序与改序问题的考论，详见钱明：《阳明学的形成与发展》，第57页。

格物者，谓之支；不事于格物，而徒以诚意者，谓之虚；不本于致知，而徒以格物诚意者，谓之妄（原序无此句）。支与虚与妄（原序无此二字），其于至善也远矣。合之以敬而益缀，补之以传而益离。吾惧学之日远于至善也，去分章而复旧本，傍为之释，以引其义。庶几复见圣人之心，而求之者有其要。噫！乃若致知则存乎心悟，致知焉尽矣（原序作"罪我者其亦以是矣夫"）。

根据二序的差异，可以很清楚地看出阳明中后期思想的转变，即中期是以"诚意"为主，后期是以"致知"为主，"所释《大学》古本，谓致其本体之知"，以至提出"致知者，意诚之本也"，故而"圣门教人用功第一义"，亦由"诚意"变成了"致良知"。[①]原序中无一语提及"致知"，改序所增的则全都有关于"致知"。从字面上理解，把"不本于诚意"的"本"字改成"务"字，并加上一句"不本于致知，而徒以格物诚意者，谓之妄"，就足以使"诚意"的地位降低，进而达到以"致（良）知"代替"诚意"，使"致（良）知"成为《大学》诸工夫之要的目的。用阳明的话说：

区区专说致良知，随时就事上致其良知，便是格物；着实去致良知，便是诚意；着实致其良知而无一毫意必固我，便是正心。[②]

"致良知"成了"主意头脑"或"学问大头脑"，[③]对此，记录原序的罗钦顺说得最为明白：

庚辰春，王伯安以《大学》古本见惠，其序乃戊寅七月所作。序云（见上引原文）。夫此其全文也。首尾数百言，并无一言及于致知。近见《阳明文录》，有《大学古本序》，始改

① 王守仁：《王阳明全集》，吴光、钱明、董平等编校，第 43、119、41、71 页。
② 王守仁：《王阳明全集》卷二，吴光、钱明、董平等编校，第 83 页。
③ 王守仁：《王阳明全集》卷二，吴光、钱明、董平等编校，第 83、71 页。

用致知立说，于格物更不提起。其结语云：“乃若致知则存乎心，悟致知焉尽矣。”阳明学术以良知为大头脑，其初序《大学》古本，明斥朱子传注为支离，何故却将大头脑遗下，岂其拟议之未定欤？合二序而观之，安排布置，委曲迁就，不可谓不劳矣。然于《大学》本旨，恶能掩其阴离阳合之迹乎？①

日本学者山下龙二认为，原序在文理上符合论理逻辑，而改序则冒头说“诚意”，文末说“致知”，所作的是无理的说明。原序不管怎样毕竟是即于《大学》古本之原文作忠实的诠释，而改序则完全是按照自己的“致良知”说利用《大学》。②其实，如果说改序存在理论上的破绽，在逻辑上不能自圆其说，那么这个问题在原序中便显得更加严重（见前述）。二者都不是在对《大学》古本之原文作忠实的诠释，而是在借《大学》一书阐发自己的思想，而随着阳明思想宗旨的转换，须对《大学》进行新解，乃是顺理成章的事。

二、“意”之内涵的转换

前面说过，阳明的心一元论在初创阶段是不够彻底的，他把“诚意”置于“八条目”之首，本意是想说明“心即理”，求理只需求之于心。然而当他“本于诚意”，强调“意”的本体意义时，“心之体”的地位便发生了动摇。虽然阳明从未明确提出过“意体”的概念，但他正德八年（1513）《与黄宗贤》书尝曰：“仆近时与朋友论学，惟说‘立诚’二字。……益见得吾侪往时所论，自是向里。”正德十年（1515）《赠郑德夫归省序》又曰：“子务立其诚而已。”“立诚”的作用是“向里”“植根”，“格物致知者，立诚之功也”，于是他又提出了“诚是心之本体”的命题。从“以诚意为主”到“立诚”，再到“诚是心之本体”，无不是为了凸显“意”的地位。而阳明在试图把“心”上升到“主宰”地位的同时，却始终抹不去“心”的“知觉”功能：“所谓汝心，却是那

① 罗钦顺：《困知记》三续第二十章，阎韬点校，中华书局1990年版，第95页。
② 参见山下龙二：《阳明学の终焉》，（日本）研文出版1991年版，第190页。

能视听言动的，这个便是性，便是天理。”①很显然，在“形而上”的层面上，这种低层次的“知觉”之“心”，还不如有着“主向”功能的“意”。因此可以这么说，阳明在“专提致良知”之前，对本体的认识是有些含混不清或自相矛盾的。

对此，其弟子陈九川曾提出过质疑：

> 近年体验得“明明德”功夫只是“诚意”。自“明明德于天下”，步步推入根源，到“诚意”上，再去不得，如何以前又有格致工夫？后又体验，觉得意之诚伪，必先知觉乃可。……又自疑功夫颠倒，与诚意不成片段。②

刘宗周也说过：

> 先生（阳明）解《大学》，于“意”字原看不清楚，所以于四条目处未免架屋叠床至此。③

并且认为阳明对“意”的解释前后矛盾，是导致其后学意见分歧的病因之一。故此，在阳明晚年的《大学》观中，对“意”的解释具有举足轻重的作用。

从先秦开始，对“意”的范畴就有两种理解：一种是《论语》的“毋意”说，另一种是《大学》的“诚意”说。前者把“意”视为意欲私念，“是就私意说”，而后者则将“意”看作是“好善恶恶”的从善意向，“是就好底意思说”。④宋明理学家大都用“意”与“志”这两个概念来加以区分，如陈淳的《北溪字义》解释“意”是“心上发起一念”，“在思量运用之义”，因而“意”“有善有恶”也；解释“志”为“心之所之，之犹向也，谓心之正面全向那里去”，因而“志”“好善恶恶”也。

阳明对“意”的解释亦大致沿袭了上述两条思路，他认为，“意”有“私意”与“诚意”之分：“曰：‘如好好色，如恶恶

---

① 王守仁：《王阳明全集》，吴光、钱明、董平等编校，第152、238、271、35、36页。
② 王守仁：《王阳明全集》卷三，吴光、钱明、董平等编校，第90页。
③ 吴光主编：《刘宗周全集》（第4册），第108页。
④ 陈淳：《北溪字义》，第17页。

臭’，安得非意？曰：‘却是诚意，不是私意。诚意只是循天理。虽是循天理，亦著不得一分意（指私意）。’”“体认天理只要自心地无私意”，此即“私意”；“若有个前知的心，就是私心，就有趋避利害的意”；“若实用意去好善恶恶……便是诚意”，此谓“诚意”。“龙场悟道”后，阳明大都用《大学》的“如恶恶臭，如好好色”来解释“意”，并认为“诚意”之意谓指“不辞险阻艰难，决意向前”，[①]亦即意向之意。而“宸濠诸奸之变”后，阳明则大都从“应物起念处”讲“意”，并“每以念字与意字合说”，[②]以为“着实致其良知而无一毫意、必、固、我，便是正心”；甚至强调“意与良知当分别明白。凡应物起念处，皆谓之意。意则有是有非，能知得意之是与非者，则谓之良知”。结果，阳明遂很自然地把好善恶恶的功能归于了良知：“良知只是个是非之心，是非只是个好恶。只好恶就尽了是非，只是非就尽了万事万变。”[③]诚如刘宗周所批评的：

> 文成本之曰“《大学》之道，诚意而已矣”，极是。乃他日解格致，则有“意在乎事亲”等语，是亦以念为意也。[④]

关于“意”之内涵的转换，王阳明在《大学问》中说得更加明确：

> 盖心之本体本无不正，自其意念发动，而后有不正。故欲正其心者，必就其意念之所发而正之。凡其发一念而善也，好之真如好好色；发一念而恶也，恶之真如恶恶臭；则意无不诚而心可正矣。然意之所发有善有恶，不有以明其善恶之分，亦将真妄错杂，虽欲诚之，不可得而诚矣，故欲诚其意者，必在于致知焉。[⑤]

---

① 王守仁：《王阳明全集》，吴光、钱明、董平等编校，第 29、109、27、34、164 页。
② 沈善洪主编：《黄宗羲全集》（第 7 册），第 232 页。
③ 王守仁：《王阳明全集》，吴光、钱明、董平等编校，第 83、217、111 页。
④ 吴光主编：《刘宗周全集》（第 2 册），第 498 页。
⑤ 王守仁：《王阳明全集》，吴光、钱明、董平等编校，第 971 页。

很显然，“止因新建（阳明）将意字认坏，故不得不进而求良于知”。[①]而正是随着“意”之地位的降低和“知”之地位的上升，“知”成为“体”乃是必然的结果：“有知而后有意，无知则无意矣，知非意之体乎？”[②]所谓“意之所在便是物”也必然被“物者良知所知之事也”[③]所替代。此时阳明已视意为念，意念发动“有善有恶”，故须借助好善恶恶的意志来把握方向，并用知善知恶的良知来明辨真妄，唯如此，欲诚之意才能“得而诚矣”。

比较而言，阳明所谓的“诚意之意”，是先天的“好善恶恶”的道德本能，它近于超越层次的心之体，因而“人但得好善如好好色，恶恶如恶恶臭，便是圣人”。[④]其所谓的“私意之意”，是后天的“有善有恶”的意念之动，它近于经验层次的物之用，因而“意念发动而后有不正”。如果根据前一种“意”，人只要顺着内在的道德本性去实地用功便是了；而根据后一种“意”，人就必须立足于自身的良知“知善知恶”，并借助于格物工夫“为善为恶”。阳明对“意”之内涵的转换，就是从“诚意”到“私意”，从“好善恶恶”的意向到“有善有恶”的意念，而这一转换过程，正是伴随着“意”之地位的降低与“（良）知”之地位的上升同时进行的。

三、“格物”工夫之新解

众所周知，在《大学》首章里，“格物”的位置是相当显要的。阳明既然无法更改经文的次序，那就势必承认“格物”的重要作用，这样便有可能与“致知”的地位发生冲突。于是，阳明便采取了对“格物”作全新解释的办法。

朱子解“格物”为通过读书见闻、“铢分毫析”，唤醒内心固存之天理；“物”在心外，“格物”有一个由外而内的渐进过程。阳明则把“格物”视为身心上的工夫，曰：“其格物之功，只在身心上做。”并且认为在身心上也有体用之分，心性为体，外显的事为动为用，“格物”就是由内而外的实际体认，亦即所谓“就学者

① 沈善洪主编：《黄宗羲全集》（第1册），第254页。
② 王守仁：《王阳明全集》卷二，吴光、钱明、董平等编校，第47页。
③ 曾才汉：《阳明先生遗言录》卷下，第55条。
④ 王守仁：《王阳明全集》卷三，吴光、钱明、董平等编校，第97页。

本心日用事为间，体究践履，实地用功”①。不过同为“身心上的工夫”，在阳明那里又有两种说法，一曰：“知者意之体，物者意之用。如意用于事亲，即事亲为一物，只要去其心之不正，以全其本体之正。故曰格者正也。”二曰：“致知在格物者，致吾心之良知于事事物物也。致吾心之良知于事事物物，则事事物物皆得其理矣。致吾心之良知者，致知也。事事物物皆得其理者，物格也。”②前者突出的是偏于内的“用于事亲”的“意根”，后者突出的是偏于外的“致吾心之良知于事事物物”的“致良知”；照前者而行事，就必“根究到一念发端处”，照后者而行事，则必致吾心之良知于“实有其事”处。对阳明的前后这两种说法，其弟子尤西川认为“二说只一说”，理由是：

前说似专指一念，后说则并举事物，若相戾者。然性无内外，而心外无物，二说只一说也。愚妄意格训则，物指好恶，吾心自有天则，学问由心，心只有好恶耳，颇本阳明前说。近斋（朱得之）乃训格为通，专以通物情为指。谓物我异形，其可以相通而无间者，情也，颇本阳明后说。然得其理必通其情，而通其情乃得其理，二说亦一说也。③

尤西川是基于内外合一、心物合一之旨而认定“二说亦一说也”。但在笔者看来，二说并非一说，二者的区别即在于：前者的立足点是“意”或“诚意”以及由意根而深入的心之“理”，而后者的立足点则是“良知”或“致良知”以及由良知而外化的事物之“情”。如果说前者还明显带有阳明中期思想的痕迹，那么后者便已完全反映出阳明后期思想的特质。而《大学问》中所阐释的“格物”论，便是建立在阳明后期的“致良知”说基础之上的。阳明说：

然欲致其良知，亦岂影响恍惚而悬空无实之谓乎？是必实

① 王守仁：《王阳明全集》，吴光、钱明、董平等编校，第120、41页。
② 沈善洪主编：《黄宗羲全集》（第7册），第748页。
③ 沈善洪主编：《黄宗羲全集》（第7册），第748页。

有其事矣。故致知必在于格物。物者，事也，凡意之所发必有其事，意所在之事谓之物。格者，正也，正其不正以归于正之谓也。正其不正者，去恶之谓也；归于正者，为善之谓也。夫是之谓格。①

尽管王阳明在《大学问》中仍坚持训“格”为“正”，然其重点却落实在了事事物物上的“为善去恶”。针对阳明的这种说法，罗钦顺曾批评说：

其为训如此，要使之内而不外，以会归一处。……审如所训，兹惟《大学》之始，苟能即事即物，正其不正以归于正，而皆尽夫天理，则心亦既正矣，意亦既诚矣。继此，诚意、正心之目，无乃重复堆叠而无用乎？②

应该说，在阳明的工夫论中的确有如罗钦顺所批评的使功夫“内而不外，以会归一处”的弊端，因为在阳明看来，“功夫不离本体，本体原无内外”，③所以只要会归于内在本体即可。然而，阳明的功夫论中还存在“必实有其事”的另一面，这是其“致良知”说的核心思想之一，也是被罗钦顺等人所忽视的一面。总之，宋儒的“格物”说经过阳明的几番改造后，已不再是由外而内、独立于身心之外的对知识见闻的追求，更不是“影响恍惚而悬空无实之谓”的正心诚意之功，而是“不要有内外”④之分的、既“不离本体”又不离功夫的为善去恶的过程。

四、“万物一体”的《大学》观

王阳明晚年《大学》观的最重要特征是“万物一体”论。嘉靖三年（1524），他在稽山书院宣讲《大学》时，“只发《大学》万物同体之旨”。嘉靖六年（1527），当他发表《大学问》时，已将“万物一体”思想贯穿于全书，成为他晚年思想的最后“定论”。

---

① 王守仁：《王阳明全集》卷二十六，吴光、钱明、董平等编校，第972页。
② 罗钦顺：《与王阳明书》，《困知记》附录，阎韬点校，第109页。
③ 王守仁：《王阳明全集》卷三，吴光、钱明、董平等编校，第92页。
④ 王守仁：《王阳明全集》卷三，吴光、钱明、董平等编校，第92页。

他不同意所谓《大学》诸工夫在时间上有先后次序的看法，认为“功夫条理虽有先后次序之可言，而其体之惟一，实无先后次序之可分。其条理功夫虽无先后次序之可分，而其用之惟精，固有纤毫不可得而缺焉者”。在他看来，“身、心、意、知、物者，是其工夫所用之条理，虽亦各有其所，而其实只是一物。格、致、诚、正、修者，是其条理所用之工夫，虽亦皆有其名，而其实只是一事”。依据这一实践法门，阳明还对《大学》“明明德”与“亲民”的关系作了新解，认为“明明德”是“知”，是“万物一体”的本体；“亲民”是“行”，是“万物一体”的作用，两者虽分本末但不为二物。因此，他反对程、朱改《大学》“亲民”为“新民”的做法，因为“新”字是从效果言，而“亲”字则从心性言；而朱子先明己之“明德”之体，再明人之“明德”（即“新民”）的做法，实乃分人己为二，使心物支离。故阳明指斥朱子释《大学》“物有本末”为“明德为本，新民为末”是“两物而内外相对”，①认为“明明德”若是“心上工夫”，“亲民”便是心性之体的外在作用即“事上磨练”，唯如此，“明明德”与“亲民”才能合为“一体”。

这样一来，《大学》的作用也随之发生了变化。朱子基于《大学》诸工夫有先后次序、循序渐进的立场，视《大学》为小学的必读书，是“六经之阶梯”，于此方“可见古人为学次第”；②而阳明则基于《大学》“万物一体”的立场，定义《大学》是达到“万物一体”的人格完成者的“大人之学”。因此，在阳明眼里，《大学》已不再是入门之书，而是穷极真理之书，在“四书”中的地位也远胜过《孟子》《中庸》：

> 《孟子》集义养气之说，固大有功于后学。然亦是因病立方，说得大段，不若《大学》格致诚正之功，尤极精一简易，为彻上彻下，万世无弊者也。③

---

① 王守仁：《王阳明全集》，吴光、钱明、董平等编校，第1290、972、971、970页。

② 朱熹：《大学章句》，《四书章句集注》，第3页。

③ 王守仁：《王阳明全集》卷二，吴光、钱明、董平等编校，第84页。

概而言之，从中期的“诚意”之教到后期的“致良知”说，是阳明心学思想成熟的标志，也是其《大学》观演变的基本轨迹。而“意”之内涵的转换和对“格物”工夫的新解，不过是为了衬托“致良知”之说，“万物一体”不过是一体于“良知”，与此相应的《大学》诸种工夫也自然应会归于“致良知”，这些在阳明看来乃是其简易工夫的最终体现。所以阳明说：“吾讲学亦尝误人，今较来较去，只是‘致良知’三字无病。”①而刘宗周之所以会批评王阳明说：“阳明子言良知，最有功于后学，然只传《孟子》教法，于《大学》之说，终未有合。”②则是因其提出“致良知”说后已不像过去那样强调“诚意”说所导致的。与此相反，钱德洪等人由于坚持阳明的晚年“定论”，所以在《王文成公全书》中，只收入阳明临征思、田前所作的能够完整反映其晚年《大学》观的《大学问》和《大学古本序》，而不收其中年所作的《古本大学旁释》和《大学古本原序》。然而这样一来，却给后人了解王阳明在功夫论上的思想嬗变造成了一定困难。

① 王守仁：《王阳明全集》卷三十六，吴光、钱明、董平等编校，第 1341 页。
② 沈善洪主编：《黄宗羲全集》（第 8 册），第 974 页。

第二节　良知本体

一般来说，从“天理”到“良知”是宋学向明学演变的基本态势，也是阳明中后期心学思想嬗变的基本轨迹。而阳明对朱子理学本体所作的反思，则应该包括两个方面：一是本体层面的深化，二是本体内涵的演化。如果说阳明《大学》观的演变主要反映了他对心本体认识层面的深化，即从“诚意”到“致知”，从“意”之用到“心”之体，那么他对心本体内涵之性质的新见则主要反映在从“天理”到“良知”的转换中。

一、“心即理”说

正德五年（1510），阳明离开贵州，重返仕途。由于当时初闻阳明新说者，常兴起朱陆异同之辨，所以阳明便把注意力较多地放在朱陆争论的焦点心理之辨上，并对陆象山学说产生了浓厚兴趣。他在本体论上基本采纳了陆氏的“心即理”说，而在身心工夫的内涵上则仍以程、朱的“存天理、灭人欲”为基石，这与他重返仕途后所制定的维系纲常、稳定社会的施政纲领不无一定关系。譬如，他重返仕途后的第一个任职是庐陵知县，在半年多的任期内，他整顿基层组织，建立保甲制度，慎重挑选里正三老，解决了许多积压的案件，此外他还做了诸如清理交通驿站、杜绝苛捐杂税、禁止迷信神会等大量实事。正德九年（1514），他转任鸿胪寺卿，后因赣州等地发生内乱，又于正德十一年（1516）出任左佥都御史。次年，他为强化地方治安，而实施十家牌法。正德十三年（1518），他在各县设立社学，并制定乡约，以推动自治。这一时期，阳明所做的大都是为了恢复地方社会秩序而进行的政治、经济乃至教育等改革。这是因为，阳明重返仕途后所面对的正德以后的明代社会，已是一个赋役日重、户口日减、秩序混乱、民不聊生的社会，正如何良俊所言：

> 余谓正德以前，百姓十一在官，十九在田。盖因四民各有定业，百姓安于农亩，无有他志。……自四五十年来，赋税日增，徭役日重，民命不堪，遂皆迁业。……昔日逐末之人尚少，今去农而改业为工商者，三倍于前矣。昔日原无游手之

人，今去农而游手趁食者，又十之二三矣，大抵以十分百姓言之，已六七分去农。[1]

中国传统的以农为本的社会结构正在悄然发生着裂变，而这种社会现状又不能不对在青少年时代就有着强烈介入精神和淑世倾向的王阳明产生震动，并对其学术思想的发展产生重要影响。“心即理”说就是阳明在这一时期所阐述的重要观点之一。

南宋中叶，陆象山针对朱熹把天理与主体之心视为对峙之二极的观点，主张将“天理”直接移植到人“心”中，认为“人皆有是心，心皆具是理，心即理也”。[2]但他所说的“心即理”，无非是心与理的直接合一，这只要看一下他的如下论述即不难了然：“宇宙便是吾心，吾心即是宇宙。千万世之前有圣人出焉，同此心同此理也。千万世之后有圣人出焉，同此心同此理也。”[3]在象山看来，心与理尽管有形式之区别（心有主观性、自觉性，而理则具有客观性和超越性），但内容却是同一的。这样，“吾心”的个体性品格在普遍性之天理的制约下便被化为毫无个性内容的同一性之“心”。

到了明初，程朱理学一统天下，心理为二、动静分离，终成思维之定势，造成思想之禁锢。于是一些“以斯道为己任”的思想家便站出来唱反调，譬如张元桢（？—1506），字廷祥，号东白，南昌人，少为神童，以闽多书，父携之入闽，使纵观焉，登天顺四年（1460）进士第，入翰林为庶吉士；“卓然以斯道自任，一禀前人成法。其言‘是心也即天理也’，已先发阳明‘心即理也’之蕴。又言‘寂必有感而遂通者在，不随寂而泯；感必有寂然不动者存，不随感而纷’，已先发阳明‘未发时惊天动地，已发时寂天寞地’之蕴。则与此时言学，心理为二，动静交致者，别出一头地矣。”[4]可见，当时举起“心即理”说的大旗来抗衡程朱理学的，并非始于阳明，只不过这种变革精神，在阳明身上表现得最为明显罢了。

况且较之陆学及明初学者，阳明的“心即理”说还具有自己的鲜明个性，这主要表现在他对朱、陆二学的折中上，而不像陆学那

① 何良俊：《四友斋丛说》卷十三，《四库全书存目丛书·子部》（第103册），第375—376页。
② 陆九渊：《与李宰》，《陆九渊集》卷十一，钟哲点校，中华书局1980年版，第149页。
③ 陆九渊：《杂说》，《陆九渊集》卷二十二，钟哲点校，第273页。
④ 沈善洪主编：《黄宗羲全集》（第8册），第380页。

样直接用人心来代替天理。尽管阳明也不同意程、朱析心为二的做法，但为了强化心与理的直接同一性，他还是像程、朱一样，严格地区分道心（天理）与人心（私心），只是把这种区分限制在内容上而非外在形式上：“心即理也，无私心即是当理，未当理便是私心。”①“心一也，未杂于人谓之道心，杂以人伪谓之人心。人心之得其正者即道心，道心之失其正者即人心，初非有二心也。程子谓‘人心即人欲，道心即天理’，语若分析而意实得之。”②在阳明看来，除却人心，便是道心，便复心之本体；“惟一者，一于道心也；惟精者，虑道心之不一而或二之以人心也”。③换言之，在阳明的“心即理”命题中，“人心”即人的个体意志与自然性欲望，是被排除在外的。“心”即“道心”，遇有障蔽即成人欲，也就是“人心”；“正心”就是“复理”；“减得一分人欲，便是复得一分天理”。④因此，诸如“养得此心纯是天理”；“成就之者，亦只是要他心体纯乎天理，其运用处，皆从天理上发来”；“约礼只是要此心纯是一个天理”等使“心”纯乎“天理”的说教在阳明的中年之作《传习录》上卷里可谓比比皆是。⑤可见，阳明所谓的“心”，在其提出“良知”说之前，与程、朱的“理”在内在本质上并无二致，所谓“心之本体即是天理，体认天理只要自心地无私意”；“心之本体即是性，性即是理”；“定者心之本体，天理也”；便反映了此时阳明的致思取向。当时的阳明，只是把程、朱的超越之“理”，由外在强制变成人心中的内在强制；由道德他律变成建立在自觉基础的道德自律。尽管这一转换，仍不失为一次思想上的创设，但的确说不上有太大新意，就连阳明自己也承认：

---

① 王守仁：《王阳明全集》卷一，吴光、钱明、董平等编校，第26页。
② 王守仁：《王阳明全集》卷一，吴光、钱明、董平等编校，第7页。
③ 王守仁：《王阳明全集》卷七，吴光、钱明、董平等编校，第256页。
④ 王守仁：《王阳明全集》卷一，吴光、钱明、董平等编校，第28页。
⑤ 晚明学者施邦耀在批注《传习录》中卷“持志如心痛”（见王守仁：《王阳明全集》卷一，吴光、钱明、董平等编校，第13页）。按：此段原为徐爱录《传习录》卷二之首段）一段语录时指出：“君子之戒慎恐惧，只是一心在天理上。”又在批注“问知识不长进如何”（王守仁：《王阳明全集》卷一，吴光、钱明、董平等编校，第14页）这段对话时指出：“一心在天理上，任他耳听目视，手持足行，定盘星一毫不走，方是有本原之学。”［萧天石主编：《王阳明选集》，《中国子学名著集成》（第39册），中国子学名著集成编修基金会1978年版，第35页］用“一心在天理上”来概括阳明这一时期的学术观点，固然有些过分，但阳明此时的思想天平倾斜于“存天理”，则应该是事实。

“吾之心与晦庵之心未尝异也。”[①]因此，刘宗周及其弟子黄宗羲认定中年阳明在凸显心之主宰地位的同时，认为其“言天理二字不一而足”，[②]是符合实际的。而黄宗羲在评论“与罗整庵之言心性无以异也”的杨时乔时所言：“阳明于虚灵直觉中辨出天理，此正儒释界限，而以禅宗归之，不几为佛氏所笑乎？阳明固未尝不穷理，第其穷在源头，不向支流摸索耳。”[③]这更是对阳明“心即理”说的精辟解读。也就是说，阳明是在虚灵直觉的“心”的外在形式下把握实在的“天理”，其“心即理”说的重心仍在于“天理”，似乎离开了“天理”，“心”也就失去了主宰之意义。

与之相反，陆象山基于心一元论的立场，曾对程、朱以人欲、天理区分人心、道心的做法时有警发：“解者多指人心为人欲，道心为天理，此说非是。心一也，人安有二心？”[④]所以他很少把天理人欲、道心人心对言，屡谓《礼记》天理人欲之言，指天人不同；《书经》人心惟危，道心惟微之言，指人有二心，皆为不是。而阳明中年教人，“吃紧在去人欲而存天理”；[⑤]尤其“自南都以来，凡示学者，皆令存天理、去人欲，以为本”。[⑥]因此，在阳明的《传习录》上卷里，“存天理、灭人欲”的命题，几乎随处可见，其使用频率要远远超过他晚年所写的作品。若以“天理”一词为例，《传习录》上卷出现过60余次，而中、下卷加起来也只有45次，说明“天理”的确在阳明的中期思想中占有重要位置。在阳明看来：“定者心之本体，天理也”；“中只有天理，只是易”；“人到纯乎天理方是圣”；“一心皆在天理上用功，所以居敬亦即是穷理”；正心、诚意、明明德等身心工夫，都“只是要存天理、去人欲”；“圣人作经，只是要去人欲、存天理”；“主一之功”，即

---

① 王守仁：《王阳明全集》卷一，吴光、钱明、董平等编校，第 27、24、16、27 页。
② 沈善洪主编：《黄宗羲全集》（第 7 册），第 382 页。按：此语是刘宗周、黄宗羲针对《传习录》上卷所作的评论。
③ 沈善洪主编：《黄宗羲全集》（第 8 册），第 317 页。按：杨时乔学于甘泉门下的吕怀，“其大旨以天理为天下所公共，虚灵直觉是一己所独得，故必推极其虚灵觉识之知，以贯彻无间于天下公共之物”（同上）。
④ 陆九渊：《语录上》，《陆九渊集》卷三十四，钟哲点校，第 396 页。
⑤ 刘宗周：《阳明传信录小引》，《刘子全书及遗编》卷十一。
⑥ 王守仁：《王阳明全集》卷三十二，吴光、钱明、董平等编校，第 1169 页。按：然而当时阳明对“天理”的内涵并不明示：“有问所谓，则令自求之，未尝指天理为何如也。”（《王阳明全集》，第 1169 页）说明此时他对形而上之本体的认识，尚在摸索探求过程当中。

是“专主一个天理”；“无时无处不是存天理”；“学是学去人欲、存天理，从事于去人欲、存天理，则自正”；“思诚，只思一个天理”；“立志”，也须“念念存天理”；“静坐息思虑”，是为了“克己”，而“克己即存天理、去人欲之别名”；“省察克治”，是为使“天理精明……无忿杂之念”；[①]即使人心“洒落”时，也要做到“生于天理常存”。[②]由此可见，阳明把几乎所有的功夫都归入于“去人欲、存天理”的范围内，以为“只要去人欲、存天理，方是功夫”。[③]因此在笔者看来，刘宗周所定性的“阳明先生教人其初只是去人欲、存天理”，[④]是完全能够成立的。而黄宗羲所引述的：“曰仁（徐爱）为先生（阳明）入室弟子，所记《语录》，其言去人欲、存天理者不一而足。……则先生心宗教法，居然只是宋儒矩矱，但先生提得头脑清楚耳。”[⑤]则更应被视为今人解读《传习录》上卷的经典之论。

概而言之，陆象山言“心即理”，把“心”等同于普遍性之“理”，然而他反对区分道心人心、天理人欲，从而为感性自然的个体性品格渗入人心提供了可能。相比之下，阳明的“心”要比象山的“心”纯净得多。他的理欲之别，亦即道心人心之别，与程、朱言天理流行人欲净尽之旨颇为相似。他把程、朱的“存天理、灭人欲”说嵌入象山“心即理”说的心学框架内，目的就是为了彻底净化心体，使吾心完全等同于道心。刘宗周所谓的“象山喜言实理，先生（阳明）言天理”[⑥]的论断，可谓一针见血。因此在笔者看来，代表阳明中期思想的“心即理”说，在表现阳明学的特色方面并不鲜明，而这又是与阳明离开龙场后重返仕途的政治生涯密切相关的。

二、“本心良知”说

王阳明本心说从“天理”到“良知”的转折性变化，发生在其

---

① 王守仁：《王阳明全集》卷三十三，吴光、钱明、董平等编校，第1236页。
② 耿定向：《新建侯王文成世家》，《耿天台先生全集》卷十三，傅秋涛点校，第532页。
③ 王守仁：《王阳明全集》卷一，吴光、钱明、董平等编校，第13页。
④ 刘宗周：《学言上》，《刘子全书及遗编》卷十。
⑤ 沈善洪主编：《黄宗羲全集》（第7册），第224页。
⑥ 吴光主编：《刘宗周全集》（第4册），第45页。

50岁前后。正德十四年（1519），48岁的阳明受命征讨福建叛军，途中得知宗室宁王朱宸濠在南昌反叛的消息，便急忙召集义兵，勤王平乱，后经过四十二天鏖战，生擒宸濠。①在此之前，阳明一心从政，无暇学问，“所共事者皆当时官吏、偏将、参谋，弟子皆不与焉”。②说明那时阳明的心境趣味已从谪居龙场时的“讲习有真乐”转变为“政事亦学问”。正因为政事繁忙，所以他说：“修己治人，本无二道，政事虽剧，亦皆学问之地。”③他甚至把讲学也当作了政术用计的手段：

> 当桶冈、横水用兵之时，敌人侦知其讲学，不甚设备，而我兵已深入其巢穴矣。盖用兵则因讲学而用计，行政则讲学兼施于政术。④

阳明的这些想法和做法，还对其门人后学产生了直接的影响，如王畿、王艮、欧阳德等人就相当赞成并实践了阳明“政学合一”的主张。⑤

然而，王阳明想不到会因胜利而引起祸难。原来明武宗好大喜功，借此机会亲征叛藩，率军南下，其身边的宦官张忠及近卫许泰之流，竟劝阳明放囚，纵宸濠去鄱阳湖，让武宗得以显功。阳明因怕遗祸百姓，不肯听从，因此触怒阉党，为张、许谗言所威胁，几乎不能身免。阳明弟子冀元亨，更因人诬陷，获助逆罪，入狱死。这是阳明一生中最困难的时期，史称“宸濠诸奸之变”。此时阳明的心情也糟糕透顶，据史料称：

---

① 王阳明是六月九日离开赣州，准备赴南昌参加十三日宁王朱宸濠举办的生日庆宴，然后再赴福建处置兵变事务，但因事务缠身，耽搁了两天，十五日才乘官船抵达丰城大码头，此时宸濠已在南昌举兵谋反，并派遣暗探溯江而上，打探阳明行踪，欲将其强行逮捕，押解南昌，以除后患。

② 颜元：《存学篇》卷一，《颜元集》，王星贤等点校，第45页。按：明正德二年（1507）与正德十四年（1519）后，是阳明授徒讲学的两个高峰期。如被黄宗羲称为“及门莫有先之者”［沈善洪主编：《黄宗羲全集》（第7册），第248页］的徐曰仁、蔡希渊、朱守忠三子，就是正德二年（1507）阳明赴龙场前师事阳明的。“宸濠诸奸之变”后，阳明曾集门人于南昌、白鹿洞；归越后从游者更是接踵而至。而这两次讲学高峰与阳明人生经历中的两次重大政治挫折正好吻合。

③ 王守仁：《王阳明全集》，吴光、钱明、董平等编校，第699、145页。

④ 何良俊：《四友斋丛说》卷四，《四库全书存目丛书·子部》（第103册），第312页。

⑤ 参见吴震：《阳明后学研究》，上海人民出版社2003年版，第432—434页。

> 中夜默坐，见水波拍岸，汩汩有声，思曰：“以一身蒙谤，死即死耳，如老亲何？”于是谓门人曰：“此时若有一孔，可以窃父而逃，吾亦终身长往不悔矣。”①
>
> 尝闻海日翁病危，欲弃职逃归，后报平复，乃止。一日，问诸友曰：“我欲逃回，何无一人赞行？”门人周仲曰：“先生思归一念，亦似着相。”先生良久曰：“此相安能不着？”②

于是，阳明便以“身罹谗构，危疑汹汹，不保朝夕”为由，辞职还乡。③直至嘉靖六年（1527）起征广西思、田，他一直居乡避世不出，聚众讲学，潜心学问。

由于政治生态的恶劣，阳明又一次被迫从热心于政事转回到以讲学为业。诚然，政事与讲学在一般情况下是不矛盾的，但在阳明那里，却经常会出现不一致的现象，尤其在他仕途受挫、厌倦政事、祈望逃脱的心境下，两者的协调平衡关系就会被立刻打破。其弟子邹守益曾记录了这样一段对话：

> 当时有称先师者曰：“古之名世，或以文章，或以政事，或以气节，或以勋烈，而公克兼之。独除却讲学一节，即全人矣。”先师（阳明）笑曰：“某愿从事讲学一节，尽除却四者，亦无愧全人。”④

可见，此时的阳明已把功名利禄看得很轻，而只视讲学为自我人格完善（“全人”）的标尺。因此，他对做官也失去了兴趣：“仕途如烂泥坑，勿入其中，鲜易复出。吾人便是失脚样子，不可不鉴也。”甚至发出了这样的誓言：“某愿为狂以进取，不愿为狷

① 《阳明年谱》正德十五年（1520）正月条，王守仁：《王阳明全集》卷三十四，吴光、钱明、董平等编校，第1272页。

② 《阳明年谱》正德十五年（1520）闰八月条，王守仁：《王阳明全集》卷三十四，吴光、钱明、董平等编校，第1277页。

③ 王守仁：《王阳明全集》卷十四，吴光、钱明、董平等编校，第460页。

④ 王守仁：《王阳明全集》卷四十一，吴光、钱明、董平等编校，第1569页。按：周汝登的回忆与邹守益所记大致相同，其曰：“昔有谓阳明子，文章、功业、气节三者具足名世，除却讲学乃全，而阳明子愿尽除三者，专事于学。”（周汝登：《念山余先生传》，《东越证学录》卷十二，文海出版社1970年影印本，第646页）

以媚世。”但这样的誓言却引来了同门的诸多不解和疑虑，比如邹守益问道：“今之不知公（指阳明）者，果疑其为狂乎？其知公者，果能尽除四者（指文章、气节、政事、勋烈）而信其为全人乎？”[①]连阳明念之甚深的邹守益都这么发问，表明阳明后期的价值观和人格选择并不被其所有弟子尤其是江右高足所认同。

不过，显而易见的是，处于“政事亦学问”心态下的思想创造与处于“讲学有真乐”心态下的思想创造是有区别的。前者可以称之为“未忘忧”的心态（所谓“心在夷居何有陋，身虽吏隐未忘忧”是也），后者则可以称之为“得自由”的心态（所谓“投荒万里入炎州，却喜官卑得自由”是也）。[②]如果说前者更注重实际应用，更关心社会效果及统治者所能接受之程度的话，那么后者便会更加注重心灵自得和超越创新。而“宸濠诸奸之变”，就是阳明的内心世界从“未忘忧”转换到“得自由”的又一次重要契机，并迎来了其超越创新的又一个高峰期，因而亦成为其本心说由“天理”发展到“良知”的转折点。阳明本人及其门人后学的叙述，都把良知学说的提出归功于这场变乱的磨炼，如王宗沐尝反复阐明：“我朝阳明王先生，得于挺[③]生，悟于患难。”“我朝阳明王先生，悟于摧挫之日，而阐于危疑之时。”[④]所谓“悟于患难”或“悟于摧挫之日”是指“龙场悟道”，所谓“阐于危疑之时”是指“揭致良知之教”，这两次转折，对阳明思想的发展都具有决定性的作用。

关于“龙场悟道”，我们已在前面已作过介绍，这里只想着重阐释一下“揭致良知之教”[⑤]。对此，钱德洪在《阳明年谱·正德

---

① 王守仁：《王阳明全集》，吴光、钱明、董平等编校，第153、1569页。按：据新昌人邹维琏所记：“昔阳明先生晚年谤四起。弟子问之，阳明曰：‘吾往时尚有三分乡愿意，故谤少。后来信得良知真，事事凭良知行，是以谤多。’”［邹维琏：《工部虞衡司员外戴公园客墓表》，《达观楼集》卷二十二，《四库全书存目丛书·集部》（第183册），第292—293页］故知阳明晚年的“狂”，当主要表现在“事事凭良知行”上，所以在邹守益看来，阳明其实并非真狂。

② 参见王守仁：《王阳明全集》卷十二，吴光、钱明、董平等编校，第702页。

③ “挺”者，“天挺”也，意指天资聪慧。

④ 王宗沐：《南野先生文集序》《赠吉阳公序》，《敬所王先生文集》卷一、卷二，明万历三年刻本。

⑤ “致良知教”是当时学界的常用术语，如周汝登《越中会语》曰：“盖当时人士，只疑良知之教，不切躬修，是以非诋。曾不知所示格物处，俱是日可见之行，何等着实！今遗教具在，我辈正当以身发明。从家庭中竭力，必以孝弟忠信为根基；在境缘上勘磨，莫为声色货利所玷染。习心浮气，消融必尽；改过知非，丝发莫纵。察之隐微，见之行事，使人知致良知教原是如此。然后微言始著，吾道益明。是乃所以为报。”（陶奭龄：《陶奭龄集》，李会富编校，武汉大学出版社2020年版，第604页）

十六年条》中有一经典性评述，后来黄宗羲就是据此得出“致良知一语，发自（阳明）晚年”之结论的。钱氏说：

> 是年先生始揭致良知之教。……自经宸濠、忠、泰之变，益信良知真足以忘患难，出生死，所谓考三王，建天地，质鬼神，俟后圣，无弗同者。乃遗书守益曰：“近来信得致良知三字，真圣门正法眼藏。往年尚疑未尽，今自多事以来，只此良知无不具足。譬之操舟得舵，平澜浅濑，无不如意，虽遇颠风逆浪，舵柄在手，可免没溺之患矣……我此良知二字，实千古圣圣相传一点滴骨血也。”又曰：“某于此良知之说，从百死千难中得来，不得已与人一口说尽，只恐学者得之容易，把作一种光景玩弄，不实落用功，负此知耳。”①

这说明，“宸濠诸奸之变”是阳明提出“致良知”学说的重要前提，而“致良知”在阳明看来，乃是“学问大头脑”“圣人教人第一义”，②更是阳明用“一生精力”“生平辛苦”提出来的。这三个字，言简意赅，“本体工夫，一时俱到”，其中“本体谓之良”“工夫谓之致”，③因而可将阳明此前所倡之说统统包括在内。诚如阳明道友霍韬所言：“阳明之学，一言蔽之曰‘致良知’。析曰‘格物’，曰‘知行合一’，均之‘致良知’也。”④因此，我主张把“致良知”说视为阳明晚年思想成熟的重要标志。

当然，也些学者并未这么看，他们或者认为“致良知之旨，非始于阳明也”，⑤唐顺之之子唐鹤征即云：“东莱氏曰：‘致知格物，修身之本也。知者，良知也。’则阳明先生之致良知，前人既言之矣。”⑥或者认为“致良知”之旨并非发于阳明晚年。除此之外，还有大致以下三种说法：

一是以阳明本人的一段话为根据，断定阳明良知学说的产生年

① 王守仁：《王阳明全集》卷三十四，吴光、钱明、董平等编校，第1278—1279页。
② 王守仁：《王阳明全集》卷二，吴光、钱明、董平等编校，第71页。
③ 邹守益：《简朱镇山督学》，《邹守益集》卷五，董平编校整理，第615页。
④ 沈善洪主编：《黄宗羲全集》（第8册），第609页。
⑤ 沈善洪主编：《黄宗羲全集》（第8册），第627页。
⑥ 沈善洪主编：《黄宗羲全集》（第7册），第708页。

代应上溯到正德三年（1508）。据钱德洪《刻文录叙说》：

先生尝曰："吾良知二字，自龙场已后，便已不出此意，只是点此二字不出，于学者言，费却多少辞说。今幸见出此意，一语之下，洞见全体，直是痛快，不觉手舞足蹈。学者闻之，亦省却多少寻讨功夫。学问头脑，至此已是说得十分下落，但恐学者不肯直下承当耳。"又曰："某于良知之说，从百死千难中得来，非是容易见得到此。此本是学者究竟话头，可惜此体沦埋已久。……"①

江右王门的重要代表陈九川（明水）亦云："慨惟先师患难困衡之余，磨砻此志，真得千圣之秘，发明良知之学，而流传未远。诸贤各以意见搀和其间，精一之义无由睹矣。"②明水此言，似指"龙场悟道"，也就是说，"龙场悟道"的内容即"发明良知之学"。其实仔细分析一下便不难看出，这几段言论至多只能说明阳明学说有其自身的发展逻辑和前后承续关系，而并不能作为其"致良知"学说形成的标志。换言之，如果把"致良知"学说视为阳明思想的完整体系，那么其萌芽就是在谪居龙场时期，甚至还可追溯到阳明洞修炼时期。由此出发，要说阳明"平生讲学，只是'致良知'三字"，"至'致良知'三字，乃先师平素教人不倦者"，③亦不为过，不过这与钱德洪所说的"揭致良知之教"以及笔者所认定的思想转折，恐怕是两码事。

二是拿《传习录》上卷记录的正德七年（1512）阳明与徐爱的一段对话，以证明阳明早在正德七年（1512）就已提出"良知"概念，即：

知是心之本体，心自然会知：见父自然知孝，见兄自然知弟，见孺子入井自然知恻隐，此便是良知不假外求。若良知之发，更无私意障碍，即所谓"充其恻隐之心，而仁不可胜用

---

① 王守仁：《王阳明全集》卷四十一，吴光、钱明、董平等编校，第1575页。
② 沈善洪主编：《黄宗羲全集》（第7册），第531页。
③ 王守仁：《王阳明全集》卷二十六，吴光、钱明、董平等编校，第990、993页。

> 矣”。然在常人不能无私意障碍，所以须用致知格物之功胜私复理。即心之良知更无障碍，得以充塞流行，便是致其知。知致则意诚。[①]

已有学者对此提出了纠正，认为：此时阳明所说的“良知”，仍未脱离孟子“良知良能”的范畴，与其后来“专提致良知”时所强调的“良知”概念，在内涵上有很大不同。[②]而笔者想补充说明的是，如果说中年阳明所言之“良知”尚有知觉、见识等因素的话，那么正德十五年（1520）后他专门倡导的“良知”概念则已上升到“良知本无知”的形而上的高度，即已成为“良知之虚，便是天之太虚；良知之无，便是太虚之无形”[③]的本体存在。

三是根据黄绾《阳明先生行状》里的一段话：“甲戌（正德九年，1514），（阳明）升南京鸿胪寺卿，始专以良知之旨训学者。”[④]后来清人邵廷采又本黄说而进一步明言：“（正德）九年，升南京鸿胪卿。是年，始揭‘致良知’之教。”[⑤]然黄绾所依据的似又为阳明本人与弟子的一次谈话：“良知明白，随你去静处体悟也好，随你去事上磨炼也好，良知本体原是无动无静的。此便是学问头脑。我这个话头自滁州（阳明于正德八年冬至滁）到今，亦较过几番，只是致良知三字无病。”[⑥]说明早在正德七年至八年（1512—1513），阳明就已明确提出了“良知”之旨。[⑦]然而笔者的看法是，不能仅仅以提出“良知”二字作为阳明致良知学说形成的标志。“良知”概念最早见于《孟子》，程、朱亦常用之，如朱熹曰：“人之良知，本所固有。”但朱子认为，人之良知只是人天生的那

---

① 王守仁：《王阳明全集》卷一，吴光、钱明、董平等编校，第6页。
② 参见吉田公平：《陆象山と王阳明》，第290页。
③ 王守仁：《王阳明全集》卷三，吴光、钱明、董平等编校，第109、106页。
④ 王守仁：《王阳明全集》卷三十八，吴光、钱明、董平等编校，第1410页。
⑤ 邵廷采：《思复堂文集》，祝鸿杰点校，浙江古籍出版社2010年版，第4页。
⑥ 王守仁：《王阳明全集》，吴光、钱明、董平等编校，第1410、105页。
⑦ 邓艾民认为：上述证据“只说明王守仁提出了致良知的话头，并没有说明已用致良知为最重要的口号”。（邓艾民：《朱熹王守仁哲学研究》，华东师范大学出版社1989年版，第100—101页）此言甚是。从概念上来说，无论“良知”还是“致知”，都不过是“致良知”这一哲学命题的一个“话头”。

点“爱亲之念”，若“不推致充广，故其见识终只如此”。[①]也就是说，要达到良知具足，尚须借助“扩充”工夫。与程、朱相比，阳明良知说的特色恰恰体现在“信良知”与“致良知”上。他确信，就心之本体而言，良知是具足的，它可以给人以全部的道德知识和情感需求，而不须从外界去获得。可见，阳明所“信”的良知，是“具足良知”，而遵循“具足良知”的要求去行动，在实践中实现良知，即谓“致良知”。用这一标尺去衡量，把“宸濠诸奸之变”后的“益信良知具足”与“揭致良知之教”作为阳明致良知学说形成的标志，当不为过。对此，钱德洪的立场应是最好的明证，他一方面认为阳明“至龙场，再经忧患，而始豁然大悟良知之旨”，另一方面又强调“辛巳以后，经宁藩之变，则独信良知，单头直入，虽百家异术，无不具足”，并且进一步指出：

（阳明）谪居龙场，衡困拂郁，万死一生，乃大悟“良知”之旨。……征藩以来，再遭张、许之难，呼吸生死，百炼千摩，而精光焕发，益信此知之良……至是而特揭“致良知”三字，一语之下，洞见全体，使人人各得其中。……四方学者翕然来宗之。[②]

从而把“致良知”学说的提出定位在“宸濠诸奸之变”之后。自此开始，阳明便念念不忘此“致良知话头”，一直到去世前月余仍在说“区区专说致良知”。[③]

其实，关于晚年始“揭致良知之教”的问题，钱德洪不过是秉承了阳明本人的说法。阳明曾对弟子陆澄说过：

致（良）知之说，向与惟浚（陈九川）及崇一（欧阳德）诸友极论于江西，近日杨仕鸣来过，亦尝一及，颇为详悉。[④]

① 黎靖德编：《朱子语类》卷十八，王星贤点校，第412页。按：阳明尝问弟子南大吉：“良知独非我言乎？”［沈善洪主编：《黄宗羲全集》（第7册），第760页］这里其实指的是“致良知”三字，若仅为“良知”二字，则确非阳明独言矣。
② 王守仁：《王阳明全集》，吴光、钱明、董平等编校，第1379、1357页。
③ 王守仁：《王阳明全集》，吴光、钱明、董平等编校，第219、83页。
④ 王守仁：《王阳明全集》卷五，吴光、钱明、董平等编校，第189页。

所谓“极论”，可以理解为全面而深刻，此乃思想成型之标志，时间是在正德十五年（1520）阳明江西平叛期间。对此，阳明的门人后学也有一定共识，如陈九川说：

至“致良知”三字，乃先师平素教人不倦者，云“诚爱恻怛之心即是致良知”，此晚年所以告门人者，仅见一二于《全集》中，至为紧要。①

王时槐说：

阳明先生见处极高，若直吐其所见，世人必大骇，将望尘而却退者多矣。乃《传习录》所言，皆俯就下学所及，贬词以喻之，足知其苦心也。及至晚年，始发“致良知”一语，又于《大学古本序》中，特示以存乎心悟，此则尽泄底蕴以俟后学者也。②

后来李贽则说得更加明白：

其（阳明）屡屡设法教人先知后行，又复言“知行合一”，复言“静坐”，卒以“致良知”三字为定本。③

当然，王门中也有人把阳明于正德十二年（1517）正月至十六年（1521）七月在江西的一段时间都视为“致良知”说的提出期，比如王畿，他在《滁阳会语》中即谓：

（阳明）自江右以后，则专提“致良知”三字，默不假坐，心不待澄，不习不虑，盎然出之，自有天则，乃是孔门易简直截根源。④

① 王守仁：《王阳明全集》卷二十六，吴光、钱明、董平等编校，第993页。
② 王时槐：《三益轩会语》，《友庆堂合稿》卷四，第24页。
③ 李贽：《答马历山》，《续焚书》卷一，中华书局1959年版，第2页。
④ 王畿：《王畿集》，吴震编校整理，第33页。

问题是，阳明在江右前后有近五年时间，王畿所谓的“江右以后”究竟指的是哪一时段，他并没有像钱德洪那样具体指明。尽管钱德洪在叙述阳明“教之三变”时也说过：

> 居贵阳时，首与学者为“知行合一”之说；自滁阳后，多教学者静坐；江右以来，始单提“致良知”三字，直指本体，令学者言下有悟：是教亦三变也。①

其中所谓“江右以来，始单提‘致良知’三字”的说法与王畿完全一样，在时间上都属于含混不清的定义。不过，钱德洪从总体上看是用“宸濠诸奸之变”来为阳明的“致良知”说作时间界定的，这从他的多处表述中即可明显看出。

那么，钱、王这两位阳明最得意的门生为什么会出现如此差异的呢？笔者认为，这主要是因为钱德洪以政治上的“宸濠诸奸之变”作为阳明全面转向“致良知”说的标志，而王畿则似乎更倾向于将“致良知”说的提出作为一个过程。毫无疑问，王畿的观点更接近于人的心路历程和思想演进之规律，而钱德洪则一如其认为阳明受刘瑾迫害追杀、经过百死千难后才有“龙场悟道”的观点一样，坚持以政治上的磨难为思想转变的契机。如果仅就思想演进发展之规律而言，那么可以说，王畿突出的是“知”的重要性，而钱德洪突出的是“行”的重要性，而后来的黄宗羲则似乎更认同王畿的观点，因为这才是思想演进发展之常态。钱、王二人的最大不同点在于：王畿主要阐述的是思想创新的要义和内涵（知），而钱德洪则始终把阳明的思想转变置于某种重大政治事变（行）的考验和磨难之上，诚如其在泾县水西精舍讲学时的好友翟氏后人翟台所记：“友有谓：文成公良知之学得于变苦，后之学者未曾用功，开口便说良知。”②尽管我们可以说王畿的观点更符合思想演进发展的一般规律，但阳明的情况有点特殊。因为与朱子一辈子博览群书、遍注诸经不同，阳明的一生与其所参与的重大政治、军事活动联系得特别紧密，故而将其所经历的重大政治事变作为其思想转变、理

---

① 徐爱、钱德洪、董沄：《徐爱·钱德洪·董沄集》，钱明编校整理，第185页。

② 翟台：《水西答问》第91条，《泾川丛书》，清嘉庆五年（1800）赵绍祖辑。

论创新的契机或标尺，也是合情合理的，尤其对于钱德洪这样的注重实际的实干家而言。①

综上所述，“致良知”学说的萌芽期尽管可追溯到阳明的中年期甚至青年期，但真正发生转折或最后形成为学宗旨的却是阳明“经宸濠忠泰之变”（即宸濠诸奸之变）后的“益信良知具足”与“揭致良知之教”。一如黄宗羲所说的：“（致良知）三字之提，不始于江右明矣。但江右以后，以此为宗旨耳。”正因为此，黄宗羲才会非常明确地定位道：“阳明致良知之学，发于晚年。”②

我们知道，中国古代知识分子都具有强烈的忧患意识，但就阳明的忧患意识而言，却有两个方面值得关注，即一边是对封建社会的命运表示出极大的忧虑，一边是忧虑那个萌发了但又时时有被现实政治吞没危险的“精神自我”。而他越是对政治和现实失望，就越是陷于自然超越境界，他的自我意识也就越是扩张，并且越是坚信自己获得了独立的人格和绝对的自我。比如，正德元年（1506），阳明遭到刘瑾迫害后，谪居龙场近两年，然人格与学问却因而大进。而“宸濠诸奸之变”给阳明造成的精神创伤，则绝不亚于当年的龙场生活。这时阳明对政治已彻底厌倦，“无复用世之志”③，早年出世主义的超然情趣又重新取代了建功立业的入世精神，有诗为证：

百战归来一病身，可看时事更愁人；道人莫问行藏计，已买桃花洞里春。（《宿净寺四首》其三）

山僧对我笑，长见说归山。如何十年别，依旧不曾闲？（《宿净寺四首》其四）

莫怪乡思日夜深，干戈衰病两相侵。孤肠自信终如铁，众口从教尽铄金！（《用韵答伍汝真》节选）

忧疑纷并集，筋力顿成衰。千载商山隐，悠然获我思。（《除夕伍汝真用待隐园韵即席次答五首》其三节选）

百战归来白发新，青山从此做闲人；……而今始信还丹

---

① 笔者曾把钱德洪、王畿二人分别视为领导后阳明时期的实干家与理论家。（参见钱明：《浙中王学研究》，第186页）

② 沈善洪主编：《黄宗羲全集》（第7册），第249、254页。

③ 王守仁：《王阳明全集》卷五，吴光、钱明、董平等编校，第179页。

诀，却笑当年识未真。（《归兴二首》其一节选）[①]

而王畿在《读先师再报海日翁吉安起兵书序》中所摘录的一段阳明语录，则更能反映阳明当时的心境：

> 自经此大利害、大毁誉过来，一切得丧荣辱，真如飘风之过耳，奚足以动吾一念？今日虽成此事功，亦不过一时良知之应迹，过眼便为浮云，已忘之矣！夫死天下事易，成天下事难；成天下事易，能不有其功难；不有其功易，能忘其功难。此千古圣学真血脉路。[②]

据日本学者久须本文雄考证，王阳明一生共参访过佛寺40余处，其中仅49岁这一年，就游佛寺13次，每次留宿一两周。[③]这无疑与“宸濠诸奸之变”后阳明的心态有直接关联。正是处在这样的心理状态中，阳明才能与弟子们一起进行了卓越的理论创新。所以钱德洪说：“盖师学静入于阳明洞，得悟于龙场，大彻于征宁藩。多难殷忧，动忍增益，学益彻则立教益简易。”[④]

不难想象，“宸濠诸奸之变”会使阳明的理想和事功宏愿遭到怎样的毁灭性打击，而面对这种特别险恶的政治环境，又需要有多么强烈的自主意识。质言之，就是要对自己有绝对的自信心，而不能简单地凭借固定抽象的天理格套来判断是非，尤其是遭到谗言诬陷时，就更需要保持自己的独立人格和自由意志。所以阳明说：“依此良知，忍耐做去，不管人非笑，不管人毁谤，不管人荣辱，任他功夫有进有退，我只是这‘致良知’的主宰不息，久久自然有得力处，一切外事亦自能不动。”[⑤]钱德洪则说得更为明白：“后贼平，张（忠）、许（泰）谤议百出，天下是非益乱，非先生自信于心，乌能遽白哉？”[⑥]

---

① 王守仁：《王阳明全集》卷二十，吴光、钱明、董平等编校，第755、757、761、784页。
② 王畿：《王畿集》，吴震编校整理，第343页。
③ 久须本文雄：《王阳明の禅的思想研究》，（日本）日进堂书店1958年版，第134页。
④ 王守仁：《王阳明全集》卷二十九，吴光、钱明、董平等编校，第1038页。
⑤ 王守仁：《王阳明全集》卷三，吴光、钱明、董平等编校，第101页。
⑥ 王守仁：《王阳明全集》卷三十四，吴光、钱明、董平等编校，第1266页。

但“自信于心”，并不等于自信于“心即理”的“心”。因为“心即理”说很容易使人“执一”，“预先定一个规矩在”，“如后世儒者，要将道理一一说得无罅漏，立定个格式，此正是执一”。但如果不提“天理”，即不以天理为心体之规定，工夫就没有了头脑，心体便失去了主宰的根据。因而阳明遂用“良知”来代替“天理”，用“本心良知”说取代“心即理”说，用“致良知”说取代“存天理、灭人欲”说。“良知”在“心”的主观形式下，既保留了“理”的本质规定，也融合了“情”的个性特质。如果说，在“心”的主观形式下，人至多只有发挥主体能动性的可能，那么在“良知”的个性特质里，人则可以直接诉诸主体自性和情感生命，从而破坏“理”的神圣性和凝固性。因此，用“良知”作头脑，既能够保持心体的主宰力量，又不会有“执一”之弊。①从下引一段文字中我们可以清楚地看到阳明在“宸濠诸奸之变”后的反思过程：

庚辰往虔州，再见（阳明）先生，问：“近来工夫虽若稍知头脑，然难寻个稳当快乐处。”先生曰：“尔却去心上寻个天理，此正所谓理障。此间有个诀窍。”曰：“请问如何？”曰：“只是致知。”曰：“如何致？”曰：“尔那一点良知，是尔自家底准则。尔意念着处，他是便知是，非便知非，更瞒他一些不得。尔只不要欺他，实实落落依着他做去，善便存，恶便去。他这里何等稳当快乐。此便是格物的真诀，致知的实功。若不靠着这些真机，如何去格物？我亦近年体贴出来如此分明，初犹疑只依他恐有不足，精细看无些小欠阙。”②

王阳明早年教学者念念在“天理”上，其弟子陈九川依此为学，故“稍知头脑”。而此时阳明的宗旨已变，过去所谓的天理之“头脑”，现在却称为“理障”；“尔那一点良知，是尔自家底准则”，这个才是“大头脑”。在阳明看来，陈九川的问题在于心上寻个天理，这个天理反而成了“理障”。要得到稳当快乐，需破除

① 王守仁：《王阳明全集》卷一，吴光、钱明、董平等编校，第19、52页。
② 王守仁：《王阳明全集》卷三，吴光、钱明、董平等编校，第92页。

心中的“理障”。但并非走向任意妄为，而是循自家良知的是非而言动。[①]在这里，“天理”和“良知”虽然都是就心体的内容或本质而言的，但“天理”容易给人以固定的规矩格套的印象，而被误认为凌驾于心之上、与心相对的实体，而“良知”则没有这些毛病。所以阳明在与王畿讨论“宸濠诸奸之变”所带给自己的思想变化时说：“在当时只合如此做，觉来尚有微动于气，所在使今日处之，便自不同。”[②]“微动于气”，实乃旧有的格套名利拘束所致，亦即“理障”所致。因此，“宸濠诸奸之变”可以说是阳明本心说从“天理”转向“良知”、从事功转向自我的重要契机，经过这次事变，“始有良知之说”，甚而“只说致良知”，因为“只是致良知三字无病”。[③]

此时，与朱子相比，虽然阳明一样重视自然的条理、秩序，也讲“天理”，但是阳明的“天理”是良知内在的自然条理，重视的是“理”的“所当然”义，朱子的“天理”则偏重万物普遍客观的自然秩序，在“所当然”之外也重视“所以然”。因为阳明的天理内在于心，故反求本心良知即可寻得稳当快乐，“乐”是现成的，当下即是，朱子的所以然之理则要“用力之久”方可期“豁然贯通”。[④]

刘宗周的学生董玚在讲到王阳明“致良知”说产生的背景时说过：“再罹宁藩之变，张、许之难，学又一番证透。”[⑤]这番“证透”，成就了阳明从中期到后期的思想嬗变，而这种嬗变除了反映在“致良知”学说上外，还表现在以下两个方面：其一，从认为朱、陆各有得失即折中朱、陆，到尊陆贬朱甚至独尊陆学。正德七年（1512）阳明在《答徐成之》书中曰：“夫晦庵折衷群儒之说，以发明《六经》《语》《孟》之旨于天下，其嘉惠后学之心，真有

---

① 参见李旭：《心之本体与成德境界——从“孔颜乐处”看阳明心学的“乐”与“学”》，《中国心学》（第 3 辑），商务印书馆 2023 年版。

② 王畿：《王畿集》，吴震编校整理，第 343 页。按：此条语录未载于通行本《王文成公全书》，佐藤一斋《传习录栏外书》据施邦曜、俞嶙刊本辑录，然与王畿所录有些出入。阳明在此回答了自己在平宁藩时的思想状况，表明他当时仍为格套名利所束缚。

③ 王守仁：《王阳明全集》，吴光、钱明、董平等编校，第 1279、105 页。

④ 参见李旭：《心之本体与成德境界——从“孔颜乐处”看阳明心学的“乐”与“学”》，《中国心学》（第 3 辑）。

⑤ 刘宗周：《刘子全书抄述》，《刘子全书及遗编》卷首。

不可得而议者。而象山辨义利之分，立大本，求放心，以示后学笃实为己之道，其功亦宁可得而尽诬之！”并且总结道：“仆尝以为晦庵之与象山，虽其所为学者若有不同，而要皆不失为圣人之徒。”[①]然而，到了正德十六年（1521），阳明已对象山相当推崇：“有象山陆氏，虽其纯粹和平若不逮于二子（指濂溪、明道），而简易直截，真有以接孟子之传。”“濂溪、明道之后，还是象山，只是粗些。”亦正是此年，阳明“以象山得孔、孟正传，其学术久抑而未彰”为由，特“刻《象山文集》，为序以表彰之”，并下令优待陆氏子孙。其二，从“五经亦只是史”到“六经者，吾心之记籍也”。如果说前一句话是以史“明善恶，示训戒”而使“道明”，那么后一句话便是确立了“六经之实则具于吾心”[②]之理念。很显然，强调“五经亦只是史”，乃是为了用史照射现实，以史为镜，故有重现世，以政事治人为己任之要求；而强调“六经者，吾心之记籍也”，则是为了折射心灵，用经籍来衬托吾心之本体，故而必然重视心智之开发。[③]不难看出，这两个方面的思想转换，也与“致良知”学说的产生有着内在的因果关系。

王阳明称“良知”为“心之本体”、为“天理”、为“道”、为“虚无”、为“虚灵明觉”、为“诚爱恻怛之心”、为“恒照”、为“本来面目”、为“天植灵根”、为“造化的精灵”，就是说，作为本体的良知，除了先天性（虚无）之规定、主体性（灵明）之形式和普遍性（天理）之内容外，还有个体性（诚爱恻怛）的情感功能，所以他说：“盖良知只是一个天理，自然明觉发见处，只是一个真诚恻怛，便是他本体。”[④]在阳明看来，心之体既具有主观性的认知功能，也具有本能性的德性功能，而情则融于性中，故人心还包括人的情感因素，而绝非清一色的外在天理之内化，即所谓“喜怒哀惧爱恶欲，谓之七情。七者俱是人心合有的，

---

① 王守仁：《王阳明全集》卷二十一，吴光、钱明、董平等编校，第809页。按：此篇原文记作“壬午”（嘉靖元年，1522），疑为“壬申”（正德七年，1512）之误；《阳明年谱》则记于辛未（正德六年，1511）条下，亦不确。

② 王守仁：《王阳明全集》，吴光、钱明、董平等编校，第245、92、1279、10、255、14、255页。

③ 参见邓艾民：《朱熹王守仁哲学研究》，第101—102页。

④ 王守仁：《王阳明全集》卷二，吴光、钱明、董平等编校，第84页。

但要认得良知明白”。[①]也就是说，这种融主观之心、客观之理及个体之情于一体的“人心”，并非“心即理”说所能涵盖与表述的，唯有认得良知才能明白，而心体这种由内化的规范、秩序、格套变为融自然的情感甚至欲望为一体的过程，就是由“天理”到“良知”的过程。尽管良知并不等于知觉之心或感性之心，而是纯道德本体意义上的超越之心，但是阳明又总要用“生生不已”“喜怒哀乐”“真诚恻怛”等来描述它、规定它：“良知之体……本自生生。”“盖良知虽不滞于喜怒忧惧，而喜怒忧惧亦不外于良知也。”[②]以至于主张以快乐为心之本体和工夫：“乐是心之本体，虽不同于七情之乐，而亦不外于七情之乐。虽则圣贤别有真乐，而亦常人之所同耳。”[③]“常快活便是功夫。”难道这种寓“七情之乐”于内的心之本体，不正是良知的情感化吗？因此，由“良知”代替“天理”，实际上就是使心之本体由单纯的道德功能转化为渗入情感功能的泛道德功能，从而使抽象的、对立的外在道德指令，真正内化为人自身的情感意志，使纯粹的伦理规范变成感性的心理直觉。这样的“良知”，显然已不仅仅是道德理性的分析，而且还是情、意的综合。正因为此，阳明对湛甘泉移书辨证良知、天理同异的问题，才始终避而不答，曰：“此须合并数月，无意中因事指发，必有沛然融释处耳。若恃笔札，徒起争端。”[④]由此亦可看出，阳明在从“天理”到“良知”的转换过程中，所表现出来的既自信又担忧的羞羞答答的紧张心态。

---

① 王守仁：《王阳明全集》卷三，吴光、钱明、董平等编校，第 111 页。按：刘宗周是这样解释这段话的：“人生一时离不得七情，七情即良知之魄，若谓良知在七情之外，则七情又从何处来？”［吴光主编：《刘宗周全集》（第 4 册），第 99 页］

② 王守仁：《王阳明全集》卷二，吴光、钱明、董平等编校，第 67、65 页。

③ 王守仁：《王阳明全集》卷二，吴光、钱明、董平等编校，第 70 页。按：若把这段话与阳明中年时的一段话作番比较，问题便愈加清楚了。阳明曰：“大抵七情所感，多只是过，少不及者。才过便非心之本体，必须调停适中始得。”（同上，第 17 页）可见阳明起初对七情是抱有很大警惕的，但到了后来却出现了逐渐松动的迹象，甚至还流露出肯定七情的意向：“七情顺其自然之流行，皆是良知之用，不可分别善恶。但不可有所着。七情有着，俱谓之欲，俱为良知之蔽。”（同上，第 111 页）

④ 沈善洪主编：《黄宗羲全集》（第 7 册），第 259 页。按：刘宗周说：“天理即良知，是先生（指阳明）前后打合指诀。”［吴光主编：《刘宗周全集》（第 4 册），第 97 页］而且刘子在《传信录》中对所摘录的《传习录》下卷之内容进行评论时，亦多次批注道：“又拈出天理”，“又举出天理二字”，以证明重“天理”是阳明始终一贯之旨。这一方面说明刘子确实想维护阳明的正统地位，另一方面也说明蕺山、梨洲等人虽看出阳明的学术重心到了晚年已有转换，但弄不清楚这种转换的要害在于用良知来涵盖、统摄天理，从而赋予天理以更多的个性色彩和情感功能。

当然，本心良知无疑应首先具有“公共性”和“普遍性”，而且在阳明的话语体系中，无论是人人心中的良知，还是作为“自家准则”的良知，都是指的绝对的伦理规范和道德准则，此即所谓“公是非、同好恶，视人犹己，视国犹家，而以天地万物为一体”也。[①]但同时我们也要看到，良知还带有鲜明的“个体性”和“自主性”，[②]这也是后来大凡学良知、修良知者，都会多多少少地表现出或者狂者气象，或者奇人特质，乃至于溢出规范和准则之藩篱的异端色彩。关于良知的个体性、自主性问题，笔者以为，当主要体现在两个层面上。一是形式上的，即本心良知的“发用流行”是通过个体之形式表现出来的，性体是寓于一个个具体的人心之中的。二是内容上的，即本心良知还自觉不自觉地包含了人的情感因素和自然本能。换言之，本心良知是性理与情理、德性之知与闻见之知、知性与感性的统一，也是普遍性与个体性、规范性与自主性的统一。正因为此，但凡注意到阳明后学之极端化倾向与明末社会之大变局者，都会十分关注本心良知的人心化乃至私人化，从而导致人心之自我膨胀的社会现象，进而指出：良知的个性化“实质上乃是天道作为绝对存在的唯一性获得了其多样性的体现方式，这就是理一而分殊。……在存在的本原性意义上，良知的个体性与公共性、绝对性与普遍性是交相圆融的。这样看来，作为‘本心’而存在的良知，在它体现为个体性的同时，又深刻地内含了人之类的本质共性。个体性的真实表达即是公共性的体现，公共性成为个体性的限度；但公共性只能通过个体性来体现，因此个体性又成为公共性的限度。正是两者的互为限度，终究在存在的本原性意义上，实现了两者的相互同一。因此在阳明心学的视域之下，‘个体性’尚不能作狭义的理解，它是通达于一切万物的。……正是良知的公共性才构成了‘天地万物一体之仁’或‘人与天地万物为一体’之所以可能的理论根据。”[③]尽管此论言之有理，但笔者依然认为，在强调本心良知“公共性”的同时，还是不能忽视其“个体性”，这应当成为我们理解阳明本心良知说的关键之所在。质言之，“公共性”是

---

① 王守仁：《王阳明全集（新编本）》卷二，吴光、钱明、董平等编校，第 86 页。

② 参见杨国荣：《个体之志与普遍之理：王学的内在主题——论王阳明对意志与理智关系的考察及其理论意蕴》，《齐鲁学刊》1990 年第 3 期。

③ 董平：《阳明心学的定性及良知的公共性与无善无恶》，《哲学研究》2018 年第 2 期。

理解阳明“本心良知”学说的重要维度，然情感性、意志性、个体性也同样是理解阳明“本心良知”学说的重要维度，两者既不可偏废，亦不可割裂。这也正是阳明心学的魅力之所在。

总之，作为主观超越之心、客观普遍之理与个体感性之情的统一，“良知”不仅意味着对个体独立人格的确认和对自我意志的信任，而且还意味着对人情俗事的确认和关注。因此，心之本体由“天理”到“良知”的转换，从另一角度看，又是从天理层面向自我层面与世俗层面的转换。

关于自我层面，王阳明主要是从用天理规定自我：“这心之本体，原只是个天理，原无非礼，这个便是汝之真己。这个真己是躯壳的主宰。”转变为用良知来规定自我：“夫吾之所谓真吾者，良知之谓也。”前者的出发点是天理，后者的出发点是主体自身。前者把外在的天理内化于“真己”之中，后者则把良知视为在我之内，与生俱来地成为我的主体、我的主宰，所有的德性情感皆从此流出；它只能被自觉意识唤醒，而不能化为自觉意识的对象。所以阳明曰：“人有言：古之学者为己，今之学者为人。今之学者须先有笃实为己之心，然后可以论学。不然，则纷纭口耳讲说，徒足以为为人之资而已。”“为己”虽是“为人”之否定，但并非“为我利己”；“真吾”虽为“自我良知”之肯定，但绝非“私吾”：“夫名利物欲之好，私吾之好也，天下之所恶也；良知之好，真吾之好也，天下之所同好也。”可见，阳明的“真吾为己”论并不是对个人欲求和实现自身利益的承认，而是对良知的认知主体、情感主体和道德主体的自我肯定。“是故从私吾之好，则天下之人皆恶之矣，将心劳日拙而忧苦终身，是之谓物之役。”[①]足见在重道义、轻私利这一点上，王阳明与正统理学并无二致。因此，他强调“吾心”“吾良知”“真吾”“为己”的同时，为了消除“私吾之好”，又提出了“克己”，以达到“无我”即“无私”的境界。“为己”与“克己”“自我”与“无我”的矛盾，反映了良知既以普遍天理为内容，又以承认个体的独立人格和自主选择为条件的双重规定。由于前者，使得阳明始终不愿放弃“存天理、灭人欲”的信条；由于后者，又使得阳明的良知说更加趋于个性化，就连成圣

① 王守仁：《王阳明全集》，吴光、钱明、董平等编校，第36、250、1001、250页。

亦复如此：“自己良知原与圣人一般，若体认得自己良知明白，即圣人气象不在圣人而在我矣。”①抽象的、概念化的圣人成为可以由每个人自己塑造的“自家有的”圣人；不仅成圣的条件有了改变（从可能成圣到当下成圣），而且成圣的标准也有了更新（从固定的外在标准到自家的内在标准）。

关于世俗的层面，王阳明有过许多论述，我们不仅可以从人情俗事的角度予以领会：“天地万物，本吾一体者也。生民之困苦荼毒，孰非疾痛之切于吾身者乎？不知吾身之疾痛，无是非之心者也。”②而且还可以从良知发用流行的角度加以理解：“圣人只是顺其良知之发用，天地万物，俱在我良知的发用流行中，何尝又有一物超于良知之外，能作得障碍？”对良知流行发用的关注，便意味着对百姓日用、生民困苦的关心（“视民之饥溺犹己之饥溺”），也即意味着良知不能离开人情俗事：“良知只在声色货利上用功，能致得良知，精精明明，毫发无蔽，则声色货利之交，无非天则流行矣。”所以阳明批评道：“今时同志中，虽皆知得良知无所不在，一涉酬应，便又将人情物理与良知看作两事，此诚不可以不察也。”并且强调说：“与愚夫愚妇同的，是谓同德；与愚夫愚妇异的，是谓异端。”而对生民之生理本能的确认，也成为良知世俗化的自然推论：“饥来吃饭倦来眠，只此修行玄更玄。”③正如刘宗周所言：“若一向在发用处求良知，便入情识窠臼去。然先生（指阳明）指点人处，都在发用上说，只要人知是知非上转个为善去恶路头，正是良工用心也。”④所谓“情识”，包括随形躯而起的情欲，

---

① 王守仁：《王阳明全集》卷二，吴光、钱明、董平等编校，第 59 页。按：由于阳明中年时在事功方面所取得卓越成就，使得他在成圣标准上也与朱熹产生了分歧。如果说朱子在学问与事功、知与行之间更偏向于前者的话，那么阳明则更偏向于后者。所以，朱子肯定孔子贤于尧、舜，而阳明则把尧、舜摆在孔子之上：“中国之圣人，以尧、舜为最。”（同上，第 295 页）“尧、舜为万镒，孔子为九千镒。……只要此心纯乎天理处同，便同谓之圣。”（同上，第 31 页）但到了晚年，阳明则把人人心中自有之良知作为圣人的标准：“人胸中各有个圣人，只自信不及，都自埋倒了。”（同上，第 93 页）“惟天下至圣，为能聪明睿知，旧看何等玄妙，今看来原是人人自有的。”（同上，第 109 页）由此也能看出阳明中后期思想的转变。

② 王守仁：《王阳明全集》卷二，吴光、钱明、董平等编校，第 79 页。按：虽然阳明自“宸濠诸奸之变”后就对政治表示了厌恶，但他直到晚年仍念念不忘生民之疾苦：“是以每念斯民之陷溺，则为之戚然痛心，忘其身之不肖，而思以此救之，亦不自知其量力者。天下之人见其若是，遂相与非笑而诋斥之，以为是病狂丧心之人耳。”（同上，第 80 页）

③ 王守仁：《王阳明全集》，吴光、钱明、董平等编校，第 106、79、122、217、107、791 页。

④ 刘宗周：《阳明传信录三》，《刘子全书及遗编》卷十三。

个人气质上的偏驳，具有个性特征的自我意识，后天习得的知解经验等等。因此，良知流入“情识窠臼”去，也就是良知的情感化与个性化，而这正是阳明晚年所追求的狂人性格的基本要素。他在回答“宸濠诸奸之变”后自己为何遭到激烈谤议的原因时说过一番话，真实地反映了其晚年的思想性格：

> 薛尚谦、邹谦之、马子莘、王汝止侍坐，因叹先生自征宁藩已来，天下谤议益众，请各言其故。有言先生功业势位日隆，天下忌之者日众；有言先生之学日明，故为宋儒争是非者亦日博；有言先生自南都以后，同志信从者日众，而四方排阻者日益力。先生曰：“诸君之言，信皆有之，但吾一段自知处，诸君俱未道及耳。”诸友请问。先生曰：“我在南都已前，尚有些子乡愿的意思在。我今信得这良知真是真非，信手行去，更不着些覆藏。我今才做得个狂者的胸次，使天下之人都说我行不掩言也罢。”①

概而言之，情感化与个性化是王阳明良知学说的主要特征之一。用良知取代天理，除了普遍道德意义上的共同性外，还应看到良知的情感化与个性化所表现出来的变异性。而这正是导致阳明后学“舍天理而求良知，阴以叛孔孟之道而不顾”，甚而“妄拟情识为妙用”②的思想根源。

---

① 王守仁：《王阳明全集》卷三，吴光、钱明、董平等编校，第116页。按：刘宗周曾就此评论说：“读此方知先生（指阳明）晚年真面目。”［吴光主编：《刘宗周全集》（第4册），第102页］
② 刘宗周：《阳明传信录小引》《学言下》，《刘子全书及遗编》卷十一、卷十二。

第三节 安民行道

王阳明心学资源中与社会治理、民生政策以及我们所主张的民生之道联系最为密切的理论学说，主要集中在他的“万物一体之仁”说与“亲民”说中，这两者是体用关系、本末关系，也是心物关系、知行关系。本节将主要从“亲民”之“达用”①的层面展开讨论，以阐释王阳明的社会治理思想和具体的施政主张，进而揭示蕴涵于阳明心学中的从“觉民行道”到“安民行道”、从精英化到平民化的宋明新儒学的发展轨迹。

一、核心定位

对王阳明的“亲民”说在其思想学说中的定位问题，与阳明既“为友”又“为师”②的黄绾不仅最早揭示，而且最为看重。阳明刚一去世，黄绾便急着为他鸣冤正名，并着重在《明是非定赏罚疏》中将其为学要旨归纳为三：

> 守仁之学，其要有三：其一曰“致良知”，实本诸先圣先贤之言也。……其二曰“亲民”，本诸先圣先贤之言也。《大学》旧本曰“在亲民”，《尧典》曰“克明峻德，以亲九族。平章百姓，协和万邦，黎民于变时雍”，孟轲曰“君子亲亲而仁民，仁民而爱物”，此守仁所据以复“新民”之讹也。……其三曰“知行合一”，亦本诸先圣先贤之言也。……守仁发此，无非欲人言行必顾，弗事空言如后世之失也。③

---

① 根据王阳明本人在《大学问》中的界定，“亲民”说主要讨论的是“达用”，所谓“明明德者，立其天地万物一体之体也；亲民者，达其天地万物一体之用也”（王守仁：《王阳明全集》卷二十六，吴光、钱明、董平等编校，第 968 页）。但在具体叙述过程中，“体”和“用”其实是很难分离的。“知行合一”“致良知”等也都是既谈“体”又谈“用”的。“亲民”说固然主要是讲“达用”，但也讨论“明体”，如阳明在《亲民堂记》中对南大吉说：“人者，天地之心也；民者，对己之称也；曰民焉，则三才之道举矣。”（王守仁：《王阳明全集》卷七，吴光、钱明、董平等编校，第 250—251 页）意即“亲民”说除讲人事，也讲天道；天、地、人“三才之道”，尽被“亲民”囊括其中。

② 黄绾：《黄绾集》，张宏敏编校，第 628 页。

③ 黄绾：《黄绾集》，张宏敏编校，第 626—627 页。按：此疏内容钱德洪编《阳明先生年谱》亦有引，所引内容虽出入较大，但对阳明为学要旨的三点归纳却完全一致。

与此同时，黄绾又先后在《祭阳明先生文》《祭阳明先生墓文》和《阳明先生存稿序》中对“致良知”“亲民”“知行合一”三个核心思想作了进一步阐释：

> 惟我先生，负绝人之识，挺豪杰之资，哀斯道之溺，忧斯道之疵。指良知，以阐人心之要；揭亲民，以启大道之方。笃躬允蹈，信知行之合一；人十己千，并诚明而两至。续往圣不传之宗，救末代已迷之失。孝弟可通神明，忠诚每贯日月。试之武备，既足以戡乱；用之文字，必将以匡时。①
>
> 道丧既久，圣远言微，千载有作，聿开其迷，指良知为下手之方，即亲民为用力之地，合知行为进德之实。夫学非良知，则所学皆俗学，而圣学由不明；道非亲民，则所道皆霸功，而王道为之晦；知行不合，则所知皆虚妄，而实德无自进。②
>
> 阳明先生夙负豪杰之资，始随世俗学文，出入儒、老、释之间；中更窜谪流离之变，乃笃志为学；久之，深有省于《孟子》“良知”之说，《大学》“亲民”之旨，反身而求于道，充乎其自得也。③

可以说，在王阳明的弟子后学中，对其“亲民”思想讲得最多、评价最高的非黄绾莫属，这也是为什么在《黄绾集》中，但凡述及“亲民”说，皆与阳明有关，或者说是在阐释阳明学说时，黄绾才尤为凸显“亲民”说，④以显示“亲民”说在阳明思想体系中的核心地位。

在黄绾看来，阳明的“致良知”“亲民”和“知行合一”三个核心思想分别代表了“下手之方”“用力之地”与“进德之实”，体现了体用、心物、内外之统一，亦即知行之合一，具有不可分割

① 黄绾：《黄绾集》，张宏敏编校，第563页。
② 黄绾：《黄绾集》，张宏敏编校，第564页。
③ 黄绾：《黄绾集》，张宏敏编校，第227页。
④ 只有很少的例外，如黄绾在《送张太守治台序》中为评价台州太守岭南张侯所说的一段话：“我国家张守置令，本以亲民，即《周官》之意也。故守令之职莫先民养、莫急民教。不得已而有讼，又为之立经法。”（黄绾：《黄绾集》，张宏敏编校，第207页）

的内在逻辑。黄绾的三要旨说比刘宗周的“三言”说①要早数十年，也更符合阳明思想发展的实际状况，即从中期的“知行合一”，到后期的“致良知”，再到晚年的“万物一体之仁”，而“亲民”与“万物一体之仁”则是用与体的关系，只不过“万物一体之仁”是阳明晚年可以取代“良知”的核心命题，而“亲民”则贯穿于阳明思想发展的全过程。②

在明代中后期，“亲民”思想可以说不仅仅属于阳明本人，也属于阳明的弟子后学，它与阳明的其他思想一样，亦为多数王门学者所接受。如王畿说：“致知工夫在格物上用，犹云《大学》明德在亲民上用，离了亲民，更无学也。”③王艮说：“明明德以立体，亲民以达用，体用一致，先生辨之悉矣。”④邹守益说：“大合族众，讲明圣门《大学》之要，以明明德为宗旨，以亲民为实功，以止至善为极则。”⑤王畿、王艮、邹守益皆为后阳明时期的领袖级人物，他们的论述具有相当的代表性。

但是，王阳明的“亲民”说与其同时代人相比具有两个鲜明特质。一是一贯性。后人对阳明思想的衍变有“学三变”和“教三变”说，揭示了其思想发展的阶段性和时效性（详见前述）。但唯独“亲民”说可谓贯穿于阳明心路历程和实践活动的全过程。质言之，在阳明思想发展的前期“亲民”说主要体现于“心即理”，中后期主要体现于“致良知”，晚期主要体现于“万物一体之仁”。

---

① 即刘宗周《阳明传信录》所说的“先生教人，吃紧在去人欲而存天理，进之以知行合一之说，其要归于致良知，虽累千百言，不出此三言为转注”（黄宗羲：《明儒学案》，沈芝盈点校，第183页）。后黄宗羲在此基础上又概括出“心即理”“知行合一”和“致良知”三要旨说（黄宗羲：《明儒学案》，沈芝盈点校，第181页），侧重其思想层面，彰显的是王阳明的“立言”宗旨，而“亲民”则更多地属于社会治理层面，黄绾有意加以突出，自有其深意。

② 陈立胜先生将王阳明亲民说“划分为早、晚期两个不同的阶段”，指出：“这里［指嘉靖三年（1524）阳明写的《书朱子礼卷》］‘明德、亲民，一也’与早期‘明德亲民只是一事’看似一致，但着重点实则不同。前期重在点出‘亲民亦明德事’，后期则打破了早期‘明德、亲民’由己而人、而物的单向关系。‘明德’与‘亲民’变成了‘由己而人、而物’与‘由人、物而己’的双向互动的关系。”（陈立胜：《如何与天地万物成“一家之亲”——王阳明亲民说发微》，《孔学堂》2022年第2期）此说颇有新意，值得深察。

③ 黄宗羲：《浙中王门学案》，《明儒学案》卷十二，沈芝盈点校，第261页。

④ 黄宗羲：《泰州学案》，《明儒学案》卷三十二，沈芝盈点校，第711页。

⑤ 邹守益：《邹守益集》，董平编校整理，第259页。

因此，阳明教人虽强调“因时致治”[①]“因病立方”[②]，但要求“与说‘亲民’字不须改”[③]，意指别的说法可以有变，但“亲民”思想不能变。亦因此，在阳明的早、中、晚各个时期的著作中，都含有丰富的“亲民”思想，比如《传习录》上卷第一条就是阳明与徐爱之间就“亲民”说而展开的对话，[④]而其晚年的“收官”之作《大学问》亦主要讨论了“亲民”与“万物一体之仁”。这也是为什么《王阳明全集》中有八十余处提到“亲民”，与“良知”概念不相上下的重要原因。当然，强调“亲民”说的一贯性与指出“亲民”说有一个从不成熟到成熟、从比较“亲切”到“如此亲切”[⑤]的发展过程并不矛盾，犹如阳明早期提出“知行合一”说后又不断成熟完善一样。二是实践性。阳明的“亲民”说不仅表现在他的经典解释和义理观念上，更体现在他的政治实践和治理模式上，具有很强的功能性和可操作性。

二、经典诠释

众所周知，儒家经典《大学》自宋以后即有“古本”与“改本”之争。目前所知最早的《大学》文本属于汉代郑玄注、唐代孔颖达疏的《礼记注疏》文本，史称《大学》古本。其开宗明义第一句是“大学之道，在明明德，在亲民，在止于至善”，世称“三纲领”，后文的正心、诚意、致知、格物、修身、齐家、治国、平天下，则为“八条目”，是对“三纲领”的具化与展开。自汉至宋，无人怀疑其文字有误。到了北宋二程，开始“改正”《大学》古

① 王阳明说：“但因时致治，其设施政令已自不同。即夏、商事业，施之于周，已有不合。”（王守仁：《王阳明全集》卷一，吴光、钱明、董平等编校，第9页）

② 王阳明说：“圣贤教人如医用药，皆因病立方，酌其虚实温凉阴阳内外而时时加减之，要在去病，初无定说。若拘执一方，鲜守为成训，他日误己误人，某之罪过可复追赎乎？”（王守仁：《王阳明全集》卷四十一，吴光、钱明、董平等编校，第1567页）

③ 王阳明说：“甘泉用功，所以转得来。当时与说‘亲民’字不须改，他亦不信。今论‘格物’亦近，但不须换‘物’字作‘理’字，只还他一‘物’字便是。”（王守仁：《王阳明全集》卷三，吴光、钱明、董平等编校，第91页）阳明在这里虽针对的是《大学》改本，但其实是在强调“亲民”说的不可更改性。

④ 正德七年（1512），王阳明升任南京太仆寺少卿，徐爱升任南京工部员外郎，上任前两人回了趟老家，途中尝就《大学》“明德亲民”说展开讨论，这其实是阳明对自己在贵州龙场和江西庐陵之实践经验的思想总结。

⑤ 薛侃在《云门录》中称：“‘明明德’工夫只在‘亲民’上。阳明先生晚年发得如此亲切，初年犹未说到此。”（薛侃：《薛侃集》，陈椰编校，第4页）

本。但大程子程颢的“改本”对古本首句一字未改，而小程子程颐的“改本”则认为首句“亲，当作新”，于是将“在亲民”改成了“在新民”。但程颐并没有说明改动的理由。至南宋朱熹撰《大学章句》，在古本首句下对程颐的改本作了具体解释：“程子曰：‘亲，当作新。’大学者，大人之学也。明，明之也……新者，革其旧之谓也。言既自明其明德，又当推以及人，使之亦有以去其旧染之污也。”①其《经筵讲义》也记载：“臣熹曰：大学者，大人之学也。明，明之也……亲，程氏以为字当作‘新’是也，其义则去其旧而新之云尔。言既能自明其明德，又当推以及人，使人亦有以去其旧染之污也。”②从而再次肯定了程颐改“亲”为“新”的臆断，并将“在新民”解读为除旧布新、推己及人。

然而，王阳明对程颐、朱熹随意改动《大学》古本的做法却颇为不满，他说：“《大学》古本乃孔门相传旧本耳，朱子疑其有所脱误而改正补缉之，在某则谓其本无脱误，悉从其旧而已矣。”③从表面上看，阳明是在坚守历代传承之《大学》古本“首句”的写法，但实际上是因为其“致良知”“知行合一”说中具有深厚的“亲民”思想以及丰富的经验积累，必欲抒之而后快。④

而王阳明所信奉的《礼记·大学》之“明德亲民”说，实又源自《尚书·大禹谟》之“禹曰，於！帝念哉！德惟善政，政在养民。水、火、金、木、土、谷，惟修；正德、利用、厚生、惟和”中的“正德厚生”说。用现代的话说，“正德”“明德”即端正道德品质，属精神文明的范围；“厚生”“亲民”即养民、安民和富民，属物质文明的范围。“正德厚生”“明德亲民”，即精神文明与物质文明并重之意，两者相辅相成，彼此兼顾，这是对儒家治国理政思想的高度概括。

从经典诠释学的角度看，“亲民”说主要是针对程颐、朱熹的“新民”说而提出，其理据则出自古本《大学》以及王阳明本人对“在亲民”一语之释解。关于“亲民”与“新民”的关系，徐爱记录的《传习录》之首条最为重要：

---

① 朱熹：《大学章句》，《四书章句集注》，第 3 页。

② 朱熹：《经筵讲义》，《朱熹集》卷十五，郭齐、尹波点校，第 574 页。

③ 王守仁：《王阳明全集》卷二，吴光、钱明、董平等编校，第 75 页。

④ 参见吴光：《论王阳明的亲民思想及其当代意义》，《孔学堂》2014 年创刊号。

> 爱问："'在亲民'，朱子谓当作'新民'。后章'作新民'之文似亦有据。先生以为宜从旧本作'亲民'，亦有所据否？"先生曰："'作新民'之'新'是'自新之民'，与'在新民'之'新'不同，此岂足为据？'作'字却与'亲'字相对，然非'亲'字义。下面'治国平天下'处，皆于'新'字无发明，如云'君子贤其贤而亲其亲，小人乐其乐而利其利'；'如保赤子'；'民之所好好之，民之所恶恶之，此之谓民之父母'之类，皆是'亲'字意。'亲民'犹《孟子》'亲亲仁民'之谓，亲之即仁之也。百姓不亲，舜使契为司徒，敬敷五教，所以亲之也。《尧典》'克明峻德'便是'明明德'。'以亲九族'至'平章''协和'，便是'亲民'，便是'明明德于天下'。又如孔子言'修己以安百姓'，'修己'便是'明明德'，'安百姓'便是'亲民'。说'亲民'便是兼教养意。说'新民'便觉偏了。"①

在徐爱看来，朱熹把"在亲民"改为"在新民"，《大学》后文有"作新民"的相关章节，似乎也可以作为改动的凭据。而阳明则认为，"作新民"的"新"，是自新之民，与"在新民"的"新"不同，后者有使民新的意思。"作新民"的"新"是形容词，"在新民"的"新"是使役动词。而"作"字与"亲"字相对应，都是动词，但没有使民新的意思。《大学》后文的"治国""平天下"部分，对"新"字没有任何的阐发说明，而"君子贤其贤而亲其亲，小人乐其乐而利其利""如保赤子""民之所好好之，民之所恶恶之，此之谓民之父母"等，却都是对"亲"字的阐述与发明。

《大学》中"作新民"一词，出自《尚书·康诰》，朱熹的解释是："鼓之舞之之谓作，言振起其自新之民也。"②意即鼓励人振作自新。所以阳明认为："'作新民'之'新'是'自新之民'，与'在新民'之'新'不同。"也就是说，"作新民"乃"民"者"自新"，即自我觉醒，以达到完美的道德境界，所谓"自新新

① 王守仁：《王阳明全集》卷一，吴光、钱明、董平等编校，第1—2页。
② 朱熹：《大学章句》，《四书章句集注》，第5页。

民，皆欲止于至善也”[①]；而“在新民”的“新”是动词，即先知先觉的“圣”（实为“师”）教化改造后知后觉的“民”。阳明所坚持的“在亲民”的“亲”也是动词，“在”是副词，重点是“亲”，故阳明说：“‘作’字却与‘亲’字相对，然非‘亲’字义。”“亲”的主语虽然也是“圣”或“师”，但是并不局限教化、改造“民”，重点还在于安民和保民，富民亦是其应有之义。要而言之，《康诰》“作新民”的重点是“作”，强调的是“自新”；朱熹《大学》改本“在新民”的重点是“新”，强调的是教民化民；阳明《大学》古本“在亲民”的重点是“亲”，强调的是安民保民。尽管“亲民”也有教民化民意，但重心已发生转移，从道德精神上的教民化民转向了生活事物上的安民保民。用阳明的话说，即“说‘亲民’便是兼教养意，说‘新民’便觉偏了”。[②]言下之意，朱熹的“在新民”说偏于教民、化民、造民而疏于安民、保民、富民。

针对王阳明的这一诠释，一时间批评、反对声几乎占据了整个舆论场，而且这种声音不光来自朱门，还来自王门内部。比如与阳明及多数王门学者立场不太一致的聂豹，就对此提出过质疑。据罗洪先《读双江公致知议略质语》记载：“指明德工夫在亲民，谓与《大学》本意微有间。此是公（聂豹）天下之言，门下人从来不肯如此开口。”[③]说明阳明的“亲民”说“与《大学》本意微有”不同，至少在理论上还有漏洞；同时也说明黄绾执意要把属于纯粹达用范畴的“亲民”说提高到与属于明体达用范畴的“致良知”“知行合一”同等高度并予以充分肯定的做法是有其特殊意义的。而在笔者看来，这一特殊意义应主要表现在以下四个方面，或曰“四大属性”。

三、公共属性

所谓“公共”属性，当首先源自“心”之“体”，“明德”“仁”等皆为心体的本质属性，“诚爱恻怛之心即是致良

① 朱熹：《大学章句》，《四书章句集注》，第5页。
② 王守仁：《王阳明全集》卷一，吴光、钱明、董平等编校，第2页。
③ 罗洪先：《罗洪先集》，徐儒宗编校整理，第697页。

知”[①]，是故“良知”即为心体。按照牟宗三在《心体与性体》中所提出的“即存有即活动”的判别儒家正宗的“体用不二”的思维模式标准，[②]公共性又必然显现于“物”之“用”或“事”之“用”的层面，因此“良知”的公共性又决定了“亲民”的公共性，由泛德（明德）可以导出泛爱和泛亲[③]。在阳明那里，就是把“良知”理论普遍运用于社会治理及日常生活的经验层面，“亲民”说即为这一理论与实践的最大成果之一。用阳明挚友湛若水或者阳明后学王时槐的话说，就是“在心为明德，在事为亲民……然后应事即亲民也”[④]“亲民者，明德之功”[⑤]。

朱熹论“理”，多以“公共之理”表述之，诸如“理是个公共底物事”[⑥]“道义是众人公共底”[⑦]“道者古今共由之理”[⑧]，可谓数不胜数，表明他非常注重对“理”的恒常性、普遍性、公共性之建构，认为宇宙万物、人类社会中存在着被普遍遵循的、共同的价值原则，即“公共道理”。阳明在公共性的理论建构方面继承了朱熹。他把“理”合一于“心”，提出比陆九渊更进一步的“心即理”说。后又在此基础上提出“致良知”说，“良知即是天理”，“良知”之外无“天理”，求理必求之于心，循天理即为“致良知”。而“心体”或“良知”的本质属性即孔子所强调的“仁”。所以他晚年提出的“万物一体之仁”说在理论上其实是“心即理”“致良知”的逻辑延续。在他看来，“仁”是“万物一体”的“体”，“亲民”是“仁”的体现，是“万物一体”之“用”。尽管阳明心学在个体修养层面彰显了人之主体性，为净化人心、升华人格开了一帖人人受用的良方，但这并非阳明的唯一目的，在其“视天下犹一家，中国犹一人”[⑨]的宽阔视野中，“良知”的根本诉求不仅仅是内圣式的“自得自新”（“明明德”），也不是外王

---

① 王守仁：《王阳明全集》卷二十六，吴光、钱明、董平等编校，第 993 页。
② 参见丁为祥：《牟宗三“即存有即活动”释义》，《文史哲》2010 年第 5 期。
③ 其中“泛亲”是陈立胜先生提出的问题意识，参见陈立胜：《如何与天地万物成“一家之亲”——王阳明亲民说发微》，《孔学堂》2022 年第 2 期。
④ 黄宗羲：《甘泉学案》，《明儒学案》卷三十七，沈芝盈点校，第 883 页。
⑤ 王时槐：《王时槐集》，钱明、程海霞编校，第 483 页。
⑥ 黎靖德编：《朱子语类》卷九十三，王星贤点校，第 2360 页。
⑦ 黎靖德编：《朱子语类》卷五十二，王星贤点校，第 1259 页。
⑧ 黎靖德编：《朱子语类》卷十三，王星贤点校，第 231 页。
⑨ 王守仁：《王阳明全集》卷二十六，吴光、钱明、董平等编校，第 967 页。

式的走上层路线的"得君行道"，而是世俗化的走下层路线的"觉民行道"和"安民行道"①。因此，"只说'明明德'而不说'亲民'，便似老、佛"②，为阳明所坚决反对。

也就是说，正因为"在心"本体的公共性，才决定了"在事"功夫的公共性；良知的普遍性体现在致用上就是"亲"的普适性和"民"的最广泛性。在此基础上，阳明提出了"夫人者，天地之心，天地万物本吾一体者也。生民之困苦荼毒，孰非疾痛之切于吾身者乎？不知吾身之疾痛，无是非之心者也。是非之心，不虑而知，不学而能，所谓良知也。良知之在人心，无间于圣愚，天下古今之所同也"③的共生共存的相互依存观和一体论。

然而，如果纯粹依靠抽象的"在心"本体的"良知"观念，要想在一个地域广袤、交通闭塞、民族构成复杂、人们谋生的经济活动基本上被局限在乡村社会的社会生态中，建立全国性层面的基于普遍"良知"的公共社会，几乎是不可能的。面对这样的新问题，自宋代开始，儒者们便逐渐把注意力转向乡约社会建设，让乡民来约定彼此之间必须遵循的规则，处理他们的公共事务，以建立稳定的公共秩序。但这种基层公共社会和公共秩序的建立，必须有个前提条件，即发展相对均衡、民众相对均富、财富分配相对公平。而阳明提出并努力践行的"亲民"思想，则在一定程度上为解决这个千百年来困扰基层治理的疑难重症拓展了思路、提供了手段。

因为在相对富裕地区和贫穷地区、政治中心和经济中心、汉族地区和少数民族地区都积累了丰富的治理经验，并且与士农工商各阶层之"民"都有密切接触机会的王阳明深知，要建立良性循环的公共生活与公共秩序，必须化解的最大困局，也是其心学理论能否扎扎实实落地、能否获得广泛认同、能否真正做到"体用不二"的关键点，就是政治如何清廉、经济如何发展、民生如何保障、社会如何安定、民意如何顺畅、民情如何上达，用阳明的话说，

---

① "得君行道"与"觉民行道"是余英时在《宋明理学与政治文化》[余英时：《余英时文集》（第10卷），广西师范大学出版社2014年版]一书中提出的研究方法，主要是以从"得君行道"到"觉民行道"的社会思潮走向来分析宋、明两代理学的不同特点，并以"觉民行道"来概括明代理学的总体特征。

② 王守仁：《王阳明全集》卷一，吴光、钱明、董平等编校，第25页。

③ 王守仁：《王阳明全集》卷二十六，吴光、钱明、董平等编校，第967页。

就是“平民之所恶”“从民之所好”“顺民之所趋”“警民之所忽”“拯民之所患”“复民之所同”。这六个方面于是便构成了阳明所谓的“得民”论：

> 惩己之忿而因以得民之所恶也，窒己之欲而因以得民之所好也，舍己之利而因以得民之所趋也，惕己之易而因以得民之所忽也，去己之蠹而因以得民之所患也，明己之性而因以得民之所同也。①

认为只有做到了民之所恶惩之、民之所好从之、民之所利顺之、民之所忽警之、民之所患救之、民之所同复之，才能真正“得民”；而“得民”的关键又取决于官员的“克己”，即“惩己之忿”“窒己之欲”“舍己之利”“惕己之易”②“去己之蠹”“明己之性”，若能做到这六条，则可丰物而安民、“期年而化行”。③

王阳明的目的，就是要将基于“万物一体之仁”的具有公共价值和普遍意义的“亲民”思想直接落地、有效实施，将“这良知人人皆有”④以及社会物质财富统统转化为人人享有的共同资源，使儒家的公共治理理念和天下大同的社会理想落实到基层社会，进而使“心即理”“致良知”“万物一体之仁”等抽象理论成为支撑国家层面的公共政治、实现基层治理和社会稳定的公共价值。而阳明一以贯之的“亲民”思想，正是在此基础上成为既属于具体的实践操作层面的政策主张，也属于抽象的理论致思层面的圣道理想；既可以为社会不同阶层之间建立起一个符合普适伦理的价值原则及其相互交往的基本规范，也可以向人们提供一种引导社会有序发展的实用范式并且契合儒家王道哲学的社会形态观。总之，阳明所提出的一系列心学命题，都可以在“亲民”说那里真正实现内外合一、体用合一、知行合一。

---

① 王守仁：《王阳明全集》卷八，吴光、钱明、董平等编校，第 281 页。

② “惕己之易而因以得民之所忽也”，意指官员的政令易变、心态易不平，以至被民众所忽视和产生不信任感。

③ 王守仁：《王阳明全集》卷八，吴光、钱明、董平等编校，第 281 页。

④ 王守仁：《王阳明全集》卷三，吴光、钱明、董平等编校，第 95 页。

四、平等属性

王阳明对《大学》古本的坚持，从表面上看是在固守先哲的“亲民”理念，而实际上是因为其“良知”学中原本就含有强烈的“亲民”诉求，必欲抒之而后快。在阳明那里，“亲民”的“亲”是以肯定人的良知本性“自足”为前提的，以为“个个人心有仲尼”“人人自有定盘针”[①]“人人自有，个个圆成”[②]，故“决然以圣人为人人可到，便自有担当了”[③]。阳明弟子后又为湛甘泉门人的顾应祥在解释王艮、董沄“二子所谓满街都是圣人”的观点时，称其“不过形容人人皆有良知，皆可以为圣人耳”，并且批评这种观点“言之过高，使学者闻之必曰圣人可一蹴而至，而学问思辨、戒谨恐惧之功夫俱可置而弗讲”，[④]实际上就是针对良知本性、人人自足的预设而发出的警告。

与王阳明不同的是，程、朱“改本”所释之“新”在目标上虽与“亲”一致，但是以人的本性有缺损为前提，强调要“去其旧而新之”，并且推己及人，而“使人亦有以去其旧染之污也”。[⑤]朱熹尝谓：“明明德者，所以自新也；新民者，所以使人各明其明德也。”“新者，革其旧之谓也，言既自明其明德，又当推以及人，使之亦有以去其旧染之污也。”[⑥]因此，阳明的“亲民”说强调通过爱民抚民、安民富民之手段，达到使民之“良知”呈现出来之目的，而朱子的“新民”说则主张通过扩充道心、祛除被污染的人心之途径，达到改造“民”、使“民”重新做人之目的。

针对朱子从理学工夫论的角度对孟子“扩充”概念的随意解释，阳明弟子邹守益之孙邹德涵曾批评说：

> 有疑于当下便是之说者，乃举孟子之扩充为问。先生曰：“千年万年只是一个，当下信得此个，当下便信得千个、万个。常如此际，何有不仁不义、无礼无智之失？孟子所谓“扩

---

① 王守仁：《王阳明全集》卷二十，吴光、钱明、董平等编校，第 790 页。
② 王守仁：《王阳明全集》卷一，吴光、钱明、董平等编校，第 31 页。
③ 王守仁：《王阳明全集》卷三，吴光、钱明、董平等编校，第 120 页。
④ 顾应祥：《静虚斋惜阴录》卷一，《四库全书存目丛书・子部》（第 81 册），第 33 页。
⑤ 朱熹：《经筵讲义》，《朱熹集》卷十五，郭齐、尹波点校，第 574 页。
⑥ 朱熹：《大学章句》，《四书章句集注》，第 3 页。

充”，即子思“致中和”之“致”，乃是无时不然，不可须臾离意思，非是从本心外要加添些子，加添些子，便非本心，恐不免有画蛇添足之病。”①

邹德涵的批评立足于“当下信得”的现成良知说，尽管也有其片面性，但他对朱子工夫论的质疑还是有一定意义的，将其与王阳明“亲民”说中的平等自主意识联系起来考量，则更有其特殊价值。

除此之外，王阳明的“亲民”说在如何对待“民”的问题上，其立场亦与“新民”说略有不同。如果说“新民”的重心在于道德性的教民化民，那么“亲民”的重心便在于事物性的养民益民。“新民”给人的感觉是一种居高临下的态度和视角，而“亲民”则相对来说有降低身段、平视民众的可能性。“新民”说可以说是中国传统知识分子的固有思维方式，而“亲民”说则可以说是在这种传统模式中划了一道裂缝，它的出现与明中叶以后整个社会重心的进一步下移，除了关注对民众的道德教化，还关注对民众的生活保障有密切关系。所以“亲民”既是教化语，又是生活语，而“新民”则基本上属于先知者教化后知者的范畴。“新民”说若可谓“被救”，“亲民”说则可谓“自救”。“亲民”说要比“新民”说更具有平等性和大众性。因为“新民”说不过是改造人、教化人的另一种说法，其预设的前提是先知的“圣”去立人、先觉的“师”去改造。阳明“亲民”说尽管也含有教民化民的目的，但它更凸显的是被“人”化后的“民”的“自立”“自得”“自信”“自新”“自见”“自在”“自修”“自悟”“自正”“自思”②和被“圣”化后的“君”的爱民、抚民、安民、养民、益民、富民，即以民为中心、以民为本的儒家仁政之理想。

要而言之，“亲民”与“新民”的根本区别在于对人心人性中

① 邹德涵：《邹聚所先生语录》卷下，《四库全书存目丛书·集部》（第157册），第516页。

② 这10个“自主”性概念皆为王阳明常用语，它强调的是修身工夫的切己性和为己性。象山心学在这方面虽然也有类似表述，如强调工夫“不过切己自反，改过迁善”，以为“圣贤道一个‘自’字煞好”（陆九渊：《陆九渊全集》，叶航整理，上海古籍出版社2022年版，第275页）。但阳明所说的“自”字相较象山，可以说是在主张儒家“为己之学”的同时，更加凸显本来性意义上的自主性和平等性，以为其“亲民”说提供本体论的根据。

的良知本体有无“自信”的问题，有了“自信”就会看到“自足”和“自立”，从而把“民”的地位提升到与“圣”和“君”同等的高度，并通过“圣凡同体”“圣凡合一”的理论预设，来最终落实“亲民”说的各项措施，以实现“致良知”“万物一体之仁”的理想目标。对此，阳明后学张岱在《快园道古》中说的一段话似有一定说服力：“王新建（阳明）立论，每言人皆可为尧舜。一日，苍头辟草阶前，有客问曰：‘此辟草者亦可为尧舜邪？’答曰：‘此辟草者纵非尧舜，使尧舜辟草，不过如此。’”[①]这说明，阳明不仅处处以“圣凡合一”为立论宗旨，而且还把重点放在“凡人”之上。表面上“尧舜辟草，不过如此”好像是在看低“圣人”，但实际上阳明的目的是要看高“凡人”，是要把“凡人”上升到“圣人”的高度，以激活每一个人的良知本体，弘扬人的主体精神。这样的“人”自然有别于“新民”说中的“人”。

王阳明后来提出的“四民异业而同道”的思想，也在一定程度上反映了其“亲民”说中的这种平等属性。他在54岁时写的《节庵方公墓表》中说：

> 古者四民异业而同道，其尽心焉，一也。士以修治，农以具养，工以利器，商以通货，各就其资之所近，力之所及者而业焉，以求尽其心。其归要在于有益于生人之道，则一而已。士农以其尽心于修治具养者，而利器通货，犹其士与农也；工商以其尽心于利器通货者，而修治具养，犹其工与商也。故曰：四民异业而同道。[②]

所谓“生人之道”，即生存之道、生活之道。正因为士、农、工、商“四民”的“生人之道”是一样的，在人格上并无贵贱、尊卑、高低之别，所以在职业活动方面，阳明主张一视同仁，反对歧视。对于王阳明的这一提法，其弟子王畿深表赞同，指出：“古者四民异业而同道，士以诵书博习，农以立穑务本，工以利益器用，商以贸迁有无。人人各安其分，即业以成学，不迁业以废学，而道

① 张岱：《快园道古（增补本）》，佘德余点校，第71页。
② 王守仁：《节庵方公墓表》，《王阳明全集》卷二十五，吴光、钱明、董平等编校，第941页。

在其中。”[①]而当时重新强调“四民异业而同道”的舆论环境正是在良知说深入人心、平等自主意识逐渐增强的时代背景下形成的，可以说与阳明的良知学说、平等观念密不可分。

不仅如此，为积聚民财，王阳明还主张积极发展工商业，欲借“通货”之手段，实现“阜财兴物”之目的，用现在的话说，就是通过流通货物、扩大贸易，以积累财富、繁荣经济。而阳明所说的“积财”主要指的是“民财”，“致富”主要是指“民富”，所以他明确要求“各官务要视官事如家事，惜民财如己财”[②]；严厉禁止以“公”的名义“科索民财”，责令“各府、州、县科取民间财物，即行查究禁革，未到官者，毋再追并；已在官者，照数给还”[③]。

一般来说，“士农工商”模式初萌于地处海岱之间的春秋时的齐国，到南宋时又有新的发展。王阳明的出生地及其主治过的南赣、两广等地皆为明朝的近海地区。由此可以推断，他有关“四民”身份及工商业发展的深刻思考，与春秋时期的齐相管仲一样，也隐含着深厚的海域经贸及文化之背景，可谓明中叶经济发展水平和社会形态转型的必然反映，因而具有较多的历史合理性。如果将阳明的这些思想置于明初所强力推行的抑商政策，致使工商杂税的比重大大低于农业税（仅占五分之一弱），在经济结构上远逊于商品经济高度发达之宋朝的大背景下加以考量，就更能显出它的特殊价值。尽管阳明的“四民”思想仍存在诸多时代局限性，但在重视工商、农工商并重、促进商品流通、藏富于民、富民安民、共生共享、顺应民心及为基层社会提供财富保障等方面，还是表现了符合经济发展规律及市场供求法则的政治智慧以及适应历史发展潮流的价值取向。

五、安全属性

如果说“亲民”之平等精神的根本前提在于“民”的普遍性，那么提出“亲民”说的根本目的则在于“民”的“安全”性。但王

---

① 王畿：《书太平九龙会籍》，《王畿集》卷七，吴震编校整理，第130页。

② 王守仁：《批岭北道修筑城垣呈》，《王阳明全集》卷三十，吴光、钱明、董平等编校，第1083页。

③ 王守仁：《行江西按察司查禁因公科索民财》，《王阳明全集》卷三十一，吴光、钱明、董平等编校，第1143页。

阳明的“安全”观念，并不同于现代汉语的安全概念。阳明曾在55岁那年写的《答顾东桥书》中说：

> 夫圣人之心，以天地万物为一体，其视天下之人，无外内远近，凡有血气，皆其昆弟赤子之亲，莫不欲安全而教养之，以遂其万物一体之念。①

“安全”一词最早出自《易传》：“无危则安，无损则全。”《论语·宪问》亦就“安人”与“修己”的关系作过阐释：“子路问君子。子曰：‘作己以敬。’曰：‘如斯而已乎？’曰：‘修己以安人。’曰：‘如斯而已乎？’曰：‘修己以安百姓。修己以安百姓，尧舜其犹病诸？’”意即儒家虽主张“为己之学”，使主体人格自得挺立，但其根本目的却是为了实现“安人”乃至“安百姓”的“成物”之目标。《孟子·梁惠王上》则进一步把“制民之产”作为“安百姓”的前提条件：“是故明君制民之产，必使仰足以事父母，俯足以畜妻子，乐岁终身饱，凶年免于死亡；然后驱而之善，故民之从之也轻。”

后北宋的程颐又将“安百姓”上升到“为政之道”的高度，提出了“顺民心”“厚民生”“安而不扰”“民生阜足”等主张，他说：“所谓察己之为政者：为政之道，以顺民心为本，以厚民生为本，以安而不扰为本。陛下以今日之事，方于即位之初，民心为欢悦乎？为愁怨乎？民生为阜足乎？为穷蹙乎？政事为安之乎？为扰之乎？亿兆之口非不能言也，顾恐察之不审尔。苟有不察，则天之所戒也，当改而自新者也。”②其中“安而不扰”“民生阜足”即所谓“安全”也。

在儒家看来，为政者应当首先设法满足百姓由安全、繁衍、富足而来的物质生活需求，其次才是道德教化。而《礼记·大学》中所说的“明明德”其实就是“修己”，“亲民”不过是“安百姓”的同义语。后来阳明弟子邹守益在《王汝頣字说》中所说的“明明

---

① 王守仁：《答顾东桥书》，《王阳明全集》卷二，吴光、钱明、董平等编校，第54页。

② 程颢、程颐：《代吕公著应诏神宗皇帝书》，《河南程氏文集》卷五，《二程集》，王孝鱼点校，中华书局1981年版，第531页。

德也者，以言乎自养也；亲民也者，以言乎养人也；兹修己以安百姓之教也。己修于家，则家得所养而齐矣；己修于国，则国得所养而治矣；己修于天下，则天下得所养而平矣’”，[①]实质上就是对《论语》《孟子》《大学》中的“安百姓”“制民之产”及“亲民”思想的系统阐发。

不过《论语》中并没有“安全”的概念，也无“全”的概念，而只有“安”的概念。而《易传》所说的“安”与“全”，乃是相辅相成的关系，含有社会和谐安定与民生富庶保全之意。到了王阳明那里，“安全”概念又上升为“安全”观，其所谓“安全”二字，大致可释为生命至上、财富为重，而其所强调的“安全而教养之”，就是要把保全人的生命和财产作为觉民化民的先决条件。在王阳明提出“安全而教养之”之前的正德十六年（1521）正月初五日，当人们还在过大年时，他就向已放下武器的人发布通告，要求“随从逆府舍余军校人等……但念其各已诚心悔罪，故今务在委曲安全，仰各洗心涤虑，改恶从善，本分生理，保守身家”。[②]连有罪的人也务必要让他们“保守身家”，以确保“安全”，足见阳明的“安全”是对所有人说的，目的就是要为所有人提供生活安全保障，诚如清代道光年间闽浙总督程祖洛在奏章所言：“保甲之设，由来旧矣。昔王安石行之而失，王阳明行之而得者，何也？安石借民以为兵，故民扰；阳明禁盗以安民，故民便。”[③]

除此之外，王阳明“安全”观的重点还在于“衣食充足”，即保全每一个人的衣食住行，确保每一个人都有“家业衣食之资”和“父母妻子之恋”[④]，而“衣食充足”的基础又在于发展经济、保障民生；“知耕桑之可以足衣食”“知技艺之可以得衣食”。[⑤]这也就是阳明所强调的“衣食之道”：“衣食不充”[⑥]则社会不稳、人心不

① 邹守益：《邹守益集》，董平编校整理，第465页。
② 王守仁：《禁约释罪自新军民告示》，《王阳明全集》卷三十一，吴光、钱明、董平等编校，第1155页。
③ 王琛等修，张景祁等纂：《邵武府志》卷十三，（台湾）成文出版社1967年版，第36页。
④ 王守仁：《乞宽免税粮急救民困以弭灾变疏》，《王阳明全集》卷十三，吴光、钱明、董平等编校，第428页。
⑤ 王守仁：《答储柴墟》，《王阳明全集》卷二十一，吴光、钱明、董平等编校，第811—813页。
⑥ 王守仁：《告谕浰头巢贼》，《王阳明全集》卷十六，吴光、钱明、董平等编校，第561页。

和；“衣食之道日穷，老稚转乎沟壑”[①]；“衣食不给，若非掳掠，何以为生”[②]。所以他曾反复告诫：“民穷财尽，困苦已极”[③]，则必致社会失序以至动荡不安；“财者民之心也，财散（即藏富于民）则民聚；民者邦之本也，本固则邦宁”。[④]

尽管阳明所主张的“安民经国之事”，主要是指“除患安民”“安民息乱”“守土安民”“保治安民”“御盗安民”“设县安民”“弭盗安民”“捕盗安民”“保土安民”“除暴安民”“除患安民”“定乱安民”“祛患安民”“保治安民”，亦即社会的稳定和政治的安全，目的是想通过“务竭保民安土之谋，共图久安长治之策”[⑤]；但其实它还包含着物质层面的“养民”与精神层面的“化民”，由此才构成了阳明完整的“养民之政”[⑥]或“安民经国之事”[⑦]。

在王阳明看来，安民是本，灭盗是末，只有建立在民生保障基础之上的社会安定和政治安全，才是治本之策。所以他强调“务要安民”，严厉批评“各官反以扰民”[⑧]的舍本逐末的做法，指出：

> 夫弭盗所以安民，而安民者弭盗之本。今责之以弭盗，而使无与于民，犹专以药石攻病，而不复问其饮食调适之宜，病有日增而已矣。[⑨]

概而言之，王阳明的“亲民”说，除了社会、政治方面的“安全”属性外，还包含面向“人民”的“安民”和“觉民”两个要素。安者安养，保全也；觉者觉悟，教化也。“安民”“保民”偏重于民生，属于生活层面的衣食住行；“觉民”“化民”偏重于民

---

① 王守仁：《奏报田州思恩平复疏》，《王阳明全集》卷十四，吴光、钱明、董平等编校，第471页。
② 王守仁：《议处河源余贼》，《王阳明全集》卷十六，吴光、钱明、董平等编校，第568页。
③ 王守仁：《开豁军前用过钱粮疏》，《王阳明全集》卷十三，吴光、钱明、董平等编校，第440页。
④ 王守仁：《计处地方疏》，《王阳明全集》卷十三，吴光、钱明、董平等编校，第429页。
⑤ 王守仁：《再申明三省敕谕》，《王阳明全集》卷三十，吴光、钱明、董平等编校，第1090页。
⑥ 王守仁：《答顾东桥书》，《王阳明全集》卷二，吴光、钱明、董平等编校，第53页。
⑦ 王守仁：《处置八寨断藤峡以图永安疏》，《王阳明全集》卷十五，吴光、钱明、董平等编校，第516页。
⑧ 王守仁：《行廉州府清查十家牌法》，《王阳明全集》卷三十，吴光、钱明、董平等编校，第1106页。
⑨ 王守仁：《与王晋溪司马》，《王阳明全集》卷二十七，吴光、钱明、董平等编校，第1006页。

教，属于精神层面的德智美体，虽然都属于“人民”的范畴，但轻重缓急一目了然。阳明与朱子一样，两者兼顾，既主张“觉民行道”：“言夫子之功，功在社稷；言夫子之德，德在觉民。”[①]“君子之仕也以行道。不以道而仕者，窃也。”[②]“呜呼！若君者可不谓之志于行道，素养达观，而有古人之风也欤？夫志于为利，虽欲其政之善，不可得也。志于行道，虽欲其政之不善，亦不可得也。以君之所志，虽未有所见，吾犹信其能也。”[③]又主张“安民行道”：“以疏附交连于其间，平居无事，商货流通，厚生利用……此亦安民经国之事，势所当为者也。”[④]既强调“化民善俗”“化民成俗”“教民成俗，莫先于学”[⑤]；又强调“商货流通，厚生利用”“财者民之心也，财散（即藏富于民）则民聚”。但是，在阳明那里，“安民”要重于“化民”，“化民”乃以“安民”为前提。所以阳明的“亲民”说，在重视社会层面、精神领域之“觉民”的同时，更关注个人层面、物质领域的“安民”，使传统儒家的“安全”观念得到强化，并且在现实中加以落实。对于这一点，应当予以足够重视，可以说它是阳明“亲民”思想的核心。

后来，王阳明的高足王艮正是在这种“安全”理念的基础上提出并构建了“保身”理论。王艮在提出“百姓日用是道”的同时，又系统阐释了“立吾身以为天下国家之本”[⑥]“不知安身，则明明德亲民却不曾立得天下国家的本”“不知安身，便去干天下国家事，是之为失本”[⑦]的身本论，从而为泰州学派的民生思想奠定了理论基础。后其弟子颜钧又发展了王艮的民生思想，主张“大赍以足民食，大赦以造民命，大遂以聚民欲，大教以复民性”。[⑧]颜钧的弟子罗汝芳则将阳明学的民生思想作为施政方针，要求官员成为有“亲

① 马士琼：《王文成公文集原序》，王守仁：《王阳明全集》卷四十一，吴光、钱明、董平等编校，第 1620 页。

② 王守仁：《龙场生问答》，《王阳明全集》卷二十四，吴光、钱明、董平等编校，第 912 页。

③ 王守仁：《送黄敬夫先生佥宪广西序》，《王阳明全集》卷二十九，吴光、钱明、董平等编校，第 1046 页。

④ 王守仁：《处置八寨断藤峡以图永安疏》，《王阳明全集》卷十五，吴光、钱明、董平等编校，第 516 页。

⑤ 王守仁：《批立社学师耆老名呈》，《王阳明全集》卷十八，吴光、钱明、董平等编校，第 626 页。

⑥ 王艮：《王心斋全集》，陈祝生等校点，第 9 页。

⑦ 黄宗羲：《泰州学案》，《明儒学案》卷三十二，沈芝盈点校，第 711—712 页。

⑧ 颜钧：《颜钧集》，黄宣民点校，中国社会科学出版社 1996 年版，第 53 页。按：“大赍”即广泛地接济穷人、让人过上好日子；“大遂”即使所有人称心如意，得到满足。

民之心”的“识者”，做到“向其（民）所欲为，背其（民）所欲去”[①]，让所有人都能感受到执政者的“公平正大之心”。[②]当然，王艮的“安身”说不如阳明的“安全”说，“安身”主要是指生命安全，即“保身”，而“安全”则不仅指生命安全，还包括财产安全。

而在施政方略上，与阳明后学颇为契合[③]，后高居首辅要职的张居正也受到王阳明“亲民”说的深刻影响，提出了以体察民之疾苦为主的安民固邦的“长治久安之道”：

> 窃闻致理之要，惟在于安民，安民之道，在察其疾苦而已。……然尚有一事为民病者，带征钱粮是也。所谓带征者，将累年拖欠，搭配分数，与同见年钱粮，一并催征也。……况今考成法行，公私积贮，颇有赢余，即蠲此积逋，于国赋初无所损，而令膏泽洽乎黎庶，颂声溢于寰宇，民心固结，邦本辑宁，久安长治之道，计无便于此者，伏乞圣裁施行。[④]

由此可见，如何让民众日益增长的物质需求在社会条件许可的情况下得到最大程度的满足，是王阳明及其弟子后学努力探索并加以实践的重大民生问题，尽管他们的解决方案各有千秋，但“莫不欲安全而教养之，以遂其万物一体之念”的安民、保民的根本目的却是一致的。

六、效验属性

任何思想理论若缺乏实效性、功能性和可操作性，经不起实践的检验，缺乏效验性，就会失去其说服力和公信力。王阳明“亲民”说的最可贵之处还在于它的效验性或实效性，而这点恰好对于作为共同富裕示范区的浙江具有特殊的意义和价值。

“亲民”思想源自王阳明强烈的经世之志。在阳明看来，

---

① 罗汝芳：《罗汝芳集》，方祖猷等编校整理，第 664—665 页。

② 罗汝芳：《罗汝芳集》，方祖猷等编校整理，第 504 页。

③ 参见陈寒鸣：《张居正与阳明后学》，郭齐勇主编：《阳明学研究》（第 6 辑），人民出版社 2021 年。

④ 张居正：《请蠲积逋以安民生疏》，《张太岳集》卷四十六，上海古籍出版社 1984 年版，第 578—579 页。

“心”与“事”“学”与“政”，不仅不可分离，而且融为一体。每个官员都应当担负起“良知”所赋予的神圣职责，济世安民，参赞化育，以“上承天道”“下顺民心”。因此在他的心学体系中，在将浓重的“超然”品性透显于良知心体的同时，又全方位地显现出“务于经世”“厚于民生”的价值取向，目的就是增强“亲民”思想的实效性。而其“亲民”说的效验属性，则大致可以从三个方面来加以概括。

其一，“亲民”说的效验属性主要应由实施亲民政策的各级官员来保证，即“亲民”之官的自觉性。这点在当时的各级官僚中存在着严重迷思和执念，是故王阳明一直教育各级官员，要求他们都必须按照“亲民”思想为民施政，而且以身作则，率先示范。比如他三十二岁刚刚步入仕途不久，就积极支持绍兴太守佟公兴建预备物资仓库，[①]并要求为“商旅之贸迁者”建临时住所，为商贸从业人员提供便利，以促进地方经济的发展。为此绍兴府贰守（即同知）钱君特向其下属赞誉道：“公之是举，其惠于民岂有穷乎！夫后之民食公之德而弗知其所自，是吾侪无以赞公于今日，而又以泯其绩于后也。”[②]对阳明先生将爱民惠民、保障民生放在首位的各项主张和举措的感恩之情溢于言表。再比如嘉靖二年（1523）南大吉任绍兴知府，尝“过阳明子而问政焉。阳明子曰：‘政在亲民。’”大吉“于是名其莅政之堂曰‘亲民’，而曰：‘吾以亲民为职者也，吾务亲吾之民以求明吾之明德也夫。’”[③]翌年又写信给诸暨县令朱

① 王阳明宅邸光相坊伯府前建有“大有仓”，今地名尚存。而“大有”之名乃至“大有仓”有可能就是由王阳明或王华命名而建的，因为其先祖即有《周易》大有卦占，意为家族之大兴。据胡俨《遁石先生传》，王华的曾祖父遁石翁，“伟貌修髯，精究《礼》《易》，著《易微》数千言。尝筮居秘图湖阴，遇‘大有’之‘震’，谓其子曰：‘吾先世盛极而衰，今衰极当复矣。然必吾后再世而始兴乎，兴必盛且久。’”（王守仁：《王阳明全集》卷三十八，吴光、钱明、董平等编校，第1382页）杨一清《海日先生墓志铭》亦载：“王氏之先，有植槐于庭，荫后三公者，遁石翁‘大有’之占，其类是乎！”（王守仁：《王阳明全集》卷三十八，吴光、钱明、董平等编校，第1391页）

② 王守仁：《新建预备仓记》，《王阳明全集》卷二十三，吴光、钱明、董平等编校，第888页。

③ 王守仁：《亲民堂记》，《王阳明全集》卷七，吴光、钱明、董平等编校，第252页。

子礼[①]，将良知、明德、亲民、政、学等关系说得相当透彻，令朱子礼钦佩不已："子礼为诸暨宰……他日又见，而问政与学之要。阳明子曰：'明德、亲民，一也。古之人明明德以亲其民，亲民所以明其明德也。是故明明德，体也；亲民，用也。而止至善，其要矣。'子礼退而求至善之说，炯然见其良知焉，曰：'吾乃今知学所以为政而政所以为学，皆不外乎良知焉。信乎，止至善其要也矣！'"[②]在此之前，湖南辰州府判官赵仲立亦曾"问政于阳明子。阳明子曰：'郡县之职，以亲民也。亲民之学不明，而天下无善治矣。'"[③]将"亲民"政治的治理模式播种于各地，尤其把家乡绍兴作为这一模式的实验地。[④]后来阳明弟子后学又遵循先师的教诲，有不少成为"亲民官"，如泰和王贞善[⑤]，"及见阳明先生于虔，预闻良知之教，遂悔芒角大露，非德性用事，日敛削以就和平"。"辛丑（嘉靖二十年，1541），就铨曹，授广之海阳令，喜曰：'是亲民官也。吾可行吾志矣！'……潮俗贵显家，多陵铄，齐民而挟持官吏，其大利如海舟，如铁炉，如濒海新长沙田，当事者以媕阿奉承为风，君慨然曰：'均吾赤子也，安忍瘠彼以肥此？'会奉檄清

① 朱廷立（1492—1566），字子礼，号两崖，湖北通山人。阳明弟子。嘉靖二年（1523）进士，任诸暨知县，到任不久即连续三天向阳明请教"政与学之要"，阳明以书面形式予以答复。嘉靖八年（1529），代天子巡盐，至安徽桐城，闻阳明死讯，悲痛不已。作《桐城和阳明先师韵》："客行日日傍峰峦，形胜东南尽入观。归去一琴随倦翼，登临双屐濯飞湍。林间雨过还愁湿，鬓上霜来不觉寒。读罢我师高逸调，江山如此越中看。"［朱廷立：《重镌两崖集》卷一，邹建锋、王学伟主编：《阳明心学文献丛刊》（第293册），北京燕山出版社2022年版，第467页］康海尝赞其曰："两崖朱君子礼……表其师阳明山人伯安《政学篇》'炯然'之语，为炯然亭。缙绅大夫或为记、为文、为诗、为歌，以识其事。"晚年归乡在通羊凤池山会仙崖洞（后又名侍郎洞）读书著述。

② 王守仁：《书朱子礼卷》，《王阳明全集》卷八，吴光、钱明、董平等编校，第281页。

③ 王守仁：《书赵孟立卷》，《王阳明全集》卷二十八，吴光、钱明、董平等编校，第1024页。

④ 明嘉、隆、万年间，浙江人"谋求吏员职位，如同江西吉安的科举、南直徽州的经商，已经成为风气"，尤以绍兴为盛（参见方志远、李晓方：《明代苏松江浙人"毋得任户部"考》，《历史研究》2004年第6期）。正如黄宗羲记其同门陈龙正之语："天下之治乱在六部，六部之胥吏尽绍兴。胥吏在京师，其父兄子弟尽在绍兴，为太守者，苟能化其父兄子弟，则胥吏亦从之耳化矣。故绍兴者，天下治乱之根本也。"（黄宗羲：《明儒学案》，沈芝盈点校，第1546页）这应该也是王阳明晚年在绍兴讲学时多次强调、反复阐发"亲民"说的重要原因。他是寄希望于已在官场或即将进入国家行政体制的绍兴籍人士，能够以"民"为本，以"民生"为重。

⑤ 王贞善（1491—1558），字如性，号自斋，泰和县南富人。少闻良知之旨，有会于心，遂师事阳明于赣州。后从甘泉，体认天理，益进。嘉靖乡举，授海阳知县。以守正忤上官，不满岁而归。其学合宗王湛，尝曰："学主实际，学在不息。向来只落见解，安望有至？"又曰："提醒改悔，终非第一义。只须从本体戒惧，常精常明，方是有得。"著有《读史法戒》《王氏静谈》及诗文若干卷。参见《光绪吉安府志》卷三十一，《中国地方志集成·江西府县志辑》（第61册），第72页；《同治泰和县志》卷十七，《中国地方志集成·江西府县志辑》（第64册），第353页。

查，一毫无假借，贫民咸被其泽，而官豪则胥诧矣。”①

其二，“亲民”说的效验属性还必须落实到符合社会经济发展规律的政策措施上，即“亲民”手段的务实性。王阳明非常注重可实际操作的乡规民约的制定和完善，以及可具体实施的政策措施的落实和受益。比如他的政策主张是“立约所于道里均平之处，择寺观宽大者为之”②，即选择相对均平的地方设立乡约，而这里的所谓“均平”是包括政治、法律等方面的权利之“均”（“揆于事体，颇亦均平”③），也包括纳税义务、“丁粮分派”之“均”和法律赏罚、表彰功绩之“均”，④以及“均合行赈”“量行赈给”⑤之“均”，而并非经济上均分配、均财富的绝对平均主义的“均”。所以他对“官政”的目标诉求也是“综之官政，所以均其施也……利顺而地道可因矣，养遂而民生可厚矣，施均而民政可平矣”。⑥而阳明“均平”施政的思想同样也对弟子后学产生了影响。比如王艮曾在家乡详细勘察草荡、灰场、住基、灶基、粮田、坟墓等土地面积，在统计出准确盐丁人数的前提下，实行摊平均分，人人享有，并试图将此“均分草荡，裂土之享”的地方实践加以推广。⑦

不言而喻，这种均平赋税、均用民力、均治天下的“均平”观，无疑对经济发展会有很大的促进作用，对实现共生、共存、共治、共享的和谐社会也十分有益。这也是阳明从不说“均贫富”，而只强调“均平”施政的重要原因。当代中国正在走的共同富裕之路，其实现途径或手段究竟是发展经济，积累财富，把蛋糕做大，还是“均贫富”，搞平均主义，阳明的“亲民”实践其实已经为我们提供了有益借鉴。而阳明正是在总结实践经验的基础上，明确反对“取诸富民”以至造成“富民皆贫”的“削贫以济贫”的政策措施，而主张济民、富民的安民固邦的根本之道；强调“宽恤之虚文，不若蠲租之实惠；赈济之难及，不若免租之易行”；认为“夺

---

① 邹守益：《海阳令自斋王君墓志铭》，《邹守益集》卷二十一，董平编校整理，第1002—1003页。
② 王守仁：《南赣乡约》，《王阳明全集》，吴光、钱明、董平等编校，第600页。
③ 王守仁：《再议平和县治疏》卷十一，《王阳明全集》，吴光、钱明、董平等编校，第383页。
④ 参见王守仁：《再议平和县治疏》《颁定里甲杂办》《辞封爵普恩赏以彰国典疏》《告谕》，《王阳明全集》，吴光、钱明、董平等编校，第380、604、452、565页。
⑤ 王守仁：《行左江道赈济牌》，《王阳明全集》卷三十，吴光、钱明、董平等编校，第1119页。
⑥ 王守仁：《金坛县志序》，《王阳明全集》卷二十二，吴光、钱明、董平等编校，第881页。
⑦ 参见王艮：《均分草荡议》，《王心斋全集》，陈祝生等校点，第66页。

其口中之食，而曰'吾将疗汝之饥'；刳其腹肾之肉，而曰'吾将救汝之死'。凡有血气，皆将不信之矣"。①

其三，"亲民"说的实效性更应该取决于所实施的对象，应当惠及所有人，即"民"的普遍性。王阳明在这方面的理论阐释前文已有详述，兹不赘述。我们想着重指出的是，与阳明在经济政策上的农商并重而非一味重农抑商相辅相成的，是他在藏富之策上主张国民并举而非简单的藏富于国，这也是其"亲民"思想易于见效的原因之一。联系到浙江近几十年的发展经验，也正好印证了阳明这一政策主张的实效性。改革开放四十多年来，浙江经济发展较快，人均收入排在全国前列，2020年全省地区生产总值为6.46万亿元，人均地区生产总值超过10万元；居民人均可支配收入5.24万元，仅次于上海和北京，是全国平均水平的1.63倍。城乡居民收入分别连续20年和36年居全国各省区第1位。而且浙江城乡居民收入倍差小，发展的均衡性较好。城乡居民收入倍差为1.96，远低于全国的2.56，最高最低地市居民收入倍差为1.67，是全国唯一一个所有设区市居民收入都超过全国平均水平的省份。2022年浙江有7个地区进入全国人均收入二十强。尽管我们不能说这些成绩的取得与王阳明的"亲民"思想和实践有直接关联，但扎根于浙江大地的深厚的思想文化积淀和广泛的官民自觉意识及参与亢奋不能不说是其中的重要原因之一。

七、觉民和安民

毫无疑问，无论朱熹的"新民"说还是王阳明的"亲民"说，在根本目的上是一致的，都是为了"行道"，为了治国平天下，但它们的实现手段和推行方式却存在差异，且主要表现在道德精神型的教民、化民与民生物质型的养民、安民的路径选择上。尽管这两者的彼此兼顾、相互倚重是朱子、阳明的共同诉求，但比较而言，朱子更偏重于教民、化民，而阳明更偏重于养民、安民，尤其到他晚年，养民、安民的诉求更加强烈，其"亲民"说中所体现的上述四个属性也更为显著。

如果以教民、化民、造民、觉民为基本立场的治世理念可以用

① 王守仁：《乞宽免税粮急救民困以弭灾变疏》，《王阳明全集》卷十三，吴光、钱明、董平等编校，第428页。

“觉民行道”来概括的话，那么以养民、济民、保民、安民为基本立场的治世理念便可以用“安民行道”来概括。“觉民行道”与“安民行道”虽根本目的一致，且都属于传统儒家修己治人、内圣外王之范畴，但在实施过程中，孰轻孰重、孰先孰后却成为朱子、阳明不同治世理念的分水岭。在阳明看来，只有以“安民”为基础，“觉民”才会有保证，才会见实效，也才能真正实现“行道”之目的。

而“安民行道”其实是对立足于物质生活为道德教化之基础的孔子“先富后教”思想的继承和发展。据《孔子家语·贤君》记载：“哀公问政于孔子，孔子对曰：‘政之急者，莫大乎使民富且寿也。’公曰：‘为之奈何？’孔子曰：‘省力役，薄赋敛，则民富矣；敦礼教，远罪疾，则民寿矣。’公曰：‘寡人欲行夫子之言，恐吾国贫矣。’孔子曰：‘《诗》云：恺悌君子，民之父母。未有子富而父母贫者也。’”①在孔子看来，如何让百姓富裕且长寿，乃是治国者最急迫的任务；而少派劳役，减轻税收，礼乐教化，远离罪恶，则是实现民富民寿的基本手段。只有让百姓富庶长寿了，国家才能强大安全。不难看出，王阳明的“安民行道”与孔子的“先富后教”是一脉相承的，也是对传统的儒家治国理政思想与实践的创造性发展。

同时，“安民行道”也是对《易传·系辞》“百姓日用而不知”及《孟子·尽心上》“终身由之而不知其道者，众也”的近乎颠覆性的跨越，它上可与“百姓日用而不知”“终身由之而不知其道者，众也”相对接，下可与其高足王艮所提出的“百姓日用即道”相贯通。这是因为，《易传》和孟子强调的是先知先觉者对“不知其道”之“民”的教化，而“安民行道”和“百姓日用即道”强调的则是治理者要把“百姓日用”即民生放在第一位，认为只有保障了民生才能行教化之实，因而必须先生活后教化。

从“觉民行道”向“安民行道”的转变，意味着在以“士”为实施主体与以“民”为接受客体都不变的情况下，主客之重心以及主体的关注目标和实施重点都逐渐发生了改变。具体地说，即虽然“觉民”与“安民”的主语皆为“士”、宾语皆为“民”，但

---

① 杨朝明、宋立林：《孔子家语通解》卷三，齐鲁书社 2009 年版，第 267 页。

“觉民”的重心在于“士”，而“安民”的重心在于“民”；“觉民”的关注目标是“心”，即改造人心，而“安民”的关注目标是“生”，即保障民生；“觉民”的实施重点在道德，而“安民”的实施重点在物质。

最为关键的还在于：从“新民”到“觉民”再到“治民”的精英政治，到了明中叶以后出现了明显裂痕，具有了被颠覆的可能，这就是以王阳明及其高足王心斋为代表的、从“亲民”到“安民”再到“保民”的平民意识的觉醒和平民政治的崛起。因此，在这种意识觉醒和政治崛起的过程中始终面临激烈的思想碰撞，即使王门内部亦复如此。比如既为阳明弟子又相当推崇朱子的朱衡就说过：“盖其治也，所以教也。无一民无养者，而独无粟士之禀。盖其士也，卯民[①]也。古之民一，而今之民四。谓士为异于民者，于是群之于学校之中，而以甄官领之。”[②]由于“治于人”者即“民”的地位在朱衡眼里很低，所以他只看到“治人”者即“士”的作用，只强调“治民”。

毫无疑问，从“新民”“觉民”“治民”到“亲民”“安民”“保民”的巨大跨越，乃是宋明时期出现的儒学民间化、庶民化的必然选择和必由之路。阳明心学是儒学民间化、庶民化发展的高峰，故而出现从“觉民行道”向“安民行道”的转变是顺理成章的。换言之，阳明心学的进一步平民化，不仅使之在义理上更加简易化，在属性上更加平等化，而且也是其“亲民”说由“觉民行道”走向“安民行道”、由偏重于“教”和“觉”走向偏重于“养”和“安”的重要前提。

从根本上来说，朱子学被官学化，是士大夫选择“得君行道”的重要背景。作为士大夫政治之代表的宋代儒者，自宋初确立以儒

---

① 甲骨文中已有“卯民”一词，“卯”是一种处理牲畜以做祭祀的方式，是对民的极度蔑视。“卯”又可通“冒”。《释名》：“卯，冒也，载冒土而出也。”“卯民”即“民”中的出人头地者。此处是指后者。

② 朱衡：《送竹溪林太守奏绩序》，《朱镇山先生集》卷七，明万历十九年（1591）汪道昆序刻本。王阳明固然也讲“治民”，如曰：“以此纯乎天理之心，发之事父便是孝，发之事君便是忠，发之交友治民便是信与仁。”（王守仁：《王阳明全集》，吴光、钱明、董平等编校，第2页）“意用于治民，即治民为一物。”（同上，第47页）“安上治民，莫善于礼。”（同上，第638页）“立政治民，休戚安危之始也。”（同上，第977页）主要在三处用过，不仅在使用次数上远不及“亲民”“安民”，而且使用场景也不像“亲民”“安民”那样主要用于实际政治活动和治理实践。

立国、崇文抑武的文治政策之后，便大大提升了自我的政治主体意识和文化主体意识，使他们能以强烈的政治责任感，全面参与社会治理，进行思想创新，并自觉肩负起对普通大众的教化与改造。而朱子学的逐渐平民化，又进一步促使宋代儒者选择以“觉民行道”为社会担当和政治责任。换言之，既被官学化又渐趋平民化，使得“得君行道”与“觉民行道”在朱子学那里成为一对分不开的双胞胎。

然而，对于阳明学来说，因其“亲民”说的“养民”“安民”属性，加之从未上升到官学的地位，极少官方的背景，即使在王阳明于万历十二年（1584）被入祀孔庙的宽松环境下，王学依然是被贬责的对象，依然被官方斥为伪学，因此只好继续朝民间下沉，继续寻求下层民众的支持，继续加强在民众中的讲学讲会活动，以致让“安民行道”兼容于“觉民行道”，甚至用“安民行道”替代“觉民行道”。

有学者将明代儒学尤其是阳明心学视为从“得君行道”到“觉民行道”的分水岭，如丁为祥先生指出：“阳明致良知之教和他所构想的‘觉民行道’是绝对分不开的，这是他在绝望于‘得君行道’之后所杀出的一条血路。行道而完全撇开君主与朝廷，转向单向地诉诸社会大众，这是两千年来儒者所未到之境。”①如果将“安民”也包括在“觉民”中甚至在其中占主导地位的话，我完全同意丁先生的观点，反之，则并不完全赞成。因为“觉民行道”最典型的是朱子的“新民”说，而非阳明的“亲民”说。“治己治人”“振民育德”可谓“觉民行道”的主要手段和基本诉求，而“济民养德”“安全教养”则可谓“安民行道”的主要手段和基本诉求。尽管朱子也重视“养民”“宽民力”，阳明也重视教民、化民，但两人在治世理念和施政实践上，却不仅存在教化手段的差异②，更存在路径方式的差异。在“行道”这一最终目标相一致的前提下，朱子选择了以道德教化为主导的“觉民”之路径，而阳明则选择了以“厚生利用”为基础的“安民”之路径。

① 丁为祥：《从“得君行道”到“觉民行道”——阳明“良知学”对道德理性的落实与推进》，《学术月刊》2017 年第 5 期。

② 参见李旭：《心之德业——阳明心学的本体学研究》，上海文艺出版社 2021 年版，第 371—372 页。

也有学者将阳明"明德亲民之学"视为对"专制政治"的一种"抗议"，如徐复观先生认为："养"与"教"的关系不仅是政治上的一种程序问题，更是政治上的基本方向问题。儒家之"养"重于"教"，说明人民自然生命的本身就是政治之目的，其他设施只是为达到此一目的的手段。这种以人民自然生命之生存为目的的政治思想，说明人的基本权利是生而就有，不受其他任何人为因素的规定限制，因而实含有"天赋人权"的意义。专制政治往往以"新民"为道德的幌子而行压榨人民生命财产之实。阳明再三反复于《大学》上的"亲"字与"新"字的一字之争，揭示了一个这样的真理："只有以养民为内容的亲民，才是统治者对人民的真正试金石，而无法行其伪。"所以王阳明的反对改"亲民"为"新民"，乃有其"伟大地政治意义"。[①]相对于"新民"，以养民为首要内容的"亲民"在统治者那里更无法行其伪，这是富有洞见的论断。但我认为，阳明"亲民"说的真正意义和价值并非政治学意义上的"天赋人权"，而是哲学意义上的"万物一体之仁"精神的落实和社会史意义上的儒家民本精神的张扬。可以说，阳明"亲民"说是儒学平民化的集中体现与爆发，也是儒家传统的民本主义精神的发扬与强化。因此，与其说"亲民"说是政治诉求、权利诉求上的"天赋人权"，倒不如说是经济诉求、利益诉求上的"天赋人性"。

通过以上界定和厘清，我们可以对王阳明的"亲民"说及其四个属性作如下概括与总结：

比较而言，"亲民"说的"公共"属性凸显的是宗旨，"平等"属性强调的是原则，"安全"属性表达的是内容，而"实效"属性突出的是手段；四者之间组成相辅相成、不可分割的逻辑关系，也成为王阳明"亲民"学说的完整架构。其中"公共"属性和"实效"属性决定了"亲民"说的数值高低，解决的是"亲民"理念的普遍性或普适性问题；"平等"属性和"安全"属性决定了"亲民"说的阈值高低，解决的是"亲民"效验的最低值或最高值

---

① 徐复观：《中国人性论史·先秦篇》，上海三联书店 2001 年版，第 258—259 页。对现代新儒家有关阳明"亲民"思想的论述，可参见陈立胜：《"新民"与"亲民"：从传统到现代》，《华东师范大学学报（哲学社会科学版）》2010 年第 3 期。

问题。

由“亲民”说的公共属性可导引出泛爱与泛亲，由“亲民”说的平等属性可导引出泛圣与泛神。因为“人”赋予“物”以意义和价值，或谓“物”相对于“人”而获得意义和价值，从而使“物”成为泛爱和泛亲的对象，使“万物一体之仁”成为可能和必要；“良知”赋予“人”以公共性和平等性，从而使“人”成为泛圣和泛神的根据，使“圣凡合一”成为可能和必要。如果说由“心物合一”可以导致泛亲论的话，那么“圣凡合一”则可以导致泛圣论，而“心气合一”便可以导致泛神论。

如果拿这样的“亲民”说与传统儒家的民本说、程朱理学的“新民”说及王阳明同时代的同类思想作比较，就不难发现，阳明“亲民”学说中所体现的公共性、平等性、安全性和实效性是以往儒家先哲们无法比拟的，在明代中期社会转型的滚滚历史大潮中也是极具代表性的。正因为此，阳明“亲民”学说中所蕴涵的命运共同意识、财富共享意识、社会发展意识等，是值得我们认真总结和借鉴的。而将“安民”而非“觉民”视为“行道”之根本，或者将“安民”与“觉民”并重融合，则应当是当代中国最为重要的民生之道。

同时还不难看出，基于“良知”论和“万物一体之仁”说的“亲民”思想所体现的公共性、平等性、安全性和实效性，与作为执政党的中国共产党的执政理念颇为吻合，能为我们党的执政理念提供深厚的历史文化资源和价值支撑。我们党的性质和执政理念决定了各项方针政策的公共性和平等性，而政治安全、经济安全、社会安全则是这种方针政策得以贯彻实施的前提条件。这些执政理念和治国方略，与王阳明“亲民”中的公共性、平等性、安全性、实效性等属性存在着较高的对比度和契合度。因此，我们可以而且应当将王阳明“亲民”思想的一些原则和措施转化为当代实践，为作为国家共同富裕示范地的浙江提供价值支撑和精神资源，为探索具有普遍意义的共同富裕和现代化路径探索出一条符合实际、便于操作、尽快见效、易于推广，以及可与传统价值相衔接（融贯）的康庄大道。在这方面，作为王阳明故乡及主要活动区域的浙江理应成为当代中国共同富裕道路的首善之区，为绘制新时代中国特色社会主义的发展画卷做出应有的贡献。

第四章

兵学之术与为官之道

众所周知，王阳明是中国古代的顶级大儒，然而恰恰是这位大儒，表现出了历史上最具典型意义的“文治武功”皆备的“文武合一”之形象。其中之奥秘，自有其个性爱好、曲折经历及所处时代等诸多方面的原因，但追求道术合一，不能不说是其中最为关键的因素。

“儒”本来是指以教书相礼为职业的一种人，故而一说到儒者，往往会联想到拱手、作揖、行礼之类的繁文缛礼。《说文解字》释“儒，柔也，术士之称”，由此人们又往往将“儒”与“柔弱”相联系，好像儒者都是群文弱书生。其实礼、乐、射、御、书、数之“六艺”乃是古代儒者人人必修之课程。孔门弟子希望“城郭不修，沟池不越，铸剑戟以为农器，放牛马于原薮，室家无离旷之思，千岁无战斗之患”（《孔子家语·致思》），但战争总是与人类形影不离，故而孔子又强调：“以不教民战，是谓弃之。”（《论语·子路》）[①]虽说孔子“不肯以力闻”（《吕氏春秋·慎大》），但世人皆称其为“大圣”，是“文武并用兼通”之全才，（《孔子家语·正论》）其弟子冉有也称自己的军旅知识“学之于孔子”（《孔子家语·正论》）。而王阳明则是被认为继孔子之后的又一位“文武全才”，[②]是明代文臣统兵制胜的第一人，[③]其“三不朽”之“立功”，驰骋沙场的“军功”和治理社会的“政绩”实乃其两大组成部分；而他的忠勇节烈，则足以“犯人主之怒”“夺三军之气”。[④]故隆庆二年（1568）朝廷为其恢复名誉时

---

① 王阳明及其弟子都很推崇孔子的这一思想［参见林应麒：《书备倭考略后》，《介山稿略》卷十六，明嘉靖三十一年（1552）少滨书屋何维柏、利宝序刊本］。

② 明嘉靖初吴廷举曾荐举王阳明为“文武全才”（《明世宗实录》卷五十三）。阳明亦素慕廷举，但从未会面，其祭文有云：“公之才如干将莫邪，随其所试，皆迎刃而解；公之志如长川逝河，信其所趋，虽百折而不回；公之节如坚松古柏，必岁寒而后见；公之学如深林邃谷，必穷探而始得之。……幸与公并生斯世，而乃终身不及一面。茫茫天壤，竟成千古之神交，岂不痛哉！”（王守仁：《祭吴东湖文》，《王阳明全集（新编本）》卷二十五，吴光、钱明、董平等编校，第1010页）

③ 王阳明一直被朝廷作为武官任用，正德十二年（1517）朝廷任命他为“提督”（总督），即为武官，并以提督平宸濠之武功“封新建伯、奉天翊卫推诚宣力守正文臣、特进光禄大夫、柱国”，其中“宣力”“柱国”皆指武官。《明史》卷七十六《职官五》云：“武臣曰宣力武臣，文臣曰守正文臣。”阳明被封为“奉天翊卫推诚宣力守正”，显然是就文臣兼武臣而言（参见束景南：《王阳明年谱长编》，第1688页）。

④ 清马士琼《王文成公文集原序》曰：“求其文起八代之衰，道济天下之溺，忠犯人主之怒，勇夺三军之气，所云参天地，关盛衰，浩然而独存者，惟我文成夫子一人而已。”［王守仁：《王阳明全集（新编本）》卷五十二，吴光、钱明、董平等编校，第2136页］

曾评价道："闽粤之箐巢尽扫，而擒纵如神；东南之黎庶举安，而文武足宪。爰及逆藩称乱，尤资杖钺渊谋，旋凯奏功，速于吴楚之三月；出奇决胜，迈彼淮蔡之中宵。是嘉社稷之伟勋，申盟带砺之异数。"[①]万历十二年（1584）他又"以战功封爵而从祀孔庙"，并被王世贞誉为"文武互用之极"，[②]被赵维新视为"天生豪杰""千世之一人也"。[③]

入清以后，尤其是康熙年间，虽然汉族知识界对王学空谈误国的批判声仍此起彼伏，甚至对其功业亦屡有微词，如钱塘应总谦（号潜斋）蔑称"阳明之功，谲而不正，诡遇获禽耳"。[④]但就清朝当局而言，对王阳明的评价则基本延续了明隆庆、万历之后的阳明观，即彰事功而微学术。直到雍、乾以后，随着程朱理学官学地位的确立和考据学的兴起，才悄然发生了改变。而这种改变，又与清初官方意识形态上所经历的文武价值观念的裂痕与嬗变有密切关系。美国学者张勉治的《康熙皇帝首次南巡与文武价值观念之间的对立》一文，尝以1684年春季所发生的朝廷辩论，即有的朝臣主张把康熙的首次南巡视为"告成之礼"，有的朝臣则主张将此视为行使"仁义文治"之任务为切入点，指出这场争论其实揭示了清廷政治文化中文武价值观念之间的对立，并且认为康熙首次巡幸山东和江苏两省具有多元象征意义：一方面一些大臣将皇帝巡幸视为王朝成功与征服的军事化礼仪，另一方面其他大臣则倾向认为皇帝巡幸应作为"仁义文治"和贤明统治的良好典范。在清廷结束"平三藩"（1681年12月）和"平定台湾"（1683年10月，指消灭蛰居台湾的郑氏家族的海上势力）的军事斗争后，这种意识形态上的紧张和对立表现得愈加尖锐而明显，尤其体现在汉文本的《康熙起居注》的相关记载中。而表现为康熙朝廷内部不断升级的文武价值观念的争论与妥协所涉及的根本问题，恰恰在于君主权力和权威用什么样的象征形式和表达方式才能最恰当、最有效地展现出统治中国

---

① 王守仁：《王阳明全集（新编本）》卷五十一，吴光、钱明、董平等编校，第 2027 页。

② 参见王世贞：《弇山堂别集》卷十七，魏连科点校，中华书局 1985 年版，第 321 页。

③ 赵维新《感述续录》卷二"忠恕第八"："阳明天生豪杰，真知盖世，洞然超悟，宗旨言行，卓有可法。臣职越乎常俗，取善不遗微渺，千世之一人也。"（邹建锋、李旭等编校：《北方王门集》，上海古籍出版社 2017 年版，第 765 页）

④ 转引自陆陇其：《王学考序》，《三鱼堂文集》卷八，《陆陇其集》，王群栗点校，浙江古籍出版社 2018 年版，第 183 页。

的合法性。[①]质言之，即清朝统治的合法性是通过"武功"来证明还是通过"文治"来证明。

乾隆四十一年（1776），乾隆帝下令表彰明朝的贤臣、忠将，认为他们志节凛然，义烈可嘉，为国捐躯，成仁取义，不可湮没于世。这些忠义之人包括方孝孺、齐泰、黄子澄等敢于犯颜直谏的文臣，也包括史可法、刘宗周、黄道周等守城殉国的武将。此前的乾隆三十八年（1773），王谋文在王阳明墓地恭摹勒石乾隆御笔"名世真才"，并称"七世孙，山西汾州府介休县知县，臣王谋文恭摹勒石"，[②]两件看似不相干的事，其实存在着必然联系。而其内在逻辑，就是从康熙年间开始到乾隆年间结束的为前朝官员所进行的甄别运动，其真实目的都是为了本朝的治国安邦。

正是在这场文武价值观念的争论和妥协过程中，王阳明的地位才得以被重新凸显了出来，并再次成为官方尤其是知识界手中的"王牌"。其中最具代表性的，即为清初宁都"三魏"［即魏祥（后改名际瑞）、魏禧、魏礼］对王阳明的评论（详见后述）和清初开始编修的《明史》。《明史·王守仁传》对王阳明的"武功"评价甚高："终明之世，文臣用兵制胜，未有如守仁者也。"[③]而整个清代对王阳明的评价，直到清末的林则徐、曾国藩、左宗棠等人，也大都坚持了这一立场。这也为王阳明及其"阳明学"传入日本后，其"武功"形象被进一步放大并受到追捧奠定了基础。到了明治时代，王阳明在日本人心目中更是成为"英雄豪杰"的代名词，甚至被幕末维新时期四大强藩之一的旧佐贺藩藩主、崇信阳明学的锅岛直正（号闲叟）誉为"万世英雄"，并作《逸题》诗云："千年学术推元晦，万世英雄见守仁。"[④]受此影响，民国初年的章炳麟亦认为："朱元晦，侍从郎僎（同撰）之器也；王文成，匹夫

① 参见张勉治：《康熙皇帝首次南巡与文武价值观念之间的对立》，《清史研究》2011 年第 2 期。

② 此据王谋文摹勒《乾隆书名世真才》拓片，绍兴图书馆藏民国二十八年（1939）拓本。

③ 张廷玉等：《明史》，中华书局 1974 年版，第 5171 页。

④ 引自高濑武次郎：《日本の阳明学》第二十七，《锅岛闲叟》，（日本）铁华书院 1899 年版。

游侠之材也。”[①]将朱、王二人作如此之区分，固然有点武断，但王阳明身上颇具“匹夫游侠”之性格，不能说没有事实之依据。当代中国，有人将王阳明塑造成“武道”之化身、“武道之狂人”，[②]可能也是出于同样之理由。因此可以说，文武兼备，足智多谋，乃是王阳明传递给后人乃至域外国家对于传统儒者的崭新形象。诚如康有为所言：“言心学者必能任事，阳明辈是也。大儒能用兵者，惟阳明一人而已。”[③]本章即欲从不太为世人所关注的王阳明的兵学思想、军事著作以及与武士文化之差异的角度，对王阳明的别样形象作一完整呈现。

---

① 章太炎：《检论·议王》，《章太炎全集》（第3册），上海人民出版社1982年版，第469页。“僎”通“撰”，指文人。章太炎的意思是说朱熹乃文人，有辅佐之才能；而阳明乃武士，有游侠之气概。泰州王门中一批既为“古之狂简，恐不类子”（颜钧：《颜钧集》，黄宣民点校，第12页）又有强烈行动力的极端“狂侠”派，如颜钧、何心隐、李贽等，亦不能说与阳明的游侠气概毫无关联。而且正如泰州王门中的狂侠派皆具侠士、策士、术士等多重色彩一样，阳明身上所表现出来此类成分也不鲜见。

② 如香港武侠小说家乔清夫2008年推出的长篇武战系武侠作品《武道狂之诗》，备受瞩目，长期荣登香港畅销书榜，2013年由中国人民大学出版社出版大陆简体版。该丛书卷七之“夜战庐陵”即描写了武当派波龙术王一众妖匪，疯狂肆虐庐陵一地，百姓如卧刀俎之下五武者与当代大儒王守仁相交，文武双方结盟，誓与庐陵共生死，同抗奸邪的故事。

③ 康有为：《南海师承记》卷二，《康有为全集》（第2集），姜义华、张荣华编校，中国人民大学出版社2007年版，第248页。

第一节 兵学之术

王阳明之所以能在兵学思想上有大建树、在军事实践上有大成就，与其从小“驰马试剑，独学无师”[①]，喜好兵学，爱读兵书，青年时即编纂《武经七书评》等多种兵学著述，中晚年又有机会在南赣、两广等地演练各种兵法并传授军中将士[②]，以完善和充实自己的兵学思想有密切关系。

早在孩提时代，阳明便怀抱远大志向，当时北方俺答鞑虏（又称“达虏”“鞑子”，是汉人对北方少数民族的称呼）凭借军力，经常威胁明朝边境，阳明对此忧心忡忡，于是十五岁时便趁出游之机对“居庸三关”（即今河北省境内沿内长城一路的居庸关、紫荆关和倒马关）进行了实地考察，并开始勤学武技，以备武事。据钱德洪《阳明先生年谱》记载：“先生出游居庸三关，即慨然有经略四方之志：询诸夷种落，悉闻备御策；逐胡儿骑射[③]，胡人不敢犯。经月始返。”[④]邹守益所作的《王阳明先生图谱》亦曰：“二十二年丙午（1486），先生潜游三关，经月不返。悉知诸夷种落及造堡备御之策，逐胡儿骑射，慨然欲经略四方。”[⑤]与此同时，阳明还对东汉光武帝时威震四方的伏波将军马援表现出极高的敬意，据其弟子董榖《杂存铜柱梦》记载：

> 阳明先生既受广西田州之命，自言曰：“吾少时常梦至马伏波庙，题之云：‘铜柱折，交趾灭，拜表归来白如雪。’又梦题诗云：‘拜表归来马伏波，早年兵法鬓毛皤。云埋铜柱雷轰折，六字铭文永不磨。’不意今有此行。”乃嘉靖四年

---

① 陆陇其批评“阳明自少驰马试剑，独学无师，而始坚于自用”（陆陇其：《王学考序》，《三鱼堂文集》卷八，《陆陇其集》，王群栗点校，第 183 页），不无一定道理。

② 邵廷采曰：“所至会讲明伦，武夫介士执兵环立，蹑跷担簦之夫千里远至。”（邵廷采：《明儒王子阳明先生传》，《思复堂文集》卷一，祝鸿杰点校，第 6 页）会讲的内容自然是以教化为目的的人伦道德，但也包括兵学智慧和政治策略。

③ 十三年后，阳明甚至还因骑射而堕马受伤，李东阳等好友纷纷前往探望（参见束景南：《王阳明年谱长编》，第 168 页）。

④ 王守仁：《王阳明全集（新编本）》卷三十二，吴光、钱明、董平等编校，第 1227 页。

⑤ 邹守益：《王阳明先生图谱》，殷梦霞选编：《浙东学人年谱》（第 2 册），北京图书馆出版社 2003 年版，第 12 页。

秋也。[1]

董穀将此故事记于嘉靖四年（1525）秋，这似乎说明，王阳明受命赴广西征战与伏波信仰有某种关联。两年后的嘉靖六年（1527）十月，阳明带病从断藤峡战场返回，途中又特地去拜谒了伏波庙[2]，感叹自己的人生轨迹，宛如四十年前梦中诗所云，不由地感慨系之，赋诗云："四十年前梦里诗，此行天定岂人为？……荒夷未必先声服，神武由来不杀难。"[3]不言而喻，正是因为阳明在少年时期就有了经略四方尤其是边疆之志，所以才会把马援这样的南平交趾、北御外族的名将当作自己的终生偶像。

王阳明二十六岁时，边关告急，举朝仓皇，推择将才，莫有应者，其叹曰："武举之设，仅得骑射击刺之士，而不可以收韬略统驭之才。平时不讲将略，欲备仓卒之用，难矣！"[4]于是留情武事，凡兵家秘书，莫不精究熟讨。每遇宾客宴会，辄聚果核为阵图，指示开阖进退之方。一夕，梦威宁伯王越，解所佩宝剑为赠。既觉，喜曰："吾当效威宁，以斧钺之任，垂功名于竹帛，吾志遂矣！"[5]这说明，阳明一直到二十六岁时仍怀抱远大志向，希望能像三次出塞、收复河套、身经百战、出奇取胜的明成弘年间之名将王越那样为国家建功立业。[6]后来，阳明果然一如威宁伯王越，因功被封为新建伯，成了明代以文官封爵的三大名将之一（即靖远伯王骥、威宁伯王越和新建伯王守仁）。

弘治十二年（1499，阳明二十八岁）二月，王阳明新中进士，三个月后观政（即见习）工部屯田司。屯田司掌管百官茔制，故阳

---

① 董穀：《碧里后集·杂存》下卷，明嘉靖四十四年（1565）董鲲刻本。

② 该伏波庙位于广西横县云表镇站圩东南三公里的郁江乌蛮滩北岸，距县城28公里，始建年代不详。

③ 王守仁：《王阳明全集（新编本）》卷二十，吴光、钱明、董平等编校，第833页。

④ 冯梦龙：《王阳明出身靖乱录》，浙江古籍出版社2015年版，第13—14页。

⑤ 冯梦龙：《王阳明出身靖乱录》，第13—14页。

⑥ 阳明父亲"王华为成化十七年辛丑科状元，此科读卷官正好是王越。故王越与王华应有师生之谊"（赵长海校注：《王越集·前言》，中州古籍出版社2009年版，第4页）。按：阳明后来在事功上的表现与被誉为"豪杰之士如公（指王越）者，举世能几何人哉"（屠滽：《祭太傅王襄敏公文》，康熙《浚县志》卷四）的王越颇为相似。如后人评价王越的行事风格是"机事百端，闪倏变幻，出没若神鬼"（李贽：《太傅威宁伯王襄敏公》，《续藏书》卷十三，中华书局1974年版，第905页），而阳明的"神力""法术"亦一如王越（详见后述）。

明随后即被派往河南浚县“钦差督造威宁伯王越坟”。[①]其间，阳明成功地把所学之兵法运用于工程管理：“驭役夫以什伍法，休食以时，暇即驱演‘八阵图’。事竣，威宁家以金帛谢，不受；乃出威宁所佩宝剑为赠，适与梦符，遂受之。”[②]因与两年前其梦中所见完全符合，故而阳明遂接受了王家的馈赠。而王家之所以要把王越所佩宝剑赠予阳明，亦完全是因为阳明平日“暇即驱演‘八阵图’”，以备武事之故。

督造坟茔事完成后，又因北部边境受到的侵扰日趋严峻，于是朝廷下诏，向众臣征集对策建言，同时亦因看中了阳明的军事才能，而派他出使关外，视察边戍军屯。几个月后，阳明回京，便奏上此行的重要成果——《陈言边务疏》。疏中献安边八策（又称《边务八事》），“言极剀切”，世人赞不绝口。疏文约3500字，实为一篇优秀的军事武备策论文，充分反映了青年阳明的才气和胆略。然阳明晚年对自己的这篇陈言评价极低，认为“是疏所陈，亦有可用。但当时学问未透，中心激忿抗厉之气。若此气未除，欲与天下共事，恐事未必有济。”[③]所谓“激忿抗厉”，其实都是年少气盛的表现，要说有什么不对，那也是对成年人而言。成年人若“抗厉气”十足，那就不会有正确的判断和决策，不仅于事无补，甚至危及大局。所以阳明晚年曾回答有问此《边务八事》者说：“此吾少时事，有许多抗厉气。此气不除，欲以身任天下，其何能济？”[④]而且，阳明不仅对自己早年的《边务八事》持否定态度，还对中年平定宸濠叛乱时的所作所为亦不以为然：“或又问平宁藩。先生曰：‘只合如此做，但觉来尚有挥霍意。使今日处之，更别也。’”[⑤]而对于阳明在江西时的所作所为，其弟子李呈祥亦曾颇有微词：“予在赣，与阳明讲论颇不合，然亦未尝尽言相辩也。盖彼

---

① 黄绾《阳明先生行状》谓阳明“钦差督造威宁伯王公坟于河间”［王守仁：《王阳明全集（新编本）》卷三十七，吴光、钱明、董平等编校，第1425页］。然河间今属河北沧州，而王越则被安葬在其家乡浚县大伾山西麓，李东阳撰写墓志铭，屠庸书写，张懋篆刻，墓在“文革”中被毁。故知黄绾记载有误。

② 王守仁：《王阳明全集（新编本）》卷三十二，吴光、钱明、董平等编校，第1230页。

③ 钱德洪：《刻文录叙说》，王守仁：《王阳明全集（新编本）》卷五十，吴光、钱明、董平等编校，第2092页。

④ 王守仁：《王阳明全集（新编本）》卷三十九，吴光、钱明、董平等编校，第1549页。

⑤ 王守仁：《王阳明全集（新编本）》卷三十九，吴光、钱明、董平等编校，第1549页。

当锋锐川涌之时，而遽欲遏其涌锐之势，势必有所不可正。犹朱陆讲学，不惟不相下，而反相动气也。”[①]所谓“反相动气”，与“抗厉气”“挥霍意”属同一性质的问题，不仅为晚年阳明所不齿，亦为其部分弟子所反对。

要知道，王阳明的平叛之功，曾博得世人的广泛好评，而且有不少是从“妙有作用机权”即“智谋”的角度作出的，甚至有人认为阳明的学问亦“得力”与此。比如吴肃公《明语林》卷六《赏誉·品藻》载曰：

> 元美（王世贞）评阳明：少好古文，爽朗多奇；晚取词达，不欲深造。既以气节名，又建不世勋，迨有志圣道，一切扫除之。识者不谓尽然，慕好之者亦挟以两相重。其御乌合，笼豪杰，待宵人，蹈险出危，俶傥权谲，种种变幻。[②]

然而，作为阳明后学之中坚的王时槐却认为：“阳明先生善用兵，亦是气禀偏长于此，即使于此不能擅长，于道亦何损哉？”[③]所谓“气禀”，即人天生具备的气质，承认“气”对人的品格和能力的决定性作用。但“气质之性”毕竟低于决定“道”的“天命之性”，所以王时槐强调阳明虽“善用兵”，但决定不了作为阳明心学之本质规定的“道”。换言之，王阳明的历史地位不是由他的军政才能和功绩即“功”决定的，而是由他的品德和思想即“德”和“言”决定的。同样的意思，林时对在《荷闸丛谈》中也有论述：

> 平涵朱少师大事记，谓杨文襄定宁夏、文成平宸濠，功非不伟，而妙在于用张永；其作用机权，学问得力，可以想见，断断乎本朝第一人物也。余谓此因妙有作用机权，其学问得力不在此，本朝第一人物亦不在此。[④]

从林时对反对“因妙有作用机权”而把王阳明誉为“本朝第一

---

① 李呈祥：《泛论》，《古源山人日录》卷八，广陵书社 2008 年版，第 1301 页。
② 吴肃公：《赏誉·品藻》，《明语林》卷六，第 109 页。
③ 王时槐：《王时槐集》，钱明、程海霞编校，第 496 页。
④ 林时对：《本朝第一人物》，《荷闸丛谈》卷二，广陵书社 1990 年版。

人物”的立场中不难看出，在当时的一部分人眼里，阳明的形象的确犹如足智多谋的诸葛亮，甚至是诡计多端的曹操，但林时对明确反对这种看法。其实王时槐的看法和林时对的反对意见是有道理的，因为在阳明那里，平定宸濠叛乱时的“挥霍意”与《陈言边务疏》中的“抗厉气”一样，都属于“助长外驰病痛”、遮蔽良知本体而“鲜有不昏”的“任情恣意”“气拘物蔽”。[①]而“作用机权”也属于“挥霍意”或“抗厉气”，故而同样为阳明所不屑。

在王阳明看来，“挥霍意”“抗厉气”所带来的只能是“勇有余而智不足者”[②]的匹夫之勇（详见后述），若要真正做到智勇兼备，就非得仰赖本心良知不可。这就涉及兵学与心学、用兵与用心的关系问题，对此，阳明的门人后学曾有过各种议论。我们先来看看阳明后学翟台[③]与其友人有关先师用兵之道的两则对话：

> 友问：文成公用兵如神算，果皆出于良知欤，抑有奇秘之术欤？予曰：良知者，天然之明，万化自出，谓用兵而不出于良知固不可，但兵家发虑料敌，奇正互用，自有成法在。如孙膑、魏武、郭子仪、李靖、曹彬等，俱不失法律一毫，故能成伟功。虽然，法运于心，心无穷，法亦无穷，是用兵又不出于良知之外也。[④]
>
> 友问：书生谈兵，古今所讳，今四海多事，用世者亦无事于知兵欤？予曰：兵岂易知，亦岂易言哉？或云：文成公制敌若神，本于良知，不知运用虽由良知，中间变化决筹之妙，自有仁义之术，文成公亦已秘之矣！学者能究心于孔子之学，而旁通于《阴符》《素书》之技，由是历代诸将之术，以图成定乱安民之举，斯可以语全将矣。彼拘泥于书册之陈言，与驰骋于议论之虚见，皆是取乱之道也。[⑤]

① 王守仁：《王阳明全集（新编本）》，吴光、钱明、董平等编校，第 30、50 页。
② 束景南：《王阳明佚文辑考编年（增订版）》，第 261 页。
③ 翟台（生卒年不详），字思平，号震川。皖南王门的重要人物。明嘉靖三十八年（1559）进士。司理长沙推官，重修岳麓书院，并建惜阴书院于城南。曾与查铎同游钱德洪、王畿之门，发明姚江之学。后在家乡泾县水东翟村（今桃花潭镇）建考溪书院，并偕同志兴复水西书院。
④ 翟台：《水西答问》第 70 条，《泾川丛书》，清嘉庆五年（1800）赵绍祖辑。
⑤ 翟台：《水西答问》第 110 条，《泾川丛书》，清嘉庆五年（1800）赵绍祖辑。

“仁义之术”出自《吕氏春秋·似顺论》。《吕氏春秋》是先秦一部以儒家学说为主干，以道家理论为基础，以名、法、墨、农、兵、阴阳家思想学说为素材，熔诸子百家学说于一炉的专讲统治术的奇书。因此，这里所谓的“仁义之术”与“历代诸将之术”同类，也可以算作兵法“奇秘之术”中的一种。

对此，北方王门的杰出代表孟秋曾在《感发语》中有一段精妙释解：“尝谓兵，诡道也，圣人不为。及观子钓而不纲，则知有正犹奇，虽圣人可也。堂堂之阵，正正之旗，固圣人之正也，而攻其无备，出其不意，攻取之奇也。实而示之以虚，虚而示之以实，应敌之奇也。故孔子曰：‘我战则克。’又曰：‘好谋而成。’其信然乎！”[①]孔子“钓而不纲”其实就是一种仁义术，阳明足智多谋，乃是圣人“好谋而成”精神的体现。阳明所追求的道术合一、仁义之术，不仅为北方王门诸子所普遍受容，而且对南方王门也有不小影响。

关于王阳明“用兵如神”的案例，明人张瀚的《松窗梦语》卷四《士人纪》、魏时亮的《大儒学粹》卷九《阳明王先生》及清人张岱的《快园道古》卷六《机变部》中也有三条记述，颇值得玩味：

> 后（阳明）公至粤，开诚示信，贼党自缚来归，田州悉平。又驱降众捣入寨巢，以除岭表积患。则谈笑之顷，万众远集，擒首斩馘，献凯辕门，而左右尚不知也。又可见公用兵之如神矣。[②]
>
> （阳明）先生在赣院，左旁门通射圃，暇即走其中，与诸生论学，多至夜分，次早诸生入揖为常。一夕夜坐，诸生请休朝扣门，守者曰：“昨夜公返未几，即出兵，不知何往。今可至数十里矣。”其神速机变若此。[③]
>
> 王文成征洞蛮，路崎岖难认，敕军士各携菜子随路撒之，

① 茌平县地方史志办公室编：《聊城七贤之茌邑三先生文集精要》，线装书局 2018 年版，第 69—70 页。
② 张瀚：《松窗梦语》，萧国亮点校，上海古籍出版社 1986 年版，第 61 页。
③ 转引自束景南：《王阳明年谱长编》，第 1049—1050 页。

旬日，皆长青苗。认青苗而出，蛮人惊以为神。[①]

以上几段引文中，所谓“法运于心，心无穷，法亦无穷，是用兵又不出于良知之外也”，实可视为王阳明兵学思想之核心；所谓“学者能究心于孔子之学，而旁通于阴符素书之技，由是历代诸将之术，以图成定乱安民之举，斯可以语全将矣”，则可视为王阳明选将用兵的根本之道。至于《松窗梦语》《大儒学粹》的两条，则体现了王阳明重视教育、打仗讲学两不误的行事风格，真正做到了兵学合一、政学合一；《快园道古》所记录的最后一条，则表明当时的人由于不懂得科学知识，不了解阳明的聪明智能，而把一些原本属于科学常识、一般聪明人都能做的事，也视为阳明之“神力”“法术”之显现。而这些也都为神化阳明提供了素材，甚至可以说这些记录本身就是为了神化阳明而塑造出来的（详见本书第八章）。

众所周知，中国古代兵法与黄老道家乃至道教方术有着千丝万缕的联系，王阳明在兵学兵事与道家道教上的互补关系，实得益于其早年在绍兴时所结交的几位“道友”。如徐象梅《两浙名贤录》中记录的许璋（字半圭，上虞人），就是一位“于天文、地理及孙、吴韬略，奇门、九遁之术[②]，靡不精究”的准道士，“王文成初养疴阳明洞，唯与璋及王（文）辕辈一二山人，兀坐终日，共参道妙，互有资益”。[③]据张岱《快园道古》记述：

王阳明塾师许半圭为姚江[④]隐士，阳明十四岁即从之学。每当风雨晦冥，雷电交作，令阳明独行城上，缘城走四十里，以练其胆力。尝授阳明以武侯阵法。一日，阳明闭户用赤白豆垒阵图未完，呼侍午膳，先生大惊曰：“尔作何事，面上杀气如许？”阳明告以实。先生喜曰：“尔便解此耶！”更进以遁

① 张岱：《快园道古（增补本）》，佘德余点校，第 89 页。

② 奇门、九遁创始之初皆用于军事，主要是用来行军打仗的，西汉的张良、三国时的诸葛亮、唐朝的李淳风和袁天罡、明朝的刘伯温等都是奇门九遁的高手。

③ 徐象梅：《高隐》，《两浙名贤录》卷四十四，《北京图书馆古籍珍藏本丛刊》（第 18 册），书目文献出版社 1987 年版，第 1275 页。

④ 此处疑有误。许璋是绍兴上虞人，当为上虞隐士。

> 甲诸书。海日公尝夜至书舍，见阳明跃水上，不敢叫而去。及阳明巡抚江西，别先生，先生曰："勿错认帝星。"盖楚分野邻江右，世宗在楚，恐其错认宁王也。阳明至江西，宁王将举事，先生令其子贻阳明以枣、梨、江豆、西瓜子四物，阳明惊曰："此先生教我蚤离江西也。"遂有查乱兵之行，得不与濠难。后阳明封新建伯归，冕服往拜。先生方与老妻磨麦，呼阳明磨前立，曰："完此斗麦，与汝语。"阳明植立不敢动。先生磨麦完，阳明肃拜，先生第举手小俯之，徐自汲水，令老妻做麦饼款阳明而别。[①]

说许璋是王阳明非常崇敬的兵学老师，"十四岁即从之学"，这在所有关于许璋的文献记载中属于别出心裁之说，实无太多根据。但说许璋曾教阳明"武侯阵法"，且"练其胆力"[②]，并把古代道教预测学方面的《奇门遁甲》等书传授给了阳明，则恐非臆测之说。从后来阳明的一贯主张和军事实践看，也恰好与许璋的教诲有一定关系。这就是以儒家心学为本，以道家秘典为辅，然后灵活运用历代诸将之术，最后达到定邦安民之目的。在阳明看来，唯如此方可谓大智大勇。

后来阳明被贬贵州龙场时，施瓒（北京通州人，怀柔伯施聚之裔，正德初以世伯总兵贵州）雅好道教玄学，命画工绘七十二气候为图，[③]"遣使以币走龙场，属守仁叙一言于其间"。阳明遂为他写了篇《气候图序》，序中最后强调："由是因人事以达于天道，因一月之候以观夫世运会元，以探万物之幽赜，而穷天地之始终，皆于是乎始。吾是以喜闻而乐道之，为之叙而不辞也。"[④]从其对气候天象的熟悉程度看，应该与小时候的爱好和受"道友"的影响有密切关系。

王阳明继承了孟子以古代圣王之勇为最高标准，将"勇"分为

---

① 张岱：《快园道古（增补本）》，佘德余点校，第158页。

② 据吴肃公《明语林》卷八《捷悟·豪爽》记载："王文成游匡庐天池山，直上佛手岩。岩悬山半，下临无际，人莫至者。公徐步蜿蜒，竦立瞻顾，人服其胆。"（吴肃公：《明语林》，陆林校点，第145页）足见阳明胆量过人。

③ 施瓒：《气候图》，郭子章：《黔记》卷十五，赵平略点校，西南交通大学出版社2016年版，第385页。

④ 王守仁：《王阳明全集》，吴光、钱明、董平等编校，第872页。

圣王之勇和匹夫之勇，即大勇和小勇的基本理念，亦把“勇”分为“小勇”与“大勇”，声称：“凡人言语正快意时，便截然能忍默得；意气正到发扬时，便翕然能收敛得；愤怒嗜欲正到沸腾时，便廓然能消化得。此非天下之大勇者不能也。”[①]然阳明所谓的兵者之“大勇”，其实就是基于“大智”又“大德”的“勇”，是立于良知本体的“勇”。

正德二年（1507）十二月，王阳明赴贵州龙场前，尝“作《田横论》，论生死智勇抉择，以自明赴谪心迹”。[②]束景南分析说：“盖阳明以为田横‘知死之为义，而不权衡乎义，勇有余而智不足者也’，故‘横之死则勇也，而智则浅矣’‘徒知慕义，而不知义之轻重者’。取义不一定要舍身，权衡于义，时可死则死之，时不可死则不必死之。故田横知死不过是逞匹夫之勇，其杀身取义乃是有勇无智；而阳明之不舍身而委曲赴死，乃是既勇且智之行，以曲求伸，所谓‘惟权之于义，则从违可否自有一定之则，生亦不为害仁，死亦不为伤勇’也。”[③]这一分析符合阳明在智勇关系上的基本立场。

王阳明自小就对骑射之术、排兵布阵具有浓厚兴趣，对武艺兵术可谓样样精通，但阳明并非单纯的武士将才，尤其到中年以后，随着其本心说、致良知说的逐渐成熟，他更进一步转向内外合一、体用合一之道，并把武艺兵术当作小技小勇，而以致良知为大智大勇，充分表现出一个政治家、军事战略家的雄才大略。换言之，如果要说王阳明是军事家、兵法家的话，那也是儒士式的军事战略家，而非武士式的单纯军事家，其军事思想是兵学形上学，而非武术兵器、排兵布阵等兵学形下学。他之所以对早年的安边八策及后来的平濠之策不屑一顾，就是因为把武备之策、诸将之术等皆视为兵学形下学。后人对诸葛亮的酷评：“能攻心则反侧自消，从古知兵非好战；不审势即宽严皆误，后来治蜀要深思。”[④]亦完全适用于

---

① 徐树丕：《阳明大勇说》，《识小录》卷一，民国涵芬楼秘笈据苏州徐树丕手稿本影印。

② 束景南：《王阳明年谱长编》，第 443 页。《田横论》未见于吴光、钱明、董平等编校的《王阳明全集（新编本）》，束景南的《王阳明佚文辑考编年（增订版）》（上海古籍出版社 2015 年版）收入，见于第 261 页。

③ 束景南：《王阳明年谱长编》，第 445—446 页。

④ 此对联为清光绪二十八年（1902）赵藩对诸葛亮用兵治蜀的评价，现立于成都武侯祠。

对阳明兵学术及治世观的评价。

因此，尽管阳明在庐陵、赣州时曾把被后人誉为“擎天者”的著名政治家文天祥（1236—1283）和“文武兼备”的抗金名臣宗泽（1060—1128）作为自己学习的榜样，以图在政治上、军事上施展自己的抱负，当江西巡抚要为文天祥重修祠堂、文天祥后人文森要阳明为《文山别集》作序时，他亦都欣然答应，[①]并踌躇满志地以宗泽自况，视立功为首务，还为此而作《宗忠简公像赞》；[②]但这些皆属于阳明“学之变”的阶段，到了“教之变”的阶段，在阳明的心目中已把陆九渊、周敦颐等人的形象作了凸显和放大，关注的重点也转为“圣人之学，心学也”的形而上之“道”。[③]又尽管阳明武功不错，“驰马试箭”，样样精通，[④]对教练战法亦是乐此不疲，平定宸濠后再去赣州，仍继续“大阅士卒，教战法”，[⑤]并对新兵器也表

① 详见王守仁：《重修文山祠记》《文山别集序》，《王阳明全集（新编本）》，吴光、钱明、董平等编校，第263、921页。

② 此像赞未收入《王阳明全集（新编本）》，详见束景南：《王阳明佚文辑考编年（增订本）》，第686页。

③ 王守仁：《象山文集序》，《王阳明全集（新编本）》卷七，吴光、钱明、董平等编校，第260页。

④ 王守仁：《王阳明全集（新编本）》卷三十七，吴光、钱明、董平等编校，第1413页。另据《大儒学粹》卷九《阳明王先生》：“（张）忠、（许）泰自居所长，较射校场中，对的，莫上一矢，戏以相强，意必大屈。先生不得已，勉应之，忠、泰含笑相随，连三发三中，每一中，北军在旁同声喝彩，远近啧啧。忠、泰大不乐而罢，且曰：‘我军皆附于彼，奈何？’遂班师。”（引自束景南：《王阳明年谱长编》，第1213页）

⑤《阳明年谱》“十有五年庚辰”条，王守仁：《王阳明全集（新编本）》卷三十三，吴光、钱明、董平等编校，第1282页。

现出浓厚兴趣，其道友林俊[①]“闻宁濠之变，即夜使人范锡为佛郎机铳，并抄火药方”，前来驰援。[②]但他的主要心思似乎并未放在这些形而下的“术”上面，从而进一步凸显出一个大儒加军事家的独特心智。

亦因此，明末儒者祁彪佳读了王阳明的《平横水三浰之略》

① 林俊（1452—1527），字待用，一作大用，号见素，晚号云庄，福建莆田人。成化十四年（1478）进士。弘治、正德间历官云南副使、南京右佥都御史、四川巡抚；嘉靖初，起为刑部尚书。秉性刚直敢谏，廉正忠诚，是成化、弘治、正德、嘉靖的四朝老臣，尝与吏部尚书林瀚、都御史张敷华、祭酒章懋并称“南都四君子”。《明史》评价林俊“持正不避嫌”，“在江西则裁制宁藩之逆萌，功尤不泯”（薛侃：《辨明功罚疏》，王守仁：《王阳明全集》，吴光、钱明、董平等编校，第1491页）。林俊去世后，被朝廷追赠为少保，谥贞肃。王阳明十一岁随父王华寓北京长安西街时，即与时任刑部陕西司主事的林俊比邻而居，两人相识四十多年，为忘年交。正德二年（1507），王阳明赴谪贵州龙场时，在浙赣交界的草萍驿收到丁忧在家的林俊的来诗，随即作《草萍驿次林见素韵奉寄》。当王阳明治理南赣大获全胜时，致仕居家的林俊又寄书称阳明“中立时行，运醇镇躁，以大收儒效”（林俊：《复王阳明》，《见素集》卷二）。当王阳明筹划平定宸濠叛乱时，林俊则专门派两位仆人，从小路昼夜送佛郎机铳至阳明驻扎处，尽管佛郎机铳送到前宸濠叛乱已被平定，但阳明仍对林俊的“忠诚根于天性，故老而弥笃，身退而忧深，节愈励”赞不绝口（王守仁：《书佛郎机遗事》，《王阳明全集》卷二十四）。林俊亦在《见素集》附录上《编年纪略》中写道：“（正德）十四年己卯（1519），推南礼部尚书。六月，宁庶人叛，三书速王阳明公守仁讨贼，制佛郎机铳，遣二仆间道以与，阳明公有《书佛郎机遗事》。借南日水军勤王，御史叶忠、给事中孙懋、都御史刘玉荐总江南之师。”说明林俊不仅千里馈赠当时最先进的佛郎机铳帮助阳明平叛，而且还以近七旬高龄，组织练兵，准备勤王。足见两人关系之密切。是故阳明撰《与林见素》书曰：“执事（林俊）孝友之行，渊博之学，俊伟之才，正大之气，忠贞之节。某自弱冠从家君于京师，幸接比邻，又获与令弟相往复，其时固已熟闻习见，心悦而诚服矣。第以薄劣之资，未敢数数有请。”（王守仁：《王阳明全集》卷二十五，吴光、钱明、董平等编校，第1012页）而据林俊复阳明书可知，正是基于对阳明学问、人格的认同，林俊尝先后让二子林达、林适及侄子林以吉受学于阳明，并谢曰：“达子承论及渠材犹可教，区区甚难。渠举之若易，惜不立坚苦志，玩日愒月，竟之无所似适。子文（以吉）亦异常局，学较博，然亦欠坚苦负美材。执事幸并下严督之教，收之弟子末，道风吹鼓不在门墙间也。至惠至惠。余惟吾道多爱，不宣。”（林俊：《复王阳明》，《见素集》卷二）

② 佛郎机炮（佛铳）是当时从葡萄牙传来的先进兵器，明正德初年开始传入闽粤。嘉靖初年明人已开始自己制造佛郎机铳，从而开启了冷热兵器混用的时代。据《明史·兵志》载：“佛朗机者，国名也。正德末，其国舶至广东。白沙巡检何儒得其制，以铜为之，长五六尺，大者重千余斤，小者百五十斤，巨腹长颈，腹有修孔。以子铳五枚，贮药置腹中，发及百余丈，最利水战。驾以蜈蚣船，所击辄糜碎。”（张廷玉等：《明史》卷九十二，第2264页）可知王阳明平濠之战时，佛铳刚传入闽粤，是当时最先进的武器。是故得林俊襄助后，阳明遂作《佛郎机私咏》赞曰：“佛郎机（即佛铳），谁所为？截取比干肠，裹以鸱夷皮；苌弘之血衅不足，睢阳之怒恨有遗。老臣忠愤寄所泄，震惊百里贼胆披。徒请尚方剑，空闻鲁阳挥。段公笏板不在兹，佛郎机，谁所为？”[王守仁：《王阳明全集（新编本）》卷二十四，吴光、钱明、董平等编校，第956页]虽然阳明平濠后林俊才把佛郎机送到，说明佛郎机炮与平濠之战并无直接关系，但阳明平宁濠时曾急调福建、广东兵前来援助，这是否与闽粤士卒当时已较多并且熟练使用这种新兵器有一定关系？后仅用15天就打败几十倍于己的宁濠军队，又是否与阳明军中已开始使用这种新兵器有某种关系？却给我们留下了想象空间。除此之外，对阳明兵学思想及军事实践推崇备至的热衷于西学尤其是西洋枪炮的徐光启、孙元化，都曾竭力主张师夷长技、广泛应用西洋火炮来与清兵作战，并部分付诸实践的历史画卷，同样也为我们提供了充分的想象空间。

后，会“叹先生用兵之神，古今所罕见也”，[①]然阳明本人却把这种“用兵之神”统统归入是对良知本体的遵循，视为良知本体的自然流露。熊十力曾评论说：“王守仁有术智，未能忘功名，而以圣自居，故其党多气矜。”[②]此言不假，但却是阳明早年之形象，“龙场悟道”以后阳明其实就没有再把心思放在“术智”上了。《战国策·韩策二》曰：“勇哉！气矜之隆。”气矜即气势，即勇力。而阳明此时已转而强调“心力”，即立于良知本体的“大勇”，而非“术智”和“气矜”。

正是基于这样的价值定位，王阳明在江西时的种种军事政治措施、策略等形而下之“术”，才统统被当作是形而上之良知本体的自然流行。比如“就地选练”的精兵思想、坚持“赏罚维信”的练兵用兵原则、把握“剿抚并用”的治平准则、着力“稳固后方”的建设思想等，虽然都是对兵法要义的深刻把握与贯彻，可谓真正做到了对兵法的活学活用，但王阳明本人却并不太当回事，不仅很少在讲学时述及，而且让其弟子们在选编其著作时要将这类记载剔除不记，而只记录其讲明本心、体悟良知的心得与问答。尽管我们仍可以从阳明具体的政治、军事实践当中筛选出足以反映其卓越的政治、军事才能的各种证据和素材，比如选练民兵时他提出“资装素具，遇警即发，声东击西，举动由己，运机设伏，呼吸从心”的设计，以备战事展开时随机应时、灵活用兵，表现出对“虚实”技巧的驾驭能力；又比如他领兵直击横水时，注意把握地势、示形久屯，而又趁机不备、奇袭取胜，表现出对“奇正”战术的灵活运用；再比如他清理横水“匪寇”时，分设奇正二哨，在大雾掩护下分进合击、悉数袭破匪巢；还比如他进攻桶冈时，谨遵《孙子兵法》“善战者，其势险，其节短”之训诫，避敌锋芒，休兵养锐，发布告谕，招降纳叛，分化敌军，集中力量进剿顽抗之敌，以最小的伤亡换取了最大的胜利；等等。乃至于灵活运用多种战法——如近战：突然出现在匪巢，令顽匪无招架之力；夜战：出其不意，一

① 祁彪佳：《祁彪佳日记》，张天杰点校，浙江古籍出版社2017年版，第239页。

② 萧萐父主编：《熊十力全集》（第1卷），湖北教育出版社2001年版，第40页。“术智”与“仁智”不同；“孔子之言仁，必先以智；孟子之言力，必先以巧”（罗汝芳：《罗汝芳集》，方祖猷等编校整理，第219页）。“术智”之“智”是智慧智谋之智，“仁智”之“智”是理知认知之知。前者以“巧”为主，以“力”为要，而后者以“理”为主，以“心”为要。

举全歼；速战：调度各路人马，速战速决；寡兵战：以区区数千人克敌数万人，以少胜多，各个击破；[①]间谍战：派出间谍，迷惑盗贼，令匪首无从应对；斩首战：直捣匪巢心窝，实施定点清除；侦察战：战前进行大量军事侦察，摸清匪巢之分布、村落、道路、人员、武备等情况；心理战：战前发布告谕书，从贼匪随从者的角度，进行鞭辟入里的心理分析，指出弃暗投明的各种好处，言辞恳切，说服力强，有效解除了诸贼归顺的心理障碍——把中国人的战争艺术和技巧发挥到淋漓尽致的境地。[②]然而，这些都没能使阳明有任何成功感。阳明所看重的是“在根源上讲求”，而非形而下的“没紧要事上”，所以他说：

> 孔子自谓军旅之事未之学，亦非谦言。但圣人得位行志，自有消变未形之道，不须用此。后世论治，根源上全不讲及，每事只在半中截做起，故犯手脚。若在根源上讲求，岂有必事杀人而后可安人之理？某自征赣以来，朝廷使我日以杀人为事，心岂割忍？但事势至此。譬既病之人，且须治其外邪，方可扶回元气，病后施药，犹胜立视其死故耳。可惜平生精神，俱用在此等没紧要事上。[③]

所谓“没紧要事”，从大的方面说即“武备之策”“诸将之术”，从小的方面说即“功利机智”“应变几神”，而无论大的还是小的，王阳明皆十分了得。据全祖望《跋明王晋溪尚书传》曰：

> 明正德间大臣，晋溪之才伟矣，故能默用阳明，以定宸濠之难。其人虽兼机数，然三代以后，盘根错节，亦有非机数不成者，必墨守迂腐道学之言以格之，此愚人也。……晋溪为

---

① 最具代表性的战例即平濠之战，但也有人认为“阳明平宸濠之功远不及胡宗宪平倭功。宸濠虽王，一狂悖竖耳，无深谋远虑，仓卒举事，兵虽八万，不过招集乌合市人及卫所残卒为之，领袖不过江盗数十人，未曾选炼”（徐树丕：《王阳明》，《识小录》卷三）。

② 戴瑞坤论述阳明“军事思想”时，将其分为三个部分：“严赏罚以振士气，明建制而要行伍”；“谋善策以贵从时，出奇兵而无定势”；“陈八事以固边防，存主一而兼韬略”（参见戴瑞坤：《阳明学说对日本之影响》，中国文化大学出版部1981年版，第81—84页）。可以说这是对王阳明军事思想与实践较为全面的归纳和总结。

③ 钱德洪：《平濠记》，徐爱、钱德洪、董沄：《徐爱·钱德洪·董沄集》，钱明编校整理，第236页。

敬轩再传弟子……然则晋溪之心术何尝不粹，特事有经有权，则所以处之者，亦有体有用。以是知敬轩、阳明之学，亦未尝不可。①

而王阳明本人亦的确提倡“文武兼备”，追求仁术合一，并在此基础上重视“武备之策”以及“应变几神”“机数”等用兵之术。他在《寄杨廷和书》中便向嘉靖皇帝表达过这样的意思：

臣请陛下亟去之，更求才兼文武，应变几神，可与共济时艰，如昔大学士杨一清；悖德夙成，木强重厚，可与共临患难，如今大学士石瑶。若有其人取置左右，如不兼得，宁虚位以俟，而不求备焉！②

然而，从根本上说，王阳明是把人、人心、圣心放在了最为重要的位置，所以他虽强调体用不二、内外合一，但在实际战事中却始终把本心、良知作为最终目的。亦因此，与破山中贼、兵学、武备之策、机数、成功等形而下的“用”和“术”相比，阳明更重视破心中贼、心学、致良知、万物一体之仁、成圣等形而上的“体”和“道”，这也是他不同于一般军事家乃至军事战略家的根本之处。他把杀人比喻为祛除国家之外邪，但认为这已属病后施药，虽胜于见死不救，但终究比不上病前预防，继而深刻自责道：“某自征赣以来，朝廷使我日以杀人为事，心岂割忍？”③哀伤悲郁之情溢于言表。于是他明确告诫官兵不得滥杀无辜：“已获渠魁，其余解散党与，平日罪恶不大，可招纳者，还与招纳，不得贪功，一概屠戮。乘胜之余，尤要肃旅如初。”④这无疑让我们从一个踌躇满志的功勋将领的内心世界看到了他的另一面。

在王阳明看来，杀人之目的在于不杀，不杀之难在于治病之

---

① 全祖望：《鲒埼亭集外编》卷三十四，《全祖望集汇校集注》，朱铸禹校注，上海古籍出版社2000年版，第1453页。

② 王守仁：《王阳明全集（新编本）》卷四十五，吴光、钱明、董平等编校，第1845页。

③ 钱德洪：《平濠记》，徐爱、钱德洪、董沄：《徐爱·钱德洪·董沄集》，钱明编校整理，第236页。

④ 王守仁：《剿捕漳寇方略牌》，《王阳明全集（新编本）》卷十六，吴光、钱明、董平等编校，第564页。

难，因为唯有治病“活人”，才是良知本体所追求的最终目的。所以他说：

> 大抵凡事惟诚信为本，军旅之事，当以活人为主，此吾儒所以与世谈兵者不同。盖渠意在有功，吾意在活人也。活人有功，是真有功也。……阳明先生之学于兵颇有详，今其《全集》多载之，兄试时时取观，当有裨益。①

“活人”指的是救人、“破心中贼”等教化活动，这是阳明心学的根本诉求，故而他强调“活人有功，是真有功也”。而这种“活人”的思想又是与他的“万物一体之仁”的学说一脉相承的。阳明曾在《答顾东桥书》中说：“夫圣人之心，以天地万物为一体，其视天下之人，无外内远近，凡有血气，皆其昆弟赤子之亲，莫不欲安全而教养之，以遂其万物一体之念。”②所谓“安全”，也就是生命至上，“安全而教养之”，就是把保全人的生命作为教养或教化人的主要目的或前提条件。

因此，对于自己人生的“最后一战”——平定广西思、田之乱，王阳明亦因杀人过多而心有余悸。据黄光升《昭代典则》卷廿六载：“新建伯（指王阳明）病谓翁万达曰：‘田州非我本心，后世谁谅我者？’”③阳明声称田州镇压杀人绝非出于自己的“本心”，祈求后世能给予谅解。

犹如历史上的兵儒互补者，王阳明虽然也讲求崇尚道德与追求事功的统一、实施德治与推行法治的和谐、中庸守恒与推重诡诈权变的协调，④但他的重心始终放在人人具有的良知本体上，也即是说，始终放在“活人”上。诚如费宏的《移置阳明先生石刻记》所言：

> 而先生治兵料敌，卒不以平奸宄者，皆原于切劘之力。于

---

① 尤西川：《与李汲泉姻家》，《拟学小记续录》卷四，邹建锋、李旭等编校：《北方王门集》第 287 页。

② 王守仁：《王阳明全集（新编本）》卷二，吴光、钱明、董平等编校，第 59 页。

③ 黄光升：《昭代典则》卷二十六，《四库全书存目丛书·史部》（第 13 册），第 103 页。

④ 参见黄朴民主编：《白话文韬武略宝典·引言》，齐鲁书社 2002 年版。

是深信人心本善，无不可复，其不然者，由倡之不力，辅之不周，而为学之志未立故也。①

即使征讨朱宸濠这样的叛逆者，王阳明仍不主张滥杀人。据明吴肃公《明语林》卷五《雅量》载：

王阳明鄱阳会战，坐舟中对士友论学。俄报伍文定焚须几败，众皆色怖。公笑曰："此兵家之常。"已而捷至，公起行赏毕，还坐曰："顷报宁王已擒，想当不伪，但杀伤众耳。"理前语如故。②

阳明甚至还预感到自己会因兴兵杀戮而"绝后"的可能性，从而提出了"继我形"——即传承其外王之功与"得我心"——即传习其内圣之心的原则划分。指出：

子继我形，诸友有得我心者，是真子也。慨自兵兴以来，未论阵亡，只经我手点名戮过者甚多。倘有一人冤枉，天须绝我后，我是以不以子之有无为意。③

见于此，僻处赣州宁都的清初著名散文家魏禧后来在《四此堂摘钞叙》中曾酷评王阳明的南赣之功，声称：

其去小人也，必使有自容之地；罪人也，必使有可赎之路；杀人也，必有哀怜恻怛、求其生不得之心；征调战伐，旁午纷纭，必经营夫厚风俗、兴礼教之本。故虽疾恶如仇，除恶者务尽，而从廓然见天地之量焉，蔼然见父母之心焉，雍容宽裕见儒者之器焉。④

所谓"天地之量""父母之心""儒者之器"，皆意谓阳明

---

① 王守仁：《王阳明全集（新编本）》卷三十八，吴光、钱明、董平等编校，第1503—1504页。
② 吴肃公：《明语林》卷五，《雅量》，陆林校点，第78页。
③ 尤西川：《纪闻》，《拟学小记续录》卷六，邹建锋、李旭等编校：《北方王门集》，第312页。
④ 魏叔子：《魏叔子集》，胡守仁等点校，中华书局2003年版，第418页。

"以活人为主"的治世救人理念。所以魏禧认为，在最能反映阳明之卓越事功的奏疏公移中，亦能充分体现其"仁之至，义之尽，虽圣人复起无以过"①的"万物一体之仁"的儒家人文关怀精神。而魏禧季弟魏礼则将这些对阳明的酷评称为"入髓入神之言"，②可谓一语中的！

对于王阳明中晚年的这一重大立场转变，我们还能以他在嘉靖三年（1524）为朱节写的祭文为例来加以说明。

朱节（1475—1523），字守中，号白浦，山阴白洋（今属绍兴柯桥区安昌镇）人。正德九年（1514）进士。历官湖广黄州府推官、山东巡按道监察御史。当时有大盗兵起于山东青州颜神镇，侵扰十几个州县。朱节驱驰戎马，因过劳而死。阳明得知其死讯，于次年作祭文曰："守忠之于斯道，既已识其大者，又能乐善不倦，旁招博采，引接同志而趋之同归于善，若饥渴之于饮食。视天下之务不啻其家事，每欲以身殉之。今兹之没也，实以驱贼山东，昼夜劳瘁，至殒其身而不顾。"③对朱节过重于事功，并为此鞠躬尽瘁，多有不解和埋怨。④朱节去山东前，曾来向阳明辞别，并自称对阳明之学虽有"终身几席之愿"，但却因"顾事功之心犹有未能脱然者"，所以还是决心赴山东替朝廷"御灾捍患"，以为"忠臣志士"。然而阳明对他的忠告却是："君子之事，敬德修业而已。虽位天地、育万物，皆已进德之事，故德业之外无他事功矣。乃若不由天德，而求骋于功名事业之场，则亦希高慕外。后世高明之士，虽知向学，而未能不为才力所使者，犹不免焉。守忠既已心觉其非，固当不为所累矣。"强调"德业之外无他事功"，"若不由天德，而求骋于功名事业之场，则亦希高慕外"；认为朱节之死，

① 魏叔子：《魏叔子集》，胡守仁等点校，第 418 页。

② 魏叔子：《魏叔子集》，胡守仁等点校，第 419 页。

③ 王守仁：《王阳明全集（新编本）》卷二十五，吴光、钱明、董平等编校，第 1006 页。

④ 表面上看，阳明是因为"痛吾道之失助，为海内同志之不幸焉"，而对朱节之死"犹以是为憾"，但实际上却是因为此时的阳明对"弃官与覆败之罪""潜逃与俘戮之耻"从人性的角度已有深刻之认识。对此其高足朱节似乎看得很准，是即朱节对自己同时也是对阳明所作之评价："平生于'爱众''亲仁'二语得力，然亲仁必从爱众得来。"（黄宗羲：《浙中王门学案》，《明儒学案》卷十一，沈芝盈点校，第 224 页）换言之，此时的阳明已彻底抛弃"杀戮"而转向"爱众"，即从"事功"转向"明德亲民"，从战场转向人心，从"破山中贼"转向"破心中贼"。正因为此，他才会对朱节过重于建功立业、为"忠臣志士"的做法提出忠告，这与其晚年的"万物一体之仁"的价值诉求完全相吻合。

实“为才力所使”。其中便隐含着对自己早年的“抗厉气”和平宸濠时的“挥霍意”所作的反思和追悔。其实这样的认识，在阳明担任南赣巡抚后期并因战功而封爵荫子时即已萌发。比如正德十四年（1519）初，他在写给朱节的信中说：“昔人谓‘进难而退易’，岂在今日退亦有所不易耶？近日复闻祖母病已危甚，方寸益乱，将遂弃印长往，恐得罪名教，姑复再请，再请不获，亦无如之矣！弃官与覆败之罪孰重，潜逃与俘戮之耻孰深，守忠且为我计之，当如何而可？”[①]只不过当时“思退”主要是因祖母病危所致，而平宸濠后“思退”则主要是因政治迫害所致。而且此时的“退”已完全不同于佛道二氏的“退”，而是建立儒家基础之上的“亲仁爱众”式的回归“本心”之“退”。

不难看出，尽管王阳明爱读兵书，喜好兵学，但对“应变几神”“机数”亦即“功利机智”等“用兵之术”还是抱有强烈警惕性的，尤其在南赣以后。据钱德洪说：

> （阳明）平生冒天下之非诋推陷，万死一生，遑遑然不忘讲学，惟恐吾人不闻斯道，流于功利机智，以日堕于夷狄禽兽而不觉。[②]

“斯道”即良知之道，“功利机智”即应变机数。不讲良知而“流于功利机智”的事和人，哪个时代、哪个社会都存在，阳明本人就是智谋超群、擅长机数的代表，但他后来认识到机数作用必须由良知本体来驾驭、统领，不然就会堕入“禽兽而不觉”的深渊。

清人汪森所辑的《粤西丛载》记有：“王新建督四省兵驻南宁，因创办敷文书院，日聚幕僚诸生讲学，更不谈兵，三司莫测其意，谓公假此纵敌，将密有指授也。”[③]有人据此认为：敷文书院不是真正的书院，而是“假此纵敌，密有指授”，“实关军旅之

---

① 转引自杨正显：《王阳明佚诗文辑释——附徐爱、钱德洪佚诗文辑释》，《中国文哲研究通讯》2011年第4期。

② 钱德洪：《〈传习录〉中序》，徐爱、钱德洪、董沄：《徐爱·钱德洪·董沄集》，钱明编校整理，第194页。

③ 转引自弓也：《王守仁在南宁为什么创办敷文书院？》，《广西地方志》2000年第1期。

机”，用军事术语说，就是“明修栈道，暗度陈仓”。[①]也就是说，王阳明是在耍阴谋诡计，是以讲学为名，行屠杀之实。汪森的这一说法可以说代表了清代重立功而轻立言的王阳明观，所以恐怕不足为信，后人又以此记载而否定王阳明在广西兴学设教之功绩，[②]更是有失公允。

然稍晚于王阳明的海瑞（1514—1587），嘉靖四十一年（1562）在赣州府兴国县任知县时，就曾对南（安）、赣（州）巡抚辖内，“至今人称许，自上而下必曰阳明，阳明外无称焉”的现象感到不可思议，并因此而发出过这样的质疑声：“窃谓阳明功则高，名则盛，大略近似管仲，比迹孙、吴，不足为本院（指时任南赣都御史、曾为刊刻《阳明年谱》作出过贡献的吴尧山[③]）今日道也。”[④]反对以阳明学为指导思想。而且海瑞还说出一番理由，“然天地间止是一个天理人心，夷狄盗贼亦止是此天理人心，无二道也。阳明削平诸巢，一以诈术行之，济一时之急则可，若谓其可以感化而招徕，使彼心悦诚服，恐于天理人心不合也。”[⑤]这就是说，以心学为宗的王阳明，其实还是没有做到从心上破贼。在海瑞看来，只凭“诈术”行事，灭得了山中贼但灭不了心中贼，救得了一时但救不了一世。海瑞的这一看法明显受到了嘉靖前期朝中舆论的影响：“守仁放言自肆，抵毁先儒，号召门徒，声附虚和，用诈任情，坏人心术，近年士子传习邪说，皆其倡导。”[⑥]而且海瑞的评论发生在阳明学日益兴旺的嘉靖末年，其发声地是在阳明建功立业的南赣地区，这说明当时的有识之士即使对王阳明的“立功”形象也是有质疑的。

到了清初，这种合理质疑则上升为任意上纲上线的诋毁。如朱子学者吕留良曾说：“如陆、王之自以为立大体、致良知矣，而所为所诲，皆猖狂傲悍，日骛于功利权诈是也。凡诸谬害，皆从不穷

① 转引自弓也：《王守仁在南宁为什么创办敷文书院？》，《广西地方志》2000 年第 1 期。
② 转引自弓也：《王守仁在南宁为什么创办敷文书院？》，《广西地方志》2000 年第 1 期。
③ 罗洪先：《论年谱书》，王守仁：《王阳明全集（新编本）》卷三十六，吴光、钱明、董平等编校，第 1385 页。
④ 海瑞：《海瑞集》，李锦全、陈宪猷点校，海南出版社 2003 年版，第 193 页。
⑤ 海瑞：《海瑞集》，李锦全、陈宪猷点校，第 193 页。
⑥《明世宗实录》卷九十八，“中央研究院”历史语言研究所 1962 年版，第 7602—7603 页。

理而空致知来。”[①]而这种“骛于功利、权诈”的思想特质，实与阳明所自责并提出预防的“挥霍意”“抗厉气”有脱不了的干系，进言之，又与阳明早年习得的娴熟的兵法之术有密切关系，而与阳明思想的核心“致良知”说、“万物一体之仁”说等倒是背道而驰的。所以明末对军事斗争颇为上心的何栋如就说过：“王伯安自十五六时即留心兵法……亡何开府南赣，出袖中兵符，举而措之，战不留行，虚实缓急之间有妙用焉……乃世儒不察，猥云良知作用，《韬》《钤》若素闲。彼徐布政樾非伯安高弟乎？何一试于滇而身死贼手，为天下笑也？”[②]就是说，王阳明会打仗与其良知学没有任何关系。颜元《存学编》中亦记载着他与人之间的一番有趣对话：“或曰：诸儒勿论，阳明破贼建功，可谓体用兼全，又何弊乎？余曰：……但是天资高，随事就功，非全副力量，如周公、孔子专以是学，专以是教，专以是治也。或曰：新建当日韬略，何以知其不以为学教者？余曰：孔子尝言：‘二三子有志于礼者，其于赤乎学之。’如某可治赋，某可为宰，某达某艺，弟子身通六艺者七十二人，王门无此。且其擒宸濠，破桶冈，所共事者皆当时官吏、偏将、参谋，弟子皆不与焉。其《全书》所载，皆其门人旁观赞服之笔，则可知其非素以是立学教也。”[③]在颜元看来，阳明只是天资高、会打仗而已，他本人却从不教学生习战，所以阳明在江西指挥战役，参与者皆外人，弟子辈都是旁观者。[④]对于王阳明，何栋如、颜元等将兵学与心学、术与道相切割，其实是对阳明一贯立场的坚持。而后人将“三立”（立德、立言、立功）并列称颂，实在是违背了阳明的初心。“三立”并列，实始于清代。入清以后，颂扬其“三不朽”，表彰其事功，似成共识，尤其是徐润第（1760—1827）、夏炯（1795—1846）、鲁一同（1804—1865）、曾国藩（1811—1872）、李元度（1821—1887）等人，更是赞赏有加。[⑤]

---

① 吕留良：《四书讲义》卷一，俞国林编：《吕留良全集》（第5册），中华书局2015年版，第15—16页。

② 谭迁：《国榷》卷五十二，张宗祥点校，中华书局1958年版，第3244—3245页。

③ 颜元：《颜元集》，王星贤等点校，第45页。

④ 陈立胜：《阳明学登场的几个历史时刻——当“王阳明”遭遇“现代性”》，《社会科学战线》2018年第7期。

⑤ 陈立胜：《阳明学登场的几个历史时刻——当“王阳明”遭遇“现代性”》，《社会科学战线》2018年第7期。

在当下中国，已有越来越多的人意识到，急功近利、弄虚作假是我们这个民族的劣习之一，“应变几神”的背后，掩藏的是狡诈滑头、投机取巧的社会心态。当我们借用丛林法则来解释这个世界的时候，其隐含着的乃是人与人之间没有道义可言、社会上下毫无规则可信，只有弱肉强食、倚强凌弱。实际上，社会有社会的良知，人有人的良心，所以我们既要有丛林法则的心理准备，更要有德性良知的理想追求。王阳明的心路历程及其所提出的忠告，我觉得对于中国人来说不啻为一剂良药，其现实意义自不待言。可以说，阳明的用兵之道，实际上就是把兵家之“诡”与儒家之“仁”融合在一起，而他后来的军事思想和军事实践亦无不体现了以儒家“仁义”为宗旨、兵家“权变”为手段、亦文亦武乃至以文摄武的理论架构之特点。①因为在阳明看来，只有在良知本体发用流行的前提下，“功利机智”“应变几神”才有其合理性和实效性。这些都可以说是王阳明兵学思想与一般兵学兵法的最大区别。

明人李维桢曾赞誉阳明说：

> 本朝理学大儒有武功者，莫如王新建。当其谪龙场，读书谈道不辍，用夏变夷，翕然从风。②

李维桢虽以“大儒有武功者”来定位王阳明，但他更关注的还是阳明“用夏变夷”、提醒教化的一面，这显然是符合阳明良知心学之本旨的。

王阳明以良知为本体的军事战略思想对其弟子后学的影响相当之巨，犹如沈德符在《文士论兵》中所言：

> 嘉靖以来，名公如唐荆川中丞、赵大洲阁老、赵浚谷中丞，皆巍科大儒，士林宗仰，然俱究心武事，又皆出词林，足为文人生色。……其人素讲学兼文武才，至以王文成自命。③

---

① 参见丁涛、钟少异：《试论王阳明军事思想的学术价值与影响》，《贵州文史丛刊》2018年第1期。

② 李维桢：《赠御史大夫郭公序》，《大泌山房集》卷八，《四库全书存目丛书·集部》（第150册），第426页。

③ 沈德符：《文士论兵》，《万历野获编》卷十七，第435页。

而且这种“以王文成自命”的现象，尤其反映在正、嘉年间的抗倭战争中。由阳明门人、后学指挥或参与的抗倭斗争的案例甚多，如江右弟子魏良贵，尝“备兵太仓，值倭寇猖獗，良贵画策捣巢，寇遁，安抚流离”；李遂，“历右佥都御史、提督操江，倭寇海门，前后二十余战，讨平之”；唐尧臣，“备兵台（州）、严（州），料理军饷不绝，倭至，尧臣以戚将军继光兵连打破之”；[①]浙中弟子钱德洪，“善识人，大司马胡默林（宗宪，号默林）方尹（余）姚，（钱）君曰：‘必为当今名将。’劝其读（阳明）先师奏疏公移。乙卯（1555），倭奴焚掠乡居，君作《团练乡兵议》以赞成之。首荐门下士，今都督戚继光、总兵梁守愚，卒赖其力，以成大功。默林谢君曰：‘始疑公儒门，不娴将略，乃知善将将也’”[②]；林颖麒，“游王阳明先生之门，讲明绝学，而所造益精。（嘉靖）三十五年（1556）六月，倭由永嘉、金溪登升，突据（台州）城邑，巡抚阮公鹗督诸道兵，与郡守谭公纶合剿倭东逸，追至断桥歼焉。以故公里蹂躏最惨，公既家居久，又数经寇乱，盖藏服食之具萧然无余，不免奔走拮据，而其牢骚抑郁不得伸之气，时抒泄于楮墨闲”[③]，记有不少倭寇罪行及阳明学者参与抗倭之事迹；[④]杨珂，尝辅佐胡宗宪“御寇海上，过邑城（余姚）驻龙山……因留共饮，谦谈既洽”[⑤]。至于胡宗宪、唐顺之等抗倭名将，受阳明军事思想的影响尤为显著，甚至把阳明心学直接用之于抗倭之战，比如唐顺之，“所传习阳明先生道德性命之说以化导人，可谓甚盛”[⑥]；其“学于予师阳明先生，材雄志昌，妙悟宗旨，仕辙所至，辄着茂

---

① 束景南：《王阳明年谱长编》，第 1336—1337 页。其中唐尧臣，《阳明年谱》“嘉靖六年丁亥”条有如下记载：“初尧臣不信学，闻先生至，自乡出迎，心已内动。比见拥谒，惊曰：‘三代后安得有此气象耶！’及闻讲，沛然无疑。同门有黄文明、魏良器辈笑曰：‘逋逃主亦来投降乎？’尧臣曰：‘须得如此大捕人，方能降我，尔辈安能？’”［王守仁：《王阳明全集（新编本）》卷三十四，吴光、钱明、董平等编校，第 1320 页］

② 王畿：《刑部陕西司员外郎特诏进阶朝列大夫致仕绪山钱君行状》，徐爱、钱德洪、董沄：《徐爱·钱德洪·董沄集》，钱明编校整理，第 412 页。

③ 林孙枝：《林介山先生传》，《介山稿略》卷首，明嘉靖三十一年（1552）少滨书屋何维柏、利宝序刊本。

④ 参见《介山稿略》卷八《乞改授教职疏》；卷十二《奉贺郡伯二华公荣旌序》；卷十三《贞山唐公平夷记》；卷十六《平夷纪言序》《书备倭考略后》等；明嘉靖三十一年（1552）少滨书屋何维柏、利宝序刊本。

⑤ 束景南：《王阳明年谱长编》，第 1427 页。

⑥ 林应麒：《平夷纪言序》，《介山稿略》卷十六。

烈，持是以往，将清宁天地，育万物，平海宇，使天子守在，四夷矧蠢兹小丑哉。虽然，予因贞山公愧耻多矣，厕迹师门，条逾三纪，五十无闻，齿发俱敝，身之六贼，尚未能除，况黠夷耶？或曰：‘除有形之贼易，除无形之贼难。’敢借心兵一旅，未识贞山公肯假予否？”[①]足见，当时参加抗倭之战的将领，有不少人是以王阳明的“破山中贼易，破心中贼难”为座右铭的，而这句座右铭，不仅集中反映了阳明心学化的兵学思想，而且代表了中国古代军事学的最高智慧。

① 林应麒：《贞山唐公平夷记》，《介山稿略》卷十三。

第二节　军事之作

众所周知，儒学发展到宋代，风向为之一变，表现出尚文不尚武、尚义不尚勇、尚德不尚力的社会动向。作为儒者，一般都反对武力挂帅、以力服人和先军政治。正是在这样的背景下，程颐等人曾对武学制做了重要调整："武学制：看详所学经书，有《三略》《六韬》《尉缭子》，鄙浅无取。今减去，却添入《孝经》《论语》《孟子》《左氏传》言兵事。"[①]在理学家看来，古代兵学代表作"鄙浅无取"，主张用儒家的四书五经取而代之，于是兵学著作逐渐从当时知识分子的书目中消失。然而，年轻时的王阳明却对程颐等理学大师的要求置若罔闻，他不仅喜爱读兵书，而且还撰述了不少兵学著作。

据笔者所知，王阳明真正的军事著作共有四种，即《兵志》《阳明兵筴》《武经七书评》《历朝武机捷录》，束景南编著的《王阳明年谱长编》对这四种著作的内容及成书时间作过如下推测：王阳明从弘治十年（1497）26岁开始"留情武事，学兵法，凡兵家秘籍，莫不精究"，28岁上《陈言边务疏》，"其中所陈兵法盖已在弘治十年究读兵书时形成，可见其《武经七书评》（实为读兵书之批语）《历朝武机捷录》（实为读兵书之历史资料摘录）等，皆是在弘治十年（1497）以来读兵书、习兵法中写成"。[②]"《武经七书评》实为阳明早年学兵法、读兵书所作笔记批语，即兴评批而成。……大致可见阳明学兵法、读兵书主要在弘治十年至十二年之间，其《武经七书评》《兵志》《阳明兵筴》等书皆作在其时。……《武经七书评》当时经王正宪存之余姚王守信家中，王正思将此书赠胡宗宪，[③]后为鹿门茅坤所得，至天启年间刊

---

① 程颢、程颐：《河南程氏遗书》卷七，《二程集》，王孝鱼点校，第563页。

② 束景南：《王阳明年谱长编》，第137页。

③ 关于王正宪、王守信、王正思的考证，可详见钱明：《王阳明及其学派论考》，第122—125、103、65—75页。另本书第一章亦有述及。

刻，遂传于世”[①]。也就是说，胡宗宪抗倭时可能熟读过阳明的《武经七书评》等兵学著述，而且不惟胡宗宪，其他参与过抗倭的阳明后学者也可能读过这些兵学著述。至少从军事学及用兵实践的角度看，读阳明的兵学著述及其相关的军事文选，是可以弥补《传习录》等著述之不足的。然而，关于阳明的兵学著述，以往从未有人做过系统的调查和研究，直到20世纪90年代，日本学者永冨青地和水野实才对此作了系统考察，从而弥补了阳明学研究领域的一项空白。下面便参照永冨青地、水野实的研究成果，再结合笔者本人的调研挖掘，对王阳明的军事著作做一细致梳理和介绍。

1.《兵志》

该书不分卷，五册，明抄本，王守仁辑；藏印：御史之章，季振宜藏书，宗伯学士谢林郇氏珍藏书画。现藏上海图书馆善本室。[②]据笔者查阅，该书内容辑录于《左传》《国语》《战国策》《吴越春秋》《越绝书》（第1—288页）和《史记》（第289—485页）。其中第288页末尾记有“此书为王阳明先生纂录，未有刊本，予从清臣处借阅录之，其昌”两行题识。该题识从笔迹和末尾的“其昌”署名及押印看，大概出于董其昌之手。因为该书仅仅是古代兵志之辑录，没有王阳明本人的评论或注释，且属抄本，极少流传，故不为阳明弟子及后人所提及，当属正常。

2.《阳明兵筴》

据日本《尊经阁文库汉籍分类目录》[③]载：该书共五卷，明王守仁撰，樊良枢评，明崇祯版，二册，日本尊经阁文库藏。卷首有杨鹤、何吾驺、樊良枢的序文三篇，何文作于崇祯四年（1631），樊文作于崇祯三年（1630）。卷末有零陵门人蒋向荣撰于崇祯四年的

---

① 束景南：《王阳明年谱长编》，第180页。可是在《长编》出版之前，束景南先生却在其编的《王阳明佚文辑考编年》（第94页）中认为：“阳明学兵法、读兵书主要在弘治十年至十二年之间，其《兵志》《阳明兵筴》《历朝武机捷录》《武经七书评》大致皆作在其时。”即明确将阳明的四种军事著作视为同一时期的作品，只是《编年》用的是推测语气，而《长编》用的是肯定语气，而且并未将《历朝武机捷录》放进里面。

② 据永冨青地说：“该书著录于《上海图书馆善本书目》（上海图书馆1957年版）卷三、第三丁表，以及《中国古籍善本书目・子部上》（上海古籍出版社1994年版）第121页。”［永冨青地：《王守仁著作の文献学的研究》，（日本）汲古书院2007年版，第412页］然笔者查阅了《中国古籍善本书目》第121页，唯见有“《历朝武机捷录》十四卷，《国朝武机捷录》三卷，明王守仁撰，明郭子章注，明商周祚评，明末刻本，存四卷（一至四）”之记载，而并无《兵志》之记载，故永冨先生的资料来源恐有误。

③ 侯爵前田家尊经阁文库1937年刊，第306页。

《刻阳明兵筴跋》。跋曰：

> 吾师密庵先生……独于文成集中撮其为兵筴者奏疏十三篇、檄谕二十五通，又摘兵学、兵谋、兵机、兵量二十四则，自为评注授之，剞劂以行世。

卷一至卷三是《奏疏》，冒头记有“樊良枢批评”与“樊尚燝校阅”的字样；卷四是《檄谕》；卷五为《杂录》和《附录》，冒头均记有“樊良枢批评”与“姚继崇校订”的字样，其中《附录》收录的是陆澄与霍韬的两篇奏疏。由此推断，该书当属密庵先生从《王文成公全书》中辑录的阳明有关军事方面的文章与言行录，其成书年代应在崇祯三年（1630），刊行于崇祯四年（1631）。又因书的评注者是樊良枢，故据跋文可知，密庵先生亦即樊良枢。[①]若从本书内容看，卷一至卷四所收文字皆见于《王文成公全书》，而卷五的内容则有不少是《传习录》或其他文献未收的阳明有关兵事方面的语录，故属佚文的可能性极大。关于本书的考察，永冨青地和水野实已撰成《〈阳明兵筴〉の基础的研究》之系列论文。[②]因本书系由后人从王阳明的著作中辑录编纂而成，故无真伪问题存在。

3.《武经七书评》[③]

《武经七书》是宋代武举考试的标准教材，包括《孙子兵法》《吴子》等七书。王阳明对其中的《孙子兵法》点评最详，并将该书的《始计》第一（诡道论）、《虚实》第六（避实击虚）、《地形》第十、《九地》第十一、《火攻》第十二、《用间》第十三等兵法原则，实用于其亲自指挥的南赣征剿顽匪、鄱阳湖大败朱宸濠、断藤峡讨伐割据势力等大小十数次战役中。其间，阳明所采用

---

①樊良枢，字南植，号致虚，江西进贤人，明万历三十二年（1604）进士，任仁和知县，累迁刑部郎中，官至浙江提学副使，崇信阳明学说，以兵学见知，有《樊致虚诗集》（参见《四库全书总目提要》卷一百七十九；《明诗纪事》庚签）。樊良枢是王畿弟子查铎的门人，万历三十七年（1609）曾为《毅斋查先生阐道集》作过序，故而亦属阳明后学。

② 连载于早稻田大学理工学部复合领域人文社会科学研究会刊《人文社会科学研究》，其中论文（一）刊于2001年第41号，论文（二）刊于2002年第42号。

③ 宋神宗于元丰年间，以《孙子兵法》《吴子》《司马法》《李卫公问对》《尉缭子》《三略》《六韬》为《武经七书》，颁行武学，令士子习读，凡武举，皆以七书试士。“七书”之名盖始于此时。明初颁刻《武经七书》，刘寅集诸家之说而作直解，随文解义，时称善本。

过的疑兵计、离间计、调虎离山计、苦肉计、火攻计、反间计、攻心计、诱敌计、火攻计等，都无不透露出他对《孙子兵法》等古代兵书的精究驾驭之程度，同时也彰显了《孙子兵法》等兵书的魅力和张力。日本江户时期的儒教领袖林罗山（1583—1657）在其晚年的一则随笔中曾写道："虽王阳明之才智强记，称军旅之事则取孙武之法耳。其所云'法曰'者，皆十三篇（指《孙子》十三篇）中之说也，《阳明全集》可考以知矣。然其言多奇计谲诡则有害于心术者，是亦不可不察也。"[①]章太炎在其名著《訄书·王学第十》中亦认为："王守仁南昌、桶冈之功，职其才气过人，而不本于学术"；"其学在方策矣，数传而后，用者徒以济诈，其言则只益缦简粗粗"；"近世王守仁之名其学，亦席功伐已"。[②]由此可见，《孙子兵法》不仅是王阳明克敌制胜、常胜不败的法宝，也是后人斥责其狡诈、批评其行为背离良知本体的根据之一。

据《中国古籍善本书目》："《新镌武经七书》，七卷，王守仁评，胡宗宪参评，明天启元年茅震东刻套印本。"[③]另江户中期的著名阳明学者佐藤一斋（1772—1859）藏有《新镌武经七书》[④]，后刊载于大正十四年（1926）发行的《阳明学》第170号。[⑤]日本尊经阁文库亦藏有《新镌武经七书》，七卷八册，孙武等撰，王守仁等评，明天启朱墨版。据明治时期著名阳明学者东正堂（1860—1935）的《阳明先生批评武经序》曰：

> 阳明先生尝读《武经七书》而笔其所感，此书即珍本之一也。予往年于横滨上郎氏处得一见时，其（指阳明）所写批评

① 林鹅峰编：《林罗山文集》卷七十，（日本）弘文社 1930 年版，第 878 页。
② 章太炎：《章太炎全集》（第 3 卷），朱维铮编校，上海人民出版社 1984 年，第 125 页。
③《中国古籍善本》编辑委员会编：《中国古籍善本书目》，上海古籍出版社 1985 年版，第 106 页。另据文化和旅游部 2020 年 6 月 23 日颁布的第六批《国家珍贵古籍名录》，该书藏于贵州省图书馆。
④ 据《中国古籍善本书目》，北京市文物局、辽宁省图书馆、哈尔滨市图书馆、江西省图书馆、河南省图书馆皆藏有《新镌武经七书》一书。
⑤ 吴光、钱明、董平等编校的《王阳明全集》（上海古籍出版社 1992 年版）即据此录入，但未录书眉上的王阳明和胡宗宪的批语。束景南编著的《王阳明佚文辑考编年》（上海古籍出版社 2015 年增订本）据天启刻本《新镌朱批武经七书》补录，于《孙子》之书眉批语全录，而《吴子》以后六部武书中的批语大多遗漏，而且所录之批语，今对照七部武书之原文，发现有不少文字纰误和断句不当者（参见张旭辉：《"神武由来不杀难"——〈阳明先生评武经七书〉整理说明》，《阳明先生手批武经七书》，凤凰出版社 2015 年版，第 3 页）。

仅有部分，且在批评中还有胡宗宪[1]附评。而在评武经中，《孙子》殆在其每篇末皆有总评，而《吴子》仅一处，其他亦至少许矣。从来未有闻阳明先生此书，上郎氏之所传其本，乃系佐藤一斋之珍藏矣。（此书）有二本，一为写本，一为唐本。卷中有所谓政伦之押印，而写本亦模写其印章矣。政伦者，诸如池田芳烈公之末子尝让其禄，以作为熊泽蕃山先生之养嗣子者之类也。一斋开始抄写时，亦一并抄留其印章，则知一斋爱读此书矣。而其唐本，后又归其（指一斋）手，即写本之原本也。予据其政伦之印，而疑此书又为蕃山先生所爱读者。而今值此关东大地震之际，横滨上郎氏不可思议地独免于罹难，然此珍籍则必焚失于大火中矣。[2]

据永冨青地先生介绍，《新镌武经七书》的内容目次如下：

《阳明先生批武经序》，天启元年（1621），徐光启。

《叙》，天启元年（1621），孙元化。

《胡宗宪序》（日文假名题），嘉靖二十二年（1543），胡宗宪。

《小引》，无纪年，茅震东。

《新镌朱批武经七书凡例》："是书悉遵阳明先生手批原本，不同坊刻。原评有在上，有在旁，杂出无定。今悉移置于上。其一篇总评向在题下者，今移置于篇尾。其系默林先生者，则特加默林曰三字，以别之。"

姓氏：批评：王守仁，伯安，余姚人；参评：胡宗宪，汝钦，绩溪人；标题：孙元化，初阳，嘉定人；校订：茅震东，生生，武康人；参阅：王承锦，絅父，余姚人；闵昭明，伯弢，乌程人；潘荣铨，子仪，归安人；施元雄，尚父，归安人。

---

① 胡宗宪（1512—1565），字汝贞，号默林。祖籍安徽绩溪，家族世代锦衣卫出身。嘉靖十七年（1538）中进士，嘉靖十九年（1540）被授官为山东青州府益都县县令，累迁浙江巡按监察御史。为官二十九年，忠心为国，抗倭有力，官至兵部左侍郎兼都察院左佥都御史。死后追谥襄懋。

② 转引自永冨青地：《尊经阁文库藏〈新镌武经七书〉について》，《人文社会科学研究》第46号，早稻田大学理工学部/复合领域人文社会科学研究会2006年刊，第89—90页。

目录：卷之一《孙武子》；卷之二《吴子》；卷之三《司马法》；卷之四《李卫公》；卷之五《尉缭子》；卷之六《三略》；卷之七《六韬》。①

胡宗宪曾在序文中详细说明了嘉靖二十二年（1543）从余姚阳明后人手中购得该书阳明手抄本的经过：

余诸生时，辄艳慕阳明先生理学勋名，前无古，后无今，恨不得生先生之乡，游先生之门，执鞭弭以相从也。通籍来，幸承乏姚邑，邑故先生桑梓地，因得先生之遗像，与其门下士及子若侄辈游，而夙念少偿，可知也。一日购求先生遗书，犹子二千石龙川公②出《武经》一编相示，以为此先生手泽存焉。启而视之，丹铅若新，在先生不过一时涉猎以为游艺之资，在我辈可想见先生矣。退食，丙夜读之，觉先生之教我者，不啻面命而耳提也。敬为什袭，以识不忘。③

根据上述“姓氏”及胡宗宪等人写的序文可以推知，王阳明早年研读兵家最重要的七部经典，做过许多批注。其批注过的《武经七书》起初藏于余姚老家。阳明身故后十余年，对他极为仰慕、后来成为一代名将的绩溪人胡宗宪到余姚做官，瞻仰遗像，从阳明侄子王正思处求得此书，“丹铅若新”，且“语多妙悟”，归而细细拜阅，觉得对自己“不啻耳提面命”。又十余年后，胡带兵在浙江沿海抗击倭寇，将当年阅读过的阳明《武经七书评》获得，小加研寻，施诸实用，“往往奇中”。再过六十年后，同样正在训练军队以对付北方满洲人威胁的徐光启，叹美此事道破时空束缚，认为王阳明之于胡宗宪，犹如秦汉之际的张良得黄石公（亦称圯上老人）之秘传。《武经七书评》后经胡宗宪再加批注，原书被胡氏的军事

---

① 转引自永冨青地：《尊经阁文库藏〈新镌武经七书〉について》，《人文社会科学研究》第46号，第90—94页。

② 龙川公即王正思，为王衮次子王守信之长子，王正宪之兄，阳明之侄，尝知建宁府，故称其“犹子二千石”。原来王阳明的《武经七书评》被存于余姚王正思家，正思将此书赠予胡宗宪，即茅震东《武经评小引》所云：“携一《武经评》归，又默林公所得于阳明先生之门者也。”此书遂传于世。由此可信《武经七书评》确为阳明手批之书。

③ 王守仁：《王阳明全集（新编本）》卷四十，吴光、钱明、董平等编校，第1608页。

幕僚吴兴人茅坤收藏，传之四世孙茅震东时，被通家好友孙元化发现，时值天下鼎沸，内忧外患，兵革不息，孙元化认为此书正当重出世间，以克时艰，遂将此书带给正在受命练兵的其师徐光启看，并请徐作序后，题曰《新镌朱批武经七书》，交由吴兴闵昭明的闵氏工坊印刷，于天启元年（1621）刊行于世。这部闵氏套印本在明代末年曾广为流传，所以中国各地现存较多。而同样对军事学颇有研究并著有多种兵学论著的徐光启，则“视阳明先生之手泽宛然……第窃喜诸书实用”，于是便有意隔代发扬阳明之余烈，以为抗击满人之一助。明清鼎革，天启刻本之武书珍籍《新镌朱批武经七书》亦随烟云，默默无闻于世垂两百余年。①

4.《历朝武机捷录》

据日本《内阁文库汉籍分类目录》载：《历朝武机捷录》十五卷，附《国朝武机捷录》三卷；明王守仁撰，郭子章注，商周祚评，王守仁、茅元仪序；（附）明商周祚撰；明刊。②除内阁文库藏本外，河南开封市图书馆还藏有残本卷一至卷四。③此外，日本九州大学文学部所藏的“生田家资料”中，亦有卷一至卷四的残缺本一册，封面上印有“王文成先生着，历朝武机捷录，书林敦古斋梓”的字样，表明该书是由晚明的苏州书坊敦古斋刊印的。④

《历朝武机捷录》以王阳明对古代军事家的评论为中心，前十四卷是按照时代顺序，网罗了从上古黄帝至元代的160位（东正堂说是150余人）著名将领；最后一卷为《武机图说》，是关于兵阵、兵器等的图解说明。除王阳明的评论外，还附录了郭子章、商周祚二人的注释和评语。但王阳明的评论用的是大字，郭子章的注释用的是小字，而商周祚的评语则记录在栏上。该书卷首是分别由王阳

① 参见张旭辉：《“神武由来不杀难”——〈阳明先生评武经七书〉整理说明》，第3页；永冨青地：《尊经阁文库藏〈新镌武经七书〉について》，《人文社会科学研究》第46号，第94页。

② 日本内阁文库1956年刊，第180页。

③ 许保林编：《中国兵书知见录》，解放军出版社1990年版，第138页。该书所记与《中国古籍善本书目》的记载完全一致。

④ 承蒙九州大学文学部柴田笃教授及文学部图书馆诸位同仁的帮助，笔者有幸查阅了该残缺本，特此致谢。另据永冨青地说：“根据杜信孚的《明代版刻综录》（江苏广陵古籍刻印社1983年版），作为敦古斋的出版物，现尚存有《医学入门》《群书典汇》等书，而且可以确信，这些书籍皆出版刊行于明万历四年至崇祯年间。”（永冨青地：《王守仁の佚存书〈历朝武机捷录〉について》，《九州中国学会报》2001年第39期，第119页）

明和茅元仪[1]撰写的序文，其中阳明序曰：

> 语曰：智周通塞，不为时穷；才经险夷，不为世屈。余自宸濠之变、田州土守之役，每顾诸青油所云偏裨者，时进而询所忧，白的赤茎，龙鳞鹤膝，则赳赳似矣；其于孙、吴、尉缭、司马，则愦愦如也。因示之曰：“一人敌，不足学；非不学也，不足专此学也。昔子房无三尺之躯，淮阴无屠少之雄，一能决胜千里之外，一能将多多益善之军，是宁一人敌耶？纶巾羽扇，指顾而挫锋芒；只马单骑，谈笑以退戎虏，吾愿汝辈知之也。”然辕壁寂然，相视而愕，中不少有志之士，俯而问略。余曰：“非一言可尽也。承平日久，徒知纨绔，耳不闻金鼓，足不履战阵。白的龙鳞，技且高阁，岂特走孙、吴等于堂下乎？不惮辑古名将事迹，合诸武经者，汇为一书，使各录一册日熟之，此武经翼也。风雨关前，即是雪夜精骑；淆谷道上，讵异马陵妙算哉？筑营固垒，塞井夷灶，皆是术也。用不同矣。”居月余，而习者乃不复吴下阿蒙。余因喜而志之，以俟后之学者。余姚王守仁撰。

不过，阳明此序文并未说明本书撰纂之经过，茅元仪序亦未叙述本书之来历及刊刻之情况。假定该书及王、茅之序文都是真的，那么因茅元仪愤死于崇祯十三年（1640），故可推知该书的刊行年代不会迟于崇祯十三年（1640）。至于该书卷末所附的《国朝武机捷录》，出于明末绍兴人商周祚之手，辑录的是清代之武机，故而与王阳明无直接关系。[2]

对于《历朝武机捷录》是否系王阳明所辑的问题，历来存有争议，否定论者如佐藤一斋，其曰：

> 此编明志所不载，文成年谱行状亦未尝一言之。余从平山隆维借读，乃疑其为赝鼎，不则为少作矣，然自序明言宸濠

---

① 茅元仪（1594—1644），字止生，号石民，归安（今浙江吴兴）人，自幼“喜读兵农之道”，三十八岁时已披览古今，通晓二十一史。著有《武备志》等兵学论著，另有《石民四十集》等著述。

② 参见永冨青地：《王守仁の佚存书〈历朝武机捷录〉について》，《九州中国学会报》2001 年第 39 期。

事，则为出于晚年者，而其文决非文成晚年之笔，岂商等轩辈，假托名号，以欺世者欤？但以其论兵，间有可取，故誊写一部，以存之耳云云。[①]

然到了明治时期，东正堂却提出了不同看法，认为“其序是赝鼎，然其全体本文则未必为赝，一斋恐怕是矫枉过正了”[②]。他还从该书中举出战国的鲁仲连和宋朝的韩世忠为例，指出：

《武机捷录》中像这样有真知灼见的内容还可举出许多。这些内容，归根结底都是非世间腐儒所知的，假定本书不是直接出自阳明先生亲笔，那也大都出于接近先生的人之手。予爱读此书，故特书以告知吾党同志。而且据说此书春日潜庵（1811—1878，江户后期阳明学者）亦珍藏一本，说明潜庵先生也是颇信赖此书的。[③]

永冨青地先生亦持同样立场。对此，我的看法是，《历朝武机捷录》是否属阳明亲撰，恐怕不能以“有真知灼见”“非世间腐儒所知”等作为推定的依据。15年前笔者对此书也作过考证，当时基本上同意佐藤一斋的观点，认为《历朝武机捷录》不是阳明所著。[④]现仍坚持这一立场。

近年，束景南先生撰《王阳明佚文辑考编年》，却将此书视为阳明的早年作品，指出：

此书为（阳明）早年泛览兵家秘书、辑录古名将事迹而成……至嘉靖七年乃出以示人习读，并未作序。……又阳明《陈言边务疏》中有专论培养韬略统驭兵才一策云：“今之武举，仅可以得骑射搏击之士，而不足以收韬略统驭之才……诚使公侯之子皆聚之一所，择文武兼济之才，如今之提学之职者

---

① 东正堂：《阳明先生の著书と武机捷录》，《阳明学》第104号，明治四十四年（1881）刊。

② 东正堂：《阳明先生の著书と武机捷录》，《阳明学》第104号。

③ 东正堂：《阳明先生の著书と武机捷录》，《阳明学》第104号。

④ 参见钱明：《王阳明〈历朝武机捷录〉辨析——兼与永冨青地先生商榷》，《浙江社会科学》2003年第5期。

一人以教育之，习之以书史骑射，授之以韬略谋猷；又于武学生之内岁升其超异者于此，使之相与磨砻砥砺，日稽月考，别其才否，比年而校试，三年而选举……”此疏作在弘治十二年，所论亦与此《历朝武机捷录》相同。若然，则阳明编《历朝武机捷录》当在弘治十年至十二年之间。①

此又为一说，可作备考。但这一立场在后来束先生所著的《王阳明年谱长编》中似乎有了松动（详见前述），说明对此文的真实性，束先生也未必拿捏得十分准确。

总之，王阳明的兵学思想和兵法实践，不仅如同学术界以往所认知的那样，表现在《王阳明全集》已收录的部分奏疏、公移等文献之中，②而且主要集中在由阳明本人及其后人编纂的各类兵学著述中。由于阳明后来主要是以思想家的形象著称于世，故而其兵学著作乃至兵学智慧遂被后人逐渐淡忘，甚至被基本漠视，而这显然是很不利于对王阳明整体形象之把握的。

---

① 束景南：《王阳明佚文辑考编年（增订本）》，第 987—988 页。

② 张学智说：“看阳明的哲学著作，要和他的《年谱》参看，特别要注意他的奏疏、公移等，那是他的实学，是他的内在精神的切实表现。”（张学智：《王阳明研究的知识进路》，《中共宁波市委党校学报》2014 年第 6 期）此言甚是。

第三节 神儒之歧

这一节看似与前后文没什么直接联系，但要知道王阳明在日本之所以会受到如此追捧，与“武”和“兵”有密切之关系，所以我们有必要在这一节里对阳明之“武”与日本之“武”的差别作番剖析。

所谓“神”是指日本的神道文化，所谓“儒”是指中国的儒家文化。众所周知，在中国古代的军事思想和军事实践中，兵学与儒学的关系始终是相依相伴、你中有我、我中有你的，正因为此，所谓“儒将”“儒商”的地位始终要高于单纯的军人、商人，阳明学者所主张的“仁智合一之道”，[①]所倾心的以良知代替武备的“尚德抑武”精神，乃是儒家基本理念的必然导向。但日本的情况却有所不同，从12世纪末武士首领源赖朝（1147—1199）出任“征夷大将军”，创立镰仓幕府，统治天下军政，一直到明治维新之前，在日本历史上占主导地位的一直是那些威风凛凛、武艺高强的武士。故而日本素有“勇武之风”[②]、武威信仰，并“把‘武威’与‘万世一系’的天皇作为自身优于他国、他民族的根据来看待，这构成了他的特征”。[③]正如著名阳明学者熊泽蕃山（1619—1691）给日本国所下之定义：

> 东夷之夷字，折之为大弓也，又一弓人也。日本虽为小国，然未日之本，久夷之本，取弓矢志武国也。[④]

因此，日本人所喜爱的历史人物也大都为文武兼备、智勇双全的英雄豪杰，而在中国古代人物中，“正大而文武兼备”[⑤]的诸葛孔

---

① 徐霈：《仁智合一存乎圣（南乡试录作）》，《东溪先生文集》卷九，浙江省图书馆藏民国十五年（1926）刻本。

② 林恕：《鹅峰先生林学士文集》卷四十八，《近世儒家文集集成》（第 11 卷），（日本）ペリカン社 1997 年版，第 510 页。

③ 荒野泰典：《近世日本と东アジア》（第 1 部），（日本）东京大学出版会 1988 年版，第 4 页。转引自韩东育：《从“脱儒”到“脱亚”》，（台湾）台大出版中心 2009 年版，第 156 页。

④《蕃山全集》（第 3 卷），（日本）蕃山全集刊行会 1940 年版，第 140 页。转引自韩东育：《从“脱儒”到“脱亚”》，第 221 页。

⑤ 藤原惺窝：《赞城泉牧昌茂寿像》，《藤原惺窝集》卷上，（日本）思文阁出版 1978 年版，第 121 页。

明乃是日本人最喜爱的英雄之一。王阳明被日本人接受并喜爱，亦与其文武兼备之形象有密切关系。[①]梁启超在1902年便在《论宗教家与哲学家之长短得失》一文中指出：

> 吾国之王学，唯心派也。苟学此而有得者，则其人必发强刚毅，而任事必加勇猛，观明末儒者之风节可见也。本朝二百余年，斯学销沈，而其支流超渡东海，遂成日本维新之治，是心学之为用也。[②]

两年后他又在《论中国学术思想变迁之大势》中主张"儒之有侠风也，孕而育之者姚江也"，甚至将顾炎武等"五先生"的"以尚武任侠为精神"，归因于"以王学为原动力"。[③]1905年孙中山亦在东京对清末留学生发表演讲时说：

> 五十年前，维新诸豪杰沉醉于中国的哲学大家王阳明的知行合一的学说，皆具独立尚武的精神，救四千五百万人于水火，成就大功。[④]

然而，日本人所理解的阳明精神或者所接受的阳明形象，却与我们在前面所阐述的真正的王阳明有一定偏差。阳明固然属于文武兼备之将才，但文与武、道与术、仁与勇在阳明那里是有轻重缓急的，即使兵家所特重的智谋之"智"在阳明那里也是要服从于"仁"即良知的。

曾系统研究过《孙子兵法》和王阳明军事思想的冈田武彦认为：

> 关于日本的武道与兵法的关系，江户时代的剑术家曾提出

① 佐藤炼太郎：《王阳明——文武不岐の生涯》，《名言で读み解みく中の思想家》，（日本）ミネルヴア书房 2012 年版，第 275—296 页。

② 梁启超：《论宗教家与哲学家之长短得失》，《饮冰室文集》之九，中华书局 2015 年版，第 46 页。

③ 梁启超：《论中国学术思想变迁之大势》，《饮冰室文集》之七，第 84 页。

④ 孙中山：《中国应建共和国》，秦孝仪主编：《国父全集》（第 3 册），（台湾）近代中国出版社 1989 年版，第 201 页。

过自己的看法，他们认为像《孙子》那样的兵法是大兵法，而剑道是小兵法，为何会有这样的看法呢？因为他们意识到，无论孙子兵法还是剑道，其根本原理都是相同的。孙子兵法是无的兵法，而剑道也以无为道，而且两者都从无出发而发挥了神妙之动。由此可见，孙子兵法也许对剑道产生过一定影响。①

顺着这一思路，我们拿阳明的良知兵学与孙子兵法进行比较后可以发现，作为大兵法的《孙子》不过是小智慧，而阳明的军事战略思想才是超越一般兵法的大智慧，尤其到了阳明晚年，其重心已完全转向致良知的大智慧，而视诸家兵法为小智慧，而这一点恰好是武士民族难以领会、尤难受容的。

日本的武士文化可以说是以神道为基础、融摄了儒佛思想而形成发展起来的，其特点在新渡户稻造所著的《武士道》一书中有系统阐释。根据此书的排列，武士的“五德”指的是义、勇、仁、礼、诚，②这显然有别于儒家的仁、义、礼、智、信（信可与诚相对应）的“五德”之排列。按照新渡户稻造对“知（智）”的解释，知等于知识和学问。武士之所以轻视“知（智），是因为“知识这种东西被认为是从属于道德情操的”，而道德必须理论联系实际，因此武士轻视不付诸行动的“知（智）”，而推崇阳明的“知行合一”：

一位典型的武士（西乡隆盛）称文学知识渊博者为书蠹。另一个人（三浦梅园）把学问比喻为臭菜。……武士道轻视上述那样的知识，认为知识本身不应该作为目的与探求。……所以知识被看成要与生活中的实践躬行相一致，而这个苏格拉底的教诲，在中国哲学家王阳明那里找到了最伟大的解说者，他孜孜不倦地一再重复：知行合一。③

---

① 冈田武彦：《简素》，钱明译，社会科学文献出版社 2018 年版，第 291 页。

②《武士道》一书的章节基本上按照“五德”排列，即义、勇、仁、礼、诚。又，“忠”与“义”在新渡户稻造那里是被合在一起的，他在第 10 版序言中说：“我感到遗憾的是，未能加进去‘孝’这一章。它同‘忠’一并构成日本道德之车的两个轮子。”（新渡户稻造：《武士道》，商务印书馆 2022 年版，张俊彦译，第 6 页）

③ 新渡户稻造：《武士道》，张俊彦译，第 20—21 页。

实际上，这种被解释为知识、学问的“知”，与智慧的“知”比较接近，而不同于智谋的“知”。但在逻辑上，三者之间又存在某种关联性，形成你中有我、我中有你的错综关系。康有为批评《明儒学案》（实意指阳明学）“立身行道，千古无比，但仁勇多，而智少耳”，[①]这里的“智”便主要是指知识和学问。在康氏的潜意识中，其实已隐含了后来梁启超以阳明学使人“发强刚毅”“任事必加勇猛”[②]为立论依据。而除了“发扬蹈厉”“勇猛”之外，梁氏还用“尚武任侠”来形容阳明学信徒的精神特质。其在1904年写的《论中国学术思想变迁之大势》一文中，主张“儒之有侠风也，孕而育之者姚江也”，甚至将顾炎武等“五先生”的“以尚武任侠为精神”，归因于“以王学为原动力”，[③]其因亦盖在于此。康、梁人等的阳明学观，与新渡户稻造在《武士道》中所显露的阳明学观存在同源性，对此笔者不打算在此详述，而只想指出：尽管他们所说的“智”，只要是知识之智，而非智谋之智，与本章的主题其实没太大关系，但知识之智与智谋之智又确实很难截然分割。若无知识之智，也就谈不上智谋之智；轻视知识之智，势必影响智谋之智。王阳明足智多谋，乃源之于他对儒、佛、道、兵、墨、杂等诸家知识学问的深究传习。从这一意义上说，阳明学的精神内质中，除了“尚武任侠”，还有“崇文求智”，文武兼备、道术合一，才是王阳明的完整形象。

然而，若按照新渡户稻造的《武士道》的基本理路，武士与儒士的德性诉求的确有所区别。如果说儒士是把“仁”放在第一位，那么武士便是把“义”放在第一位；儒士“五德”中有“智”，而武士“五德”中有“勇”。“智”即智慧，智者，聪明也；“勇”即勇气，勇者，不惧也。正因为儒士轻“勇”而武士轻“智”，才给分别标榜儒士文化与武士文化的中、日两国的民族性格带来了不可小觑的后遗症。

我们知道，在早期儒家那里，智（知）、仁、勇三者是完全统一的。孔子曰：“君子道者三，我无能焉，仁者不忧，知者不惑，

---

① 张伯桢：《南海康先生口说》，吴熙钊、邓中好校点，中山大学出版社 1985 年版，第 67 页。
② 梁启超：《论宗教家与哲学家之长短得失》，《饮冰室文集》之九，第 46 页。
③ 梁启超：《论中国学术思想变迁之大势》，《饮冰室文集》之七，第 84 页。

勇者不惧。”（《论语·宪问》）“知、仁、勇三者，天下之达德也。”（《礼记·中庸》）可见孔子是把智、仁、勇这三种品格视为君子人格必须具备的德性。在儒家哲学中，“仁”是核心概念，“知”紧随其后，也是非常重要的概念，它在儒学体系中具有全局性的意义。把“智”与“仁”联系在一起，赋予两者不可分离的性质，形成“仁智合一”的人文架构，是儒学的重要特征，故而后儒皆用“仁且智”来称道孔子的人格。如《孟子·公孙丑上》：“昔者子贡问于孔子曰：‘夫子圣矣呼？’孔子曰：‘圣则吾不能，我学不厌，而教不倦也。’子贡曰：‘学不厌，智也；教不倦，仁也。仁且智，夫子既圣矣。’”

然而，作为武士道精神之经典诠释的新渡户稻造的《武士道》一书，却唯独不重视“智”而凸显“勇”，把“仁且勇”作为武士伦理的基石，[①]“勇”在武士文化中的地位就如同“智”在儒士文化中的地位。新渡户稻造为武士所规定的义、勇、仁、礼、诚之“五德”，其核心即“仁勇合一”，这与幕末时期的兵学家吉田松阴（1830—1859）在《七规七则赠毅甫加冠》中所主张的“义勇合一”在本质上是一致的。[②]吉田松阴同时还是一个“非专修阳明学”的阳明学信徒，他在《示诸生》中说过：

> 又尝读《王阳明年谱》，谓其警发门人多于山水泉石间，窃服其理矣。吾非阳明也，然朋友切磋亦当如斯，是以会讲连业，未尝设绳墨，交以谐谑滑稽，如匡稚圭（衡）说诗故事，

---

① 蒋介石尝批判日本阳明学及“大和魂”把中国固有道德最中心最基本的一点，即“智仁勇”中的“仁”字完全丢掉了，因此才会“打败中国和俄国，割我台湾，占我琉球，灭我朝鲜，现在又占去我们的东四省”［蒋介石：《革命军人的哲学提要》，秦孝仪主编：《“总统”蒋公思想言论总集》（第12卷），第364页］。这种观点从政治上说自然可以成立，但在学术上则需要做具体分析，尤其是针对新渡户稻造的《武士道》一书，蒋氏的说法并不准确。

② 吉田松阴说：“士道（即武士道）莫大于义。义因勇行，勇因义长。”［山崎道夫、和田正俊：《吉田松阴·西乡南洲》，《丛书·日本の思想家》（第48册），（日本）明德出版社1988年版，第313页］当然“义勇”与“仁勇”是有所区分的。“义”的基本定义是公正合宜的道理或举动，而“仁”的基本定义是人与人相互友爱、互助和同情。儒家有所谓“孔子成仁，孟子取义”说，“义”是孟子发展的主要概念，它往往指的是朋友团体内部的道德规范，而“仁”则是孔子思想的核心，它往往是指人与人之间的道德规范。这就是说，“仁”比“义”要宽泛许多。“仁”是针对所有人的，是无差等的大义、大爱和大德。“义”若不受“仁”的约束，就有可能变为“不仁”。这也可能是新渡户稻造更强调“仁勇合一”的主要原因吧！

如近春米锄圃之举，亦寓此意耳。[①]

又自辩道：“吾曾读王阳明《传习录》，甚觉有味。顷得《李氏焚书》，亦阳明派，言言当心，向借日孜以《洗心洞札记》，大盐亦阳明派，取观为可。然吾非专修阳明学，但其学真，往往与吾真会耳！”[②]然吉田松阴所理解的阳明学是比较肤浅的，或者说是典型的日本化的阳明学。

在仁、智、勇这三个核心概念中，儒士文化凸显的是仁与智，强调“仁智合一”，而武士文化凸显的则是仁与勇，强调的是“仁勇合一”。一“智”一“勇”，的确很能代表儒士与武士的不同文化性格。武士因主从关系而讲服从与义勇，又因服从、义勇而单纯、鲁莽。新渡户稻造将单纯、鲁莽视为“率真而正直”之美德，并且认为：

在一个流行着动辄以阴谋诡计为战术，以弄虚作假为战略的时代，这种率真而正直的男子汉的美德，是闪耀着最大光辉的一块钻石，受到人们的最高赞誉。[③]

但他并未同时指出这种美德所带来的负面意义。

对于江户时期的武士而言，最直接的是忠于有血缘关系[④]的主君（大名），这可谓“孝”；间接的是忠于幕府将军，这可谓“义”；再间接的是忠于天皇，这可谓“忠”。因此在武士身上，孝、义、忠是融为一体的，再加上“勇”，便使得忠、孝、义、勇成了武士阶层的根本信条。明治天皇颁布的《教育敕语》[⑤]开宗明义就说：“我皇祖皇宗，肇国宏远，树德深厚。我臣民克忠克孝，

---

① 山崎道夫、和田正俊：《吉田松阴·西乡南洲》，《丛书·日本の思想家》（第48册），第312页。

② 吉田松阴：《己未文稿》，山口县教育会编：《吉田松阴全集》（第4卷），（日本）岩波书店1986年版，第293页。

③ 新渡户稻造：《武士道》，张俊彦译，第24页。

④ 一般而言，武士集团由两部分人组成，一部分是与大名有血缘关系的子弟、亲属、亲戚，统称“家子”，另一部分是与大名无血缘关系的人，俗称“郎党”，但以前者为主。

⑤《教育敕语》由山县有朋内阁的法制局长官井上毅等人负责起草，于1890年10月30日由明治天皇颁布。昭和年间，《教育敕语》成为绝对化、神圣化的军国主义教典。二次世界大战后《教育敕语》被废除。

亿兆一心，世济厥美。”要求臣民们“一旦有缓急，则义勇奉公，以辅翼天壤无穷之皇运”。在幕末维新期，明代文豪冯梦龙编著的《王阳明先生出身靖乱录》之所以受到日本武士的追捧，[①]朱子学者浅见䌹斋（1652—1711）为表彰中国忠臣义士而编著的《靖献遗言》[②]之所以出版后便成为武士们最爱读的书之一，皆与这种忠、孝、义、勇的观念有非常密切的关系。

“知”是指人对外部世界的感识感觉，所得越多越深入，人所具备的能力就越强，因而“知”也被用来表示智慧。《荀子·王制》所谓“草木有生而无知，禽兽有知而无义”，这里的“知”是感知义；《论语·阳货》“好知不好学”，《庄子·外物》“心彻为知”，其中的“知”为智能义。儒士五德中的“智”，在传统儒学中主要是指“是非之心”“知识”之智（阳明所谓“就其心性自然明觉无所不知者，名之为智”[③]，即可作此解），可归入知识论范畴。[④]但在具体实践中，儒者之“智德”又与兵者之“诡道”有相通之处，于是“智”在一定意义上又可与谋略、计谋、韬略画等号，再往大处说，甚至可与战略画等号。中国自古战略思想就极为丰富，且不说各类兵书，即使围棋十诀即已足够伟大，智谋不分家，乃是中国人的常识。《孙子兵法》讲的是谋略，诸葛亮、王阳明、

---

①《皇明大儒王阳明先生出身靖乱录》（简称《靖乱录》）属于传奇小说类，与年谱史学类著作不同，其史料价值一般不被人认可。永富青地的《王守仁著作の文献学的研究》（汲古书院 2007 年版），就把《靖乱录》放在该书的第六章《王守仁に关する文学作品の研究》中，与清代蒋士铨的《采樵图传奇》、何梦梅的《大明正德皇游江南传》属于同类。但明治大正时期的日本人却对该书表现出异乎寻常的兴趣。当时印行的不同种类的刊本或解释本有好多种，如日本庆应元年（1865）弘毅馆刊本，藤川太郎校正，题作《王阳明出身靖乱录》，分上中下三册；《王阳明出身靖乱录》，墨憨斋新编，田中从吾轩释解，铁华书院从《阳明学》第 10 号（1896 年）开始连载；《阳明先生一代记》（原名《王阳明出身靖乱录》），明朝墨憨斋新编，本朝洗心洞新译，大阪阳明学会在《阳明》第 60 号（1917 年）开始连载。后来日本还陆续出版了不少有关《靖乱录》的注释本和研究类文章，如《王阳明出身靖乱录の出所》，长泽规矩也撰，《书志学》15 卷第 2 号，日本书志学会 1940 年刊；《王阳明出身靖乱录》，墨憨斋新编，中田胜译，《王阳明全集》月报第 2 号开始连载，明德出版社 1983 年至 1986 年版（后明德出版社又于 1988 年出版了该书的单行本）；《出身靖乱录における王阳明像》，大西克巳撰：《集刊东洋学》（第 74 册），中国文史哲研究会 1995 年刊；等等。

②《靖献遗言》，风月堂，明治十三年（1880）和刻本。该书列举了屈原、诸葛亮、陶渊明、颜真卿、文天祥、谢枋得、刘因、方孝孺八位“本朝武士之鉴”。这 8 人的最显著特点，就是尊皇忠君思想及行动。

③ 王守仁：《王阳明全集（新编本）》卷四十五，吴光、钱明、董平等编校，第 1856 页。

④ 朱熹“智藏”说中的“智”，属于本体论意义上的“智”，与此处所说的属于知识论范畴的“智”有所不同。

曾国藩、毛泽东等并非单纯的军事家，而是讲究谋略、韬略的军事战略家。像《孙子兵法》这样的军事学著作产生在中国而不是日本，绝非偶然。诚如冈田武彦所言：

> 在为将者所应具备的品德中，孙子最为看重“智”。这是因为，兵者诡道亦即诈道。在日本，据说有部大江家传下来的《斗战经》[①]，文章简古，由五十二章构成，基本上是依据黄老学说来阐述兵法。这本书也被当作日本海军军校的讲读教材。《斗战经》中说：“天地因刚毅而不倒，智慧因刚毅而不堕，神灵因刚毅而不灭，仙人因刚毅而不死。”“《孙子》十三篇，不免惧字耶！”而把“勇”视为最重要的品质。若将其与孙子以“智”为最重要之品质的思想相比，也就能看出中国人与日本人在民族性上的差异。[②]

王阳明重“知（智）”，故而讲计谋，有谋略，[③]做事经权相兼，甚至认为战国时代的苏秦、张仪的谋略术，亦不外乎为良知之“妙用处”。[④]

当然，如果片面地凸显阳明的“智”那也是过犹不及，因为王阳明的“智”是建立在“仁”或良知本体的基础之上的，这也是为

---

①《斗战经》是日本平安时代的一本著名兵书。其作者，据《斗战经》序中说：“或曰太祖宰相维时卿作，或曰太宰师匡房卿书也，今不可考证。”大江维时（888—963）是日本平安时代中的著名学者，曾来中国学习中国古代兵法，回国后向日本天皇献出中国兵书30卷，并替朝廷保管兵书，从而为其后代研究中国兵法创造了条件。大江匡房（1041—1111）是日本平安时代后期的著名学者和兵学家，大江维时的后代。他曾苦心钻研中国兵书，并大力提倡继承日本传统兵学思想。全文53章，1188字，通篇皆为汉字，无一标点。本书文字精练，每章文字少则仅有4字，多则67字。书中批判了当时在日本影响很大的有关《孙子兵法》的一些观点，指出要从日本的实际情况出发运用《孙子兵法》，强调继承和发扬日本传统的兵学思想，突出宣传日本的民族精神。

② 冈田武彦：《孙子新解》，《冈田武彦全集》（第12卷），（日本）明德出版社2006年版，第48页。

③ 正德十三年（1518）八月王琼在《为捷音疏》中称王阳明“统兵讨贼，运谋如神”。参见王琼：《为捷音事》，《晋溪本兵敷奏》卷十，《续修四库全书》（第475册），第81页。

④ 王阳明说：“苏秦、张仪之智，也是圣人之资。后世事业文章，许多豪杰名家，只是学得仪、秦故智。仪、秦学术善揣摸人情，无一些不中人肯綮，故其说不能穷。仪、秦亦是窥见得良知妙用处，但用之于不善尔。”［王守仁：《王阳明全集（新编本）》卷三，吴光、钱明、董平等编校，第114页］

什么武士的日本讲的是“心外无刀”[1]，而阳明心学却讲的是“心外无理”，“理”即“仁”即良知，它与“心”同一，“智”依附于“心”，故而心智的本质仍在于仁或良知。这是心学化的阳明兵学思想的本质特征，也是与武士化的兵学之道的重要差别。

阳明学传入日本后，其日本化的过程，实即武士化的过程，也是将心学化的阳明兵学思想或“心外无理”与武士化、禅学化的兵学之道或“心外无刀”相融合的过程。

明治初年，萨摩藩武士海江田信义[2]兴“武文馆”，尝语其旨趣曰：

> 此武文馆为欲供校外教育之模范教场，教授文武两道。所谓武，使用面具、护手、竹刀、棒子，不能说是真正的武士。故我作一题目，即练心中之武，以试腕力。为何要练心中之武呢？人看不见的贼，朝夕起于心中，这不管是正宗还是近宗都难切断，故王阳明说“破心中之贼难”。为了破这个贼，不得不练心中之武。为破心中之贼，练心中之武，诚为第一难事。故我塾不云文武，以武为先，名曰“武文”。……凡治国家必先修其身的基础，便是文武。王阳明之学也与之相同。……须破各自心中之贼，应养清心之底。所以武是必要的。即使国家系于一身，为了剪除贼，武也是必要的。故先置武，名“武文”，立此武文馆。[3]

海江田信义所谓的“练心中之武”，与王阳明所主张的“破心中之贼”虽有联系，但已不是一回事。前者强调的是“心刀合一”，而后者强调的是“心物合一”。“心刀合一”的逻辑乃是基于“仁勇合一”的“小勇”，而“心物合一”的逻辑乃是基于“仁智合一”的“大勇”。真正的大谋略、大战略，应该体现在从“心

---

① 参见佐藤炼太郎:《“心外无法”の系谱——王阳明の“心外无理”と山冈铁舟の“心外无刀”》，《山根幸夫教授追悼纪念论丛：明代中国の历史的位相》下卷，（日本）汲古书院 2007 年版，第 505—528 页。《“心外无刀”の由来とその意义》，《武道学研究》第 39 卷别册，《日本武道学会第 39 回大会研究发表抄录》，日本武道学会 2006 年版，第 30 页。

② “海江田信义”原名有村俊斋，与西乡隆盛是同乡，两人曾一起研读《近思录》，学习阳明学，对王阳明相当崇拜。明治维新后任枢密院元老，获一等旭日大勋章。

③ 高濑武次郎:《日本之阳明学》，张亮译，邓红校注，山东人民出版社 2019 年版，第 233—234 页。

物合一”到“万物一体之仁”，即以“仁”为本的“大智”“大勇”上。

其实，“心刀合一”的思想也源自王阳明。阳明曾主张“心箭合一”，他于正德十三年（1518）在赣州时写的《观德亭记》即指出：

> 君子之于射也，内志正，外体直，持弓矢审固，而后可以言中，故古者射以观德。德也者，得之于其心也。君子之学，求以得之于其心，故君子之于射以存其心也。……是故心端则体正，心敬则容肃，心平则气舒，心专则视审，心通故时而理，心纯故让而恪，心宏故胜而不张、负而不弛，七者备而君子之德成。君子无所不用其学也，于射见之矣。……射也者，射己之鹄也。鹄也者，心也，各射己之心也，各得其心而已。故曰：可以观德矣。①

所谓“射”即射箭。“箭”是古代重要的武器，“射”是一项重要的武术科目，周朝时即将其作为“六艺”教育之一，《礼记·内则》说“年十五学射御”。后分为步射和骑射，成为骑射竞赛或表演的重要项目，但弯弓射箭，以强身健体、克敌制胜为目的，却一直作为习武之象征。王阳明强调“君子之于射以存其心也”“射也者……各射己之心也”，就是想用“心”之“德教”或“文功”来控制和驾驭“射”之“武教”或“武功”，把“武”的盲目性、危害性、无仁性降低到最低程度。但我认为，武士文化的“心刀合一”还是有别于王阳明或儒士文化的“心箭合一”。因为“心箭合一”可以在非面对面的、超视距的场合中实现，而“心刀合一”却只能在面对面地与敌人格斗、厮杀的场合中实现，后者的实现难度可想而知，要想在杀红眼的肉搏的战场上做到“心刀合一”几乎不可能。所以我们可以说，“心箭合一”也好，“心刀合一”也罢，虽然都是习武的一种境界，但若拿到战场上，实现前者可谓神箭手，而实现后者则可能成为迂腐甚至怯弱的代名词。从这一意义上说，“心刀合一”可能只是武士用来自我安慰，进行心灵

① 王守仁：《王阳明全集（新编本）》卷七，吴光、钱明、董平等编校，第262页。

疗伤的某种手段，而“心箭合一”倒是可以成为提高战斗力，争取战场主动权，最终克敌制胜的法宝。

也许正因此，二战时期的苏军战神，也是诺门罕战役的苏军战役指挥朱可夫对日军的评价是：士兵很勇敢，将军很垃圾，级别越高越垃圾。李宗仁在台儿庄战役中大破日军，他在回忆录中也写道：“日本陆军训练之精，和战斗力之强，可说举世罕有其匹。用兵行阵时，上至将官，下至士卒，俱按战术战斗原则作战，一丝不乱，令敌人不易有隙可乘。日本高级将领之中虽乏出色战略家，但是在基本原则上，绝少发生重大错误。”[①]基本佐证了朱可夫的评价。为什么说日军级别越高越垃圾呢？因为职务越高就越接近战略层面，而日军缺乏的正是真正的战略家。此处当然指的是基于“心物合一”“仁智合一”的大战略，而非“心刀合一”“仁勇合一”的小战略。

蒋介石是行伍出身，从小爱读《孙子兵法》、戚继光的《纪效新书》《练兵实纪》及《曾胡治兵语录》等兵书，青年时代又在东京学习过军事，其对军事学尤其是中国古代兵书的熟悉程度，在中国现当代史上几无人可比，而且他也非常喜欢王阳明。然而在大战略上，蒋介石与毛泽东相比仍差那么一截，败给毛泽东并非偶然。尽管蒋介石竭力想把自己打扮成儒士，但终究不能抹去性格中的武士文化基因，所以对于军事与政治、战争与民众、传统与现实、物质与精神等一系列重大问题，他总是有意无意地就军事而论军事，限于局部，拘于一地，而缺乏毛泽东那样的大视野、大胸怀、大气魄的战略眼光。

尽管中日两国的王阳明观存在着明显差异，但是王阳明的出现，的确给东亚世界尤其是日本以耳目一新的感觉，使之对温文尔雅、谦谦君子的儒教形象有所改变，并且随着日本的强盛而反过来影响到中国人的阳明观。[②]而这种新鲜感，不仅在于王阳明打破思想禁锢的精神力量，更在于其“儒者之功，仁人之勇”的政治胆略。

---

① 唐德刚：《李宗仁回忆录》，广西师范大学出版社 2015 年版，第 1337—1338 页。

② 比如梁启超在 1899 年发表的《论支那宗教改革》中强调指出：“然则孔子六经，重强立而恶文弱甚矣。自晋唐以后，儒者皆懦弱无气，大反孔子之旨，惟明代阳明一派，稍复本真耳。而本朝考据学兴，柔弱益甚，遂至圣教扫地，国随而亡。”（梁启超：《饮冰室合集》，中华书局 1989 年版，第 54—61 页）

冯梦龙的《王阳明先生出身靖乱录》以传主的军功、事功为主要叙述对象。在冯氏眼里，王阳明在文事武备上乃儒家第一流人物，而冯氏的《靖乱录》所要突出的即为“靖乱”和武备。据《靖乱录》载：“先生十四岁习学弓马，留心兵法，多读韬钤之书。尝曰：‘儒者患不知兵。仲尼有文事，必有武备。区区章句之儒，平时叨窃富贵，以词章粉饰太平，临事遇变，束手无策，此通儒之所羞也。’”[①]所以王阳明这种儒者形象的出现，对儒学东亚不啻一场地震，他颠覆了传统儒学，为东亚社会的近代转型塑造了豪杰人格，输入了新鲜血液。

这种新感觉甚至还影响到一直对阳明心学持强烈批判立场的朝鲜儒者，这从朝鲜儒者当时对阳明形象所做的一分为二之分析中亦可看出：

> 窃谓王新建以文武全才，树勋王室，其于卒，书以褒，法固然矣。第其学术最不醇，同时后来无不斥以邪说者，其为异端无疑也。今具载其论说，而无所著其失，恐生后人之惑，宜于此明辞贬斥，以示权衡，亦所以垂法于后也。[②]

这说明，王阳明“文武全才”式的英雄形象是被当时的东亚社会所普遍认同的。

四百多年前的德川幕府曾解决了一个重大的时代课题，即通过提倡“文武不歧”“文武合一”而改变了武士阶层重武轻文、有勇无德的习性，从而逐渐地使武士变成了官僚。[③]它让武士阶层明白了，保证武士自身地位的基本要素，除了“勇武”，更主要的还在于“仁义”和“礼仪”，日本传统的武士道就是在这样的背景下而

---

① 冯梦龙原著，张昭炜编著：《皇明大儒王阳明》，九州出版社2014年版，第10页。冯梦龙所引阳明语，未见于《王阳明全集》，应是冯氏对阳明精神的自我解读与提炼。

② 吴载纯：《上雷渊》，《醇庵集》卷四，《韩国历代文集丛刊》（第242册），（韩国）景仁文化社，第443页。

③ 会泽安《下学迩言抄》：“保元以后，天下扰乱，人尚武力，文学扫地，其稍识文字者，止于缁徒，而其所学记诵词章耳。庆长、元和，偃武修文，藤惺窝、林罗山，称为一时巨擘，起而唱宋学，一洗陋习，其有益于世也多矣。而或朱或王，所见虽不同，二未立门户以相争也。熊泽氏聪明卓识，为王佐才，而其学则亦袭阳明之说耳。”［藤田幽谷著，菊池谦二郎编：《幽谷全集》，吉田弥平昭和十年（1941）六月二十日发行，第798页］

获得转化并逐渐过渡到现代武士道的。水户藩的弘道馆是其第9代当主德川齐昭于文政十二年（1829）所设立的著名藩校，它倡导的是“忠孝无二，文武不岐，学问事业不殊其效，敬神崇儒无有偏党，集众思，宣群力，以报国家无穷之恩”。[①]这是颇有针对性的，也的确有助于武士文化的转型，但其与心学化的阳明兵学思想仍有很大区别。也就是说，武士文化虽然解决了偃武修文、以文摄武的问题，但由于历史原因和地理条件的局限，有勇少谋或有勇无谋，尤其是仁勇合一或以仁摄勇的问题，并未得到根本性的解决，终至于成为武士文化的负面遗产之一。

武士文化的这种价值取向对日本社会的影响十分巨大和深远，以至于当下的日本中小学校依然十分重视勇武精神的培养，几乎所有学校都有专门的武道馆，开设武道课程，举办各种武道比赛。因为在日本人看来，武道课能够培养青少年坚强的品格和永不服输的精神，任何伟大的理想都需要坚强的肉身来支撑，一个手无缚鸡之力的书生是很难指望有主动性、进取性和不服输之精神的。不仅如此，崇文的中国儒士文化与尚武的日本武士文化在两国的审美情趣中也有反映，比如中国文化中对女性的描写往往以小巧精致为其表现形式，女人形体的理想形态往往是“樱桃口”“杨柳腰”“丁香乳”和“三寸金莲”等，而日本文化对女性的描写往往以健美为其表现形式，女人形体的理想形态往往是“豪乳”“肥臀”“硕健”等。

当然，武士也讲谋略，但武士的“谋”是局部之“谋”、短视之“谋”，与儒士讲的全局之“谋”、长远之“谋”，不在一个等量级上。如果说儒士的“谋”是“大谋”，即大智慧的话，那么武士的“谋”就是“小谋”，是小智慧。中国历史上自从有战争开始，就是“文”高于“武”、“文”指挥“武”，即使在北洋军阀统治时期，也没有出现军人专政。中国共产党的“党指挥枪”的原则，是有其历史文化依据的。在中国，真正指挥打仗的往往是背后的“军师”，而决定战争胜负的乃是战略家而非军事家。这种情形在日本历史上很少见。武士为先、军人为帅，乃是日本历史之

---

① 德川齐昭：《弘道馆记》，转引自菅端友：《弘道馆记述义详解（增订版）》，（日本）大云堂书店 1936 年版，第 254—292 页。

常态。

在众多中国古代圣贤中，日本人特别喜爱王阳明、诸葛亮等谋略家，这有各种各样的原因，其中把这些谋略家作为镜子和学习的榜样，以折射自身文化的缺陷，恐怕是重要原因之一。武士羡慕儒士先谋后勇、谋大于勇的军事艺术，正好说明这些东西是其自身的短板。比如王阳明赞赏的不是“骑射搏击之士”，而是“韬略统驭之才”。[①]早在弘治十二年（1499），王阳明在参加会试考试时，就曾针对“勇”“仁”“智”三者之关系，发表了“君子中立而不倚”的思想，主张“勇所以成乎智、仁而保此中者也”；“孔子因子路问强，而告之所以抑其血气之刚而进之以德义之勇也”。[②]而在早期的武士文化中，则缺乏这种理致精深、脱去时俗气息的有关“勇”“仁”“智”之关系的辩证思考，从阳明思想中汲取这样的养分，无疑对改造武士文化具有重要意义。

现代大儒马一浮常批评日本人好以阳明学自矜的虚伪性，这既有马先生重“立德”而鄙视“不免私咎心在”的“立功”之因素（马曾指斥说：“世俗尊阳明，每称其功业，而日本人尤好以阳明学自矜，真门外游人语也。”[③]），更有看透了日本人只“妄以王学为标榜”，而实则“非能知阳明者”[④]之原因。而日本人之所以“非能知阳明者”，就是因为其有勇少谋的武士文化基因对真正的阳明学DNA有一定的排斥性。冈田武彦对日本政客批评最多的便是缺谋略、缺战略，认为日本人应该重视《孙子兵法》超过《论语》。但他又认为阳明学最适合日本人的民族性，则是只见其一，不见其二。从文武合一、道术合一的角度看，日本人的确最适合阳明学，但从有勇少谋或者缺乏仁智合一的角度看，日本人似乎又是不太适合阳明学的民族。

---

① 王守仁：《陈言边务疏》，《王阳明全集（新编本）》卷九，吴光、钱明、董平等编校，第304页。

② 王守仁：《弘治十二年会试论“君子中立而不倚”》，《王阳明全集（新编本）》卷四十六，吴光、钱明、董平等编校，第1866—1867页。

③ 吴光主编：《马一浮全集》（第3册上），第40—41页。

④ 吴光主编：《马一浮全集》（第6册上），第178页。

第四节　为官之道

总的来说，王阳明在政治上、军事上可以说是兵儒相兼、儒道互补的典型，这也是后人不认为他是“纯儒”的重要原因。[①]其军事上的表现及思想，犹如前几节所述，本节就来重点考虑一下他在政治上的为官之道以及社会层面的治理实践。

从纯粹政治学意义上说，王阳明作于正德二（1507）至三年（1508）间的《天横论》[②]《士穷见节义论》[③]《龙场生问答》[④]三篇论文可谓其经典之作，更是他在政治上的宣言书。其中的《天横论》《士穷见节义论》再加上《君心惟在修养》（取自《山东乡试录》）和《四皓羽翼太子论》（即《四皓论》[⑤]），据束景南考证，后被明人钱普辑录于《批选六大家论》（《中国人民大学图书馆藏古籍珍本丛刊》）中，“可见阳明四篇论在明代甚见流行，成为举业范本，阳明以此四篇论而成为明代六大论家高手之一。然阳明作此四论皆针对现实有感而发，充满忧患感与沧桑感，又非一般无病呻吟之‘八股文’可比也”。[⑥]而《龙场生问答》则被束景南称为“不可多得之奇文”，认为“此文乃是一篇精心结撰之‘问对体’之论。……乃虚构‘龙场生’与‘阳明子’二人对答，层层以发起意，如韩愈之《对禹问》、柳宗元之《愚溪对》，盖赋家笔法也。文大旨乃谓君子仕为行道，道不可屈；贤者用世，唯行其义。与其《士穷见节义论》之说如出一辙。阳明贬谪龙场之心态，从此文皆可见矣”。[⑦]

三篇论文的撰写时间很接近，分别为王阳明贬谪赴龙场和滞留龙场时的作品，应该说大的环境差不多，人的心态差不多，所以所流露出的思想情绪也差不多，可以拿来配合着读。具体地说，读

---

① 胡兰成所谓“自古惟孔子与文武并称，孔子犹王者欤！……儒之纯，亦儒之隘矣。于是有一阳明，犹以不纯被烦言”［王畿：《龙溪会语》卷首，贡安国辑，朱之珩点校，（香港）槐风书社 2017 年版］，可谓道出了阳明亦儒亦道亦兵的多重品格。

② 束景南：《王阳明佚文辑考编年（增订版）》，第 261—263 页。

③ 束景南：《王阳明佚文辑考编年（增订版）》，第 289—291 页。

④ 王守仁：《王阳明全集（新编本）》卷二十四，吴光、钱明、董平等编校，第 955—956 页。

⑤ 王守仁：《王阳明全集（新编本）》卷四十六，吴光、钱明、董平等编校，第 1872 页。

⑥ 束景南：《王阳明佚文辑考编年（增订版）》，第 291 页。

⑦ 束景南：《王阳明年谱长编》，第 476 页。

《天横论》可知权变机巧的重要性，读《士穷见节义论》可知君子节义的重要性。两篇论文因所述背景不同、对象不同，立论亦不同，故而看似彼此矛盾，实为相互补充。而在《龙场生问答》中则把《天横论》与《士穷见节义论》的立论准则都兼顾了，似无偏执于任何一方的感觉。这可能也是钱德洪保留《龙场生问答》而删去《田横论》——因过于权变机巧而不像一个看重心体良知的人说出来的话和《士穷见节义论》——因过于迂腐执拗而不像一个擅长兵法原则的人说出来的话的原因之所在吧！

《田横论》是王阳明在面临生死关头时写的。正德元年（1506），阳明因上疏而得罪刘瑾为首的宦官集团，被下狱廷杖，几近丧命，后被贬谪贵州龙场驿，还未启程，又遭刘瑾派人暗害而设计逃脱，一路受难遭罪，好不容易抵达目的地，异常恶劣的自然环境和生存环境又大大超出了他的预想，所受到的皮肉之苦和心理冲击可用“百死千难”来形容。用他自己的话说：

> 某平日亦每有傲视行辈、轻忽世故之心，后虽稍知惩创，亦惟支持抵塞于外而已。及谪贵州三年[1]，百难备尝，然后能有所见，始信孟氏“生于忧患”之言非欺我也。……后之君子，亦当素其位而学，不愿乎其外。……居常无所见，惟当利害，经变故，遭屈辱，平时愤怒者到此能不愤怒，忧惶失措者到此能不忧惶失措，始是能有得力处，亦便是用力处。天下事虽万变，吾所以应之，不出乎喜怒哀乐四者。此为学之要，而为政亦在其中矣。……区区在外之荣辱得丧，又足挂之齿牙间哉？[2]

这是王阳明从较为积极的角度所做的总结。与此同时，他还从对官场极度失望的角度作过比较消极的总结：

> 士风日偷，素所目为善类者，亦皆雷同附和，以学为讳。吾人尚栖栖未即逃避，真处堂之燕雀耳。……仕途如烂泥坑，

---

① 这里“三年”只是个虚数。阳明在贵州住的时间其实只有一年零十个月，所谓三年是指滞留和往返时间，亦即正德三年（1508）正月启程赴贵州龙场，三个月后抵达，次年十二月离开贵阳，正德五年（1510）四月抵达江西庐陵任知县。

② 王守仁：《王阳明全集（新编本）》卷四，吴光、钱明、董平等编校，第166—167页。

> 匆入其中，鲜易复出。吾人便是失脚样子，不可不鉴也。[①]

很显然，从消极的角度总结一般会偏向于道家，从积极的角度总结则会偏向儒家，儒道二家在生死取予问题上都会表现出不同于田横的价值取向，然阳明在《田横论》中所流露出来的却既非儒亦非道，而是兵家之选择。他于正德元年（1506）十二月出狱谪龙场驿丞，翌年正月离京赴谪，但直到正德三年（1508）正月才正式启程赴贵州。其间的一年时间，他先是抗拒朝命，不赴谪地，欲以投江自绝或远遁山林来做对抗。后又在其父王华及其他人的规劝下，接受胯下之辱，赴谪履职，委曲保命，顽强生存，以待重新出山之日。对此，想必阳明会常常受到时人乃至自我心灵的拷问：为什么不能像儒者那样选择“君子之节义”？为什么要委曲保命甚至苟且偷生？正是在面对世俗的汹汹追问时，阳明才作此《田横论》来解释自己的生死智勇之论，以借古讽今，自陈赴谪之心迹，从而十分巧妙又隐晦地为自己在赴谪龙场过程中的所作所为找到了合理解释。诚如束景南先生所分析的：

> 盖阳明以为田横“知死之为义，而不权衡乎义，勇有余而智不足者也”，故“横之死则勇也，而智则浅矣”“徒知慕义，而不知义之轻重者”。取义不一定要舍身，权衡于义，时可死则死之，时不可死则不必死之。故田横知死不过是逞匹夫之勇，其杀身取义乃是有勇无智；而阳明之不舍身而委曲赴死，乃是既勇且智之行，以曲求伸，所谓“惟权之于义，则从违可否自有一定之则，生亦不为害仁，死亦不为伤勇”也。[②]

正如本章前几节所述，束先生的这一分析基本符合王阳明在智勇关系上的立场和主张，而其反映的又正是兵家所强调的权宜之计、功利机智之原则。所以阳明质疑道：“是时不可死，而横则死之，时可以死，而横则不死；事不可已，而横则已之，事可以已，而横则不已，智者故如是乎？”而他的结论便是：“在横则失于不

---

① 王守仁：《王阳明全集（新编本）》卷四，吴光、钱明、董平等编校，第166页。
② 束景南：《王阳明佚文辑考编年（增订版）》，第261—263页。

智矣！"[①]说白了，为了生存或求长远之利益，智者是可以言从心不从、身从志不从，甚至可以要诡计、施手段，运用兵法中的各种计谋，以达到自己的目的。从小熟读兵书、深受兵家思想影响的王阳明，乃是真豪杰，又有大智慧，而绝非徒有匹夫之勇的鲁莽之辈，因而自然会对田横的所作所为不以为然。其同乡后学张岱亦记录过他的一段肺腑之言："王文成曰：'后生美质，须令晦养深厚。天道不翕聚，则不能发散，花之千叶者无实，为其英华太露也。'"[②]所要表达的意思与《田横论》讲的生死智勇之道差不多。

然而，仅仅过了一年，王阳明的立场便发生了转变，并开始否定这种权宜之计、功利机智的做法，犹如他在兵学实践上开始否定早期的"八策"一样，所选择的乃是其立志成圣的根基——儒家，这从他写的《士穷见节义论》中可以看得很清楚。《士穷见节义论》专论"士穷而见节义，以为穷困激正气，君子之节义至穷困而后见，盖是阳明自况。所谓'适遭其穷'，实隐指已遭贬谪处蛮夷穷困之境……其在龙场所作《赠刘侍御二首》云'《蹇》以反身，《困》以遂志'，'道自升沉'，'心存节气'，与此《士穷见节义论》所论相同。……充满激烈悲愤之气也。按'士穷见节义'语出韩愈《柳子厚墓志铭》，柳宗元贬为柳州刺史，刘禹锡贬为播州（今贵州遵义）刺史，柳宗元以播州为居夷处穷之地，向朝廷提出愿以柳州与播州交换，故韩愈赞其士穷而见节义。可见王阳明作此论乃隐然以柳宗元自况"。[③]

《士穷见节义论》之所以会表现出与《田横论》迥异的价值取向，是因为写《田横论》时王阳明主要面对的是为活命、保命而如何逃脱、隐遁，以便远离令人心酸、厌恶之官场的问题，而写《士穷见节义论》时他已在龙场生活了一段时间，看到了人性的光辉甚至少数民族人民的可亲，同时也看到了教化的重要性以及为官的价值与意义，从而使他的社会责任感急剧膨胀，儒家使命感陡然上升，于是儒家的"节义论"便自然代替了兵家或道家的"权衡于义论"。

---

① 束景南：《王阳明年谱长编》，第511页。
② 张岱：《快园道古（增补本）》，佘德余点校，第60页。
③ 束景南：《王阳明年谱长编》，第511页。

众所周知，兵家着眼于现实主义，善于随机应变，主张兵不厌诈，为达目的可不择手段；道家着眼于超越主义，主张逃避现实，强调消极无为、与世无争；儒家着眼于理想主义，强调淑世精神，主张道德节义、浩然之气。因此，兵者可谓“诡道”，道者可谓“无道”，儒者可谓“中道”。而无论兵家、道家或儒家，都有其负面性，兵家走向极端就是欺诈，道家走向极端就是沉没，儒家走向极端就是迂腐。一般都说，王阳明的思想性格中儒、释、道三教兼备，然其实，在他身上还有兵家甚至法家思想。军事家乃至企业家们之所以青睐王阳明，既与个人的养心养性有关联，更与把商场当作战场、视商道为诡道有关联。从一定意义上可以说，《田横论》是诡道思维、兵家人格的体现，《士穷见节义论》是中道思想、儒家人格的体现，而《龙场生问答》则是儒道互补人格之体现。在王阳明身上，这三种人格都是真实存在的，只不过有前后之差异。早期的王阳明，即所谓“学之变”阶段，乃是这三种人格的交替互补，但到了后来，即“教之变”阶段，则开始以儒家为本，体现出以教化为重的儒教之特质，而且越往后，阳明就越少提兵家，而只提儒家和道家。这种人格精神的转变或谓“格之变”，也就是阳明从“学之变”到“教之变”的转型之过程，而其最后的、根本的归宿，就是儒者之人格、君子之人格乃至圣贤之人格。

王阳明思想性格中的“格之变”对于其为官之道的影响是十分深远的。如果说阳明早年“留情武事，凡兵家秘书，莫不精究熟讨”，全身浸透着“挥霍意”“抗厉气”的兵家气息，那么到后来他便开始转向儒道互补之人格，或者说开始更多地选择儒家之“仁”或道家之“隐”，而回避兵家式的“智”和“勇”以及权变之术。所以他后来在为官之道上，亦完全转向了积极有为、经权相兼的儒家之道或者消极无为、避世解脱的道家之道。①

那么，王阳明为什么要选择儒道互补之人格呢？这个问题其实与明代的政治生态有莫大关系。一般来说，中国历史上的知识分子多多少少都有一丝入世情怀与幻想，希望建功立业、出将入相，然

---

① 王阳明的经权相兼论，对日本阳明学鼻祖中江藤树的影响可谓巨大，有关中江藤树的经权论，可详见中江藤树：《翁问答》下卷，山下龙二校注：《中江藤树》，《日本思想史大系》（第29册），（日本）岩波书店1974年版，第138—140页。

而他们越接近权力中心，就越是身不由己，若按照官场的那套游戏规则说违心话、做违心事，就会失去自我与本真，进而成为体制的附庸。于是更多的情况是，不少士大夫或知识分子在年轻时接受了儒家思想，本欲"居天下之广居，立天下之正位，行天下之大道"，在经过一番奋斗后，或在人生道路上遭遇不测，或在宦海生涯中蒙受打击，从天堂到地狱，常常只在一夜之间，命运遽转，瞬息万变。而当他们蒙受挫折、仕途落入绝境时，道家的返归自然、追求解脱的思想往往会成为精神支柱，使之蔑视权贵、敝屣功名，进而选择消极避世、远离尘世的人生之路。这是因为，老庄那套逍遥、齐物的人生哲学及超然物外的人生态度，有助于安慰甚至抚平他们受创的心灵和抑郁的情怀，这时的道家思想，对在仕途和官场遭遇坎坷的文人官吏，会产生一种特殊的亲和力。然而一旦遇到机会，命运有望突转时，他们又会重新步入仕途，为了治国平天下，而祭起儒家学说，重新踏上"济苍生""匡社稷"以"兼济天下"的人生征途。这种儒道互补的人生哲学，深刻影响了封建社会一代又一代的文人士大夫，所谓"事在人为，莫言万事皆由命"的进取精神，与"境为心造，退一步天高地阔"的超然心态，使他们在人生道路上，随着境遇的一步步变化而不断改变。通常是处于顺境，儒家意识占上风；处于逆境，道家意识来抚慰。或儒或道，各取所需，因时、因地、因事、因境而制宜。纵观中国古代知识分子的人格塑造，从政治品质到道德诉求乃至人生哲学，可以说都是在这种儒道两家既相互对立又互相补充的纠结中生成的。但对多数知识分子而言，却又很难做到表里合一。他们即使选择了道家之生活，骨子里亦还是念念不忘儒家之理想。所以中国古代知识分子的"隐"，是有大隐和小隐、真隐和假隐之分的。比如王阳明强调的是心隐，他的好友张璁曾道出了其中的真谛："夫主一则静，静则寿矣。不然，则虽观山玩水，亦不免为此心之累，难乎其为无适矣！"[①]此可谓小隐。阳明诗作《雨霁游龙山次五松韵》所谓"严光亭子胜云台，雨后高凭远目开；乡里正须吾辈在，湖山不负此公来"，[②]即道出了其中的韵味。他内心深处推崇的其实是伍子胥的忠

---

① 张璁：《张璁集》，张宪文校注，上海社会科学院出版社 2006 年版，第 400 页。

② 王守仁：《王阳明全集（新编本）》卷二十九，吴光、钱明、董平等编校，第 1128 页。

义与严子陵的高节，[①]而并非真心想要像严子陵那样长隐山林。[②]阳明的这种矛盾心态，在当时的知识分子中是有普遍性的，明遗民张斐的《七里泷钓台》诗“往来多少客，不上子陵台”[③]，可谓是古人不以严子陵为榜样的心境之直白。而阳明在赴谪龙场前四年即弘治十六年（1503）所作的《四皓论》[④]，内容便涉及有关真隐和假隐的问题。此文阳明专论“隐”，以为真隐者不出，出者必非真隐，商山四皓为真隐。此乃阳明因己之隐遁有感而发，以明己之非真隐者。[⑤]弘治十五年（1502）阳明归越，筑室阳明洞，隐居修导引术，次年又隐居杭州胜果寺，后“复思用世”，[⑥]遂又出山入仕，为官从政。

毫无疑问，中国知识分子的真正脊梁，应该是像范仲淹所说的“先天下之忧而忧，后天下之乐而乐”，王安石所说的“天变不足畏，祖宗不足法，人言不足恤”，顾宪成所说的“家事国事天下事，事事关心”，以及顾炎武所说的“天下兴亡，匹夫有责”这样的充满家国情怀的英雄豪杰，但在特定的历史条件下，对特定的人而言，能够做到独立于权势、独立于功名、独立于物欲、独立于世俗的人格境界，也是不失为一条人间正道。我们歌颂理想主义和英雄主义，但也钦佩宁静淡泊、视功名如粪土的人生态度和高远境界。对社会、对政治的热忱，是人性的彰显；对自我、对生命的保护，亦非人性的歧路，不仅不是，它还是个人与社会发展的调节器。一个完整的社会、健全的人格，就应该是这两种人生态度的互补。比严子陵晚出一千多年的王阳明，可以说是这种互补人格的典范。从这一意义上说，如果一定要笔者作出选择，那我会毫不犹豫

① 王阳明《两浙观风诗序》：“吊子胥之忠谊，礼严光之高节。”［王守仁：《王阳明全集（新编本）》卷二十二，吴光、钱明、董平等编校，第 876 页］

② 阳明与严子陵同属余姚人，对严氏后裔一直比较尊重，如其《致应阶书》［王守仁：《王阳明全集（新编本）》卷四十四，吴光、钱明、董平等编校，第 1810 页］即为严氏后裔严应阶［字时泰，号杰山，世为余姚人，正德六年（1511）进士］。应阶虽比阳明年少八岁，但极受阳明尊敬，盖因其为严子陵后裔也未可知矣。

③ 张斐：《莽苍园稿》，刘玉才、稻畑耕一郎编校，凤凰出版社 2010 年版，第 75 页。

④ 王守仁：《王阳明全集（新编本）》卷四十六，吴光、钱明、董平等编校，第 1872 页。“四皓”是指作为秦时隐士、汉代逸民，居住在陕西商山深处的四位白发皓须、德高望重、品行高洁的老者，分别是苏州太湖甪里先生周术、河南商丘东园公唐秉、湖北通城绮里季吴实、浙江宁波夏黄公崔广。后人遂用“商山四皓”来泛指有名望的隐士。

⑤ 参见束景南：《王阳明佚文辑考编年（增订本）》，第 178 页。

⑥ 参见王守仁：《王阳明全集（新编本）》卷三十二，吴光、钱明、董平等编校，第 1232 页。

地选择王阳明！

总的来说，《天横论》《士穷见节义论》《龙场生问答》这三篇差不多作于同时的论文，包括此前所作的《四皓论》，都是王阳明用来明志并专论为官之道的，其内容既表现出阳明擅长“机数”，讲求“功利机智”“应变几神”的权变论，又表现出阳明追求自然洒脱、避世保身的心隐论，更表现出阳明道德节义、浩然之气的经常论。当然，在这四篇论文中，《龙场生问答》才是最直截了当议论为官之道的。阳明在《龙场生问答》中主要想阐释的便是如何为官及其为道之间的相互关系问题。他大致讲了三层道理：

一是“君子之仕以行道”的为官之道：

> 君子之仕也以行道，不以道而仕者，窃也。今吾不得为行道矣。虽古之有禄仕，未尝奸其职也……夫禄仕，为贫也，而吾有先世之田，力耕足以供朝夕，子且以吾为道乎？以吾为贫乎？①

就是说，君子做官是为了实行道义，不以实行道义为目的的做官，就是为谋私利而窃取官位，就不能称之为“君子之仕”。君子入仕从政不是为了俸禄，不只是求得自我实现或显亲扬名，而是行道成圣，将自己所学所乐的先王之道施之于民，修己以安人，修己以安百姓。

二是“力可屈，道不可屈”的仕者之守：

> 吾之来也（指谪龙场），谴也，非仕也；吾之谴也，乃仕也，非役也。役者以力，仕者以道；力可屈也，道不可屈也。吾万里而至，以承谴也，然犹有职守焉。不得其职而去，非以谴也。②

意思是说，官员与常人、做官与做人的根本区别，在于后者出力而前者行道，后者有率意性而前者有原则性。阳明自认为自己被

① 王守仁：《王阳明全集（新编本）》卷二十五，吴光、钱明、董平等编校，第 955 页。
② 王守仁：《王阳明全集（新编本）》卷二十五，吴光、钱明、董平等编校，第 955 页。

贬谪来贵州，不是来做官，但又有别于常人之避居，所以仍不能放弃一个官员的基本“职守”。

三是“行其义”“得其宜”的用世之职：

> 贤者之用于世也，行其义而已。义无不宜，无不利也。不得其宜，虽有广业，君子不谓之利也。①

所谓“得其宜”，既可理解为有适合的政治生态环境和条件，亦可理解为符合规律、规则、法度。这段话的意思是说，贤者用世或入世的目的在于行义，行义必须有适合的政治生态环境和条件，或者要有合适的法度、规则做保证，在合适的环境和条件下为官，抑或在符合法度、规则的条件下行义谋利，则义即利，利即义；不符合法度、规则，有再多的功业，获得再大的利益，也毫无意义可言。

以上内容中的第一、二条讲的是为什么要做官的问题，第三条讲的是如何做官的问题，三条的核心就是“君子之仕以行道”，而其实质是要求为官者坚守“出处之道”。

所谓出处，即出仕和处家，这是中国古代绝大多数知识分子都会碰到的人生大问题。《易·系辞上》云：“君子之道，或出或处。”把君子的人生道路归于不是出仕就是隐居。孔子提出从道不从禄，“用之则行，舍之则藏”。也就是说，对于士人来说，重要的是行道，而不是做官。故当出则出，不当出则处：“笃信好学，守死善道，危邦不入，乱邦不居，天下有道则见，无道则隐。”（《论语·泰伯》）孟子则提出了“达则兼善天下，穷则独善其身”（《孟子·尽其心上》）。即是说，如果做上了官，就要为天下百姓做一番事业；如果做不上官，就要保持个人人格的完善。孔、孟的这些话，几乎成为后世儒学之士的出处座右铭。对此，阳明后学孟秋的一席话说得相当精到：

> 君子之出处，不必求合于古人，顾当下事机何如耳。相时度势，审己量力；可为则为之，可处则处之；不比拟于往迹，

---

① 王守仁：《王阳明全集（新编本）》卷二十五，吴光、钱明、董平等编校，第956页。

不摸征于圣贤；事不同而理同，迹不一而心一，如是而已矣。若曰某人长吾，某人短吾，亦短，步步趋趋，如缘木而循轨，拟迹而投足，所谓皮肤之学也。其去自得远，此谓之假道学。[1]

而继承孔、孟的这一思想，王阳明则提出了“君子之仕以行道”的为官之道和仕者之守。因此他又说：

古之仕者，将以行其道；今之仕者，将以利其身。将以行其道，故能不以险夷得丧动其心，而惟道之行否为休戚。利其身，故怀土偷安，见利而趋，见难而惧。非古今之性尔殊也，其所以养于平日者之不同，而观夫天下者之达与不达耳。[2]

这里强调的也是君子出处要以行道为归宿，而不应以利身为目的。在阳明看来，古之出仕者因为行道，所以做事不畏艰难，当今的出仕者因为利身，所以畏难怕险。政之好坏，行之善恶，全在于出仕的动机和从政的目的。

王阳明之所以如此强调为官之道和仕者之守，一方面是因为他看到了当时官场的败象。在他看来，官场之败象又是与人心之沦丧互为因果的。他曾揭露说：

盖至于今，功利之毒沦浃于人之心髓而习以成性也几千年矣，相矜以知，相轧以势，相争以利，相高以技能，相取以声誉。其出而仕也，理钱谷者则欲兼夫兵刑，典礼乐者又欲与于铨轴，处郡县则思藩臬之高，居台谏则望宰执之要。……其称名僭号，未尝不曰“吾欲以共成天下之务”，而其诚心实意之所在，以为不如是则无以济其私而满其欲也。[3]

所谓“相轧以势，相争以利”，针对的是利欲熏心之官场，这可谓切中要害；所谓“相矜以知，相高以技能”，针对的是人的知

---

① 茌平县地方史志办公室编：《聊城七贤之茌邑三先生文集精要》，第77页。

② 王守仁：《送黄敬夫先生佥宪广西序》，《王阳明全集（新编本）》卷二十九，吴光、钱明、董平等编校，第1096页。

③ 王守仁：《王阳明全集（新编本）》卷二，吴光、钱明、董平等编校，第61—62页。

识技能，这是道德绝对主义和虚无主义的表现。在阳明看来，那些道貌岸然的贪婪官吏们，无不打着“吾欲以共成天下之务”的旗号，而暗地里干的却是“济其私而满其欲”的罪恶勾当。另一方面是因为他认识到了“学”与“仕”的关系。传统儒家所追求的通经致用的为学目标和价值取向，是中国历史上几乎所有儒官的为学为官之操守。孔子弟子子夏所强调的“仕而优则学，学而优则仕”（《论语·子张》）[①]，就是要做官者在余暇时能用心于学问，做学问者在有余力时能进力于政事。在儒家看来，政事是学问的伸展和验证，学问是从政的预备和辅助。如果说“学而优则仕”属于一种实用主义的学问观，有益又有弊，一味追求“学而优则仕”，学问就极可能变成求仕的手段而失去内在的意义，那么“仕而优则学”则可谓管控官员、引导官员的有效手段。阳明在繁忙的政务之余还念念不忘讲学授徒，就是一种“仕而优则学”的具体表现，其效果对于政治公开、社会教化也是显而易见的。因为各级官员在余暇之时如果都用心于讲学明道，那么哪里还有心思去吃喝玩乐呢？没有侈靡之风、享乐之风，也就可以避免贪婪之心的膨胀，腐败也就失去了基本动力。只有做到“学而优则仕”，才能避免“学而优则乐（享乐）”。“学”虽不能保证不能贪，甚至不能保证不想贪，但却能保证无暇贪。与“学而优则仕”有可能输入负能量相比，“仕而优则学”可以说是输入正能量的有效手段。

为揭露官场丑恶的政治生态，王阳明还在著名的“拔本塞源之论”[②]中，把当时的官场比喻为“百戏之场”，进入官场就如同进入了“百戏之场”，过不了多久就会变成“欢谑跳踉，骋奇斗巧，献笑争妍”的“病狂丧心之人”。他们“四面而竞出，前瞻后盼，应接不遑，而耳目眩瞀，精神恍惑，日夜遨游淹息其间，如病狂丧心之人，莫自知其家业之所归。……圣人之学日远日晦，而功利之习愈趋愈下。其间虽尝瞽惑于佛、老，而佛、老之说卒亦未能有以胜

---

① 朱熹注：“优，有余力也。仕与学，理同而事异。”（朱熹：《四书集注》，王浩整理，凤凰出版社 2005 年版，第 207 页）

② “拔本塞源之论”主要是指王阳明在《答顾东桥书》中的最后两段问答语。而所谓“拔本塞源”，用的是程颐评《孟子·梁惠王》首章之言：“当是之时，天下之人惟利是求，而不复知有仁义。故孟子言仁义而不言利，所以拔本塞源而救其弊，此圣贤之心也。”（见朱熹：《孟子集注》卷一，《四书章句集注》，第 202 页）

其功利之心；虽又尝折衷于群儒，而群儒之论终亦未能有以破其功利之见”。[①]正是面对这样险恶的政治生态，阳明才有针对性地提出了为官之道、仕者之守和用世之职的问题。他一方面对功利之习、功利之见和功利之毒进行了尖锐抨击，另一方面又十分强调在选拔官员时要坚持廉洁与能力的统一，认为选拔廉能官员是开创新事业进而保境安民的根本保证：“须得廉能官员，庶几开新创始，事不烦而民不扰。”[②]据说阳明本人就是为官清廉的楷模，并且影响到他的几位胞弟。王谋文《明福建盐运使司同知若溪公传》曰：“先是，阳明先生薨于南安，抚南赣者，护其丧归，厚赙之金。东白公（守文）驰告公（守俭），公曰：‘先生在无敢投以金者，岂以其死而污之？’对使谢不受，时论韪之。”[③]似可作为明证。

“以利视官”、见利忘义，实为官场政治之通病，对此王阳明的弟子友人们也多有揭露，比如其弟子项乔说：

> 予谓温（州）俗以利视官久矣，况上以利求之，下以利应之，孰甘折阅而知向义者？[④]

其再传弟子王时槐更是用犀利语言抨击了“骋奇斗巧，献笑争妍”的官员丑态：

> 如此则身虽为士，而其心与市井竞刀锥者无异。故幸得一科目，即思嘱托官府、侵虐乡闾以取利，出而仕即思剥民。苟得以取利，自以为千载一时；若不得厚利，则与不仕者何异！至于百姓困苦，朝廷利病，视之漠然，此正所谓读书不识字，即登高第、陟崇阶，适以滋世之害也。嗟乎！海内民生之不遂，祸乱所由生者，职此之由矣。[⑤]

---

① 王守仁：《王阳明全集（新编本）》卷二，吴光、钱明、董平等编校，第 61 页。
② 王守仁：《再议平和县治疏》，《王阳明全集（新编本）》卷十一，吴光、钱明、董平等编校，第 405 页。
③ 王谋文辑校：《姚江王氏宗谱》卷十九。
④ 项乔：《赠徐生克卿例贡序》，《项乔集》卷二，方长山、魏得良点校，第 82 页。
⑤ 王时槐：《鹭洲会语后序》，《王时槐集》卷三，钱明、程海霞编校，第 96—97 页。

其中的"读书不识字，即登高第、陟崇阶"者，指的就是那些无理想、无节操的腐官庸官。阳明再传弟子叶权则针对官场中的卖官之弊痛斥说："以勾本获赢之心为民父母，是以商贾之道临之也。卖官之弊，何可言哉！"[①]因此，阳明及其追随者纷纷提出了一些针对性极强的对策和手段，如其崇拜者侯一麟提出"崇俭论"[②]，其好友张璁主张"禁革贪风"[③]，等等。应该说，这些主张和对策与阳明的为官之道、政治理念都或多或少地有所关联。

因为阳明不仅有针对性地提出了为官之道问题，而且还将这种为官之道具体运用到社会管控与治理上，而这也正是阳明的政治主张能在当时发挥一定作用的关键要素。比如阳明一方面严厉痛斥"鲜能持廉守法"的官场积弊，强调官风决定民风："兼之有司训养无方，淫侈兢作，而民伪日滋，礼教不兴，而风俗日坏。顽梗之不率，贼盗之繁多，皆原于此。"[④]另一方面明确要求奖励"独能操持清白"的官员，以实现"见善互相劝勉，有恶互相惩戒；务兴礼让之风，以成敦厚之俗"[⑤]的良好社会风尚。在这方面，阳明的论述有很多，也很尖锐，如曰：

> 看得近来所属下僚，鲜能持廉守法；访得兴国县主簿于旺，独能操持清白，处事详审，近委管理抽分，纤毫无玷，奸弊划革，抚属小官之内，诚不多见，相应奖励，以劝其余。[⑥]
>
> 盖今风俗之患，在于务流通而薄忠信，贵进取而贱廉洁，重儇狡而轻朴直，议文法而略道义，论形迹而遗心术，尚和同而鄙狷介。……愚以为欲变是也，则莫若就其所藐者而振作之。何也？今之所薄者，忠信也，必从而重之；所贱者，廉洁

---

① 叶权：《贤博编》，中华书局 1987 年版，第 20 页。叶权（1522—1578）是阳明弟子柴后愚的门生，安徽休宁人。

② 侯一麟：《崇俭论》，《龙门集》卷八，蔡克骄点校，上海社会科学院出版社 2006 年版，第 145—146 页。

③ 张璁：《禁革贪风》，《张璁集》卷三，张宪文校注，第 14 页。

④ 王守仁：《案行福州等六府行十家牌法》，《王阳明全集（新编本）》卷四十八，吴光、钱明、董平等编校，第 1948 页。

⑤ 王守仁：《十家牌法告谕各府父老子弟》，《王阳明全集（新编本）》卷十六，吴光、钱明、董平等编校，第 560 页。

⑥ 王守仁：《奖励主簿于旺》，《王阳明全集（新编本）》卷十七，吴光、钱明、董平等编校，第 645 页。

也，必从而贵之；所轻者，朴直也，必从而重之；所遗者，心术也，必从而论之；所鄙者，狷介也，必从而尚之；然而今之议者，必以为是数者未尝不振作之也，则亦不思之过矣。……今之议者，必且以为何以能得其忠信廉洁之实而振作之，则愚以为郭隗之事，断亦可见也。①

王阳明在把自己的为官之道及政治主张贯彻于执政实践的过程中，始终坚持把儒家的政治理念与具体的民生、民治相结合的原则。比如他在治理乡村时，为民生着想而提出了防灾减灾、卫生防疫的对策：“谨风火以备灾，除粪秽以防疾。”②再比如他在调动福建漳州兵船时，明确要求不能拿民间一草一木：“经过去处敢有兵快人等擅取民间一草一木，或在途推迟及不听约束者，就仰领兵官照依军法论处……决不轻贷。”③又比如他在江西赣州时，十分关注当地的水利建设：“看得前项决堤，若不及时修筑，秋水再泛，民害益深。……但正当水冲，欲便筑塞，必须依仿水帘桅之法，用大船数十装载砖石沙土，阻遏水势，方可施工。已将水帘桅等法面与知县顾佖等备细指说，督令遵照施行间。”④另外他还严令禁止骚扰客商，鼓励正常合法的经商活动：“仍出告示，晓谕客商人等知悉。其南安折梅亭抽分，系先年奏准事例，该府仍旧抽税，以助军饷。毋容侵克，务禁下人，不许骚扰客商。……敢有故违，定行拏究，决不轻贷。”⑤并要求对“立税征商”要慎之又慎，以避免增加经商者的负担：“立税征商，本非善政。从权济急，似可暂行。仰该道仍行各该地方，务须历访居民之意，备询行旅之情。若果于事无扰，于商有便，可照议施行。不然则毋以一时之获，遂贻一方之

---

① 王守仁：《拟唐张九龄上千秋金监录表》，《王阳明全集（新编本）》卷二十二，吴光、钱明、董平等编校，第 907—908 页。

② 王守仁：《牌仰留屯官兵》，《王阳明全集（新编本）》卷四十八，吴光、钱明、董平等编校，第 1944 页。

③ 王守仁：《案行福建漳南道预备赴调兵船》，《王阳明全集（新编本）》卷四十九，吴光、钱明、董平等编校，第 1954 页。

④ 王守仁：《案行湖西道处置丰城水患》，《王阳明全集（新编本）》卷四十九，吴光、钱明、董平等编校，第 1984 页。

⑤ 王守仁：《案行岭北道停革龟角尾抽分》，《王阳明全集（新编本）》卷五十，吴光、钱明、董平等编校，第 1988 页

怨。慎之慎之。”[1]凡此种种，皆反映了阳明的为官之道及政治理念的实效性与可操作性，其现实意义尤为显著。

实行惠政是儒家的一贯传统，孔子早就提出“养民要惠”的主张，认为只有“惠”才能“足以使人”，阳明也认为到“民者邦之本也，本固而邦守”，[2]所以他还十分重视款恤贫民和救济灾民的工作，认为这样做才能“本固邦宁”。他在《乞宽免税粮急救民困以弭灾变疏》中便明确指出：“民者邦之本，邦本一摇，虽有粟，吾得而食诸？”[3]要求“视民之饥溺犹己之饥溺”，做到“公是非，同好恶”，[4]以达到“不加赋而财足，不扰民而事办”[5]的社会治理的理想目标。

不言而喻，王阳明所倡导的为官之道、仕者之守、用世之职这三条入仕做官的原则，拿到今天来看仍有其现实意义，尤其是他对明中叶社会政治环境的深刻揭露，即使放在当下，依然具有相当的针对性。不过阳明不加区分地对“功利”一概排斥，与现如今的社会主义市场经济建设并不完全相符。我们主张，应当在肯定甚至满足正当功利性的前提下，探索如何做官、管官的清明政治之路径，通过制度建设和法制精神来实现人的合理的功利要求，限制不合理的功利要求。阳明在阐释为官之道的同时，并没有回答功利的合理要求问题，以及如何实现功利和限制功利的问题，这是阳明的政治思想与实践的最大局限性，也是几乎所有儒家道德实践主义者的共同缺陷。阳明的敏锐之处，在于看到了官场存在的弊习及其问题的根源并试图找到解决的方案，但他针对官场弊习从心性论的角度所揭示的本源性问题，尽管有相当的哲学高度和自觉向度，但却缺乏现实的可操作性和强制性，所以他提出的具体治理手段和限制措施，也只能是治标不治本。

---

① 王守仁：《批岭西道税法呈》，《王阳明全集（新编本）》卷五十，吴光、钱明、董平等编校，第1992页。

② 王守仁：《计处地方疏》，《王阳明全集（新编本）》卷十二，吴光、钱明、董平等编校，第454页。

③ 王守仁：《王阳明全集（新编本）》卷十三，吴光、钱明、董平等编校，第453页。

④ 王守仁：《答聂文蔚》，《王阳明全集（新编本）》卷二，吴光、钱明、董平等编校，第86页。

⑤ 王守仁：《疏通盐法疏》，《王阳明全集（新编本）》卷九，吴光、钱明、董平等编校，第344页。

第五章

仙道情怀与晚年趣旨

明太祖朱元璋开国伊始，对道、佛二教采取的是既优惠扶植又限制控遏的双重政策。到英、代、宪、孝、武宗时期，这种政策渐遭破坏，尊崇过滥的现象日趋严重。尤其是道教，英宗时曾组织道士编纂刊印了大型道经丛书《正统道藏》。代宗时，道士蒋守约得任礼部尚书。宪宗初继位，“即以道士孙道玉为真人”，表现出对道教秘方秘术近乎病态的喜好；接着又是犯事官员李孜省学五雷法，厚贿宦官而得以进符箓成功，[①]致使崇道之风日甚，“而诸杂流加侍郎、通政、太常、太仆、尚宝者，不可悉数”。[②]孝宗中后期，谙通修炼之术的宦官李广成为近幸，以至宫中“烧炼斋醮不息”。[③]武宗朝，道士得封高官或赐号者，已是多不胜数。这股崇道之风，到明世宗时近乎登峰造极。世宗崇尚道教斋醮，“不斋则醮，月无虚日”，[④]故当时以善建斋醮和擅撰青词而得宠进官者甚多，就连王阳明的好友湛若水亦乐此不疲，而阳明的学生徐阶、李春芳甚至被人讥为“青词宰相”。这样的社会生态和思想氛围，对阳明所产生的影响自然不可低估。

王阳明早年对道教的修炼方式相当迷恋，中年以后有过反悔，晚年则对道家的哲学思想多有摄取。这说明，道教或道家精神在其思想的形成、发展过程中，曾起过不可估量的作用。清儒潘平格说过：“朱子道，陆子禅。”[⑤]也就是说，朱熹近于道而陆九渊近于禅。然王阳明则可以说是既近于道又近于禅的“三教合一”论者，甚至在某些时期近道的倾向还占主导地位。刘宗周曾有过一句对比性的话，说得很有道理，值得玩味。他说：“朱子惑于禅而辟禅，故其失也支；陆子出入于禅而避禅，故其失也麤（粗）；文成似禅非禅，故不妨用禅，其失也玄。”[⑥]分别用“支”“麤（粗）”“玄”来概括朱、陆、王三人之弊端，固然有些偏颇，但却道出了阳明一生对道教有割舍不去的情怀。

---

① 张廷玉等：《继晓传》，《明史》卷三百七十，第 5324 页。
② 张廷玉等：《李孜省》，《明史》卷三百七十，第 5279 页。
③ 夏燮：《明通鉴》卷三十九，王日根等校点，岳麓书社 1996 年版，第 1065 页。
④ 夏燮：《明通鉴》卷五十，王日根等校点，第 1349 页。
⑤ 李塨《恕谷后集》卷六《万季野小传》：“吾少从游黄梨洲，闻四明有潘先生老，曰‘朱子道，陆子禅’，怪之。往诘其说，有据。”
⑥ 戴琏璋、吴光主编：《刘宗周全集》（第 2 册），（台湾）“中央研究院”中国文哲研究所 1996 年版，第 394 页。

在刘宗周那个时代，说阳明“近禅”“逃禅”“以儒滥禅”的观点非常流行，如袁宏道《答陶石篑》曰：

近代之禅，所以有此流弊者，始则阳明以儒而滥禅，既则豁渠诸人以禅而滥儒。禅者见诸儒汩没世情之中，以为不碍，而禅遂为拨因果之禅；儒者借禅家一切圆融之见，以为发前贤所未发，而儒遂为无忌惮之儒。不惟禅不成禅，而儒亦不成儒矣。①

刘宗周的弟子黄宗羲亦曰：

当是时，浙河东之学，新建一传而为王龙溪（畿），再传而为周海门（汝登）、陶文简（望龄），则湛然澄之禅入之；三传而为陶石梁（奭龄），辅之以姚江之沈国谟、管宗圣、史孝咸，而密云悟之禅又入之。会稽诸生王朝式者，又以捭阖之术鼓动以行其教。证人之会，石梁与先生（宗周）分席而讲，而又为会于白马山，杂以因果僻经妄说，而新建之传扫地矣。②

然袁宏道、黄宗羲等人主要说的是后阳明时代，这与刘宗周所言阳明“似禅非禅”的立场略有不同。刘宗周实际上想强调阳明“其失也玄”。“玄”即近道，或者说是“用禅而近道”。禅是手段，道才是阳明割舍不去的情怀。道、佛二氏，阳明皆有好感，是故嘉靖八年（1529）二月，在已完成对其停止袭爵、取消恤典的情况下，明世宗朱厚熜在给杨一清的一道密谕中仍斥责他是崇禅好鬼（道）、窃负儒名：

又王守仁窃负儒名，实无方正之学……况崇事禅学，好尚鬼异，尤非圣门之士。③

① 袁宏道：《袁宏道集笺校》卷二十二，钱伯城笺校，上海古籍出版社1981年版，第790—791页。
② 黄宗羲：《子刘子行状》，吴光主编：《刘宗周全集》（第6册），第42页。
③ 杨一清：《论方献夫代任吏部何如奏对》，《杨一清集》，唐景绅、谢玉杰点校，第1034页。

但比较而言，笔者认为王阳明似乎更倾心于道教，这已为许多研究所证实。[1]所以揭开阳明的道家道教情怀，乃是我们解剖阳明思想学说的关键。不过需要说明的是，称阳明“失也玄”也好，“以儒而滥禅”也罢，与世人称其“儒学正脉”其实并不矛盾。恰恰相反，笔者正是想通过阳明对道、佛思想的汲取和融会，来挖掘其心学思想之渊源、揭示其儒学传承之脉络，以图更全面地展示他的思想风貌。

① 参见柳存仁：《王阳明と明代の道教》，安冈正笃、宇野哲人监修：《阳明学大系》（第1卷）《阳明学入门》，（日本）明德出版社1971年版；朱晓鹏：《王阳明与道家道教》，中国人民大学出版社2009年版。

第一节　慕仙养生

作为土生土长的道教，对中国社会尤其是民俗的影响，是其他任何宗教都无法比拟的，王阳明的家庭也不例外。钱德洪的《后瑞云楼记》曾这样记载阳明出生时的情景：

> 海日公夫人郑，妊先生（指阳明）既弥十四月，岑夜梦五色云中，见神人绯袍玉带，鼓吹导前，抱一儿授岑曰："与尔为子。"岑辞曰："吾已有子，吾媳妇事吾孝，愿得佳儿为孙。"神人许之。忽闻啼声，惊悟，起视中庭，耳中金鼓声隐隐归空，犹如梦中。盖成化壬辰九月三十日亥时也。竹轩公异之，即以"云"命名。后先生五岁尚未言，有道士至其家，戒竹轩公曰："天机不可泄。"竹轩公觉之，乃更先生名。自是讳言梦矣。①

与此段记载相似的，是黄绾在《阳明先生行状》与钱德洪在《阳明年谱》成化八年（1472）条中的两段话："诞夕，岑太淑人梦天神抱一赤子乘云而来，导以鼓乐，与岑，岑寤而公生，名曰云"；"乡人传其梦，指所生楼曰'瑞云楼'。"②这则被阳明后人广为流传的故事，其实说明了在阳明出生之前，其祖父母就已把他的前程与神仙道术掺和在了一起。③而实际上，当时民间的这种求道占灵验的风气已相当普遍，就连"于异道外术一切奇诡之说，廓然皆无所入"的王华亦未能免俗。据说王华进京参加会试的途中，"尝馆一富翁家，翁婢妾众而无子。一日遣妾就王，盖借种也。王峻词却之。妾出一纸曰：'此主人意也。'上书云：'欲求人间子。'王即援笔书其旁曰：'恐惊天上人。'终不纳。明日遂行。后主人修醮。一道士拜章伏地，不起。主人访问，曰：'适奉

---

① 徐爱、钱德洪、董沄：《徐爱·钱德洪·董沄集》，钱明编校整理，第 170 页。

② 王守仁：《王阳明全集》，吴光、钱明、董平等编校，第 1407、1220 页。

③ 黄宗羲的《周子佩先生墓志铭》曾道出了梦云说与道佛二氏的紧密关系："子佩颇留心二氏，好与其徒往来。……晚年注《参同契》，入僧舍……子佩生时，忠介梦有儿乘云而下，因字之曰'云间'。尝谓其子弟曰：'文山名云孙，阳明亦名云，其降生之时，祖父之梦与余同也。吾独沦落至此，鬼神亦有时而欺人耶！'盖子佩之不能忘世如此，则托于二氏者，亦岂其志乎？"［沈善洪主编：《黄宗羲全集》（第 10 册），第 438 页］

章至三天门下，遇天下迎状元榜，久乃得达。’因问：‘状元为谁？’道士曰：‘不敢言，但马前有一联云：欲求人间子，恐惊天上人。’主人怒王薄德，故泄前语。未几，王果状元及第，位至大宗伯”①。后来在王阳明的成长过程中，诸如此类的修蘸相命术，还出现过多次，反复验证了阳明的天机之灵。

在这种浓厚的民间道教的氛围中，早年的王阳明要想独善其身几乎是不可能的，所以当他8岁时，便已“妄意神仙，嬉戏皆绝人”②。此后直到37岁“龙场悟道”前，阳明又有过以下几次与道士亲密接触和对话以及修炼养生的经历。

一是成化十八年（1482），王阳明11岁，至京师，次年入私塾，因其性格豪迈不羁，③父亲龙山公十分担忧，而祖父竹轩公却宠爱有加。一日，阳明与同学走长安街，遇一相士，异之曰：“吾为尔相，后须忆吾言：须拂领，其时入圣境；须至上丹台，其时结圣胎；须至下丹田，其时圣果圆。”阳明感其言，自后每对书辄静坐凝思。尝问塾师曰：“何为第一等事？”塾师曰：“惟读书登第耳。”阳明疑曰：“登第恐未为第一等事，或读书学圣贤耳。”龙山公闻之笑曰：“汝欲做圣贤耶？”④“结圣胎”“下丹田”等都是道教内丹修炼法之术语，少年阳明对道士之言如此有兴趣，并将其与“学圣贤”相提并论，竹轩公对此不问不顾，听之任之，而龙山公则根本不信阳明这样下去能“做得圣贤”。至于为何会产生这样的立场分歧，则是因为王华与王伦在对待道教的立场上原本就有不同，所以两人在对待阳明的早期教育问题上存在分歧是很自然的。

二是弘治元年（1488），王阳明17岁，外舅诸养和任江西布政司参议，阳明亲迎夫人诸氏于南昌，“合卺（即结婚）之日，偶闲

---

① 转引自《阳明学》第117号，东京阳明学会，日本大正七年（1918）十月刊。

② 查继佐：《王守仁传》，《罪惟录》卷十，浙江古籍出版社1988年版，第1593页。按：后来阳明对自己早年喜好神仙之术曾作过如下反省：“仆诚生八岁而即好其（指神仙）说，今已余三十年矣。齿渐摇动，发已有一二茎变化成白，目光仅盈尺，声闻函丈之外，又常经月卧病不出，药量骤进，此殆其效也。”（王守仁：《王阳明全集》卷二十一，吴光、钱明、董平等编校，第805页）

③ 据《阳明年谱》正德十六年（1521）辛巳条载：“德洪昔闻先生讲学江右，久思及门，乡中故老犹执先生往迹为疑，洪独潜伺动支，深信之，乃排众议，请亲命，率二侄大经、应扬及郑寅、俞大本，因王正心通贽请见。”［王守仁：《王阳明全集（新编本）》卷三十三，吴光、钱明、董平等编校，第1291页］所谓“乡中故老犹执先生往迹为疑”，可能就是针对少年阳明桀骜不驯之性格而言的。

④ 王守仁：《王阳明全集》卷三十一，吴光、钱明、董平等编校，第1221页。

行入铁柱宫，[①]遇道士趺坐一榻，即而叩之，因闻养生之说，遂相与对坐忘归。诸公遣人追之，次早始还”。[②]这是记载于《阳明年谱》中的一则逸事。“对坐”乃道教内丹所推崇的修持工夫。《阳明年谱》虽由钱德洪为主编纂，但罗洪先也参与了修订，罗在《论年谱书》中说过：

> 《年谱》一卷，反复三日，稍有更正。前欲书者，乃合吾日事，而观纲上言学，心若未安。今已入目，于目中诸书揭标，令人触目，亦是提醒人处。[③]

可见，王阳明于洞房之夜入道观铁柱宫趺坐，并非传闻。新婚之日，偶入道观，因闻养生，遂夜不归宿，这说明阳明对道教养生术已到了如痴如醉的地步。这里可有两种解释：一是阳明身体自幼虚弱，以至连洞房花烛夜也激不起他的冲动；二是他对11岁在京师时就被指定的新娘没有感情[④]，借故躲避。依笔者之见，前者的可能性更大。正是身体原因，使得阳明到50岁时才生有一子，不过这是后话。大约二十年后，阳明在赴谪途中，又与当年在铁柱宫结识的一道士“相见海上”，经其开导，阳明决定不再远遁，“因取间道，由武夷而归”，经钱塘而赴贵州龙场驿。[⑤]这不仅证明铁柱宫道士在阳明心目中印象深刻，而且说明阳明早年对道教的痴迷至正德三年（1508）仍无太大改变。所以东林学人高攀龙所谓“文成之学

---

① 据康熙《江西通志》，永乐初宁王朱权徙封南昌，在江西布政使司署建宁王府，位置在今南昌市子固路东、胜利路西、杨家厂南、后墙街（或中山路）北，南昌铁柱宫（又称妙济万寿宫）也就在司署边上。王阳明在布政司署住了近一年半时间，对宁王府以及比自己小四岁、当时尚未袭封宁王的朱宸濠之情况应该有所了解。据明李贤等撰《明一统志》卷四十九记载：“玉隆万寿宫（在府城西八十里晋许逊故 / 宅旧名游惟观宋赐今额）。铁柱宫（在府城内市中宫前有井水黑色其深莫测 / 与江水相消长铁柱立其中相传晋许真君）（所铸以息蛟害者元吴全节诗八 / 索纵横维地脉一泓消长定江流）。”

② 王守仁：《王阳明全集》卷三十一，吴光、钱明、董平等编校，第1222页。铁柱宫属净明道重镇（参见秋月观瑛：《中国近世道教の形成》，（日本）创文社1978年版，第66页）。净明道的本山即在南昌郊外的西山。该道的最大特点便是有取于儒家的社会伦理。因阳明此时已萌生遁世入山之意，故铁柱宫“异人”（即净明道士）要劝阳明用世保家，说明在明代道士那里，道、儒之间的疆界实在是微乎其微了。认识这点，对后面将要考察的王思舆、许璋、董沄、法聚等人非常重要。

③ 王守仁：《王阳明全集》卷三十四，吴光、钱明、董平等编校，第1366页。

④ 钱明等著：《地缘、血缘与学缘的交织——中国人文和自然境域中的王阳明及阳明学派》下卷《南北方卷》第二编《阳明学与北方诸省地域文化》之《王阳明与山东》，孔学堂书局2023年版。

⑤ 王守仁：《王阳明全集》卷三十二，吴光、钱明、董平等编校，第1228页。

盖有所从得，其初从铁柱宫道士得养生之说一段来”[①]，在一定意义上是能够成立的。

三是弘治十一年（1498），王阳明27岁，在南都“谈养生”，并“有遗世入山之意”。此前的弘治六年（1493），阳明因会试下第，回余姚结诗社于龙泉山寺，三年后举业再次失败，遂寓京师学兵法，同时还精究道教秘书，这样才有了两年后再向道士学习之举。《阳明年谱》弘治十一年（1498）戊午条载：

> 先生自念辞章艺能不足以通至道，求师友于天下又不数遇，心持惶惑。沉郁既久，旧疾复作，益委圣贤有分。偶闻道士谈养生，遂有遗世入山之意。[②]

据说这个道士就是当时活跃在南京的尹山人又称尹蓬头。尹山人，名从龙，南都朝天宫全真道士，与张邋遢、冷子敬并称“三公”。张、冷二人“迹无可稽，而南都人能历历道尹遗事”。尹山人出生在北方，“元世祖时为天庆观道士，怀一牒，缀之羊皮，久而尚存。成化间游南都，发累岁忘栉而自不团结，南都人呼‘尹蓬头’云。……王文成公试礼闱落第，卒业南雍，走从尹游，共寝处百余日。尹喜曰：‘尔大聪明，第本贵介公子，筋骨脆，难学我。我所以入道者，危苦坚耐，世人总不勘也。尔无长生分，其竟以勋业显哉！’文成怅然惋之。”[③]此时的阳明，因会试再次落第，心情沮丧，遂来向尹山人学内丹修炼法，以纾解己心。王畿的《滁阳会语》对阳明的此次修炼细节有如下记录：

> 及为晦翁格物穷理之学，几至于殒，时苦其烦且难，自叹以为若于圣学无缘。乃始究心于老佛之学，缘洞天精庐，日夕勤修，炼习伏藏，洞悉机要，其于彼家所谓“见性”“抱一”之旨，非惟通其义，盖已得其髓矣。自谓尝于静中，内照形躯

---

① 转引自《还古书院志》卷十一，《中国历代书院志》（第8册），江苏教育出版社1995年版，第619页。

② 王守仁：《王阳明全集》卷三十二，吴光、钱明、董平等编校，第1223—1224页。

③ 顾起元：《尹山人》，《客座赘语》卷八，中华书局1987年版，第261、259—260页。关于尹山人的详细考证，可参见束景南：《王阳明年谱长编》，第112—122页。

如水晶宫，忘己忘物，忘天忘地，与空虚同体，光耀神奇，恍惚变幻，似欲言而忘其所以言，乃真境象也。①

当时阳明还尝作《口诀》一首，以抒发静坐中修真空炼形法之体验："闲观物态皆生意，静悟天机入窅冥。道在险夷随地乐，心忘鱼鸟自流行。"该诗收于论内丹修炼的明代道教名著《性命圭旨》中，而《性命圭旨》即出自尹山人高弟手笔。盖弘治九年（1496）至十一年（1498）间，阳明每年往返于故乡、京师之间，皆经南都，可访尹山人，以谈道论仙。②此时的阳明，两次会试下第，深感"圣贤有分"，自己或许够不上格，还是修炼养生比较适合，遂向尹山人学修炼，但尹山人却说他"无长生分"，难以入道，最终还是会"以勋业显"于世。阳明大概是听从了尹山人的劝导，次年又去参加了第三次会试，终于获得成功，中南宫第二人，赐二甲进士出身第六人。③

四是弘治十四年（1501），王阳明30岁，任职刑部主事，"奉命视谳江北，便游九华"。④该年仲冬，阳明经青阳，涉五溪桥，借宿柯秀才（乔）家，从北麓进山，下榻五相寺，寻道士蔡蓬头。据清人陈蔚的《九华纪胜》载：

蔡道士，不知所自来。常蓬首不栉，人以'蓬头'称之。弘治中居九华之东岩下，后不知所往。⑤

又据《阳明年谱》载：

先生录囚多所平反。事竣，遂游九华，作《游九华赋》，宿无相、化城诸寺。是时道者蔡蓬头善谈仙，待以客礼。请

① 王畿：《王畿集》，吴震编校整理，第33页。
② 参见束景南：《王阳明佚文辑考编年（增订版）》，第32—37页。
③《阳明年谱》记载"赐二甲进士出身第七人"，但是在《弘治十二年进士登科录》中却记为"第二甲第六名"。鉴于《年谱》所记错讹较多，而《进士登科录》有名有姓，故当以《进士登科录》为准。
④ 耿定向：《新建侯文成王先生世家》，《耿天台先生全集》卷十，民国四年（1915）武昌正信印书馆刊本。
⑤ 转引自束景南：《王阳明年谱长编》，第220页。

问。蔡曰：“尚未。”有顷，屏左右，引至后亭，再拜请问。蔡曰：“尚未。”问至再三。蔡曰：“汝后堂后亭礼虽隆，终不忘官相。”一笑而别。[①]

另据束景南考证，王阳明《和九柏老仙诗》中的九柏老仙即蔡蓬头，[②]该诗及跋的全文为：

石涧西头千树梅，洞门深锁雪中开。寻常不放凡夫到，珍重唯容道士来。风乱细香笛无韵，夜寒清影衣生苔。于今踏破石桥路，一月须过三十回。

九柏老仙之作本不可知，詹炼师必欲得之，遂为走笔，以塞其意，且以彰吾之不度也。[③]

由此可见，阳明对蔡蓬头的兴趣非同寻常，不仅向蔡习内丹修炼法，而且视蔡为指点迷津之人。盖蔡蓬头乃当时“不知所自来”又“不知所往”的“善谈仙”的著名道士，阳明三番五次地问仙道于他，他却以阳明“终不忘官相”为由，判定其难度成仙，而阳明则以“寻常不放凡夫到，珍重唯容道士来”予以回敬，并自称作和诗乃是为了“彰吾之不度也”，似若有反思，坦承自己难度成仙之事实。也许正因为此，才有了次年八月开始于绍兴宛委山的长达一年半的阳明洞修行之举。

在九华山期间，王阳明还尝“闻地藏洞有异人，坐卧松毛，不火食，历岩险访之。正熟睡，先生（阳明）坐傍抚其足。有顷醒，惊曰：‘路险何得至此！’因论最上乘曰……后再至”，[④]异人已徙居他处，遂作诗云：“路人岩头别有天，松毛一片自安眠。高谈已散人何处，古洞荒凉散冷烟。”[⑤]这位“异人”显然也是一位修行极

① 王守仁：《王阳明全集（新编本）》卷三十二，吴光、钱明、董平等编校，第 1230 页。

② 束景南：《王阳明年谱长编》，第 220—221 页。

③ 王阳明手迹拓本，余姚计文渊藏，现据计文渊编《王阳明法书集》（杭州西泠印社 1996 年版）移录。笔者对此诗及王阳明九华山之行的考释，详见钱明：《〈王阳明全集〉未刊佚诗汇编考释》，《浙江学刊》2002 年第 5 期。

④ 王守仁：《王阳明全集（新编本）》卷三十二，吴光、钱明、董平等编校，第 1230—1231 页。

⑤ 王守仁：《地藏洞访老道诗》，录自明墨憨斋新编：《皇明大儒王阳明出身靖乱录》，日本弘毅馆开雕本。篇名是笔者所加。

深的道士。

五是弘治十五年（1502），王阳明31岁，在游历完九华山之后，经安徽芜湖、当涂而至镇江，遂前往距离镇江七十余里的丹阳访道士汤云谷，并偕汤往游句曲茅山，探访仙道之迹，在归乡途中还顺道探访了海宁沈山（一名审山或东山）的葛洪炼丹井。①

在茅山期间，王阳明和汤云谷登上“三茅之巅”②，在洞窟中小憩，于道观中休息，踏访陶弘景留下之遗迹，慨叹现世之秽浊，飘然有脱屣人间之志。对这段经历，阳明后来在《寿汤云谷序》中回忆道：

> 弘治壬戌春，某西寻句曲与丹阳，汤云谷偕。当是时，云谷方为行人，留意神仙之学，为予谈呼吸屈伸之术，凝神化气之道，盖无所不至。及与之登三茅之巅，下探叶阳，休玉宸，感陶隐君之遗迹，慨叹秽浊，飘然有脱屣人间之志。予时皆未之许也，云谷意不然之，曰：“子岂有见于吾乎？”予曰：“然。子之眉间惨然，犹有怛世之色。是道也，迟之十年，庶几矣。”云谷曰：“子见吾之貌，而吾信吾之心。”③

汤云谷即汤礼敬，字仁甫，号云谷，丹阳人，弘治九年（1496）进士。阳明经丹阳访汤礼敬并往游茅山时在三月，在那里留下《游茅山》二首、《蓬莱方丈偶书》二首等诗篇。句曲即今江苏句容，为汉时道教仙人三茅真君修炼成仙之地，其修仙的句曲山遂被称为三茅山、茅山。南朝齐梁时著名道士陶弘景也是丹阳人，并长期隐居茅山。陶以后，道教上清派以茅山为活动中心，世称茅山宗。阳明去句曲、丹阳，显然是专为寻访仙道而去，而偕同游访的汤云谷本是隐儒，好神仙之学，一路与阳明大谈呼吸屈伸、凝神化气的养生修炼之术，益增其对仙道之向往。④不过汤云谷随后即步入官场，“殚心职务，驱逐瘁劳，竟以直道抵权奸斥外”⑤，而阳明

① 束景南：《阳明佚文辑考编年》，第135—136页。
② 三茅是指句曲山、句容山和茅君山三座山峰。
③ 王守仁：《王阳明全集》卷二十二，吴光、钱明、董平等编校，第878页。
④ 朱晓鹏：《王阳明与道家道教》，第53—54页。
⑤ 王守仁：《王阳明全集》卷二十二，吴光、钱明、董平等编校，第878页。

此后的经历亦何其相似也。正因为两人有同病相怜处，所以12年后当他们再会于丹阳时，阳明写下了《寿汤云谷序》。

尽管有以上多次向道士学习修炼法的经历，但王阳明依然难以修成正果，于是便下定决心，以病体为由，离开官场，于弘治十五年（1502）八月回到故乡，长住于距离越城30公里的宛委山，“筑室阳明洞中，行导引术”。①其高足徐爱曾在《赠陈世杰》诗中对阳明洞的仙道氛围作过有声有色的描绘：

登览卧龙山，奇峰四森列。江海济回互，仰见阳明穴。穴中有仙子，扬言出云月。自称将帝命，仙籍恣披阅。姓名一一存，天机未敢泄。佳期不远时，群仙会属兹。天心谅无爽，有情当自期。②

阳明在这样的氛围里静坐修炼，调息吐纳，运气导引，自然会获得奇佳的灵感和功效，这从其所作的《坐功》诗中即可窥见一斑：“春嘘明目夏呵心，秋呬冬吹肺肾宁。四季常呼脾化食，依此法行相火平。”③此诗当为阳明在阳明洞中“行导引术”，勤修炼、“习伏藏”的真实写照。

正因为阳明洞是当时著名的道教胜地，故而清代著名诗人、江苏太仓人沈受宏在其诗中干脆把王阳明比喻为神仙：“宛委荒山路，阳明古洞天。道书虚记载，禹穴漫流传。丹井埋何处，珠宫废几年（洞侧旧有葛仙井、龙瑞宫）？文成名号出，从此夺神仙（王文成尝结

---

①“导引术”即道教养生之术，包括呼吸俯仰，屈伸手足，摇筋骨，动支节，使气血充足，身体轻举（参见张君房：《杂修摄·导引》，《云笈七签》卷三十三，中华书局2003年版，第742—743页）。《云笈七签》卷三十四还载有《太清导引养生经》，内有《宁先生导引养生法》《彭祖导引法》《王子乔导引法》及《导引杂说》。《汉书·张良传》称：“良从入关，性多疾，即导引不食谷。”说明导引术是古人修身养性、治疗疾病的重要手段之一。关于阳明在阳明洞修道教养生术的情况，我们还可从邹守益的《同郭善夫魏师颜宿阳明洞》诗中得到佐证：“蹑足青霄石万寻，谢墩何处更投簪？云穿草树春亭静，水点桃花洞口深。屋漏拂尘参秘诀，匡床剪烛动幽吟。千年射的（山名，在阳明洞中——原诗注）谁能中？莫遣桑蓬负壮心。”（邹守益：《邹守益集》，董平编校，第1308页）可见阳明当时是在“拂尘参秘诀”，即修炼道教的内丹术，因而查继佐明确指责阳明“辟阳明洞为书舍，更讲神仙之事”（查继佐：《王守仁》，《罪惟录》卷十，第1593页）的行为，虽与《年谱》作者有别，但却符合实情。

② 徐爱、钱德洪、董沄：《徐爱·钱德洪·董沄集》，钱明编校，第12页。

③ 引自束景南：《阳明佚文辑考编年》，第143页。

庐于此，因以阳明自号）。”[①]一年后，阳明又在作于杭州胜果寺的《无题道诗》中写道：

> 鞁龙节虎往昆仑，挹剖元机孰共论？袖里青萍三尺剑，夜深长啸出天根。天根顶上即昆仑，水满华池石鼎温。一卷《黄庭》真诀秘，不教红液走旁寸。杖挂真形五岳图，德共心迹似冰壶。春来只贯余杭湿，不问蓬莱水满无。[②]

这是一首描述修炼导引术的诗，说明阳明是在依据内丹经典《黄庭经》来修炼导引术。《黄庭经》中有许多道教修炼术语，如诗中的“鞁”“节”二字，即导引术中的导引，龙虎分别指心火与肾水，“昆仑”指上丹田。诗的首句说的是打通“小周天”[③]。“夜深长啸出天根”描述的是夜间修炼时丹田之气的感觉。“水满华池石鼎温”指的是修炼时舌抵上颚而产生了甘露水，吞咽后滋润到五脏六腑，使下丹田得到滋养温热。“红液”即心火，心为红色。“杖挂真形五岳图，德共心迹似冰壶”这两句描述的是静中真气运行时内视到的景象，其中“冰壶”即王畿《滁州会语》所记录的阳明“自谓尝于静中，内照形躯如水晶宫，忘己忘物，忘天忘地，与空虚同体，光耀神奇，恍惚变幻，似欲言而忘其所以言，乃真境象也”。[④]这首诗说明，阳明不仅在阳明洞修炼导引术，而且翌年春移居胜果寺时还在继续修炼导引术。对这段经历，尤其“阳明在阳明洞如何导引内炼，向来不明，今得此诗，真相可知矣”。[⑤]

阳明在阳明洞中行导引术乃是其一生中最重要的道教养生修行活动，对此《阳明年谱》是这样记载的：

> 是年先生渐悟仙、释二氏之非。先是五月复命，京中旧游俱以才名相驰骋，学古诗文。先生叹曰：“吾焉能以有限精神

---

① 沈受宏：《阳明洞》，《白溇集》，清康熙四十四年（1705）刻增修本。括号内文字原本为小字。
② 转引自束景南：《阳明佚文辑考编年》，第 146 页。
③“小周天”是道教内丹术功法中的练精化气阶段，也称百日筑基。内丹术认为，人到成年，由于物欲耗损，精气已不足，必须用先天元气温煦它，使之充实后天精气，并重返先天精气，这就是小周天练精化气的目的。完成这步功法，就可防病祛病。
④ 王畿：《王畿集》，吴震编校整理，第 33 页。
⑤ 参见束景南：《阳明佚文辑考编年》，第 146 页。

为无用之虚文也！”遂告病归越，筑室阳明洞中，行导引术。久之，遂先知。一日坐洞中，友人王思舆等四人来访，方出五云门，先生即命仆迎之，且历语其来迹。仆遇诸途，与语良合。众惊异，以为得道。久之悟曰：“此簸弄精神，非道也。”又屏去。已而静久，思离世远去，惟祖母岑与龙山公在念，因循未决。久之，又忽悟曰：“此念生于孩提。此念可去，是断灭种性矣。”明年遂移疾钱塘西湖，复思用世。①

钱德洪为了维护王阳明的形象，特地以“是年先生渐悟仙、释二氏之非”为开场白，并把阳明“得道”的含义说得含混不清，尤其是隐去了“葛天之侣，还丹既成，眇视尘土，蝉蜕其形，飘然遐举”②的王思舆的道士之真形，以及阳明移居胜果寺后继续其修行活动之实态，而只强调其移疾钱塘西湖后“复思用世”之转变，甚至两次以阳明之口吻讲“此簸弄精神，非道也”“是断灭种性矣”。这实在应验了“此地无银三百两”之古语。倒是阳明早年的弟子后又转而批评阳明的黄绾说得较为直白：

养病归越，辟阳明书院，究极仙经秘旨，静坐，为长生久视之道，久能预知。其友王思舆等四人欲访公，方出五云门，即命仆要于路，历语其故。四人惊以为神。③

后来清人张怡在《玉光剑气集》中也说得比较清楚：

① 王守仁：《王阳明全集》卷三十二，吴光、钱明、董平等编校，第1225—1226页。按：关于王阳明在阳明洞修炼之事，其弟子董穀所记不仅年代不同，而且否认“能预知”为阳明修炼导引术所致。因董记较《年谱》略详，故特载全文于下：“正德初，先师阳明习静于阳明洞，洞在南镇深山中。先生门人朱白浦、蔡我斋等数辈，自城往访焉。道遇先生家童，问以何往？对曰：‘老爹知列位相公将至，故遣我归，取酒肴耳。’众异之，既至，问曰：‘先生何以知某等之将至也？’先生曰：‘诸君在途，某人敲冰洗手，某人刻竹纪诗，皆如目击。’众益大骇。盖无事则定，定则明，故能心通，岂他术哉？信蜀人董五经之事非诬矣。然非圣智之资未易言也。”［董穀：《碧里后集·杂存·习静》，上海图书馆藏明嘉靖四十四年（1565）董鲲刻本］

② 季本：《祭王黄轝先生文》，《季彭山先生文集》卷三，《北京图书馆古籍珍本丛刊》（第106册），第904页。

③ 黄绾：《阳明先生行状》，王守仁：《王阳明全集》，吴光、钱明、董平等编校，第1408页。黄绾撰写此文时，其信奉王阳明的立场已发生转变，所以用不着像钱德洪撰《阳明年谱》时那样遮遮掩掩。

王文成审狱淮甸，过劳成疾，告病归越。即阳明洞旧观辟为书院，静坐，习长生导气之术，静中顿悟。一日，友人王思裕（舆）等四人往访于洞中，方出门，文成已知，命仆出山买果肴以候，且历语其来迹。仆遇四人于途，语悉合，皆惊异，遂师事之。①

需要注意的是，无论钱德洪还是黄绾、张怡，都向我们透露了王思舆等四位阳明十分敬重且相当熟知的道友（这个“道”乃近于道教道家之“道”，而非道学之“道”）的信息，所不同的是，张怡《玉光剑气集》最后又加了句四人“遂师事之”，试图证明这四人后都成了阳明弟子。然光绪《上虞县志》曾明确记载：“（许璋）尝为王文成塾师，教以奇遁诸书及武侯阵法。”②从“塾师”变为弟子的可能性不是没有，但张怡所谓“遂师事之”的说法从未在明人文献中出现过，故而笔者认为，王阳明与王思舆等四人之间用“道友”关系来定位可能更为恰当。

有了以上这则王阳明与其道友之间的神奇故事，遂使阳明洞自此以后声名大振，引得阳明的门生或追随者们，要么纷至沓来，要么心意所向。阳明本人一般归乡时，也都会到此洞讲学修行，尤其是晚年，有一阵子甚至把此洞当作讲学会友的道场。直到阳明去世后，其门人们还常去该洞修养炼丹，即使如钱德洪这样的“不失儒者之矩镬”者，亦曾“在会稽山水间，弄丸窝中”。③据笔者统计，从弘治年间到嘉靖初年，阳明到会稽山阳明洞讲学修炼的次数至少有五六回，主要由阳明挂帅，也有其弟子主导的，这就使得阳明洞不仅成为越中王门最重要的讲学地，也成为整个阳明学派的重要据点之一。因此可以这么说，“阳明洞”与“阳明学”之间，绝非简单的字面相接，而是具有深刻互动关系的对王学形成与发展影响至大的有机关联。

至于早年访于阳明洞的“友人王思舆等四人”，据《明儒学

① 张怡：《杂记》，《玉光剑气集》卷三十，魏连科点校，中华书局 2006 年版，第 578 页。
② 唐煦春等修，朱士黻等纂：光绪《上虞县志》卷四十，清光绪十七年（1891）刊本，第 36 页。
③ 钱薇：《复钱绪山》，《承启堂稿》卷十六，《四库全书存目丛书·集部》（第 97 册），第 248—249 页。“窝”即阳明洞，“弄丸”即炼丹。然钱德洪对同门中的道教倾向却屡有批评（见徐爱、钱德洪、董沄：《徐爱·钱德洪·董沄集》，钱明编校整理，第 212 页）。

案》紫筠斋本的“阳明养病洞中，惟先生（指许璋）与司舆数人，相对危坐，忘言冥契”[①]之句分析，应包括许璋，还有就是王琥和孙允辉。[②]这四人其实都是阳明早年的“越中道友”。《明儒学案》贾润序中所谓“其他崛起而无师承者”，就是指的这几位当时出入于官民之中、游离于儒道之间的“处士”或“隐儒”。然而，由于资料缺乏，关于这几位阳明道友，以往的研究者很少述及，而笔者倒觉得有必要向读者作番详细交代，因为通过这些人，可以加深对阳明道教思想及修行的认识。

先看王思舆。[③]王阳明与他相识较早，两人属“莫逆”之交。[④]弘治十五年（1502）阳明尝作《乡思》二首于他。[⑤]阳明的山阴弟子季本曾专门为他立传（详见本书第二章第二节），足见其在绍兴王门中的地位，同时也表明他是阳明周边较早开始怀疑朱子学的人，并把这种怀疑精神传递给了阳明，其思想遂被视为阳明学说之“发端”，而其本人亦成了阳明的志同道合者和最可信赖的人。

徐爱是阳明的妹夫又是最早的弟子之一，他在《贤思叙》中曾对王思舆作过这样的评价：

> 予同年进士张侯五奎，来令山阴，独朴然将以古道化民。予尝因阳明先生善其治民曰黄文辕司舆、王琥世瑞者，二子之抱道怀才，不干声利，予既信之。昔者，亲视侯以实礼延二子，相与揖让，献酬于稽山书院之中，左右亡不惶汗骇顾，以为尝所未见于侯之屈，而二子之抗也。君子曰：古之道也。张侯，贤侯也；二子，贤民也。衰薄之世，然而侯独焉其难矣！然山阴之贤，不止二子，盖予未之尽识而闻之。礼亡，不视二子而加焉。侯之擢安吉而去也，集山阴之贤而在下者，为文章歌诗，各致其慕念之意以赠别，殆成巨册。予因览焉，既叹侯

---

① 黄宗羲：《明儒学案》，沈芝盈点校，第182—183页。

② 束景南：《王阳明年谱长编》，第242页。

③ 黄绾《阳明先生行状》作“思裕”，徐爱写作“黄司舆”，阳明文集中称“王舆庵”，其实皆为同一人。从其称呼多有不一中亦可看出，此人虽有较高知名度，但颇为神秘，以至连姓名也弄不清。

④ 萧良幹修，张元忭纂：万历《绍兴府志》卷四十二，《王文辕传》，明万历十五年（1587）刻本，第31页。

⑤《王阳明全集》卷二十《冬夜偶书》即此诗一，又有《夜坐偶怀故山》即此诗二（详见束景南：《阳明佚文辑考编年》，第140页）。

> 之得士心，辄题其端曰“思贤”。思贤何？曰：贤者之思贤者也。乃作《贤思叙》。叙张侯之能希古也，足表师矣；叙山阴之多贤也，足以当礼矣。若侯之善政、善教，则司舆、世瑞之叙叙之矣。[①]

说明在徐爱眼里，黄司舆等阳明道友不仅善于“治民”，而且不重声利，故而被视为“山阴之贤”，他们对于绍兴当时的善政、善教皆有莫大之贡献。换言之，这些人在徐爱眼里皆属儒门硕学、故里贤达，而与道教无甚干系。而这显然与徐爱的儒学立场有一定关系，一如钱德洪的阳明学观。

从徐爱的《贤思叙》中还可以看出，王思舆在当时的绍兴一带好像有较高的知名度，故而万历《绍兴府志》谓其“励志力行，乡人咸乐亲之”[②]，以至于许多名人皆纷纷投于思舆门下，如阳明弟子、人称“范圣人”的范栗斋，就是先入思舆之门，然后才入阳明之门的：

> （栗斋）先生首师王司舆、许半圭两先生。两先生者，并以道德重于时者也。既又师阳明先生，所造益深。……里中人无老幼，皆以范圣人呼之。[③]

而阳明后来在正德十二年（1517）赴江西前回绍兴省亲期间，曾利用两个多月的时间，再次与思舆进行了思想碰撞，走后“王思舆语季本曰：‘阳明此行，必立事功。’本曰：‘何以知之？’曰：‘吾触之不动矣。’”[④]此时的思舆，俨然成了个算命道士，而这也许正是阳明喜欢与其交往的重要原因。此事不仅季本《王思舆传》有载，而且明末儒者孙奇逢的《语录》亦有录[⑤]，说明王思舆的话分量很重，对阳明的预测也很准，故而流传甚广。不过阳明对王

---

① 徐爱、钱德洪、董沄：《徐爱・钱德洪・董沄集》，钱明编校整理，第60页。
② 萧良幹修，张元忭纂：《王文辕传》，万历《绍兴府志》卷四十二，第31页。
③ 张元忭：《范栗斋传》，《张阳和先生不二斋文选》卷五，《四库全书存目丛书・集部》（第154册），第441页。
④ 王守仁：《王阳明全集》卷三十二，吴光、钱明、董平等编校，第1238页。
⑤ 参见孙奇逢：《夏峰先生集》卷十三，朱茂汉点校，中华书局2004年版，第538页。

思舆也有批评，比如其作于嘉靖壬午年[①]的《答徐成之》书，便介绍过王舆庵[②]推崇象山学并与推崇朱子学的徐成之进行论辩的情况，并对舆庵的偏激观点有所批评。[③]阳明的意图是想调和朱陆，以进一步强化此前出版的《朱子晚年定论》所要传达的思想理念。

孙奇逢还在其所撰的《日谱》中，将王思舆对王阳明赴赣前所作的预测与嘉靖三十二年（1553）阳明三传弟子罗汝芳途经山东问道于泰山丈人[④]的神秘经历作过对比：

> 思舆语人曰：“阳明此行，必立事功，吾触之而不动矣。”罗近溪自有生以来，遇触而气不动。一翁谓之曰：“此君心痼疾，可不亟图疗耶！”近溪愕然曰：“是予心得，曷言病？”翁曰：“人之身心，体出天常，随物感动，原无定执。”近溪惊起拜下，执念渐消。阳明之不动，孟子之不动心也；近溪之不动，强力把持，天体渐失，故为心病。学者要破此执念，方自有得。[⑤]

孙氏所要强调的是“破除执念”的必要性[⑥]，而笔者却从这则轶

---

① “壬午”疑为“壬申”之误。壬申年即正德七年（1512），《阳明年谱》将此事载于正德六年（1511）正月条下。

② 日本学者认为，王舆庵即王文辕思舆。［参见安冈正笃编修：《王阳明全集》第七卷，（日本）明德出版社 1990 年版，第 25 页；鹤成久章：《嘉靖二年会试の策题における阳明学批判について》，《九州中国学会报》（第 45 卷），2007 年版，第 65 页］

③ 王守仁：《王阳明全集》，吴光、钱明、董平等编校，第 806—810 页。

④ 关于泰山丈人，罗汝芳是这样记载的：“余舟过临清，忽遘重病。一日椅榻而坐，恍见老翁，自称泰山丈人。”［罗汝芳：《泰山丈人》，《罗明德公文集》卷三，明崇祯五年（1632）陈懋德序刻本］泰山丈人曾向罗汝芳大肆宣扬“神境”“鬼界”，并说：“君今阴阳莫辨，境界妄縻，是尚得为善学者乎？吾固为君惧矣！”据韩国学者李庆龙推测，泰山丈人可能是指罗汝芳的业师颜钧（参见李庆龙：《罗汝芳思想研究》，台湾大学历史学研究所博士论文，1999 年，第 36、54 页）。而颜钧则是后来被其传人按道教习俗尊称为“道祖”的具有民间道教教主色彩的关键人物（详见后述）。尽管孙奇逢在将王阳明与王思舆的交友与罗汝芳向泰山丈人的问道过程相类比时，认为前者是“孟子之不动心也”，而“近溪之不动，强力把持，天体渐失，故为心病”，但两个神秘人物分别出现在阳明、近溪的关键时刻，却绝非偶然。照我看来，孙奇逢是在有意向世人透露和渲染阳明学的仙家色彩。不过王思舆与泰山丈人还是有区别的，这点从孙奇逢的评论中也可看出。关于罗汝芳奇遇泰山丈人修炼道教功法之事的详细阐释，可参见吴震：《罗汝芳评传》，南京大学出版社 2005 年版，第 124—130 页。但吴震认为：泰山丈人“是否真有其人，还是近溪练功时出现的一种光景形象？值得怀疑”（吴震：《罗汝芳评传》，第 126 页）。提出了与李庆龙不同的看法。

⑤ 孙逢奇：《孙夏峰先生日谱残稿》，《北京图书馆古籍珍本丛书》（第 20 册），第 404 页。

⑥ 参见吴震：《明代知识界讲学活动系年　1522—1602》，学林出版社 2003 年版，第 186—187 页。

闻中嗅出了王阳明与王思舆、罗汝芳与泰山丈人之间所隐含着的道士风骨和仙家气象。所以我认为，阳明喜欢与王思舆交友，与思舆半仙半儒的性格有莫大关系。

在上文所引述的这些文献中，还涉及两个人物，即王琥世瑞和许璋半圭。这两人也是阳明早年道友，其中许璋还被阳明称为“未可多得”的“山林枯槁之士”，①意近隐士。与此同时，阳明还称许璋等三人是与自己门生孙吴、魏廷霖有所区别的“越民”中的“贫良之士”，②属于草根阶层；而正德十二年（1517）阳明在《与曰仁诸弟书》中又把许璋称为“越中诸友”，③视其为故乡密友。如果说“山林枯槁之士”“贫良之士”为身份、德行之定位，那么“越中诸友”便是双方关系之定位。也就是说，在阳明眼里，许璋是个无钱财、有德行、隐居于绍兴山林（主要指会稽山）的隐者，而阳明对隐居阳明洞一直比较向往，一生中曾先后数次隐居其间，故视许璋为自己的道友是很自然的。

明天启三年（1623）刊刻的徐象梅《两浙名贤录》，曾把许璋录于卷四十四《高隐》中：

> 许璋，字半圭，上虞人，淳质苦行，潜心性命之学，尝蹑屩走岭南，访陈白沙先生。其友王（阙“文”字，下同）辕以诗送之曰：去岁逢黄石，今年访白沙。王文成初养疴阳明洞，唯与璋及王辕辈一二山人，兀坐终日，共参道妙，互有资益。其后擒逆濠成功归，每乘笋舆访璋山中，菜羹麦饭，信宿不厌。璋殁，文成为题其墓曰“处士许璋之墓”。璋于天文、地理及孙、吴韬略，奇门、九遁之术，靡不精究。正德中与文成游，尝西指曰：“帝星今在楚，数年后，君当事之。”已而世庙龙飞，典邸其占多奇中，类如此。④

这则史料的重点是“王文成初养疴阳明洞……共参道妙，互有

① 王守仁：《王阳明全集（新编本）》卷四，吴光、钱明、董平等编校，第170—171页。
② 王守仁：《王阳明全集（新编本）》卷四十四，吴光、钱明、董平等编校，第1790页。
③ 王守仁：《王阳明全集（新编本）》卷四十四，吴光、钱明、董平等编校，第1796页。
④ 徐象梅：《两浙名贤录》，《北京图书馆古籍珍藏本丛刊》（第18册），第236页。

资益”这句话。从耿定向的阳明与许璋“相朝夕，取其资益”，[①]到徐象梅的阳明与许璋等“共参道妙，互有资益”，是一关键改动。耿氏强调的是阳明取益于许璋，而徐象梅强调的则是阳明与许璋相互取益、“共参道妙”。徐还用“靡不精究”来定位许璋的道教方术等造诣，并具体描述了许璋神奇的占星预测术，进而将其归入“高隐”之列。阳明与这样的神奇道人“互有资益”“共参道妙”，正好反映了他本人固有的道教情结。而徐象梅编纂的《两浙名贤录》，其实就是一部弘扬两浙尤其是浙西理学而纠正王学之佛道心结的名人录。

总之，被“人呼为神仙”的许璋，在当时的绍兴地区是位精通预测学的占星术高手，属于道教方士型的阳明道友，称其为阳明“门人”，实为后人似是而非之臆测。许璋与阳明交往的时间较长，从弘治十五年（1502）修炼于阳明洞始，到正德十六年（1521）回乡讲学止，阳明在关键时刻的一些关键问题上，常常求教于他（关于阳明在兵学上受教于许璋的情况，详见本书第四章第四节），实质上是请他为自己的命运作预测，这显然与阳明的道教情结有非常密切的关系。许璋虽然只是位精通道教“奇门、九遁之学”的“处士”，而未被时人直接称为“道士”，[②]但这样的“处士”其实与“道士”并无太多区别。这也是为什么《两浙名贤录》要把许璋等人归入《高隐》传的重要原因。许璋“年七十余岁卒”后，阳明尝“以文哭之”，[③]并为其墓碑题写了碑名，可见此人在阳明心目中的地位不亚于徐爱。[④]

至于王琥，据《王心斋年谱》记载：

> （嘉靖）三年甲申，（心斋）先生四十二岁，在会稽。是年春，四方学者聚会稽日众，请阳明公筑书院城中以居同

① 耿定向：《先进遗风》，《耿天台先生全集》卷五，《四库全书存目丛书·集部》（第131册），第178页。

② 也有学者称许璋为“道士”，参见姜允明：《王阳明何以不提陈白沙》，《第三次儒佛会通学术讨论会论文选辑》，香港华梵大学哲学系1998年版，第193—204页。

③ 万历《上虞县志》卷八，明万历三十三年（1605）刊本。后来耿定向在《先进遗风》中有关许璋的主要史料，可能就来源于阳明的这篇祭文。而此祭文之所以未被收录以钱德洪为主编纂的《王文成公全书》，大概也与许璋此人出入儒道、门户不清的复杂经历有关。

④ 详见钱明：《许璋其人其事考略》，《浙江历史文化研究》（第三卷），浙江大学出版社2012年版。

志……未几，阳明公谢诸生不见，独先生侍左右，或有论诸生，则令先生传授。会守庵公（心斋父）寿日，先生告归上寿，阳明公不听，命蔡世新绘吕仙图，王琥撰文具上，因金克厚持往寿守庵公，并作歌以招之。于是守庵公至会稽，与阳明公相会。①

这说明，王琥不仅是阳明早年的道友，还可能是其晚年的弟子。陆深的《海日先生行状》其实是王琥撰写的，而陆氏只不过是“按王君琥所录行实，泣而叙之”罢了。②所以笔者推断，王琥可能要比阳明年长若干岁，且与其父王华有过相当密切的交往。另据张焕《重建稽山书院记略》记载：正德年间，“刑部尚书王公明仲、楚府长史王公文冕与儒生王琥，素怀兴复（指兴复始建于元代的稽山书院），唱鸣义举。”③说明王琥只是个隐居乡间的儒生。但就是这么个普通人，居然能与刑部尚书等高官一起“唱鸣义举”，可见此人绝非等闲之辈。

再查阅记录王阳明早年言行较多的徐爱的《横山遗集》，发现提到王琥、许璋二人的地方亦不在少数，如《游雪窦因得龙溪诸山记》便记叙了阳明与许璋、王琥等人同游雪窦之事。后来黄宗羲在《永乐寺碑记》中也记录了正德八年（1513）阳明与许璋、王琥等人“流连信宿，赋诗于此”的一段遗事。④浙南阳明学者项乔在其所按《辞海》撰的《书文江集后》中所提到的王定斋、许杞山，据《项乔集》的编校者说：“疑即王琥字世瑞，及许璋字半圭者，均系山阴人。”⑤文徵明《山阴王君琥自越州过访》诗云：“平生高谊仰王猷，忽枉清风剡曲舟。……把袂不须深怅别，与君吴越本同州。”⑥把王琥置于高山仰止的地位。可见，王琥和许璋在当时的绍兴城都算得上是风云人物，不仅与当地的名流贤达交往甚密，而且还引得前来绍兴访学的文人骚客敬仰不已。

---

① 王艮：《王心斋全集》，陈祝生等校点，第71—72页。
② 叙文即《海日先生行状》的末尾一段，参见王守仁：《王阳明全集》卷三十八，吴光、钱明、董平等编校，第1400页。
③ 徐元梅等修，朱文翰等辑：嘉庆《山阴县志》卷十九，民国二十五年（1936）刊本，第10页。
④ 参见沈善洪主编：《黄宗羲全集》（第10册），第122页。
⑤ 项乔：《项乔集》，方长山、魏得良点校，第117页。
⑥ 文徵明：《文徵明集》卷十，周道振辑校，上海古籍出版社2014年版，第245页。

或许是阳明早年道友之故，又或许是人为方面的原因，王思舆、许璋、王琥等人与王阳明的交往历来不甚清晰，彼此之关系亦比较模糊，比如既有人说四人后皆师事阳明，又有人说许璋是阳明"塾师"，更有人强调他们与阳明是道友关系。但有一点是再清楚不过的，那就是这些人都与会稽山阳明洞有非常密切的关系，并且都是阳明隐居乡里时的道友，都属于越地的"隐儒"，一句话，都与道教有着隐隐约约的瓜葛。不仅如此，许璋、王琥还一如王思舆，皆为阳明早年"取其资益"的重要对象。从这一角度审视，早年的王阳明曾与王思舆、许璋、王琥等一批准道士互动交流、相互取益，当属实情。虽然通行本《王阳明全集》中未见有阳明本人有关王思舆、王琥、许璋三人的直接记载，但笔者搜集到的阳明撰于正德九年（1514）的《寄梁郡伯》却有明确之记录："越民有王文辕、王琥、许璋者，皆贫良之士，有庠生孙吴、魏廷霖者，门生也，未审曾有进谒者否？与进之。"①这为我们进一步了解他们三人提供了更为直接的依据。

通过对上述材料的梳理，我们大致可以得出以下结论：王思舆是个"隐居独善"，"极类庄、列"，"以道德重于时"的地方"贤民"；许璋是个精通"奇门、九道之学"的"处士"；而王琥则是个能为吕仙图撰文的"贫良之士"。三人虽未被时人直接称为"道士"，②但这样的"隐士""处士"或"贤民"，在道教盛行的明代中叶，大都是不拘于儒、释、道三教之畛域而能够出入于道、释两家的"隐儒"，他们尤其与民间道士、居士难分你我。众所周知，明代以后，道教世俗化的步伐进一步加快，道教"地仙"说实际上就是对传统的脱离人世的神仙说的否定。"地仙"观念的意义，就在于它认为：道教的宗教追求完全可以在世俗社会中实现，神仙也可以具有和凡人一样的生活方式。而道教修仙观念社会化的真正实现和真正普及，又是通过宋、元、明时期广为流行的"劝善书"来实现的。劝善书把在世俗社会中的行道立功、积累善行视为长生之必务，于是"入世"便被演化为修仙的必要条件。在这一时

① 此文系阳明佚文，收入王守仁：《王阳明全集（新编本）》卷四十四，吴光、钱明、董平等编校，第1790页。

② 也有学者称许璋为"道士"，参见姜允明：《王阳明何以不提陈白沙》，《第三次儒佛会通学术讨论会论文选辑》，香港华梵大学哲学系1998年版，第193—204页。

期的劝善书和别的道教经典中，“入世修仙”成为道教修仙思想的主流和社会各阶层的共识。加之浙东地区特殊的历史地理条件，使得该地域历来“多隐居乐道之儒”。[①]这可以说是阳明之所以能与这些世俗化的隐儒道人结为知交，以及其门人后学大都与劝善、自省式的功过格运动有密切关系的重要背景。因此，除了王思舆、许璋、王琥，在阳明早年结交的诸友中，还有不少像吕素庵[②]这样的“隐君子”或准道士。阳明与这些人结交，既是身心修炼、治病养生之需要，更为心理调节、思想创设之必需。

奇怪的是，阳明的门人后学很少有人述及王思舆、许璋和王琥，尤其是钱德洪主编的《阳明年谱》不提许璋、王琥，确实令人费解。束景南认为：“颇疑钱德洪对阳明在告病归越养痾中与道隐者交往、大发‘曲肱已醒浮云梦’‘尚牵缨冕负初情’怨叹有所顾忌，故在编文集时有意隐去与这些人相关的诗篇及资料。”[③]从学术界二十余年来搜集到的大量阳明佚文看，有三类文献散失最多，即早期文献、与“五溺”有关的文献以及与阳明家庭有关的文献。早期文献其实在钱德洪时已不易搜集，故采用极少有其客观原因。与“五溺”相关之文献的散失，显然与阳明本人的自我定位及其同道、后学圣化阳明的企图有密切关联。阳明洞修行时与道隐者交往之文献，即属于“五溺”之文献，故不提及有其主观意图。而与阳明家庭有关之文献的散失，则应该与阳明十分糟糕的家庭、太不争气的后代有莫大关系，[④]若不加取舍而尽可能完整地收录阳明家书，显然有损于阳明的圣人形象。

最后我们再来看看王阳明筑室阳明洞的最直接动机。对此，黄绾已说得很明白，就是为了调息养生、治疗疾病。这是因为，阳明洞自古就被道教徒称作“第十一洞天”，是道教养生的绝佳去处，而道教的养生术又与中国古代医学有着千丝万缕的联系，古人能从中获得健身养生之奇效，亦在情理之中。也许是难产的原因

---

① 贾润：《明儒学案序》，黄宗羲：《明儒学案》，沈芝盈点校，第 12 页。

② 据说吕素庵“自幼有洁操，高其道，不肯为世用”，王阳明与他关系密切，曾为他写过《庆吕素庵先生封知州序》[参见王守仁：《王阳明全集（新编本）》卷二十九，吴光、钱明、董平等编校，第 1106 页]。

③ 束景南：《阳明佚文辑考编年》，第 142 页。

④ 详见钱明：《王阳明及其学派论考》第四章，人民出版社 2009 年版。

（其母怀孕14个月才生下他），阳明出生后身体一直较弱，并且长期受到肺病的困扰，最后亦死于此病。曾经的一句“到今一万八千年，阳明真人亦如此”，[①]便道出了阳明心中的向往，其实是其最大的隐忧。因为他早在21岁京师学习时就已“遇疾”，27岁又“旧疾复作”；31岁那年，他“忽患虚弱咳嗽之疾……及奉南行，渐益平复。遂以为无复他虑，竟废医言，捐弃药饵；冲冒风寒，恬无顾忌，内耗外侵，旧病仍作”，[②]无奈遂“养病归越，辟阳明书院，究极仙经秘旨，静坐，为长生久视之道”。此后，阳明由于疾病困扰，曾先后十余次奏疏乞养、告病思归。[③]如正德十年（1515）四月、八月二疏曰：“近年以来，疾病交攻”；“渐肌入骨，日以深积”。正德十一年（1516）十月疏曰：“疾病未已，精力益衰，平居无事，尚尔奄奄；军旅驱驰，岂复堪任！”正德十三年（1518）三月、六月二疏曰：“驱驰兵革，侵染瘴疠，昼夜忧劳，疾患愈困……出入险阻，皆扶病从事。”“驱逐之余，疾病交作，手足麻痹，渐成废人。”正德十四年（1519）正月二疏曰：“比年以来，百病交攻，近因驱驰贼垒，瘴毒侵陵，呕吐潮热，肌骨羸削，或时昏眩，偃几仆地，竟日不惺，手足麻痹，已成废人。”……所以他在正德十四年（1519）写给湛甘泉的信中说：“仆年未半百，而衰疾已如六七十翁，日夜思归阳明（洞），为夕死之图，疏三上而未遂。”他思归阳明洞的目的之一，就是想修行导引，养生健身，即使辟书院讲学，某种意义上说也是养心、养身之需要。尽管阳明后来也认识到圣贤之学与修炼养生并不矛盾：“闻以多病之故，将从事于养生，区区往年盖尝弊力于此矣。后乃知其不必如是，始复一

---

① 参见王守仁：《王阳明全集》卷二十，吴光、钱明、董平等编校，第783页。

② 王守仁：《王阳明全集》，吴光、钱明、董平等编校，第1223、1224、291页。

③ 有时王阳明是以疾病为幌子，实际是想乞归尽孝，如其疏曰：“臣自幼失慈，鞠于祖母岑，今年九十有七，旦暮思臣，一见为诀。去岁乞休，虽迫疾病，实亦因此。”（王守仁：《王阳明全集》卷九，吴光、钱明、董平等编校，第297页）再如《与王晋溪书》曰：“始恳疏乞归，以祖母鞠育之恩，思一面为诀。后竟牵滞兵戈，不及一见，卒抱终天之痛。今老父衰疾，又复日亟，而地方已幸无事，何惜一举手投足之劳，而不以曲全之乎？”（王守仁：《王阳明全集》卷三十四，吴光、钱明、董平等编校，第1268页）正德十五年（1520）八月当听说父亲病危的消息后，他甚至萌生了“欲弃职逃归”的念头。门人周仲批评他：“思归一念，亦似着相。”但他反问道：“此相安能不着？”（王守仁：《王阳明全集》卷三十四，吴光、钱明、董平等编校，第1277页）可见阳明把孝道看得很重，而养身实质亦是孝道的一个方面，所谓“不孝有三，无后为大”，阳明婚后长期不能生育，心理压力肯定不小，其迷恋道教，与此亦不无关系（详见后述）。

意于圣贤之学。大抵养德养身，只是一事。”[①]然而当时那种糟糕的身体状况，却不能不对其迷恋道教乃至形成固有的思想性格产生间接的影响。不过后来的效果证明，养生求仙并未给阳明带来健康的体魄，反而是“常经月卧病不出，药量骤进”，于是阳明遂对王思舆这样的“相知者”，“谓之能得其道”的说法产生了怀疑。由此可见，阳明对仙道养生术的态度，很大程度上取决于其身体状况的实验效果，所以他后来排斥的也只是像上阳子之流的“方外技术之士”，[②]至于思想层面的批判，他既无兴趣也觉得没有必要，甚至从理论需要上说，他还得充分利用道家的思想资源，比如正德三年（1508）他在所撰的《气候图序》中，便吸取了不少邵雍的哲学观点，把道家哲学与易理相融合。

总之，在“龙场悟道”前，王阳明不仅去过铁柱宫、九华山、齐山、茅山、武夷山[③]等道观，而且还向尹真人、蔡蓬头、汤云谷等道士学过修炼法，更与王思舆、许璋、王琥等一批家乡的准道士、隐君子进行频繁的切磋交流。这些入山隐居、访道求仙的经历无不证明，在阳明心学的创设阶段，从道教那里受到过较大影响乃是不争的事实，诚如高攀龙所言：

> 余观文成之学，盖有所从得。其初，从铁柱宫道士得养生之说，又闻地藏洞异人言周濂溪、程明道是儒家两个好秀才……从归阳明洞，习静导引，自谓有前知之异，其心已静而明。及谪龙场，万里孤游，深山夷境，静专澄默，功倍寻常，故胸中益洒洒，而一旦恍然有悟，是其旧学之益精，非于致知之有悟也。特文成不甘自处于二氏，必欲篡位于儒宗，故据其所得，拍合致知，又妆上格物，极费工力，所以左笼右罩，颠倒重复，定眼一觑，破绽百出也。[④]

---

① 以上分见王守仁：《王阳明全集》，吴光、钱明、董平等编校，第 292—293、297、353、376、389、174、187 页。

② 王守仁：《答人问神仙》，《王阳明全集》，吴光、钱明、董平等编校，第 805 页。上阳子即陈致虚，元末道士，专治外丹术，著有《上阳子金丹大要》，为《道臧》所收。

③ 束景南详细考证了王阳明入武夷山的一段经历，指出：“阳明是次远遁武夷本来目标就很明确，其即是冲着天游峰天游观而去，其游访之道观是天游观，所谓‘山中又拜武夷君’，实际是拜访天游观道士而已。”（束景南：《王阳明年谱长编》，第 428—429 页）

④ 高攀龙：《三时记》，《高子遗书》卷三，转引自沈善洪主编：《黄宗羲全集》（第 8 册），第 787—788 页。

高氏之说虽然有为儒者护道而排斥阳明之用意，但他对阳明“龙场悟道”的分析，不能说没有道理。

因此，钱德洪说阳明在弘治十五年（1502）就已“渐悟仙、释二氏之非”，并且“复思用世”，这固然是事实。因为弘治十五年（1502）春，阳明曾偕汤云谷赴句曲、丹阳，“当是时，云谷方为行人，留意神仙之学”，遂对阳明大谈呼吸屈伸之术和凝神化气之道，后又感陶渊明隐居之遗迹，于是飘然有脱屣人间之志，然阳明“时皆未之许也，云谷意不然之”。10年后阳明再过丹阳时，特地又去拜访了汤云谷，并向他解释当时不许的理由：“夫精藏则太和流，神守则天光发，累释则怡愉而静，机忘则心纯而一：四者道之证也。夫道无在而神无方，安常处顺其至矣。而又何人间之脱屣乎？”[①]就是说，呼吸屈伸之术、凝神化气之道与儒家的修身养性说并不矛盾，把握了儒家之道也即修得了神仙之术，所谓“吾儒亦自有神仙之道”[②]也，想要表达的就是这个理念。

然而，我们要问的是，此时阳明所悟的仙道“之非”究竟是什么？他又是如何打算“用世”的？对此，笔者以为，似可利用阳明作于弘治十六年（1503）的《答佟太守求雨》和《南镇祷雨文》为例来加以说明。首先，阳明认为“天道幽远，岂凡庸所能测识”，故对绍兴佟太守派来的人咨询致雨之术，“不胜惭悚”“益增惶惧”。其次，他肯定了儒家所谓“君子之祷不在于对越祈祝之际，而在于日用操存之先”的经世之道，反对用“书符咒水”的方士之术求雨，强调要“减膳撤乐，省狱薄赋，修祀典，问疾苦，引咎赈乏，为民遍请于山川社稷，故有叩天求雨之祭，有省咎自责之文，有归诚请改之祷”，即用务实而有效的手段解决民生疾苦。再次，他认为方术之士中的一些人，“有高洁不污之操，特立坚忍之心，虽其所为不必合于中道，而亦有以异于寻常，是以或能致此”，就是说这些人的法术或许也同样能达到求雨的目的，尽管它“不见于经传”，但阳明本人宁愿信其有。最后，他在首肯“高洁不污”者

① 王守仁：《王阳明全集》卷二十二，吴光、钱明、董平等编校，第878—879页。

② 参见王守仁：《王阳明全集》卷二十，吴光、钱明、董平等编校，第805页。按：数年后阳明在批评弟子陆澄时说得更为严厉：“今曰‘养生以清心寡欲为要’，只‘养生’二字，便是自私自利，将迎意必之根。有此病根潜伏于中，宜其有‘灭于东而生于西，引犬上堂而逐之’之患也。”（王守仁：《王阳明全集》卷二，吴光、钱明、董平等编校，第66页）

的同时，又对与“市井嚣顽”同流的方士进行了尖锐抨击，认为这些方士之术是“邪说”，指责“如今之方士之流，曾不少殊于市井嚣顽，而欲望之以挥斥雷电，呼吸风雨之事，岂不难哉”！[①]很明显，阳明称赞的是那些有日用操存、能为民谋利的儒者，包括不消极出世的方士。他评判道教方术的视角是看它对“用世”是消极还是积极，至于道教的理论和修行方法，他采取绕过去的办法，避而不谈，即抽象否定而具体肯定，也就是说，只要符合“用世”的原则，即使言道家之说、行神仙之术亦无大碍。这样的处理方式，无疑为他而后所进行的理论创造提供了更多可资利用的思想资源。顺便说一句，佟太守之所以会请阳明来南镇求雨，除了他是“乡人之杰者”的因素之外，更主要的还是因为他“尝读书学道”，[②]“诚有致雨之术”。[③]可见，阳明曾经掌握道教之术是不争的事实，而他对道家理论一以贯之的坚持则更应引起我们的重视。

正因为阳明当时虽认识到自己“亦尝没溺于仙释”的错误，但又坚持道家道教的思想理论不动摇，所以他在处理这类问题时的态度亦不同于其他立场鲜明的儒者。比如正德五年（1510）他抵京师后，旧友徐昌国知道他“故善数子”[④]，沉湎神仙，故特地赶来看他，“与论摄形化气之术”。当时湛甘泉也在座，因不满昌国之言行，“意沮去”。昌国“异日复来，论如初”。然阳明却对昌国的言论一直“笑而不应”，并留昌国住了一宿，直到最后才把自己儒道归一的主张和盘托出。昌国听后“首肯”，遂“有志于道”，对阳明的崇拜亦油然而生，垂殁之际，特嘱托长子“墓铭其请诸阳明”。[⑤]徐昌国对阳明的态度，基本上可以代表当时主张儒道归一者的立场。

---

①五年后阳明在《答人问神仙》一文中把这种信念说得更加明确：“古有至人，淳德凝道，和于阴阳，调于四时，去世离俗，积精全神；游行天地之间，视听把远之外；若广成子（传说中黄帝的老师）之千五百岁而不衰，李伯阳（老子）历商、周之代，西度函谷，亦尝有之。若是而谓之曰无，疑于欺子矣。”（王守仁：《王阳明全集》卷二十，吴光、钱明、董平等编校，第805页）

②此“道”当指黄老之道，与《阳明年谱》中王思舆等人以为的阳明“得道”之“道”属于同一范畴。

③王守仁：《王阳明全集》，吴光、钱明、董平等编校，第800—801、950—951页。

④此处“数子”，是指当时非常活跃的“相与砥砺于辞章”的李梦阳、何景明等人（参见王守仁：《王阳明全集》卷二十五，吴光、钱明、董平等编校，第931页）。

⑤参见王守仁：《王阳明全集》卷二十五，吴光、钱明、董平等编校，第931—932页。

第二节 晚年趣旨

弘治年间是明代政治上相对宽松的时期，到了正、嘉时期，政治形势明显恶化，这从当时参加科举考试的考生答题中也能看出一斑。明人顾起元在他的《客座赘语》中曾记录过一次吴中生员吴大有参加会试时的答题逸事，时人就此评论道：“弘治中风气淳庞，若此者，人不以为讳；使在嘉靖中，必以是为关节矣。”①足见正、嘉时的政治环境已大不如前。在这样的环境下，使得阳明的个人政治生涯也步入了险象环生的噩梦期。因此，如果说弘治年间阳明崇尚道教主要还是出于身体健康方面的考虑，那么正德十六年（1521）后阳明心系道教则主要是由于政治环境的恶化所导致的。这年阳明所写的《游白鹿洞歌》，就相当鲜明地透露出他当时的迷茫心境：“驾苍龙，骑白鹿，泉堪饮，芝可服，何人肯入空山宿？空山空山即我屋，一卷《黄庭》石上读。”②《黄庭经》是道教经典，晋代永和十三年时即为王羲之所推崇。而正德十六年（1521）这一年，因阳明在不经意间被卷入进宸濠叛乱后的政治险境，并在其中备受煎熬，受尽屈辱，于是促使他产生了放弃功名、辞官隐居的念头。当时的阳明，为政治陷害所困扰，情绪低落到极点，“肯入空山宿”，不过是他逃避现实政治的无奈之举。尽管此后不久阳明便被任命为南京兵部尚书，但那也只是个虚名，而且即使这个名义上的虚职，阳明也只当了不到三个月，真正的南京兵部尚书其实是李充嗣，而阳明则早已被借“丁忧”之名剥夺了此职务，赋闲在家达六年之久。③由此可见，这一时期的阳明，无论出于政治原因还是心理原因，又无论在心境上还是时间上，都已具备了融汇三教、再入道佛，以实现自我修炼养生、社会讲学教化之双重使命的主客观条件。

也许有人会问，阳明不是早在弘治十八年（1505）就曾赋诗感

① 顾起元：《客座赘语》卷六，第175页。

② 王守仁：《王阳明全集》，吴光、钱明、董平等编校，第1216页。今庐山白鹿洞书院的碑廊里，存有书艺豪放的《游白鹿洞歌》碑刻一块，落款是“紫霞道人书”，庐山文化研究专家罗时勋认为：这是紫霞道人抄袭王阳明的［罗时勋：《疑案：紫霞真人抄袭了王阳明的诗》，《中国书院论坛》（第2辑），中国戏剧出版社2001年版］。然在笔者看来，一个道人抄袭阳明的这首诗本身，就已证明了该诗的道教气息太浓，正因为此，才会引得道人如醉如痴，以至攫为己有。

③ 参见束景南：《王阳明年谱长编》，第1602页。

叹“长生在求丹，金丹非外待；缪矣三十年，于今吾始悔”[①]了吗？而这一般又被视为阳明本人向门徒们发出的从慕仙养生之立场转向儒家经世路径的最明确信号。然而实际上，在阳明的内心深处始终潜藏着割弃不掉的道佛情怀，故而其三教归一的致思趣向也是始终如一的。比如，他在“龙场悟道”后的第三年，仍向湛甘泉“言圣枝叶，老聃释氏”，[②]认为儒学与佛道本是同根，仅在枝叶上有点差异而已。后来他又与甘泉讨论儒道佛，质疑释老“道德高溥，焉与圣异”？对于阳明的三教一致论，据甘泉说，连他们的好友方叔贤听了也感到迷惑不解：“道及老兄（指阳明），颇讶不疑佛老，以为一致，且云到底是空，以为极致之论。”[③]此时阳明四十九岁，距离他悔悟“缪矣三十年”已过了十五载，故而引起其同行的惊讶乃是理所当然的。又比如，正德十年（1515）在其所作的《书〈悟真篇〉答张太常》二首中，亦仍旧表现出对道教经典的喜爱：

> 《悟真篇》是误真篇，三注由来一手笺。恨杀妖魔图利益，遂令迷妄竞流传。造端难免张平叔，首祸谁诬薛紫贤。直说与君惟个字，从头去看野狐禅。
>
> 误真非是《悟真篇》，平叔当时已有言。只为世人多恋着，且从情欲起因缘。痴人前岂堪谈梦？真性中难更说玄。为问道人还具眼，试看何物是青天？

有人认为此二诗表现了阳明的“道教觉醒”，然束景南先生认为：“阳明此二诗诗意较隐晦，后人皆以为阳明此二诗旨在批判《悟真篇》，否定道教内丹悟真修炼，乃大误。按诗明云‘误真非是《悟真篇》’，乃是以《悟真篇》之说不误，自是世人多贪恋，为情欲所缚，不得悟真修炼而成也。所谓‘《悟真篇》是误真篇’，乃是谓《悟真篇》亦有误说之处（相对于《性命圭旨》），世人有误解，注家有误注，故皆不得悟真修炼而成也。阳明此二诗诗意不过尔尔，何能以此二诗来证明阳明之‘道教觉醒’耶？”[④]此

---

① 参见王守仁：《赠阳伯》，《王阳明全集》，吴光、钱明、董平等编校，第673页。
② 湛若水：《奠王阳明先生文》，《湛甘泉先生文集》卷三十，清康熙二十年（1681）刻本。
③ 湛若水：《寄阳明》，《湛甘泉先生文集》卷七。
④ 束景南：《王阳明年谱长编》，第819页。

说不仅契合二诗之原意，而且符合阳明思想转变之实况。笔者曾以阳明佚文《吕氏宗谱序》①为据，推断正德十六年（1521）八月阳明归越后的相当长一段时间是在会稽山阳明洞度过的，②而且这亦并非阳明继弘治十五年（1502）阳明洞行导引术后的又一次阳明洞修行活动，而是在该地进行的多次养生修炼中的又一次罢了。这充分证明了，阳明不仅一直保持着隐居阳明洞的愿望和冲动，而且在中晚年仍有过多次这方面的修行活动。正因为此，刘宗周才会在写给阳明四世孙王业询的书中说：

> 夫阳明先生之明睿，而悔出入于二氏者二十年，及已觉其非，而犹恨旧习之缠绕，卒难摆脱，且又若干年，况后之君子乎！③

这就是说，阳明在意识到二氏之非后，仍在相当长的时期内难以摆脱二氏之“缠绕”，而这并不仅仅是由于阳明深陷二氏之中，更在于他深爱道佛趣旨之故。亦正因此，阳明才反复强调“二氏之用，皆我之用”；“儒、佛、老、庄皆吾之用，是之谓大道”；甚至认为儒道佛三教在本质上是相通或一致的：

> 仙家说到虚，圣人岂能虚上加得一毫实？佛氏说到无，圣人岂能无上加得一毫有？但仙家说虚，从养生上来；佛氏说无，从出离生死苦海上来：却于本体上加却这些子意思在，便不是他虚无的本色了，便于本体有障碍。圣人只是还他良知的本色，更不着些子意在。良知之虚，便是天之太虚；良知之无，便是太虚之无形。④

阳明的晚年高足董沄之子董榖在《处台梦》中所记载的一段

① 吕朝熙编订：歙县《旌德吕氏续印宗谱》卷一，民国六年（1917）铅印本。按：束景南考“此序全作吕氏后裔口吻语，一望知伪”［束景南：《王阳明佚文辑考编年（增订本）》，第1105页］。此说值得留意。
② 参见钱明：《谱牒中的王阳明逸文见知录》，张新民主编：《阳明学刊》（第1辑），贵州人民出版社2004年版，第80页。
③ 吴光主编：《刘宗周全集》（第3册），第412页。
④ 王守仁：《王阳明全集》，吴光、钱明、董平等编校，第1289、106页。

逸事，也相当形象地说明了阳明在赣州时强烈的三教归一的致思趣向：

> 阳明先生在赣州都府，军令甚严，宿卫之士无敢偶语离次者。一夕于中夜，卫士忽见府门洞开，有一道流自外至，长髯蕉扇，俨如洞宾。一童子执纱灯，前导以入，门复闭。久之开门，（阳明）送出长揖。别去甚速，不知所之。见者惊愕，门如故。无明遂相传言，自守巡以下，皆知之。已而守巡入揖，先生遂自言梦纯阳真人来访。吾问："如何谓之仙？"彼曰："非儒之至者不足以称真仙。"吾又问："如何谓之儒？"曰："非仙之至者不足以言真儒。"良久别去，守巡乃敢言夜来卫士所见。始知纯阳之果至也。[①]

若将以上材料及相关论述作一概括，则似乎可以得出这样的推论：弘治十八年（1505）阳明三十四岁时悔悟的只是慕仙养生的道教外丹术，对于道家道教理论及其修养方法，阳明不仅不排斥，而且多有摄取，即使到了中后期，他仍初心不变，始终如一。也就是说，阳明其实并未真正放弃从哲学上摄取道家道教思想及致思方式的做法。而一些较为欣赏阳明道教趣旨的王门之徒，则对其直到晚年仍坚持从道家道教中汲取思想资源的做法拍手称快，譬如阳明后学狄世攀曾称"阳明居士是吾师，盖亦学道中人，非徒争骚坛旗鼓者也"。[②]把阳明看作是道佛兼备的"居士"式的"学道中人"，就很说明问题。其中"学道"之"道"，似应既指宋明道学，又包含道家道教。

由此亦可以说，阳明晚年提出的"四句教"以及围绕"四句教"而展开的"天泉证道"，乃是儒佛道三教融合的必然产物。[③]据《传习录》及《阳明年谱》记载，嘉靖六年（1527）九月，阳明

---

① 董穀：《碧里后集・杂存》，明嘉靖四十四年（1565）董鲲刻本。

②《太平县志》卷十五，《中国地方志集成・浙江府县志辑》（第50册），上海书店2002年版，第324页。

③ 关于王阳明"四句教"与道家"有生于无"思想的内在联系，可参见吴光：《论王阳明与道家的思想联系》，陈鼓应主编：《道家文化研究》（第6辑），上海古籍出版社1995年版；陈少峰：《王阳明的良知说与道家哲学》，陈鼓应主编：《道家文化研究》（第10辑），上海古籍出版社1996年版。

由绍兴起征广西思、田前夕，曾使钱德洪、王畿二人“侍坐天泉桥”（或称“移席天泉桥上”），[①]为之解难，史称“天泉证道”。“天泉证道”不仅反映了阳明晚年的思想风貌，而且由于钱、王二人对其“四句教”的理解不同而产生了王门著名的“四无”“四有”之争。所以“天泉证道”在阳明学中，犹如朱子学中的“鹅湖之会”。但“鹅湖书院”至今尚存，而“天泉桥”不仅早就销声匿迹，而且从未见任何史志作过记载，致使中外学者在解读“天泉证道”时，大都对“天泉桥”的确切处所采取回避的态度。据笔者考证，天泉桥就建在绍兴城王府内的碧霞池上，故钱德洪常用“夜坐碧霞池”“设席于碧霞池”代而述之。[②]

实际上，“碧霞”和“天泉”的称谓皆与道教密切相关。[③]弘治十七年（1504）阳明主试山东乡试时，曾登泰山极顶，至玉女池侧的碧霞元君庙（又称碧霞祠，明成化间赐额“碧霞灵应宫”）祭拜碧霞元君，并留下了“遥见碧霞君，翩翩起员峤。玉女紫鸾笙，双吹入晴昊。举首望不及，下拜风浩浩。掷我《玉虚篇》，读之殊未了。傍有长眉翁，一一能指道。从此炼金砂，人间迹如扫”的诗句。[④]碧霞元君是发源于山东的一位道教女神。顾炎武《山东考古录·考碧霞元君》云：“世人多以碧霞元君为泰山之女。”她在民间信仰中属于司职生育的保佑神，因而在许多地方的所谓“娘娘庙”里既供奉佛教的观音菩萨，又供奉道教的碧霞元君。碧霞元君信仰明以前主要分布在中国北方地区。正德二年（1507）武宗朱厚照遣使祭拜，这是历代帝王中对碧霞元君进行祭祀的第一次，标志着碧霞元君信仰开始成为官方正式认可的民间信仰之一，并逐渐扩散到南方地区。[⑤]尽管碧霞元君信仰被朝廷认可和崇奉后仍颇遭非难，但有着深厚道教功底的阳明及其家人，身处原本就流行碧霞元

---

① 参见王守仁：《王阳明全集》，吴光、钱明、董平等编校，第 117、1306 页。
② 王守仁：《王阳明全集》卷三十五，吴光、钱明、董平等编校，第 1292、1291 页。关于天泉桥和碧霞池的考论，可参见钱明：《王阳明及其学派论考》第一、二章。
③ 由碧霞池和天泉桥还能使我们想到王府后院的“观星台”，该台的设立与命名显然也与道教有关。
④ 王守仁：《王阳明全集（新编本）》卷十九，吴光、钱明、董平等编校，第 709 页。
⑤ 参见田承军：《碧霞元君与碧霞元君庙》，《史学月刊》2004 年第 4 期。

君之信仰的越地环境中，[1]是完全有可能利用碧霞元君信仰来达到某种目的的。据笔者推测，王府将庭院内的池塘取名为碧霞池，可能与阳明夫人诸氏于嘉靖四年（1525）正月去世前后，其家人打算为阳明续娶，希望早点得子有关。[2]次年正月，即原配诸氏卒后一周年，阳明续弦张氏，十二月张氏即生下了王正亿。阳明老来得子，喜出望外，于是对碧霞池这类道教气息浓重的具有象征意义的场所愈加崇信，[3]这只要读一下他的《嘉靖丙戌十二月庚申始得子年已五十有五矣六月静齐二丈昔与先公同举于乡闻之而喜各以诗来贺蔼然世交之谊也次韵为谢二首》诗即可一目了然。[4]

"碧霞"如此，"天泉"亦然。所谓"天泉"，据董沄解释，即清净无污染。董沄在临终前曾赋诗云："我非污世中者俦，偶来七十七春秋；自知此去无污染，一道天泉月自流。"[5]便表达了此意。顺便指出，凡与"天泉桥"或"天泉楼"有关的阳明诗文，除"天泉证道"未予明记外，几乎都与董沄有关联。如阳明嘉靖三年前后撰有《天泉楼夜坐和萝石韵》诗，[6]而董沄的《从吾道人语录·日省录》中则有"吾昔侍先师阳明夫子于天泉楼，因观白沙先生诗云……遂稍有悟，千圣相传之机，不外于末后一句，因又号

---

① 据明人张鼐《为陶世兄题吼山石宕图石篑师读书处也》诗："柴桑一曲鉴湖边，绝壑含烟峰插天。……水畔萧疏薜荔室，山腰缥缈碧霞宫。……梵音佛火共冷然，僧厨流泉鸣汩汩。忆余此地久盘桓，曾向师门学问禅。探来玉洞书仍在，礼罢莲灯漏未残。抚卷怀人鉴湖曲，清音谁嗣高山躅。"［张鼐：《宝日堂初集》卷三十一，《四库禁毁书丛刊·集部》（第77页），北京出版社1997年版，第113页］可知绍兴城内吼山腰曾建有碧霞宫。

② 阳明弟子王畿早年因久婚不育，亦曾用习炼道教的男女双修之法，来达到繁衍子嗣的目的，而且居然效果奇佳："如法炼习，十余年间，连举八、九子。"（王畿：《王畿集》卷二十，吴震编校，第647页）

③ 日本名古屋市蓬佐文库所藏的《王门宗旨》十三《从吾语抄》［董沄著，周汝登编，又称《从吾道人语录》，万历十三年（1585）周汝登自序，新安余懋孳校刊本。然该《语抄》并不见于周氏《王门宗旨》的其他刊本］中所附录的《从吾道人记》末尾，录有《王阳明全集》未载的"阳明山人王守仁书于第十一洞天之碧霞池上"十九字（日本九州大学文学部所藏的嘉靖初年岑庄、岑初、徐学校刻的《阳明先生文录》四卷本，在《从吾道人记》末尾载有"阳明山人王某书于第十一洞天之碧霞池上"十八字，可见为阳明所记，后为钱德洪所删）。这不仅证明在被称作第十一洞天的阳明洞旁亦有碧霞池的存在，而且更佐证了碧霞池与道教的密切关系。

④ 收入王守仁:《王阳明全集(新编本)》卷二十，吴光、钱明、董平等编校，第793页。按:诗中"岂是生申降岳祥"之"生申降岳"的典故出于《诗经·大雅》："维岳降神，生甫及申。"意指"岳降神灵，和气以生申、甫；后申、甫皆以贤知入为周之桢干之臣（参见阮元校刻:《十三经注疏》，中华书局1979年版，第565页）。"不辞岁岁临汤饼"之"汤饼"，是生子后的第三天用来招待客人并向神灵施舍的食物。可见此时阳明对神灵的虔诚和敬奉并不比其早年减弱多少。

⑤ 黄绾：《萝石翁传》，《石龙集》卷二十二，明嘉靖间刻本。

⑥ 王守仁：《王阳明全集》，吴光、钱明、董平等编校，第790页。

'天泉绠翁'云"之记载。董沄还撰有《宿天泉楼》诗，并在《乙酉中秋薛中离言旋适余病起诗以留之》诗中云："细听玉漏三更夜，静倚天泉一脉楼。"[①]此外，我们还可从邹守益的《赠董萝石用韵》中嗅出弥漫在天泉楼、董沄周围浓郁的道教神灵气息，诗云："昔登天泉楼，获读从吾（董沄号从吾道人）篇。千里想高标，神气已修然。"[②]故而笔者推测，当时王府庭院内旧有池塘的改名以及新建桥楼的命名，大概都与嘉靖三年（1524）来越城拜访阳明的董沄有密切关系。

董沄（1457—1534），字复宗，一字子寿，号萝石，海宁澉浦人。平生好为善，闻高世贤达所在，不计远近寒暑，投贽纳交。性情高明，不解世俗之事，时时独好歌吟，"以能诗闻江湖间"。嘉靖三年，董沄游会稽，闻阳明良知之说，幡然有悟，遂就弟子列，时年六十七。阳明异其气貌，且年老矣，礼敬之，曰："岂有弟子之年过于师者乎？"意谓己比沄年少十五，不可为其师，又见沄之勇气，而欲以沄为己之师。然董沄强纳拜称师，阳明"固辞不获，则许之以师友之间"。后董沄弟子亲友及平日之为诗社者来越招沄曰："翁老矣，何自苦！"沄曰："吾从吾所好而已。"因号"从吾道人"。阳明与他论"从吾之学"，强调有"真吾之好"与"私吾之好"的区别，于是"萝石逾耳顺而始知从吾之学"。[③]在阳明的启发下，董沄复究心道佛，忽若有悟，遂归乡，与月泉禅师纠诸缁素，结莲社于海门精庐，故又号"白塔山人"。此外，因董沄曾侍阳明于碧霞池天泉楼，故又号"天泉绠翁"。[④]由于董沄"不得志于时，而以嘉言微行诏诸来世"，[⑤]一生未曾为官，故黄宗羲称他是"布衣"，同里人称他是"隐儒"。[⑥]对董沄的思想，其好友月泉禅师只用了二十四个字予以概括："气相感召，即近即远，即大即

---

① 董沄：《从吾道人诗稿》卷下，上海图书馆藏清抄本。

② 邹守益：《邹东廓先生文集》卷十一，《四库全书存目丛书·集部》（第66册），第187页。

③ 分见王守仁：《王阳明全集》卷七，吴光、钱明、董平等编校，第248、249—250页；沈善洪主编：《黄宗羲全集》（第7册），第329页。

④ 董沄：《从吾道人语录·日省录》，万历十三年（1585）余懋孳校刊本。

⑤ 郑端胤：《刻从吾先生集引》，董沄：《从吾道人诗稿》卷首。

⑥ 分见沈善洪主编：《黄宗羲全集》（第7册），第329页；郑端胤《刻从吾董先生集引》，董沄：《从吾道人诗稿》卷首。

小，即有即无，虚实相因，动静相体。”[①]可谓一语中的。董沄身上有明显的道士风骨，从其撰写的大量诗篇中可以看出他对庄子、陈献章、林和靖等人的推崇。他还与道士、隐者过往甚密，如其诗中提到的碧虚道士、石门道人、太白山人、虞道士等，皆与他有较密切的关系。所以黄绾说他“既又逃释老，遂以殁世”，[②]这可以说是对董沄晚年生活的最好总结。

也许是受董沄对阳明评价的影响，董沄之子董穀竟然在《碧里杂存》中毫不掩饰地辑录了多篇阳明与道士相往来或把阳明比附为道士的逸闻轶事，其中的《斩蛟》篇，即以王阳明灭宸濠之乱来附会道士许真君铁柱镇蛟的故事（详见本书第七章第二节）。

与董沄关系最为密切的是一个叫作月泉禅师的人，董沄称其为“玉芝道人”[③]，说明月泉虽为禅师，但兼采仙道。月泉（1491—1563），名法聚，号玉芝，姓富氏，浙江嘉兴人，年十四出家海盐资圣寺，后居武康天池，与王畿、王艮、徐天池等“发明心地，会通儒释之旨”。[④]但也有史料说他隐居天池，与王畿、蔡汝楠、唐枢、董沄父子“共证儒释大同之旨”；再后来又与徐渭“往来于镜湖之滨，时时以诗筒唱酬”。[⑤]不管怎么说，反正月泉与阳明学派中倾心三教合一的人有过密切交往，这是不争的事实，而其中董沄扮演了相当重要的中介角色，这从月泉于董穀（号两湖）书中即可窥知一斑：

> 某忝缔交于公逾三十年矣，往复论议，未尝不以究明心学为务。自出处异途，坐致疏旷，恐见与日移，不无同异……昨偶过杭，获瞻道范，且审令先君从吾乡贤之举，不胜喜跃，联榻仙林，领教良多。所闻著作立言，统惟心宗，不泥于迹于诸大儒之成言，质诸华竺之典，会大同而折衷之，无复日中外影之讳，使自宋季以来数百年被甲相攻者，闻公之言，亦将望风

① 引自许相卿：《董先生墓志铭》，《云村集》卷十三，《景印文渊阁四库全书·集部》（第211册），第262页。

② 黄绾：《萝石翁传》，《石龙集》卷二十二。

③ 所谓“玉芝道人清净禅”，就是指的月泉（见《从吾道人诗稿》卷下《题湖海山庄》）。

④ 参见法聚：《天池玉芝和尚内集·附录》，上海图书馆藏明嘉靖四十三年（1564）刻本。

⑤ 汤齐修，李日华纂：崇祯《嘉兴县志》卷十六，《道释》，明崇祯十年（1637）刻本，第31页。

倒戈，岂特金汤之卫而已哉！……[①]

这封信不仅反映了董沄在“究明心学”方面对法聚的较大影响力，而且强调两人曾“联榻仙林，领教良多”，“仙林”即指道教洞天。与此同时，月泉虽然承认自己与董榖或许存在观点上的差异，但对董榖“统惟心宗”，不拘泥于诸大儒之成言，以及折衷三教、会通诸家的为学倾向和勇气表现出极大兴趣。

月泉于嘉靖三年（1524）随董沄“谒阳明先生于会稽山中，问‘独知’（即良知）旨，持诗为贽，先生器之，答以诗”。[②]故《补续高僧传》卷二十六《玉芝聚公传》谓：“闻王阳明倡良知之指于稽山，同董从吾往谒之，言相契。”[③]而阳明之答诗，即著名的《答人问良知二首》诗。[④]后月泉将这些有关“良知”的答问诗辑成《碧霞遗佩》。其好友蔡汝楠《碧霞遗佩引》云：“《碧霞遗佩》，禅友月泉佩阳明先生良知二偈，友人龙溪王子题以识之者也。先生之论良知备矣。”[⑤]月泉不仅认同阳明用道佛理论诠释“良知”的做法，而且还称阳明为“碧霞翁”。[⑥]可见，在阳明身上所凸显出来的道佛眷恋者的形象在当时是相当引人注目的。此时的阳明似乎更需要用道教的超然心态来摆脱和消除“宸濠诸奸之变”后的政治麻烦以及给自己留下的政治阴影，并且用来调息多年戎马倥偬的生活所带来的疲惫身心。也许正因为阳明所表现出来的过于浓重的道教情结，才使得脚踏佛道二界的月泉对其说亦并“未脱然”，[⑦]而阳明也认为月泉是“未彻”己之说。[⑧]但不管怎么说，从月泉与董沄父子乃至阳明的交流互动中，还是让我们强烈感受到了儒、道、佛三教在他们身上被融为一体的那种凝聚力和自信力。

阳明晚年除了与董沄、月泉等人过往甚密外，还与钱德洪的父

---

① 法聚：《与董两湖先生书》，《玉芝和尚内集》卷下，明嘉靖四十三年（1564）刻本。
② 徐渭：《法聚禅师传》，《徐渭集》，第622页。而《天池玉芝和尚内集·附录》则谓其“观阳明《传习录》，谓与禅理不殊，乃以偈趋扣明，以偈答之”。
③《佛藏辑要》（第28册），巴蜀书社1993年版，第919页。
④ 参见张元汴：《题龙南庵壁》，《张阳和先生不二斋文选》卷六，《四库全书存目丛书·集部》（第154册），第461页。
⑤ 蔡汝楠：《自知堂集》卷十五，《四库全书存目丛书·集部》（第97册），第641页。
⑥ 蔡汝楠：《玉芝大师塔铭》，焦竑：《国朝献征录》卷十八。
⑦《玉芝聚公传》，《补续高僧传》卷二十六，《佛藏辑要》（第28册），第919页。
⑧ 钱谦益：《玉芝聚公》，《列朝诗集小传》，上海古籍出版社2008年版，第753页。

亲钱蒙等隐君子关系甚笃，从中亦多少透露出一些他晚年的道教情结。

钱蒙，字希明，三岁时因病失明；五岁闻呻吟，通章句；“继连失怙恃，寄食于星卜间；已而读《易》龙冈，遂神于蓍”；[①]“长乃学筮，筮能发易之蕴”；[②]后又旁通于声律，善制箫，且以诗闻；“晚慕严子陵之操”，尝欲肆意于洪波旷野之间以自适，遂别号心渔。[③]对于钱德洪从学阳明之举，钱蒙起初是不同意的，后来通过与阳明的接触，他才逐渐打消疑虑，或问其故，答曰：“吾始而愠然，继而强然，继而释然，终而乐然。”众因称之曰“四然翁”。[④]因此到后来，他不仅鼓励钱德洪习于阳明，而且自己也“以斯道为网，良知为纲，太和为饵，天地为舫；絜之无意，散之无方；是谓得无所得，而忘无可忘者矣”，[⑤]活脱脱一个逍遥自在、足迹旷野的仙翁形象。

阳明与董沄、月泉、钱蒙等人的交往，只是其晚年继续推崇、摄取道佛思想的一个缩影。他喜欢结交这些隐君子，固然有其个性方面的原因，但更主要的可能还是与他们在思想上有许多共鸣之处。正因如此，才使得《传习录》中、下卷中所使用的佛语或道教术语，较之早出的上卷要多得多，而其诗集也同样存在这个问题。[⑥]钱德洪在《答论年谱书》中有一段关于阳明思想形成过程的论述，对我们理解阳明晚年的心态很有帮助，他说：

> 先师始学，求之宋儒，不得入，因学养生，而沉酣于二氏，恍若得所入焉。至龙场，再经忧患，而始豁然大悟“良知”之旨。自是出与学者言，皆发“诚意”“格物”之教。病学者未易得所入也，每谈二氏，犹若津津有味。盖将假前日之所入，以为学者入门路径。辛巳以后，经宁藩之变，则独信“良知”，单头直入，虽百家异术，无不具足。自是指发道

① 邹守益：《四然翁赞》，《邹东廓先生遗稿》卷十，清光绪三十年（1907）刻本。

② 钱薇：《云夜吟序》，《承启堂稿》卷十七，《四库全书存目丛书·集部》（第97册），第264—265页。按：后来钱德洪喜谈《易》，与钱蒙不无关系。

③ 罗洪先：《心渔翁墓记》，《石莲洞罗先生文集》卷三，明万历四十四年（1616）刻本。

④ 邹守益：《四然翁赞》，董平编校：《邹守益集》卷十九，凤凰出版社2017年版，第917页。

⑤ 王守仁：《王阳明全集》卷二十，吴光、钱明、董平等编校，第787页。

⑥ 参见秦家懿：《王阳明》，（台湾）东大图书公司1987年版，第161—162页。

要，不必假途傍引，无不曲畅旁通。[①]

也就是说，阳明在"龙场悟道"以后，由于担心学者问学过于支离烦琐，因而"每谈二氏，犹若津津有味"，目的就是仍然想假借二氏之学，"以为学者入门路径"。而"宸濠诸奸之变"后，阳明干脆把"百家异术"融会贯通，于是"不必假途傍引"，也能把二氏尤其是道教思想发挥到炉火纯青的地步。这可以说是阳明晚年思想的极致。正是基于这一立场，阳明才对世之"究心虚寂"者大加推赞，"虽其陷于老释之偏，犹将以为贤"。[②]

阳明的这种宽容精神，不仅针对本土宗教道教，还针对外来宗教佛教。对于佛教，阳明也认为释迦佛氏与尧舜王者同为圣人，佛道与儒道相合，故而他的《谏迎佛疏》竟基于儒佛同道、释迦尧舜同圣之立场，谓武宗遣使外夷迎佛"乃陛下圣智之开明，善端之萌蘖""是乃为善之端，作圣之本""夫佛者，夷狄之圣人；圣人者，中国之佛也""陛下果能以好佛之心而好圣人，以求释迦之诚而求尧舜之道，则不必涉数万里之遥，而西方极乐，只在目前"。[③]对于阳明此疏，束景南先生评论道："阳明对己之佛道观，一向闪烁其词，含混不明，此《谏迎佛疏》可谓是认识阳明佛道观之'钥匙'，然却向来不被人所重视。"[④]此言可谓一语中的。《谏迎佛疏》作于正德十年（1515），此时阳明四十四岁，依然对佛道二氏如此倾心、呵护。无怪乎湛甘泉会在嘉靖八年写的《奠王阳明先生文》中明白说出：

我云圣学，体认天理。天理问何？曰廓然尔。兄时心领，不曰非是。言圣枝叶，老聃释氏。予曰同枝，必一根柢，同根得枝，伊尹、夷、惠。佛于我孔，根株咸二。……一晤滁阳，斯理究极，兄言迦聃，道德高博，焉与圣异，子言莫错？我谓高广，在圣范围，佛无我有，中庸精微。同体去根，大小公

① 王守仁：《王阳明全集》卷三十七，吴光、钱明、董平等编校，第1378页。

② 王畿：《王畿集》，吴震编校整理，第697页。

③ 王守仁：《王阳明全集（新编本）》卷九，吴光、钱明、董平等编校，第312—315页。

④ 束景南：《王阳明年谱长编》，第872页。

私，斁叙彝伦，一夏一夷。[1]

为友人撰写祭文，多说赞美话，突出共同点，实乃人之常情。但甘泉却在祭文中明确道出了自己与阳明的原则分歧。甘泉这么说，当然主要是想亮明自己坚定的儒者立场，同时也说明他与阳明相比明显缺乏宽容精神。而阳明的宽容精神，不仅赢得了佛道异教徒的高度赞赏，而且还赢得了其门人后学的广泛理解和认同，其中“近于道”（黄宗羲语）的高足王畿更是赞不绝口，所以在《龙溪会语》中，与阳明“虽其陷于老氏之偏，犹将以为贤”同样意思的话曾被王畿反复引用。除此之外，阳明的宽容精神还为包括王畿在内的主张修炼内丹并以内丹学思想来引证心学的门徒们留下了巨大的发挥空间，即使像徐爱这样的儒家立场十分坚定的高徒，后来也很向往去阳明洞隐逸养生、修炼求道。[2]而后阳明时代所掀起的“三教合一”思潮则更是与阳明的这种宽容精神密不可分。最典型的，除了“二溪”（即龙溪王畿、近溪罗汝芳），就要算山农颜钧了。譬如阳明在其著名的《示弟立志说》中有一大段有关立志成圣的话：

夫立志亦不易矣。……是以君子之学，无时无处而不以立志为事。正目而视之，无他见也；倾耳而听之，无他闻也。如猫捕鼠，如鸡覆卵，精神心思，凝聚融结，而不复知有其他，然后此志常立，神气精明，义理昭著。一有私欲，即便知觉，自然容住不得矣。[3]

这段话对其门人后学的影响颇巨，颜钧不仅终身照此做功夫，甚至把阳明重目的、重心体的立志说改为重过程、重功夫且道味极浓的修炼说：

各各凝聚自己精神心思，如猫捕鼠，如鸡孵卵，如此七

---

① 湛若水：《泉翁大全集》，钟彩钧、游腾达点校，第 1385 页。
② 如徐爱诗曰：“古人此求道，我独欲逸身。何日阳明洞，结茆依古人。”（徐爱、钱德洪、董沄：《徐爱·钱德洪·董沄集》，钱明编校整理，第 27 页）。
③ 王守仁：《王阳明全集（新编本）》卷七，吴光、钱明、董平等编校，第 277 页。

日，不作声臭于言动之间，即为默识知及之功要，开心遂乐之先务也。①

而对于这一段影响其一生之关怀的独特的心学功夫和悟道经验，颜钧在他的自撰《履历》中曾作过详细描述。据《履历》记载，二十四岁那年，其兄颜钥抄得阳明此话中的“精神心思，凝聚融结，如猫捕鼠，如鸡孵卵”十六字“心传”，②颜钧见后，怦然心动，遂坚信不疑，③当晚就照阳明所言开始修炼：

垂头澄思，闭关默坐，竟至七日七夜，衷心喜悦，忘诗忘寝，如此专致，不忍放散其胸中，结聚洞快也。又逼激三日，后化为臭汗，滋流皮肤毛孔中，出体如洗，洗后襟次焕然豁达，孔昭显明，如化日悬中天，如龙泉趵江海。自心而言，即平日偃埋在百丈深坑中，今朝俄顷升入天堂上。④

同样的经验，颜钧在《自传》中又是这样记载的：

匹夫喜激丹灵，即俯首澄虑，瞑目兀坐，闭关七日，若自囚，神智顿觉，中心孔昭，豁达洞开，天机先见，灵聪换发，智巧有诀沛江河之势，形气如左右逢源之机。⑤

而更为直白的描述，在颜钧的著述中还有多处，比如其所撰的《引发九条之旨》之《七日闭关开心孔昭》一文说：

收拾各人身子，以绢缚两目，昼夜不开；绵塞两耳，不纵

① 颜钧：《颜钧集》，黄宣民标点整理，第 42 页。

② 颜钧本人将此十六字称为“引掖人心四语”，或为“阳明传引良知心学”之“四句”（《颜钧集》，第 23、37 页）。杨儒宾先生“将此四句定位为另一个版本的‘四句教’”（见杨儒宾：《明儒与静坐》，钱明主编：《阳明学派研究》，杭州出版社 2010 年版，第 26 页）

③ 王门中对阳明此十六字“心传”坚信不疑的人还有不少，如王时槐说：“先生曰‘如猫捕鼠，如鸡伏卵，精神心思，凝聚融结，而不复知有其它’，皆切至之训也。学者果能如是，可以进于道矣！”［引自唐鹤征：《宪世编》卷六，《续修四库全书》（第 941 册），第 154 页］

④ 颜钧：《颜钧集》，黄宣民标点整理，第 33 页。

⑤ 颜钧：《颜钧集》，黄宣民标点整理，第 24 页。

外听；紧闭唇齿，不出一言；擎拳两手，不动一指；趺咖两足，不纵伸缩；直耸肩背，不肆惰慢；垂头若寻，回光内照。如此各各自加严束，此之谓闭关。夫然后又从而引发各各内照之功，将鼻中吸收满口阳气，津液漱噀，咽吞直送，下灌丹田，自运旋滚几转，即又吸噀津液，如样吞灌，百千轮转不停……正叫清明在躬，形爽气顺，皆尔连日苦辛中得来，即是道体黜聪，脱胎换骨景象。[①]

以上颜钧有关修炼功夫的描述虽说法各异，但内容和方法却大致相同。像这样充满了情炽狂喜之丹道色彩的功夫法门，不仅在理学家的悟境中很难找到，即使在阳明学者中也显得极为特例。而如此修炼功夫我们很难想象会与儒家有关，也很难想象会是儒者之成圣，倒不如说是道士之成仙。颜钧的这些修炼手法出自何处，颇令人好奇，看来其学似另有传承。[②]但不管怎么说，他以阳明为“道祖”，[③]并将阳明的“凝聚”精神作为最重要的指导思想，后又将此“凝聚”精神与其师王艮的“乐学”精神相融合，从而构成了自己独特的求道说与功夫说，则不能不说与阳明有着千丝万缕的联系。当然，阳明心学最终还是超越了佛道二氏，而其创新与突破亦在于面对佛道而予以吸收和消化，同时又做出了回应和转化。因此，方东美先生所强调的，王阳明依然是一位深契道家精神，习染禅宗智慧，但植根于儒家的心学家，[④]这是毋庸置疑的。

---

① 颜钧：《颜钧集》，黄宣民标点整理，第 38 页。

② 参见杨儒宾：《明儒与静坐》，钱明主编：《阳明学派研究》，第 26 页。

③ 在颜钧的著述中，至少有三处提到“道祖阳明”，如《急救心火榜文》：“东西南北，访证归真，始幸诵传阳明道祖，倡讲良知，忽觉醒悟。”《自传》：“得兄钥笔传道祖阳明阐揭良知，引掖人心四语。”《履历》：“道祖阳明大倡良知之学，随抄《示弟立志说》四句。”（分见颜钧：《颜钧集》，黄宣民标点整理，第 1、26、33 页）

④ 参见杨晓薇：《方东美论阳明哲学精义——基于“机体主义”的考察》，《贵阳学院学报（社会科学版）》2018 年第 1 期。

第六章

艺术造诣与心学之美

史家皆称：王阳明少"喜任侠"，有尚武之冲动；后"泛滥于词章"，有崇文之激情；"既而以斯道为己任"，遂有成圣之志向。[①]因此，王阳明不仅在哲学、军事、政治等领域卓越成就，而且在诗文、书法、音乐、绘画等方面也有值得称道的精深造诣与丰硕成果。按照传统儒家的价值标准，"道成而上，艺成而下"；或谓"圣人六艺，无一件不精，然皆所以养德，故曰据于德、游于艺"。[②]故王阳明三传弟子管志道说："孔子论学，志于道者游于艺，然则艺亦道中物也。"[③]也就是说，"艺"在传统儒学中并不是可有可无的，而是不可或缺的"道中之物"。尽管阳明中年以后，以立志成圣为已任，但并不主张艺道相分、弃艺从道，而是强调道本艺末，艺道合一。所以主张不立文字的王阳明亦并不完全排斥"艺"的传播，认为只要对实际有用，"艺"便有存在的理由。用其弟子徐珊的话说，就是"笃其实而艺则传"。[④]然而长期以来，学术界多把注意力放在阳明心学的美学价值及其审美情趣上[⑤]，而对王阳明的艺术思想和艺术实践，则鲜有人问及。本章拟从音乐、书法、绘画三大艺术门类入手，对王阳明的艺术思想与艺术实践加以阐释，以求更加立体地透视阳明思想人格之全貌。

---

① 详见黄绾：《阳明先生行状》；黄宗羲：《明儒学案·文成王阳明先生守仁传》；钱德洪：《阳明年谱》弘治十八年（1505）条。

②《虞山书院志》卷四，《中国历代书院志》（第 8 册），第 73 页。

③ 管志道：《题程君房墨苑》，《惕若斋集》下卷一。

④ 徐珊：《居夷集跋》，王守仁：《居夷集》卷末，明嘉靖三年（1524）丘养浩序刊本。

⑤ 如左东岭：《王学与中晚明士人心态》，人民出版社 2000 年版；肖鹰：《文道同一的阳明美学》，《学术月刊》2001 年第 3 期；潘立勇：《阳明心学美学及其研究》，《中共宁波市委党校学报》2003 年第 5 期；邹其昌：《中国美学与艺术学探微》，崇文书局 2004 年版；陆永胜：《王阳明美学思想研究》，社会科学文献出版社 2016 年版；等等。

第一节 酷爱音乐

音乐戏剧在明代社会尤其是江浙一带具有很强的感染力和辐射力，看戏听曲成了当时的名公、达官贵人、文人墨客乃至普通民众的共同嗜好和娱乐方式。明成化年间的陆容说过："嘉兴之海盐，绍兴之余姚，宁波之慈溪，台州之黄岩，温州之永嘉，皆有习为倡优者，名曰戏文子弟，虽良家子不耻为之。"①然而，在当时的道学家眼里，音乐戏剧乃是士大夫之家"把酒呼市儿歌唱以为乐"的"玩弄无益之具"，是故王阳明的再传弟子王时槐尝明确要求"勿搬戏，勿唱唱"，②而晚明学者陈龙正则曾对所谓的"家乐"现象严加痛斥道："士夫最忌蓄养优伶，每见不好询问者，居家无乐事，搜买歌儿延优师教习讴歌，称为'家乐'，酝酿淫乱，十室而九。"③这从反面证明，蓄养优伶、挡弹放歌，在明代缙绅士人阶层中几成时尚，而地处富庶江南的宁绍地区自不待言。

越地自古就有戏剧之传统。据沈德符指出：明朝自宣德"顾佐疏后，严禁官妓，缙绅无以为娱，于是小唱盛行，至今日几如晋太康矣"；且"大抵此辈俱浙之宁波人"，以至外地歌儿在演唱时，亦"必伪称浙人"。④会稽人陶爽龄也说："越人喜演剧，优伶之鬻伎吾乡者至数千人，百事皆赛戏，愿病棘亦为之，往往锣鼓声未绝，而其人已死。"⑤以至于声伎成员大多由家中僮仆婢女充任，蓄养声伎成为时尚，最具代表性的便是山阴张汝霖、张耀芳、张岱一家三代，家中组建了很多戏班，如"武陵班""梯仙班""苏小小班"等。张岱曾生动描绘过当时目莲（连）戏在越城的演出盛况：在演武场搭一个大戏台，"选徽州旌阳戏子，剽轻精悍，能相扑跌打者三四十人，搬演目莲，凡三日三夜，四围女台百什座"。演至精彩处，"万余人齐声呐喊，熊太守谓是海寇卒至，惊起，差衙官侦问，余叔自往复之乃安"。⑥而张氏三代从其曾祖父张元忭起就是

---

① 陆容：《菽园杂记》卷十，中华书局1985年版，第124页。
② 王时槐：《教子手卷》，《王塘南先生自考录》，第61、59页。
③ 陈龙正：《家矩·勿蓄优伶》，《几亭外书》卷二，明崇祯年间刻本。
④ 沈德符：《万历野获编》卷二十四，第621页。
⑤ 陶爽龄：《小柴桑喃喃录》卷上，明崇祯间李为芝校刻本。
⑥ 张岱：《目莲戏》，《陶庵梦忆》卷六，第52页。按：关于目连戏与佛教及现代京剧的关系，可参见凌翼云：《目连戏与佛教》，广东高等教育出版社1998年版，第184—185页。

阳明学的忠实信徒，越中王门诸子深受这种文化环境的影响乃是必然的。王阳明可以说也是在这样一种具有浓郁民间戏剧传统的环境中长大的。他出生于余姚，成长于绍兴，深受越文化的影响，故时人称其学说“发端”于越地，绝非虚言。

种种史料表明，王阳明自小就对琴棋书画情有独钟。清人褚人获《坚瓠首集》卷一《棋落水》记载，阳明在成化十五年（1479）八岁那年，就以一首《象棋诗》而使周围的成年人拍案叫绝。[①]刘宗周曾对阳明立志以后的表现作过这样的评述：“语云：‘歌演剧戏，则奸盗易生。’故畜优人者，导之奸也。……阳明先生自立志后，群少复来戏游，先生曰：‘吾已为圣人徒矣，岂从子辈游？’群少自此退去，而先生行始卓。”[②]这其实恰好透露出喜好“歌演剧戏”的少年王阳明从“戏游”到“立志”的一段人生经历。这里所说的“戏游”，便包括了“歌演剧戏”。而在“歌演剧戏”中，王阳明最喜爱的乃是“余姚腔”，它属于民间杂剧的一种，是“不被管弦”即“官腔”放在眼里的地方“土腔”（详见后述）。尽管王阳明成年后便改变了志向，立志求道成圣，但早年的生活环境留给他的印记，却是难以磨净的。何况在王阳明周围，一直活跃着一群有良好音乐素养的人，如其高足钱德洪的父亲心渔翁钱蒙，便以音乐著称于世，邹守益说他“好鼓瑟，按九徽为准，纵横上下，曲中音阶，尝自制杖箫，杖长七尺，纳箫于窾，兴至辄取而吹之，声振林谷”；[③]折中王、湛的浙西硕儒钱薇说他“学箫，箫能协律之谐”；[④]工诗善书的邵经济说他“瞽而聪，素谙音律”；[⑤]颇受阳明赞誉的倪宗正《听钱心渔吹箫》诗云：“使我听之神欲非，飘飘秋霜流铁衣。似向江头立江月，百年谁谓知音希。”[⑥]在阳明门下及其后学中间，这种擅长音乐的人才更是不鲜见。比如著名的南昌魏氏五兄弟——良辅、良弼、良政、良器、良贵，皆为阳明信徒，阳

① 此诗《王阳明全集》未载，释文请参见钱明：《新发现的十六篇王阳明佚诗文》，张新民主编：《阳明学刊》（第2辑），贵州人民出版社2006年版。

② 吴光主编：《刘宗周全集》（第2册），第77页。

③ 邹守益：《四然翁赞》，《邹守益集》卷十九，董平编校整理，第917页。

④ 钱薇：《云夜吟序》，《承启堂稿》卷十七，《四库全书存目丛书·集部》（第97册），第264页。

⑤ 邵经济：《西浙泉厓邵先生诗集》卷六，转引自钱德洪：《钱德洪集》，朱炯点校整理，宁波出版社2019年版，第307页。

⑥ 倪宗正：《倪小野先生全集》卷七，转引自钱德洪：《钱德洪集》，朱炯点校整理，第308页。

明巡抚江西时，后四人一起拜在其门下，而良辅则被后人誉为“曲圣”：“梁辰鱼善度曲，啭喉发响，声出金石。昆有魏良辅者，造曲律。世称昆山腔者，自良辅始，而辰鱼独得其妙。”[①]再比如石玉，滁州人，字仲良，号琴乐居士，性严毅，喜琴能诗，尝筑滁州琴乐轩以延文学之士，王阳明景其高风，手书“琴乐轩”以表其宅，而石玉则时时与太仆寺诸君子赓歌唱和。[②]

王阳明十七岁在南昌完婚时，在布政司署住了将近一年半时间，以喜爱音乐而闻名于世的宁王府就在布政司署内。当年（1403年3月）宁王朱权抵达南昌时，曾带来了“知音善歌者三十六人”。在南昌的二十年间，心灰意懒的朱权又把精力投入于音乐和道教，先后编印了《太和正音谱》《太古遗音》《神奇秘谱》等音乐作品，其中的《太古遗音》被称为中国首部成体系的琴论专著，《神奇秘谱》则是中国存世的第一部琴谱集。这些都对宁王府的文化氛围产生了非常重要的影响，整个宁王府在此后的百余年间几乎被笼罩在琴声、歌声之中。而数次来南昌并与宁王府多有交结的王阳明，在原本就具有的浙派音乐细胞中，被进一步注入赣派音乐的诸多养分，乃是顺理成章的事。

信奉阳明学的清初大儒毛奇龄曾在《呈进乐书并圣谕乐本加解说疏》中记录过一段遗事，涉及被阳明部下俘获的宁王府中一批音乐人及其作品的情况：

> 臣幼时，闻臣父敕赠征仕郎翰林院检讨臣镜，每言从祖汀州府同知臣公毅，往从新建伯王守仁征宁庶人时，所俘乐工，得唐时五调歌谱，其中稍言五音七律、四清二变、九声十二律诸法，无非皆声音之事，与旧朝所载乐书徒存备数者，大不相同。而惜其书在王师（指清兵）下江南时，方马遗孽，各东渡焚劫，而其书遂亡。顾臣父临殁，犹执臣兄手叹曰：圣人（指康熙）生，古乐兴；今圣人已御世三十年，后当必有起而兴古乐者，汝其识之。[③]

---

① 吴肃公：《术解·巧艺》，《明语林》卷十，第177条。
② 参见曹家富：《王阳明滁上讲学摭谈》，《滁州职业技术学校学报》2003年第2期。
③ 毛奇龄：《西河合集·文集》奏疏一卷，清嘉庆元年（1796）刻本。

王阳明是否见过宁王府中的这批音乐人或读过他们所藏的乐书，现已无从考证，然毛奇龄此文向我们透露了一条重要信息，即这些音乐人及其所藏乐书，虽然是毛奇龄的祖父、时任福建汀州府同知的毛公毅俘缴的，但当时平叛的总指挥是王阳明，率兵攻破南昌城的也是阳明密友兼部下吉安知府伍文定[①]，这就间接地透露了一些王阳明及其部下与乐人、乐谱的关系。尽管“乐工”在当时的江南一带属于地位低下的“堕人”，但阳明及其部下出于对音乐戏曲的爱好，仍对他们及其所藏歌谱钟爱有加，并作为战利品满载而归。遗憾的是，这些“战利品”到清初就已毁遗殆尽了。

然而，王阳明生活的浙东地区毕竟不同于具有深厚戏曲文化传统的浙西地区。[②]浙东之学素以问学求道著称，所谓“凡海内之知学者，要皆东浙之所衣被也。”[③]戏剧史专家刘水云曾从明清文献中辑出明代较有代表性的蓄乐主人43家，其中浙东仅4家，而浙西竟有30家之多，[④]证明“蓄养优伶、挡弹放歌”之风最盛的地区不在浙东，而在浙西。在这样的学术氛围下，从小生活在浙东越地的王阳明自然不会对蓄养优伶、挡弹放歌太感兴趣。

但从另一方面说，王阳明讲学的特点是内容与形式的统一，并且主张学寓于乐、教寓于游。比如他在滁阳时，“月夕则环龙潭而坐者数百人，歌声振山谷，诸生随地请正，踊跃歌舞”；[⑤]后其门人“建天真精舍于（杭州）龙山之阳”，亦“每形于歌咏”；[⑥]至于当时讲学最盛的绍兴地区，则更是“尚讲诵，习礼乐，弦歌之音不

---

① 伍文定（1470—1530），字时泰，号汝真、松月，松滋人，弘治十二年（1499）进士；曾任吉安知府，佐阳明平捅冈、横水等山寨。宸濠反，伍迎阳明入吉安，出兵平叛。嘉靖间累官兵部尚书兼右佥都御史。有儒将风范，谥忠襄。王阳明与伍文定关系密切，阳明江西诗中有《用韵答伍汝真》和《除夕伍汝真用待隐园韵即席次答五首》。另外阳明还为他写过4篇公移。据钱德洪《平濠记》载："公既拔南昌，知濠将还救，遣伍文定、邢珣、徐琏、戴德孺共领精兵五百，分道迎进，击其不意。濠亦先使精悍千余人从间道，欲出公不意，攻收省城，偶遇于某处，遂交战。我兵失利。报至。公怒甚，欲以军法斩伍文定等。自师兵亲战。或以敌锋方交，若即斩之，兵无统领，俟各奋励以图后效。明日各帅兵奋死以战，大败之。”（徐爱、钱德洪、董沄：《徐爱·钱德洪·董沄集》，钱明编校整理，第232页）可见王阳明对伍文定的要求也比较严格。因此笔者推测，伍文定率部俘获的乐人、乐谱这样的“战利品”，必会上缴给对之钟爱有加的恩师王阳明。

② 参见钱明：《“浙学”的东西异同及其互动关系》，《杭州师范学院学报（社会科学版）》2005年第4期。

③ 沈善洪主编：《黄宗羲全集》（第10册），第213页。

④ 参见刘水云：《明代家乐考》，《中国文哲研究通讯》2003年第1期。

⑤ 王守仁：《王阳明全集》卷三十三，吴光、钱明、董平等编校，第1236页。

⑥ 王同编：《杭州三书院纪略》卷末，《中国历代书院志》（第9册），第120页。

绝”。[①]足见吟诗歌舞乃是阳明讲学论道、吸引众人入门的重要手段之一。除此之外，它还是阳明用来调节情绪、排解郁闷的主要方式。据《阳明年谱》记载，正德三年（1508）王阳明抵贵州龙场驿后，“日夜端居澄默，以求静一；久之，胸中洒洒，而从者皆病，自析薪取水作糜饲之。又恐其怀抑郁，则与歌诗；又不悦，复调越曲，杂以诙笑，始能忘其为疾病夷狄患难也。因念‘圣人处此，更有何道？’忽中夜大悟格物致知之旨”。[②]说明当时在处于彝族等少数民族地区的恶劣环境下，不惟歌诗，就连登不了大雅之堂的越曲，也曾在王阳明的“龙场悟道”过程中发挥过特殊作用。直到阳明殁后，其带去的用家乡方言演唱的越曲，依然流传于贵阳的大街小巷，《阳明年谱》所谓“是年（嘉靖十三年，1534）杏（指巡按贵州监察御史王杏）按贵阳，闻里巷歌声，蔼蔼如越音”，[③]即为明证之一。

说到“越曲”，得多费些口舌。“越曲”即“越调”，又称“余姚腔”，因其产生于余姚而得名，是中国古代南戏四大声腔之一，与浙江海盐腔、江西弋阳腔、江苏昆山腔，合称中国四大戏曲古腔。据文献记载，“余姚腔”之命名，最早见于陆容的《菽园杂记》和祝允明的《猥谈》，而祝氏主要是基于对明代音乐戏曲严加批判的立场提到“余姚腔”的，他说：“自国初来，公私尚用优伶供事，数十年来，所谓南戏盛行，庚为无端，于是声乐大乱。……而歌唱愈缪，极厌观听，盖已略无音、律、腔、调。……愚人蠢工，狥意更变，妄名余姚腔、海盐腔、弋阳腔、昆山腔之类，变易喉舌，趁逐抑扬，杜撰百端，真胡说耳。若以被之管弦，必至失笑，而昧士倾喜之，互为自谩尔。”[④]后徐渭在《南词叙录》中也对“余姚腔”作过评述：“今唱家称‘弋阳腔’者，则出于江西，两京、湖南、闽、广用之；称‘余姚腔’者，出于会稽，常（常州）、润（镇江）、池（贵池）、太（太平）、扬（扬州）、徐（徐州）用之；称‘海盐腔’者，嘉、湖、温、台用之；唯‘昆山腔’止行于吴中，流丽悠远，出乎三腔之上，听之最足荡人，妓女

---

① 沈善洪主编：《黄宗羲全集》（第7册），第245页。
② 王守仁：《王阳明全集》卷三十三，吴光、钱明、董平等编校，第1238页。
③ 王守仁：《王阳明全集》卷三十六，吴光、钱明、董平等编校，第1330页。
④ 祝允明：《祝允明集》，薛维源点校，上海古籍出版社2016年版，第984—985页。

尤妙此，如宋之嘌唱，即旧声而加以泛艳者也。"[①]也就是说，"余姚腔"于明嘉靖年间曾在江南一带广为流行，然万历以后由于"四方歌者皆宗吴门"，遂使"昆山腔"在所谓明代"四大声腔"中脱颖而出，逐渐从一"土腔"而上升为全国性的"曲唱"，而"余姚腔"则逐渐湮没不彰，甚至销声匿迹。这是因为"余姚腔"属于民间杂剧，是一种不入大雅之堂的地方土腔俗曲，而吴中的"昆山腔"由于后来被改造成"流丽悠远，出乎三腔之上"的官腔雅曲，从而跻身于上流社会之列，成了被文人雅士喜爱的昆腔。王阳明喜爱"余姚腔"而不爱"昆山腔"，首先是出于他的家乡情结，另外大概也与其思想的世俗化、平民化取向有一定关系。

有关歌咏在王阳明讲学过程中的具体情形，现有史料虽记载甚少，但我们仍可从钱德洪的《刻文录叙说》中略见一二：

> 先生自辛巳（1521）年初归越，明年居考丧，德洪辈侍者踪迹尚寥落。既后，四方来者日众，癸未（1523）已后，环先生之室而居，如天妃、光相、能仁诸僧舍，每一室常合食者数十人，夜无卧所，更番就席，歌声彻昏旦。南镇、禹穴、阳明洞诸山，远近古刹，徙足所到，无非同志游寓之地。
>
> 甲申年（1524），先生居越。中秋月白如洗，乃燕集群弟子于天泉桥上。时在侍者百十人。酒半行，先生命歌诗。诸弟子比音而作，翕然如协金石。少间，能琴者理丝，善箫者吹竹，或投壶聚算，或鼓棹而歌，远近相答。先生顾而乐之，遂即席赋诗，有曰"铿然舍瑟春风里，点也虽狂得我情"之句。[②]

所谓"比音而作，翕然如协金石"，即随着音乐的节奏，歌声此起彼伏，众人步调一致，铿锵有力，如协金石，似有将士厮杀沙场之声势。作为刚从战场上返回的卓越军事家，王阳明在乐场上亦

① 徐渭：《南词叙录》，《中国古典戏曲论著集成》（第三册），中国戏剧出版社1959年版，第256页。

② 王守仁：《王阳明全集》卷四十一，吴光、钱明、董平等编校，第1576页。按：张岱《快园道古》亦录此段："阳明甲申年居越，中秋月日如洗，乃集群弟子于天泉桥。酒半行，先生命歌诗，诸弟子比音而作，翕然如写金石。少间，能琴者理丝。善箫者吹竹；或投壶聚算，或鼓棹而歌，远近相答。先生顾而乐之，即席赋诗，有曰'铿然舍琴春风里，点出虽狂得我情'。"［张岱：《快园道古（增补本）》，佘德余点校，第118页］。足见当时越中人士对于阳明讲学之盛况及讲学方式多有传言和评价。

显露出高超的指挥才能，使得“能琴者理丝，善箫者吹竹，或投壶聚算，或鼓棹而歌”；琴箫协奏，“远近相答”，场面不亦乐乎！

至于歌咏的内容，现已无从查考，估计与王阳明所创作的诗赋以及所要表达的思想学说有密切关系。而歌咏方法和演奏方法，则因流行于当时的一些书院讲会而被个别书院志忠实地记录了下来。如万历《虞山书院志》卷四《院规》里便记有王阳明的“九声四气歌法”：“歌咏以养性情，乃学之要务。夫诗不歌，不得其益。子与人歌，而善取瑟而歌。圣人且然，况于学者？今后同志相会，须有歌咏。无论古乐，即阳明九声四气歌法，其意亦甚精深。”[①]同书《乡约仪·歌诗》中则提到了王阳明的“钟鼓之节”：“歌生二人出班诣案前歌孝顺父母、尊敬长上诗二章，会众俱和歌。钟鼓之节，依阳明先生旧法。”[②]此所谓“依阳明先生旧法”，即指《虞山书院志》中所载之《歌法》。此“歌法”虽用于吟诗，故又称“歌诗之法”，但却与阳明学派的讲学、讲会密不可分，盖因吟诗乃讲学、讲会的重要形式，也是一种简易切要的教学法，更容易与受众尤其普通平民产生共鸣。比如王阳明就是通过《咏良知四首》等诗歌来宣讲和解释自己的“致良知”说，并且获得极佳效果的。

至于王阳明“九声四气歌法”的具体内容，《虞山书院志》卷四《歌法（原注：此阳明先生法）》则从“九声半篇”“四气半篇”“九声全篇”“四气全篇”四个方面作了详细阐释。[③]近年来中

① 《中国历代书院志》（第8册），第73页。按：关于王阳明的“九声四气法”，其高足王畿曾从心学的立场出发作过简要述评：“宋子命诸生歌诗，因请问古人歌诗之意。（阳明）先生曰：‘古人养心之具，无所不备，琴瑟简编、歌咏舞蹈，皆所以养心。然琴瑟、简编、舞蹈皆从外入，惟歌咏是元气元神欣合和畅，自内而出，乃养心第一义。舜命夔典乐教胄子，只是诗言志、歌永言，四德中和，皆于歌声体究，荡涤消融，所以养其中和之德，而基位育之本也。……《礼记》所载‘如抗如坠，如槁木贯珠’，即古歌法。后世不知所养，故歌法不传。’至阳明先师，始发其秘，以春夏秋冬、生长收藏四义，开发收闭，为按歌之节，传诸海内，学者始知古人命歌之意。先师尝云：‘学者悟得此意，直歌到尧舜羲皇。只此便是学脉，无待于外求也。’”（王畿：《王畿集》，吴震编校整理，第160页）后刘宗周亦曰：“四气在人，无物不有，无时不然，即一言一动皆备。诚通处，便是喜而乐；诚复处，便是怒而哀。贞下起元，循环不已，故记曰：‘哀乐相生。’即一呼一吸间，亦可理会，如方呼方吸，即是喜与怒；既呼既吸，即是乐与哀。如阳明歌法，备春夏秋冬。开口定轻微，从之必重畅，舒畅后必急疾，急疾后必收敛，未复悠扬振起。这声气自然而然，岂是强安排者？今梨园传奇节奏皆然，阳明亦有所本。”［吴光主编：《刘宗周全集》（第2册），第161—162页］

② 《虞山书院志》卷四，《中国历代书院志》（第8册），第82页。

③ 《中国历代书院志》（第8册），第76—79页。按：在《虞山书院志》卷四《射诗》中，还载有陈白沙歌法（《中国历代书院志》，第80—81页），似可拿来与王阳明歌法作番对比，这不仅有益于陈、王学术思想的比较研究，而且对中国音乐史的研究亦不无裨益。顺便说一下，明代广东琴学昌盛，琴人辈出，陈白沙是当时较有影响的琴家之一，他喜欢藏琴，对书画也情有独钟。

外学者又分别从文献学、书院讲学、音乐教育等方面对“九声四气歌法”作了梳理和研究，[①]终使这个几乎被世人遗忘的、与阳明学派的讲学讲会密切相关的“歌法”重见天日。

据束景南考述：“阳明门人朱得之辑《稽山承语》载一条语录云：‘歌诗之法，直而温，宽而栗，刚而无虐，简而无傲。歌永言，声依永而已。其节奏抑扬，自然与四时之叙相合。’此与四时之叙相合之‘歌诗之法’，即指阳明之九声四气歌法也。故《稽山承语》接录一条语录云：‘丙戌春末，师同诸友等香炉峰，各尽足力所至，惟诗与董萝石、王正之、王惟中数人至顶。时师命诸友歌诗，众皆喘息不定。萝石仅歌一句，惟中歌一章，师复自歌，婉如平时。’阳明与众门人所用歌诗之法，即此九声四气歌法也。又詹景凤《詹氏性理小辨》卷四十四《歌》云：‘近日王文成以己意教人歌，如四句诗，首句声微重，象春；次重，以象夏；次稍轻，以象秋；次又轻，以象冬。第四句歌竟，则余音联续不断，复将第四句赓歌微重，以象春起冬尽。恐古所谓声歌，意不此也。’可见阳明确尝定有九声四气歌法。”同时北方王门的尤时熙在《拟学小记》卷六《纪闻》中亦记叙了其与何吉阳、王云野及数友讲学时尝用“阳明先生调”，并深受感动，“乃知歌诗与学，更是直截，不涉阶级，愧未能缉熙耳”。可见阳明九声四气歌法在当时甚流行，王畿谓“传诸海内”，并非虚言。而“阳明训蒙教童生学者尤重歌诗涵咏，其……在《教约》中专设一章论歌诗云：‘凡歌诗，须要整容定气，清朗其声音，均审其节调，毋躁而急，毋荡而嚣，毋馁而慑，久则精神宣畅，心气和平矣。每学量童生多寡，分为四班。每日轮一班歌诗，其余皆就席，敛容肃听。每五日则总四班递歌于本学，每朔望集各学会歌于书院。’其说与此《歌法》同。阳明此《训蒙大意》及《教约》作在正德十五年（1520）在江西大兴社学时，阳明九声四气歌法当于其时已初步形成，并用之于社学，如《邹守益集》卷二《谕俗礼要序》云：‘予尝受学于阳明先生，获见虔州之

---

①参见鹤成久章：《王阳明作“九声四气”の歌法资料について》（《汲古》2001年第35号）、《梁尘を动かす圣なる歌声——明代书院における歌仪について》（《福冈教育大学国语科研究论集》1998年第39辑）；钱明：《王阳明的音乐戏曲思想与实践》（《孔子研究》2006年第1期）；张昭炜：《关于王阳明九声四气法的三个层次》（《世界宗教研究》2015年第1期）；潘建国：《九声四气咏良知》，稽山书院网，2019年。

教，聚童子数百而习以诗礼，洋洋乎雅颂威仪之隆也！’其最后审订九声四气歌法则在嘉靖中归越主教阳明书院与稽山书院时”。[①]

后潘建国又据此推断：“在住持稽山书院讲学期间，王阳明潜心良知之学，传播良知之教。在教学方法上，王阳明非常重视歌诗教育，他在总结古人吟唱及佛教梵呗的基础上，将独创的‘九声四气歌法’，作为‘调燮之妙用，政教之根本，心学之枢要，声歌之极致’，在稽山书院的教学中倡导推广。王阳明认为这样不仅能激发学子们立志，而且还能使他们的性情开朗活泼，‘故凡诱之歌诗者，非但发其志意而已，亦以泄其跳号呼啸于咏歌，宣其幽抑结滞于音节也’。……每朔望（初一、十五），王阳明都会集各学者歌诗于稽山书院……教授弟子们以“九声四气歌法”传唱《咏良知》等，直指‘心之本体’，‘传诸海内’，影响甚远。”潘先生在努力再现阳明当年讲学方式的同时，还致力于在民间推广“九声四气法”，以图用更加通俗的办法让阳明心学被社会大众理解并接受。最后他用3句48字诀来概括阳明的“九声四气歌法”：金声玉振，整容定气；声音清朗，节调均审。氤氲开合，四气回旋；浸肌浃髓，收春一身。气韵内转，归根关元；妙哉亥子，学音贯穿。

不过，如果从思想史的角度分析，《虞山书院志》卷四《乡约仪·歌诗》中的一段记录对于分析王阳明的思想主张或许更具学术价值：

> 歌诗须会众齐声和歌者，以宣畅人心之和气也。凡我百姓，无论老幼，俱要熟读乡约诗，家常无事；父子兄弟相与按法而歌，感动一家；良心稍镕大小邪念，莫切于此。若以歌诗为耻，何不思量：较之唱曲何如？今天下人未有不知唱曲者，何独不肯歌诗？昔日尧舜也，曾赓歌；孔子也，与人歌。大帝大圣，岂不可法？凡我百姓，肯依吾言者，便是良善人也。[②]

---

① 束景南：《王阳明年谱长编》，第1737—1739页。

②《中国历代书院志》（第8册），第82页。按：虞山书院在苏州常熟县，始建于宋代，明万历年间被毁，后耿橘（字庭怀，号蓝阳）来令常熟，“值东林讲席方盛，复虞山书院，请泾阳主教。泾阳既去，先生身自主之”［沈善洪主编：《黄宗羲全集》（第8册），第854页］，耿氏之学，“颇近近溪，与东林微有不同”［沈善洪主编：《黄宗羲全集》（第8册），第854页］；其重乐学，故于音情有独钟，《虞山书院志》就是由他并主持编纂的。该志成书时间距阳明过世不远，当时尚有个别阳明门人健在，故其记载应有相当的可信度，但并不能排除编纂者根据己意而摘述阳明言语的可能性。

这段有关音乐教学及其作用但并未注明作者的重要语录，从说话的语气及上下文分析，当为王阳明对歌诗“旧法”的阐释，属《王阳明全集》未刊之文字。而其思想内涵，则与王畿所记阳明之言“学者悟得此意，直歌到尧舜羲皇，只此便是学脉，无待于外求也”，[①]有异曲同工之处。

谈了歌法，我们再来谈谈乐器。通常要歌咏，就得有音乐伴奏，音乐伴奏，又离不开乐器。故而王阳明又认为：“琴、瑟、简编，学者不可无，盖有业以居之，心就不放。”[②]也就是说，学者不能没有琴、瑟等乐器及简编之书籍，这些东西能使人安居乐业，以免放纵堕落。或许正是因为对歌咏、音乐的痴迷，才使阳明对琴、瑟等乐器亦爱不释手，[③]以至对赴越从学的优秀学子，阳明会以乐器作为礼物相赠。比如正德十四年（1519），王襞（号东厓）九岁，从其父王艮游学至越，“士大夫会者千人。阳明命童子歌，多嗫嚅不能应，东厓意气恬如，歌声若金石。阳明召视之，知为心斋子，诧曰：‘吾固知越中无此儿也。’”[④]嘉靖三年（1524），十四岁的王襞已“精音律，善操。阳明公以玉琴赠先生（王襞），曰：‘此王侯物也。’遂辞之”。此件玉琴，当为阳明所藏之宝物，之所以相赠，乃是见王襞“器宇不凡，吾道当又寄矣”。[⑤]阳明器重王襞，尤其对他充满童心的音乐天赋赞赏有加，而王襞也的确没有辜负阳明的期望，把先师的教育理念和方法带回并运用于家乡泰州的讲会活动。据《东厓学术》记载：王艮去世后，“东厓望日隆，四方聘以主教者沓至。罗近溪（汝芳）守宛则迎之，蔡春台（国熙）守苏则迎之……归则随村落大小扁舟往来，歌声与林樾相激发，闻者以为舞之风复出”[⑥]。而王襞也成了从浙中王门到泰州王门的一个重要的中间环节。

---

① 王畿：《王畿集》，吴震编校整理，第160页。

② 王守仁：《王阳明全集》卷三，吴光、钱明、董平等编校，第114页。

③ 王阳明爱琴，还为多种史料所证实，如他赴龙场就是带着心爱的琴去的，这可从湛甘泉所赠诗中看出，诗云：“谁为别鹄吟，此曲多慷慨。”“援琴不成声，掩抑泪横泗。”“上弦含清响，未弹意先传。”［湛若水：《泉翁大全集》（第3册），钟彩钧、游腾达点校，第1017—1018页］遗憾的是，王阳明喜爱或使用过的琴没有被保留下来，而陈白沙喜爱的宋琴“沧海龙吟”则被保存了下来，现藏于广东省博物馆。

④ 王士纬：《东厓学术》，王艮：《王心斋全集》，陈祝生等校点，第130页。

⑤ 王襞：《明儒王东厓先生遗集》，王艮：《王心斋全集》，陈祝生等校点，第206页。

⑥ 王士纬：《东厓学术》，《王心斋全集》，第130页。

众所周知，有明一代，王阳明及其后学是平民教育的主要推动者和践行者，而其本人又被视为“力行诗教最为倾情用力的一位大儒”，其所创作的近千首诗歌，[①]言志明道者占据主要分量，以诗证心、诗以明道、寓教于诗、教以诗传，乃阳明举办讲学讲会的重要方式。这是因为，平民教育与诗教之间存在着的紧密关系。正因此，阳明的良知心学“具有浓郁的诗学意味”[②]，诗学、诗教成为良知学、良知教的组成部分。然诗学、诗教又离不开乐理歌法，也离不开琴瑟乐器，是故力行诗教的王阳明，爱好戏剧，创作歌法，收藏乐器，具有较高的音乐素养，乃是顺理成章的事。

然而，王阳明毕竟是个心学思想家，而非专业音乐家，所以他的音乐理论也是要为其心学体系服务的，而且这种服务，在一定程度上还改变了他早年对民间音乐戏曲的态度。《传习录》中有几条便涉及他在这方面的重要论述：

> 问“志于道”一章。先生曰：“只‘志道’一句，便含下面数句功夫，自住不得。譬如做此屋，‘志于道’是念念要去择地鸠材，经营成个区宅；‘据德’却是经画已成，有可据矣；‘依仁’却是常常住在区宅内，更不离去；‘游艺’却是加些画采，美此区宅。艺者，义也，理之所宜者也。如诵诗、读书、弹琴、习射之类，皆所以调习此心，使之熟于道也。苟不‘志道’而‘游艺’，却如无状小子，不先去置造区宅，只管要去买画挂，做门面，不知将挂在何处？”
>
> 黄以方问：“‘博学于文’，为随事学存此天理，然则谓‘行有余力，则以学文’，其说似不相合。”先生曰：“《诗》《书》、六艺，皆是天理之发见，文字都包在其中，考之《诗》《书》、六艺，皆所以学存此天理也，不特发见于事为者方为文耳。‘余力学文’，亦只‘博学于文’中事。”[③]

在阳明看来，“《诗》《书》、六艺，皆是天理之发见”，然

---

① 刘强：《论阳明心学及其诗学与“诗教”》，《孔子研究》2020 年第 3 期。
② 参见左东岭：《良知说与王阳明的诗学观念》，《文学遗产》2010 年第 4 期。
③ 王守仁：《王阳明全集》卷三，吴光、钱明、董平等编校，第 100、118 页。

"心即理"，故"六艺"亦可谓心体之"发见"，或曰"艺者，义也，理之所宜者也"；而所谓"所宜者"，即天理之恰当处，抑或心体之纯净处。因此"弹琴"，就是为了"调习此心"，从而"使之熟于道也"；苟不"志道"而"游艺"，则"游艺"便成为无基之区宅、无根之枝叶。不惟"六艺"，就连"诗文"亦复如此，故其《书玄默卷》载：

> 玄默志于道矣，而犹有诗文之好，何耶？弈，小技也，不专心致志则不得，况君子之求道，而可分情于他好乎？孔子曰："辞达而已矣。"盖世之为辞章者，莫不以是借其口，亦独不曰有德者必有言，有言者不必有德乎？德犹根也，言犹枝叶也，根之不植，而徒亦枝叶为者，吾未见其能生也。予别玄默久，友朋得玄默所为诗者，见其词藻日益以进，其在玄默，固所为根盛而枝叶茂者耶？①

于是在阳明看来，那些"业辞章、习训诂、工技艺"的枝叶功夫，即使"弊精极力，勤苦终身"，亦皆为无功之劳的身外之物，"宁有所谓自得逢原者哉？"要"自得"，惟求道，因为"道，吾性也；性，吾生也；而何事于外求？"然求道则必须求乐，道为本体，乐为境界，两者是相辅相成的，故又谓"乐是心之本体""常快活便是功夫"。于是阳明又由为"乐"所规定的"心之本体"而强调"乐学"。"乐学"的内容是"道"，而形式则是快乐的歌咏及乐器伴奏，所谓"风月为朋，山水成僻，点瑟回琴，歌咏其侧"是也。所以阳明在乐学求道的过程中，不仅不排斥音乐，更是利用音乐来为自己的教学内容服务，"援琴俯流水，调短意苦长。遗音满空谷，随风递悠扬"，②以便在悠扬的乐曲声中，展开与往圣的对话，与弟子的互动，进而传播己说，教化众人。

在"乐学"即"心学"的框架内，王阳明还通过对儒家经典的诠释而折射出自己的音乐见解：

---

① 王守仁：《王阳明全集》卷八，吴光、钱明、董平等编校，第 274 页。

② 王守仁：《王阳明全集》，吴光、钱明、董平等编校，第 265、193、112、1438、726 页。

爱又问："恶可为戒者，存其戒，而削其事以杜奸，何独于诗而不删郑、卫？先儒谓恶者可以惩创人之逸志，然否？"先生曰："《诗》非孔门之旧本矣。孔子云：'放郑声，郑声淫。'（语出《论语·卫灵公》）又曰：'恶郑声之乱雅乐也。'（语出《论语·阳货》）郑、卫之音，亡国之音也（语出《礼记·乐记》："郑、卫之音，乱世之音也，比于慢矣。桑间、濮上之音，亡国之音也。"）。此是孔门家法。孔子所定三百篇，皆所谓雅乐，皆可奏之郊庙，奏之乡党；皆所以宣畅和平，涵泳德性，移风易俗，安得有此？是长淫导奸矣。此必秦火之后，世儒附会以足三百篇之数。盖淫泆之词，世俗多所喜传，如今闾巷皆然。恶者可以惩创人之逸志，是求其说而不得，从而为之辞。"①

在阳明看来，只有纯正典雅的音乐，才可以在祭祀天地祖先的场所和乡村演奏，从而起到宣畅和平、涵养品德、移风易俗的作用，而像郑、卫之音，只会助长淫逸、导致亡国。其弟子王畿更是从人的审美情趣的角度解释道："昔之人，有听古乐而睡，听郑卫之音而不知倦。此无他好，好有所溺则人心变矣。"②不难看出，王门的这些观点，其实都是从宋儒那里搬来的，实在谈不上有什么"自得"之处，与喜欢标新立异的王学个性相去甚远。

但是，这并不等于在对待宋儒的音乐思想方面，王阳明就没有提出过自己的见解，例如下面这段话，便是他针对朱熹弟子蔡元定所著的《律吕新书》有感而发的：

问《律吕新书》，先生曰："学者当务为急。算得此数熟，亦恐未有用，必须心中先具礼乐之本方可。且如其书说多用管以候气。然至冬至那一刻时，管灰之飞，或有先后，须臾之间，焉知那管正值冬至之刻？须自中心先晓得冬至之刻始得。此便有不通处。学者须先从礼乐本原上用功。"③

① 王守仁：《王阳明全集》卷一，吴光、钱明、董平等编校，第10页。
② 王畿：《送王仲时北行序》，《王畿先生全集》卷十四，吴震编校整理，第385页。
③ 王守仁：《王阳明全集》卷一，吴光、钱明、董平等编校，第20页。

律吕即基准之音阶，有六律六吕十二声。《律吕新书》对乐律与气候的分析，后得到朱熹的高度赞许。其主要内容是说古人用黄钟律管测定节气变化，把芦苇之灰放进律管里，冬至来时，阳气上升，管中的灰就会飞扬。但阳明却认为，学者必须先从礼乐的根本上下功夫，反之，即使把乐律确定的方法算得再熟也没有用。这显然是在用自己的心本论改铸宋儒的“格物”论。

据钱德洪的《答论年谱书》载，当时向王阳明提问《律吕新书》的人是王门中存有争议的舒芬①：

> 是年，（张）石盘携其子（指舒芬子舒赠君）会复古。其子举人（似指赠君子舒琛），至今常在会，未有及门之说。昨南昌闻之诸友，相传因问律吕元声，乃心服而拜。盖其子侄辈叙其及门之端也。昨见兄疑，又检中离《续同志考》，舒芬名在列，则其诸所相传者不诬也。如兄之教，去前“不欲”一段，存后“问元声”语可矣。②

舒芬精通音律，熊赐履《学统》曰：“芬兼知天文，晓音律，尝与香山黄佐反复究论，佐深韪焉。”③钱德洪所编的《阳明年谱》亦载：正德十五年（1520）九月，阳明在南昌，“进贤舒芬以翰林谪官市舶，自恃博学，见先生问律吕。先生不答，且问元声。对曰：‘元声制度颇详，特未置密室经试耳。’先生曰：‘元声岂得之管灰黍石间哉？心得养则气自和，元气所由出也。《书》云‘诗言志’，志即是乐之本；‘歌永言’，歌即是制律之本。永言和声，俱本于歌。歌本于心，故心也者，中和之极也。’芬遂跃然拜弟子。”④不难看出，舒芬其实是被王阳明的一番心体与元声、心体与歌唱之间关系的论述打动了，所以才“跃然拜弟子”。而在阳明的众多弟子中，明确因服膺阳明的音乐理论而入其门者，唯有舒芬

---

① 舒芬（1484—1527），字国裳，号梓溪，江西进贤人，明正德十二年（1517）状元，授翰林修撰，极谏武宗南巡，被廷杖三十，左迁福建市舶司副提举。著有《有易问笺》《周礼定本》《东观录》等，有《舒梓溪先生文集》存于世。

② 王守仁：《王阳明全集》卷三十七，吴光、钱明、董平等编校，第 1377 页。

③ 熊赐履：《学统》卷四十二，《续修四库全书》（第 514 册），第 45 页。

④ 王守仁：《王阳明全集》卷三十四，吴光、钱明、董平等编校，第 1278 页。

一人。那么钱德洪为何要在《年谱》及《答论年谱书》中对舒芬入门的事实作反复交代呢？我想，其中除了有纯洁门户的目的之外，恐怕还与钱氏受其父亲影响而对音乐戏曲抱有浓郁兴趣有一定关系。但不知何故，后来黄宗羲却对以舒芬为阳明弟子之说持否定态度。据《明儒学案》卷五十三《文节舒梓溪先生芬》载：

> 周海门遂言，庚辰，先生（指舒芬）见文成于南昌，与论乐之元声，跃然起拜，称弟子。按先生（指舒芬）《答周汝和书》云："阳明盛心，欲稍进生高明之域，固所卒愿，第今为罪斥人，而千里往返无忌，似忘悔惧。在生虽满朝闻之愿，而或累于阳明，则不能不虑及也。"此是先生官市舶闽中书也。先生以己卯入闽，至次年九月以父忧始归，计庚辰卒，岁在哀毁之中，无见文成之理。若九月以前，则先生之书可据。庚辰之见，真为乌有。逮至辛巳秋，文成归越，随即居忧。丁亥九月，文成出山，而先生已于三月不禄矣，其非弟子可知。仲尼之门，考以四科，回、赐之徒，不称官阀。一状元何足以重文成，而必欲牵引之乎？①

文中的周海门之言，实源自钱德洪编的《阳明年谱》。而黄宗羲所提出的"一状元［舒芬正德十二年（1517）成进士第一］何足以重文成，而必欲牵引之乎"的质疑，的确值得我们梳理王门时慎重对待。当然，黄宗羲的《明儒学案》在史料来源、资料采集等方面其实也存在许多缺陷和错讹，因而他在文中所做的推断恐怕亦并不能全信。相比之下，倒是作为王门中贡献最大的教授师和文献家，钱德洪所言无论真伪如何，仍具有相当的分量。②

在音乐方面，王阳明不同于传统儒学的地方，还表现在他对流行于民间的音乐戏曲不是简单地予以否定，而是从教化庶民的目的出发，"只取忠臣孝子故事"，利用音乐戏曲"人人晓得"的通俗性和观赏性，使"愚俗百姓""感激他良知"，从而达到"化民善

---

① 沈善洪主编：《黄宗羲全集》（第8册），第615页。

② 有关舒芬与王阳明及阳明门人的交往过程及其中的曲折关系，尤其是舒芬问阳明律吕的提问以及"称弟子"的问题，余辉的《明儒舒芬与阳明之关系》（《第二届阳明文化国际论坛论文集》，江西崇义，2019年）一文有详尽考论，可资参考。

俗”“返朴还淳”的社会效果。据《传习录》载：

> 先生曰：“古乐不作久矣。今之戏子，尚与古乐意思相近。”未达，请问。先生曰：“《韶》之九成，便是舜的一本戏子。《武》之九变，便是武王的一本戏子。圣人一生实事，俱播在乐中，所以有德者闻之，便知他尽善尽美与尽美未尽善处。若后世作乐，只是做些词调，于民俗风化绝无关涉，何以化民善俗[①]？今要民俗反朴还淳，取今之戏子，将妖淫词调俱去了，只取忠臣孝子故事，使愚俗百姓人人易晓，无意中感激他良知起来，却于风化有益[②]。然后古乐渐次可复矣。”曰：“洪要求元声不可得，恐于古乐亦难复。”先生曰：“你说元声在何处求？”对曰：“古人制管候气，恐是求元声之法。”先生曰：“若要去葭灰黍粒中求元声，却如水底捞月，如何可得？元声只在你心上求。”曰：“心如何求？”先生曰：“古人为治，先养得人心和平，然后作乐。比如在此歌诗，你的心气和平，听者自然悦怿兴起，只此便是元声之始。《书》云‘诗言志’，志便是乐的本；‘歌永言’，歌便是作乐的本；‘声依永，律和声’，律只要和声，和声便是制律的本。何尝求之于外？”曰：“古人制候气法，是意何取？”先生曰：“古人具中和之体以作乐。我的中和，原与天地之气相应。候天地之气，协凤凰之音，不过去验我的气果和否。此是成律已后事，非必待此以成律也。今要候灰管，先须定至日，然至日子时，恐又不准，又何处取得准来？”[③]

《韶》相传是舜所作的乐曲名，《武》相传是武王所作的乐曲

① 清代戏剧理论家李调元《剧话》卷上所引与此稍异。李调元还评论道：“此论最为得旨。”［《中国古典戏曲论著集成》（第8册），中国戏剧出版社1982年版，第37页］

② 清人梁恭辰《劝戒录五编》卷六在谈到如何点戏时曾引用过阳明的这段话，并举出更多忠孝节义的剧目，以说明戏曲可以通过潜移默化的影响力，发挥其劝诫教化的作用，指出：“凡劝化之最足动人者，莫如演做好戏。……故点戏者，务要点忠孝节义等出……见之者每多感泣，比寻常劝化之功，胜过百倍。”清人冯元成《礼说》则评说阳明的戏剧观是“劝善戒恶，有古乐之遗”（参见徐宏图：《王阳明与戏曲》，《戏曲研究》2003年第2期）。说明对阳明的音乐戏剧思想与实践，就是清人亦是持肯定态度的。

③ 王守仁：《王阳明全集》卷三，吴光、钱明、董平等编校，第113页。

名，九成即《周礼》大司乐的九变，相当于现在的九个乐章。[①]元声是黄钟管发出的声音，为十二律所依据的基准音。“便知”句，语出《论语·八佾》：“子谓《韶》：‘尽美矣，又尽善也。’谓《武》：‘尽美矣，未尽善也。’”《书》云句，语出《尚书·舜曲》：“诗言志，歌永言，声依永，律和声。”意思是说：诗表达的是思想情感，歌曲咏唱的是诗句，声音的高低与咏唱的风格相符合，音律则与声音高低相和谐。在阳明看来，后世制作乐曲，只是作一些俗词滥调，与民风教化毫无干系，这怎能用来教化民众、改良风俗呢？如今要想使民风返璞归真，就得统统删去戏曲中的淫词滥调，而只保留忠臣孝子的故事，使百姓人人都能明白，从而在潜移默化中激发他们的良知。阳明甚至认为：元声只能到心里去找，只有具备了中正平和的心体才能创作音乐，这与古人治理天下是一个道理。总之，志是诗之根本，亦是乐之根本，更是国之根本，治国、歌咏其实都在于致良知。这可以说是阳明晚年对音乐戏剧创作和体验的一个总结。

基于这样的立场，王阳明对当时多讲孝义的目连戏也给予了很高评价，其所说的“词华不似《西厢》艳，更比《西厢》孝义全”，便是为晚明戏剧作品所反复引用的一句话。此言见于目连戏的发祥地之一安徽南陵《南陵县志》中，其前后文是：

> 陵民报赛酬神，专演目连戏，谓父乐善好施，子取经救母。王阳明先生评目连曲曰：“词华不似《西厢》艳，更比《西厢》孝义全。”亦神道设教意也。[②]

后来该评语还被明人郑之珍编撰的《目连救母劝善戏文》所采纳，收于卷下首折《开场·鹧鸪天》中。[③]这说明，王阳明在晚明的音乐戏剧界还是有相当影响力的，而无论这种影响力是来自阳明的音乐戏剧理论，还是来自被对象化的阳明戏剧形象。

应当指出的是，王阳明从道学家的立场出发，单纯地把音乐戏

① 《尚书·益稷》：“箫韶九成，凤凰来仪。”
② 转引自徐宏图：《浙江省目连戏资料汇编》，施合郑民俗文化基金会 1994 年版，第 196 页。
③ 参见徐宏图：《王阳明与戏曲》，《戏曲研究》2003 年第 2 期。

剧当作宣教的工具，势必会造成类似《五伦全备记》等教化剧的泛滥，从而背离音乐戏剧创作的规律。而且从实际效果来看，这样的教化剧不仅难以真正起到教化的作用，反而会导致音乐戏剧的泛政治化和伦理化，以至失去创新的动力与源泉。阳明以后尤其是晚明的音乐戏剧界，亦如同其他艺术门类一样，主情论的思潮风起云涌。在主情论者看来，音乐戏剧的根本精神在发乎性灵真诚、忠于主体情感的自然呈现，因此就必须摆脱其功能性和道德性的局限。然王阳明的良知论从本质上说是普遍道德之理与个体感性之情的统一，亦即道德性与情感性的统一，是故其在鼓吹音乐戏剧宣教作用的同时，其实也为主情论的兴起开辟了道路。就历史定位而言，明代主情论的提出乃是文学艺术领域的一个重要转折，它既是对先秦两汉言志论的进化，也是对魏晋缘情论的发展，更为入清后的主情论奠定了基础。从一定意义上说，王阳明的音乐戏剧思想与实践乃是这种转折的前奏曲和发动机。

另外还值得注意的是，王阳明去世后，与其他形式的文学艺术一样，通过戏曲音乐来为阳明先生评功彰显的也大有人在。如余姚戏曲家吕天成（1508—1618，字勤之，号棘津、郁蓝生），于明万历三十六年（1608）以阳明的文治武功为题材创作了传奇《神剑记》，可惜剧本今已失传，只能从其友人的评品中窥其剧貌。沈璟《致郁蓝生书》中称：“《神剑记》为新建发蕴，可令道学解嘲。”祁彪佳《远山堂曲品》赞《神剑记》道：“以王文成公道德事功，谱之声歌，令嗔笑者如识公之面，可佐传史所不及。曲白工丽，情境婉转。”[①]沈、祁两位皆为明中后期著名曲评家，他们对吕天成《神剑记》的评价，反映了该戏曲在当时较高的影响力，也说明中明以后对王阳明的塑造已到了相当的程度，尤其在普及性即社会化方面做了大量工作。

① 转引自钱百治：《王阳明与戏曲》，《阳明史脉》2020 年第 2 期。

第二节 传承书艺

在中国近世的著名思想家中，王阳明的法书墨迹流传下来的大概是最多的，并以“清秀俊逸、规矩古法”的艺术特点载入中国书法史册。据专家初步统计，现存于海内外的阳明手迹、遗墨和碑刻有近百件，其中绝大部分已被收入计文渊编著的《王阳明法书集》（西泠印社出版社1996年版）和《余姚书画丛刊》之二《王阳明法书研究》（中国美术出版社2015年版），启功主编的《中国书法大全》（文物出版社1999年版），故宫博物院和绍兴博物馆编的《王阳明书法作品全集》（故宫出版社2016年版），河南美术出版社编的《王阳明书法真迹影印本》（河南美术出版社2017年版），杨儒宾和马渊昌也主编的《中日阳明学者墨迹》（台湾大学出版中心2008年版），以及江西美术出版社2010年出版的《庐山历代石刻》和庐山白鹿洞书院2002年印行的《白鹿洞书院名碑法帖》等有关王阳明的书法、碑帖作品中。除此之外，王阳明的手迹遗墨还散见于日本明治至大正时期发行的《阳明学》杂志[①]、贵州人民出版社1999年出版的《王阳明谪黔遗迹》和2002年出版的《贵阳阳明祠·阳明洞碑刻拓片集》、朱思维的《王阳明巡抚南赣诗文墨迹题刻》（中国文史出版社2016年版）、王程强编《知行合一：王阳明咏良知手迹》（河南美术出版社2016年版），以及个别明人文集和明清谱牒中[②]。

王阳明的书法作品除了其亲笔书写的书信手卷或手书的牌匾题刻（如于都罗田岩题刻、赣州通天岩题刻、余姚龙泉山麓关帝庙前的“第一山”巨碑石刻等）外，[③]还有镌刻在各地摩崖石壁上手迹碑刻。据笔者所知，现存王阳明手迹碑刻中最著名的至少有5处，即江

---

① 该杂志的合订本已由冈田武彦监修，日本明德出版社1992年影印发行。

② 如《半江赵先生文集叙》即为难得的王阳明法书手迹（见《四库全书存目丛书·集部》第42册，第122—124页）。

③ 其中“第一山”为“相传”，并非确证。据余姚名士朱鄂然说：“到关帝庙小游，首门树石碑，中书‘第一山’三字，旁无题者姓氏，不知何人所书，相传为阳明手笔。碑阴有翁大立撰文，孙鋐书。”（朱鄂然：《朱鄂生日记》，朱炯整理，凤凰出版社2021年版，第211页。再参见本书附录《早期日本人来浙考察王阳明遗迹考述》之一高濑武次郎及其《参拜王阳明先生祠堂》）

西崇义县思顺乡桶冈村的《茶寮碑》磨石碑刻①、江西龙南县城北3公里桃江东岸的玉石仙岩《平浰头碑》洞窟石刻、江西九江市庐山秀峰李璟读书台下的《记功碑》磨石碑刻、河南浚县城关镇伾浮路东段大伾山中大石佛北崖下的《大伾山诗》和《大伾山赋》碑刻，以及安徽枞阳县浮山会圣寺旁朝阳洞南侧的阳明诗崖壁石刻。

《茶寮碑》正文左侧上面刻有“纪功岩”三个大字，故知此石刻原名叫纪功岩，后因《王阳明全集》里称其为《平茶寮碑》，所以后人也习惯称它为“茶寮碑”。碑文被刻在一块单体巨石上，巨石高8.31米，宽3.45米，厚1.85米，正面磨石碑刻高3.75米，宽1.85米。正文楷体共318个字，碑文字迹虽有剥蚀，但大部仍可辨认。通行本《王阳明全集》之《平茶寮碑》仅录171字，与原碑相比，缺了最后参战有功人员的职务、姓名135字，主要内容中也缺了8字，致使《全集》本与原碑在内容上有所出入、在断句标点上也出现差异。②茶寮碑除正面碑文外，碑石左右两侧亦均刻有文字。正文右下面为督工李璟纪述茶寮碑勒刻始末，因年深日久字迹磨灭已不可辨，现仅存“干字营随征督工吏永丰李璟”几个字依稀可识。碑石右侧文字很多，上部为阳明草书《桶冈和邢太守二首》，由于字径小，受风雨剥蚀，现大多不可辨。③

《平浰头碑》碑文共190字，是王阳明在玉石仙岩留下的最重要的手书石刻，然现今只能辨识63字，幸好被赣州道尹邵启贤于民国九年录于《赣石录》中，尽管该书在录入时，落款文字多有缺漏。玉石仙岩位于龙南县城北3公里的桃江东岸龙南镇红杨村。其岩峰海拔307米，山体为突立的石灰岩地貌，因岩石灿若白玉，故名“玉石岩”。原有上岩、下岩、新岩，因山体遭到破坏，现只留下下岩。岩中有个天然溶洞，名“玉虚洞”。正德十三年（1518）三月中旬，王阳明班师回军龙南县城，途经玉石仙岩，因身有疾恙，驻足玉石岩小憩。驻此期间，王阳明命人刊刻纪功碑（即《平

①1992年5月，笔者曾跟随以冈田武彦先生为首的中日联合王阳明遗迹考察团，从崇义县城出发，跋山涉水往返十几小时，对该碑进行过实地考察，印象极深。遗憾的是，当时因不允许拍照，故而只留下脑海中的印记和一幅由日本留学生加峰幸子画的素描。

② 详见束景南：《王阳明佚文辑录编年（增订版）》，第545页。

③ 详见王守仁：《王阳明全集（新编本）》卷二十，吴光、钱明、董平等编校，第784页。按：与原碑互校，文字略有差异。

浰头碑》），并赋诗题留，随征官吏步韵唱和，颂赞阳明功德。至正德十三年（1518）四月，阳明班师回赣。五月，因浰头“余寇”啸聚，阳明率兵再次返回龙南，六月再至玉石岩，多有题留。其中《平浰头碑》的主要内容后虽被收录《王文成公全书》，但“我乃休士归农”后阙“以缓之”3字，文末阙“时纪功御史屠桥，监军副使杨璋，领兵守备郏文，知府刑珣、陈祥，推官危寿等凡二十有二人列其名于后”41字，另外又有数字有异。①

《记功碑》碑文共136个字，字体庄重遒劲，入石三分。碑长242厘米，宽234厘米，字大清晰，洋洋洒洒，气势宏伟。碑文记载正德十四年（1519）王阳明率江西兵马平息南昌宁王朱宸濠叛乱、生擒宁王之事。清初诗人王渔洋曾将《纪功碑》与颜真卿的顶尖之作《浯溪碑》相比，说《纪功碑》与《浯溪碑》同样万古不朽。

《大伾山诗》碑宽1.66米，高0.93米，为大行书；《大伾山赋》碑高2米，宽0.88米，为中楷行书。嘉靖三十九年（1560）浚县大伾山中的东山书院被改建为阳明书院，诗赋手迹被复制刻石立于阳明书院内。赋后落款：“大明弘治己未重阳，余姚王守仁伯安赋并书。”②清顺治七年（1650）四月二十二日，67岁的河南大儒孙奇逢登临大伾山，瞻读王阳明《大伾山诗》和《大伾山赋》碑刻，并作《登大伾山》诗云：“才信此山即大伾，河流淹没迷元基。高卑一任沧桑变，细读阳明王子碑。”③

浮山阳明诗崖壁石刻，纵1.63米，横11.50米，内容为王阳明《与商贡士二首》④，落款为“阳明山人”。据1998年10月14日《中国文物报》报道：“整幅摩崖，书法得体，字字一尺见方，笔力雄劲苍健，气脉相合，但无连笔，每字均保留相对的独立性，有欧体之清瘦俊巧，又具有黄山谷书法纵横捭阖、恣肆开朗之笔势，显示了作者高度的艺术才能。”

对于王阳明各类书法精品的最集中的一次展出，是2017年10月至2018年2月在绍兴博物馆举办的“王阳明特展”。该特展以王阳明

---

① 详见朱思维：《王阳明巡抚南赣诗文墨迹题刻》，中国文史出版社 2016 年版，第 14—17 页。

② 按：《大伾山诗》和《大伾山赋》皆未见于通行的《王阳明全集》本，现被收入王守仁：《王阳明全集（新编本）》，吴光、钱明、董平等编校，第 1698、1757 页。

③ 张显清主编：《孙奇逢集》，中州古籍出版社 2003 年版，第 50 页。

④ 王守仁：《王阳明全集（新编本）》卷二十，吴光、钱明、董平等编校，第 772 页。

的生平和思想为主线，以其书法作品及拓片展示为辅线，系统展示了阳明“三不朽”的成圣历程。特展中最引人注目的是首次将北京故宫博物院、上海博物馆、南京博物院、浙江省博物馆等全国20余家国有博物馆、纪念馆、图书馆收藏的王阳明书法作品、拓片及著作共60余件进行了集中展出，其中故宫博物院的藏品《龙江留别诗卷》《铜陵观铁船》、余姚市文物保护管理所《客座私祝》、广东省博物馆《行书骢马归朝诗叙卷》等阳明书法艺术作品都是难得一见的珍品。

王阳明书法真迹历来为世人所珍爱，据束景南《王阳明年谱长编》记载，弘治十八年（1505）八月，南濠都穆讲论学问，阳明自书程颢、李侗性理要语为座右铭，并书赠都穆以明己学。关于阳明此座右铭手迹，李诩云：“此一绵茧纸，笔书径寸。靖江朱近斋（得之）来访，问余何自有此宝，余答以重价购之吴门（按：都穆为吴江人）。（朱）谓曰：‘先师手书极大者，为余所得之。所藏《修道说》若中等字，如此者绝少，而竟谓君所有。心印心画，合并在目，非宗门一派气类默存，讵能致是乎？’遂手摹之以去。乃余原本亦亡于倭，思之痛惜！”[①]朱得之所得阳明手书极大者，似即阳明手书为座右铭者。阳明弟子董穀也在《跋许杞翁所藏阳明手墨卷》中针对时人只把阳明书法作品拿来玩赏的现象提出过批评：

> 当时及门之士，白首函丈，惟谷存耳。黄发儿齿，神观精明，造诣益纯，避寇山城，出卷示谷，曰：“皆阳明夫子手泽也。子不可以无言。”谷谨奉归，展拜敬观音，容如在，岂胜感怆？窃惟夫子致良知之说，合工夫本体而一贯者也。实惟二帝执中之途，辄孔门言仁之注疏，濂洛诚敬之权度，学者尽性之要诀，而愚夫愚妇固有之聪明也。……卷凡十有七，纸首载辨谤疏，余皆问遗之札，无非良知之发越。观者不窥志之所在，而徒翰墨玩焉，亦横目耳，未可夸于贾胡也。许氏云仍其永宝之哉！[②]

① 束景南：《王阳明年谱长编》，第 359 页。
② 董穀：《碧里后集・达存下》，明嘉靖四十四年（1565）董鲲刻本。

足见当时人们对王阳明手书墨迹的喜爱之程度。

到了明末，王阳明手书墨迹已十分难得，到了清代更是为人珍爱，或重价购入，或临摹复制。如河北保定莲池园中保存的《王阳明诗碑》，高丈余，镌刻阳明草书七绝二首，碑阳为《天池月下闻雷诗》，碑阴为《夜宿天池诗》，即为清康熙二十一年（1682）保定浙绍会馆修建王阳明祠堂时的复制品，20世纪20年代初始被移入莲池。近人马一浮也对王阳明真迹爱不释手，尝多有述及。[①]当下国人对阳明真迹更是视之如稀世珍宝，不惜血本出巨资将其购入者并不鲜见。如阳明手札《与曰仁诸弟书》是赣州天沐旅游开发有限公司董事长陈定云于2019年从拍卖会上竞拍而得，并将其作为镇馆之宝，珍藏于赣州天沐阳明温泉小镇。

不仅如此，因王阳明很早就受到日本人的推崇，故其书画真迹开始流入日本的时间也较早。根据近现代著名藏书家刘承幹日记之记载可以确知，早在江户时期日本人就已对阳明书法作品珍爱有加，并开始设法从明末遗民或清人手里购入阳明书画。到了明治以后，阳明书艺更是受到日本人的普遍推崇，这从明治、大正时期刊行的《王学杂志》《阳明学》《阳明》《阳明主义》等书刊中所登载的大量阳明手书墨迹中即可窥知一斑。[②]

对于王阳明的书法艺术，日本中国学京都学派创始人内藤湖南（1866—1934）于大正二年（1913）写的《阳明先生家书跋》中的一段话颇值体味：

> 明王文成公书，我邦所传真迹无疑者，有正德八年《送了庵桂悟序》一首，书势于文衡山为近，特才情有余而工力不逮耳。此家书一通，字更流丽，不借巧思，殆其早年书耶？其与二弟论日常工夫，谆谆乎如执手款晤，友爱之情兼切偲之诚矣。书中不严戒学仙，以为胜于声色货利之习，亦纳约由牖之

---

① 详见马一浮《阳明残帖跋》（1950年6月）、《跋阳明与正思诸侄九行帖》（1951年3月）、《王文成书札真迹跋》（1958年），收入吴光主编：《马一浮全集》（第1册），第86—90页。

②《王学杂志》于1906年由出生山口县的著名阳明学者东泽泻的长子东敬治（1860—1935）创刊于东京明善书院，两年后改名《阳明学》，停刊于1914年。《阳明》杂志于1913年3月由私淑江户时期著名阳明学者大盐中斋的石崎东国（？—1931）创刊于大阪“洗心洞学会”（同年12月改名“大阪阳明学会”），1918年1月改名《阳明主义》。

> 类，正阳明先生善巧方便也。癸丑五月，博文堂景印此书成，书此为跋。①

内藤湖南是日本近代著名史学家、汉学家，其书法也相当了得。但他对王阳明的评价似乎并不高，远不如对明末抗清志士黄道周（石斋）、刘宗周（蕺山）、黄尊素等人的评价，这无疑与内藤氏比较看重儒者的气节忠义有很大关系，其称颂黄道周为“明季全人”②，又说“石斋黄公在明晚季，学术、气节皆称第一，与蕺山齐名”③，即为明证。总的来说，内藤湖南对明人书法的评价较高，如其在大正三年（1914）写的《明贤尺牍跋》中说：

> 但明代诸人，犹及见晋唐搨摹善本，是以其书无论巧拙，皆有一种秀腴之气，实为钟、王以来传承正脉。迨其晚季，王觉斯辈偏向阁体，已为一变。清朝雍、乾以后，风气再变，此法竟谓“广陵散”矣。④

但他评价明人书法，却称“天下石斋书第一，洵不诬也”⑤，王阳明的书法则自然在黄道周之下。尤其是内藤氏所见到的阳明《送了庵桂悟序》的手迹，早就有人指出是伪作，故而他评价此序之书法是“才情有余而工力不逮”。此言甚是。而关于《送了庵桂悟序》非阳明之作的问题，计文渊先生已有详考，兹不赘述。

说到阳明书法之伪作，明清时期就有，近现代的中国和明治时期的日本更多。近年来学术界对搜集阳明佚文用力甚勤，收获颇丰，但不少伪迹也鱼目混珠，被当作佚文收入，尤其是一些题书题画之跋。尽管王阳明对古典书画颇有兴趣，也多有用功（详见后述），但不少传托之跋文，却系伪迹，计文渊先生对此已多有指正。其曰：“由于历代对名人书法的推崇，王阳明的法书也真伪掺

---

① 内藤湖南：《内藤湖南汉诗文集》，印晓峰点校，广西师范大学出版社 2009 年版，第 285 页。
② 内藤湖南：《内藤湖南汉诗文集》，印晓峰点校，第 289 页。
③ 内藤湖南：《内藤湖南汉诗文集》，印晓峰点校，第 289 页。按：单就书法而论，王阳明与黄道周的成就很难一比高下，况且若离开阳明心学来孤立地谈论阳明书法，也没太大意义。
④ 内藤湖南：《内藤湖南汉诗文集》，印晓峰点校，第 292 页。
⑤ 内藤湖南：《内藤湖南汉诗文集》，印晓峰点校，第 292 页。

杂，出现了诸多临仿及伪造之作，或文真书伪，或文伪书伪，情况十分复杂。”[1]如据称是阳明佚文的《书论》载：“书之法以用笔为上，而结字亦须用功；虽有用笔，亦当右军字势。其雄秀之气，出于天然。”[2]然计文渊认为，这是“清人汇辑古人书论的一件典型的王阳明伪造墨迹”，阳明的此则有关书法的论述，实“录自元赵孟頫《兰亭十三跋》之第七跋的内容”。[3]此外，传托王阳明跋宋赵大年《山水册》手迹，亦大致可以界定伪本的出笼年代为晚清，就其点画习性根本不能与明人笔墨相提并论。其结体拘谨，用笔尖细轻佻，与王阳明书迹清劲豪迈、草法有度的书风相距甚远。这类伪王阳明题画之跋，因寥寥数语，便于作伪，存世数量也不少，需要认真加以区别的。[4]另据报道，2004年在浙江庆元县大济村发现的、刻写在当地一户民宅木屏风上的王阳明遗墨，上书“居天下之广居，立天下之正位，行天下之大道。得志与民由之，不得志独行其道。富贵不能淫，贫贱不能移，威武不能屈，此之谓大丈夫”，落款为“阳明山人书”。当地文史专家认为，此遗墨应为王阳明受该村名儒之邀到大济游学时所题。然计文渊认为，此件亦属伪作。现如今出现在各类拍卖会或收藏家手里的王阳明书法作品，据说赝品的比例很大，这的确值得学界重视。

王阳明之书艺，尽管与其心学思想及修行功夫有千丝万缕的联系，但首先得益于他在习字上的勤奋刻苦。据说阳明十七岁在南昌成亲后，尝暂住在岳父官邸里。官邸内有数箱纸，阳明每日用这些纸练习书法。不到半年时间，当阳明启程回余姚时，盛纸的箱子已空，足见其练习书法的刻苦程度。

王阳明临帖自习所得的书法艺术，追求的是“怡神养性以游于造物”[5]的“真乐”“真悟”之境界，诚如其早年所作的《睡起写怀》诗所云：“闲观物态皆生意，静悟天机入窅冥。道在险夷随地乐，心忘鱼鸟自流形。”[6]因此，其楷书《茶寮碑》《纪功碑》《时

① 计文渊：《王阳明法书伪迹考论》，《贵州文史丛刊》2019 年第 2 期。
② 束景南：《王阳明佚文辑考编年（修订版）》，第 225 页。
③ 计文渊：《王阳明法书伪迹考论》，《贵州文史丛刊》2019 年第 2 期。
④ 计文渊：《王阳明法书伪迹考论》，《贵州文史丛刊》2019 年第 2 期。
⑤ 王守仁：《王阳明全集（新编本）》卷十九，吴光、钱明、董平等编校，第 700 页。
⑥ 王守仁：《王阳明全集（新编本）》卷十九，吴光、钱明、董平等编校，第 756 页。

雨堂记》等，端庄高雅，风骨峻迈，清新而劲挺，率意而潇洒；其行书《矫亭说》[1]《四箴卷》《纪梦诗题壁》等，神采苍秀，笔势纵逸，蕴藉而隽逸，豪放而舒展；其草书《与曰仁诸弟书》《象祠记》《若耶溪送友诗稿》等，疾如风雨，矫若龙蛇，纵横跌宕，变化万端，堪称神韵超逸、气势豪迈之佳作。因此，阳明书艺虽未在当时及后世产生太大影响，但却可从中看到明中叶书法突破明初台阁体一脉的演进轨迹，故而虽随意为之然无飘浮之嫌，并且一扫圆熟和少风骨之庸结气的阳明书艺，在当时是具有一定代表性的。[2]

不过，尽管王阳明有卓越的书法实践，但其本人却很少有关于书法理论方面的直接阐述。他曾在《送宗伯乔白岩序》中指出：“专于弈而不专于道，其专溺也；精于文词而不精于道，其精僻也。夫道广矣大矣。文词技能于是乎出。而以文词技能为者，去道远矣。”[3]强调以道立于心中，技也自然高妙，反之，则道不专技也平庸。但这却并非像黄道周《书品论》那样的专论书艺之著作。要说阳明真正专就书法所作的评论，大概只是《年谱》中的一段话：

> （阳明）先生尝示学者曰：“吾始学书，对模古帖，止得字形。后举笔不轻落纸，凝思静虑，拟形于心，久之始通其法。既后读明道先生书曰：‘吾作字甚敬，非是要字好，只此是学。’既非要字好，又何学也？乃知古人随时随事只在心上学，此心精明，字好亦在其中矣。”后与学者论格物，多举此为证。[4]

这表明，阳明学习书法，是先从对帖临摹开始，再到背临名

---

① 该文是正德九年（1514）王阳明代其父王华为方鹏（1470—1540，字时举，号矫亭，昆山人。弘治十四年（1501）中应天府乡试第二人，王华为其座师。正德三年（1508）进士，累官至南京太常寺卿。其父方麟死后，阳明尝因鹏之请为之撰《节庵方公墓表》。著有《矫亭存稿》）所建之“矫亭”而作，原件被后人割裱成册页，上海博物馆藏有陆世仪、侯涵、归庄、陈瑚、葛云芝、盛敬琴、王育、顾思孝、方治、缪慧远、徐翥先、钱大昕等12人题跋的光绪戊申《王文成公书矫亭说真迹》太仓飃山草堂石印本。其中有七人自称“后学”，包括陆世仪这样的王学反对派。钱大昕得之后，“叹为稀世之宝”，跋曰：“笔势纵逸如李北海，生平所说真迹，以此为最矣。”（诸题跋内容，见潘建国据上海博物馆藏《王文成公书矫亭说真迹》复制品）

② 参见黄惇：《中国书法史·元明卷》，江苏教育出版社2009年版。

③ 王守仁：《王阳明全集（新编本）》卷七，吴光、钱明、董平等编校，第243页。

④ 王守仁：《王阳明全集（新编本）》卷三十二，吴光、钱明、董平等编校，第1227页。

帖，最后才达到技法纯熟乃至从心所欲的高度。而他所追求的书法艺术，也是从简单地描摹字形，到掌握写出这一字形的方法，再到拟形于心、凝思静虑的自由境界。这从阳明书品之绝唱的《咏良知四首》手卷中即可窥见一斑。该卷书于嘉靖七年（1528）九月十五日，系阳明为行人司冯子仁而作。正因为此，阳明的书法创作就如同他的其他政治、军事、社会、道德等活动一样，是一种“知行合一”“致良知”乃至“万物一体”的体认、践行过程，因而其流露出的亦是一种出于良知本体自然散发的真性情，以图将心学融入书法，以书艺迹化内心。而这恰恰正是无意于书的王阳明，后来能成为卓然超越、举世瞩目的书艺大家，渗透着其思想真谛的书法作品也成了体现他的道德学问、人格精神之结晶的根本原因。

因此，尽管从传承史脉上看，王阳明的书法可谓深得二王之精髓，尤其是《圣教序》和《十七帖》对他的影响最大，同时他也深受明代初期的书法家宋克、张弼、李东阳等人笔法劲健、笔锋锐利之书风的影响，在承袭晋唐遗韵的基础上有明显的明人时代风尚。但阳明书法从根本上说是发于其心体，并将心学理念融入书法而直抒胸臆的，因而阳明书法又可以说是其自得自习而体悟的结果。后来阳明之所以会婉转地批评王羲之的书法艺术，认为右军只重形式而不重内容，即与其源自心学的书法理念有莫大关系。据其高足王畿说：“阳明先师尝戏言曰：‘富人用金作酒器，嫌其太质，以五采点饰之，人但称其为采妆器皿，而亡其金体之贵。’右军之谓也。”[①]而阳明有关书法创作的最完整的论述，大概就是王畿的下面这段记录及解释：“先师尝论运笔之法：运肘为上，运腕次之，运指又次之。以虚为用，虚始能运，实则不能运也。予平生未尝学书，而颇志于学，盖不杂学故精，恐有所分也。昔之人因舞剑器悟运笔意，予因运笔悟学道之方，彼此所悟，大小不同，其为用虚，一也。”[②]这是从虚实关系的角度，对写字时如何运用肘、腕、指的技法作了扼要而精辟的论述，并且上升到“学道之方”的高度，以引导世人悟习书之道。

从上述有关王阳明的书法艺术和书法实践的少量资料中，我们

① 王畿：《与莫廷韩》，《王畿集》卷十二，吴震编校整理，第 334 页。
② 王畿：《跋名贤遗墨漫语》，《王畿集》卷十五，吴震编校整理，第 411 页。

大致上可以得出如下结论：虽然阳明早年曾勤习书帖，但后来他便重道轻术，以心学取代书艺。因为在阳明看来，心学是“大道”，而书艺只是“小道”，故不足挂齿。前述董穀曾严厉批评的某些学者对阳明手墨“不窥其志气之所在，而徒翰墨玩焉，亦横目耳，未可夸于贾胡也”①，可谓代表了王门诸子的基本立场。为此，对阳明思想颇为推崇的董其昌曾叹曰：“翰墨小道，其难如此，况学道乎？”②后清人袁闻弟在临摹并题识阳明楹联作品时亦曾质疑道：“联用黔产谷皮纸，是（阳明）先生谪龙场时书。变化雄奇，别具作用，顾谓书法为小道耶？”③均对阳明以书艺为小道而不屑一顾的做法表示不解。

其实在具体操作上，王阳明即使到后期也并未把书艺简单地视为“小道”而置之不理。比如他在正德十三年（1518）将自己手书的《修道说》《大学古本序》《大学古本》《中庸古本》赠予白鹿洞书院的行动，从直接目的来说，或许是为了让该书院能重视古本《大学》和《中庸》，而放弃对今本《大学》和《中庸》的迷信，但在客观效果上，却为书法爱好者提供了难得的临摹范本。因为阳明的这些手写字体，工整清秀，笔笔精到，既一丝不苟，又极富变化；笔画清瘦劲挺，内敛外放，隽永耐看，其中心紧结，而外放纵横；介于楷、行书之间，有王羲之和宋徽宗赵佶之“瘦金体”的笔意。如此优美之作品，自然会被白鹿洞书院当作供人临摩和研习的书艺范本而锲刻成碑，流传后世。再比如，当阳明政治上失意或面临重大挫折时，还往往会把兴致转向名人碑刻的收藏欣赏上，以汲取传统书艺之营养。据苏仲翔《东坡墨妙亭诗残刻十七字断碑砚小记》载：“东坡墨妙亭诗残刻，世有两枚，其一曾为王阳明所藏，存‘灯他年忆贺监时须服孙莘老’十二字，背镌‘守仁’楷书二字，又‘阳明山人’篆书四字，侧镌‘驿臣署尾砚’分书五字。”④此碑砚可以说是阳明留存于世的唯一遗物，也是阳明喜好书法艺术

① 董穀：《跋许杞人翁所藏阳明手墨卷》，《碧呈后集·达存下》，明嘉靖四十四年（1565）董鲲刻本。
② 董其昌：《画禅室随笔》，转引自潘运告编《明代书论》，湖南美术出版社 2002 年版，第 335 页。
③《贵阳阳明祠·阳明洞碑刻拓片集》，第 15 页。
④ 转引自曹隆：《刍议王阳明在黔书法遗墨的审美特征》，秦家伦、王晓昕主编：《王学之路》，第 434 页。另参见钱明：《王阳明遗像综考》，《阳明学》第 18 号，（日本）二松学舍大学阳明学研究所 2006 年版，第 138 页。

的重要物证。

如前所述，在书法艺术上，王阳明传承的是其二十五世祖王羲之和十八世祖智永禅师之家法，尤其喜爱临摹根据梁周兴嗣搨取王羲之遗书不同的字一千个编写而成的《千文》的智永真草帖。据徐渭《题智永禅师千文》载：

> 志称永禅师书《千文》，本以千计。今虽去其世已远，而漫无一存者。往年人传董文简公家有之，急往，启匣固佳，然不甚称也。今从阳和太史家得见此本，圆熟精腴，起伏位置，非永师不能到。问其自，云得之文成公门客之手。颗颗缀珠，行行悬玉，吾何幸得题其端！①

关于王阳明所藏智永禅师真草《千文》的由来与传后，徐渭在《阳明先生旧藏智永禅师真草千字文跋》曾有过详细交代：

> 此永师墨迹真草《千文》，系宁府收藏，宸濠之变，王阳明先生定乱入宫，持归，甚加珍重，非知契弗令一见。先阳和文恭公，每从文成讲学②，私得借观，惊为希世宝墨。后文成捐馆，书帙散佚。用厚值购之，家额一轩，什袭相沿，凡四世矣。载在郡志。先足亭侍御公，恪遵遗命，不敢多以示人。③

后余姚人孙矿为王世贞《书画跋》所作的《书画跋跋》亦谓：

> 张子荩（阳和）翰撰曾示余一本，系是白楮纸，已悉裁作条云。偶乡里人将来，谓是王阳明先生所常学书者，出数金易之。真书圆劲而多骨，草书转折有气势，风度尤胜。徐渭文长跋定为智永迹，虽未可遽谓然，然不亦唐人临本，断非宋代以

---

① 徐渭：《徐渭集》，第 1096 页。

② 此处有误，张元忭（1538—1588），字子荩，号阳和，山阴人，曾从王阳明弟子王龙溪学，阳明去世时，他还未出生。

③ 蓬累轩编：《姚江杂纂》，《阳明学》第 59 号，日本大正二年（1913）十月一日刊。按：此文中华书局 1983 年版《徐渭集》未载。

下人所能作也。[①]

智永，生卒年不详，陈隋间人，名法极，俗姓王，会稽人，善书法，尤工草书，王羲之第五子徽之之后，因常居山阴永欣寺，人称“永禅师”。相传智永在永欣寺阁上闭门习书三十年，砚成臼，写真草《千字》文八百余本，浙东诸寺各施一本。故而“传云：智永禅师，王逸少（羲之）七代，妙传家法，为隋唐间学书者宗匠，而阳明先生亦逸少二十五世之孙，则先生与永师同其祖。”[②]可见，阳明书法有着悠久的家学传统。千余年来，王氏一族，书家辈出，故称王氏为中国书法第一世家，当不为过。

除家学传统外，阳明书法还受到过当时一些书法大家如李东阳、陆深等人的影响。据孙矿《书画跋跋·李文正、陆文裕墨迹》载：

> 西涯翁（李东阳）在位日，书名震海内，篆书姑且勿论，行草亦清劲有笔，第微带邪气。彼时大夫书多作此形状，盖几日用不知矣。俨山翁（陆深）精究八法，于瘦硬中露秀媚，亭亭独上，但尚未是当行耳。谓胜李，果然，谓出于李，或未然也。以青冰目之，恐陆未服。[③]

而王阳明早年曾与李东阳、陆深等人往来甚密，受他们影响，当在情理之中。故万历《绍兴府志》称：“新建善行书，出自《圣教序》，得右军骨，第波坚微不脱张南安（弼）、李文正（东阳）法耳，然清劲绝伦。”后此评语为多位名家所引述，如清儒汤恩寿的《眼福篇·明王文成公留别诗墨迹卷跋》几乎全文摘录。[④]当代艺术理论家余秋雨亦以府志为据而阐释道：“王阳明书法无疑是以王羲之为根基的，其中以得力于《圣教序》为最多，但他又多方汲取宋代书家直到李东阳的笔意，更把自己在精神领域所达到的境界浸

① 潘运告编：《明代书论》，湖南美术出版社 2002 年版，第 180 页。

② 蓬累轩编：《姚江杂纂》，《阳明学》第 59 号，大正二年十月一日刊。

③ 潘运告编：《明代书论》，第 163 页。

④ 参见张克伟：《王阳明的书艺及其遗墨》，《张克伟论文著述汇辑》，香港国际学术文化资讯出版公司 2005 年版。

润到字里行间，一派高贵，一派自由，一派儒雅，一派放逸。人生的感悟、思维的解脱，全都化作了笔墨风度。我想，在书法中寻找王阳明的生命信号，应该是特别准确和亲切的。”①

对王阳明书法艺术阐释较为全面的是计文渊，他说：“王阳明幼承庭训，书法自开蒙之际便从楷书打下了扎实的基底。早年曾受过虞世南、颜真卿的影响，同时又汲取了欧阳询、柳公权的峭拔劲利的风骨。行笔深著稳健，结体端庄清劲。传世如《时雨堂记》《纪功碑》等正书作品，显得风神高华，蔚然庄严，深具大家风范。王阳明在三十岁前后，对于艺术、释道一度爱好。目前还能欣赏到他创作的山水立轴，其闲情逸趣跃然纸上；书风又不同程度受到李东阳等人的影响，意态安详，整体风格工稳劲健，已初露其个性风貌。特别在贬谪龙场其间，对人生感受的彻悟，以狷介超脱的人生态度，在书法上表现得淋漓尽致。其草书如《何陋轩记》②《象祠记》等，行笔疾如风雨，矫若龙蛇，纵横跌宕，变化万端，能另辟蹊径，挥洒出神韵超逸、气势豪迈的佳作，具有明显的创新精神。中后期所作的《龙江留别诗卷》《回军上杭诗轴》等，随意自然，又用笔精湛，不失法度，结体向背互参，笔法藏露得体，不难发现他对《十七帖》研习的深厚功力。其他行书代表作有《矫亭说》《四箴卷》《纪梦诗题壁》等作品，深得李北海（邕）、黄山谷（庭坚）笔意，蕴藉而隽逸，豪放而舒展。王阳明直到去世前所作的书札，依然是雅静洒脱，从容平和。”③这段文字以及计氏对阳明书法作品的广泛搜集，可谓是迄今为止笔者所见到的对阳明书法艺术及其作品最为完整的总结与阐述。

董平在为2016年绍兴博物馆举办的《王阳明书法作品全集》序言中也指出：“阳明先生的事业成就，古来罕有其比，书法固其余事。但在阳明先生本人，却事之以恭谨庄敬之心，而以之为凡事皆在心上学的实践工夫。……阳明先生因练习书法而体会到‘随时随事只在心上学’，以之为‘格物致知’的实功，而其练习之法，则‘举笔不轻落纸，凝思静虑，拟形于心’，犹文与可之画竹，必先

① 余秋雨：《王阳明法书集序》，计文渊：《王阳明法书集》卷首，西泠印社出版社 1996 年版。

② 从其款署“弟守仁谪居龙场，久而乐之，聊寄此以慰舜功年丈远怀”看，该《何陋轩记》草书手卷，是王阳明专为书赠其姑父而作。

③ 计文渊：《王阳明书法评传》，《王阳明法书集》卷首。

得成竹于胸中，然后落笔，则纵横点划，或成铁划银钩，或为凤翥龙蟠，笔底风云，云气象万千。因此在阳明先生那里，所谓书法，不过是其心灵意象的直接抒写而已，所以从他的楷书之中我们可以体会其心灵的大中至正、端简庄严；从他的行书之中，我们可以体察其心灵的秀发天真、灵动自如；从他的草书之中，我们可以洞达其心灵的潇洒廓落、圆融胸次。书者，固其心画也。”①

往前追溯，对王阳明的书艺成就，早在明代即受到其同时代人的较高评价。如明人朱春评阳明书艺曰：“公书法度，不尽师古，而遒迈冲逸，韵气超然尘表，如宿世仙人，生具灵气，故其韵高冥合，非假学也。”②后朱彝尊评价阳明“诗笔清婉，书法尤通神，足为临池之模范”。③不过据笔者所知，在当时的各种评论中，要数徐渭的评价最高且最多，并且徐渭还视阳明墨迹为珍宝，爱不释手。据《徐渭集》记载：

> 重其人，宜无所不重也，况书乎？重其书，宜无所不重也，况早年力完之书乎？重其力完，宜无所不重也，况题乎？董君某得新建公早年书，顾以题命我。④
>
> 古人论右军以书掩其人，新建先生乃不然，以人掩其书。今睹兹墨迹，非不翩翩然凤翥而龙蟠也。使其人少亚于书，则书且传矣；而今重其人，不翅于镒，称其书仅得于铢，书之遇不遇，固如此哉！然而犹得号于人曰：此新建王先生书也，亦幸矣。马君博古君子也，裒先生之书如此其多，将重先生之书耶？抑重先生之人耶？⑤
>
> 曩歙人持文公（司马光）笺《学》《庸》稿本来相质，特似今所见新建公送两府官序稿，大约俱草草，而二大儒之为儒则同，故书法亦暗合耶？两序稿点窜不数字，而世相传温公

① 董平：《王阳明书法作品全集·序》，故宫出版社 2016 年版。

② 转引自计文渊：《王阳明书法评传》，《王阳明法书集》卷首。不过明人王世贞对阳明书艺尤其是早期作品的评价并不高，譬如其尝评阳明《君子亭记》摹本曰：“先生是时未忘能所心（《四库全书》本作“心未忘所能”），以故其书与辞皆工，而差可读也。”［王世贞：《弇州山人题跋》卷十四，汤志波辑校，浙江人民美术出版社 2012 年版，第 393 页］

③ 朱彝尊：《明诗综》，中华书局 2007 年版，第 279 页。

④ 徐渭：《新建公少年书董子命题其后》，《徐渭集》，第 570 页。

⑤ 徐渭：《书马君所藏王新建公墨迹》，《徐渭集》，第 576 页。

《通鉴》稿本多真书，点窜亦仅仅，两公端慎，殆亦暗合耶？送刘府者自举爵以后，送费府者自橘逾以后，大是警策，而今全集中并逸，知所逸者不少矣。①

在徐渭看来，对王阳明既要重其人，也要重其书，书人合一，交相辉映，唯如此方可把握阳明精神之实质。故徐渭十分重视搜集阳明的墨迹手稿，这既是出于对其书法艺术的珍爱，同时也是为了搜集其佚文、弘扬其思想。

由此可见，在阳明身上所体现出的实际上是卓越思想与高超书艺的完美统一。对此，明清之际著名学者归庄曾以“艺即道”的理论来加以阐释：“阳明先生一代儒宗，而亦工于书法如此，岂非艺即道耶？余学道不成而谬以能书名，既耻为一艺之士，其敢不勉。”②这与阳明学者所谓的“即字即敬”之书道理论如出一辙。比如阳明三传弟子王时槐曾对书艺与道学的关系作过这样的概括：

明道程子有言：“某作字时甚敬，非欲字好，即此是学。”且程子既“非欲字好”，而又云“即此是学”，然则果何学耶？岂所谓敬者出于作字之外耶？是字与敬为二也。若云即字即敬，则与“欲字好”何异？学者通乎此，则知一切应事接物，皆当主敬。然非外饰，要人道好，而即此是学也。刘明之善书，宜深体此意，勿徒以笔札称一艺之工可矣。③

应该说，这是符合王阳明的书道理论的。清儒彭绍升所撰的《明两大儒手帖跋》，便是根据“艺即道”的理论，不仅从王阳明与高景逸的书法中看到了两人思想性格的同异，而且还从两人不同的学术旨趣中看到了他们在书艺上的差异，进而得出了“不知两先生之学者，不可与论两先生之书”的结论。跋曰：

王先生书，如踞太山之顶，挹东海之波，醮墨于太虚空

① 徐渭：《书新建公二序手稿》，《徐渭集》，第578页。
② 归庄：《跋阳明先生书》，《归玄恭遗著》卷五，《续修四库全书》（第1401册），第248页。
③ 王时槐：《书刘明之扇》，《王时槐集》卷六，钱明、程海霞编校，第582—583页。

中，掷笔于阎浮界外，一戈一磔，具有化机。高先生书，周规折矩，中流自在，往往得钟太傅遗意，其生平论学也亦然。从自己胸中流出，盖天盖地去，其王先生之谓欤！非先王之法服不敢服，非先王之法言不敢道，口无择言，身无择行，其高先生之谓欤！两学生之所以异者如此。……不知两先生之学者，不可与论两先生之书。昔我高祖长宁公（彭珑），生平出入仙释，晚读高先生书，始一意宗儒，作《志矩斋读书图》以见志。曾祖侍讲公（彭定求），始从长宁公受高先生之学，既而笃嗜王先生书。①

到了晚明，书法界亦同明代的其他艺术门类一样，掀起了一股浪漫主义的风潮，其表现之一就是冲破“道”对“艺”的束缚，张扬个性，直抒情意，从而把书法艺术推向了一个崭新的高度。诚如沈语冰所言：“自此以往，中国古典书法美学不再以尽善尽美的儒学道统为念，也不再以温柔敦厚的儒家中和之美为尚，书法艺术的道—艺模式一旦打破，铺张扬厉、抒情写意的艺术才得到了用武之地。”②而师出王门的徐渭便是这一思潮的主要代表。他在《自为墓志铭》中曾这样概括自己的言行：“渭为人度于义无所关时，辄疏纵不为儒缚，一涉义所否，干耻诟，介秽廉，虽断头不可夺。”③而这种个性一旦表现在书艺上，便使其晚期的狂草作品，笔法恣肆，线条扭曲盘绕，墨色浓重枯涩，对比强烈，结体宽博放逸，落拓不羁，字距行距密满，带来“一种密集、狂乱、团块和连续性的强烈的视觉效果”，从而对传统书法帖学形式以惊世骇俗的冲击。故而有学者评价徐渭的书艺是“已到狂放无以复加的程度”，“既不同于张旭的颠、怀素的狂，也不同于山谷的禅逸，而是徐渭自己的‘怪与疯’，是面对黑暗社会愤疾的倾泻、血泪的挥洒、痛苦的呼号，是勃然不可磨灭之气的升腾，是借笔墨来冲刷自己胸中的种种块垒”④。而徐渭在书艺上这些突破，应该说与王阳明有着千丝万缕的联系。徐渭在自撰的《畸谱》中，列出“师类”五人，即王畿、

① 蓬累轩编：《姚江杂纂》，《阳明学》第59号，日本大正二年（1913）十月一日刊。
② 沈语冰：《历代名帖风格赏评》，中国美术学院出版社1999年版，第63页。
③ 徐渭：《徐渭集》，第639页。
④ 周睿：《对中晚明书法变革思想原因的重新阐释》，《东南学术》2005年第2期。

萧鸣凤、季本、钱楩和唐顺之，其中王、萧、季三人是阳明弟子，钱、唐二人对阳明颇为推崇，徐渭则通过他们而在学术思想及艺术精神上与王阳明相连接。[①]正像四库馆臣所言："盖渭本俊才，又受业于季本，传姚江纵恣之派，不幸而学问未充，声名太早，一为权贵所知，遂侈然不复检束。及乎时移事易，侘傺穷愁，自知决不见用于时，益愤激无聊，放言高论，不复问古人法度为何物。"[②]也就是说，心学熏陶给予徐渭的并不仅仅是内在良知信仰的坚挺，更主要的是恣纵的自我意识和表现欲望的勃发。他对陈法旧规的大胆冲决和戛然独造，是经历了一生痛苦磨难之后颓放的洒脱，那些放肆的狂草，大胆的泼墨写意花鸟，爽利泼辣的语言，都是这种个人情感无所顾忌的猛烈宣泄。而所有这一切都离不开对传统文化中道—艺关系的突破与重构。只不过这种突破与重构在中晚明并不仅仅是以道—艺对峙的方式呈现的，在王阳明身上所表现出来的以致良知为核心的道术（艺）合一的倾向，其实就为徐渭等人的突破创造了某种条件。

① 与徐渭一起被誉为"越中十子"的书画界名家中，亦有不少人为阳明门人或与阳明有过交往，如杨珂、朱节、诸大绶等。其中杨珂，字汝鸣，早年从阳明讲学，后隐居秘图山，不以科举为事，自放于山水之间，遂号秘图。为诗洒脱不群，晚年益怡旷。"所临晋唐帖，得其神似，书法与徐文长齐名，而王元美（世贞）故以险怪目之。以一时艺苑共走太仓（指王世贞），秘图、文长皆不屑也。"［《姚江书院志略》卷上，《中国历代书院志》（第 9 册），第 294 页］

② 永瑢等：《四库全书总目》，第 1606 页。

第三节 擅长绘画

世人皆知朱熹是理学大师，却"不知先生之又能画也。昨见绍熙五年（1194）亲传己像，今刻徽州，笔法、衣折深得道子家数"。[①]是故世人皆称"朱紫阳画，深得吴道子笔法"。[②]明代大儒刘基、陈献章等亦复如此："若刘文成基之精于山水，酷似李营丘（919-967，名成，字咸熙，五代宋初著名画家）……至于陈白沙，理学名儒，其诗传世已如宋广平之《梅花赋》，乃盘礴之妙，与宋、元名手几齐驱，信乎非常之人。"[③]王阳明尽管不像朱熹、刘基、陈献章那样在绘画上如此出名，但却有各种证据可以证明，他不仅学过画，擅长绘画，而且还有习作存于世。

关于王阳明何时开始学画、向谁学习的问题，束景南先生作过迄今为止最为详尽的考证："弘治末，吴伟[④]居京师西街，阳明亦居京师任职，方耽于习书画只之时，当与吴伟熟识。今犹存阳明数幅图画习作，其称所学之'画师'，或即吴伟耶？如今浙江省博物馆藏一阳明手书'古诗'真迹，乃咏叹一画师精妙作画之诗，其中所赞'画师'疑即指吴伟。"并拟此"古诗"题为《观画师作画此韵》。[⑤]束先生又据弘治十七年（1504）阳明《别友诗》"千里来游小洞天，春风无计挽归船……□年来访予阳明洞天，其归也，赋首尾韵，以见别意"之内容而考论道："正德元年，阳明在京师尝向一画师'耔余年'学画，此'□年'或即余年耶？耔余年为京师一画师，其从京师来访，故称'千里来游'也。"[⑥]也就是说，王阳明从弘治末年开始，便在京师与文人墨客往来甚密，不仅溺于词章之学，亦潜心于书画之学；不仅向当时的著名画家吴伟学画，而且还向不太知名的画师耔余年等学画；并在学画的同时，还多观画师

---

① 郎瑛：《七修类稿》卷二十六，转引自张小庄、陈期凡编著：《明代笔记日记绘画史料汇编》，上海书画出版社 2019 年版，第 81 页。

② 陈继儒：《太平清话》卷三，引自张小庄、陈期凡编著：《明代笔记日记绘画史料汇编》，第 293 页。

③ 沈德符：《万历野获编》卷二十六，引自张小庄、陈期凡编著：《明代笔记日记绘画史料汇编》，第 531 页。

④ 吴伟"所作山水、人物、妙入神品，白描尤佳。……孝庙授锦衣百户，赐'画状元'印章。久之，伟称疾退居秦淮。及武宗即位，遣使召之，未就道而中酒死，时年五十。"（朱谋垔：《画史会要》，潘运告编：《明代画论》，第 398—399 页）

⑤ 束景南：《王阳明年谱长编》，第 341—342 页。

⑥ 束景南：《阳明佚文辑考编年》，第 174 页。

作画且题诗，如“弘治十八年（1505），龙致仁（名霓，号中溪，宜春人）由刑部员外郎出任浙江按察佥事，在京李梦阳、何景明、边贡及阳明等二十二人聚文会相送，由吴伟作画，二十二人题赠诗，盖可谓京都一大引人注目之诗文盛会也”。而由此吴伟《文会赠言图》卷，可知弘治中阳明在京师与诸多文士以才名相驰骋，学古诗文，与茶陵派、前七子俱有唱酬往来之真相矣。①今尚存于世的阳明习作山水画并题诗有正德元年（1506）的《山水画自题诗》《题临水幽居图》等。其中《山水画自题诗》束先生考曰：“画并题诗真迹（绢本）在2007年嘉德四季第十二期拍卖会（中国嘉德国际拍卖有限公司）上出现，并在网上公布，是阳明真迹。此画并题诗作年莫考。据下《山水画自题》考（详见后述），可见正德元年（1506）前后为阳明学画时期，此山水画并题诗约与前考山水画并题作在同时，兹姑系于正德元年之下以俟考。”②又考《题临水幽居图》曰：“图并诗见梁章巨《退庵所藏金石书画跋尾》卷十五，云：‘王文成《临水幽居图》，幅上左有草书自题云：‘秋日淡云影，松风生昼阴。幽人□絮想，宁有书与琴？’款署‘阳明山人’，下有白文王印、阳明印。……按此本吾闽人所藏，今乃获闽中，距在鹿山中丞处已百余年。’此画并题作年莫考，前考正德元年前后为阳明学画时期，兹亦姑系于正德元年之下以俟考。”③足见弘治末至正德初，王阳明与文人画家的接触相当频繁，而接触的结果，除了观画、赏画，即为学画、摹画矣。

直到正德末期，王阳明在繁忙的公务活动之余，仍坚持赏画、学画，并在赏画时为名人画作题跋赋诗，其中较有代表性的即为正德十四年（1519）为唐寅《山静日长图》所题写的文字。④

唐寅（1470—1523），字伯虎，一字子畏，号六如居士、桃花庵主等，江苏吴县人。早年随沈周、周臣学画，宗法李唐、刘松年，融会南北画派，笔墨细秀，布局疏朗，风格秀逸清俊，与沈

---

① 束景南：《阳明佚文辑考编年》，第 193—196 页。
② 束景南：《阳明佚文辑考编年》，第 214 页。
③ 束景南：《阳明佚文辑考编年》，第 215 页；束景南：《王阳明年谱长编》，第 367 页。
④ 王守仁：《王阳明全集（新编本）》卷四十五（吴光、钱明、董平等编校，第 1830 页）称《题唐寅山静日长图册》，束景南编纂的《阳明佚文辑考编年》（第 584 页）称《题唐子畏山静日长图玉露文（十二幅）》。但也有学者认为王阳明为唐寅《山静日长图》所作题跋是赝品（参见姚伯先:《王阳明与唐伯虎》，《余姚日报》2009 年）。

周、文徵明、仇英并称“吴门四家”。人物画师承唐代传统，色彩艳丽清雅，体态优美，造型准确；花鸟画长于水墨写意，洒脱秀逸；书法奇峭俊秀，取法赵孟頫；诗文上与祝允明、文徵明、徐祯卿并称“吴中四才子”。30岁进京会试，涉会试泄题案而被革黜，妻子改嫁，一生坎坷。后游历名山大川，以卖文鬻画闻名天下。宁王朱宸濠擅长绘画：“世称宁王画马，明皇（正德皇帝）爱之而马失。”①故而极爱与画师结交，唐寅即为其中最著者：“宸濠甚慕唐六如，尝遣人持百金至苏聘之（一起受聘的还有文徵明，但被文拒绝）。既至，处以别馆，待之甚厚。六如居半年余，见其所为多不法，知其后必反，遂佯狂以处。宸濠差人来馈物，则倮形箕踞，以手弄其人道，讥诃使者。使者反命，宸濠曰：‘孰谓唐生贤？直一狂生耳。’遂遣之归。不久而告变矣。盖六如于大节能了了如此。……宸濠事败，六如几不免。当事者甚怜之，然不能挽也。及见题壁一诗云……遂保护其壁，深白伯虎郁郁思归，略不与党状。复奏得释”。②

王阳明与唐寅很早就相识。弘治十二年（1499），两人都在京师参加会试。唐寅因被卷入闹得沸沸扬扬的“泄题案”，从此绝缘仕途。阳明则被“举南宫第二人，赐二甲进士出身第七人，观政工部”，③终于取得第三次会试的成功。在此过程中，他对科场上发生的“泄题案”及其卷入者唐寅不可能无所闻。后来两人在反对宸濠叛乱事件上也保持了相同立场，遭遇也差不多。这也许是王阳明事后会应弟子华云之邀，赴无锡会唐寅④，并在无锡华氏剑光阁参与了当地文人的中秋玩月赏画活动的重要原因。唐寅在宁王府上装疯卖傻，被宸濠遣返归苏后，便筑室桃花庵，日夕啸歌其中。正德十四年（1519）受华云之邀赴无锡剑光阁作画。十一月，王阳明平定宸濠之乱后亦来访剑光阁山庄，见唐寅画甚为叹赏，遂应华云要求为

① 赵世显：《芝圃丛谈》卷一，《赵氏连城》，引自张小庄、陈期凡编著：《明代笔记日记绘画史料汇编》，第304页。

② 唐寅：《唐伯虎全集》，周道振、张月尊辑校，中国美术学院出版社2002年版，第559—560页。

③ 王守仁：《王阳明全集（新编本）》卷三十二，吴光、钱明、董平等编校，第1230页。按：“第七人”当为“第六人”之误，详见第五章第一节注释。

④ 其实王阳明早年就曾去过无锡，并与无锡官员有过交往，其所撰的《性天卷诗序》就是应无锡“地官”秦国声之请求而为无锡崇安寺的净觉禅师写的诗序。据该诗序载，阳明“尝避所居以延国声诵读”于崇安寺（参见王守仁：《王阳明全集》卷二十九，吴光、钱明、董平等编校，第1046页）。

唐寅十二幅《山静日长图》"按图书文于对页"。[①]这就是在近年拍卖市场上被合称为"唐寅、王守仁《山静日长图书法册》"[②]。尽管王阳明在书法上堪与任何大家媲美，但毕竟与唐寅分属不同领域，所以学术上唐寅不如他，然画技上他不如唐寅。而这样两位不同道上的大人物能在画作上发生交集，实属难得。又因当时王、唐"二公人品才地，皆天下士也"，故而王书与唐画"一旦得成合璧"，遂成为后人世袭珍藏之极品。

唐寅《山静日长图》系绘宋罗大经的轶事小说《鹤林玉露》中语，虽算不上他的代表作，但亦为其生平得意之画。据清孙承泽《庚子销夏记》（上海古籍出版社2011年版）记载：唐寅在剑光阁凡三阅月始成，布格幽奇，笔细于发。图中人物面目似豆，而神采奕奕，顾盼如生，真极绘事之能。益以王阳明之题字，铁画银钩，戛戛独造，璧合珠联，洵堪宝贵。旧藏嘉兴钱子密（1824—1902，名应溥）家，旋遭回禄，而此册乃如鲁灵光巍然独存，殆若有鬼神呵护之者。然册之四周已稍稍残毁，而华夏[③]诸跋则付诸劫灰矣（详见后述）。逊清"庚子之乱"（1900），为英法联军所得，张燕谋（1846—1913，名翼）以千金购得之，珍逾璆璧，未尝轻一示人。适孙承泽于壬寅（1902）秋，解冀宁道篆，移督开平煤矿与侍郎共事，因出审定。爱不忍释，钤有"敦和眼福""仲礼经眼"诸印章，聊志鸿爪。客岁，张燕谋归道山，遂以归孙承泽。乙卯（1915）仲春月，沈仲礼（1866—1920，名敦和）识于沪渎退思斋。钤印：沈、与贺知章同里、四明沈敦和印信长寿、仲礼父字默庵行二。册中鉴赏印有：补庵居士、剑光阁、锡山华氏补庵家藏印、仪周珍藏、嘉兴钱氏子密考定书画珍藏之章、汪氏惕予鉴赏之印、沈仲礼家藏、沈敦和收藏金石书画、仲礼藏真、仲礼经眼、敦

---

① 唐寅：《唐伯虎全集》，周道振、张月尊辑校，第 656—657 页。

② 孙承泽：《庚子销夏记》卷三，《中国书画全书》（第 7 册），上海书画出版社 2000 年版，第 770 页；安岐：《墨缘汇观》卷上，《中国书画全书》（第 10 册），第 387 页；Anne de Coursey Clapp：《唐寅的绘画》，芝加哥大学出版社 1991 年版，第 40—41 页；等皆有录。又，今贵阳阳明祠存有阳明此题文碑刻拓片，题为《书唐寅十二景文》（《贵阳阳明祠·阳明洞碑刻拓片集》，贵州人民出版社 2002 年版，第 17 页）或《题唐寅画册》（《王阳明谪黔遗迹》，贵州人民出版社 1999 年版，第 97 页）。

③ 华夏（生卒年不详），字中甫，号补庵、东沙子，无锡人。太学生，少年游学于江西等地，拜王阳明为师，中年后结识文徵明、祝允明等书画家。对书画极有兴趣，藏古今名迹甚富，在鉴别上有"江东巨眼"之称。

和眼福、敦和、沈、远蒂横阮，还有一半印不辨；后纸沈敦和题："唐子畏画法超妙，独绝千古。"

此十二幅画的题跋等内容如下：

第一开：钤印：唐寅私印、唐子畏图书。对题：唐子西云：山静似太古，日长如小年。余家深山之中，每春夏之交，苍鲜盈阶，落花满径，门无剥啄。

第二开：无钤印。对题：松影参差，禽声上下。午睡初足，旋汲山泉，拾松枝，煮苦茗啜之。钤印：伯安、阳明山人。

第三开：无钤印。对题：随意读《周易》《国风》《左氏传》《离骚》、太史公及陶、杜诗，韩、苏文数篇。钤印：伯安、阳明山人。

第四开：钤印：唐寅私印。对题：从容步山径，抚松竹，与麋犊共偃于长林丰草间，坐弄流泉，漱齿濯足。钤印：伯安、阳明山人。

第五开：钤印：唐寅私印、唐伯虎。对题：既归，竹窗下，则山妻稚子，作笋蕨，供麦饭，欣然一饱。钤印：伯安、阳明山人。

第六开：钤印：唐子畏。对题：弄笔窗间，随大小作数十字，展所藏法帖、墨迹、画卷纵观之。钤印：伯安、阳明山人。

第七开：钤印：唐寅私印。对题：兴到，则吟小诗，或草玉露一两段，再烹苦茗一杯。钤印：伯安、阳明山人。

第八开：钤印：唐寅私印。对题：出步溪上，邂逅园翁溪友，问桑麻，说粳稻，量晴较雨，探节数时，相与剧谈一晌。钤印：伯安、阳明山人。

第九开：钤印：唐寅私印、唐子畏图书。对题：归而倚杖柴门之下，则夕阳在山，紫绿万状，变幻顷刻，恍可人目。钤印：伯安、阳明山人。

第十开：钤印：唐子畏、唐寅私印。对题：牛背笛声，两两来归，而月印前溪矣。钤印：伯安、阳明山人。

第十一开：无钤印。对题：味子西此句可谓妙绝，人能真知此妙。钤印：伯安、阳明山人。

第十二开：题识：吴郡唐寅图于剑光阁。钤印：唐子畏、唐寅之印。对题：则东坡所谓“无事此静坐，一日如两日，若活七十年，便是百四十”，所得不已多乎。正德己卯（1519）冬日，阳明山人王守仁书。钤印：伯安、阳明山人。①

束景南按曰：“唐寅《山静日长图》并阳明题《玉露》文，前人多有著录，《墨缘汇观录》卷三云：‘《山静日长图》，绢本，图《玉露》中‘山静日长’一则，为十二幅。王伯安按图书文，分为十二段。图中所作……为六如生平杰作。’……凡对页，王伯安行书，大寸许，笔法苍劲，每段押‘伯安’朱文印。‘阳明山人’白文印。末幅款书‘正德己卯冬日，阳明山人王守仁书’，后押‘伯安’‘阳明山人’二印。后绢华补庵跋云……”②

华补庵跋文作于明正德十四年（1519）嘉平月（十二月）十日，具体内容如下：

中秋凉霁，偶邀唐子畏先生过剑光阁玩月，诗酒盘桓将浃旬。案上适有《玉露》“山静日长”一则，因请子畏约略其景，为十二幅，寄兴点染，三阅月始毕。而王伯安先生来访山庄，一见叹赏，乃复怂恿伯安为书文，竟蒙慨许，即归舟中书寄作竟日，喜急装潢成帙，时出把玩。夫子畏得辋川之奥妙，而伯安行书磊砢有奇气，况二公人品才地皆天下士也。一旦得成合璧，岂非子孙世世什袭之宝耶！是岁嘉平月十日，补庵居士识。③

孙承泽的《庚子销夏记》将补庵居士误作华夏，实为同是无锡人的华云。华云（1488—1560），字从龙，号补庵。明嘉靖二十二年（1543）进士，授户部主事，累官刑部郎中。严嵩用事，遂乞休归。筑真休园，藏法书名画颇富。《国朝献征录》卷四十九有王慎

① 原载安岐《墨缘汇观·名画》卷上，成书于清乾隆七年（1742），有清宣统年间刊本，现据Anne de Coursey Clapp 著《唐寅的画册》（芝加哥大学出版社 1991 年版）移录。
② 束景南：《阳明佚文辑考编年》，第 585—586 页。
③《中国书画全书》（第 10 册），第 387 页。

中《南京刑部郎中补庵华君云圹志》，称华云“既长，师事二泉公，又及阳明先生之门，与海内贤士大夫游，如（天）台一所金公贲亨、容庵应公大猷、吾闽锺阳马公森特为至交”。[1]据《唐伯虎年表》载：正德十四年（1519）己卯中秋，“无锡华云邀（唐寅）过剑光阁玩月，诗酒盘桓浃旬，为约略山静日长一则为十二幅，三月始毕。王守仁为按图书文于对页。云字从龙，号补庵，师事邵宝（字国贤，号泉斋，别号二泉，无锡人），游王守仁门。官刑部郎中乞休。富收藏，与文徵明交往颇密。……本年四月，宁王朱宸濠举兵。七月，王守仁败擒之。谢时臣、章文先事遁逃，仅以身勉。”[2]

此外，在“华补庵跋云”末尾还附有清嘉庆十五年（1810）户部右侍郎觉罗桂公的考释文字：

> 正德十四年己卯，新建年四十有八。是年六月，奉敕勘处福建叛军，闻宸濠反，遂返吉安，上疏告变。七月，率吉安知府伍文定等，传檄四方，起兵吉安，遂拔南昌。与贼战于鄱阳湖之黄家渡，获濠于樵舍，江西平。八月，疏谏亲征，乞便道省葬，不允。九月，发南昌，将献俘京师，而张忠、许泰议纵濠湖中。新建乃夜过玉山，付濠于张永，称病居杭之西湖。十一月，奉敕巡抚江西，乃自杭返南昌。《年谱》所载如此。又以新建《全集》考之，则九月以后、十一月以前，皆居湖上净慈寺，故是年有鄱阳战捷诗、西湖诗、宿净慈诗、泊金山诗、登小孤书壁诗、登蠊矶诗，则是自杭乘舟过无锡而润州而放江溯流而上无疑矣。且自杭返南昌，道中有游杨邃庵待隐园诗。待隐园可游，剑光阁亦可过也。新建过访剑光，当在十一月望前后，去中秋正三阅月，而华补庵跋在十二月十日，则新建书寄，定在十一月，无不吻合者。无锡翰林孙君尔准言：补庵名察，字子潜，号宏山，官翰林学士。剑光阁在无锡南门，至今犹存。又史载唐子畏受宸濠之聘，知其有异志，阳狂遁去。则补庵并称二公天下士，有以也夫。嘉庆庚午八月中秋

① 束景南：《阳明佚文辑考编年》，第585—586页。
② 唐寅：《唐伯虎全集》，周道振、张月尊辑校，第656—657页。

日，成亲王录。[①]

释文中除了把华云与华察[②]相混淆外，还有多处错误。[③]

毋庸讳言，王阳明之所以会对唐寅画作甚为叹赏，并应华云邀请为画书文，除了当时有与唐寅相同之心境外，再就是长期以来与吴中文人所建立的深厚友谊，以及对吴中文艺圈人格精神的由衷赞叹。[④]他虽“晚年归于道学，尚为少年意象所牵”，[⑤]故直到后期仍保持着与吴中文人的交谊。不仅如此，他到晚年也不乏吟咏出真情自然的灵性诗，从而为自己的文学志趣作了最好的注脚，更为阳明后学与晚明文学的沟通创造了前提条件。

在中国古代文人中，书画合一，所谓“善书必能善画，善画必能善书，其实一事耳”。[⑥]王阳明亦复如此，他不仅擅长书法，行草双修，而且喜好绘画，尤善山水。这与明代“以山水为上，人物小者次之，花鸟竹石又次之，走兽虫鱼又其下也”[⑦]的画坛气象是相吻合的。明人唐志契云：“书到六朝，首推晋魏，宋元不及晋与唐远矣。画则不然。佛道、人物、士女、牛马，后代不及古人；山水、林石、花鸟，前人不及后人。”[⑧]谢肇淛亦云：“今人画以意趣为宗，不甚画故事及人物。”[⑨]“古人善画者必能写真，盖时尚画人物故也。国初犹然。……今画者以写真为别技矣。”[⑩]王阳明的绘画技能就是在这样的人文环境的熏陶下习得的。他画的山水画，虽谈不上大手笔，但也称得上是脱俗新颖、具有时代气息的上乘之作。

不过王阳明的画作，现存于世的举世罕见。台北故宫博物院藏

①《贵阳阳明祠·阳明洞碑刻拓片集》，第31—33页。

②华察（1497—1574），字子潜，号鸿山，无锡人。明嘉靖五年（1526）进士，嘉靖十六年（1537）升侍读学士，故民间多称“华学士”。华氏富累世，察擢清华，乃矜孤介，寡逢迎，以此被谗遭黜，不究宏施。华察与唐寅交情甚笃，与王门诸子亦有所交游。著有《岩居稿》八卷，前有王慎中、黄佐序。

③详见束景南：《阳明佚文辑考编年》，第587—589页。

④按：吴中文人也许在明初曾受到朱元璋的重典处罚，所以都有隐居的传统，从沈周到祝允明、唐寅、文徵明等，都具有不仕进而高视自我的人格特征，这无疑是王阳明与吴中文人交谊的重要思想基础（参见钱明：《儒学正脉——王守仁传》，浙江人民出版社2006年版，第80—89页）。

⑤朱彝尊：《明诗宗》卷二十七下，《景印文渊阁四库全书》本。

⑥董其昌：《画禅室随笔》，潘运告编：《明代画论》，第205页。

⑦屠隆：《画笺·品第画》，潘运告编：《明代画论》，第142页。

⑧唐志契：《绘事微言·古今优劣》，潘运告编：《明代画论》，第291页。

⑨谢肇淛：《五杂俎》卷七，张小庄、陈期凡编著：《明代笔记日记绘画史料汇编》，第496页。

⑩谢肇淛：《五杂俎》卷七，张小庄、陈期凡编著：《明代笔记日记绘画史料汇编》，第499页。

有正德元年（1506）王阳明为籽余年所画的山水画一幅，画面内容与阳明《题王实夫画》诗中所谓"随处山泉著草庐，底须松竹掩柴扉"[1]的意境颇为相似。画的右下方有阳明为该画题写的一段文字：

> 安得于素林甘泉间，构一草舍，以老他乡。无怀葛天之民，求之不远。盖学问之道，随处即是，惟宜读书以先之。丙寅正月七日为籽余年先生，守仁学。

正德元年（1506），武宗初政，阉瑾窃柄。王阳明抗疏救戴铣等人，被下诏狱，寻谪贵州龙场驿，于是对政治产生厌倦。在此之前他还与主张"随处体认天理"的湛甘泉"一见定交"，后者对其思想转变产生过一定影响。[2]题文所言，恰好反映了阳明当时的思想情绪及其对甘泉思想的某种认同。此前的阳明，书生意气十足，粪土王侯，挑战权贵，结果被残酷的社会现实弄得伤痕累累，身心疲惫，最后只好落荒而逃，远离政治。为何中国文人士子钟情林泉、寄意山水的诗文书画会特别浩繁，连篇累牍？盖中国人尤其是敏感的文人历来生活得压抑、憋闷，寻找一个出气口和安身立命处，乃成必然之势。王阳明自然亦逃不出这种历史的宿命。这就是阳明为其画师籽余年习绘此幅山水画的大致背景。

至于此画的来历，据日本《阳明学》杂志第117号［大正七年（1918）十月一日刊］刊载的《阳明先生画山水真迹》一文称，该画真迹原由京都长尾雨山翁所藏并寄赠。日本学者洛北惺轩在《看王阳明先生的画》中亦云："大正四年九月，吾与铃木轩君相携访长尾雨山君于室町街之侨居，当谈及阳明先生事时，雨山拿出一幅阳明先生所画的山水画来。……其画系先生真笔，这只要看看其自赞书就会确信无疑。……其笔迹用的是小字，毫无疑问，是与所见到的王阳明先生尺牍等印刷物是一致的。这是余平生所见到的先生的第一幅画。"[3]后来此画不知怎么又辗转到了张学良将军手中。西安事变之后，此画便一直伴随着张将军在王阳明的意境里寄居

---

① 王守仁：《王阳明全集》卷二十，吴光、钱明、董平等编校，第739页。

② 参见钱明：《阳明学的形成与发展》，第87—91页。

③《阳明学》第91号，日本大正五年（1916）五月一日刊。

沉淀。20世纪70年代张将军移居夏威夷前，悄悄地委托一家拍卖公司把所藏书画全部拍卖[1]。此画可能就是这时被台北故宫博物院收藏的。

关于王阳明爱好绘画的情况，邹守益的《叙云山遐祝图》也为我们提供了一条重要信息，叙曰：

《云山遐祝》者，吾师阳明先生奉王命以殿南服（此处指广西），思归寿其母夫人赵而不可得，故作是图，以寓孝也。[2]

赵夫人是阳明的继母，曾对阳明思想人格的形成产生过一定影响（详见本书第一章第二节）。阳明为赵作画，其高足东廓又为画作叙，说明赵氏与阳明的关系非同寻常。而且从邹氏叙中我们还可以进一步证实阳明对山水画的喜好。另据邹守益说，阳明还绘有《行乐图》一幅。邹氏《题阳明夫子行乐图》曰：

此阳明夫子行乐，而徐曰仁、季惟乾从游图也。青阳施友宗道，宝而藏之。其子良臣携观于化城。敬为之赞曰：郁郁者松，瀌瀌者水。风乎舞雩，从者二子。吾崇吾德，吾修吾慝，吾辨吾惑，庶无负致良知宗旨。[3]

由此可见，王阳明的画作在当时就已成为其弟子友人们收藏的珍宝。

在王阳明的影响下，其门人后学擅长绘画者亦不在少数，如王嘉秀，字实夫，擅长绘画，“兼养生”，正德八年（1513）阳明在滁阳时，拜为门生，阳明爱其画，曾为之题诗。[4]又据徐阶《龙溪王先生传》载：“绍兴守建三江闸成，谓石画出自公（指王畿），即以新开沙田二顷致谢。安人（王畿夫人张氏）以为非义，力赞勿受。”[5]说明王畿亦擅绘画。而王畿是徐渭的老师，徐的绘画艺术是

① 参见《面对真实的张学良》，《参考消息》1997年7月1日。
② 邹守益：《叙云山遐祝图》，《邹守益集》卷三，董平编校整理，第207页。
③ 邹守益：《邹守益集》，董平编校整理，第918页。
④ 参见王守仁：《王阳明全集》卷二十，吴光、钱明、董平等编校，第737页。
⑤ 王畿：《王畿集》，吴震编校整理，第827页。

否受到过王畿乃至王阳明的影响，倒是个值得深究的问题。

不仅如此，王门诸子也像其师一样，喜爱文徵明等人的画作。如聂豹当上兵部尚书后，欲通过“与赵大洲、顾东桥、文衡山相友善”[①]的何良俊向文徵明求画，文氏闻后很不情愿，结果何良俊“竟负双江（聂豹）之托矣”。[②]又比如徐阶为编修时，进京路过苏州，太守“设席相款，独请衡山（文徵明）同席，盖重存斋先生（徐阶）也。衡山见余，每道存斋与罗念庵资质纯粹，独不喜唐荆川”。[③]

王阳明不仅擅长绘画，而且还与当时的一些著名画家过往甚密。他作于弘治十八年（1505）的《题画诗》[④]，便是为浙派画家吴伟画的《文会赠言图》而作。不惟阳明本人，其妹夫及高足徐爱也对吴伟的画情有独钟，《横山遗集》卷上便载有徐爱所撰的《宪副杨恭甫邀游山庄出吴小仙四画索题四绝》，从而为我们留下了阳明学者出入于明代画坛的又一例证。另据袁中道说：“石田（沈周）《海天楼阁》，复有阳明先生诗，王鏊（守溪）字，亦有致。”[⑤]说明王阳明还为沈周画的《海天楼阁》题过诗。

吴伟、沈周分属浙派和吴派画坛之大师。众所周知，浙派与吴派画风不同。吴中“风俗之美，喜文艺而厌凡鄙”[⑥]；无论是文徵明的“精致”“论理”，还是董其昌的“秀润”“论笔”，都反映了性情平稳的吴派画家的“雅”（所谓“文雅之趣”）和“理”，这与性情狂放的浙派画家的“俗”（所谓“野鄙”，以明中叶吴伟为代表）和“情”（以明初钱塘人戴进为代表）形成了鲜明对照。早年的王阳明欣赏浙派而厌弃吴派，后又转向心学体系的创设，从而形成了与浙西才子文人派相对峙的浙东心学派。如果说以文徵明为代表的浙西文人派体现的是明代的艺术精神，那么浙东心学派体现的便是明代的学术精神。两者在心灵上虽有相通之处，但各自所代表的人文地域差异却是显而易见的。所以王阳明虽与吴中文人常有

---

① 张怡：《玉光剑气集》卷二十，张小庄、陈期凡编著：《明代笔记日记绘画史料汇编》，第587页。
② 何良俊：《四友斋丛说》卷十五，张小庄、陈期凡编著：《明代笔记日记绘画史料汇编》，第129页。
③ 何良俊：《四友斋丛说》卷十八，张小庄、陈期凡编著：《明代笔记日记绘画史料汇编》，第131页。
④ 该诗《王阳明全集》未录，详见计文渊：《王阳明法书集》之《法书考释》。
⑤ 袁中道：《游居柿录》，张小庄、陈期凡编著：《明代笔记日记绘画史料汇编》，第512页。
⑥ 顾起元：《客座赘语》卷八，第1404页。

往来，但吴中文人不仅不倾心阳明之学，反而多有批评，顾璘（东桥）即为其中之代表。[①]即使在阳明学派内部，其吴中传人与浙东传人之间相互斥责、彼此拆台的事件亦时有发生。[②]然学术与艺术并不完全相互排斥，作为心学大师的王阳明同样也喜好绘画，而同为明代心学大师的陈献章则同时又是位画家，据说陈献章“能诗，善墨梅，索者多无润笔”。[③]故此，王阳明与当时画坛上的大师名流包括吴派画家相互往来，并不足怪。

所要说明的是，在王阳明讲学时期，浙派与吴派画家尚能彼此交谊、和睦相处，但后来便出现了逆转，浙派日渐式微，取而代之的是精细典雅、小家碧玉式的吴门画派。苏州著名文人何良俊指斥自由洒脱、热情奔放的浙派画家的作品是“任意涂抹，然亦作大幅赠人，可笑可笑”，甚至嘲讽浙派画家的作品“虽用以楷抹，犹惧辱吾之几榻也”[④]，即为明证。由于这种相互嘲讽、彼此瞧不起的心理情结在阳明在世时尚不明显，所以阳明除了与浙派画家有交谊，还与吴派画家有往来，比如阳明与吴派代表人物唐寅之间的交往，就是最好的证据。

---

① 顾璘书画戏剧皆喜爱，常“优剧满庭，盛妆以待”（徐复祚：《花当阁丛谈》卷五，张小庄、陈期凡编著：《明代笔记日记绘画史料汇编》，第 331 页）王阳明与其交集甚密，有相同之爱好可能也是原因之一。王阳明亦与顾璘一样，书画戏剧，样样皆通。

② 参见钱明：《“浙学”的东西异同及其互动关系》，《杭州师范学院学报（社会科学版）》2005 年第 4 期。

③ 朱谋垔：《画史会要》，潘运告编：《明代画论》，第 393 页。

④ 何良俊：《四友斋丛说》，第 269 页。

第七章

由圣转神与神格形塑

王阳明的弟子刘阳在《阳明先生编年序》中曾说：“先师阳明先生，自年十八信圣人为可必学，既而见圣人之学之全，乃卒传圣人之学而以教天下。”①故而阳明在世时，其弟子们便称他为“全人”“完人”，并反复向世人说明阳明学确为圣学无疑。②他们虽未明言阳明是圣人，但其实已相距甚近。比如并不把阳明学放到宋元以来的理学脉络来理解，而是以阳明直接承接孔圣，与孔门嫡传弟子颜、曾等人并列。凭借阳明的卓越事功及“完人”形象，其去世后，曾出现“宦辙所经，无不尸祝，祠宇几遍天下”③的罕见现象。后来阳明的门人后学又竭尽全力地对其进行圣化，如罗大纮称其为百世之师，耿定向模仿《史记·孔子世家》的体例而作《新建侯文成王先生世家》，把阳明与孔子、王门与孔门等同齐观。④与学界圣化几乎同步推进的还有民间神化，以及阳明的在朝弟子和部分政客为恢复其名誉直至入祀孔庙所做的去污名化及圣洁化运动，而在这种上下坚持不懈的共同努力下，最后终于达到了使阳明的圣贤地位获得最高统治者认可的目的。入清后，阳明遂被戴上“三不朽”桂冠，成了中国历史上数一数二的大圣人。⑤

实事求是地说，“三不朽”的桂冠对于王阳明来说乃是实至名归，其进入儒家“圣域”也是理所应当的。但问题是，中晚明社会在为阳明恢复名誉并将其圣化的同时，还有意无意地对其进行了“神化”乃至“仙化”，从而将其推入“神坛”，给阳明的圣哲形

---

① 刘阳：《刘三五集》，彭树欣编校，（台湾）花木兰文化出版社 2016 年版，第 103 页。

② 如黄绾曰：“简易真截，圣学无疑，先生真吾师也。”［沈善洪主编：《黄宗羲全集》（第 7 册），第 318 页］邓以讚曰：“阳明必为圣学无疑。”［沈善洪主编：《黄宗羲全集》（第 7 册），第 448 页］

③ 周汝登：《阳明先生祠志》卷上，明万历四十二年（1563）刻本。按：据毛奇龄《王文成传本》卷二记载，其数量达书院 75 座，祠宇 420 座。又按：毛奇龄说，此数量是根据“《勋贤祠志》云”，但在现存的《勋贤祠志》（日本内阁文库藏本）中却未见此记载。

④ 参见张艺曦《心学家画像在明代的流行及其作用——以阳明画像为主的讨论》,《思想史》第 3 期，（台湾）“中央研究院”近代史研究所 2014 年版。其实把王阳明比作孔子实乃当时王门的统一行动，较有代表性的即为钱德洪在《后瑞云楼记》中一句话：“敢叙述遗事，谋诸左右，使行道之人过兹地（指瑞云楼）者指之曰：‘此先生平乡陬邑也。’”（徐爱、钱德洪、董沄：《徐爱·钱德洪·董沄集》，钱明编校整理，第 170 页）《史记·孔子世家》：“孔子生鲁昌平乡陬邑。”

⑤ 在儒家看来，君子有三立，即立德、立功、立言，世称“三不朽”。立德属于道德层面，是最高的道德理想人格；立功属于政治层面，是治国平天下的帅才；立言属于文化层面，是儒家精神文化的继承者和捍卫者。后来此三者被推广到宗教层面，成为衡量古代圣贤的标准（详见钱明：《近世东亚的圣贤像及其成圣工夫论——基于阳明、退溪的中韩比较论》，《东亚近世思想钩沉》，孔学堂书局 2017 年版）

象反而造成了损害。

众所周知，王阳明早年对道教的修炼方式相当迷恋，中年以后有过反悔，晚年又对道家道教的哲学思想多有摄取（详见本书第五章）。阳明殁后其门人后学及民间社会对他的造神运动，亦应属于道教乃至佛教对阳明学之浸染的范畴。阳明本人性格中固然有浓郁的道教成分，但并不能由此认定他就是“阳儒阴道”的道士，只因后来被神化后，才有了“真人”“神主”的形象特征，从而才使他在一定层面上由儒家心学大师转化成了被非主流社会顶礼膜拜的“三教归一”的“道祖”（详见后述）。这种造神运动，除了阳明的门人后学在意识形态领域所进行的理论创设和文献加工外，主要还是通过绘画、戏剧、传奇小说、民间故事等雅俗文化尤其是俗文化的形式来完成的。值得关注的是，无论文献加工、思想理论层面还是文学艺术层面，浙中、江右地区在神化阳明的过程中都起到过引领作用，这与嘉靖以后以两地在野或在朝王门学者为代表的、为阳明平反昭雪进而入祀孔庙而发起的恢复名誉运动有密切的上下互动关系。①

对王阳明的神化，从时间上看，可能最早应追溯到他的家人，然后才由其弟子们来加以推动并实现，其中钱德洪等人主要采用的是文献加工的手段，王畿、邹守益、程文德等人主要采用的是思想建构的手段，董沄、董穀等人主要采用的是艺术创作的手段，蔡世新等人主要采用的是形象塑造的手段。而《阳明年谱》中其祖父王伦、父亲王华等人对幼年阳明的刻意神化，则应属于门徒加工之范畴，因为《年谱》的主要编纂者是钱德洪、邹守益、罗洪先等人，王伦、王华所讲的阳明小时候的故事也是经过他们之手才成为被大众普遍接受的所谓“正传”的。

① 朱鸿林先生曾就阳明从祀争议的意义做过详细考证，认为阳明从祀之争是“政治性多于学术性的”（参见朱鸿林：《〈王文成公全书〉刊行与王阳明从祀争议的意义》，《中国近世儒学实质的思辨与习学》，北京大学出版社 2005 年版，第 312 - 333 页）。

第一节　文献加工

钱德洪等人编纂的《阳明年谱》（简称“钱谱”）可以说是最重要的阳明学文献之一。然《年谱》的成书过程却异常复杂，其中既有客观原因，又有人为的主观原因，结果竟使《年谱》诸版本所呈现的阳明形象很不一样。[①]钱氏的私淑弟子江西玉山人夏浚尝对钱谱的编纂目的作过介绍：“《阳明先生事略录》似请教，辟之传神。公所述《年谱》，必得其真，兹所编撰，特表其立朝与经世大节用，见真儒实学，非偶然也。”[②]但钱谱的最终版本却在“传神”方面做了进一步的加工和渲染，以配合嘉靖后期开始的王门在朝弟子为使先师入祀圣庙所做的努力。以至邹守益《论年谱书》会认定王门诸子编订《阳明年谱》实在是在共同努力，以“了此”一桩桩“公案”矣。[③]而事实上也的确如此，比如包括钱谱在内的明人所撰的传记类作品，就曾对王阳明的一生及其早年四处求道的过程作过许多近似神话般的描述。尽管钱谱在编纂时，已对搜集到的材料作了精心取舍，删去了不少与佛、道二氏相关的材料，用王畿的话说，即“尚有奇迹奇论，非常情耳目所及者，疑于语怪，未及纂入。夫力乱与神，世之所有，何独至于怪而无之？但非常道，恐滋世人之惑，故罕言耳。有《言行逸稿》一编，藏而未行，盖将有待也”。[④]而编者有意将阳明出入二氏的材料收于《言行逸稿》中，就是要让钱谱“纯净”，以维护传主的正统纯儒之形象。然而，钱谱所记录的诸如“瑞云送子”“神僧道破天机”“乡试神谕”“祈神回风”等史迹，却无不暗示着阳明是“天神下凡”或得“神力相助”的“神人”。其中一些神奇传说流传较广，为后来的不少文献所转述。钱穆曾以王阳明的悟道过程为例揭示说：从龙场悟“心即理”之道到正德末年悟“致良知”之道，看似都是一瞬间的“悟道”过程，其实都是一个渐进的深入认识的过程，也就是渐悟的过

---

① 参见杨正显：《王阳明〈年谱〉与从祀孔庙研究》，《汉学研究》第29卷第1期；邓国元、王大印：《王阳明“临终遗言”献疑与辨证——兼论〈阳明先生年谱〉嘉靖本与全书本的差异》，《现代哲学》2021年第2期。

② 夏浚：《月川类草》卷十，钱德洪：《钱德洪集》，朱炯点校整理，第291页。

③ 邹守益：《邹守益集》，董平编校整理，第716—717页。

④ 王畿：《王畿集》，吴震编校整理，第591页。

程，而非顿悟的过程，至少也是顿渐结合的过程。阳明本人及其弟子们之所以要如此突出阳明心学之悟道的顿的性质，主要是为了一方面能够符合其根深蒂固的佛道式的思考习惯，另一方面能够迎合民间普遍存在的禅学心理，同时也是为了进一步塑造阳明的神奇形象。[①]也就是说，王阳明带有神秘性的悟道过程是与其神奇形象的被塑造互为补充的。

正因为此，不仅明人所著传记错讹甚多，而且钱谱也有许多错误。比如对王阳明的早年经历和晚年在广西时的个别记载，[②]尤其对干支纪日、诗文所作年月的记录，“混乱颠倒”极多，甚至有“虚造夸饰之辞”。[③]钱德洪曾在《刻文录叙说》中说：

> “愚谓《别录》所载，不过先生政事之迹耳。其遭时危谤，祸患莫测，先生处之泰然，不动声色，而又能出危去险，坐收成功。其致知格物之学至是，岂意见拟议所能及！”是皆《别录》所未及详者。洪感惟浚之言，故表出之，以为读《别录》者相发。[④]

意思是说，对于王阳明的“政事之迹”，与其卷入“意见拟议”的无谓之争，还不如从《别录》之类文献中深刻领悟其“致知格物之学”。此言可视为钱氏重“立言”而轻“立功”之明证，而钱氏领导修谱所坚持的就是这一原则。换言之，钱氏等人修谱的目的，主要是彰显阳明的学术思想和王门的发展壮大，以维护和塑造先师的圣人形象，同时梳理和规范王门之秩序并为王门立规矩，而并非为了完整记录阳明的人生经历及军功、政工等事功之迹。尽管王阳明本人在巡抚南赣时，尝踌躇满志地以宗泽自况，视立功为首务，[⑤]但钱氏却始终把先师的为学宗旨和思想演变作为修谱编书之准则，故而放弃或忽略对一些政事细节之考证，既属正常，亦属无

① 钱穆：《湖上闲思录》，生活·读书·新知三联书店2000年版，第62页。
② 关于王阳明广西行事记载之误，详见束景南：《王阳明年谱长编》，第1995—1997、2020页。
③《明通鉴》等文献已有校正，束景南《王阳明年谱长编》对此亦批评指正甚多，参见第1129、1149、1177、1199、1228页。
④ 王守仁：《王阳明全集（新编本）》卷五十二，吴光、钱明、董平等编校，第2092页。
⑤ 参见束景南：《王阳明年谱长编》，第1330页。

奈。不仅如此，基于这一原则，钱氏还故意删除了一些有损于阳明圣人形象的内容以及会引起朝廷忌恨的史实。[①]

总的来看，钱谱的缺陷主要反映在以下几个方面。一是过于简略，有许多地方语焉不详，“叙述不明”；束景南《王阳明年谱长编》考证出钱谱“有误”“甚误”乃至“舛误颠倒”“不堪卒读”[②]处近乎占了全谱三分之一强，这虽有些过头，但所反映出的问题，的确值得重视。[③]二是考述不准、不严、不细、不实，对一些史实细节未作细察，是盖因钱谱并未将重心放在史实细节上，而是放在学术思想的演变发展上，以图为阳明心学正名，为王门正风。三是文献搜集不完备，材料上准备不足，尤其阳明殁后搜集其散失于各地的文献过于仓促，以至许多本不应该遗漏的文献被遗漏掉了，或者即使收录了亦未作细考。在这样的基础上修谱，自然会受到文献材料之完整性和真实性的极大限制。尽管钱德洪与王阳明几乎处于同一时期，在材料搜集上较之后人有得天独厚的便利条件，但因受编纂理念（如详思想而略事迹，重学脉梳理而轻细节考述）和客观条件（如贵州、广西等地距离遥远，交通不便，许多当事人未及联络，第一手材料多有缺失），使得钱谱留下的问题和缺憾非常之多。然而，钱谱有个最大的优点，这就是塑造了阳明的圣人形象，厘清了王门的门户分界。

就塑造阳明的圣人形象而言，钱谱里一开始就有意识地记载了阳明出生时的种种异象，并且都借其长辈之口说出。比如阳明出生当夜，其祖母岑氏梦里听闻鼓乐之声，有绯衣神人自云中将一婴儿交托给她。阳明5岁时，其祖父竹轩公王伦“再造神僧摩顶、阳明开口、改名守仁之神话，指实阳明是‘石麒麟’下凡、‘文曲星’降世也”。[④]这类故事虽反映了阳明家世文化中的神秘主义倾向，似可证明对阳明的神化始于其祖父母，[⑤]但不能否认钱谱编纂者故意夸大

---

① 如王阳明《寄杨邃庵阁老》书二（《王阳明全集》卷二十一），“实为阳明论嘉靖朝政之一篇大文”，其中有“一段文字专论相权，斥庸相，最为世宗所忌，费宏所恨，必是钱德洪对此有所顾忌，将此段文字尽行删去”（束景南：《王阳明年谱长编》，第1773页）。

② 束景南：《王阳明年谱长编》，第1707、1445页。

③ 关于钱谱之误，历代学者多有指正，兹不一一列举。

④ 束景南：《王阳明年谱长编》，第19页。

⑤ 但束景南先生却说：“阳明父王华最好命相卜筮神仙之说，阳明神人授受之神话实始于王华，而成于钱德洪。”（束景南：《王阳明年谱长编》，第7页）此言不确。

其词，以渲染和烘托阳明之神圣的可能性。要知道，朱熹《年谱》里就没有这类异象，其幼时最神奇的也就是坐在沙堆上画八卦。[①]然在阳明一生中，这类梦境、神遇、奇验等神奇异象，在钱谱及其他王门文献中曾频繁出现，而编者的目的，无非是要进一步证明阳明做事皆有灵验，以及其神奇无比、法术无边，能为门人指点迷津的超人本领。其弟子们则不仅津津乐道这类神奇灵验之“事”，而且受其感染，亦屡屡奇验于梦中，如徐爱尝游南岳，梦一瞿昙抚其背曰“尔与颜子同德，亦与颜子同寿”，[②]后果真应验；刘阳常在梦里受阳明教诲，自称“几回魂梦接，此夕如平生，席中多诲语，领闻心独惊”[③]。继而终使阳明的神奇形象、王门的灵验传说，溢出学界而在整个社会上蔓延开来，为明中叶以后的王阳明造神运动打下了广泛基础。

不仅如此，即使到了完全可以依据信史来作谱的王阳明中晚年时，钱谱中仍掺杂着不少这类离奇故事。比如阳明赴龙场前投江浮海的传说，钱谱的记述方式基本上与笔记小说如出一辙。但从时间上看，应是后出的笔记小说（包括冯梦龙的《王阳明先生出身靖乱录》）据钱谱而做了进一步的加工。据钱谱记载：

> 先生至钱塘，瑾遣人随侦。先生度不免，乃托言投江以脱之。因附商船游舟山，偶遇飓风大作，一日夜至闽界。比登岸，奔山径数十里，夜扣一寺求宿，僧故不纳。趋野庙，倚香案卧，盖虎穴也。夜半，虎绕廊大吼，不敢入。黎明，僧意必毙于虎，将收其囊；见先生方熟睡，呼始醒，惊曰：“公非常人也！不然，得无恙乎？”邀至寺。寺有异人，尝识于铁柱宫，约二十年相见海上；至是出诗，有“二十年前曾见君，今来消息我先闻”之句。与论出处，且将远遁。其人曰：“汝有亲在，万一瑾怒逮尔父，诬以北走胡，南走粤，何以应之？”因为蓍，得《明夷》，遂决策返。先生题诗壁间曰：“险夷原不滞胸中，何异浮云过太空？夜静海涛三万里，月明飞锡下天

①《宋史·列传》第一百八十八《道学三》：“（朱）熹幼颖悟……尝从群儿戏沙上，独端坐以指画沙，视之，八卦也。”（脱脱等：《朱熹传》，《宋史》卷四百二十九，中华书局1985年版，第12751页）

② 王守仁：《王阳明全集（新编本）》卷二十五，吴光、钱明、董平等编校，第1001页。

③ 刘阳：《梦先师阳明先生》，《刘三五集》，彭树欣编校，第29页。

风。”因取间道，由武夷而归。时龙山公官南京吏部尚书，从鄱阳往省。十二月返钱塘，赴龙场驿。[1]

明人蒋一葵的《尧山堂外纪》卷九十亦载：

王文成初主礼部政，章忤刘瑾擅权，谪贵州龙场驿丞。后惧祸迫身，至海滨遗履于岸……诗毕，即赴水，俄二童子维腋而行，足如履空，耳傍直闻风涛澎湃。须臾至一洞口，帘卷珊瑚，二叟处其中，驺从女乐及左右所置明珠。白壁平地，未之睹也。与二叟奕（弈）棋联句，浃旬而别，其二童子复引登陆。时瑾已服上刑矣。……赴谪过闽中，覆舟几厄，时有渔人泛溪中，拯之上山。方徘徊间，适遇一道者自称旧识，邀至中和堂主人处，盘桓数日。主人乃仙翁也。临行，作诗送之云：“十五年前始识荆，此来消息最先闻。君将性命轻毫发，谁把纲常重一分？寰海已知夸令德，皇天终不丧斯文。武夷山下经行处，好对清樽醉夕曛。”[2]

然而实际上，王阳明的这段奇险经历，一般都认为是被人为神化出来的。[3]余姚人陆相（字良弼）虽编有《阳明先生浮海传》，但从王世贞开始到四库馆臣们都指出：

是书专纪王守仁正德初谪龙场驿丞，道经杭州，为奸人谋害，投水中。因飘至龙宫，得生还之事。说颇诡诞不经。论者谓守仁多智数，虑刘瑾追害，故弃衣冠，伪托投江，而实阴赴龙场。故王世贞《史乘考误》尝力辨此事为不实。而同时杨仪《高坡异纂》亦载此事，与相所纪略同。盖文人之好异久矣。[4]

一般来说，利用小说、艺术等形式来进行造神运动，效果要远

---

① 王守仁：《王阳明全集（新编本）》卷三十二，吴光、钱明、董平等编校，第1233页。
② 蒋一葵：《尧山堂外纪》卷九十，《续修四库全书·子部》（第1195册），第116页。
③ 见李庆：《信史还是小说：〈王阳明靖乱录〉及相关问题》，《国际汉学研究通讯》（第3期），北京大学出版社2011年版，第174—176页。
④ 永瑢等：《四库全书总目》，第539页。

远超过纯义理思辨性的叙述方式，尤其对于普通大众来说，其影响力往往会成倍增加，传播速度亦会几何级增长。因此，明清笔记小说中有关阳明的神奇故事比比皆是，流传广泛，特别是在隆、万年间，这一点都不为怪，况且那正是个为阳明恢复名誉、入祀圣庙的关键时候。

正因为在钱谱初稿中，此类神异记载实在太多，以致引起了同门欧阳德等人的不满。欧阳氏在答薛侃信中，曾专门就《年谱》初稿提出质疑，称“种种神异，似可删去。无已，则别为纪异录乎？然圣人所不语者，何为割舍不得也？”①显见，在欧阳德看来，这些神异记录属于“怪乱力神”的范畴，孔子不语，理当割弃。

当然，王门诸子对先师王阳明的神格塑造，如果没有阳明生前授意至少是默许，也不可能如此肆意而为；②同时，没有王门的渲染加工，阳明的神迹也不可能这么生动翔实。③而这样的造神运动，其实给阳明带来的并非都是“正能量”，其负面效应亦是显而易见的。后人曾对阳明所提出的“致良知”说下过这样的结论：

> 其“致良知”说盖由寻绎而得，非徒探索空虚者比，迨其后门徒浸广，欲夸授受之殊，以致辗转滋纷，渐生异说，遂招訾议之口，不当专归咎师传也。④

这段话实际上向我们揭示了阳明提出“致良知”说后，其门徒“欲夸授受之殊”而引发的诸多负面效应。同样道理，王门对阳明造神运动的推波助澜，其负面效应更是不可小觑。

如果说王阳明被其门人神化，钱谱编纂者是主要功臣，而这种

---

① 欧阳德：《欧阳德集》，陈永革编校整理，凤凰出版社 2007 年版，第 69 页。

② 比如王阳明晚年赴广西年平乱时，曾回想小时候与马援相见之梦境，竟然若合符节，于是留诗云：“四十年前梦里诗，此行天定岂人为？”［王守仁：《王阳明全集（新编本）》卷三十四，吴光、钱明、董平等编校，第 1334 页］足见其对外界所传的己之神奇事，不仅不澄清，而且故意加以渲染。再比如早在阳明生前，为扩大自己的影响力，就曾“号召门徒，互相倡和，才美者乐其任意，庸鄙者借其虚声；传习转讹，背谬弥甚”（张廷玉等：《明史》，第 5168 页）。以至引起最高统治者的震怒，谓：“守仁放言自肆，诋毁先儒，号召门徒，声附虚和，用诈任情，坏人心术，近年士子传习邪说，皆其倡导。”（《明世宗实录》卷九十八，第 2299—2300 页）而在这场持续数十年的舆论战中，出现利用神迹包装乃至神化阳明的事是在所难免的。

③ 崔海东：《阳明的神迹——以〈年谱〉为中心》，《贵阳学院学报（社会科学版）》2017 年第 6 期。

④ 邵友濂修，孙德祖等纂：《王守仁传》，《余姚县志》卷二十三，清光绪二十五年（1899）刻本，第 9 页。

神化又主要表现在灵验之“事”上，那么来自思想义理层面的神格化，则主要体现在灵验之“心”上，而深受佛、道感染的王畿则可谓其主要推手。王畿曾记载了这样一则与阳明之间的对话：

尝问阳明先师：“人称用兵如神，何术以致之？”师云：“我无秘术，但平生自信者良知，凡应机对敌，只此一点灵明，神感神应，一毫不为生死利害所动。所以发机慎密，敌不知其所从来。在我原是本分行持，世人误以为神尔。”①

说阳明用兵如神，这是实情，将其作为神化阳明的素材，最早可能源自民间，传播渠道亦主要借助于民众的口口相传，并且逐渐将阳明的“英雄”形象与“神格”形象相叠加。而后来的明清笔记小说中，也的确有不少作品是通过英雄化的手段来塑造阳明的神人形象的，冯梦龙的《王阳明出身靖乱录》即为其代表。与冯氏的“三言”、《新列国志》《古今谭概》《情史》等其他作品一样，《靖乱录》也以广大市民为潜在的读者群，故而冯氏在创作有关阳明小说时的题材选择，亦只能着重于具有吸引人眼球的传奇事功上。②换句话说，只能把神圣形象糅合和在英雄故事中，以尽可能地适应普通人的心理期许，符合大众的阅读兴趣，何况王阳明本人亦有强烈的英雄情结，这从其晚年歌于天泉桥之诗句“不知何处亦群英”“莫负男儿过一生”③的无敌气概中即可窥知一斑。

这也是为什么王阳明本人对上述这些神奇传说并未予以直接否认的重要原因。他否认的只是所谓的宗教“秘术”，而强调的则是良知本体或“心上工夫”。问题是，良知在阳明那里早就被赋予了灵明而神秘的色彩，有了良知，也就有了神秘的光环。而王门在思想义理层面对阳明的神格化，可以说就是从阳明本人对良知的神秘化开始的。王畿正是循着阳明的这一思想进路，才在著名的《滁阳会语》中把阳明洞修炼导引术的前因后果描写得绘声绘色，如同太虚幻境一般：

① 王畿：《王畿集》，吴震编校整理，第302页。
② 参见胡鹏：《〈王阳明出身靖乱录〉考论》，《上饶师范学院学报》2018年第2期。
③ 王守仁：《王阳明全集（新编本）》卷二十，吴光、钱明、董平等编校，第823页。

先师之学，凡三变而始入于悟，再变而所得始化而纯。其少禀英毅凌迈，超侠不羁，于学无所不窥，尝泛滥于词章，驰骋于孙吴，虽其志在经世，亦才有所纵也。及为晦翁格物穷理之学，几至于殒，时而苦其烦且难，自叹以为若于圣学无缘。乃始究心于老佛之学，缘洞天精庐，日夕勤修，炼习伏藏，洞悉机要，其于彼家所谓见性抱一之旨，非惟通其义，盖已尽得其髓矣。自谓尝于静中，内照形躯如水晶宫，忘己忘物，忘天忘地，与虚空同体，光耀神奇，恍惚变幻，似欲言而忘其所以言，乃真境象也。及至居夷处困，动忍之余，恍然神悟，不离伦物感应，而是是非非天则自见，征诸四子六经，殊言而同旨，始叹圣人之学坦如大路，而后之儒者妄开径窦、纡曲外驰，反出二氏之下，宜乎高明之士厌此而趋彼也。①

文中“自谓尝于静中”一段话，以王阳明为主语，然阳明《全集》《年谱》中均未见此言，极有可能是王畿在借题发挥，故意渲染和烘托阳明的神思过程。其结果，在阳明本人以及其他王门那里被平淡叙述的阳明洞修炼过程，在王畿口中却被彻底神秘化乃至宗教化了。

王畿在王门中属于深受道家、道教思想影响的理论家，故而类似“忘已忘物，忘天忘地，与空虚同体，光耀神奇，恍惚变幻，似欲言而忘其所以言”这种太虚幻境般的用语出自王畿之口，并不让人感到诧异。不仅如此，阳明身上的不少神奇功能及怪异行事方式也是从王畿口中说出来的，包括阳明在军中曾40天不睡觉之类的故事，也是由他炮制出来的，而这其实与王畿所倾心的道教调息法有非常密切的关系。据明人陈弘绪的《寒夜录》记载：

王遵岩（慎中）问龙溪（王畿）：“先师阳明在军中，四十日未尝睡，有诸？”龙溪曰：“然，此原是圣学，古人有息无睡。”②

---

① 王畿：《王畿集》，吴震编校整理，第33页。按：王阳明的这一神思过程，《龙溪会语》卷一《书滁阳会语兼示水西宛陵诸同志》、周汝登《王门宗旨》卷十一等文献皆有记录。由此可以看出，王门诸子尤其是龙溪派故意神化阳明思想形成过程的良苦用心。

② 陈弘绪：《寒夜录》卷上，《豫章丛书》子部二，江西教育出版社2002年版，第194页。

除此之外，据说王阳明在军中还“能日行二百余里”，而这类“资禀”，在世人看来，“已超出寻常万万”矣。①正因为有如此神力，于是王畿又进一步把阳明升格为水火不入的“神人”。据伍袁萃《林居漫录》记载，隆庆元年（1567），王畿过吴中，与蔡国熙（号春台）讲学。一日春台语及阳明。王畿曰：“先师已造位神人，焚之火而心不与俱焚，溺之水而心不与俱溺者也。”予时侍侧，听之，甚骇。后在都门以质孟我疆。我疆曰：“必到此地，方知此旨。”予终不谓然。近有议邹泗山掘藏殒命者，潘尚玺雪松云此偶然应迹耳。泗山道：“大原无利，心何足为累？盖迩来士大夫酷好禅学，故议论多如此。而方正洁修之士，反以窄隘执泥病之，可怪也夫。”②透过伍袁萃这段绘声绘色的描述，我们可以清楚地看出当时王门中的确有一股利用佛、道的思想及信仰资源来刻意神化阳明的倾向，而且这种刻意之神化还用精致的义理思辨外衣来加以包装，这即是笔者所称的“理论塑造”，王畿则为其主要代表。尽管王畿曾对罗汝芳企图借助外力来规范人心的做法提出过委婉的批评：“传闻吾兄主教，时及因果报应之说，固知引诱下根之权法，但恐痴人前说梦，若不喜听，又增梦语，亦不可以不慎也。”③但他却不得不借助宗教性的因果报应观念来解释道德行为必能带来相应的祸福结果，从而使鬼神存在成为其在宗教性问题上的一个基本判断。④如其曰：

> 吾人今日之学，欲求取信于天下，须从自家信起。暗室之内，勿谓人可欺，鬼神时时照察，若自己处心积虑，一毫有愧于鬼神，便是自欺。纵使要讨世间便宜，鬼神会能算帐，不由人讨得。鬼神与人，幽明只一理，欺不得己，便是欺不得人。⑤

而王畿之所以要借助宗教神灵，一方面是因为一旦触及儒家的

---

① 徐树丕：《识小录》卷三，民国涵芬楼秘笈据苏州徐树丕手稿本影印。

② 伍袁萃：《林居漫录》卷五，《清代禁毁书丛刊》（第1辑），台湾伟文图书出版社1977年版，第549—560页。

③ 王畿：《王畿集》，吴震编校整理，第295页。

④ 参见吴震：《晚明心学与宗教趋向》，《云南大学学报（社会科学版）》2009年第3期。

⑤ 王畿：《王畿集》，吴震编校整理，第206页。

“祭祖”“祭天”等一套祭祀礼仪问题时，无论理学家还是心学家都很难全然否认“鬼神”之存在；另一方面是因为《礼记·祭义》所谓令“百众以畏，万民以服”的需要。于是，王畿便凭借其扎实的理论功底和擅长思辨的本事，一方面用超越之神灵来辅助内在之良知，另一方面又从“本心”的角度来论证阳明的“超自然性”。因为按照阳明心学心身合一、心物合一的逻辑，我们完全可以从“心”的超自然性中得出“身”或“人”的超自然性，或者说“心”的超自然性必然会体现在“身”或“人”的超自然性上。

除了王畿，当时对王阳明进行此类神格化的“理论塑造”的还有人在，只是形式略有不同。如嘉靖八年（1529）程文德曾将王阳明与北极真武、东岳圣帝、浙省城隍等道教神人一起置于“将台感应碑”中，以图利用阳明的神武气象为抵御倭寇侵扰保驾护航。据程氏为台州府仙居县所作的《督抚阮公南田将台感应碑记》载：

> （1556年夏六月），公（指巡抚御史阮鄂）乃指顾其上，祀神求佑。神位凡十一，曰北极真武，曰东岳圣帝，曰军牙六纛，曰浙省城隍，曰南田山川，曰仙居城隍，曰汉寿亭侯关公，曰武穆岳王，曰英济张侯，曰肃愍于公，曰阳明王公，各告以文，辞严义正，禀乎至诚之感。……我军曾不伤殪，赫然诸神之应。凡临战者，咸若神凭，勇悍百倍，茫然不知所以也。此千古兵家慷慨奇伟之烈，而公以一身只手指挥，造次得之。……南田，缙云地也。处州府知府高超、通判王敷时皆从征，遂即公所定处，属缙云主簿黄阊伐石筑台……设所祝神位于其中，告文勒诸石。于是仙居余民，邻境缙云、永康，咸获奠安，罔不室家胥庆。①

即在与倭寇战斗前，时任浙江巡抚的阮鄂亲自祀神以求保佑，在十一个神位中包括王阳明、于谦、岳飞、张巡、关公等战神。而程文德则是想把王阳明也作为整个浙江的护佑之神，视若“神凭”，以护佑从征临战之将士，让“仙居余民，邻境缙云、永康，

① 程文德：《督抚阮公南田将台感应碑记》，《程文德集》卷十一，程朱昌等编校，上海古籍出版社2012年版，第138页。

咸获奠安”。这种将历史上的文武双全者视为“神凭”的现象，在清末民初时已比较普遍。比如民间早就有把关公与岳飞供奉在一起的习俗，而杭州岳王庙大殿中的岳飞雕塑制作于20世纪70年代末，但并非旧物，此前大殿正中实际上是一尊酷似道教神仙的雕塑，在民国旧影的世界里，该雕塑有不少照片存世，通过照片我们可以清晰地看到岳飞的战神形象。

而就在王畿奉阳明为“神人”、程文德视阳明为战神之时，王门中还有些人则在竭力把阳明捧为宗教式的“道祖”。如颜钧即按道教习惯直呼阳明为“道祖”，声称“道祖阳明阐揭良知”。[①]诸如此类的各种举措，看似没有必然联系，但其实都是化阳明为神灵、化王学为宗教（后世曾有“阳明教”“良知教”之称呼并非偶然[②]）的必然反映。

不难看出，与钱德洪等人相比，王畿、颜钧等人所提供的“素材”，故事性虽不如钱氏，但玄学味道更浓，所塑造的阳明形象也更神乎其神。这是因为，王畿讲先天学，调子很高，一般的静坐、证悟云云，并不在他的关怀之内，[③]那些奇异故事，更不会被他所重视。而一般来说，只有经过一些特殊的异教法门修炼的人，才会有这样的“境界”，在这方面，王畿可谓王门中的鹤立鸡群者。至于王畿的真实用意，则与钱氏等人并无二致，这就是想将王阳明进一步神格化或神圣化，只不过钱、王二人是通过不同的途径来实现这一目的的。因此可以说，所谓“文献加工”，可分为两个层面：一是故事性的文献加工，二是义理性的文献加工，钱、王二氏可谓发挥了他们各自的特点和长处[④]，很好地履行了自己的职能。

当然，当时反对神化王阳明的也不乏其人，尤其在官场内部。

---

① 颜钧：《颜钧集》，黄宣民标点整理，第 1、26 页。道教尊黄帝为始祖，以阐扬道教精义的老子为道祖，以组成道教的张道陵为教祖，是谓道教三祖。当时除有称阳明为“道祖”者，还有人称李贽和禅僧紫柏为“二大教主”（沈德符：《二大教主》，《万历野获编》卷二十七，第 691 页）。颜钧是王门中最具宗教色彩的人，他称阳明为“道祖”，绝非指道学之祖，而应理解为道家、道教之祖。

② “良知教”既有宗教义，又有“教化”义。牟宗三于 1947 年 8 月和 1948 年 3 月分别发表在《历史与文化》第 3 期与《思想历史文化》第 1 期上的《王阳明致良知教》一文中所谓的“致良知教”，即为两者兼具。但牟先生所立足的康德哲学之纲领——“我必须扬弃知识，以便为信仰取得地位”，则使之“致良知教”的概念中“宗教”义的成分更大。

③ 杨儒宾：《明儒与静坐》，钱明主编：《阳明学派研究》，第 13 页。

④ 关于钱、王二人的性格特点和思想特质，可详见钱明：《浙中王学研究》，第 215—245 页。

比如时任吏部尚书的桂萼在向嘉靖帝提交的众官会议报告中就对神化阳明的言行进行了猛烈抨击：

> 守仁师不古，言不称师。欲立异以为高，则非朱熹格物致知之论；知众论之不予，则谓朱熹晚年定论之书。号召门徒，互相倡和。……其门人为之辩谤，至谓杖之不死，投之江不死，以上渎天听，几于无忌惮矣。①

所谓“天视自我民视，天听自我民听”，乃《尚书·周书》中语，其中“天听”指天子。王门试图把宗师王阳明描绘成“杖之不死，投之江不死”的神人，“以上渎天听”，即蒙骗皇上。②这是因为，明代皇帝大都崇信道教，嘉靖帝尤甚，于是阳明门人们便想用阳明的这些神奇经历来说服嘉靖帝改变对阳明的不良印象，放弃对王门讲学运动的打压。后来虽未起到什么效果，但所释放出的“无忌惮”之形象，却使朝野震惊。

不仅官场中人，就连同门中也有人对王畿等人的做法表示过担忧和不满，譬如北方王门的孟秋尝基于寂感合一、神人不二的两端平衡说为据批评道：

> 后世讲学者，惟明道、阳明二公能知之，若夫守寂应感之说，卒流于禅学而莫之觉者，要未透于两端之旨也。定宇（邓以讚）、毅斋（查铎）、龙溪（王畿）三公之学，俱不出此。盖信神妙万物之说，而不知阴阳不测之谓神也。……神何在乎？神本无方，实不离方；易本无体，实不离体，此体物不遗之说也。故曰一阴一阳之谓道，阴阳不测之谓神也。孔氏宗

---

①《明世宗实录》卷九十八，第 2300 页。

② 沈德符《万历野获编》卷二十九《禨祥》（第 731 页）中的一段话，也同样有忽悠皇上、神化阳明之用意：“本朝正德末年，王新建平宁藩后，至庐山刻石记功，末云‘嘉靖我邦国’。明年，世宗龙飞，遂用二字纪年，其偶合如此。说者谓王文成本间世异人，故能先知如此，非偶合也。”沈氏同乡宋凤翔的《秋泾笔乘》亦曰：“予尝过蠡湖登匡庐之山，见新建伯阳明王公铭功之勒，盖在开先寺李渤读书台后凿崖而磨之。其右故有勒，则涪翁六佛偈也。阳明文极恢张，末云‘嘉靖我邦国’。时正德己卯，今上犹潜藩服，后二年入继改元，卒符‘嘉靖’之语。王公亦天人矣哉！”［马一浮：《越纬》，《马一浮全集》（第 5 册），吴光主编，第 253 页］可见，视阳明为先知先觉的“异人”“天人”的故事，在当时流传较广。

旨，端不出此，而两端之说，固余所自信如是者。[①]

概而言之，王阳明之所以能被刻意甚至随意神化，除了明代中后期的政治、社会的生态环境，阳明心学理论体系本身存在着宗教性倾向也是其中的重要因素，对此前文已有述及，学者界也有过不少研究。[②]诚如研究者所言：“树立阳明的宗教教主形象以令百姓有敬畏感与借助外力来规范人心的做法可以说是相辅相成的。”[③]因此可以说，阳明被神格化与心学被宗教化是同一过程的两个面向。换言之，把阳明从圣域移入神坛，乃是心学宗教化的当然之义。在这一过程中，阳明的两大高足钱德洪与王畿，都发挥过引领性的、举足轻重的作用。

---

① 孟秋：《答孟云浦》，《孟我疆先生文集》卷五，《聊城七贤之茌邑三先生精要》，第97—98页。

② 如陈来：《心学传统中的神秘主义问题》，《有无之境：王阳明哲学的精神》；彭国翔：《王畿的良知信仰论与阳明学的宗教化》，《中国哲学史》2002年第3期。

③ 吴震：《晚明心学与宗教趋向》，《云南大学学报（社会科学版）》2009年第3期。

第二节　艺术创作

王阳明被神化的过程，同时也是被戏剧化（包括小说、戏剧等）的过程，而这与阳明早年的两次修行经历有密切关系。

众所周知，王阳明早年有过两次修炼经历，一次是以“真人”“真儒”为目的的铁柱宫修炼，一次是以“仙人”为目的的阳明洞修炼。他所结识的道友中，多为介于“真人”与“隐儒”之间“真儒”，而非道教式的“仙人”，故而这两次修炼留给阳明的更多的是近于老庄式的“真人”气质。后来民间社会对王阳明的造神运动，大都冲着忠孝节义、社会伦常而去，所塑造的阳明形象亦以“真儒”“真人”形象为主，这与阳明本人的修炼动机或自我定位不无关系。王阳明曾自称“阳明真人”①，其弟子董沄说：“先须认得无位真人即良知也，即是心也。无位者不执着也。”②师徒二人皆以“真人”为根本诉求。而在一般人眼里，“真人”是“神”而非“仙”，于是民间社会对阳明也主要是神化而非仙化。比较而言，神是超自然的先天的智者和能人，仙则是超脱尘世、有神通变化、长生不老之人；由天而人的是神，由人而天的是仙；神多为先天的，而仙多为后天的。在当时的崇拜者看来，王阳明的聪明才智和人格力量是先天的、超自然的，而其肉体的长生不老，对他们来说却并不重要。这也是为什么后出的绍兴阳明洞的求仙型修炼不为后人念叨，而先有的南昌铁柱宫的求真型修炼倒被后人反复渲染演绎的重要原因。

南昌铁柱宫曾是江西净明道的著名道场，于是净明道遂成为后人利用戏剧作品对王阳明进行神化的主要资源。净明道又称净明忠孝道，在南宋才真正创教，不过教派传承的系谱则可追溯到更早期的一些人物，如许逊、吴猛等人。所以可以说，净明道是东晋以降有关许逊的传说与传统符箓道派及儒释学说融合后，在宋元间正式创教于南昌的道教流派。③净明道经过儒生出身的刘玉等人的努力，儒、道融会的倾向更为强烈。刘玉的《净明忠孝全书》多用儒家文

---

① 王守仁：《王阳明全集（新编本）》卷二十，吴光、钱明、董平等编校，第 819 页。

② 徐爱、钱德洪、董沄：《徐爱·钱德洪·董沄集》，钱明编校整理，第 253 页。

③ 参见卿希泰、詹石窗：《净明道新探》，《上海道教》1988 年创刊号。

字，认为净明道以接近儒家的文字和方法传教，既可改变儒家视经章符咒为虚无的看法，也可达到度人救世的目的。刘玉的这种思想，也充分体现在他以周敦颐、程颢、程颐、邵雍、朱熹、张栻、陆九渊等宋儒为天人，都从仙佛中来，皆以公心为道，只是化生为救世偏弊的说教中。[①]因此，被高度理学化、心学化的净明道，又以强调忠孝节义而著称。[②]

在王阳明被移入神坛的过程中，用阳明比附许真君，进而达到神化阳明的目的，乃是中晚明戏剧创作的一个常用题材。阳明弟子董穀的《碧里后集·杂存》中，就辑有多篇王阳明与道士相往来或把阳明比附为道士的逸闻轶事，其中的《斩蛟》篇，甚至借用范信（字诚之或成之，号以亭）之言，以阳明灭宸濠之乱比附许逊铁柱镇蛟的故事：

> 嘉靖八年春，金华举人范信，字成之，谓余言：“宁王初反时，飞报到金华，知府某不胜忧惧，延士大夫至府议之，范时亦在座。有赵推官者，常州人也，言于知府曰：‘公不须忧虑，阳明先生决擒之矣。’袖出旧书一小编，乃许真君《斩蛟记》[③]也。卷末有一行云：‘蛟有遗腹子贻于世，落于江右，后被阳明子斩之。’既而不数日，果闻捷音。”范语如此。余后于白玉蟾《修真十书》，始知真人斩蛟之事甚详。其略云：……铁柱井今在洪都南城铁柱观中，而真人亦有庙在省城，其有功于南昌甚大。观江西士人言宁王初生时，见有白龙

---

①吕妙芬：《晚明〈孝经〉论述的宗教性意涵：虞淳熙的孝论及其文化脉络》，《近代史研究所集刊》2005年总第48期。

②范恩君：《净明道的真人人格理想初探》，《弘道》（香港）2006年第1期。

③短篇传奇《斩蛟记》，传为明万历年间嗜好道教的袁黄所撰，沈德符的《万历野获编》卷十七《斩蛟记》（第441页）亦有录，然沈氏未明言何人所记。但据成书于嘉靖四十四年（1565）的《碧里后集》推知，书名《斩蛟记》的传奇故事当时肯定不止一种。许真君斩蛟，乃是中国民间传说中的一个源远流长的故事，所以在明代传奇中存有不同年代、描写不同题材而书名相同的多个版本是很自然的。

自井中出，入于江，非定数而何哉？①

这段遗闻后被山阳道人②编撰的南戏《王阳明平逆记》③所采用，从而使阳明的形象进一步神奇化。该剧不仅形象地描述了许真君对阳明的点化并向其传授擒拿宸濠之计谋，而且还把阳明塑造成一个地地道道的神仙道士：

（外）我家住在碧云霄斗宿宫。（生）碧云霄斗宿宫乃神仙所居，你怎比得他？（外）我比神仙更高些。……我受清闲本是仙，常在水晶宫执着一钓竿。④

徐渭《南词叙录》中记有南戏《王阳明评逆记》一目，“据

---

① 董穀：《碧里后集·杂存》，明嘉靖四十四年（1565）董鲲刻本。《碧里后集》所记载的有关阳明的事情，多为传闻，有猎奇之成分，故只可作为参考［然后人亦有引用该书所提供的材料作为证据者，如清人王贻上的《香祖笔记》中，就引了一则阳明在平广西田州时的逸闻（事见佐藤一斋弟子冢越云编的《姚江拾遗抄》）］。但是书中所记载的阳明事迹，大都与道教、道士有瓜葛，则绝非偶然。它除了可证明作者董穀的思想倾向外，还能从另一个侧面说明当年的王阳明确实有过不少出入道教的遗闻逸事，只是这些东西不被钱德洪等《阳明年谱》的编纂者看重罢了。

② 陈霆《渚山堂词话》卷二（人民文学出版社 1998 年版，第 87 页）：“瞿宗吉，号山阳道人，有《余清》及《乐府遗音》等集，皆南词也。”

③ 徐渭《南词叙录》中记有南戏《王阳明评逆记》一目，“据《今乐考证》云，是何焯（义门）补录”的［参见《中国古典戏曲论著集成》（第 3 册），中国戏剧出版社 1959 年版，第 260 页］。该戏说的是王阳明评定朱宸濠反叛的故事，其中是否有关于许真君的情节，因该书已遗，故不得而知。后来出现了成书于明正德十五年后根据《王阳明评逆记》改编的《宁王》本，嗣后，在各青阳腔选集中，诸如《尧天乐》《乐府菁华》《大明天下春》《乐府玉树英》等，都标出了《护国记·点化阳明》或《阳春记·点化阳明》一目。班友书在论述这出戏的衍化过程时指出：“《许真君点化》，明青阳腔刊本《尧天乐》列为《阳春记》单出。原戏系演宁王宸濠反叛事，作于万历年间，事出《明史》。但这出戏却反写出王阳明本欲依附宁王过渡时，许真君变为舟子将他点醒。目的在于说明王的评定宁王之叛，乃是神的意旨，成为道教的宣传剧。许真君事迹，在江西流传很久，弋阳腔有连台本戏《铁柱传》，南昌有许真君子祠。这出《点化》戏是否出自明初（按：应是明中）南戏《王阳明平逆记》？笔者估计可能是一样腔艺人的创造，后为青阳腔所吸收。都湖高腔亦有此戏，名《真君摆渡》。”［班友书：《读〈礼节传簿〉》，《中华戏曲》（第 10 辑），山西人民出版社 1991 年版，第 194 页］另，《王阳明平逆记》，清李氏《海澄楼书目》录为《平逆记》，并署“山阳道人”撰，清姚燮《今乐考证》亦著录，全本佚，《新锓天下时尚南北新调尧天乐》收有《娄妃谏主》和《点化阳明》两出戏，题《阳春记》，《乐府菁华》亦录有《点化阳明》，题《护国记》。（参见徐宏图：《王阳明与戏曲》，《戏曲研究》2003 年第 2 期）

④ 原载于明殷启圣选辑的《新锓天下时尚南北新调尧天乐》卷下《点化阳明》，现据徐宏图《王阳明的戏曲观及有关王阳明的戏曲》（《王阳明与戏曲》，《戏曲研究》2003 年第 2 期）一文移录。

（清姚燮）《今乐考证》云，是何焯（义门）补录”的。[①]该戏说的是王阳明评定朱宸濠反叛的故事，其中是否有关于许真君的情节，因书已遗而不详。后来出现了成书于明正德十五年（1520）后根据《王阳明评逆记》改编的《宁王》本，嗣后，在各青阳腔选集中，诸如《尧天乐》《乐府菁华》《大明天下春》《乐府玉树英》等，都标出了《护国记·点化阳明》或《阳春记·点化阳明》一目。班友书在论述这出戏的衍化过程时指出：

> 《许真君点化》，明青阳腔刊本《尧天乐》列为《阳春记》单出。原戏系演宁王宸濠反叛事，作于万历年间，事出《明史》。但这出戏却反写出王阳明本欲依附宁王过渡时，许真君变为舟子将他点醒。目的在于说明王的评定宁王之叛，乃是神的意旨，成为道教的宣传剧。许真君事迹，在江西流传很久，弋阳腔有连台本戏《铁柱传》，南昌有许真君子祠。这出《点化》戏是否出自明初（按：应为明中）南戏《王阳明平逆记》？笔者估计可能是一样腔艺人的创造，后为青阳腔所吸收。都湖高腔亦有此戏，名《真君摆渡》。[②]

实际上，被净明道奉为道祖又被阳明门人津津乐道的许逊（真君）是位典型的儒家。净明道功过格中原本就有“救众”之教法，要求救助饥渴、寒冻之民，埋葬无主之骨、无土之尸，周济行旅，修桥补路，济生利民。由于它强调忠教践履和行善积德，故而既得到上层社会的肯定和赞许，又得到下层百姓的广泛崇敬，一时间影响巨大。刘玉正是基于这些史传，创造出了儒、道结合的净明道派，并最终确立了许逊的神仙崇拜地位。[③]而关于许真君其人，历史上有许多传说。真实的许真君乃是东晋南昌人，原名许逊，字敬之，曾任旌阳令，故又名许旌阳，传说是著名道士吴猛的弟子。对

---

①《中国古典戏曲论著集成》（第3册），第260页。按：《王阳明平逆记》，清李氏《海澄楼书目》录为《平逆记》，并署“山阳道人”撰，清姚燮《今乐考证》亦著录，全本佚，《新锓天下时尚南北新调尧天乐》收有《娄妃谏主》和《点化阳明》两出戏，题《阳春记》，《乐府菁华》亦录有《点化阳明》，题《护国记》（参见徐宏图：《王阳明与戏曲》，《戏曲研究》2003年第2期）。

② 班友书：《读〈礼节传簿〉》，《中华戏曲》（第10辑），第194页。

③ 牟钟鉴：《中国道教》，广东人民出版社1996年版，第140页。

许逊的信仰始盛于唐代。被誉为“小说之翘楚”的晚唐段成式的《酉阳杂俎》是最早记载许逊事迹的笔记小说。[①]北宋时在《太平广记》第十四卷“神仙十四”中，又首次以“许真君”立名，被宋徽宗加封为“神功妙济真君”，列为十二真仙之一，从而奠定了后世许真君故事情节发展的基本轮廓与走向。[②]到了明代，有关许真君的仙名道迹，尤其是他在南昌铸铁柱以镇蛟螭之害的故事，曾广为世人传诵。董穀和山阳道人试图以许真君斩蛟故事为题材来塑造阳明的神仙形象，除了明代的传奇文艺之需要外，更主要的还在于阳明本人的道教色彩和传奇经历。所以在董穀的作品中，除了把王阳明与许逊相比附，还记叙了不少阳明崇尚道教、主张三教归一的逸闻轶事（详见本书第五章）。而王阳明在戏剧作品中被逐渐塑造成一个无所不能的人间神的过程，其实就是其身上的道家、道教色彩被进一步放大渲染的过程。

有关王阳明在明代文学作品中被神化或“三教”化的趋势，在冯梦龙编的《皇明大儒王阳明先生出身靖乱录》中，可以说表现得最直白也最具代表性。该书系冯梦龙《三教偶拈》的第一卷，据“东吴畸人七乐生”（冯梦龙别号）《三教偶拈序》云：

> 是三教者，互讥而莫能相废。吾谓：得其意，皆可以治世，而袭其迹，皆不免于误世。……于释教，吾得其慈悲；于道教，吾得其清净；于儒教，吾得其平实。所谓得其意，皆可以治世者，此也。偶阅《王文成公年谱》，窃叹谓：文事武备，儒家第一流人物，暇日演为小传，使天下之学儒者，知学问必如文成，方为有用。因思向有济颠、旌阳小说，合一而三教备焉。夫释如济颠、道如旌阳，儒者未或过之，又安得以此而废也。[③]

济颠就是后世所谓“济公”，济颠小说即《济颠罗汉净慈寺显

---

①《酉阳杂俎》卷二，海南国际新闻出版中心1995年版，第7页。

②《南昌府志》卷二十三《铁柱宫》，明万历十六年（1588）刻本，并参龚国光：《赣地宗教与中国民间戏曲文学》，《东亚人文学》（第6辑），（韩国）韩国东亚人文学会2004年版，第204—214页。

③魏同贤主编：《冯梦龙全集》（第30册），上海古籍出版社1993年版，第1页。

圣记》，旌阳即仙人许逊，其小说即《许真君旌阳宫斩蛟传》。把《王阳明出身靖乱录》与济颠、旌阳小说合编在一起，不仅是因为冯氏本人倾心于三教归一，而且还是因为他把王阳明也看成三教归一论者，其事迹与济颠、许逊的传奇故事有诸多相似处，把三个奇人合为一体，既可增加阳明故事的传奇色彩，又可与文艺作品中用阳明比附许逊的做法相配合。

除了冯梦龙，中晚明还有不少笔记小说中录有王阳明的各种神奇故事，如张岱《快园道古》卷十七《鬼神部》中曾编录了一段阳明的神秘故事：

> 王阳明常游一僧寺，见一室封锁甚密，欲开视之。寺僧曰：“中有一入定僧，闭门五十年矣。”阳明固请启户，见龛中坐一老僧，与阳明面庞无二。壁上题诗云：“五十年前王守仁，开门即是闭门人。精灵剥后还归复，始信禅门不坏身。”先生陡然一惊，数月即逝。①

文中诗偈与传说中的阳明一段逸闻有密切关系。据说嘉靖七年（1528）11月25日阳明抵达大庾县城（南安府治所在地）后，至11月28日晚在距离县城十多公里的青龙铺去世，其间曾到过距离青龙铺10公里外的久负盛名的丫山灵岩寺参访。②参访时发生了一则寓意阳明的人生终点以佛家为归宿的神奇故事。正是这个原因，为了阳明形象的纯洁性，此事并不见于钱谱、行状等传记中，即使载录了，后也被删除，而只是在明人的笔记掌故中才能找到。诚如明末遗民张怡所著的《玉光剑气集》卷三十《杂记》载：“先是，南安有古寺，一老僧坐化其中，遗令勿葬，锢其门，勿启。文成旋广，经其地，必欲启之，见壁云：‘五十三年王守仁，开门原是闭门人。精灵剥后还归复，始信禅门不坏身。’此事载阳明本传，徐华亭删去，为从祀计也。”③

据笔者所知，此则逸闻最早见于明人蒋一葵的《尧山堂外

---

① 张岱：《快园道古（增补本）》，佘德余点校，第213页。

② 参见周建华主编：《王阳明在大余》，《赣州阳明文化》2016年创刊号；张卫红：《星落尘埃华满枝——大余王阳明遗迹探幽》，《书屋》2016年第8期。

③ 王守仁：《王阳明全集（新编本）》卷四十，吴光、钱明、董平等编校，第1650页。

纪》。《尧山堂外纪》所记与《快园道古》略异：

> 王阳明尝游僧寺，见一室封锁甚密，欲开视之，寺僧不可，云："中有入定僧，闭门五十年矣。"阳明固开视之，见龛中坐一僧，俨然如生，貌酷肖己，先生曰："此岂吾之前身乎？"既而见壁间一诗云："五十年前王守仁，开门原是闭门人。精灵剥后还归复，始信禅门不坏身。"先生怅然久之，建塔以瘗而去。①

这里所说的王阳明游僧寺是在50岁以后，但没有点明具体时间和地点。与蒋一葵同时代的明人魏浚所著的《峤南琐记》，是他任官广西时记载当地风土人情为主的笔记著作，下卷兼记与广西有关的名人轶事，其中亦载有：

> 王伯安平思、田、八寨，即乞病归。至南安，小憩一佛寺。寺有靖（按，当为"静"之误）室，乃前老僧示寂处。老僧化时戒其徒岁加封识，不许开户，伯安固强开之。中有书云："五十七年王守仁，启吾钥，拂吾尘，问公欲识前程事，开门即是闭门人。"伯安愕然，数日遂卒。②

蒋一葵、张岱、魏浚等人所记的这则故事虽稍有不同，但主要意思是一致的。所谓"精灵剥后还归复"，意指王阳明是这位老僧的转世。不过《峤南琐记》明确点出了故事发生的具体时间和地点，即阳明平广西之乱后经南安寺院，遭遇入灭老僧；"数日遂卒"，表明事件发生在他去世前几日。而《快园道古》中则载"数月即逝"，其中"月"字似当"日"字之误。倘若阳明去世前真的去了某个寺院，最近的、最有可能的就是距离大余县城7公里的、与

① 蒋一葵：《尧山堂外纪》卷九十，《续修四库全书》（第1195册），第116页。另《王阳明全集（新编本）》卷四十《言行录汇集上》，第1644页，亦收录此文。

② 魏浚：《峤南琐记》卷下，《四库全书存目丛书·子部》（第243册），第558页。

广东韶关南华寺一脉相承的丫山灵岩寺了。[①]

需要指出的是，与明代稍有不同，清代文学作品中对阳明形象的神格化，主要是通过去思想化、突英雄化的手法来完成的，这可以乾隆四十六年（1781）蒋士铨的《采樵图传奇》和道光十二年（1832）何梦梅的《大明正德皇游江南传》为例来加以说明。蒋士铨的《采樵图传奇》以理学名臣娄琼之女娄妃[②]为主人公，所塑造的阳明形象，突出武功而回避思想。而何梦梅的《大明正德皇游江南传》，甚至连王阳明的龙场悟道都不提，通篇只讲他如何平定宸濠之乱。如果说冯梦龙时塑造王阳明形象尚以“文事武备”为双主线，那么到了蒋士铨、何梦梅时，便把“文事”略去，而只强调“武备”，而且在他们眼里，阳明的“文”已非思想家的“文”，而是谋略家的“文”，用何梦梅的话说，就是“武有孙武之蒋略，文有诸葛之奇谋”。[③]这实际上反映了清代的阳明学观。盖因清初以朱子学为正统，阳明的地位要想保留，只能凸显其具有社会稳定器作用的卓著事功亦即“武备”，况且这也符合满族人尚武文化的性格诉求。因此从一定意义上可以说，阳明形象由文武双全的文臣儒士变成为单纯的英雄武将，是与神化阳明的过程同步进行的。换言之，阳明的神人形象乃是神格化和英雄化双向互动的结果。

而就在通过文艺作品神化王阳明的同时，在民间信仰层面亦出现了诸如“五星联珠”等有关阳明的神奇传闻。所谓“五星联珠”，指的是从地球上看天空，分别被中国古代史籍称作大白、岁星、辰星、荧惑、镇星，即金、木、水、火、土的五大行星，排列为近乎直线的奇特天文现象。“五星联珠”的出现频率与各行星间最大分离角度有密切关系，并没有明显周期性，若限定五星最大分离角度在23度内，则平均每1000年大约能出现26次。从科学的角度看，“五星联珠”并非排列在一条直线上，而是分散在一个有限的

---

① 参见张卫红：《星落尘埃华满枝——大余王阳明遗迹探幽》，《书屋》2016 年第 8 期。灵岩寺已于近年修复，属于国家 AAAA 级“丫山生态旅游风景区”。寺内方丈室对面岩壁上刻有据传是王阳明书的“片石云飞”四个大字。2014 年 10 月大余王氏联谊会捐资在灵岩寺侧建了一座“阳明亭”，以作纪念。

② 娄妃（？—1519），名素珍，理学家娄谅（号一斋）的孙女，兵部郎中娄忱（1440—1510，字诚善）的长女（参见周建华：《王阳明在江西》，江西高教出版社 2016 年版，第 205 页）。蒋士铨《采樵图传奇》所记有误。

③ 转引自永冨青地：《王守仁著作の文献学的研究》，（日本）汲古书院 2007 年版，第 479 页。

范围内，散落参差，所谓“联珠”只存在于人们心目中。从这个意义上说，“五星联珠”只是一种“视觉现象”，可是在中国历史上却赋予了这一天文现象以特殊意蕴。据说黄帝即位那一天，正好是天文中“五星联珠”的时候，于是“五星联珠”便成了中国干支纪年的开端。后来尧帝登位时，也出现了“五星联珠”的现象。所以“五星联珠”既是干支历法的开始，又是圣人或神人即位的时刻，是个祥瑞之兆。但司马迁认为，祥瑞只是对有德者而言，无德之人，反受其殃。《史记·天官书》云：“五星合，是谓易行，有德，受庆，改立大人，奄有四方，子孙蕃昌。无德，受殃若亡。五星皆大，其事皆大，皆小，事皆小。”明代郎瑛编著的《七修类稿·天地类》亦称：“五星聚房，殷衰周昌；五星聚箕，诸弱齐强；五星聚井，楚败汉兴；五星聚尾，安史之乱；五星聚奎，大宋开世。”房、箕、井、尾、奎，是28宿的名称，指五星聚于不同的方位。可见，所谓“五星联珠”，好事坏事全有，即使是坏事，也意味着否极泰来。

中国思想文化史上有名的“五星聚奎”发生在公元967年丁卯岁，时当宋太祖乾德五年，这年的农历三月，五星联珠，于是被深谙“天视自我民视，天听自我民听”之道的占星术家说成是“丁卯岁，五星聚奎，自此天下太平”。此后，到宋真宗景德四年（1007）、宋仁宗庆历三年（1043），五星又分别有二次会聚。这连续三次五星会聚，给后人提供了许多解释“天意”的可能性，尤其是967年的首次“五星聚奎”，后被神格化为周敦颐、邵雍、张载、程颢、程颐“北宋五子”诞生之预兆。清初天文学家黄百家在补修其父黄宗羲未完成的学术史名著《宋元学案》中，曾数次提及此事。如在《宋元学案》卷九《百源学案》中说：“周、程、张、邵五子并时而生，又皆知交相好，聚奎之占，可谓奇验。”①又在《明道学案》中说：“宋乾德五年，五星聚奎，占启文明之运。逮后景德四年、庆历三年复两聚，而周子、二程子生于其间。”②然黄宗羲则不仅把宋乾德五年的“五星聚奎”视为“北宋五子”之祥，而且还进一步把明嘉靖初年的“五星聚室”和天启时的“五星聚

① 沈善洪主编：《黄宗羲全集》（第3册），第440页。
② 沈善洪主编：《黄宗羲全集》（第3册），第653页。

张”，分别视为“阳明之祥”和“蕺山之祥”，以图使王阳明及己之宗师刘宗周能与理学五大创始人平起平坐甚至超越之。他在《明儒学案·蕺山学案》中说：“识者谓五星聚奎，濂、洛、关、闽出焉；五星聚室，阳明子之说昌；五星聚张，子刘子之道通，岂非天哉！岂非天哉！”①

实际上，黄宗羲有关“五星聚室，阳明子之说昌”的思想，来源于阳明弟子董沄、董穀父子。董沄在《题〈传习录〉后》中尝曰：

> 斯道之在天下，虽天命人心之固有，其盛衰显晦，实由气数。文、武之后，斯道与王迹俱降，渐远渐微，不绝如线，历数百年，至仲尼一唱而天下响应。仲尼之后，至孟子没有遂绝，历战国、秦、汉，如灭烛夜行。以及炎运之末，黄、郭、荀、陈诸豪杰，林然而起，要虽非中道，而其发于义理，根于天性，挽回人心，则不可诬也。东井先祥，德星后聚，岂偶然哉！自是而文废焉，至于隋而文中子振之，门人千余，泽虽不被于天下，而斯文赖以一延。自是而文又废焉，至于宋而濂、洛、关、闽诸大儒出而昌之，五星聚奎，斯道于是乎大明矣。然天下之士，见在上者之崇重乎此也，遂借之以为利禄之梯，讲之愈明，而失之愈远，大非先儒之初心矣。以至于今，而笃生阳明夫子，提天下之耳，易天下之辙，海内学者，复乡应焉，而五星聚室，是岂人力所能为哉？盖自孔子以迄于兹，凡四废兴矣。②

董沄把阳明学说视为自孔子以来四次思想振兴之一，其借“五星聚室”以神化阳明的目的昭然若揭。然全祖望却把“阳明五星聚室之瑞”说归于董沄之子董穀：

> 阎征君百诗曰：“嘉靖初年，五星聚室，司天占曰‘主兵谋’，而先生（黄宗羲）归为阳明之祥。天启时，四星聚张，

① 沈善洪主编：《黄宗羲全集》（第8册），第891页。

② 徐爱、钱德洪、董沄：《徐爱·钱德洪·董沄集》，钱明编校整理，第271页。

> 先生以为五星，而归之蕺山之祥。似当将此等语删去，弗予后人口实，则爱先生者也。”愚按百诗之言是也。其后先生之子百家作《行略》，又谓五星聚箕而先生之《学案》成，愚亦尝语黄氏当删去之。阳明五星聚室之瑞，出于董布衣石甫（即董毅）。[①]

董沄是王门中的诗人哲学家，董毂则以编纂阳明传闻、猎奇故事而著称。黄宗羲对他们父子二人均不太喜欢，尤其视董毂为造成后人疑阳明为禅的罪魁祸首。[②]但在有关“阳明五星聚室之瑞”的论题上，他竟步董氏父子之后尘，利用民间的“五星联珠”信仰，印证“阳明之祥”，并且延伸到刘宗周。相比之下，其季子黄百家在阳明学的立场上要较其父模糊动摇许多，所以只提“五星聚奎，北宋五子出”，而不提“五星聚室，阳明子之说昌”。尽管黄宗羲只是延续了那个时代包装圣贤的惯用手法，但其有意无意地利用民间信仰来达到神化阳明的动机还是流露了出来，并且产生了一定的影响。对此，清初经学家阎若璩（百诗）持完全不同的看法，而阎的立场居然还得到了黄宗羲的学生全祖望的支持。全氏明确主张删去出自董毂之流的“阳明五星聚室之瑞”的说法，以免给学术界和社会大众造成思想混乱。

众所周知，五星推命说与道教占星术有相当密切的关系，并对构筑中国民间社会的信仰体系产生了巨大影响，有许多民间故事、传说皆与此有关。“五星聚”是中国历史上最重要的天象之一，凡此天象出现，往往人间要有重要的事变或人物出现，如汤武革命、三代更替。董沄父子及黄宗羲等人用它来包装王阳明，尽管初衷可能只是为了印证“阳明之祥”，但结果却为神化阳明起到了推波助澜的作用，也为民间物语中的王阳明形象增添了更多的神人素材。而无论是董沄父子的“阳明五星聚室之瑞”说，还是黄宗羲的“五星聚室阳明子之说昌”论，皆与阳明本人的道教情趣和精神诉求有一定关系。所不同的只是黄宗羲乃当时鼎鼎大名的学者，经他一渲

---

① 沈善洪主编：《黄宗羲全集》（第12册），第177页。另见全祖望《鲒埼亭集外编》卷四十四《与郑南溪论〈明儒学案〉事目》。

② 详见钱明：《浙中王学研究》，第298—301页。

染，便使原本就已神化的阳明形象，被进一步笼罩上一层浓厚的人间神的光环。而一般来说，一种思想学说伴随着它的宗教化过程，其在民间的影响力也会相应增大，甚至可以说，一种思想学说的宗教化，往往就是它民间化的开端。[①]董沄父子和黄宗羲等人利用民间信仰神化王阳明的直接结果，就是使阳明学在被宗教化的同时，也被进一步民间化了。阳明心学在晚明社会的广泛普及，正是在这种不断宗教化和民间化的过程中实现的，而其乡村教化功能也在这一进程中得到了提升和强化。由此似可看出，神化王阳明，虽在理论上带来了一定的负面作用，但在社会功效上却填补了正统理学的空缺。王阳明被神格化、阳明学被宗教化后的这一功效或实际作用，可以说与晚明道教的功过格运动有异曲同工之处。

① 参见马晓英：《出位之思：明儒颜钧的民间化思想与实践》，宁夏出版社2007年版，第195页。

第三节　形象塑造

形象塑造包括绘画、歌曲、诗词等艺术手段，它们虽然皆属于形象思维，但最直观因而效果亦最佳的还要属绘画。因此，在王阳明被神格化的过程中所进行的形象塑造也主要反映在绘画形式上。而为阳明画像，无论其生前还是生后，皆始于王门弟子，故而给后人产生巨大影响的也是王门中人创作的各种画像。只不过古人画像复制不易，流传较之其他艺术形式要难得多，所以能流传下来的阳明画像并不多，尤其是其亲传弟子所画像，更属稀世珍品，即使有流传，也是鱼龙混杂，难辨真伪，从而给此部分内容的叙述带来了较大难度。这也是本节大都以文字记录为据，而不以画像实物为据的重要原因。

众所周知，绘画是一种介于雅俗文化之间的艺术形式，诚如郑板桥所言："写字作画是雅事，亦是俗事。"[①]因中国传统文人画中人物画极少，偶然见之，也多是道释仙人，以表现神仙信仰为主题，所以明人喜爱人物画，受道教影响颇深。在王阳明被神格化的过程中，利用道教资源从画像上对其进行形象包装和神性塑造，可谓必不可少之手段。而画像或塑像一般多放在祭祀的场所（祠堂宗庙用佛、道式的"塑像"代替儒家式的"木牌"起源较早[②]）。早在阳明生前，其建功立业最多的南赣地区就已为他建了不少"生祠"[③]，据说当地不少人家还在祖宗像旁增挂阳明像[④]，以立威树风，驱邪扶正。因此，被文字所描述的王阳明的超人力量，会很自然地被再现于具有非凡面相和神奇形象的阳明画像上，使得通过绘画手段来对王阳明进行神格塑造成为当时以及之后的重要手段。

对于为王阳明建祠立像有何现实意义的问题，明弘治十一年

---

① 郑板桥：《家书·潍县署中与舍弟第五书》，转引自张明学：《道教与明清文人画》，《天台山暨浙江区域道教国际学术研讨会论文集》，浙江古籍出版社 2008 年版，第 776 页。

② 顾应祥说："孔子塑像不知起于何时，议者咸谓中国无塑像，塑像起于释老。予往年过长沙，谒岳麓书院，见孔子与颜、曾、思、孟像，俱如跪状，盖古之坐也。人云自蜀中文翁讲堂传来者……则汉时已有像矣。又见山东邹县孟庙中有孟子像，亦是跪坐，可见像设亦已久矣。"（顾应祥：《静虚斋惜阴录》卷十一，引自张小庄、陈期凡编著：《明代笔记日记绘画史料汇编》，第 72 页）

③ 据《南安府志》载："王都御史生祠。在（南安）府学，在南康，在上犹，在崇义各儒学内，正德十二年建。"［刘节编纂：《秩祀志·庙祠》，《南安府志》卷十二，《天一阁藏明代方志选刊续编》（第 50 册），上海书店 1990 年版，第 510 页］

④ 参见龚文瑞：《吾心光明——王阳明南赣史话》，中国文史出版社 2016 年版，第 138 页。

（1498）南康县举人赖骢所作的《感恩祠集序》（原注：即阳明王公生祠也）说得较为中肯，颇有启发意义：

> 夫公之勋名在天下，德业在朝廷，天子嘉之，史官书之，铭鼎彝，被歌声，光昭百世，又岂系于祠之立与不立哉！盖“民罔常怀，怀于有仁”。吾民幸而同时者，得拜公于道次而慰所怀；后吾生者，乐乐利利于百世之下，食公之赐，不识公面，宁不致憾于我乎？是祠之立，所以系吾辈之思，亦将以慰后世之思也。①

这说明，赣南地区在阳明生前为其建祠立像，是为了寄托“吾辈之思，亦将以慰后世之思也”，而不是想要人为地神化或仙化王阳明。正因为此，最早为王阳明画像的蔡世新笔下的阳明原像，开始时还是尽量以阳明的真人形象为模板，或者说还是比较“像模像样”的，而并无后来所谓的“挥霍八极”的仙翁神韵。②

有关蔡世新的生平事迹，留下来的史料并不多，钱谱只提到过一次。他号少壑，赣州南康人，生卒年不详。王阳明任南赣巡抚期间，曾有多人为他画像，阳明都不甚满意。因为阳明骨法棱峭，作画者都给他画正面像，颧鼻之间最难肖似。蔡世新跟随阳明多年，又善画竹及人像，曾对其师的形貌气质作过仔细观察。他给阳明画的是侧面像，把阳明的精气神都画了出来。阳明看后非常满意，于是聘他做自己的幕僚。蔡世新画的阳明像“所传者极多，惟以多，

① 《艺文志》，《南康县志》卷十四，赣州市南康区地方志办公室据明嘉靖三十四年（1555）刻本重刊 2014 年版，第 199 页。

② 上海博物馆藏有迄今所知的唯一一幅蔡世新绘的王阳明肖像画。据上海博物馆《江南文化艺术展特集——春风千里》之 78“明蔡世新，王阳明肖像图轴”（上海书画出版社 2020 年版，第 132—133 页）介绍，原画“纸本设色”，尺幅“纵 106 .2 厘米，横 22 .7 厘米”；以隶属题写“阳明先生小像”六字，钤“蔡世新印”“少壑父”“写以自藏”“长宜子孙”的篆刻朱文印。据此可大致推测：此画像是蔡世新绘后用于自藏，让子孙们作为传家宝代代相传。其他相同的肖像画是否存在不得而知，但可以肯定的是，至少此肖像画是蔡世新最为看重的先师画像之一。在此像的画面左下方写着“后裔王寿祁敬藏”，这说明此画像后来又从蔡氏那里转到了王阳明后裔手上。另外，在表装的最上部书有“王文成公燕居像”的画题，并附有跋文，曰：“蔡少壑氏，虔南画师，能诗，尝与阳明先生游，时相唱和。此帧，为王文成公写貌以自珍。古人交谊之深，于此可见。庚戌春二月，予归里扫墓过吾宗，小岩精舍出示此幅属题，因识数语归之。竹西许康衢拜志。”［鹤成久章：《“阳明先生小像”について——王守仁の“神”を伝えた蔡世新》，《福冈教育大学国语科研究论集》第 62 号，令和三年（2021）三月发行］

故随手辄肖，然至小者亦径尺”。[①]因其所画像得到阳明的赞许，故而名声很快大振，慕名前来者络绎不绝，后又被聘至南昌为人画像。[②]从明人欧大任的《思玄堂集》卷七《访蔡世新》、夏言的《夏桂洲文集》卷六《蔡世新为余写真用梅国韵》和《送蔡世新入武夷》、刘节的《梅国前集》卷五《谢蔡德明写白描》和卷十二《长相思咏蔡德明》[③]，以及清画家陈焯的《湘管斋寓赏编》卷二《答时政书跋》等诗文中，我们均可感受到蔡氏在当时的不低人气。

正因为此，依靠王阳明的巨大影响力和蔡世新的知名度，蔡氏所画的阳明像很快便博得了王门学者乃至世人的普遍赞誉。据晚清吴庆坻的《蕉廊脞录》卷七记载：

> 王文成公燕居授书小像，幕客蔡少壑画，文成弟子张子苃藏。王龙溪为之赞，亦文成弟子也。有高鹤望梅、朱南雍子肃（山阴人）、朱赓少钦（谥文懿）、赵锦元朴（谥端肃，余姚人）、葛晓云岳诸跋。云岳言：先生像，为蔡世新所传者极多，惟以多，故随手辄肖，然至小者亦径尺。今如此小者，不爽毫发，令观者肃然畏敬云云。卷为黄再同前辈藏，光绪己卯得之秀水金尔珍者。卷中明人数跋外，本朝惟嘉庆壬申山阴茅豫观款二行，最后有李越缦（慈铭）先生长跋，考证既详，兼之感喟。[④]

然李慈铭（1830—1894，字爱伯，号莼客，室名越缦堂，绍兴西郭霞川村人）的“题跋皆经意为之，多在日记中。没后日记数十巨册，若存若亡，不可踪迹，无人理董，遂至亡佚”[⑤]，幸而被吴庆

① 吴庆坻：《蕉廊脞录》，张文其、刘德麟点校，中华书局 1997 年版，第 203 页。

② 朱谋垔《画史会要》卷四（明崇祯四年刻本）：“蔡世新号少壑，虔南人（今全南）。王文成镇虔日，以写貌进者阅数十人，咸不称意。盖文成骨法棱峭，画者皆正而写之，颧鼻之间最难肖似。世新幼年随其师，进乃从傍作一侧相，立得其真。文成大喜，延之幕府，名以是起。久之，吾宗人聘至南昌，写面俱请世新，而衣折丹彩则用罗素，故各极精妙，至今展之犹如生对。世新亦善钩勒竹，大幅则佳，亦画美人。”后来清代彭蕴璨的《历代画史汇传》卷五十三、孙岳颁的《佩文斋书画谱》卷五十六、徐沁的《明画录》卷一等，亦有相似记载。

③ 据黄佐《通议大夫刑部右侍郎雪台刘公节神道碑》：“少壑山人何？南埜（南康古称南埜，埜同野）蔡德明也。德明名世新，少壑其别称云。”（焦竑：《国朝献征录》卷四十六，广陵书社 2013 年版）

④ 吴庆坻：《蕉廊脞录》，张文其、刘德麟点校，第 203 页。

⑤ 吴庆坻：《蕉廊脞录》，张文其、刘德麟点校，第 203 页。

坻的《蕉廊脞录》完整地保存了下来：

> 吾友贵筑黄再同编修以此卷见示，整襟再拜。文成公像，越中旧家多有传者，皆衮冕大幅。里中西光坊、东光坊之间有公祠，相传其塑像出公家。颋面冉冉，上有七痣，气象凛凛，望之竦畏。张陶庵逸民所辑《有明三不朽图像》，亦相同。间见小幅，则清癯颀秀，颇若不类。宋人传欧阳文忠、苏文忠、朱子像，肥瘦及须髯多寡，亦往往不同，盖冠绅与道服各有所称也。此像峨冠深衣，秀眉疏髭，目光炯炯，虽容色怊怅，而神采穆然。道范德辉，千古犹可想见。后有王龙溪、朱金庭、赵麟阳诸公题赞。先正笔迹，经乱日稀，心画俨然，典型弥仰……①

这说明，李慈铭所看到的蔡世新画的王阳明像，尽管给人以“目光炯炯”“神采穆然”“气象凛凛、望之竦畏”的非同寻常之观感，但却是阳明真人形象的生动写照。而在李慈铭等人看来，唯有这样的画像，才能使阳明的“道范德辉，千古犹可想见”。

隆庆初年，朝廷内为王阳明平反的呼声越来越高，学界和民间对阳明的神化亦日趋炽烈。作为潮汕七贤之一，并与耿定向、胡直等王门重量级人物过从甚密的林大春（1523—1588，字井丹，号石洲），此时正好任浙江提学，对阳明的学问及其所遭受的不白之冤极为关注，于是便为蔡世新画的阳明像写了篇题记，记曰：

> 右图载阳明先生遗事与其遗像若干纸，盖出先生门人蔡世新亲笔也。始先生倡道东南，一时从游之士多所辨析。世新独从容静处，每侍坐于虔台、庚岭之间，竟日凝睇而不能去。其精专如此。及先生没，乃退而心惟其貌而札记之。以故其中多写出有道者气象。至于或臞或腴或坐或偻，举无一不酷似先生者。盖画而至此，可谓能得其神，而非徒形之似者矣。予独悲乎，世之学先生者，反有戾于斯图也。故举蔡生传神之事附于

① 吴庆坻：《蕉廊脞录》，张文其、刘德麟点校，第 203 页。

题识之后。①

由此题记可知，蔡世新当时画的王阳明像不止一幅，至少应有臞像、腴像、坐像、偻像四种类型，这与朱谋垔《画史会要》等相关文献中有关蔡氏为阳明画真人像的记录略有不同。然无论何形何姿，皆为“能得其神”的“道者之象”。所谓“道者之象”，亦即道家式的“持守本真，抱元守一”。这是因为，蔡世新虽跟随阳明多年，对其形貌气质的观察可谓细致入微，并在阳明在世时即为其画过像，但真正进行自由式的构思创作却是在阳明去世以后，故而能够凭借自己的道教画技，根据“道者”的气韵，把阳明画得出神入化，神性十足，进而达到“能得其神而非徒形之似”的高度。正因为蔡氏追求的是神似而非形似，所以他不仅把王阳明的“传神之像”留给了后人，甚至将其本人与阳明的“传神之事”也留给了后人。可惜的是，这些“传神之事”未被保留下来。

很显然，既然蔡世新画的王阳明像有多种多样的类型，而且绘画时间也分为生前与生后，并以生后像为主，那么当时的人所能看到的，亦必定是既有形似的“真人”像，又有神似的“神人”像，并以王阳明殁后所画或临摹的“神人”像为主。这是因为，阳明去世以后，随着神化阳明之运动的逐渐高涨，蔡氏亦必然会受到感染，故而根据世人的心理期许和自己的道画功底，把阳明画成似神似仙的神人，而与其在阳明生前所画的真人像有明显区别是完全可能的。对蔡世新非常熟悉的邹守益（邹、蔡二人是阳明在赣州讲学时的同门），在《重宿通天岩写侍游先师像谢少壑山人》（简称《谢少壑山人》）中就曾以诗的形式评论过蔡氏所画的阳明“神人”像：

通天岩头披云游，亹亹英俊同冥搜。阳明仙翁提心印，挥霍八极与神谋。笑呼蔡子写生绡，元精淋漓烟雾浮。二十八年建瓴水，鹤驭高驼不可留。尚余丹方悬真境，金鼎石室风飕飕。恍然寘我仙翁侧，老笔不减顾虎头。古来千圣皆过影，聚散生死溟海沤。灵光一脉亘宇宙，陟降上帝君不信？写真何如

① 林大春：《题阳明像》，《井丹林先生文集》卷十七，（香港）潮州会馆1980年影印本，第341页。

识真真，脱屣辎尘娱丹邱。[①]

尽管邹守益此诗有依据阳明自身所重新燃起的强烈的道教诉求（一首“莲花顶上老僧居，脚踏莲花不染泥；夜半花心吐明月，一颗悬空黍米珠”[②]的诗，便是明证之一）的可能性，但主要还是依据蔡世新所画像而有感而发的。正因为在阳明身上始终隐含着根深蒂固的道教情结，及其所流露出来的对仙道趣旨的矢志不渝的偏爱，加之当时社会上下对神格化王阳明的强烈需要，才使得蔡氏在为阳明画像时，会不由自主地描绘出其“元精淋漓”“脱屣辎尘”“挥霍八极”的仙翁神韵。当然，不言而喻，这还与明代文人画家素有把道教审美法则带入绘画的习惯，以及画师蔡世新本人的道教素养有莫大关系。

就在邹守益写《谢少壑山人》诗的同时，他还写了另外两首诗，即《濂溪祠喜遇蔡鹤田寅长》和《浴佛日勉诸同志》，从诗中所谓“癸年浴佛在岳麓，戊年浴佛在青原”句可以推知，邹氏《谢少壑山人》诗可能作于嘉靖二十七年（1548，戊申）前后，距离王阳明去世已过了20年。此时的阳明形象已被进一步神格化，所以在邹氏眼里，蔡世新笔下的阳明，业已成了“挥霍八极”的“仙翁”[③]，而蔡氏写真，在邹氏看来，亦好像是在“元精淋漓烟雾浮”中进行的。因此可以说，蔡氏画像与邹氏赋诗的背后，都是神化王阳明的政治、社会需要在起着作用。

也许有人会问，是否存在着邹守益针对蔡氏所画阳明像而做文字发挥和过度解读的可能性，或者说蔡氏画像有被邹氏故意诗意化的可能性。如果此说能够成立，那么对王阳明的神格化，就可以说是出自邹氏之诗，而非蔡氏之画。但是，若联想到王阳明曾命蔡世新绘吕（洞宾）仙图一事，则推测蔡氏与道教有非常密切的关系，进而推断邹氏所描绘的阳明神人像应该出自蔡氏之手，而非邹氏的个人想象，也是合情合理的。正因为有蔡世新这样的与道教有千丝

---

① 邹守益：《邹守益集》，董平编校整理，第1233页。

② 王守仁：《王阳明全集（新编本）》卷二十，吴光、钱明、董平等编校，第806页。按：“悬空黍米珠”是指元始天尊在空中之说教，参见《灵宝无量度人上品妙经》，载《道藏》第1号，卷1，第2—3页。

③ “神游八极”是道教重要的修行方法，据说可延年益寿。

万缕联系的人为阳明画像，才使得原本儒者立场十分坚定的邹守益看后也会神魂颠倒，如入烟雾浮云之中。反过来说，邹氏的《谢少壑山人》诗亦为蔡氏所画的阳明神人像做了很好的宣传，促使后来欲为王阳明画像者，也会有意无意地照着蔡世新的想象运笔而行。而随着颇具仙翁神韵的阳明像的广泛传布，王阳明被神格化的过程也被大大加快了，使得被神化的阳明形象，不仅为知识界所接受，更成为民间社会的信奉对象，其神奇故事亦为市井百姓所耳熟能详，从而使王阳明在民间的形象进一步升格为半遮半掩、若隐若显的神主道祖形象。事情的发展逻辑就是这样，在王阳明看来，“世之人苟有究心虚寂、学道德性命而不流于俗者，虽其陷于老释之偏，犹将以为贤”①，那么在文人笔下、百姓口里，阳明就会被自然而然地塑造成一个“挥霍八极”的“神人”式圣哲。

关于这一点，从当时人的诗文中也同样能得到佐证。如曾迪《谒阳明王先生祠》诗云：“先生赫灵异，川岳实降神。……瞻拜清高像，謦欬莫相亲。”②徐渭《新建伯遗像》诗云：“方袍綦履步从容，高颡笼巾半覆钟。千古真知听话虎，百年遗像见犹龙。夜来衣钵今何在，画里须眉亦似侬。更道先生长不减，那能食粟度春风？”③而王阳明的另一高足薛侃在《祝寿图序》中，也把蔡世新“传神以塑像”的过程描述地活灵活现：

> 天下传吾夫子之神者，有传其有形者，有传其无形者。传其有形者，南康蔡世新是也；传其无形者，凡在门墙皆是也。……而世新乃能无俟观审，而直出诸其手者，何哉？岂有形者易，而无形者难耶？曰：非然也。……故其立生祠也……是敬信尊崇南赣之民至矣。故世新传神以塑像，裹粮于章贡之街，望而绘者旬日，得其容而弗真。侃时寓谢圃亭，从假一室，窥而绘者旬日，得其真而弗妙。侃为白其诚，命见之。自是从于豫章，于越城，于苍梧，则恳切精专亦可谓至矣。是故

① 引自王畿：《龙溪会语》卷二，《王畿集》，吴震编校整理，第697页。“近于道”（黄宗羲语）的王畿对此言赞不绝口，所以在《龙溪会语》卷六《天山答问》第二条中，同样意思的话又被王畿再次引用（王畿：《王畿集》，吴震编校整理，第774页）。

② 刘昭文纂修：《艺文志》，嘉靖《南康县志》卷十二，明嘉靖三十四年（1555）刻本，第27页。

③ 徐渭：《徐渭集》，第228页。

传夫子之神，无俟审视而出诸其手矣，不用而丹青独妙矣。[①]

那么，真实生活中的王阳明形象究竟是什么样的呢？据史料记载，阳明生母郑氏妊娠14个月都未生下他。从现代医学的角度看，阳明可能属于难产儿，虽未影响其智商，但却影响了他的体质。阳明祖母活了100岁，父亲活了77岁，都相当长寿，而王阳明只活了57岁，原因即在于他从小体弱多病。他喜欢道教养生术，与此有莫大关系。20世纪初，日本著名阳明学专家高濑武次郎访问余姚时，曾在龙泉山上的“王龙山（即阳明父王华）公祠”和“王阳明先生祠”里见到过阳明父子的塑像和神位大牌。高濑氏在《参拜日记》里说：龙山公像身穿吏部尚书的官服，手握玉笏，系着淡红色的腰带，容貌胡须长白，脸庞肥满，端庄而坐，姿势温雅，像前放着“明敕新建伯前翰林院修撰南京吏部尚书讳华龙山王公神位”；王阳明像身穿兵部尚书的官服，手握玉笏，容貌胡须细黑，脸庞瘦长，颊肉塌落，肤色浅黑，眼力有神，极为严峻，像前方放着“明赠新建侯原任新建伯南京兵部尚书兼都察院左都御史王讳守仁谥文成阳明先生神位”。[②]比较王华像与阳明像的面容可以看出，王华身体健壮，而阳明体弱多病；王华致仕在家，悠闲自在，而阳明似身负重任，前途严峻。应该说，这样的阳明形象才更接近真实，才是形似与神似的统一。

如前所述，无论在王阳明生前还是身后，其为官讲学过的地方，当地民众出于感念其施恩泽被的情感需求，或绘或摹，纷纷将其画像悬挂于祠庙中，每逢生辰，则焚香祝祷。而这些画像，不是蔡世新所绘，就是临摹蔡氏的作品，甚至模仿佛、道塑像，从而使阳明形象更加出神入化，其宗教性意味亦更为突出。当时甚至有人透过民间信仰的占卜方法“扶乩”来拜阳明为师，且因阳明入梦而作其画像。比如“陈春嘘名昶，（常州）阳湖人，入籍大兴，中式顺天乡试，出为浙江知县，历署桐乡、秀水、余姚诸县事，皆有惠政。在余姚时，有仙坛一所，相传阳明先生尝降此坛。春嘘素不

① 薛侃：《薛侃集》，陈椰编校，第182—183页。

② 详见钱明校译：《最早来浙考察王阳明遗迹之日本人日记两种》，《国际汉学研究通讯》第16期，北京大学出版社2018年版。

信，为驳诘数事，乩中俱能辨雪，乃大服，请受业为弟子。一日早起，忽见阳明先生现形，修髯伟貌，高冠玉立，而面如削瓜，遂下拜，已不见矣。因手摹一像，凛凛然有生气”。后有人“尝见之，虽老画师不及也”。[1]可以想见，随着王阳明“三不朽”地位的确立，这类名人降乩的事件应不罕见，而明清士人也常参与这类降乩活动，所以类似陈春嘘因降乩入梦而作阳明画像，不必是清以后才有。[2]然而，此类事件在清以后似乎更常见于笔记小说，似也象征了王阳明形象由儒者之圣域移入英雄式神坛的某种轨迹。

① 钱泳：《春嘘叔讷两明府》，《履园丛话》卷六，张伟点校，中华书局 1979 年版，第 167 页。
② 参见张艺曦：《心学家画像在明代的流行及其作用——以阳明画像为主的讨论》，《思想史》第 3 期。

第四节 圣凡之间

从传播学上说，王阳明这个人一生坎坷，经历丰富，文武兼备，圣凡并举，故事性强，经过文献加工、艺术创作、形象塑造等手段，在流传过程中被人为重塑，从而具有人、圣、神乃至仙的多重性格，乃是很自然的事。而以钱德洪、王畿为代表的王阳明第一代弟子，在神化阳明的造神运动中又发挥过举足轻重的作用。其中钱德洪主要是通过文献手段来对阳明进行神格化处理，王畿则主要是通过理论手段来对心学进行神秘化重构。只不过钱氏的神格化是试图把圣与神联系在一起，而并不是将圣与仙联系在一起。换言之，钱氏是想把王阳明进一步打造成儒家之神圣，而非道教之神仙。他在《彭祖庵碑记》[①]中曾阐释了圣学可为人仙的道理：

> 若老子背六经以言道德，则作而不述矣。孰谓彭祖而可以老子拟乎哉？夫彭祖为圣人之学，亦得以延寿八百，则太上所纪寿数与尧年舜寿，俱可证也，又安得圣学之不为人仙耶？特为圣学者，未用其极耳。圣人之学，顺性命之理，性与天地万物同体，故亦以天地万物进退盈缩为命，是所为大道也。……故敢述孔子之言，以证圣人之学不同于老子；据彭祖之寿，以证圣人之学未始或遗乎仙术。则庶乎学圣人者志专归同，天下之学出于一，经正而民行兴、邪慝息矣。

但钱氏并没有把这种圣仙理论复制在阳明身上。也就是说，在钱氏心目中，先师王阳明并不是像彭祖一样的神仙，而是如孔孟一样的圣哲，这是由钱氏较为纯粹的儒家立场所决定的。在这个基本点上，王畿的立场便与钱德洪有异，所以王畿是通过理论手段来神化王阳明，表现出了借“神仙”性辅助“神圣”性的价值趣向。

关于人、圣、神、仙之间的关系，钱穆曾有过一段精彩论述：

> 神与圣只是一种超人的思想，而同时又是一种不离人生的想望。神与圣皆是超人生而不离人生者。但中间也有别。神是

---

① 已收入徐爱、钱德洪：《徐爱·钱德洪集》，钱明编校，上海古籍出版社 2024 年预出。

> 非人间的，圣则是人间的。神是超人间而投入于人间的，圣是人间的而又是超出于人间的。换言之，就人而言，神应该是非自身的，超越的，绝对的。圣则是内在的，相对的，即自身而存在的。在人生中间确曾有过圣，但亦确没有过神。神是纯想象，纯理论的，而圣则是经验的，实际的。因此，圣与神，也可说是分数上的不同，同时也可说是性质上的不同。有些人想象人神合一，有些人想象人皆可以为尧舜，人人皆可成佛。圣人与我同类，即身即佛，是崇圣者的理论。中国人容易接受佛教，这也是一个因缘吧。神应该是全体主义的，而圣则是人本主义的。……神造物，又造人，因此人与物在神之面前，应该是没有地位，没有权力的。圣则是由人自做而成。人自己做成圣，崇圣论的终极主义，一定要说成人皆可以为尧舜，人皆可以为禹，人人皆可成佛，那时则是一个圣世了。……圣和自然万物之关系疏，和人类自身的关系密。因此崇圣论者的目光，便不免要常常固滞在人文圈子的里面了。道家非圣无神，他们则在想做一出世的仙人。仙人只想跳出人世间，但并不想跳出自然界。似乎在中国人的想象中，自然界之外，或自然界之上，好像再没有别一世界了，好像再没有别一种东西像神之存在了。因此中国社会一向所崇奉之神，其实仍是由人类转变为神的。中国人心中所想象之神和仙，其实也都还是人呀！①

这一论述，也完全适用于被神格化后的王阳明身上所表现出来的圣性、神性乃至仙性。

在中国历史上，真正文武双全的圣人形象，无疑要数孔子、孔明和王阳明三人最为深入人心了，而由人至圣、再由圣到神的升格转换，可能也要算他们三人最为成功了。比较而言，对孔子、孔明的神化，在时间、路径、结果上可分为两种模式：孔子因其主要是以立德、立言之形象传布于世，所以对他的神化，可以说是先由其弟子发动，后扩至政治社会层面的“由圣到神”的塑造过程；②孔明则因其主要是以立功之形象传布于世，突出的是其政治才能和功

---

① 钱穆：《湖上闲思录》，第62—63页。

② 参见黄朴民：《孔门造神运动》，《人间几回伤往事：黄朴民解读历史文化》，岳麓书社2011年版。

业，故而对他的神化，可以说是先由国家处于危亡之际的宋代理学家发起，后扩至民间社会层面的"即圣即神"的塑造过程。而在神化王阳明的过程，孔子和孔明的因素两者皆俱，即既存在着王门弟子出于学术、门户之考虑而神化阳明的因素，故而往往凸显阳明的思想和学问，也存在着政治人物出于国家、社会之需要而神化阳明的因素，故而往往凸显阳明的才能和功业。王阳明的思想家、学问家的不朽地位能使之成为孔子式的圣人，而他的政治家、军事家之丰功伟业则能使之成为孔明式的神人。而从文字演化和文献佐证看，圣的本意原来就是指与神沟通的特殊能力。所以我们在阳明身上，既可以看到孔子被圣化的影子，又可以看到孔明被神化的身影。而从三人被神圣化之路径看，孔子可以说是"即凡为圣"，孔明可以说是"由凡入圣"，王阳明则可以说是"圣凡合一""圣凡兼备"。正因为此，所以阳明从出生开始，就有种种圣神之奇。换言之，神化王阳明是符合阳明本人"圣凡合一"之价值取向的，也是"圣凡合一"理念的逻辑延续。从这一意义上说，神化阳明要比神化孔子和孔明更有价值，亦更有难度。

当国家、社会处于动荡危难之际，由于王阳明的卓越事功和军功，民间社会对阳明的神化一般会与在政治军事上足智多谋的孔明形象联系在一起。越是外部的政治环境恶劣、社会秩序混乱，就越是希望借助像孔明这样的"阳明神"或"阳明教"来加以应对，而得到教主道祖之"神"的护佑的主要方法便是祭祀。与此同时，当时的精英阶层尤其是王门后学，也想通过神化王阳明来为先师恢复名誉，以尽快入祀圣庙。于是，无论近于精英阶层的书院会讲，还是近于草根阶层的宗祠集会，一时间都以祭祀阳明为主业，使讲学讲会活动在有些场合反倒成了辅助手段。报功祠、崇贤祠等"祠宇几遍天下"，各地祠祀王阳明几近时尚，终于把明代中后期出现的"阳明热"推向极端，同时也推向反面。

正如后人出于神化朱熹的需要而故意隐去其"劣迹"一样，在神化王阳明的过程中，他的不少"劣迹"也被有意无意地隐去了。实际上，这些在神化者看来属于"劣迹"的事，恰好反映了这些圣贤的凡人性一面。与朱子死后41年被从祀孔庙不同，阳明死后55年才被从祀孔庙，说明朱子被官方承认后进入正统话语体系的速度相对来说要比阳明快，故而朱子在官方层面的神格化也要胜于阳明。

不过民间社会为阳明建立生祠的热情却要大大超过朱子，而且阳明本人亦乐意接受，这与朱子反对为自己建生祠形成了鲜明对比。[①]这说明，无论民间对阳明的神化，还是阳明对民间的影响力，都要超过朱子。正因为此，从时间上说，对王阳明的神化早在其生前就已开始，其中既有其家人尤其是门人的努力，也有地方政府和民间社会的推动。正是在此意义上，我们可以说朱子主要是儒门圣哲之形象，而阳明则主要是民间神人之形象，对王阳明的造神运动，乃是全社会尤其是民间社会与知识精英共同合力的结果。

由于今人距离王阳明的历史跨度仅有五百余年，因此我们又可以说，如果对孔子、孔明的神化业已完成的话，那么对阳明的神化则可能还未结束，其实际效果亦因社会历史条件的局限而远远比不上孔子和孔明。当下中国社会所出现的王阳明热，有其特定的时代背景和政治因素，然其表现方式却与明代中后期的王阳明热有某种相似性，即未必是建立在对阳明心学理论深入研究的基础之上，而更多地是一种崇拜和信仰。对此，学术界一方面需要主动参与和引导，另一方面也需要保持冷静和理性。我们除了要深刻反思王阳明被污名化和丑化的历史，还得认真汲取其被神格化和美化的教训，唯如此，才能避免王阳明被从“圣域”移到“神坛”及其思想被宗教化和神秘化的后果。

① 比如宋淳熙年间，朱熹知南康军（今江西星子县），勤学教民，兴利除害，振兴白鹿洞书院，功绩卓著。当朱熹离开南康后，诸生为他立生祠。朱熹知道此事后很生气，即修书致白鹿洞主撤除［参见胡迎：《朱熹在南康军》，《朱子学刊》（第 7 辑），黄山书社 1995 年版］。

附录　早期日本人来浙考察王阳明遗迹考述

在近现代中日两国关系史上，始终存在着一种吊诡关系，即相当一部分日本人在对当时的中国极度鄙视的同时，又对古代中国无比尊崇。正是怀着这样的纠结心理，在19世纪末至20世纪前期的数十年间，有一批又一批的日本人尤其是文人学者来到中国旅行，实地考察中国的古代文化遗迹。而在诸多来华游历考察的日本人中，有那么几位可以说是带着明治、大正时期阳明学运动之余热而冲着王阳明来的。据笔者所知，20世纪20年代之前，曾有日本著名学者冈千仞、内藤湖南，三岛毅的学生①，日本阳明学会会员加藤八重磨②，以及高濑武次郎、诸桥辙次、井出季和太等对浙江、贵州等地的阳明遗迹作过实地调查，并留下了珍贵的照片、日记及诗文。其中高濑武次郎可以说是最早来浙考察阳明遗迹的日本学者，诸桥辙次则是最早考察并记录和拍摄阳明墓的日本学者，而井出季和太乃是最早把王阳明引入台湾的日本人。至于明治三十六年（1903）内藤湖南的沪浙之行③，由于当时他的兴趣点在西域史上，加上其历来爱好中国书画，所以此行不是为了考察宋明思想家的遗迹而来，不仅没有留下考察记录，就连书信、序跋中也未提及宋明思想家的著作，更别说遗迹、遗址了。这也可以说是内藤湖南不同于当时一批重视遗迹考察和现场体验的日本学者的地方。另外，内藤湖南对王阳明的评价远不如以气节闻名于世的方孝孺、刘宗周、黄道周等④，所以在他的著作中极少提及王阳明或阳明学。有见于此，本文仅对

---

① 拙文《一生践行阳明精神的冈田武彦先生》（《贵州文史丛刊》2015年第2期）已对1903年三岛毅的学生、时任贵阳公立师范学堂教习的清宫宗亲随日本驻清武官高山公通、金子新太郎及日籍教师冈山源六赴贵州修文县探访阳明洞的事迹，以及三岛毅与贵州的故事作过详细介绍，可资参考。

② 他曾于大正年间在绍兴购得王阳明手迹《坠马行》诗卷，并发表于《阳明学》第162号［大正十二年（1923）二月一日刊］上。

③ 内藤湖南一生有多次中国之行，明治三十六年（1903）是其中一次。据其写给沈曾植（子培）的书信说："燕都奉教，恍如梦。别后南游，由沪赴鄞（即宁波），再由余姚历绍（兴）、杭（州），四旬而东归。"（内藤湖南：《内藤湖南汉诗文集》，印晓峰点校，广西师范大学出版社2009年版，第455页）

④ 详见本书第七章第二节。如内藤湖南称方孝孺"文章、气节炳耀一代，有明三百年多士，莫如为先。"（内藤湖南：《方正学书册跋》，《内藤湖南汉诗文集》，印晓峰点校，第463页）

高濑武次郎、诸桥辙次、井出季和太三人来浙考察阳明遗迹的具体史实作一综考，以从一个侧面解明兴起于近现代日本的阳明学热在浙江所掀起的几波余浪。

一、高濑武次郎及其《参拜王阳明先生祠堂》①

高濑武次郎（1868—1950），原姓佐佐木，号惺轩，香川县赞岐人，日本近代著名汉学家和阳明学家。1898年毕业于东京大学汉学科，1899年在东京组织王学会（即后来的阳明学会），1907年任京都大学副教授，期间曾短暂留学中国。归国后回京大继续任教，并在皇居为天皇讲授汉学课程。后又于1912年2月末至1913年10月初，到中国各地旅行，并撰写了详细的旅行日记。此后在龙谷大学、立命馆大学、临济宗大学（现花园大学）、关西大学、武道专科学校、女子专科学校（现京都女子大学）等任教。因其思想右倾，1946年8月受到盟军司令部的开除公职处罚。

据高濑武次郎的《支那游记》②记载，1913年4月，他曾受当时住在上海的长尾甲③之邀来华考察。4月初抵达上海。4月7日与同好一起赴绍兴考察兰亭遗址，并在兰亭流觞亭前拍了纪念照片。返回上海途中，又于11日参加了杭州西泠印社举办的兰亭纪念会。当时的情景，在其所撰的《兰亭行》一文中有详细记载。④

另据高濑武次郎的《参拜王阳明先生祠堂》⑤记载：

---

① 收入高濑武次郎《参拜日记》，第 271—300 页。文末有（东）正堂附注：“大正四年（1915）五月二十八日惺轩（高濑武次郎号惺轩）书。”该件是 2008 年 4 月 25 日由日本福冈县小郡市“王阳明研究所”所长池末美光赠予笔者。东正堂是东泽泻之子，日本阳明学会主干事，在明治、大正年间刊行了《王学杂志》《阳明学》。又，该内容亦见于高濑武次郎发表于《阳明学》第 81 号（大正四年刊）上的《余姚日记》。

② 高濑武次郎所撰的《支那游记》，是杉村邦彦（1939—，京都教育大学、四国大学名誉教授，日本书论研究会会长，《书论》主编，西泠印社名誉社员）从京都的高濑武次郎旧宅中发现的，后连载于《书论》第 5 号和第 8 号至第 27 号。

③ 长尾甲（1864—1942），明治时期著名汉学者、书法家、画家和篆刻家，西泠印社早期社员。1902 年他辞去东京高等师范学校教职，于次年移居上海，受聘于商务印书馆编译室主任，参加中国小学教科书的编纂。1914 年回国。在华期间，经友人引荐，他拜识了西泠印社社长吴昌硕，并与吴结为诗友。

④ 参见《大致癸丑兰亭会百周年纪念——近代日本における翰墨の盛典》，关西大学アジア文化研究センタ，2013 年 4 月 1 日刊。

⑤ 此篇及后文所述的诸桥辙次之《探访王阳明先生墓所》，均详见钱明译注：《最早来浙考察王阳明遗迹之日本人日记两种》，《国际汉学研究通讯》第 16 期，北京大学出版社 2018 年版。

1913年4月25日下午4时半，高濑氏在上海十六铺码头乘坐“宁绍号”轮船前往宁波。4月26日早上6时，船抵达宁波港的江北岸，当地一家日本旅社“中村旅馆”的负责人到码头来接他。稍作休息后，便冒着毛毛细雨，离开旅馆，乘坐上午9时的小轮船，前往余姚。轮船内坐满了船客。在尽情畅谈的人群中，有中国南北两地不同的口音，仅会一点点北京官话的高濑氏不太听得懂他们的谈话。于是便试着与船客中一位想必是余姚城里读过一些书的人进行笔谈。当高濑氏问起余姚城里王阳明、朱舜水等的遗迹，这位船客回答说：王阳明的祠堂在龙泉山上，其子孙中有位叫“王绍周”的人，是前清时的“庠序”①。除此之外，他还谈到当地读书人很少、朱舜水祠已经没有了等事情。这位船客的12岁的儿子，在一旁用铅笔在我的笔记本上写道：“阳明十四月生，五岁不能言。”我又问阳明洞在哪里？其父回答说不知道，此时这个小孩又用铅笔写道：“王阳明读书在阳明洞。”并且还知道阳明洞的所在地。一个年仅12岁的小孩，都如此熟悉阳明先生的事，高濑氏为之感叹不已。接着高濑氏又问这个孩子有没有王阳明自笔的遗碑，他回答说：“龙泉山麓关帝庙前的‘第一山’三个大字的巨碑就是阳明先生的自笔。”

轮船在下午4时抵达余姚城外的小港。当天，高濑氏就冒着细雨登上了龙泉山。从龙泉山麓踏着石阶而上，约数十米的地方见到了龙山书院，再往上登，就是王龙山公的祠堂了。堂内有龙山公的塑像及其神位大牌。龙山公的像，身穿吏部尚书的官服，手握玉笏，端庄而坐，姿势极其温雅。塑像前放着“明敕新建伯前翰林院修撰南京吏部尚书讳华龙山王公神位”。堂前题云“王龙山公祠”。塑像上方是同治五年（1866）六月下旬邵曰濂所书的“垂裕后昆”的匾额，匾额左端立有里人重建碑记。塑像前的大石案上列置着香炉、华立、蜡烛台等。王阳明先生祠就在王龙山公祠的左方，祠内有阳明先生的塑像和神位巨牌，神位云“明赠新建侯原任新建伯南京兵部尚书兼都察

① “庠序”是指古代的地方学校，《孟子·滕文公上》：“夏曰校，殷曰序，周曰庠。”后也泛称从事学校或教育事业的人。

院左都御史王讳守仁谥文成阳明先生位”。阳明先生神位的右方有云“明进士祁州知州升南京兵部尚书主事迁员外郎转工部郎中爱字曰仁横山徐公位”；左方有云“明国子监丞升刑部主事迁员外郎署陕西司讳德洪字洪甫绪山钱公位”。阳明先生的神位大，而横山、绪山两位的神位略小，盖因徐、钱二公皆生于余姚县，并皆为阳明先生高弟之故，所以皆被附祀于此。阳明先生的像也是坐像，蓄着很细的黑色胡须，身穿兵部尚书的官服，手握玉笏，端庄而坐。①龙山公有白色长长的胡须，面色微带淡红，脸庞肥满，而阳明先生则看上去是脸庞瘦长，面色浅黑，炯炯有神，极为严峻的容貌。②阳明先生祠前题写着“王文成公祠”，其像的上方有一匾额，是乾隆帝御笔的“名世真才”四个字。像前石案上放着与龙山公祠一样的香炉、华立、蜡烛台等。乾隆帝御笔的匾额旁还有一块匾额，写着“古三不朽”四字，由同治丙寅年（1866）暮春谷旦同里后学叶墀、洪宗敏、诸福赝、卲庆莹、诸观重建。

比较而言，海日公王华像的面容看上去健康饱满，胡须花白，而文成公王阳明像的面容看上去则体弱消瘦，胡须细黑。这是因为王华致仕在家，悠闲自在，古稀之年仍很健康，而王阳明东战西征，屡遭迫害，五十岁时已弱不禁风。更重要的是，徐阶《阳明先生画像记》中的阳明画像是“貌殊不武，然独以武功显于此，见儒

① 据光绪《余姚县志》卷十六《金石下》记载，阳明像制于万历三年（1575），原在余姚龙山万筠轩，为阳明冠带袍笏坐像。另外，高濑氏描绘此像中的阳明“身穿兵部尚书的官服，手握玉笏”，其中的“官服”实为“蟒袍”、蟒袍在明代本是皇帝对有功之臣的“赐服”，或者为一品官之官服。关于一品官准服蟒袍的规定，《明史》卷六十七嘉靖十六年（1537）条中有详细记载（参见葛荣晋：《王廷相生平学术编年》，河南人民出版社 1987 年版，第 306 页）。阳明生前最后一个官职是南京兵部尚书，应该是正二品，但隆庆以后他被追封为新建侯，享受从一品待遇。而根据明制，封侯赐券（铁券）并享受从一品待遇的，实为最高之荣誉。

② 据童集寅《参谒阳明祠及龙山书院后记》：“阳明先生的祠堂，四周的围墙，现已改建洋式，好像敷上了红粉，中置铁门，紧闭加锁，人们从靠右的小门出入，里面天井宽阔，铺着水泥平滑，两座棱形式的小花坛，分列在左右点缀着。步上檐阶，右边第二室，阳明先生的父亲王华公的塑像，高坐在上面。西面的屋内，塑着阳明先生的造像，蓝颜黑须，道貌庄严。据民间传说，阳明先生做龙场驿丞的时候，那里瘴疠之气很盛，先生常常吞服白砒以解毒。因为常常服吞白砒的缘故，他的生命固然保全，可是他的脸孔从此变做蓝颜色了。像架柱上各刻着龙形，金色辉煌，光彩夺目。像架之下置着石桌一座，桌上摆着树制的烛台，和石制的香炉，都饶有艺术的意味。”（《余姚三哲纪念集》，第 187—188 页）

者之作用"[①]的学者像，《王氏迁姚三世祖士公元迄王文成公七代遗像》民国九年（1920）诸章达题识中的阳明也是"独衣冠非拜爵后制"的非封爵像，[②]而阳明祠里的阳明塑像则是身穿兵部尚书制服的官服像，说明在故乡人的心目中，思想者的王阳明与武将的王阳明是并行不悖的，两种形象都符合圣化阳明以及余姚地方先贤教育的需要。然而，相比之下，后者的地位似乎要高于前者，所以清代余姚"王阳明先生祠"里供奉的是手握玉笏的兵部尚书官服像，20世纪90年代香港孔教会会长汤恩佳捐赠的王阳明铜像为佩剑武将像，其实都比较符合余姚所存阳明遗像之传统。

高濑武次郎又介绍说，当时阳明祠边上还居住着守祠人，从祠前往下走六七阶台阶，有一处写着"阳明先生讲学处"之匾额的学堂，它的外侧有写着"龙山书院"四个大字的匾额。此山作为王华、王阳明的讲学育英之地，此学堂就是它的真正遗物。堂宇几经改筑，堂内外都还清新，至今仍作为附近学子们的学舍。其对联曰："中外光日月（右方），历代感景云（左方）。"在讲学处的前庭的古墙上，刻写着"重建书院碑""助田碑记"以及记有乾隆二十五年（1760）夏四月的"新建龙山书院碑记"。它的旁边是祀奉刘长城的古祠。[③]

近人余重耀编撰的《阳明先生传纂》对余姚阳明祠亦作过如下转述："原作新建伯祠，初拟建于龙泉山，未有寻址，以公尝讲学于龙泉寺之中天阁，嘉靖十三年（1534）乃寓主其所以祀之。十四年（1535）提学徐阶因为建祠，有司春秋祭，以门人徐爱、钱德洪配享。清顺治八年（1651）重修，王尔禄有碑记，见《余姚县志》（乾隆志）。"[④]后余姚本地学者诸焕灿则作过详细叙述：该祠于乾隆二十二年（1757）再建，同治五年（1866）与龙山公祠一起由同里后学叶墀、洪宗敏、诸福膺、邵庆莹、诸观重建，重建时立有

① 王守仁：《王阳明全集（新编本）》卷五十一，吴光、钱明、董平等编校，第2035页。

②《王氏迁姚三世祖士元公迄王文成公七代遗像》照片原件，余姚博物馆藏，民国二十年（1931）摄制，由计文渊抄录整理。计先生认为："据《年谱》，阳明于'正德十六年十月二日，封新建伯'，而封爵衣冠世传有画像多种。据此诸章达得出结论：'（阳明）四十四岁立从弟守信正宪为后，时尚为南京鸿胪寺卿，绘像或在是时欤。'此可存为一说。"

③ 乾隆二十四年（1898）余姚县知事刘长城在中天阁创办"龙山书院"，聘请著名儒学大师宗涤楼、杨泰亨等来书院讲学，后人为表彰他的这一功绩，特建该祠以资纪念之。

④ 余重耀：《阳明先生传纂》卷五，第42页。

“古三不朽”的匾额一块。“二王祠”规模不大，最初由明代大学士徐阶于嘉靖十四年（1535）动议兴建，曰“新建伯祠”，后由巡按浙江监察御史傅凤翔完成于此，三间，设立“阳明牌位”祭祀之。东侧建“海日祠”，以祭祀王阳明之父、南京吏部尚书王华，三间；二祠合称“二王祠”。明万历年间，建神龛二座，冠带袍笏塑像。据史载：王阳明谪贵州龙场驿丞时，受山岚瘴气熏染，故此塑像脸带青色；以学生徐爱、钱德洪配享，春秋祭祀。明末清初，中天阁、二王祠被毁。清顺治八年（1651），由知县胥庭清重修。至乾隆时，县知事刘长城在中天阁创办“龙山书院”，聘请著名儒学大师宗涤楼、杨泰亨等来书院讲学。咸丰末年，太平军东进入浙，占据余姚城，驻兵龙泉山，由于非佛非儒，山上儒学祠宇和佛道寺庙建筑多遭毁损，所有树木被砍伐，“二王祠”亦遭到重大摧残。同治初年，被没收的“十八局”局头黄春生百亩田产充作“龙山书院”学费，即由“龙山书院”拨款重修“中天阁”和“二王祠”。至1927年，“二王祠”已是楹栋霉蚀，神龛裸室，浸凌于风雨之中。时由蔡元培推荐堵福诜再任余姚县县长，堵县长莅任余姚，见“二王祠”破败不堪，即于1931年冬倡议重修“二王祠”，写有《倡议修建余姚二王祠缘启》一文。既有县长之倡议于前，即有乡邦士大夫解囊于后，遂指派邵之传董其事，于原有六间的基础上再加建一间，合成七间。祠四周筑围墙，南向门额悬挂由马一浮题写的“二王祠”匾额，书法家于右任及省长张难先等赐题楹联，祠貌焕然一新。在此仅录楹联两副以示国人对阳明之尊崇，第一副为“名世五百年，辅濂洛关闽各学支离悉刊，能真传古圣心法；狂澜千万丈，有龟蛇龙凤诸峰环拱而立，犹喜见先生祠堂”；第二副是“公真旷世奇才，卅载谟猷，砥赣江流，平闽海波，扫粤峤蛮烟，明代功勋照史策；我向贵山私淑，三年讲习，登寅宾堂，过君子亭，访玩《易》居室，故乡文化有师承”。1941年日军占领余姚期间，龙泉山由日军警备队驻扎，禁民上山，山上众多古建筑如乡贤祠、谢太傅祠、吕文安祠、孙忠烈祠、中天阁、二王祠等祠宇多遭毁损。二王祠内王华、王阳明的衣冠亦被日军窃到日本。1949年5月余姚解放后，山上古建筑如中天阁、文昌阁、孙忠烈祠、三孝祠、吕文安祠、严子陵祠等得以择要修葺，然处于山间最上方的二王祠却因破败严重故难以修复，后破旧祠宇逐渐倒塌，祠材等先后被挪用搬空，现仅剩一片荒凉空地，附近的谢太傅祠亦因破败严重，于20世纪60年代被拆除，同时龙泉山上原有的几座石牌坊亦先后倒塌，石料被人搬走，挪作他用。[①]

以上各家对龙泉山“二王祠”等古遗址之历史沿革所述不一，然以高濑武次郎最早，诸焕灿最详，几家互补，可较完整地烘托出龙泉山当年文脉昌盛之景象以及历史演变之疮痍。

在考察完二王祠、龙山书院后，高濑武次郎还去了位于龙泉山北麓的关帝庙，庙门内有一块大石碑，写着“第一山”三个大字，是王阳明的真迹。该碑的里面有“重建武安王庙碑”之记文。据说高濑武次郎是特地为看这块石碑才来到余姚的。第二天他又到此碑前，坐在石碑旁，按比例测算着此碑的高度，并与此碑照了张合影，以作为余姚巡游之纪念。据高濑氏记载，此碑高八尺许，宽五尺许，字体为行书，笔势遒劲高雅，应该是王阳明相当珍重的遗物。接着高濑武次郎又访问了王阳明出生处瑞云楼遗迹。据其《日记》[②]记载：

> （楼）在龙泉山的东南麓[③]，有一小家，匾额上题写着“瑞云楼”[④]。这户人家近来刚刚改建过，虽然只能看出一点点古色，但土地却是古瑞云楼之迹，除此之外就看不见任何遗物了，所以我很快就离开了瑞云楼。听说有个叫王绍周的阳明先生的子孙现今仍居住在余姚，但我问了二三个人，都说不知道，结果访问未果。瑞云楼又叫寿山堂[⑤]。

“绍”字疑“造”字之误，王绍周即王造周。[⑥]在现藏于余姚博物馆的《王氏迁姚三世祖士公元迄王文成公七代遗像》题识中有多处述及王造周其人其事，如清儒徐葆和作于光绪二十四年（1898）的王阳明遗像题识云：

---

① 详见诸焕灿：《二王祠追踪》，余姚新闻网，2017年1月13日。

② 高濑武次郎：《参拜王阳明先生祠堂》，《参拜日记》，1915年5月28日惺轩书，正堂附注，第271—300页。

③ 瑞云楼应该在龙泉山的北麓。

④ 匾额上题写的应该是“古瑞云楼”。

⑤ “寿山堂”是清庆年间余姚富商、桥梁专家叶樊（1791—1836，字纪卫，号槿圃）所建，故此处只能说“瑞云楼”遗址上现建有“寿山堂”。

⑥ 详见钱明《王阳明及其学派论考》附录一《王阳明第十六世孙王诗棠访谈录》。

壬辰（1892）秋，周邑侯（即周炳麟）谒文成祠，访及后裔，得十六世孙王造周，悯其孤苦，即命入署教读，逾年，从和（即徐葆和，时为周柄麟属员）游。探明先型，但云家有遗像，残破已甚。和出资装裱，犹未知为谁何之像也。幸王氏有旧存祭簿，中有元旦拜像文，与此符合。其为文成公暨上六代遗像，信而有征。因有王氏遗像备考，并交造周藏之，谨略述其源，以示来者。

余姚知事但懋祺作于光绪二十九年（1903）的题识亦云：

今承之文成故里，愧未能表彰遗说，以淑此邦人士。会以受代将去，文成十六世孙、县学造周捧遗像执弟子礼来谒，曰祺为识数语，用诏来者，且告曰：“此图上溯士元公，下逮文成公，父海日公，凡六世。其貌温肃，而额左有黑痣四，右有黑痣三者，[1]先十六世祖文成公也。余八人雁行而列座者，文成公昆仲也。”祺维文成具立德、立言、立功三不朽，而于天伦之间，若是其肫挚，斯诚可以敦薄俗而风当世矣。造周其保守之，以待海内大手笔之标题，若祺固非其人也。

七年后的宣统二年（1910）浙江提学袁嘉谷亦题识云：

文成右额痣三，左额痣四，视徐文贞记尤详，意必新建伯后人所追摹。观此益知岳降崧生，其有所本之矣。予尚求之姚江之学，岁庚戌提学两浙，其十六世裔孙造周以像进乞题，与文贞督学时所见异，所景仰同。爰列征传记谨识之。[2]

这说明，王造周其人在清代末年是余姚城内的名人，至少在官方层面是人所共知的。因为高濑武次郎只是途中所闻，在余姚方言

① 据朱鄂然“民国六年闰二月初五记”：“晴，叶礽厚兄旧藏阳明先生像来悬于念德堂，令塾徒瞻仰，像系半身，右眉侧三黑痣。”（朱鄂然：《朱鄂生日记》，朱炯整理，第 319 页）与但懋祺所记相符。叶氏旧藏阳明先生像可能为王造周家藏遗像的复制品。

② 以上三则史料见《王氏迁姚三世祖士元公迄王文成公七代遗像》照片原件，余姚博物馆藏，民国二十年（1931）摄制，由计文渊抄录整理。

里把“造周”误读成“绍周”是完全可能的。那么，高濑氏抵余姚后为何又打听不到王造周的下落了呢？我想这可能与王造周的去向有关。民间传说王造周是个孤儿，在大饼油条店做童工。知县周炳麟发现后，供他读书，卸任时又把他托付给徐葆和。造周成年后便随徐葆和把家迁到了杭州。①高濑氏抵余姚时，他可能已离开余姚多年，普通人自然对他一无所知。

高濑武次郎在《日记》中还介绍了余姚城内几处用来表彰余姚名士的“犹如华表”的石造牌楼，比如旌表王阳明的牌楼上写着“会魁”两个大字，其下写着“己未科第二名王守仁”；②在龙山公的牌楼上写着“状元”两个大字，其下写着“辛丑科第一名王华”。其他数十座进士牌楼中，有闻人诠、赵锦、王正思、管见、孙鶱等的，都用同一式样加以旌表。另外还有一座写着“功德坊”的牌楼，其下列记着侍读学士吏部尚书王华、柱国尚书封新建伯王守仁、诰封郎中诏赐进士王守和③、刑部郎中领建吏部王正思之旌表。又有一座题名“学士里”的牌楼，列记着自古以来二十余名余姚先哲的旌表。④足见当地人对家乡名人的推崇以及王阳明家族的尊敬之程度。

二、诸桥辙次及其《探访王阳明先生墓所》⑤

诸桥辙次（1883—1982），千叶县神田人，中国古文化研究专家，以编纂《大汉和辞典》而闻名。1919年8月至1921年8月，曾受

① 参见傅振照、邵九华：《王阳明先世与后裔考略》，《浙江学刊》1990 年第 4 期。

② 弘治十二年（1499）会试第一名，即会元，为伦文叙，当年殿试还中了状元。王阳明“在弘治十二年的会试中，是以第二名《礼记》经魁及第”（鹤成久章:《明代余姚的〈礼记〉学与王守仁——关于阳明学成立的一背景》，《东方学》第百十一辑，日本东方学会 2006 年刊），即“五经魁”。按明清科举制度，考生于五经试题中各认考一经，录取时取各经之第一名合为前五名，称“五经魁”，亦称“会魁”。

③ 查余姚进士题名碑及《余姚县志·选举志》等，皆无此人。疑为笔误，待考。

④ 高濑武次郎：《参拜王阳明先生祠堂》，《参拜日记》，1915 年 5 月 28 日惺轩书，正堂附注，第 271—300 页。

⑤ 原名《王阳明之墓》。译自大正十年诸桥辙次《游支杂笔》之六《江浙学者遗迹探访记》，收入《大正中国见闻录集成》（第九卷），第 239—242 页，（日本）目黑书店 1938 版。由著作权继承者诸桥达人提供。据《凡例》：“复刻时，以无修正、保持原貌为原则。”此篇内容又以《探访王阳明先生墓所》为题，收入于木村秀吉编的《阳明学研究》，东亚学艺协会，昭和十三年（1938）七月刊行，第 385—389 页。但文字上稍有不同，后者为前者之略文。又，此日记仅为《江浙学者遗迹探访记》中的一篇，另外诸桥辙次还记有《东林书院》《诂经精舍》《曝书亭》《皕宋楼》《昆山顾亭林》《汲古阁·铁琴铜剑楼》《在上海的学者》《天一阁》，并附有 28 张珍贵的照片，其中包括其考察余姚、绍兴王阳明遗迹时拍摄的 7 张照片。

三菱集团第4任总裁岩崎小弥太（1879—1945）的资助赴北京留学，并以中国哲学与文学为研究课题。期间结识了当时中国的各类风云人物，如蔡元培、胡适、李大钊、钱稻孙、周树人、周作人、沈尹默、马叙伦、陈独秀、康有为、章炳麟、叶德辉、张元济、陈宝琛等。其中与胡适的见面，大约是在1920年9、10月至1921年春之前，两人曾围绕中国经学、哲学等问题展开笔谈。①回国后诸桥辙次即加入了东京“阳明学会”，并于1921年7月专程从日本赴浙江考察王阳明遗迹。1929年以《儒学的发展与宋儒的活动》获文学博士学位。1930年任东京大学教授兼图书馆馆长。1942年为皇宫讲述中国古代文献。1946—1952年为日本皇太子讲述汉学。后出任由三菱财团以湖州陆心源的“皕宋楼”藏书为基础而建立的静嘉堂文库馆长。1953年1月在静嘉堂文库接待了途经东京赴美国访问的胡适，并赠予他《静嘉堂文库图书分类目录》。②1953年退职，获东京教育大学名誉教授之称。1962年把所藏中国经学等汉籍文献共20000余册在东京都立图书馆设立“诸桥文库”。1974年主持编写《朱子学大系》。有《诸桥辙次著作集》（10卷本）存于世，其中第九卷是《游支杂笔》，最早由目黑书店于昭和十三年（1938）十月十五日刊行，后收入于大岛晋治主编的《大正中国见闻录集成》（东京：ゆまに书房1999年版）。该书之六为《江浙学者遗迹探访记》（《大正中国见闻录集成》第九卷，第239—242页），内容包括对东林书院、诂经精舍、曝书亭、皕宋楼、昆山顾亭林、汲古阁・铁琴铜剑楼、在上海的学者、天一阁、王阳明墓的探访，并刊载了包括王阳明墓在内的大量珍贵照片。据笔者所知，诸桥辙次所拍摄的王阳明墓，是我们能见到的最早的王阳明墓照片，相当珍贵。

据诸桥辙次日记《探访王阳明先生墓所》记载，大正十年（1921）7月1日，诸桥辙次在参访了慈溪的慈湖书院（今属宁波市江北区慈城镇慈湖中学）后即赴余姚考察：

> 至余姚，王阳明及朱舜水的出生地。途中墓地甚多，也有

① 参见胡适、诸桥辙次：《胡适和诸桥辙次的笔谈》，王元化主编：《学术集林》卷十，上海远东出版社1997年版，第1—6页。

② 参见胡适：《胡适全集》（第34册），安徽教育出版社2003年版，第272页。

在水田中筑茔安葬的。墓茔周围，松柏矗立，别添一份景色。余姚在中国乃少见的山紫水明之灵地。有称作“四灵山”的四座山，耸立在余姚四周，此即龙泉山、凤凰山、竹山、白山是也。龙泉山之麓有河，不知当地人怎么称呼它，我想应该就是姚江。河上有座桥，叫“镇[1]东第一桥”。王阳明祠堂就在龙泉山的中腹。山北有瑞云楼，乃阳明诞生处，今已荒芜。据说藏有大禹灵秘图的秘图山就在衙门内，但我只看到一个小山丘。通过知事的介绍，我见到了黄宗羲的八世孙黄汪卿氏，还看到了黄黎（梨）洲抄本真迹，内容都是记载鲁王监国事宜的。同样还有其亲笔写的《行朝余[2]》，收入了隆武纪年、戆（赣[3]）州失事、绍武之立、鲁纪年、舟山兴废、日本乞师、四明山塞（寨）、永历纪年、沙定洲之乱、赐姓始末，并附有陆世仪的《江右纪变》。黄黎（梨）洲的楼[4]离余姚城二十里，在通德乡化安山，这是听黄汪卿氏亲口说的。夜里，与两名巡警一起到三观楼就餐。面朝姚江，仰望龙泉山，一杯啤酒下肚，陶然而忘我矣。投宿沂园旅馆，但楼上被用作茶馆，喧闹不已。

然后，诸桥辙次又赴绍兴考察，据其《日记》记载：

（7月2日）四点（从百官）抵达绍兴城外，船行走了四个小时，船票才二十钱。从城外又换乘别的小船，方才抵达旅社绍兴馆。住的地方虽然较脏，但气氛不错。（然后）直接去了衙门，打听明天打算去的王阳明墓在哪里，结果谁也不知道。于是就向一家叫作“墨润堂”[5]的书店打听，（回答）说是王文成公墓在城南二十里的花街洪溪。据说出（绍兴城）南门往坡塘去，直抵紫洪山，在那里问一下花街，应该有人知道。晚

---

① “镇”字为“浙”字之误。

② “余”字为“录”字之误。载于木村秀吉《阳明学研究》中的同作者之《探访王阳明先生墓所》，即作“录”字。

③ “赣”字为译者根据上下文径改。下“寨”字亦同。

④ “楼”字为“墓”字之误。载于木村秀吉《阳明学研究》中的同作者之《探访王阳明先生墓所》，即作“墓”字。

⑤ 墨润堂是清末绍兴一家较有名气的书苑，集刻书、售书于一体，蔡元培、鲁迅等经常到此购书。1874 年由徐友兰创立，原在城区西营，后搬至水澄桥南侧，今店址在河街 63 号。

上，（我）又翻阅了《王府志》二十二卷[①]，其中也有相同之记载。（整个夜里我）心里一直盼着早点天亮，（好快点去参拜王阳明墓）。晚上，（第二天准备陪同我去参拜的）巡警也来了。遵照当地的风俗习惯，（我们）一起饮了绍兴酒。

（7月3日）从绍兴走水路前行十五里许，即抵达坡塘。坡塘虽说是小市街，但几乎找不到能吃饭的地方。我们只买了些糕点来填肚子。从坡塘往前走，是越来越崎岖的山道。我们租了辆极其简易的轿子，向花街洪溪进发。途中十五里地方圆，仅有一处五六家人家的小村子。夹道两侧的山上，松竹茂密，遮天蔽地，是个独自旅行会感到胆怯的地方。尽管有轿夫的帮助，依然感到难以前行。到了坡塘边，（问起当地人），有称王文成公的，有称王守仁的，有称王阳明的，虽有各种各样的称呼，但谁都知道其墓地之所在。接近花街洪溪时，碰见一位僧侣从前面走过来，一打听，说是墓在鲜虾山，只要顺着流石径直走即可。山就在眼前，虽不太高，但风景极好。捉摸着像是墓地周边（的样子），因为有（十）数棵松树矗立着。于是急忙前行，但在前方的二三町[②]内，长满着茂密的身丈以上的荆棘。（我们只好）披荆斩棘，艰难地往前走。就在这时，骤雨狂泻而下，衣服全被淋湿。（但我们）仍奋力向前，终于抵达被认为是墓域的地方。（乍一看），与当地大面积墓地的风俗习惯相似。墓朝南，有五层坛，大小可以说与西湖旁的岳飞墓略同。走下墓地三四町，接近水田的地方，有一块刚好二丈的丰碑，是乾隆十六年建立的。碑的表面有“名世真才”四个大字，里面大半被淹没，虽然很难读，但“丹青之勋业，文成之嘉谥”十个字还是看得清楚的。毫无疑问，这就是王阳明的

① 据笔者所知，绍兴各类地方史志及相关著述中从未记载过《王府志》一书，估计诸桥辙次所说的《王府志》就是绍兴王府所藏的《王阳明家谱》或越城伯府第《王氏族谱》。笔者曾采访过绍兴伯府第十六世王诗棠先生，据他说，家中曾藏有《王阳明家谱》一部十八册，卷数不详。又说：“《家谱》我小时还读过，记得我‘德逸堂’一房自‘忠’字辈起至‘远’字辈止的五世直系是由我二伯父补入的，我只在父亲‘远铭’下面补记了我和弟弟‘诗华’二人的名字。家谱原有十八本，侍奉生借去看后，不知何故，还回来时只剩十七本了。后来我出去读书，家谱的去向就不得而知了。”（钱明：《王阳明第十六世孙王诗棠访谈录——兼论绍兴阳明世家及遗存》，《中国文哲研究通讯》2000年第1期）若诸桥辙次翻阅的果真是《王阳明家谱》或越城伯府第《王氏族谱》，则可作为王诗棠先生所言之佐证。

② “町”，日本的一种长度单位。1町=119码，约100米。

墓了。多年来的夙愿，至此有了回报。返回途中，又紧接着听了刚才问过路的僧侣所说的各种各样的事，比如一年一次来拔除王阳明墓地上的杂草，已成为当地人的习惯。归途中，一路再无趣事，除了去看了看据说是何硖山的墓地外①。抵达坡塘时已是五点了。直到晚上八点天完全黑了后，才回到绍兴的住宿地。

回国后，诸桥辙次即把在余姚龙泉山阳明祠拍摄到的“王阳明封新建伯像”（亦即高濑武次郎在阳明祠内见到的、余重耀所说的“冠带袍笏立像”），寄赠于东京阳明学会，题曰“余姚龙泉山祠堂安置阳明先生肖像”，登载于东京阳明学会刊行的《阳明学》第153号（1923年4月1日刊）上。需要说明的是，该画像其实早在清宣统元年（1909）浙江兴业银行发行壹圆、伍圆、拾圆通用银圆券（实为纸钞）时，即作为正面图像而被采用。该版纸币图案古朴，票面用大明宝钞及洪武通宝等古代泉钞作为图饰，背面为公鸡报晓图，设计精心独到，时至今日，该版纸币已成为集钞界难觅之珍品。也就在诸桥辙次来余姚考察王阳明遗迹后的第二年即1923年，浙江兴业银行在新版伍圆国币券上又再次采用了此画像，该版纸币流通广泛，在全国各大城市均可通兑通汇，版别有上海、湖北、天津、南京等多种地名券。②王阳明的这幅封爵像几乎同时在中、日两国流行，这一历史现象本身便颇有其思想史意蕴，同时也反映了阳明学在当时受到东亚诸国追捧的事实。又过了65年，1987年冬季，冈田武彦先生再访余姚，经余姚文管部门同意，携此像复制品回福冈印行，从而使该像更广泛地传布于日本各地。

---

① 木村秀吉《阳明学研究》所收的诸桥辙次《探访王阳明先生墓所》之记载与此段稍异：“途中，有大中亟（丞）何公墓道的大牌楼，说是何硖山之墓。”何硖山即何诏，因其担任过巡抚，故人称“大中丞”。何诏（1460—1535），字廷纶，号石湖，世居山阴县。明弘治九年（1496）进士，初授官工部主事，忤逆刘瑾下诏狱，得白出任永平知府，嘉靖间官至南京工部尚书。

② 参见褚纳新：《明贤王阳明及印有其像的纸币》，《安徽钱币》2001年第1期。按：浙江兴业银行是最早获得货币发行权的商业银行之一。关于浙江兴业银行发行货币所印人物像的身份问题，历来有多种说法，一般认为是“浙江三贤图”，分别为壹圆严子陵、伍圆王阳明、拾圆黄宗羲。至于究竟是哪三位先贤，以及分别对应于哪三种纸币，皆未明确说明（参见褚纳新：《浙江兴业银行印有姚江先贤纸币》，《阳明史脉》2009年第2期总第9期，第113页）。笔者所见到的是1923年发行的壹圆、伍圆纸币，皆为王阳明头像。

三、井出季和太及其台湾阳明学

井出季和太（1880—1938），号五洲，毕业于东京大学法学科，1929年任台湾总督府调查课翻译，是著名的台湾问题专家，所著《台湾治绩志》（台北：成文出版社1937年版）、《南进台湾史考》（台北：诚美书阁1943年版）等，至今仍是了解那个时代的台湾很有价值的资料。[①]他对阳明学亦颇有兴趣，并与高濑武次郎有较深的关系。据高濑武次郎为其翻译的《胡适の支那哲学论》[②]一书所写的序言说：

> 我与井出季和太君相识于明治三十七八年，当时他还是东京帝国大学法科大学学生。我住在大学门前的森川町，他攻读法学之余，旁及支那哲学研究，尤其爱好阳明学，因而屡次扣访寒舍，谈论良知学。许久之后，他草成《阳明学论》一书，请求校阅。然而，因故未能出版，说至今仍然藏于匣底，等待出版时机。他爱好阅读汉籍，又能作汉诗，对支那的兴趣颇为浓厚，以至于求职也为了解支那经济状况而到台湾工作。此后十余年间已两三次游中国。此次他当选为在外研究员，舍弃欧美而独选支那，或许有人很诧异，然而我却为他愈加对支那兴趣浓厚、更深入研究支那而欣喜。上月，他偶访寒舍，告知赴华事宜。并且谈到，近年来于公务之余尝试翻译了胡适氏的《支那哲学史》，业已完成，即将出版，请我作序。[③]

而井出季和太则在《例言》中对胡适的《先秦名学史》及胡适本人作了推介，书后还附录增收了1919年3月胡适撰写的《墨子小取篇新诂》的日译文，反映了他对胡适的墨子研究成果的格外推重。[④]

基于对中国文化及中国学者的尊崇，井出季和太遂于1926年下

---

① 金子文夫：《井出季和太与日本的南进政策》，《台湾近现代史研究》（第3卷），（台湾）龙溪社1980年版。

② 该书即胡适的《先秦名学史》之日译本，署名井出季和太编著，1925年由东京岩松堂发行，1927年改由东京大阪屋号书店发行，1998年收入“亚洲学丛书”第40种，改由东京大空社重印出版。书前有高濑武次郎所作的《序》和译者《例言》。

③ 高濑武次郎：《序》，井出季和太编著：《胡适の支那哲学论》，（日本）大阪屋号书店1927年版，第1—4页。

④ 欧阳哲生：《新文化的异域回响——胡适及其著作在日本》，《中国文化》2015年秋季号。

半年到中国进行了三个月左右的访问考察，主要到了上海、杭州、湖州等地。《嘉业堂藏书日记抄》中对于他专程赴湖州拜访刘承幹的事有如下记载：

> 1926年9月20日，“是日有日本人井出五洲（名季和太，台湾基隆税关长，持王静安介绍书来者），未见而去。”
>
> 22日，“午后日本人井出五洲与江季子（四川重庆人，南方大学教习，日本留学生，能日文）来访，此公识华文，又能诗，专心研究关税一项，知《宋会要》稿本在余处，特来阅《市舶》一项，季子乃伊朋友某请其重翻译者也。”
>
> 24日，“费恕皆来，属某作函复吴吉卿、王友竹，又致井出五洲。”
>
> 10月初3日，“午后五时日本人井出五洲偕蔡爱仁来（台湾人，本在上海读书，现已毕业，在印棉运华联益会办事，五洲不善华语，请其同来，当翻译也），赠余蛇皮手杖一枝，系台湾出产，借《宋会要》七册而去。”①

此外，井出季和太还于1926年11月3日专程到余姚考察了王阳明遗迹。他在考察龙泉山文成公祠时，曾征得当时余姚知县陈周材的同意，以陈氏从当地某家所藏原画像那里翻拍来的阳明像为摹本，将其放大烧制到瓷器上，然后带到台湾。翌年，井出季和太又将此像的照片赠予高濑武次郎，后高濑氏遂将此像印录在自己所著的《阳明学讲话》上，并题像道：“唱良知学，绪孔孟传，文武兼备，忠孝两全；有三不朽，遗风万年，天泉混混，碧霞谒然。”②井出季和太带到台湾后又赠予高濑武次郎的这幅阳明像，也属于官服像，但与1913年4月高濑武次郎在阳明祠内见到的、余重耀所说的“冠带袍笏立像”，或者1922年7月诸桥辙次所拍摄的“王阳明封新建伯像”略有不同。这说明，王阳明画像在当时的余姚官方和民间都有流传，只不过从目前所掌握的史料看，余姚所存的阳明画像，不是封爵像就是官服像，这恐怕与阳明生前屡受打压、生后又被斥

① 刘承幹：《嘉业堂藏书日记抄》，陈谊整理，凤凰出版社 2016 年版，第 550—551 页。
② 高濑武次郎：《阳明学讲话》，（日本）弘道馆 1928 年版，第 1 页。

为伪学，其家乡人有意借助军功政绩来抬高其地位的心理动机有一定关系。

从浙江考察阳明遗迹回日本后不久，井出季和太即被派往台湾担任总督府调查课翻译，后长期在台湾任职，其阳明学观对日据时期的台湾思想界产生了一定影响。

尽管随着日本明治维新的成功，阳明学早就被传入台湾地区，这从19世纪初的台湾报刊上所刊登的不少有关阳明学的文章即可窥见一斑。如1900年8月1日至5日在《台湾日日新报》（台北，第3版）上刊载的《儒林遗芳・中江藤树》，以及分别于1908年5月3日、1910年2月27日至3月13日、1917年3月9日在同刊物上登载的三宅雪岭的《王阳明学》（第6版）、高濑武次郎的《阳明学新论序》（第4版）、《章太炎提倡阳明学》（第6版）等文章，都从日本维新志士所倡导的王阳明“知行合一”的立场出发介绍并宣传了阳明学。其中，井出季和太来台后对阳明学说及孙中山思想的介绍，也在相当程度上使台湾人加深了对阳明学的认识，并带给台湾人在“知行合一”等于“维新”的固有观点中以不同的思考方向。他在《支那古代の论理说》中对阳明思想所作的阐述，首先从中国先秦诸子的哲学观开始谈起，认为哲学的发达与否与其论理法有密切关联，而且尤其推重宋代二程、朱子的格物学说，并对王阳明的格物致知思想作了深入介绍。他在文中指出，王阳明对宋儒的反驳，是针对《古本大学》本义而作的阐释，以图创设自己的新思想和新学派。他还引用《传习录》“天下之物本无可格者，其格物之功，只在身心上做”（下卷）；“身之主宰便是心，心之所发便是意，意之本体便是知，意之所在便是物”（上卷）等语，来证明阳明论理较近于孟子本意，而重点即在于发挥“良知”，此乃王学有别于宋儒之特点也。①

结合阳明学的研究，井出季和太还对孙中山的“知难行易”说作了详细分析。他认为，关于知行关系，中国自宋代以后以程伊川、王阳明所论最具代表性，可惜从明末至清代，阳明后学流于空

---

① 井出季和太：《支那古代の论理说（一）》，《台法月报》，第19卷第1期。转引自林以衡：《以“维新”为例论阳明学在日治台湾的传播现象》，《成大历史学报》第50号，2016年6月，第203—254页。下同。

疏，遂被考据学所取代。然井出氏又认为，由于王阳明倡导与中国人“伪善”之特性不相符的“忠义”观，故而导致阳明学难以流行于近代中国，直到梁启超救治时弊的言论出来后才略有改进。井出季和太评述近代中国阳明学不振的论点是否具有合理性虽有待商榷，但他认为，孙中山学说的特异之处在于当几乎所有人都认为明治维新受到阳明学的极深影响时，孙氏却独树一帜，借由对《孟子·尽心上》“行之而不着焉，习矣而不察焉，终身由之而不知其道者，众也”的解释，而提出了自己的“知难行易”说。井出季和太还引述孙中山在《建国方略》第五章“知行总论”中对阳明“知行合一”所作的检讨，揭示了孙氏对于阳明学与明治维新二者之关联性的否定立场：

> 或曰：“日本维新之业，全得阳明学说之功，而东邦人士，咸信为然，故推尊阳明极为隆重。”不知日本维新之前，犹是封建时代，其俗去古未远，朝气尚存，忽遇外患凭凌，幕府无措，有志之士，激于义愤，于是倡尊王攘夷之说，以鼓动国人，是犹义和团之倡扶清灭洋，同一步调也。所异者，则时势有幸有不幸耳。及其攘夷不就，则转而师夷，而维新之业，乃全得师夷之功。是日本维新，皆成于行之而不知其道者，与阳明“知行合一”之说，实属风马牛之不相及也。①

而井出和季太对于孙中山有关阳明学与明治维新没有多大关联的说法是持怀疑态度的。在他看来，无论是孙中山或是章太炎，都误解了阳明学的本意。阳明学之所以适用于日本，乃是因为日本当时正处于国气伸畅、朝气隆盛之时。对比积弱不振且暮气沉沉的中国，阳明学对于日本来说，则仿佛是加诸健康者身上的一剂良药，只是让它更加健壮，但对中国这种若八九十岁且吸食鸦片的国家来说，其效用就有限了。②从井出氏对王阳明出生地的实地考察，以及他对阳明学是否适用于中日两国所作的对比研究中，似乎可以得出

---

① 井出季和太：《孙文学说の知行论》，《台法月报》，第22卷第1期，第22页。译文和原文参考自秦孝仪主编：《国父全集》，第382—383页。

② 林以衡：《以“维新”为例论阳明学在日治台湾的传播现象》，《成大历史学报》第50号，2016年6月，第203—254页。

这样的结论：井出和季太是把阳明学与明治维新是否有关联的讨论最早引入台湾的人，也是较早在台湾介绍和宣传王阳明并为阳明学在中国的遭遇而鸣不平的日本人。

四、简短的结语

在结束本文之前，请允许笔者先澄清一个多年来有关桥本关雪[①]究竟是否到余姚考察过阳明遗迹的问题。

在日本曾流传一幅桥本关雪画的阳明坐姿侧身彩绘像。此画最早发表于1981年二松学舍大学出版部出版的安冈正笃著的《阳明学十讲》首页。根据此书发行者时任二松学舍大学阳明学研究所所长浦野匡彦[②]介绍：“此画由曾经访问过王阳明故乡余姚并拜谒了龙山观（把龙山误作龙山观）的阳明像的已故画伯桥本关雪于大正九年（1920）初夏所创作，关雪还在画上题书了阳明的杰作《啾啾吟》。此后该画归越后长冈的有道长者野本互尊翁珍藏。一次偶然的机会，又因互尊翁的道友反町容一氏的关系，两人又将此画敬赠于正好在互尊社讲河井苍龙窟（即幕末阳明学者河井继之助）之学的安冈先生。”[③]后来中国学者据此断定桥本关雪曾于1920年夏访问过余姚，并“在余姚摹画此像”[④]然而，据笔者分析，桥本关雪并未到过余姚，他画的这幅阳明像，可能只是临摹了高濑武次郎拍摄的余姚二王祠的阳明坐姿石像（详见上述）。理由有三：

其一，目前所能见到的最早的二王祠阳明坐姿石像就是由高濑氏于1913年拍摄的，而桥本氏所画坐像与此照比较相似，只是把高濑氏拍摄的正面石刻标准像改为侧身彩绘画，以凸显阳明活泼自然之性格。桥本氏与高濑氏两人的关系十分密切，高濑氏归国后曾把

---

① 桥本关雪（1883—1945），日本著名画家，大正、昭和年间关西画坛泰斗，后为关东画派领袖。精通中国古文化，自1914年起曾三十多次来到中国考察访问。

② 浦野匡彦（1910—2001），日本著名教育家，1986年就任二松学舍大学校长（按：该校于1978年成立的王阳明研究所，是日本战后第一家，1989年又创刊了《阳明学》杂志，既传承了明治时期阳明学之传统，又开出了新世纪阳明学之风气）。与著名阳明学者安冈正笃关系甚笃。浦野氏二战前曾来中国考察阳明学的研究状况，后撰成《満支に于ける阳明学の现状》（1938年）一文，文中曾感叹要找专门研究王学的人或自称是王学信徒者“几不可得”［浦野匡彦：《満支に于ける阳明学の现状》，收入木村秀吉编：《阳明学研究》，（日本）东亚学艺协会，1938年版，第362页］。

③ 安冈正笃：《阳明学十讲》，（日本）二松学舍大学阳明学研究所1992年版。

④ 杨德俊主编：《王阳明遗像图册》，贵州大学出版社2016年版，第50页。

自己所拍摄的照片给桥本氏看，遂使桥本氏有了创作之灵感，于是便于1920年夏以此照为范本创作了一幅阳明画。这一方面反映了桥本氏对王阳明的无比崇敬，另一方面也可弥补桥本氏当年未去余姚考察的莫大遗憾。

其二，根据桥本关雪本人历次考察中国时写的汉诗集《南船集》之序言记载："癸丑之岁五月，余将游峨眉山，寄船上海，时革命之乱再欲起，上下分扰，人心恟恟，而有期既入霖霪，江水泛滥，长江之险，最可恐也。因转路，从杭苏之间赴会稽山阴，观兰亭畅咏之遗迹，更泛长江，过三峡之胜，到四川府而止矣。岁次乙卯重三之日，著者识于东山净因室。"[①]考察途中桥本氏创作了汉诗，其中一首是《过曹娥江寄怀罗振玉》："宛尔如君秀有余，山高水长绘横图。终年拟结邻垣誼，好买家田近鉴湖。"序和诗中都没有提到余姚。所以笔者推断，桥本关雪当时并未来得及去余姚，从而留下了一大遗憾。但桥本此行的主要任务是去长江三峡写生，因时间关系而放弃余姚之行，是完全可能的。

其三，从当时的交通条件看，桥本关雪去余姚的可能也极小。沪杭铁路是中国一条从上海市通往浙江省杭州市的铁路，于1906年动工，1909年建成，全长189公里。它与沪宁铁路相连。萧甬铁路是浙江一条连接杭州和宁波的铁路。起点是杭州钱塘江南岸的萧山站，终点在宁波南站，全长147公里，建成于1937年。1910年6月15日，商办浙江省铁路股份有限公司倡募股款，修筑沪杭甬铁路曹娥至宁波段。1912年12月22日，宁波至慈溪（今慈城）段通车，长约18公里。宁波站建在江北槐树路（今江北公园处），首开客车一列，仅两节车厢。1914年6月11日，宁波至曹娥段通车，长约78公里。1936年10月，萧山至曹娥段始建，1937年11月通车。杭甬铁路的修建因被钱塘江、曹娥江隔开，所以宁波至慈溪段（今慈城）于1912年底通车，至曹娥江段在1914年6月11日通车，可杭州至萧山、萧山至曹娥江段则到1937年月才通车。因此，当时一般去余姚或宁波，都从上海乘船走水路。要去余姚考察的话，据高濑武次郎的日记，则一般需要三天（海上及宁波、余姚各一晚）。也就是说，高

① 转引自陈纬：《从钱瘦铁与桥本关雪的交往看"山川异域，风月同天"》，澎湃新闻·艺术评论，2020 年 10 月 7 日。

濑武次郎1913年4月考察宁波、余姚时，杭甬铁路尚未开通，从上海走水路是一条便捷通道。而桥本关雪1913年5月则是从上海乘火车到杭州，然后因长江大水，不能行船，所以才临时调整路线，过钱塘江而到绍兴访问。当时要去余姚、宁波，因杭甬铁路尚未开通，从绍兴去比较费时间，而桥本氏又急着要赶去长江三峡写生，所以他只到了距离绍兴城区40公里的其好友罗振玉的故乡（今绍兴市上虞区小越镇大庙罗村），而并未再往前行去余姚考察。因此据笔者推测，桥本氏当时只到了上虞，未去余姚。后来（1921年）诸桥辙次则是从上海乘船到宁波再到余姚，然后由水路抵达绍兴的。因他要去杭州西泠印社访问，所以返回时走的是从萧山过钱塘江到杭州，再从杭州乘火车回上海，而并未像高濑武次郎那样往返路线走的都是上海—宁波—余姚之水路。

此外，日本幕末政治家、社会活动家、儒学家、兰学家和画家渡边华山（1793—1841）也绘有一幅《会稽阳明洞真景》图（绍兴王阳明纪念馆有原图书影照展出），也同样不能证明他来过绍兴。据说渡边华山9岁时就跟田原藩士平山文镜学画，文镜死后又跟白川芝山学画，因付不出学费被芝山逐出门外。16岁时跟金子金陵学画。金子曾就江户画界领袖谷文显学过南画，技术高超，对华山影响很大。后来金子将华山介绍给谷文晁，在他的画塾“书山楼”临摹各种明清画、日本文人画和洋画。因家庭贫困，渡边华山从20岁开始便拼命绘画，包括临摹画，每百幅才得一贯文。《会稽阳明洞真景》可能就是此时临摹明清时风景画并根据自己想象而创作的。

接下来让我们再对本文作一小结。

除去一些零星的个别的遗迹参访活动，日本人来华考察王阳明及阳明后学之遗迹遗址较有影响、形成规模并留下日记或考察记录的，大致可以分为两个时期：一是20世纪前三十年；二是20世纪80年代至21世纪前十年。这两个阶段前后均持续了三十年左右。本文所述之内容仅涉及第一时期以浙江的王阳明遗迹为对象的几次考察活动。

从19世纪末到20世纪20年代，虽有日本参与八国联军的对华侵略等一系列事件发生，但就思想、文化、社会、政治等各个层面的影响而言，这二十余年可谓近代中日关系的关键时期。尽管这一时期的两国关系并非指一种平等的伙伴关系，而是指双方基于各自利益、需要而形成的一种并不平等的互动关系，但所呈现的却是中国向近代日本的学习热情与日本对古代中国的爱慕情结相互交错之景象，从而构成了两国关系史上的一个特殊时期。在这一时期，不仅有一批又一批的中国有识之士负笈东渡，出现了强劲的赴日“留学热”，而且也有不少日本的文人学者来中国游历，出现了一阵来华“考察热”①；不仅中国人由于“同文”而使译自近代日文的、涉及各个方面的书籍迅速超过西文书籍，而且日本人也由于“同文”而使古代中国的古籍文献、文物古董被大量弄到（有合法的也有非法的）日本。于是乎，人类历史上一种相当奇特的国际关系现象出现了：一方面是中国人通过日本而对中国传统以外的综合性知识的强烈需求，另一方面则是日本人对于古代中国文化一如既往地爱慕和钟情②；一方面是中国人模仿、学习、移植近代日本，另一方面则是日本人欣赏、“借用”、购买古代中国③；一方面是中国人跟随日本而一步步迈进世界舞台，另一方面则是日本人试图更深入地走进以中国为代表的东方古代世界；一方面是中国以近代日本为蓝本而几乎全方位地实行新政，另一方面则是日本以古代中国为楷模而坚守“先圣先儒之大道”、强调忠君爱国和仁义忠孝等儒教的伦理道德观。

明治维新以后，日本社会处于剧烈转型期，尤其是明治后期至大正及昭和初期，日本进入高速发展阶段，个人财富极度膨胀。反观中国，虽亦处于社会转型期，但政治动荡，经济低迷，遂使文物古籍等代表中国古老文化的各类“商品”被大量并廉价抛售。而日本又是距离中国最近的已逐渐步入现代国家行列的世界强国，对汉

---

① 比如日本近现代文坛上的一批著名作家，有不少人曾来过中国，其中包括森鸥外、二叶亭四迷、正冈子规、夏目漱石、永井荷风、正宗白鸟、齐藤茂吉、志贺直哉、谷崎润一郎、佐藤春夫等。

② 近现代以前，日本人往往是通过中国古典建立起对中国的憧憬与想象，正是怀抱着这样的憧憬和想象，才使得一批又一批日本人，尤其是学者文人，来到中国考察旅行。而当现实的中国与他们想象中的中国有莫大反差时，便难免会让他们极度失望，从而由憧憬转而批判乃至诅咒。比如大正三年（1914）春，涩泽荣一来华访问时，据说“踏上中国的土地，实地考察民情，真如在精致巧妙的绘画里见到、想象的美人一样，可在一接触实物，亲自看到之后，方始有无法与想象相比之恨。正因为开始想象太好，所以失望也深，可以说是适得其反”（涩泽荣一：《论语与算盘——人生・道德・财富》，王中江译，中国青年出版社 1996 年版，第 164 页）。

③ 大正四年（1915）内藤湖南尝直言道：“近日人士，喜明清书画者日滋，而于赏鉴一道，往往未得正涂，浮慕虚名，附和雷同。沈、唐、文、仇，层见叠出，孰辨真赝？至于张二水、王觉斯辈，彼间稍有气概者犹耻藏其迹，而我邦则兼金竞购，惟恐或后，诚不知真何心也！”（内藤湖南：《苏竹墨缘序》，《内藤湖南汉诗文集》，印晓峰点校，第 215 页）

字、汉学也最为熟悉，一般读书人虽不会说但会读和写，与中国文化的关系最为密切，对中国古典文化的理解和研究亦一直走在世界的前列。上述这些条件，可谓天时、地利、人和统统具备了，于是便出现了继隋唐以后日本人来华“寻访”的又一次高潮，而所谓“寻访”，也就是求书（古籍）、求物（文物）和求人（交友）。这中间当然也包括个别打着文化考察、经济交流旗号的间谍分子，曾任东亚同文会会长的根津一（1860—1927）便是其中之代表。他于1890年协助荒尾精在上海设立以日清贸易研究所为掩护的特务机关。1893年6月日清贸易研究所关闭后，他巡历苏杭、华北和东北，并据此提出意见书，呈交日本当局，以作制定侵华政策之参考。同年11月根津一回国，不久就职于参谋本部，甲午战争中曾再次前往上海搜集情报，为随后日本入侵辽东乃至处置义和团运动献计献策。

至于当时日本人来华求书（古籍）、求物（文物）和求人（交友）的活跃场面，我们只要从近代著名藏书家、刻书家刘承幹所撰的《嘉业堂藏书日记抄》中便可看出端倪。据该书记载，从1917年到1936年的二十年间，专程赴湖州嘉业堂藏书楼求见刘承幹或在上海、杭州等地与刘承幹会面的日本有名人士就有十余人次之多，例如：

> 1917年9月25日，“内藤湖南（名虎次郎，东京帝国大学教授，文学博士）、稻叶秀山（名岩吉）及一不知姓名者三人，持罗叔韫介绍函，由王静安（国维）同来看予所藏各书，至晚而去。”①
>
> 1917年10月初5日，“晚张砚荪（荫椿）来，嘱其写一函复日本人德富苏峰，约其初七来看书，并邀其晚膳。”②
>
> 1922年4月初6日，“上午有日本人今关寿麿持金巩伯（城）介绍函来，以时早未见。”③
>
> 1922年10月23日，“午后段镜轩来，携书求售。日本人今

① 刘承幹：《嘉业堂藏书日记抄》，陈谊整理，第322页。
② 刘承幹：《嘉业堂藏书日记抄》，陈谊整理，第333页。
③ 刘承幹：《嘉业堂藏书日记抄》，陈谊整理，第432页。

关寿麿偕贺赐湖（名嗣章，湖南人，在三井洋行，善日语）来访，长谈而去。今关寿麿嗜我中学，研究特甚，曾著《宋元明清儒学年表》，盖吾华古人中之有学问者，靡不研究，一一表而出之。”①

1922年11月5日，“午后余出至裱褙胡同（在北京）访日本人今关寿麿，赠以旧刻十六种，以语言不通，笔谈良久，知其中学根柢甚深，吾国知名之士相识不少，亦不愧通儒也。”②

1924年1月19日，“吴祺树、林朗庵（皆台湾人）偕日本人冈田剑西（名正之，文学博士，东京帝国大学助教，研究中文，来华游历，西北各省均已去过，现将返国），来看宋椠书籍，日昨蔼农（黄葆戊）曾托（刘）一山来函介绍，在此看书十余种，约一时余之久而去。”③

1924年2月18日，“午后金守梅偕佐久间贞次郎（日本人，驻沪株式会社海洋社社员，知华文，通华语），来小谈而去（来讨《海东金石苑》）。”④

1924年4月29日，“下午今关天彭（名寿麿，日本人）偕王莒孙（苏州人，上海三井洋行庶务员，陪来作翻译也）来，观宋本书良久而去。”⑤

1926年8月17日，“午前有日本帝国大学豫科教授高田真治持贺赐湖（嗣章）介绍函来访，以时太早未见而去，留言明日赴杭，杭回再来。”⑥

1926年8月23日，“午后日本高田真治来访，并带翻译郑贵金（宁波人）略谈而去。”⑦

1931年4月28日，“有日本人名山田谦吉者（上海东亚同文书院）来会予，未见，留片而去。予与此人素不相识，未知此人是否来会，予应询问明白。”⑧

① 刘承幹：《嘉业堂藏书日记抄》，陈谊整理，第451页。
② 刘承幹：《嘉业堂藏书日记抄》，陈谊整理，第453页。
③ 刘承幹：《嘉业堂藏书日记抄》，陈谊整理，第492页。
④ 刘承幹：《嘉业堂藏书日记抄》，陈谊整理，第494页。
⑤ 刘承幹：《嘉业堂藏书日记抄》，陈谊整理，第498页。
⑥ 刘承幹：《嘉业堂藏书日记抄》，陈谊整理，第548页。
⑦ 刘承幹：《嘉业堂藏书日记抄》，陈谊整理，第549页。
⑧ 刘承幹：《嘉业堂藏书日记抄》，陈谊整理，第617页。

1936年3月13日，“午后日人滨一卫（京都人，文化会）持授经丈介绍函来，欲至南浔书楼参观，由刚甫（刘猛）代见，作书致（施）韵秋交其带往，伊明后日即须动身也。”[①]

尽管当时赴湖州拜访刘承幹的外国人中也有一些韩国人、欧美人，如1923年2月6日刘承幹在上海会见了当时在上海办报的韩国著名政治家、思想家朴殷植（号白岩）[②]，1918年8月22日刘承幹“所送各书，施永格（美国人）甚为宝贵，托商务印书馆做套子、做匣子，然后运美置诸图书馆……彼等受之极欣然，道谢不已。……盖美人来华买书，亦我辈得意事也”[③]等等，但以日本人为主，且目的非常明确，就是通过寻访文物古籍，或看书或购书或抄书，而想尽办法把中国的文物古籍弄到日本。而事实上亦的确如此，在近现代日本人来华寻访游历的基础上，当时有大量的中国珍贵文物古籍被“弄到”了日本，以至于“傅氏乔梓（展）明日赴日本游历，兼看彼国所藏之中国各书，以近年日本不惜重价收买吾华宋、元、明各种善本，所有文苑菁华为彼收去不少矣，可叹也”；[④]而且当时的一些珍贵文物也在日本人的热炒下，价格被迅速抬高，如1930年12月13日，“（徐）行可（1890—1959，湖北武昌人）出示王阳明手写诗稿，字大径数寸，行可收得时只百余元，现在日本人还过千元云”。[⑤]与此同时，在诸多日本人来华寻访游历的基础上，还使得各种寻访记、旅行记等成为当时日本社会的畅销书，其中较有代表性的有德富苏峰的《七十八日游记》和《中国漫游记》、[⑥]芥川龙之介的《中国游记》、[⑦]吉川幸次郎的《中国印象追记》和《中国留学

① 刘承幹：《嘉业堂藏书日记抄》，陈谊整理，第665页。
② 刘承幹：《嘉业堂藏书日记抄》，陈谊整理，第465页。
③ 刘承幹：《嘉业堂藏书日记抄》，陈谊整理，第352页。
④ 刘承幹：《嘉业堂藏书日记抄》，陈谊整理，“1929年9月15日”条，第589页。
⑤ 刘承幹：《嘉业堂藏书日记抄》，陈谊整理，第609页。
⑥ 德富苏峰：《中国漫游记》，刘虹译，中华书局2008年版。按：德富苏峰曾于1906年和1917年先后两次来华考察，足迹遍及大江南北。
⑦ 芥川龙之介：《中国游记》，施小炜译，浙江文艺出版社2018年版。按：芥川龙之介1921年曾作为《大阪每日新闻》社的海外视察员来华考察。

记》，[1]以及上面已介绍过的高濑武次郎的《支那游记》和诸桥辙次的《游支杂笔》等。

然而，进入20世纪30年代以后，日本对华侵略野心进一步膨胀和暴露，并由企图转为行动，在这种情况下，中日关系随之由热转冷、由友变敌，而来华考察的日本人亦由文人为主变为军人为主，有的则是打着文化考察、学术交流的旗号，暗地里窃取我方之情报或搅乱我方之社会。而到了20世纪70年代，中日关系在中断了50年后又重新热络起来，使两国关系再次进入了所谓“黄金期”，于是又有一批又一批日本人来华游历考察，其中尤以王阳明遗迹考察为显。当然，与近现代的寻访游历相比，70年代以来的游历考察，形式上似乎是对当年的“复归”，实质上却有了巨大的超越。因此，这一时期来华考察的日本人在人数、规模、时间、形式、内容等各个方面都要大大超过七八十年前，而其代表人物就是冈田武彦、志贺一朗、吉田公平、小路口聪等一批日本著名学者，不过这已溢出了本文的考察范围。

① 吉川幸次郎：《我的留学记》，钱婉约译，中华书局2008年版。按：吉川幸次郎曾于1928年4月至1931年2月在北京度过了近三年的留学生涯，此前他于1922年春首次来华旅行，并独自一人游览了江南各大城市，归国后写了追忆性的随笔《中国印象追记》，晚年又写了回忆录《中国留学记》。

参考文献

周敦颐：《周敦颐集》，陈克明点校，北京：中华书局，1990年。

张载：《张载集》，章锡琛点校，北京：中华书局，1978年。

程颐、程颢：《二程集》，王孝鱼点校，北京：中华书局，1981年。

朱熹：《朱熹集》，郭齐、尹波点校，成都：四川教育出版社，1996年。

朱熹著，黎德靖编：《朱子语类》，王星贤点校，北京：中华书局，1986年。

朱熹：《四书章句集注》，北京：中华书局，1983年。

陈淳：《北溪字义》，熊国祯、高流水点校，北京：中华书局，1983年。

陆九渊：《陆九渊集》，钟哲点校，北京：中华书局，1980年。

朱熹、吕祖谦撰，叶采集解：《近思录集解》，程水龙校注，北京：中华书局，2017年。

张栻：《张栻集》，杨世文点校，北京：中华书局，2015年。

胡居仁：《胡居仁文集》，冯会明点校，南昌：江西人民出版社，2013年。

杨简：《杨简全集》，董平校点，杭州：浙江大学出版社，2015年。

刘基：《刘文成公全集》，钟惺辑评，明天启年间刻本。

刘基：《刘基集》，林家骊点校，杭州：浙江古籍出版社，1999年。

刘基：《郁离子》，吕立汉、杨俊才、吴军兰注译，郑州：中州古籍出版社，2008年。

宋濂著，罗月霞主编：《宋濂全集》，杭州：浙江古籍出版社，1999年。

方孝孺：《逊志斋集》，徐光大校点，宁波：宁波出版社，

2000年。

陈献章：《陈献章集》，孙通海点校，北京：中华书局，1987年。

陈献章：《陈献章全集》，黎业明编校，上海：上海古籍出版社，2019年。

王守仁：《王阳明全集》，吴光、钱明、董平等编校，上海：上海古籍出版社，1992年。

王守仁：《王阳明全集（新编本）》，吴光、钱明、董平等编校，杭州：浙江古籍出版社，2010年。

王守仁：《王阳明全集（新编本）》，第五、六册，钱明编校，杭州：浙江古籍出版社，2010年。

王守仁原著，施邦曜集评：《阳明先生集要》，王晓昕、赵平略点校，北京：中华书局，2008年。

湛若水：《泉翁大全集》，钟彩钧、游腾达点校，台北：“中央研究院”中国文哲研究所，2017年。

湛若水：《甘泉先生续编大全》，钟彩钧、游腾达点校，台北：“中央研究院”中国文哲研究所，2017年。

方献夫：《西樵遗稿》，桂林：广西师范大学出版社，2014年。

方献夫：《方献夫集》，间永宁、周悦点校，上海：上海古籍出版社，2016年。

霍韬：《渭厓文集》，桂林：广西师范大学出版社，2014年。

张诩：《张诩集》，黄娇凤、黎业明点校，上海：上海古籍出版社，2015年。

吕柟：《吕柟集·泾野先生文集》，米文科点校整理，西安：西北大学出版社，2015年。

唐顺之：《唐顺之集》，马美信、黄毅点校，杭州：浙江古籍出版社，2014年。

周汝登：《周汝登集》，张梦新、张卫中点校，杭州：浙江古籍出版社，2015年。

袾宏：《莲池大师全集》，张景岗点校，北京：华夏出版社，2012年。

耿定向：《耿定向集》，傅秋涛点校，上海：华东师范大学出版社，2015年。

吕坤：《吕坤全集》，王国轩、王秀梅整理，北京：中华书局，2008年。

焦竑：《澹园集》，李剑雄点校，北京：中华书局，1999年。

文徵明：《文徵明集》（增订本），周道振辑校，上海：上海古籍出版社，2014年。

官长驰注：《赵贞吉诗文集注》，成都：巴蜀书社，1999年。

冯从吾：《冯从吾集》，刘学智、孙学功点校整理，西安：西北大学出版社，2015年。

南大吉：《南大吉集》，李似珍点校整理，西安：西北大学出版社，2015年。

刘阳：《刘三五集》，彭树欣编校，新北：花木兰文化出版社，2016年。

徐爱、钱德洪、董沄：《徐爱·钱德洪·董沄集》，钱明编校整理，南京：凤凰出版社，2007年。

王畿：《王畿集》，吴震编校整理，南京：凤凰出版社，2007年。

邹守益：《邹守益集》，董平编校整理，南京：凤凰出版社，2007年。

聂豹：《聂豹集》，吴可为编校整理，南京：凤凰出版社，2007年。

欧阳德：《欧阳德集》，陈永革编校整理，南京：凤凰出版社，2007年。

罗洪先：《罗洪先集》，徐儒宗编校整理，南京：凤凰出版社，2007年。

罗洪先：《罗洪先集补遗》，朱湘钰点校，台北："中央研究院"中国文哲研究所，2009年。

罗汝芳：《罗汝芳集》，方祖猷等编校整理，南京：凤凰出版社，2007年。

薛侃：《薛侃集》，陈椰编校，上海：上海古籍出版社，2014年。

黄绾：《黄绾集》，张宏敏编校，上海：上海古籍出版社，2014年。

刘元卿：《刘元卿集》，彭树欣编校，上海：上海古籍出版社，2014年。

胡直：《胡直集》，张昭炜编校，上海：上海古籍出版社，2015年。

张元忭：《张元忭集》，钱明编校，上海：上海古籍出版社，2015年。

王时槐：《王时槐集》，钱明、程海霞编校，上海：上海古籍出版社，2015年。

穆孔晖等：《北方王门集》，邹建锋等编校，上海：上海古籍出版社，2017年。

万廷言：《万廷言集》，张昭炜点校，北京：中华书局，2015年。

杨起元：《证学编》，谢群洋点校，上海：上海古籍出版社，2015年。

李元阳：《李元阳集·诗词卷》，施利卓总编校，那茂菊、蔡正发校注，昆明：云南大学出版社，2008年。

李元阳：《李元阳集·散文卷》，施利卓总编校，昆明：云南大学出版社，2008年。

徐祯卿：《徐祯卿全集编年校注》，范志新编年校注，北京：人民文学出版社，2009年。

叶良佩：《叶良佩集》，张宏敏等整理点校，杭州：浙江大学出版社，2016年。

焦循：《焦循诗文集》，刘建臻点校，扬州：广陵书社，2009年。

王世贞：《弇山堂别集》，魏连科点校，北京：中华书局，1985年。

陆陇其：《松阳讲义》，周军、彭善德、彭忠德校注，北京：华夏出版社，2013年。

朱鹤龄：《愚庵小集》，虞思征编，上海：华东师范大学出版社，2010年。

彭定求：《彭定求诗文集》，黄阿明点校，上海：上海古籍出版社，2016年。

祁彪佳：《祁彪佳日记》，张天杰点校，杭州：浙江古籍出版社，2017年。

邵晋涵：《邵晋涵集》，李嘉翼、祝鸿杰点校，杭州：浙江古籍出版社，2016年。

程文德：《程文德集》，程朱昌、程育全编，郑云山、项瑞英点校，香港：银河出版社，2005年。

程文德：《程文德集补遗》，程朱昌、程育全编，郑云山、项瑞英点校，香港：银河出版社，2005年。

茌平县地方史志办公室编：《聊城七贤之茌邑三先生文集精要》，北京：线装书局，2018年。

马思聪、马明衡、马朝龙：《莆田马氏三代集》，王传龙、何柳惠编校，武汉：武汉大学出版社，2018年。

陶望龄：《陶望龄全集》，李会富编校，上海：上海古籍出版社，2019年。

陶奭龄：《陶奭龄集》，李会富编校，武汉：武汉大学出版社，2020年。

孙燧：《孙燧集》，王孙荣编校，宁波：宁波出版社，2020年。

束景南：《王阳明年谱长编》，上海：上海古籍出版社，2017年。

束景南：《阳明佚文辑考编年》，上海：上海古籍出版社，2012年。

束景南：《王阳明佚文辑考编年》（增订版），上海：上海古籍出版社，2015年。

束景南、查明昊辑编：《王阳明全集补编》，上海：上海古籍出版社，2016年。

孙应奎：《燕诒录》，《四库全书存目丛书·集部》（第90册），济南：齐鲁书社，1997年。

许孚远：《敬和堂集》，日本内阁文库藏万历二十二年叶向高序刻本

沈德符：《万历野获编》，北京：中华书局，1959年。

周汝登纂修：《阳明先生祠志》，国家图书馆藏明万历四十二年刻本。

喻均撰，陈善校：《勋贤祠志》，日本内阁文库藏明万历年间

刻本。

《新安理学先觉会言》，“万历癸巳初秋祁阊生甫谢存仁序”，明抄本，安徽省图书馆藏。

孟化鲤：《孟云浦先生集》，《四库全书存目丛书·集部》（第167册），济南：齐鲁书社，1997年。

孟云浦著，孟昭德主编：《孟云浦集》，北京：中国文联出版社，2007年。

李清馥：《闽中理学渊源考》，徐公喜、管正平、周明华点校，南京：凤凰出版社，2011年。

杨慎：《太史升庵文集》，沈乃文主编：《明别集丛刊·第2辑》（第30册），合肥：黄山书社，2013年。

陈建：《陈建著作二种》，黎业明点校，上海：上海古籍出版社，2015年。

张岱：《沈复灿抄本琅嬛文集》，路伟、马涛点校，杭州：浙江古籍出版社，2016年。

冯梦龙：《王阳明出身靖乱录》，杭州：浙江古籍出版社，2015年。

许相卿：《云村集》，永瑢等：《文渊阁四库全书》（第1272册），上海：上海古籍出版社，1987年。

许相卿：《许氏贻谋四则》，《续修四库全书》（第938册），上海：上海古籍出版社，2002年。

季本：《季彭山先生文集》，《北京图书馆古籍珍本丛刊》（第106册），北京：书目文献出版社，1998年。

季本：《说理会编》，《续修四库全书》（第938—939册），上海：上海古籍出版社，2002年。

季本：《龙惕说》，日本内阁文库藏明万历三十一年刘毅刻本。

季本：《四书私存》，林氏朴学斋藏本。

季本：《四书私存》，朱湘钰点校，台北：“中央研究院”中国文哲研究所，2013年。

季本：《易学四同八卷别录四卷》，《四库全书存目丛书·经部》（第3册），济南：齐鲁书社，1997年。

季本：《孔颜事迹图》，《四库全书存目丛书·史部》（第77

册），济南：齐鲁书社，1996年。

徐珊：《卯洞集》，《四库全书存目丛书·集部》（第146册），济南：齐鲁书社，1997年。

孙应奎：《燕诒录》，《四库全书存目丛书·集部》（第90册），济南：齐鲁书社，1997年。

顾应祥：《崇雅堂全集》，日本内阁文库藏明万历三十八年刻。

顾应祥：《惜阴录》，《四库全书存目丛书·子部》（第84册），济南：齐鲁书社，1995年。

顾应祥：《人代纪要》，《四库全书存目丛书·史部》（第6、7册），济南：齐鲁书社，1997年。

卢可久：《卢一松集》，黄灵庚、陶诚华主编：《重修金华丛书》（第98册），上海：上海古籍出版社，2014年。

吕璠：《石崖文集》，黄灵庚、陶诚华主编：《重修金华丛书》（第145册），上海：上海古籍出版社，2014年。

徐霈：《东溪先生文集》，浙江省图书馆孤山分馆藏民国十五年线装活字本。

林应麒：《介山稿略》，《仙居丛书》（第6册），杭州：浙江人民美术出版社，2013年。

王激：《王鹤山集四卷》，吉林大学图书馆藏明隆庆间刻本。

孙升：《孙文恪公集》，《四库全书存目丛书·集部》（第99册），济南：齐鲁书社，1997年。

许应元：《阶堂摘稿》，《续修四库全书》（第1342册），上海：上海古籍出版社，2002年。

朱应钟：《青城先生诗选五卷》，吉林大学图书馆藏明刻本。

何鳌：《沅溪诗集》，台北："中央研究院"历史语言研究所藏明刻本。

张綖：《张南湖先生诗集四卷附录一卷》，《四库全书存目丛书·集部》（第68册），济南：齐鲁书社，1997年。

张汝立：《张鳌山集》，江西省图书馆藏本。

南逢吉：《〈会稽三赋〉注》，国家图书馆藏本。

南轩：《渭上续稿》，国家图书馆藏本。

孟津：《良知同然录》，台北："中央图书馆"藏明刻本。

刘魁：《刘晴川集》，收入《重修广理学备考》本

陈九川：《明水陈先生文集》，中山大学图书馆藏明刻本。

魏良弼：《魏水洲先生文集》，《四库全书存目丛书·集部》（第85册），济南：齐鲁书社，1997年。

万虞恺：《枫潭集钞五卷附录三卷》，日本内阁文库藏明刻本。

万虞恺：《枫潭集钞二卷文录二卷》，台北图书馆藏明刻本节本。

万虞恺：《枫潭集钞》，《四库未收书辑刊·第5辑》（第19册），北京：北京出版社，2000年。

蒋信：《道林先生文粹》，刘晓林校点，长沙：岳麓书社，2010年。

蒋信：《蒋道林先生桃冈日录》，《哈佛大学哈佛燕京图书馆藏中文善本丛刊》（第17册），桂林：广西师范大学出版社，2003年。

王艮：《王心斋全集》，陈祝生等校点，南京：江苏教育出版社，2001年。

王艮：《重刻心斋王先生语录》，《四库全书存目丛书·子部》（第10册），济南：齐鲁书社，1995年。

王襞：《新镌东崖王先生遗集》，《四库全书存目丛书·集部》（第146册），济南：齐鲁书社，1997年。

朱得之：《宵练匣》，日本内阁文库藏明刻本。

朱得之：《宵练匣》，《四库全书存目丛书·子部》（第87册），济南：齐鲁书社，1995年。

朱得之：《老子通义》，尹志华点校，熊铁基、陈红星主编：《老子集成》（第6卷），北京：宗教文化出版社，2011年。

朱得之：《庄子通义》，《四库全书存目丛书·子部》（第256册），济南：齐鲁书社，1995年。

朱得之：《列子通义》，方勇总编纂，吴平副总编纂，华东师范大学《子藏》编纂中心编：《子藏·道家部·列子卷（附杨朱）》，北京：国家图书馆出版社，2013年。

朱得之：《新刻印古诗语》，国家图书馆藏明刻本。

白悦：《白洛原遗稿》，《四库全书存目丛书·集部》（第96

册），济南：齐鲁书社，1997年。

马明衡：《尚书疑义》，永瑢等：《文渊阁四库全书》（第64册），上海：上海古籍出版社，1987年。

马明衡：《侍御马师山先生轶诗》，国家图书馆藏清光绪二十四年刘鸿年刻马中节父子合刻本。

黄省曾：《五岳山人集三十八卷》，《四库全书存目丛书·集部》（第94册），济南：齐鲁书社，1997年。

王道：《老子亿》，周国林点校，熊铁基、陈红星主编：《老子集成》（第6卷），北京：宗教文化出版社，2011年。

王道：《顺渠先生文录》，北京大学图书馆藏明万历六年朱延禧刻本。

邹守益：《王阳明先生图谱》，《四库未收书辑刊·第4辑》（第17册），北京：北京出版社，2000年。

尤时熙：《尤西川拟学小记》，《四库全书存目丛书·子部》（第9册），济南：齐鲁书社，1995年。

王廷相：《王廷相集》，王孝鱼点校，北京：中华书局，1989年。

罗钦顺：《困知记》，阎韬点校，北京：中华书局，1990年。

罗钦顺：《整庵存稿》，上海：上海古籍出版社，1991年。

李梦阳：《空同集》，永瑢等：《文渊阁四库全书》（第1262册），上海：上海古籍出版社，1987年。

许相卿：《云村集》，永瑢等：《文渊阁四库全书》（第1272册），上海：上海古籍出版社，1987年。

汪道昆：《太函集》，《四库全书存目丛书·集部》（第174册），济南：齐鲁书社，1997年。

郑善夫：《少谷集》，永瑢等：《文渊阁四库全书》（第1269册），上海：上海古籍出版社，1987年。

顾璘：《顾华玉集》，永瑢等：《文渊阁四库全书》（第1263册），上海：上海古籍出版社，1987年。

顾璘：《客座赘语》，北京：中华书局，1987年。

汪循：《汪仁峰先生文集》，《四库全书存目丛书·集部》（第47册），济南：齐鲁书社，1997年。

徐阶：《世经堂集》，《四库全书存目丛书·集部》（第79、

80册），济南：齐鲁书社，1997年。

徐阶：《少湖先生文集》，《四库全书存目丛书·集部》（第80册），济南：齐鲁书社，1997年。

薛应旂：《方山先生文录》，《四库全书存目丛书·集部》（第102册），济南：齐鲁书社，1997年。

董穀：《碧里后集》，明嘉靖四十四年董鲲刻本。

法聚：《天池玉芝和尚内集》，明嘉靖四十三年刻本。

颜钧：《颜钧集》，黄宣民标点整理，北京，中国社会科学出版社，1999年。

钱薇：《承启堂稿》，《四库全书存目丛书·集部》（第97册），济南：齐鲁书社，1997年。

唐枢：《木钟台集》，明万历元年朱柄和序刊本。

李材：《观我堂集》，明万历十五年顾宪成序刊本

李材：《正学堂稿》，民国元年重印本。

吕本：《期斋吕先生文集》，《四库全书存目丛书·集部》（第99册），济南：齐鲁书社，1997年。

蔡汝楠：《自知堂集》，《四库全书存目丛书·集部》（第97册），济南：齐鲁书社，1997年。

邹元标：《愿学集》，永瑢等：《文渊阁四库全书》（第1293册），上海：上海古籍出版社，1987年。

沈懋学：《郊居遗稿》，《四库全书存目丛书·集部》（第163册），济南：齐鲁书社，1997年。

许孚远：《敬和堂集》，明万历二十三年叶向高序刊本。

邓豁渠：《南询录》，《中国哲学》编委会编：《中国哲学（第十九辑）》，长沙，岳麓书社，1998年。

焦竑：《焦氏笔乘》，上海：上海古籍出版社，1986年。

焦竑：《玉堂丛语》，顾思点校，北京：中华书局，1981年。

王慎中：《钦定四库全书荟要·遵岩集》，长春：吉林出版集团有限责任公司，2005年。

杨爵：《杨忠介集》，永瑢等：《文渊阁四库全书》（第1276册），上海：上海古籍出版社，1987年。

林春：《林东城文集》，明嘉靖二十九年孔文谷刻本。

郭汝霖：《石泉山房文集》，《四库全书存目丛书·集部》

（第129册），济南：齐鲁书社，1997年。

刘鳞长：《浙学宗传》，浙江省图书馆藏明崇祯十一年自刻本。

周汝登：《东越证学录》，台北：文海出版社，1970年。

周汝登：《王门宗旨》，明万历年间余懋孳刊本。

周汝登：《圣学宗传》，明万历三十三年刊本。

归有光：《震川先生集》，周本淳校点，上海：上海古籍出版社，1981年。

陶望龄：《歇庵集》，台北：伟文图书出版社，1976年。

王宗沐：《敬所王先生全集》，明万历三年刊本。

杨起元：《续刻杨复所先生家藏文集》，《四库全书存目丛书·集部》（第167册），济南：齐鲁书社，1997年。

陶奭龄：《小柴桑喃喃录》，明崇祯间李为芝校刊本。

陶奭龄：《赐曲园今是堂集》，《四库禁毁书丛刊·集部》（第80册），北京：北京出版社，1997年。

管志道：《惕若斋集》，明万历二十四年刻本。

管志道：《惕若斋续集》，明万历二十四年刻本。

管志道：《问辨牍》，《四库全书存目丛书·子部》（第87册），济南：齐鲁书社，1995年。

管志道：《续问辨牍》，《四库全书存目丛书·子部》（第88册），济南：齐鲁书社，1995年。

林大钦：《林大钦集》，黄挺校注，广州：广东人民出版社，1995年。

林大春：《井丹林先生文集》，潮阳郭氏双百鹿斋1935年刊本。

范钦：《天一阁集》，袁慧整理，宁波：宁波出版社，2006年。

王世贞：《弇州四部稿（外六种）》，《四库明人文集丛刊》，上海：上海古籍出版社，1993年。

张璁：《张璁集》，张宪文校注，上海：上海社会科学院出版社，2003年。

项乔：《项乔集》，方长山、魏得良点校，上海：上海社会科学院出版社，2006年。

王叔杲：《王叔杲集》，张宪文校注，上海：上海社会科学院出版社，2005年。

侯一麟：《龙门集》，蔡克骄点校，上海：上海社会科学院出版社，2006年。

查铎：《查毅斋先生阐道集》，明万历三十七年序刻本。

傅山：《傅山全书》，太原：山西人民出版社，1991年。

沈佳：《明儒言行录》，永瑢等：《文渊阁四库全书》（第458册），上海：上海古籍出版社，1987年。

陈龙正：《几亭全书》，《四库禁毁书丛刊·集部》（第11、12册），北京：北京出版社，1997年。

陆世仪：《思辨录辑要》，光绪丁丑江苏书局刻本。

袁小修：《珂雪斋外集》，台北：文津出版社影印本。

董其昌：《容台文集》，《四库全书存目丛书·集部》（第171册），济南：齐鲁书社，1997年。

张建业主编：《李贽文集》，北京：社会科学文献出版社，2000年。

李贽：《焚书》，北京：中华书局，1961年。

李贽：《续焚书》，北京：中华书局，1959年。

徐渭：《徐渭集》，北京：中华书局，1983年。

戴琏璋、吴光主编：《刘宗周全集》，台北：“中央研究院”中国文哲研究所，1996年。

刘宗周：《刘子全书及遗编》，京都：中文出版社，1981年。

黄道周：《黄道周集》，翟奎凤、郑晨寅、蔡杰整理，北京：中华书局，2017年。

沈善洪主编，吴光执行主编：《黄宗羲全集》，杭州：浙江古籍出版社，1992—1995年。

黄宗羲：《明儒学案》，沈芝盈点校，北京：中华书局，1985年。

顾炎武著，黄汝成集释：《日知录集释》，秦克诚点校，长沙：岳麓书社，1994年。

孙奇逢：《夏峰先生集》，朱茂汉点校，北京：中华书局，2004年。

毛奇龄：《西河合集》，清嘉庆元年刊本。

张履祥：《杨园先生全集》，陈祖武编校，北京：中华书局，2002年。

李邺嗣：《杲堂诗文集》，张道勤校点，杭州：浙江古籍出版社，1988年。

钱谦益：《列朝诗集小传》，上海：上海古籍出版社，1983年。

朱彝尊：《静志居诗话》，姚祖恩编，黄君坦校点，北京：人民文学出版社，1990年。

全祖望：《全祖望集汇校集注》，朱铸禹汇校集注，上海：上海古籍出版社，2000年。

邵廷采：《思复堂文集》，邵鸿杰校点，杭州：浙江古籍出版社，1987年。

顾宪成：《顾端文公遗书》，清光绪三年刊本。

顾宪成：《小心斋札记》，《诸子集成续编》（第6册），成都：四川人民出版社，1998年。

高攀龙：《高子遗书》，《诸子集成续编》（第6册），成都：四川人民出版社，1998年。

颜元：《颜元集》，王星贤、张芥尘、郭征点校，北京：中华书局，1987年。

陆陇其：《三鱼堂文集》，永瑢等：《文渊阁四库全书》（第1325册），上海：上海古籍出版社，1987年。

潘平格：《求仁录辑要》，清康熙五十六年毛文强序刊本。

陈确：《陈确集》，北京：中华书局，1979年。

李颙：《二曲集》，陈俊民点校，北京：中华书局，1996年。

罗泽南：《姚江学辨》，《续修四库全书》（第952册），上海：上海古籍出版社，2002年。

王曾永：《类辑姚江学脉附诸贤小传》，著者手定稿本，台北：文海出版社影印本。

章学诚：《文史通义新编新注》，仓修良编注，杭州：浙江古籍出版社，2005年。

章学诚：《章氏遗书》，上海：商务印书馆，1936年。

徐象梅：《两浙名贤录》，《四库全书存目丛书·史部》（第113—115册），济南：齐鲁书社，1996年。

何良俊：《四友斋丛说》，北京：中华书局，1959年。

沈德符：《万历野获编》，北京：中华书局，1959年。

顾起元：《客座赘语》，北京：中华书局，1987年。

李清：《三垣笔记》，顾思点校，北京：中华书局，1982年。

叶权：《贤博编》，北京：中华书局，1987年。

张岱：《陶庵梦忆·西湖梦寻》，夏咸淳、程维荣校注，上海：上海古籍出版社，2001年。

查继佐：《罪惟录》，杭州：浙江古籍出版社，1986年。

伍袁萃：《林居漫录》，《续修四库全书》（第1172册），上海：上海古籍出版社，2002年。

叶盛：《水东日记》，魏中平点校，北京：中华书局，1980年。

傅岩：《歙纪》，陈春秀校点，合肥：黄山书社，2006年。

郑思恭：《东昆仰止录》，周干校注，上海：上海社会科学院出版社，2005年。

陆容：《菽园杂记》，永瑢等：《文渊阁四库全书》（第1040册），上海：上海古籍出版社，1987年。

潘曾纮：《李温陵外纪》，台北：伟文图书出版社有限公司，1977年。

万斯同：《儒林宗派》，民国二十三年张氏约园《四明丛书》本。

冯奉初：《潮州耆旧集》，香港：香港潮州会馆，1980年。

章太炎：《章太炎全集》，上海：上海人民出版社，1982年。

徐乾学：《明史列传》，台北：台湾学生书局，1960年。

何乔远：《名山藏》，明崇祯十三年序刻本。

张廷玉等：《明史》，北京：中华书局，1974年。

夏燮：《明通鉴》，上海：上海古籍出版社，1990年。

永瑢等：《四库全书总目》，北京：中华书局，1965年。

邵友濂修，孙德祖等纂：《余姚县志》，清光绪二十五年刻本。

徐元梅等修，朱文翰等辑：《山阴县志》，民国二十五年据清嘉庆八年刊本校刊铅印本。

储家藻修，徐致靖纂：《上虞县志校续》，清光绪二十五年刻本。

庆霖等修，戚学标等纂：《太平县志》，清嘉庆十六年刻本。

牛若麟修，王焕如纂：《吴县志》，明崇祯十五年刻本。

李德淦修，洪亮吉纂：《泾县志》，清嘉庆十一年刻本。

姚江书院弟子编：《姚江书院志略》，谢建龙点校，宁波：宁波出版社，2020年。

梁启超：《中国近三百年学术史》，北京：中国书店，1985年。

梁启超：《清代学术概论》，上海：上海古籍出版社，1998年。

钱穆：《中国近三百年学术史》，北京：中华书局，1984年。

钱穆：《中国学术思想史论丛》，台北：东大图书公司，1979年。

钱穆：《阳明学述要》，台北：正中书局，1955年。

刘承幹：《嘉业堂藏书日记抄》，陈谊整理，南京：凤凰出版社，2016年。

陈荣捷编：《王阳明〈传习录〉详注集评》，台北：台湾学生书局，1972年。

麦仲贵编：《明清儒学家著述生卒年表》，台北：台湾学生书局，1977年。

麦仲贵：《王门诸子致良知学之发展》，香港：香港中文大学出版社，1973年。

牟宗三：《从陆象山到刘蕺山》，台北：台湾学生书局，1979年。

牟宗三：《王阳明致良知教》，台北：世界文物出版社，1980年。

戴瑞坤：《阳明学说对日本之影响》，台北：中国文化大学出版部，1981年。

钟彩钧：《王阳明思想的进展》，台北：文史哲出版社，1983年。

唐君毅：《中国哲学原论》，台北：台湾学生书局，1984年。

侯外庐主编：《宋明理学史》，北京：人民出版社，1984年。

曹聚仁：《中国学术思想史随笔》，北京：生活·读书·新知三联书店，1986年。

沈云龙编：《明清史料汇编》，台北：文海出版社，1968年。

秦家懿：《王阳明》，台北：东大图书公司，1987年。

邓艾民：《朱熹王守仁哲学研究》，上海：华东师范大学出版社，1989年。

容肇祖：《容肇祖集》，济南：齐鲁书社，1989年。

张立文主编：《退溪书节要》，北京：中国人民大学出版社，1989年。

方尔加：《王阳明心学研究》，长沙：湖南教育出版社，1989年。

杨国荣：《王学通论：从王阳明到熊十力》，上海：生活·读书·新知三联书店上海分店，1990年。

杨国荣：《心学之思：王阳明哲学的阐释》，北京：生活·读书·新知三联书店，1997年。

杨国荣：《良知与心体：王阳明哲学研究》，台北：洪叶文化事业有限公司，1999年。

杨国荣：《杨国荣讲王阳明》，北京：北京大学出版社，2005年。

陈来：《有无之境：王阳明哲学的精神》，北京：人民出版社，1991年。

陈来：《中国近世思想史研究》，北京：商务印书馆，2003年。

王凤贤、丁国顺：《浙东学派研究》，杭州：浙江人民出版社，1993年。

乔清举：《湛若水哲学思想研究》，台北：文津出版社，1993年。

吴宣德：《江右王门与明中后期江西教育发展》，南昌：江西教育出版社，1996年。

计文渊编：《王阳明法书集》，杭州：西泠印社，1996年。

何俊：《西学与晚明思想的裂变》，上海：上海人民出版社，1998年。

何俊、尹晓宁：《刘宗周与蕺山学派》，北京：中国人民大学出版社，2009年。

李庆龙：《罗汝芳思想研究》，台北：台湾大学历史系博士论文，1999年。

张学智：《明代哲学史》，北京：北京大学出版社，2000年。

左东岭：《王学与中晚明士人心态》，北京：人民文学出版社，2000年。

方祖猷：《王畿评传》，南京：南京大学出版社，2001年。

吴震：《聂豹、罗洪先评传》，南京：南京大学出版社，2001年。

吴震：《阳明后学研究》，上海：上海人民出版社，2003年。

吴震：《明代知识界讲学活动系年：1522—1602》，上海：学林出版社，2003年。

吴震：《罗汝芳评传》，南京：南京大学出版社，2005年。

吴震：《泰州学派研究》，北京：中国人民大学出版社，2009年。

吴震解读：《传习录》，北京：国家图书馆出版社，2018年。

钱明：《阳明学的形成与发展》，南京：江苏古籍出版社，2002年。

钱明：《儒学正脉：王守仁传》，杭州：浙江人民出版社，2006年。

钱明：《浙中王学研究》，北京：中国人民大学出版社，2009年。

钱明：《王阳明及其学派论考》，北京：人民出版社，2009年。

钱明：《东亚近世思想钩沉：钱明学术论集》，贵阳：孔学堂书局，2016年。

郑晓江主编：《江右思想家研究》，北京：中国社会科学出版社，2003年。

吕妙芬：《阳明学士人社群：历史、思想与实践》，台北："中央研究院"近代史研究所，2003年。

吕妙芬：《孝治天下：〈孝经〉与近世中国的政治与文化》，台北：联经出版事业公司，2011年。

邓志峰：《王学与晚明的师道复兴运动》，北京：社会科学文献出版社，2004年。

王汎森：《晚明清初思想十论》，上海：复旦大学出版社，2004年。

吴秀玉：《杨东明学行与其〈饥民图说疏〉研究》，台北：师大书苑有限公司，2004年。

鲍世斌：《明代王学研究》，成都：巴蜀书社，2004年。

季芳桐：《泰州学派新论》，成都：巴蜀书社，2005年。

钱茂伟：《姚江书院派研究》，北京：中国社会科学出版社，2005年。

林月惠：《良知学的转折：聂双江与罗念庵思想之研究》，台北：台大出版中心，2005年。

彭国翔：《良知学的展开：王龙溪与中晚明的阳明学》，北京：生活·读书·新知三联书店，2005年。

彭国翔：《近世儒学史的辨正与钩沉》，台北：允晨文化实业有限公司，2013年。

张克伟：《张克伟论文著述汇辑》，香港：香港国际学术文化资讯出版公司，2005年。

陈时龙：《明代中晚期讲学运动：1522—1626》，上海：复旦大学出版社，2007年。

陈世英：《赵贞吉研究》，北京：中央文献出版社，2007年。

张崑将：《德川日本“忠”“孝”概念的形成与发展：以兵学与阳明学为中心》，上海：华东师范大学出版社，2008年。

张卫红：《罗念庵的生命历程与思想世界》，北京：生活·读书·新知三联书店，2009年。

张卫红：《邹东廓年谱》，北京：北京大学出版社，2013年。

张卫红：《由凡至圣：阳明心学工夫散论》，北京：生活·读书·新知三联书店，2016年。

张卫红：《敦于实行：邹东廓的讲学、教化与良知学思想》，上海：上海古籍出版社，2020年。

苟小泉：《陈白沙哲学研究》，北京：中华书局，2009年。

蒋国保：《方以智与明清哲学》，合肥：黄山书社，2009年。

徐儒宗：《江右王学通论》，北京：中国人民大学出版社，2009年。

郑宗义：《明清儒学转型探析：从刘蕺山到戴东原（增订

版）》，香港：香港中文大学出版社，2009年。

徐儒宗：《婺学通论》，杭州：杭州出版社，2010年。

黎业明：《湛若水年谱》，上海：上海古籍出版社，2009年。

黎业明：《陈献章年谱》，上海：上海古籍出版社，2016年。

董平：《浙江思想学术史：从王充到王国维》，北京：中国社会科学出版社，2010年。

董平：《王阳明的生活世界：通往圣人之路（修订本）》，北京：商务印书馆，2018年。

王文娟：《湛甘泉哲学思想研究》，成都：巴蜀书社，2012年。

罗伽禄：《一代思想大师罗汝芳》，南昌：江西高校出版社，2012年。

鲍永玲：《“种子”与“灵光”：王阳明心学喻象体系通论》，上海：上海书店出版社，2012年。

张艺曦：《阳明学的乡里实践：以明中晚期江西吉水、安福两县为例》，北京：北京师范大学出版社，2013年。

耿宁：《人生第一等事：王阳明及其后学论“致良知”》，倪梁康译，北京：商务印书馆，2014年。

李丕洋：《罗汝芳哲学思想研究》，北京：北京师范大学出版社，2014年。

李丕洋：《心学巨擘：王龙溪哲学思想研究》，北京：中国社会科学出版社，2016年。

李丕洋：《圣贤德业归方寸：杨慈湖思想研究》，北京：中国社会科学出版社，2020年。

王宇：《道行天地：南宋浙东学派论》，北京：中国社会科学出版社，2012年。

宋大琦：《明儒礼法学的心性论基础及其现代启示》，合肥：安徽人民出版社，2014年。

冯梦龙原著，张昭炜编著：《皇明大儒王阳明》，北京：九州出版社，2014年。

张昭炜：《阳明学发展的困境及出路》，北京：中国社会科学出版社，2017年。

张昭炜编：《阳明学文献整理与研究的新进展》，上海：上海古籍出版社，2018年。

张瑞涛：《心体与工夫：刘宗周〈人谱〉哲学思想研究》，北京：人民出版社，2014年。

王传龙：《阳明心学流衍考》，厦门：厦门大学出版社，2015年。

张宏敏：《黄绾生平学术编年》，杭州：浙江大学出版社，2013年。

张宏敏：《黄绾道学思想研究》，北京：中国社会科学出版社，2017年。

刘增光：《晚明〈孝经〉学研究》，上海：上海古籍出版社，2015年。

刘勇：《中晚明士人的讲学活动与学派建构：以李材（1529—1607）为中心的研究》，北京：商务印书馆，2015年。

邹建锋：《明儒学脉研究：以吴康斋到刘念台的师承为线索》，北京：社会科学文献出版社，2014年。

邹建锋：《阳明夫子亲传弟子考》，北京：中国社会科学出版社，2017年。

邹建锋：《明代心学启明宗师吴康斋思想研究》，杭州：浙江大学出版社，2018年。

陈畅：《自然与政教：刘宗周慎独哲学研究》，上海：上海人民出版社，2016年。

陈畅：《理学道统的思想世界》，上海：上海书店出版社，2017年。

高海波：《慎独与诚意：刘蕺山哲学思想研究》，北京：生活·读书·新知三联书店，2016年。

陆永胜：《心·学·政：明代黔中王学思想研究》，北京：中华书局，2016年。

李伏明：《江右王门学派研究：以吉安地区为中心》，南昌：江西人民出版社，2017年。

吴孟谦：《融合与批判——管东溟的思想及其时代》，台北：允晨文化实业有限公司，2017年。

阮春晖：《阳明后学现成良知思想研究》，桂林：广西师范大学出版社，2017年。

华建新：《余姚竹桥黄氏家族研究》，杭州：浙江大学出版社，2017年。

鹿博：《“信己”且“安常”：罗汝芳的哲学建构与思想践行》，杭州：浙江大学出版社，2017年。

陈立胜：《王阳明“万物一体”论：从“身—体”的立场看》（修订本），北京：北京燕山出版社，2018年。

陈立胜：《宋明儒学中的“身体”与“诠释”之维》，北京：商务印书馆，2019年。

陈立胜：《入圣之机：王阳明致良知工夫论研究》，北京：生活·读书·新知三联书店，2019年。

余蓓荷：《王艮及其学说》，邱黄海、李明辉译，台北：“中央研究院”中国文哲研究所，2018年。

贾乾初：《主动的臣民：明代泰州学派平民儒学之政治文化研究》，北京：知识产权出版社，2018年。

陈志强：《晚明王学原恶论》，台北：台大出版中心，2018年。

张实龙：《阳明心学传播者钱德洪研究》，上海：上海交通大学出版社，2019年。

张晚林：《美的奠基及其精神实践：基于心性工夫之学的研究》，北京：知识产权出版社，2020年。

高濑武次郎：《日本之阳明学》，东京：铁华书院，1898年。

井上哲次郎：《日本阳明学派之研究》，东京：富山房，明治三十三年。

东泽泻：《泽泻先生全集》，东京：泽泻会，1919年。

安田二郎：《中国近世思想研究》，东京：弘文堂，1948年。

久须本文雄：《王阳明の禅的思想研究》，东京：日进堂书店，1958年。

楠本正继：《宋明时代儒学思想の研究》，千叶：广池学园出版部，1962年。

岛田虔次：《朱子学と阳明学》，东京：岩波书店，1967年。

岛田虔次：《中国における近代思惟の挫折》，东京：筑摩书房，1970年。

安冈正笃监修：《阳明学大系》，东京：明德出版社，

1971年。

冈田武彦：《王阳明と明末儒学》，东京：明德出版社，1971年。

冈田武彦编：《阳明学の世界》，东京：明德出版社，1971年。

冈田武彦主编：《佐藤一斋全集》，东京：明德出版社，1999年。

冈田武彦：《王阳明大传》，东京：明德出版社，2002—2005年。

山下龙二：《阳明学の研究——成立・展开篇》，东京：现代情报社，1971年。

山下龙二：《阳明学の终焉》，东京：研文出版，1991年。

荒木见悟：《明代思想研究》，东京：创文社，1972年。

荒木见悟：《明末宗教思想研究——管东溟の生涯とその思想》，东京：创文社，1979年。

荒木见悟：《阳明学の开展と佛教》，东京：研文出版，1984年。

荒木见悟：《阳明学の位相》，东京：研文出版，1992年。

荒木见悟：《明清思想论考》，东京：研文出版，1992年。

荒木见悟：《中国心学の鼓动と佛教》，福冈：中国书店，1995年。

荒木见悟监修：《竹窗随笔》，宋明哲学研究会译注，福冈：中国书店，2007年。

佐野公治：《四书学史研究》，东京：创文社，1988年。

吉田公平：《陆象山と王阳明》，东京：研文出版，1990年。

吉田公平：《中国近世の心学思想》，东京：研文出版，2012年。

吉田公平：《日本近世の心学思想》，东京：研文出版，2012年。

崔在穆：《东アジア阳明学の展开》，东京：ぺりかん社，2006年。

永冨青地：《王守仁著作の文献学的研究》，东京：汲古书院，2007年。

三浦秀一：《中国心学の棱线——元朝の知识人と儒释道三教》，东京：研文出版，2005年。

小路口聪：《即今自立の哲学——陆九渊心学再思考》，东京：研文出版，2006年。

小路口聪编：《语り合う〈良知〉たち——王龙溪の良知心学と讲学活动》，东京：研文出版，2018年。

中纯夫：《朝鲜の阳明学》，东京：汲古书社，2010年。

沟口雄三：《李卓吾·两种阳明学》，孙军悦、李晓东译，北京：生活·读书·新知三联书店，2014年。

崔在穆：《东亚阳明学的展开》，钱明译，台北：台大出版中心，2015年。

三浦秀一：《科举と性理学：明代思想史新探》，东京：研文出版，2016年。

冈田武彦：《王阳明与明末儒学》，吴光、钱明、屠承先译，重庆：重庆出版社，2016年。

冈田武彦著，钱明审校，杨田等译：《王阳明大传：知行合一的心学智慧》，重庆：重庆出版社，2015年。

高濑武次郎：《日本之阳明学》，张亮译，济南：山东人民出版社，2019年。

井上哲次郎：《日本阳明学派之哲学》，邓红、张一星译，济南：山东人民出版社，2019年。

楠本正继：《宋明时代儒学思想之研究》，连凡译，济南：山东人民出版社，2019年。

冈田武彦：《明代哲学的本质》，焦堃译，济南：山东人民出版社，2019年。

荒木见悟：《明代思想研究》，陈晓杰译，济南：山东人民出版社，2019年。

岛田虔次：《朱子学与阳明学》，蒋国保译，济南：山东人民出版社，2019年。

山井涌：《明清思想史研究》，陈威瑨译，济南：山东人民出版社，2019年。

安田二郎：《中国近世思想研究》，符方霞译，济南：山东人民出版社，2019年。

墨憨斋新编：《王阳明出身靖乱录》，中田胜译，《王阳明全集月报》，东京：明德出版社，昭和五十八年6月20日第2号至昭和六十二年5月31日第9号。

永冨青地：《上海图书馆藏〈新刊阳明先生文录续编〉について》，《东洋の思想と宗教》2006年第23号。

永冨青地：《现存最古の王守仁の诗文集——北京、上海两图书馆の〈居夷集〉について》，《东洋の思想と宗教》2002年第19号。

水野实、永冨青地：《九大本〈阳明先生诗录〉小考》，《汲古》第35号，东京：汲古书院，1999年。

后记

本书对象阳明先生王守仁（其后裔一般称他为文成公），是自春秋越国以来的2000余年间，浙江大地涌现出的数十位杰出的哲学思想家中唯一能称得上世界级的大师，国际上把他归入世界历史上一百位哲学家之列，钱穆先生把他的《传习录》称为“中国人必读的九本书”之一，认为“王阳明自己是一个大学者，但他讲的道理，却说不读书人也能懂，他的话不一定是讲给读书人听，不读书人也能听”[①]，皆为力证之一。

从明代中叶开始，王阳明的思想学说和人格魅力对于知识精英乃至普通民众来说，就“如大寝闻钟，群渴饮河”[②]，不仅为他的同时代人所推崇，譬如，其最早的门人徐爱将阳明学说称为“孔门嫡传，舍此皆傍蹊小径、断港绝河矣”[③]，其担任朝中要职的弟子黄绾疏称阳明学说为“弗诡于圣，弗畔于道”的“孔门之正传”[④]，嘉靖时期在慈湖北岸创办慈湖精舍的冯成能称阳明学说为“吾儒之正脉”[⑤]，明末关中大儒冯从吾称阳明学说为“圣学真脉”；[⑥]而且为他的后来人所敬慕，譬如，清儒朱鹤龄称阳明学说为“儒家正传”[⑦]，当代新儒学大师熊十力称阳明学说为“儒学正脉”（强调

---

① 钱穆：《中国文化丛谈·复兴中华文化人人必读的几部书》，1967年12月17日“复兴中国文化会”第10次学术讲演，载《青年战士报》1968年2月。

② 邹守益：《奠何善山先生文》，《邹守益集》卷二十，董平编校整理，第949页。

③ 徐爱：《传习录跋》，徐爱、钱德洪、董沄：《徐爱·钱德洪·董沄集》，钱明编校整理，凤凰出版社2007年版，第90页。

④ 王守仁：《王阳明全集（新编本）》，吴光、钱明、董平等编校，第1339页。

⑤ 冯成能《阳明书院落成会记》，收入《贵州通志》卷二十一，日本内阁文库藏万历二十六年（1598）刻本，第511页。

⑥ 冯从吾《答张居白大行》曰：“王文成之学，其得失正不相妨，其得处在‘致良知’三字，直指圣学真脉，且大撤晚宋以来学术支离之障。……近日信文成者偏信其失处，以致惩其失者并得处亦之不信，皆非矣。”（冯从吾：《冯从吾集》，刘学智、孙学功点校整理，西北大学出版社2015年版，第304页）

⑦ 清人计东尝评论朱鹤龄的《阳明要书序》曰：“自唐以前，止有儒林列传。《宋史》始分儒林、道学。近人邓元锡又分薛文清辈为道学，阳明为心学。不知心学之外无道学也，此文方见得儒家正传。”（朱鹤龄：《愚庵小集》，虞思征点校，华东师范大学出版社2010年版，第147页）

“儒者之学，唯阳明善承孔孟”）①，日本明治初年的著名阳明学家东正纯亦在《王文成公赞》中称阳明“血脉递传孔孟真，事功兼拟渭莘伦”②。作为熊氏哲学衣钵传承人的牟宗三亦认为，将孟子等人的尊德性作为儒学传统而传承的正是程颢（明道）→陆九渊（象山）→王守仁（阳明），而“程颐、朱熹、朱子后学并非儒教之正宗”③。而无论“孔门嫡传”“孔门正传”“圣学真脉”，还是“吾儒正脉”“儒家正传”“儒学正脉”，无不带有为王阳明正名之动机，与阳明三传弟子周汝登编纂的以王学为主脉的《圣学宗传》有异曲同工之处。本书的正标题原为“儒学正脉”，后因故放弃，而之所以采用这一曾引起争议的书名，目的也是进一步消除视王阳明为非正统的“异端”或“伪学”“霸儒”的历史偏见，还王阳明以儒学正面之形象。但这并非学术史上或者以偏概全，或者持门户之见的褒王贬朱，更非宗王斥朱。也就是说，称王学为“儒学正脉”，并不意味着否定朱学的正宗性和主导性，而是想凸显王学与朱学之间的互补、互鉴、互动、互融之关系。另一方面，称王阳明为“正脉”，从学术层面看，是认同其学说的道统合法性；从官方层面看，则是认可他的政治合法性。而从祀孔庙本身就是国家政权认可与接受先贤学术、承认其取得合法性地位的一个标志。归有光就指出：“自九儒从祀，天下以为正学之源流，而国家取士稍因前代，遂以其书立之学官，莫有异。”④

事实上，从阳明心学的诞生过程来看，亦与法国著名作家罗曼·罗兰（Romain Rolland）所说的“呕吐”理论（意指一个人从出生到成熟，被灌输了各种谎言，人成熟的第一步，就是呕吐，把这些谎言统统吐出来，比喻思想的再造）大相径庭。王阳明在他的学术成长经历中，虽历经从“五溺”到质疑朱子学的不同发展阶段，但并没有把朱子之学、二氏之学、辞章之学等“呕吐”出来，而是扬弃、融摄、批判继承和选择吸取，然后才提出了自己的身心之

① 萧萐父主编：《十力语要》卷三，《熊十力全集》（第4卷），湖北教育出版社2001年版，第338页；《十力语要》卷二，《熊十力全集》（第4卷），第238页。
② 东正纯：《泽泻杂稿》，《泽泻先生全集》，邹建锋、何俊主编：《日本阳明学文献汇编》，第384页。
③ 牟宗三：《心体与性体》（第1册），（台湾）正中书局1968年版，第19页。
④ 归有光：《震川先生集》，上海古籍出版社2007年版，第222—223页。

学、自得之学和圣人之学，并最终建构了颇具独创性的良知心学体系，形成了一种影响乡村社会、市民社会的生活方式和具有颠覆性的自我解放力量。

尽管这种“体系”和“力量”，从一开始就受到了来自各个方面的质疑、抵融和斥责，但始终未减其魅力，一直受到各阶层、各地域乃至域外国家的追捧和喜爱。究其原因，我以为主要在于阳明心学从形式到内容、从人力到心力、从理性到感性、从义理到践行、从外在张力到内在修炼，全方位、多层面地展示了其独特的元素和张扬的个性。因此，阳明学的研究，尽管数百年来被无数学者没完没了地深究、穷举，从内容到形式皆有不断被重复炒作，甚至有用曲解原著和牵强附会的佐证来标新立异的现象存在，但它仍具有拓展的空间和深化研究的必要。

本书在严格意义上仍属于人物传记的范畴。所谓人物传记，不外乎某人的生平实录。冈田武彦先生在晚年穷极心力所著阳明学大作，并未发力于阳明学的理论建构与阐发，反而选择以传记体的方式再现阳明人生、思想之转进。传记体的展开正是建立在以体验的方式追阳明之所思所虑，还原阳明学之本真。冈田先生试图通过体认阳明之经历来展现阳明的精神世界，而在此基础上所理解的学理也就显得真切而鞭辟入里。

说到王阳明传①，在近代东亚有过特殊的政治意蕴。比如近代日本的阳明学，其最显著的特点之一，就是不把王阳明看成理论或讲坛上的学问家，而是把他视为政治舞台上的实践家。这是因为，“日本国民之性质与中国相比，在于义烈而俊敏，且更倾向于现实，富有实践的品格。……即使是些玄妙精致的哲理，一旦经过日本学者的头脑，便直接得以日本化而得以浅显化，将其便利部分加以发展，而那些抽象、纯正、高尚的部分，或者被怀疑，或者被废除，而见不到其发达”②。而“日本阳明学的特点，在于出现了一批活动型事业家。藤树之大孝、蕃山之经纶、执斋之熏化、中斋之献身事业，到维新诸豪杰之惊天动地之伟业，皆是王学所赐予的。

① 据笔者初步统计，国内不同时期出版的王阳明传记作品有近百种，国外有二十余种，涉及英、德、俄、日、韩、越等多种文字。

② 高濑武次郎：《日本的阳明学·序论·我国民之性质》，（日本）吉本襄铁华书院 1899 年刊。

和中国堕落的阳明学派相反，我国的阳明学派带有一种凛然之生气，懦夫也可立志，顽夫也有清廉之风。此为两国民的性质之所然也”[①]。于是，王阳明多灾多难、荼苦衷曲的人生旅程，便受到了日本人的特别关注。而继承了近代日本阳明学之父井上哲次郎之阳明学观的高濑武次郎编撰《王阳明详传》（1904）的理由，就在于“王阳明传记对读者尤其是青少年一代具有精神鼓动的特殊作用”[②]。高濑氏在《日本之阳明学》的“自跋”中说：“是故我们在修养精神和陶冶品性时，一定要采纳王学，以之来构筑百行之基础。本书为充满希望的青年们而刊出，希望王学再次勃然隆盛。勤勉同好之士，著实同好之士，征途千里者，必应此次考试迈步。”[③]值得注意的是，日本人重视王阳明传记的时期，正是西方伟人传记盛行于日本之时。而1910年韩国阳明学者朴殷植所撰写的《王阳明先生实记》[④]，也是产生于这一政治背景下的杰作之一。因此，从某种意义上说，王阳明传记曾经是那个年代教育和培养青少年英雄崇拜观的手段之一。在当下中国的王阳明热中，这种基于励志教育、推崇英雄豪杰乃至出于成功学的用意亦隐然可见。

然而，本人这本“重写”的王阳明传，却既没有当年日、韩等国学者那般“露骨”的政治动机，也没有近现代史上那么“豪壮”的道德愿景，更谈不上当下成功学那样直接的功利目的。如果要说有什么写作动机，那亦至多是想给读者多提供一道能够自由选择的“菜肴”，只要不是给人留下“残渣剩羹”的印记，即使是“粗茶淡饭”，也算“老天”开恩了。但即便如此，也得时刻防止在移动互联网广泛普及、自媒体高速发展的当代社会，于无意识中成为另一种形式的心灵鸡汤和逃避港湾。至于究竟做得怎么样，则只能由读者去评说了。

本书如果算上附录，共分九个板块，内容涉及王阳明的事、术、道，故本书又以此为副标题，以诠释从“五溺”到“三不朽”的王阳明的完整形象和心路历程。具体地说，在内容上，是从史与

---

① 高濑武次郎：《日本的阳明学·序论·日本阳明学之美风》，（日本）吉本襄铁华书院1899年刊。

② 荻生茂博：《日本における近代阳明学の成立》，《季刊日本思想史》第59号，东京：ペりカン社，2001年，第13页。

③ 高濑武次郎：《日本的阳明学·自跋》，（日本）吉本襄铁华书院1899年刊。

④《少年》第4卷第2号，总23号，1911年5月15日刊于汉城（首尔）。

思、术与道、事与心、文与武、学与教、述与作、古与今、中与外、地域与区域等各个层面所进行的多视角、全方位的实证研究；在方法上，则有考证有理论，有现场有虚拟，有实地调查有文献解读。与以往的各种有关王阳明的传记类研究论著相比，自认有点独树一帜和另辟蹊径，于是壮着胆、硬着头皮拿出来，以供广大读者驳斥批判。

是为后记。

2021年7月作于寓所“心闲斋”